世界歷史

HISTORY OF THE WORLD MAP BY MAP

地圖大解析

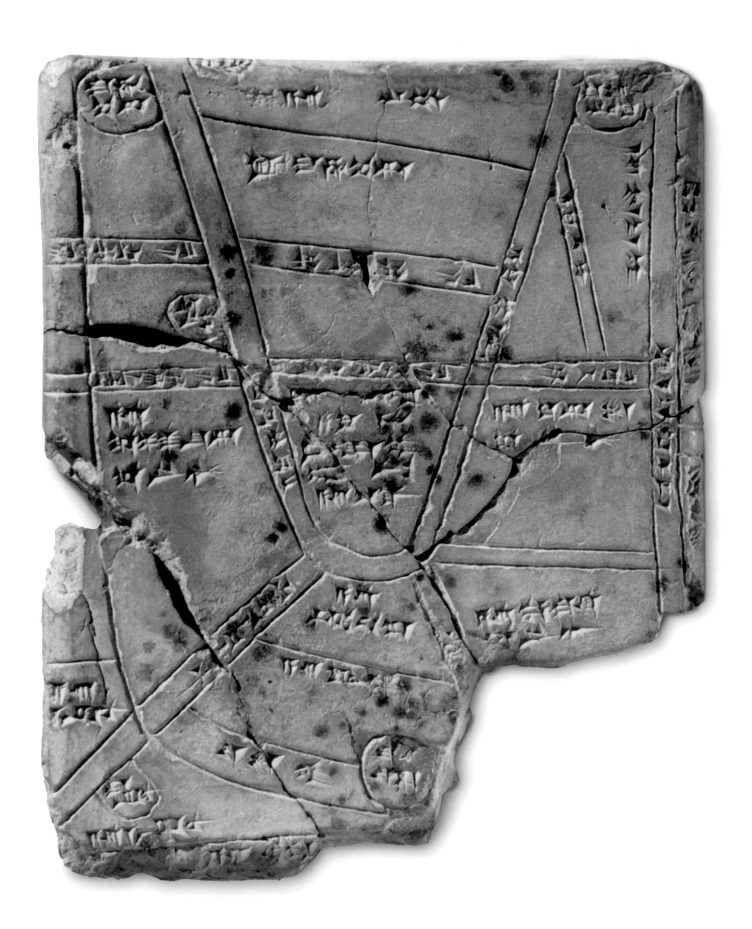

世界歷史
HISTORY OF THE WORLD MAP BY MAP
地圖大解析

作者／**DK出版社編輯群**

序／**彼得・斯諾Peter Snow**

翻譯／**蘇星宇**

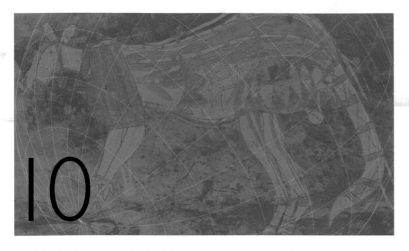

10

史前時代　700萬年前—公元前3000年

28

古代世界　公元前3000年—公元500年

目錄

世界歷史：地圖大解析

作　　者：DK出版社編輯群
序：彼得・斯諾 Peter Snow
翻　　譯：蘇星宇
主　　編：黃正綱
資深編輯：魏靖儀
美術編輯：吳立新
圖書版權：吳怡慧

發 行 人：熊曉鴿
總 編 輯：李永適
印務經理：蔡佩欣
圖書企畫：林祐世

出版者：大石國際文化有限公司
地址：新北市汐止區新台五路一段97號14樓之10

電話：(02) 2697-1600
傳真：(02) 8797-1736
印刷：博創印藝文化事業有限公司

2024年（民113）6月初版三刷
定價：新臺幣 1500元
本書正體中文版由Dorling Kindersley Limited授權
大石國際文化有限公司出版
版權所有，翻印必究
ISBN：978-626-97621-0-1（精裝）
＊本書如有破損、缺頁、裝訂錯誤，請寄回本公司更換

總代理：大和書報圖書股份有限公司
地址：新北市新莊區五工五路2號
電話：(02) 8990-2588
傳真：(02) 2299-7900

88

中世紀　公元500年—1450年

146

近代世界　公元1450年—1700年

國家圖書館出版品預行編目（CIP）資料

世界歷史：地圖大解析 / DK出版社編輯群 作；蘇星宇 翻譯. -- 初版. -- 新北市：大石國際文化, 民112.11　360頁；23.5 x 28.1公分

譯自：History of the World Map by Map

ISBN 978-626-97621-0-1（精裝）

1.CST: 歷史地理 2.CST: 地圖 3.CST: 世界史

716.9　　　　　　　　　　112013968

CONTRIBUTORS

PREHISTORY
David Summers, Derek Harvey

THE ANCIENT WORLD
Peter Chrisp, Jeremy Harwood, Phil Wilkinson

**THE MIDDLE AGES, THE EARLY
MODERN WORLD**
Philip Parker

REVOLUTION AND INDUSTRY
Joel Levy

PROGRESS AND EMPIRE
Kay Celtel

THE MODERN WORLD
Simon Adams, R G Grant, Sally Regan

CONSULTANTS

PREHISTORY
Dr Rebecca Wragg-Sykes Palaeolithic archaeologist and author,
chercheur bénévole PACEA laboratory, Université de Bordeaux

THE ANCIENT WORLD
Prof Neville Morley Professor of Classics and Ancient History,
University of Exeter

Prof Karen Radner Alexander von Humboldt Professor of the Ancient
History of the Near and Middle East, University of Munich

THE MIDDLE AGES
Dr Roger Collins Honorary Fellow in the School
of History, Classics and Archaeology, University of Edinburgh

**THE EARLY MODERN WORLD,
REVOLUTION AND INDUSTRY**
Dr Glyn Redford FRHistS, Honorary Fellow, *The Historical Association*

**PROGRESS AND EMPIRE,
THE MODERN WORLD**
Prof Richard Overy FBA, FRHistS, Professor of History,
University of Exeter

CHINA, KOREA, AND JAPAN
Jennifer Bond Researcher, SOAS, University of London

INDIA
Prof David Arnold Professor of Asian and Global History,
Warwick University

PRE-COLUMBIAN AMERICAS
Dr Elizabeth Baquedano Honorary Senior Lecturer,
Institute of Archaeology, University College London

270

現代世界 1914年至今

序

這本書用我所見過最周密、詳細的方式及最引人入勝的圖畫講述了地球上的生命故事。我認為在這個數位時代,地圖比以往任何時候都更加重要。在今時今日,我們的知識淪為兩個郵遞區號之間的距離,大家不再了解地圖的必要性。對我來說,旅行——尤其是對旅行的思考——是一趟穿越地圖的旅程。但這本美麗的書提供了另一個維度的先進之旅:穿越時間。這些地圖以平易近人的方式展示出世界的故事,完美顯示印刷出來的頁面是多麼無可取代,因為我們能觸摸、能感受到紙張上令人著迷的色彩。書中有大張的地圖和大膽的用色,在發生重要歷史事件的地點還有

文字框,清晰易讀的圖表顯示出最早塑造了我們世界的帝國、文化、戰爭和其他人類與自然事件的興衰。

對我來說,少了地圖,歷史會變得難以理解。一個國家的歷史是它的地理塑造出來的——當地的山脈、谷地、河流、氣候、出海口、原料和收成,都跟當地的人口、產業、與鄰近地區的關係以及被國外入侵者接管一樣重要。這本書不只是一本歷史地圖集,因為書中除了描述歷史的地理位置,還添加了有助理解的圖片。我覺得第一次世界大戰的歷史整理得非常好,第 268-269 頁的地圖描述了第一次世界大戰的起因,還有接下來的地圖和戰事

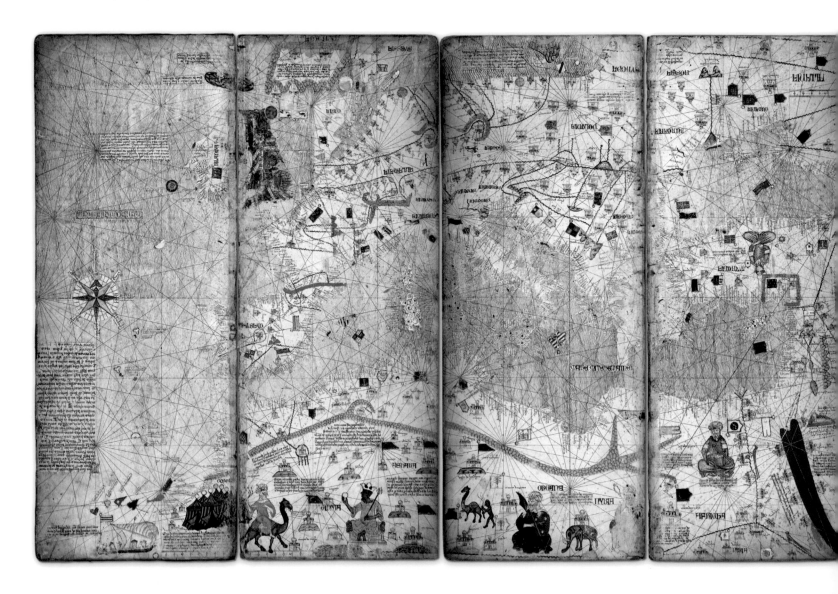

▽ **記錄世界**
《加泰隆尼亞地圖集》（*Catalan Atlas*）中的幾頁，製作於1375年，上面畫了歐洲、北非和亞洲。製圖師的地圖後來傳到歷史學家手中，繼續告訴我們世界的地理和政治如何改變、為何改變。

記錄又包涵了生動的戰壕照片。

身為電視記者與歷史學家，我一輩子都在用地圖講故事。在講述過去半個世紀的事件時，歐盟和共產主義垮臺的故事一直是我的伙伴。這一部分的近代史，只有在搭配像第 320-321 頁和第 336-337 頁上的地圖描述時才說得通。身為記者，我花了很多時間與英國廣播公司電臺（BBC）和獨立電視新聞（ITN）的平面藝術家一起繪製地圖，闡述中東和越南的戰事。如今，本書第 328-329 頁和第 332-333 頁上有了更完好的版本。要是沒有像第 208-211 頁那樣的地圖，任何歷史學家都無法公正地講述法國皇帝拿破崙的偉大帝國那樣的興衰故事。

這本氣勢磅礡的書透過一張又一張的地圖傳達極其深入的知識，並以多種不同的方式呈現這個星球的歷史，堪稱天下無雙之作。

——彼得・斯諾，2018 年

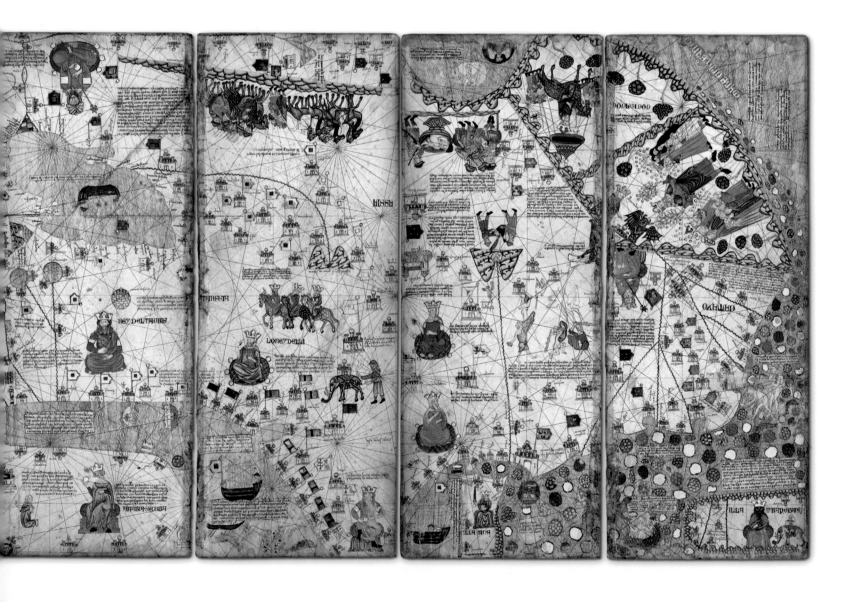

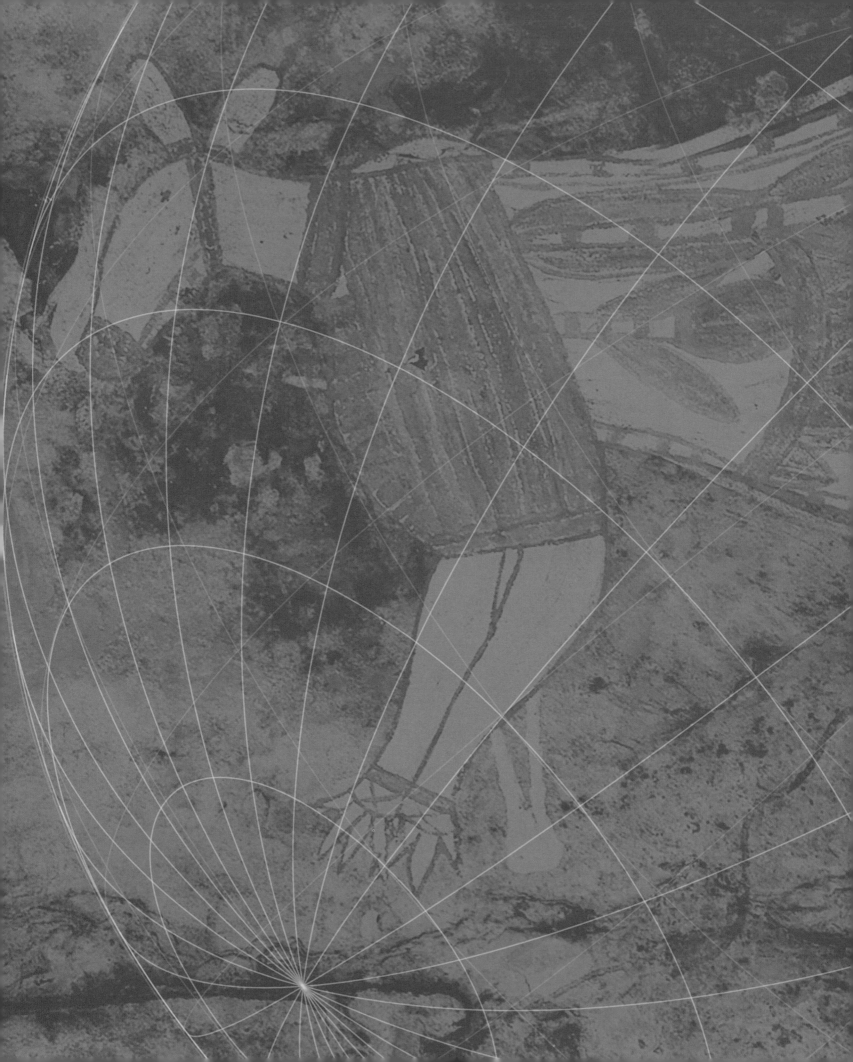

史前時代

在文字記錄於公元前3000年左右出現之前，人類數百萬年的歷史都是透過我們祖先留下的化石及考古遺跡記錄下來的。

從人猿到農夫

人類的歷史起源於動物界的一部分，那個部分包括猴子、人猿和其他靈長類。經過了數百萬年的演化、歷經了無數個世代，我們類似人猿的祖先才成為現代智人（*Homo sapiens*）。

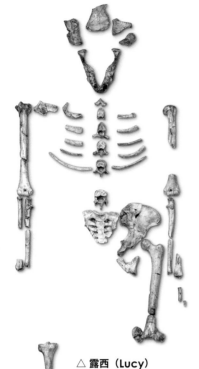

△ 露西（Lucy）

這張圖是很像人猿的露西的化石遺骸，是300萬年前來自東非的南方古猿人屬的一員。化石夠完整，顯示出露西是用雙腿直立行走的。

科學證據顯示，所有人類都與人猿有關。具體來說，黑猩猩是與我們最親近的非人類親戚，血緣的終極指標 DNA 指出，大約在 650 萬年前，我們的共同祖先出現了分支。確實，人類就是人猿——只不過是以直立行走、裸體的方式出現。

猴子、人猿和人類都是靈長類動物，腦容量大，手指能抓握，眼睛朝前，有指甲而不是爪子。許久以前的動物化石殘骸就是個有力的證據，說明猿人是怎麼成為現代人類的。骨骼礦化成岩石時就會變成化石——這個過程通常至少需要 1 萬年。化石遺骸一般都很零碎，但解剖學的專業知識讓科學家能利用化石記錄來重建已滅絕的物種。化石也可以用來標記年代，因此科學家能夠建立演化的年表。例如，有一種名為原人猿（*Proconsul*）的靈長類動物的非洲化石跟猴子很相似，可追溯到 2100 萬年前至 1400 萬年前。但牠沒有尾巴——這是人猿的典型特徵，說明原人猿可能是人猿家族中已知最早的成員。

人科與人族

現代巨猿（大猩猩、紅毛猩猩和黑猩猩）、人類以及人類的史前親戚在生物學上都屬於「人科」（hominid），牠們

都沒有尾巴，而且比起牠們的猴子祖先，腦也都比較大。這表示許多史前的人科動物無疑都會用工具來覓食，跟現在的黑猩猩一樣。巨猿的體型也變得比猴子還要大，而且待在地面上的時間更多。其中有一群演化成能用雙腳行走，因此有抓握能力的雙手就空了出來，可以執行其他任務。這個名為「人族」（hominin）的族群包括人類和他們最親近的祖先，可追溯到至少 620 至 600 萬年前的物種「圖根原人」（*Orrorin tugenensis*）——也就是在肯亞發現、能用雙腳行走、非常早期的人族。

△ 燧石與石塊

有將近200萬年時間，人類科技的代表就是石片工具和手斧，是利用石塊敲打燧石或其他可用的岩石來產生銳利的邊緣製成的。

最早的人類

並非所有人族都是現今人類的直系祖先，不過至少南方古猿人屬（*Australopithecus*）的其中一個分支可能就是人類的祖先。最早的人類是人屬（*Homo*），能完全用雙腳行走，腳有足弓，大腳趾不再能彎過來抓握東西，寬闊的骨盆中心上方是 S 形的脊

現代人類的崛起

就算是在現代人類（智人）於將近30萬年前出現之前，人族就已經發展出一些特質，讓他們能夠成為主導世界的力量。從不到100萬年前開始，人族就控制了火，用來煮食，後來還把火用在製造過程之中。不過智人發展出一套更複雜的文化。考古證據指出，早在20萬年前，這些現代人類就已經從他們的非洲發源地分散到了世界各地。

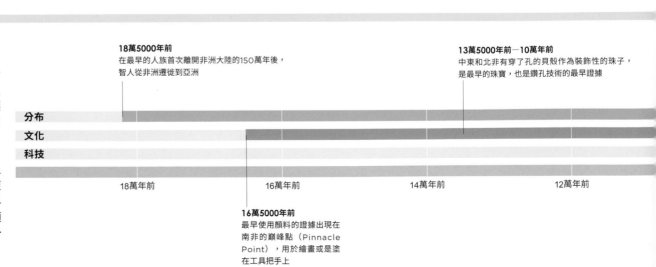

18萬5000年前
在最早的人族首次離開非洲大陸的150萬年後，智人從非洲遷徙到亞洲

13萬5000年前―10萬年前
中東和北非有穿了孔的貝殼作為裝飾性的珠子，是最早的珠寶，也是鑽孔技術的最早證據

分布	
文化	
科技	

18萬年前　　16萬年前　　14萬年前　　12萬年前

16萬5000年前
最早使用顏料的證據出現在南非的巔峰點（Pinnacle Point），用於繪畫或是塗在工具把手上

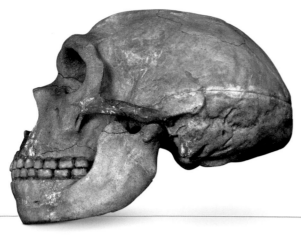

◁ **近親**
尼安德塔人是與現代人類（智人）最
親近的已滅絕人類物種，他們的頭蓋
骨較大，眉毛部位較突出。智人和尼
安德塔人的血緣夠親近，在兩者共同
生存的地方，可以互相交配繁殖。

椎。這樣的改變讓他們能夠在開闊
的地面上快速奔跑。最早的人類物
種——也就是240萬年前的「巧人」
（*Homo habilis*）——或許留在了
非洲，但我們知道，後來其他的人
屬物種就分散到歐亞大陸各地了。

智人的崛起

只有一個人類物種——智人——在
後來統治了全世界，他們是大約25
萬年前出現在非洲的。令人震驚的
是，智人的腦容量是巧人的兩倍。
有了更聰明的頭腦，表示人類能夠
有技巧地操縱身邊的環境及資源，
最終發展出複雜的文化與科技。
智人很長一段時間都與其他人類物
種同時存在。在冰河時期的歐亞大
陸，體型壯碩的尼安德塔人（*Homo
neanderthalensis*）成功適應了各種
類型的居住環境，並發展出他們自
己的先進文化。不過地球的氣候變得非常不適合居住，只
有智人存活了下來。他們分散到更遠的地方，在6萬5000
年前抵達澳洲，並可能在1萬8500年前來到南美洲。智
人顯然有一種社會結構，讓他們得以超越競爭者，成功生
存下來。最早的現代人類是很有效率的狩獵採集者，他們

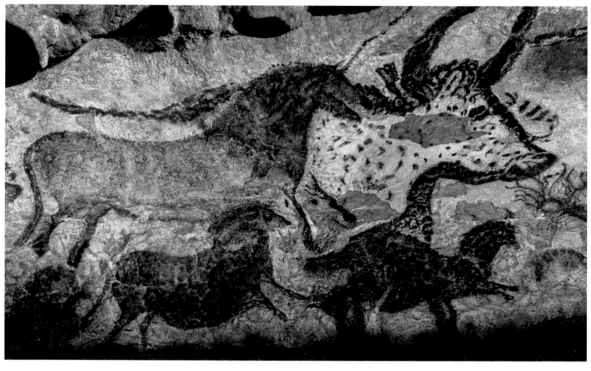

發明了新的科技來取得更多食物，並移動得更遠。這
表示他們在許多地方都發展得很好，從冰凍的北極到
炎熱的熱帶地區都一樣。接下來，在最近的2萬年間，
全世界的現代人類都開始放棄游牧生活，轉而投向定
居生活，並把技術投入耕田，形成更大型的社會，最
終播下文明的種子。

△ **早期藝術家**
這些描繪冰河時期動物的壁畫位於法
國南部的拉斯科洞窟（Lascaux
caves），已經存在了大約1萬7000
年。鄰近地區類似的繪畫顯示，史前
時代的人類早在3萬年前就已經發展
出某程度上的創作表達能力。

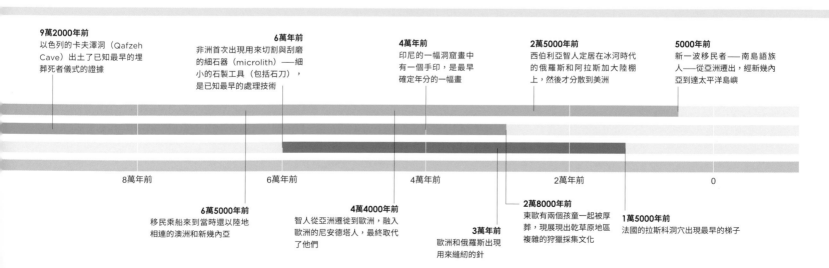

9萬2000年前
以色列的卡夫澤洞（Qafzeh
Cave）出土了已知最早的埋
葬死者儀式的證據

6萬年前
非洲首次出現用來切割與刮磨
的細石器（microlith）——細
小的石製工具（包括石刀），
是已知最早的處理技術

4萬年前
印尼的一幅洞窟畫中
有一個手印，是最早
確定年分的一幅畫

2萬5000年前
西伯利亞智人定居在冰河時代
的俄羅斯和阿拉斯加大陸棚
上，然後才分散到美洲

5000年前
新一波移民者——南島語族
人——從亞洲遷出，經新幾內
亞到達太平洋島嶼

8萬年前　　　6萬年前　　　4萬年前　　　2萬年前　　　0

6萬5000年前
移民乘船來到當時還以陸地
相連的澳洲和新幾內亞

4萬4000年前
智人從亞洲遷徙到歐洲，融入
歐洲的尼安德塔人，最終取代
了他們

3萬年前
歐洲和俄羅斯出現
用來縫紉的針

2萬8000年前
東歐有兩個孩童一起被厚
葬，現展現出乾草原地區
複雜的狩獵採集文化

1萬5000年前
法國的拉斯科洞穴出現最早的梯子

最早的人類

人類的歷史始於700萬或600萬年前的非洲。透過這片廣闊大陸上的化石記錄，我們可以繪製出人類親屬的複雜族譜。其中，我們所屬的物種——智人——最後倖存了下來。

化石證據顯示，大約有20種不同的非洲「人族」存在過，他們是人類世系的成員，在700萬至1000萬年前由黑猩猩分支出來。每個分支都分配到一個生物族群，又稱為「屬」，但這些族群和物種之間的關係仍有爭議。只有某些人族是現代人類的祖先，而其他物種——例如傍人（Paranthropus）——則走上了演化的死路。

人類從人猿演化而來，並不是一個必然的、線性的發展。我們的某些祖先發展出不同的適應能力，最終劃分出現代人類。也許最值得注意的是，更大的大腦讓我們能從事複雜的思考和行為，包括發展出石器技術，用雙腿走路也成為主要的運動方式。

我們物種最早的化石可追溯到大約30萬年前，是在摩洛哥發現的，但非洲各地也都有其他的早期樣本出土。科學家因此認為，現代人類的演化很可能是在整個大陸同時發生的。

> 「我認為非洲是創造我們智人的搖籃與熔爐。」

唐納・喬安森（Donald Johanson），古人類學家，2006年

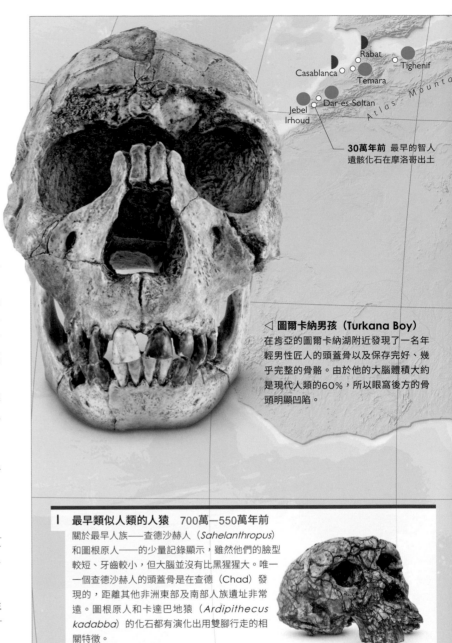

30萬年前 最早的智人遺骸化石在摩洛哥出土

◁ **圖爾卡納男孩（Turkana Boy）**
在肯亞的圖爾卡納湖附近發現了一名年輕男性匠人的頭蓋骨以及保存完好、幾乎完整的骨骼。由於他的大腦體積大約是現代人類的60%，所以眼窩後方的骨頭明顯凹陷。

┃ 最早類似人類的人猿 700萬—550萬年前

關於最早人族——查德沙赫人（Sahelanthropus）和圖根原人——的少量記錄顯示，雖然他們的臉型較短、牙齒較小，但大腦並沒有比黑猩猩大。唯一一個查德沙赫人的頭蓋骨是在查德（Chad）發現的，距離其他非洲東部及南部人族遺址非常遠。圖根原人和卡達巴地猿（Ardipithecus kadabba）的化石都有演化出用雙腳行走的相關特徵。

▲ 查德沙赫人　　▼ 圖根原人　　■ 地猿

查德沙赫人的頭蓋骨

早期人族的遷徙

亞洲和歐洲的考古證據指出，大約在200萬年前，人族首度開始走出非洲，這比智人開始遷徙還要早許多（見第16-17頁）。專家從前認為，這場遷徙剛好符合「匠人」（Homo ergaster）出現的時間點，但先驅者可能是更古老的物種——在喬治亞的德馬尼西（Dmanisi）發現的170萬年前的化石與早期的巧人很像。已知最早的東南亞人族化石是直立人（Homo erectus），他們是匠人的亞洲變種，發現於爪哇島，可追溯到180萬年前。中國泥河灣盆地的石器可追溯到160萬年前，而西班牙阿塔普厄卡山（Sierra de Atapuerca）的兩個遺址顯示，人族在120萬年前就已經抵達了西歐。

圖例

→ 可能路線　　○ 化石發現的地點

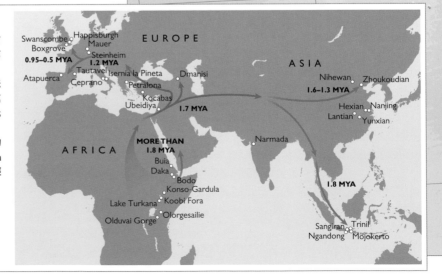

2　類似人類的人猿逐漸多樣　530萬—258萬年前

這一時期的化石顯示出人族物種的多樣性。在衣索匹亞找到的始祖地猿（*Ardipithecus ramidus*）化石包括最古老且近乎完整的人族骨骼。後來，肯亞平臉人（*Kenyanthropus*，只發現了一個頭骨）和擁有巨大臼齒的早期傍人都與南方古猿屬的多個物種生活在一起。在370萬年前至300萬年前，其中一人留下了著名的萊托利腳印（Laetoli footprint，右），顯示出他們已經演化出跨步行走的能力。

- ■ 地猿
- ◆ 肯亞平臉人
- ⬟ 南方古猿
- ⬡ 傍人

Mediterranean Sea

Hauah Fteah

約20萬年前　在黎巴嫩海岸附近的這個洞窟出土的文物中，有證據指出現代人類持續在這裡居住了數千年

Taramsa

Nile

580萬年前　人族占領衣索匹亞阿法爾三角（Afar Depression）中阿瓦士（Middle Awash）地區的歷史可追溯至卡達巴地猿時期

Bahr el Ghazali

360萬—300萬年前　在查德發現羚羊河南方古猿（*Australopithecus bahrelghazali*）的化石，拓展了南方古猿物種的已知分布範圍

Toros-Menalla

AFRICA

Singa

Middle Awash

Ethiopian Highlands

420萬年前　傍人中的多個物種以及早期人類祖先首度出現在奧慕—圖爾卡納盆地（Omo-Turkana Basin）

Omo

Lake Turkana

Lomekwi

Koobi Fora

330萬年前　在考古遺址洛梅克維（Lomekwi）發現最古老的石器，年代比人屬出現的時間還要早

Tugen Hills

Lake Victoria

Olduvai Gorge

Ndutu

Laetoli

約180萬—160萬年前　我們最早的祖先之一（巧人）曾經與鮑氏傍人（*Paranthropus boisei*）一起在這裡居住了數千年

Lake Tanganyika

Great Rift Valley

Lake Nyasa

30萬—12萬5000年前　1921年，在尚比亞的卡布維（Kabwe）發現了非常結實的海德堡人頭蓋骨，裡面曾經裝著體積與現代人類相近的大腦

約35萬年前　1973年在恩度圖（Ndutu）發現的頭蓋骨同時具有直立人和早期智人的特徵，歸類為海德堡人

Kabwe

Madagascar

33萬5000—23萬6000年前　人類的搖籃（The Cradle of Humankind）遺址內有啟星洞（Rising Star Cave），納萊迪人的化石最早就是於2013年在這裡發現的

Makapansgat

Zambezi

Rising Star Cave

Cradle of Humankind

Border Cave

Taung

Florisbad

29萬4000—22萬4000年前　在南非弗洛里斯巴（Florisbad）發現的部分頭蓋骨似乎屬於一個處於過渡期的人類，具有海德堡人和智人的共同特徵

Elandsfontein

Klasies River Mouth

Die Kelders

3　我們的屬出現了　258萬—30萬年前

巧人是化石記錄中我們屬的第一個成員，他們經歷演化，並一度與晚期的南方古猿和傍人一起生活。我們已發現這一時期的石器，但很難將這些石器歸於某個物種。匠人是第一個具有類似人類身體比例的人族。他們的後代很可能是海德堡人（*Homo heidelbergensis*），現代人類就是從他們演化而來的。

- ⬟ 南方古猿
- ⬡ 傍人
- ◗ 巧人
- ◖ 匠人
- ◗ 海德堡人

手斧，很可能來自匠人

4　智人勝出　30萬—5萬年前

最早的智人站穩腳跟之後，其他已知的非洲人族就都滅絕了，只有一種除外。近期發現可追溯至33萬5000年前至23萬6000年前的化石遺骸指出，大約就在智人出現的時候，有一種名叫納萊迪（*Homo naledi*）的物種住在非洲南部。我們不知道這些物種是否有交流，不過後來納萊迪人消失了，我們的物種就獨占了非洲。

- ◗ 納萊迪人
- ● 智人

人族化石記錄

在非洲各地發現的人類化石和文物有助於識別早期人類的各個屬和物種。這張地圖顯示了化石遺骸和文物的關鍵位置，以及這些物件的主人曾經生活的時代。

時間軸

| 1 | 2 | 3 | 4 |

800萬年前　600萬年前　400萬年前　200萬年前　0

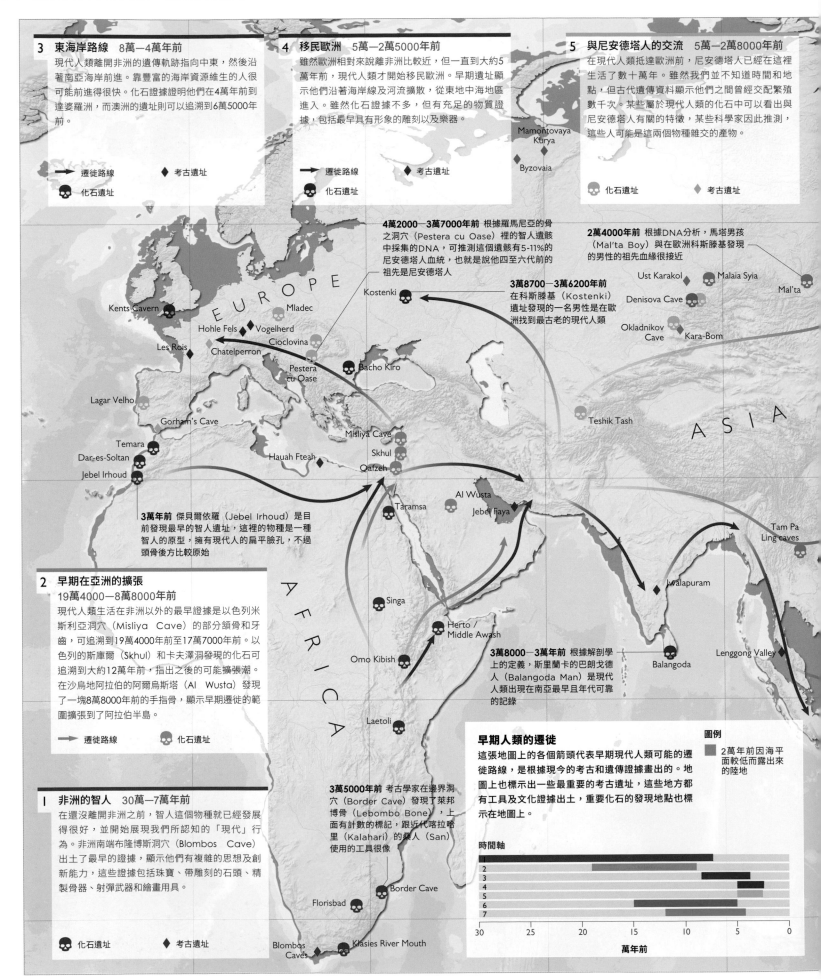

3 東海岸路線 8萬―4萬年前

現代人類離開非洲的遺傳軌跡指向中東，然後沿著南亞海岸前進。靠豐富的海岸資源維生的人很可能前進得快。化石證據證明他們在4萬年前到達婆羅洲，而澳洲的遺址則可以追溯到6萬5000年前。

→ 遷徙路線　◆ 考古遺址
💀 化石遺址

4 移民歐洲 5萬―2萬5000年前

雖然歐洲相對來說離非洲比較近，但一直到大約5萬年前，現代人類才開始移民歐洲。早期遺址顯示他們沿著海岸線及河流擴散，從東地中海地區進入。雖然化石證據不多，但有充足的物質證據，包括最早具有形象的雕刻以及樂器。

→ 遷徙路線　◆ 考古遺址
💀 化石遺址

5 與尼安德塔人的交流 5萬―2萬8000年前

在現代人類抵達歐洲前，尼安德塔人已經在這裡生活了數十萬年。雖然我們並不知道時間和地點，但古代遺傳資料顯示他們之間曾經交配繁殖數千次。某些屬於現代人類的化石中可以看出與尼安德塔人有關的特徵，某些科學家因此推測，這些人可能是這兩個物種雜交的產物。

💀 化石遺址　◆ 考古遺址

4萬2000―3萬7000年前 根據羅馬尼亞的骨之洞穴（Pestera cu Oase）裡的智人遺骸中採集的DNA，可推測這個遺骸有5-11%的尼安德塔人血統，也就是說他四至六代前的祖先是尼安德塔人

2萬4000年前 根據DNA分析，馬塔男孩（Mal'ta Boy）與在歐洲科斯滕基發現的男性的祖先血緣很接近

3萬8700―3萬6200年前 在科斯滕基（Kostenki）遺址發現的一名男性是在歐洲找到最古老的現代人類

3萬年前 傑貝爾依羅（Jebel Irhoud）是目前發現最早的智人遺址，這裡的物種是一種智人的原型，擁有現代人的扁平臉孔，不過頭骨後方比較原始

2 早期在亞洲的擴張
19萬4000―8萬8000年前

現代人類生活在非洲以外的最早證據是以色列米斯利亞洞穴（Misliya Cave）的部分頜骨和牙齒，可追溯到19萬4000年前至17萬7000年前。以色列的斯庫爾（Skhul）和卡夫澤洞發現的化石可追溯到大約12萬年前，指出之後的可能擴張潮。在沙烏地阿拉伯的阿爾烏斯塔（Al Wusta）發現了一塊8萬8000年前的手指骨，顯示早期遷徙的範圍擴張到了阿拉伯半島。

→ 遷徙路線　💀 化石遺址

3萬8000―3萬年前 根據解剖學上的定義，斯里蘭卡的巴朗戈德人（Balangoda Man）是現代人類出現在南亞最早且年代可靠的記錄

1 非洲的智人 30萬―7萬年前

在還沒離開非洲之前，智人這個物種就已經發展得很好，並開始展現我們所認知的「現代」行為。非洲南端布隆博斯洞穴（Blombos Cave）出土了最早的證據，顯示他們有複雜的思想及創新能力，這些證據包括珠寶、帶雕刻的石頭、精製骨器、射彈武器和繪畫用具。

💀 化石遺址　◆ 考古遺址

3萬5000年前 考古學家在邊界洞穴（Border Cave）發現了萊邦博骨（Lebombo Bone），上面有計數的標記，跟近代喀拉哈里（Kalahari）的桑人（San）使用的工具很像

早期人類的遷徙

這張地圖上的各個箭頭代表早期現代人類可能的遷徙路線，是根據現今的考古和遺傳證據畫出的。地圖上也標示出一些最重要的考古遺址，這些地方都有工具及文化證據出土，重要化石的發現地點也標示在地圖上。

圖例
▬ 2萬年前因海平面較低而露出來的陸地

時間軸

	30	25	20	15	10	5	0
1							
2							
3							
4							
5							
6							
7							

萬年前

地圖標示地名：
Mamontovaya Kurya, Byzovaia, Kostenki, Ust Karakol, Malaia Syia, Mal'ta, Denisova Cave, Okladnikov Cave, Kara-Bom, EUROPE, Kents Cavern, Mladec, Hohle Fels, Vogelherd, Cioclovina, Les Rois, Chatelperron, Pestera cu Oase, Bacho Kiro, Teshik Tash, ASIA, Lagar Velho, Gorham's Cave, Misliya Cave, Skhul, Qafzeh, Al Wusta, Jebel Faya, Temara, Dar-es-Soltan, Jebel Irhoud, Hauah Fteah, Taramsa, Tam Pa Ling caves, Iwalapuram, Singa, Herto / Middle Awash, AFRICA, Omo Kibish, Balangoda, Lenggong Valley, Laetoli, Border Cave, Florisbad, Blombos Caves, Klasies River Mouth

6　神祕的丹尼索瓦人　15萬—5萬年前

在西伯利亞的丹尼索瓦洞穴發現的手指骨和兩顆牙齒經過DNA分析,發現了一種之前不知道的獨特族群,也就是丹尼索瓦人。雖然他們的遺骸只出現在一個遺址,但基因顯示他們的分布範圍非常廣。這些人跟尼安德塔人生活在同一個時代,且他們會互相交配繁殖,和智人也一樣。

☠ 化石遺址

Yana

4萬5000年前 工具以及猛獁象和犀牛骨顯示,在冰河時期,人類曾經生活在北極圈以北

Ust-mil

Zhoukoudian

Tianyuan Cave

12萬—8萬年前 田園洞的人體遺骸是在東亞發現最古老的遺骸

Yamashita-cho

△ 藝術的出現

4萬年前 在年代久遠的火山沉積層中發現了約70把石斧

〈布拉森博伊的維納斯〉(The Venus of Brassempouy,法國),可以追溯到大約2萬5000年前,是已知最早呈現人臉的雕塑之一。

Matenkupkum, Balof, and Panakiwuk

Huon Peninsula

Jerimalai

SAHUL

7　中亞到東亞　12萬—4萬5000年前

來到中亞及東亞的人口很有可能是那些原本已經移民到南亞海岸的人。在北方必須面對寒冷、荒涼的環境,所以他們必須有強大的適應力。來到最東北邊的那一群人的後代將會移民美洲。

→ 遷徙路線　　◆ 考古遺址

☠ 化石遺址

源出非洲

現代人類——智人——確實是很國際化的物種,在每一個大陸都定居了下來。從17萬7000年前起,人類開始一群群走出故鄉非洲,四處分散後定居在全球各地。到了4萬年前,我們的物種已經住在北歐、中亞和東亞,也已穿越大海,來到澳洲。

早在我們的物種出現之前超過100萬年,遠古人族就已經從非洲遷移到亞洲和歐洲了(見第14頁)。但智人與這些早期物種之間究竟是什麼關係,細節仍隨著每一次發現這一時期的化石和考古遺跡而慢慢浮出水面。如今,遺傳和考古證據壓倒性地支持「晚近非洲起源說」(Recent African Origin),又稱為「源出非洲」(Out-of-Africa)理論,主張智人先在非洲演化,後來才分散到舊大陸各地,取代了其他所有人族物種。

智人在20萬年前之後的某個時間點首次離開非洲,其中某些群體似乎至少在8萬年前就到達了東亞,也可能早在12萬年前就已經抵達。這第一批移民若不是從非洲東北部出發,就是從西奈半島沿著亞洲南部海岸線向東移動,接著要嘛向北進入中國,要嘛向東穿越東南亞。之後的人群前往中亞和東亞,最後向西北進入歐洲。

智人進入新領土時可能受到了阻礙,尤其是在歐洲,因為他們遇到了其他人族,包括尼安德塔人和丹尼索瓦人(Denisovan)。我們對丹尼索瓦人所知不多,但尼安德塔人是我們最早發現的人族化石,現在已找到的樣本有數千個。智人與這兩個物種交流的證據仍存在於我們的基因中。

> 「我也相信我們的祖先來自非洲。」
>
> 理察‧李奇(Richard Leakey),肯亞古人類學家,2005年

我們基因裡的故事
人類DNA中的證據

科學家透過比較現今世界各地人類的基因組成,可以分析出不同人口之間的演化關係。他們因此能夠確定我們都源自非洲,並說明我們的物種是用什麼方式、在什麼時候分布到世界各地。他們也從一些已滅絕的物種化石中取得遺傳資料(DNA)。對尼安德塔人和丹尼索瓦人的DNA分析顯示,這兩個人類物種都曾與智人交配繁殖過,而他們的某些基因也傳給了現代人類。

斯里蘭卡的維達人(Vedda)
DNA分析指出他們是斯里蘭卡最早的原住民。

最早的澳洲人

6萬多年前,刻苦耐勞又機智的一群人穿越大海,從亞洲來到澳洲。他們成了澳洲原住民,並建立起獨特的生活方式及他們特有的文化。

在上一個冰河時期,澳洲、新幾內亞和塔斯馬尼亞(Tasmania)合併成一個大陸(見第 17 頁)。一群乘坐竹製船隻的航海民族從亞洲穿越海洋,移民到這片大陸,他們就是第一批澳洲人。這些人沿著海岸線和河谷穿越大陸。考古證據指出,到了 3 萬年前,他們已經分散各地,從南部的塔斯馬尼亞到西部的天鵝河(Swan River),再向北進入新幾內亞。

△ **古代藝術**
古老的布拉德紹(Bradshaw)岩石畫像在1891年於澳洲西部發現。圖中是正在表演或狩獵的人形圖案。

澳洲原住民

澳洲原住民是半游牧民族。他們沒有發展農業社會,而是隨著季節變化而移動。他們組成小家庭,但透過廣大的社交網互相聯繫。對於狩獵和採集已經很擅長的他們開發了新技術,例如迴力鏢、魚籠和磨製石斧。漸漸地,這些族群在文化上也多樣了起來。在遙遠的北方,住在托瑞斯海峽(Torres Strait,位在澳洲和新幾內亞之間)的族群與澳洲原住民變得截然不同。原住民的生活開始以人與自然界——又叫「族鄉」(Country)——之間的關係為中心,包括動物、植物和岩石。這種關係一直延續到現代,透過「傳命」(Dreaming)的方法成為一種儀式。「傳命」就是把關於創世的口述歷史與道德規範相結合,其中一些體現在藝術中。

移民澳洲

澳洲最早已知的考古遺址有6萬5000年老,這個年代與證明澳洲原住民起源的遺傳證據一致。人類以及他們獵物的化石還有當時的文物指出,當時人類的生活以海岸線附近以及墨累—大令(Murray–Darling)河盆地為中心。

Madjedbebe Rock Shelter
6萬5000年前

Nawarla Gabarnmung
4萬5000年前

AUSTRALIA

Upper Swan River
4萬年前

Willandra Lakes
4萬年前

Devil's Lair
4萬8000—4萬3000年前

Penrith
5萬—4萬年前

Tasmania
3萬年前

圖例

◆ 3萬年前之前的考古遺址

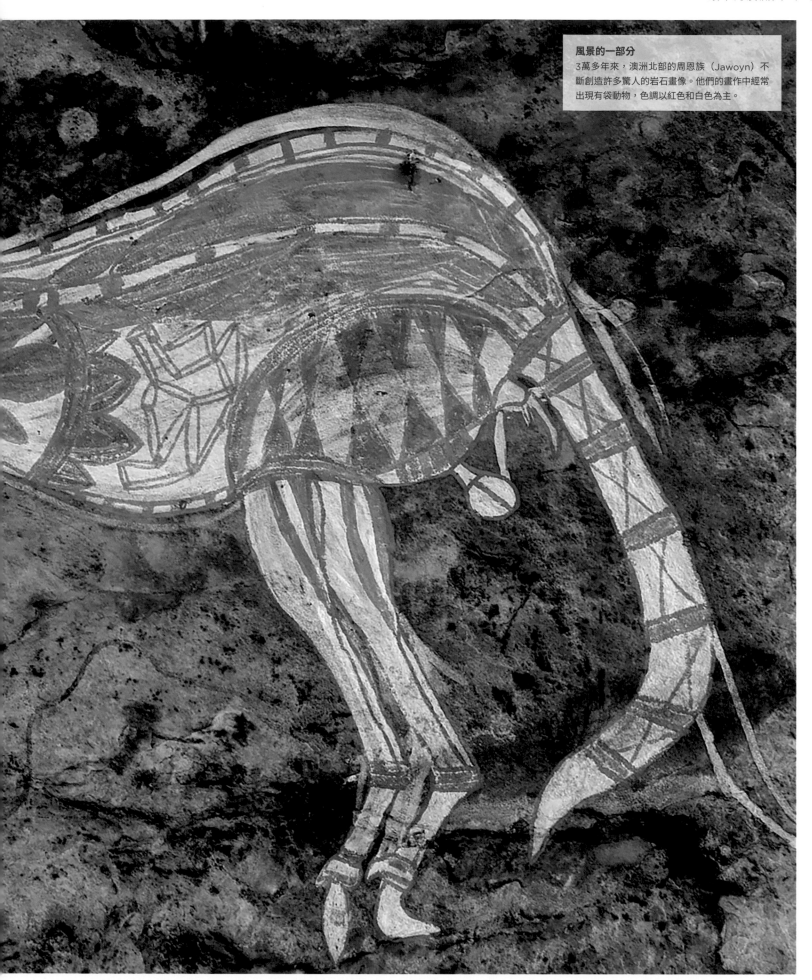

風景的一部分
3萬多年來，澳洲北部的周恩族（Jawoyn）不斷創造許多驚人的岩石畫像。他們的畫作中經常出現有袋動物，色調以紅色和白色為主。

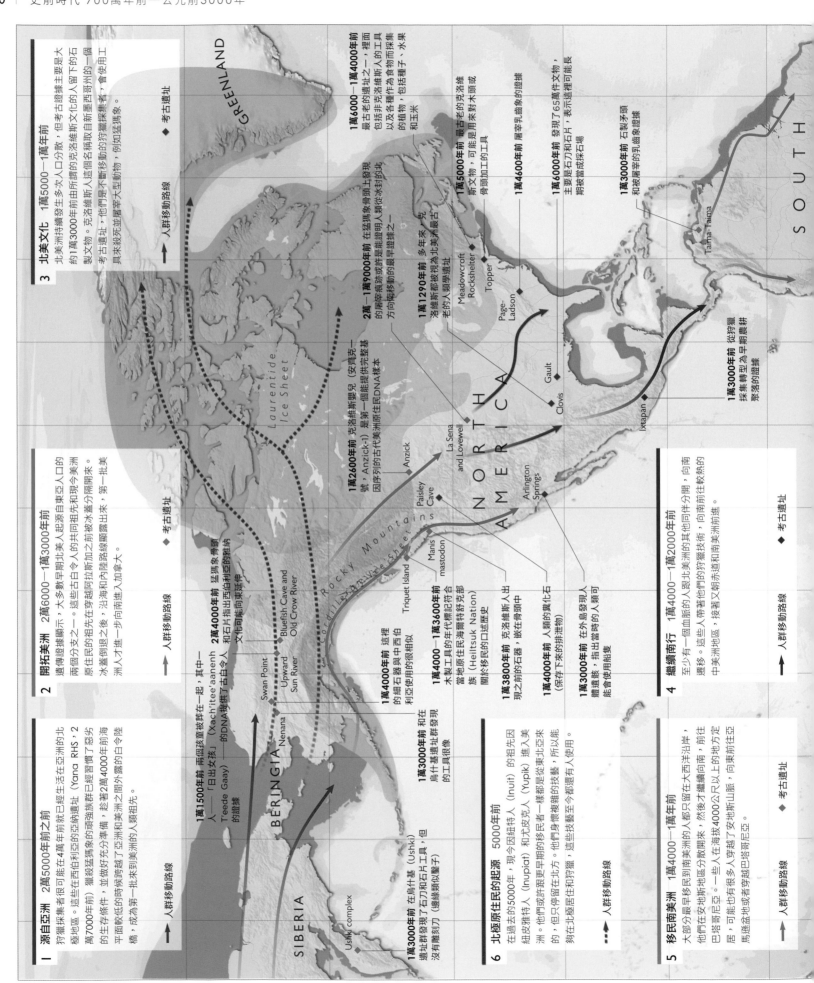

1 源自亞洲 2萬5000年前之前

狩獵採集者很可能在4萬年前就已經生活在亞洲人口的北極地區。這些在西伯利亞的頑強猛瑪象遺習慣了惡劣的生存條件，並做好充分準備，趁著2萬4000年前海平面較低的時候穿越了亞洲和美洲之間外露的白令陸橋，成為第一批來到美洲的人類祖先。

▬ 人群移動路線　◆ 考古遺址

2 開拓美洲 2萬6000—1萬3000年前

遺傳證據顯示，大多數早期北美人起源自東亞人口的兩個分支之一。這些古今人的共同祖先和現今美洲原住民的祖先加之前已經分隔開來。原住民的祖先退之後，沿海和內陸路線顯露出來，第一批美洲人才進一步南向進入加拿大。

▬ 人群移動路線　◆ 考古遺址

3 北美文化 1萬5000—1萬年前

北美洲持續發生多次人口分散，但考古證據主要是石製文物。約1萬3000年前由所謂的克洛維斯文化的人口中留下的石製文物。克洛維斯人是個名稱取自新墨西哥州的一個考古遺址，他們是不斷移動的狩獵採集者，會使用工具來獵殺並屠宰大型動物，例如猛瑪象。

▬ 人群移動路線　◆ 考古遺址

1萬6000—1萬4000年前 最古老的遺址之一，裡面包括排克洛維斯人的工具，以及各種作為食物而採集的植物，包括種子、水果和玉米

2萬—1萬9000年前 在猛瑪象骨頭上發現的屠宰痕跡或許是能證明對的北方向南移動的最早證據之一

1萬2900年前 多年來，克洛維斯人都被視為北美洲最古老的人類遺址

1萬5000年前 最古老的克洛維斯人文物，可能是用來對木頭或骨頭加工的工具

1萬4600年前 屠宰乳齒象的證據

1萬6000年前 發現了65萬件文物，表示這裡可能長期被當成採石場

1萬3000年前 石製矛頭和被屠宰乳齒象的證據

1萬2600年前 克洛維斯盟兒（安濟克—號，Anzick-1）是第一個能提供宗整基因序列的古代原住民DNA樣本

1萬4000年前 這裡的細石器與中西伯利亞文化使用的很相似

1萬4000年前 和石片指出西伯利亞的雅納文化可能向東延伸

2萬4000年前 猛瑪象骨頭和納和現今的白令人

1萬4000—1萬3600年前 木製工具以木代樹紋符合當地原住民海爾舒克部族（Heiltsuk Nation）關於移民的口述歷史

1萬3800年前 克洛維斯人出現之前的石器，嵌在骨頭中

1萬4000年前 人類發現的糞化石（保存下來的排泄物）

1萬3000年前 在外島發現人類遺骸，指出當時的人類可能使用船隻

1萬3000年前 從狩獵採集轉型為早期農耕聚落的證據

1萬1500年前 兩個該童被葬在一起，其中一人—「日出女孩」（Xach'itee'aanenh T'eede Gaay）的DNA提供了古代人的證據

2萬4000年前 猛瑪象骨頭

1萬3000年前 在烏什基（Ushki，邊緣類似鑿子）遺址群發現了石刀和石片工具，但沒有雕刻刀

6 北極原住民的起源 5000年前

在過去的5000年，現今因紐特人（Inuit）的祖先紐皮雅特人（Inupiat）和尤皮克人（Yupik）進入美洲。他們或許跟更早期的移民者一樣是從東北亞來的，但只停留在北方。他們身懷複雜的技藝，造出能夠在北極居住和狩獵，這些技藝甚至全都還有人使用。

┈ 人群移動路線　◆ 考古遺址

4 繼續南行 1萬4000—1萬2000年前

至少有一個血脈的北美洲的其他同伴分開，向南遷移。這些人帶著他們的狩獵技術，向南前往中美洲地區，接著又朝南進入南美洲前進。

▬ 人群移動路線　◆ 考古遺址

5 移民南美洲 1萬4000—1萬年前

大部分最早移民到南美洲的人都只留在大西洋沿岸，他們在安地斯地區分散開來，然後才繼續向南，前往巴塔哥尼亞。一些人在海拔4000公尺以上的地方定居，可能也有很多人穿越了安地斯山脈，向東前往在亞馬遜盆地或穿越巴哥尼亞。

▬ 人群移動路線　◆ 考古遺址

GREENLAND　SIBERIA　BERINGIA　NORTH AMERICA　SOUTH

Laurentide Ice Sheet　Rocky Mountains　Cordilleran Ice Sheet

Ushki complex　Swan Point　Nenana　Upward Sun River　Bluefish Cave and Old Crow River　Meadowcroft Rockshelter　Topper　Page-Ladson　Gault　Clovis　Anzick　La Sena and Lovewell　Paisley Cave　Manis mastodon　Triquet Island　Arlington Springs　Ixtapan　Taima-Taima

克洛維斯人（Clovis）
石器時代的獵人

過著狩獵採集生活的克洛維斯人曾被視為最早的美洲獵人，但比克洛維斯時期更早的考古遺址於說明事實並非如此。然而，克洛維斯人成了影響各地的一股勢力。他們使用雙面尖頭石器和石刀來獵殺北美洲的許多大型哺乳動物，例如野牛、猛瑪象和劍齒虎。除了多變的氣候和物種棲地改變之外，獵人很可能也是導致牠們滅絕的主要因素之一。

已滅絕的劍齒虎。

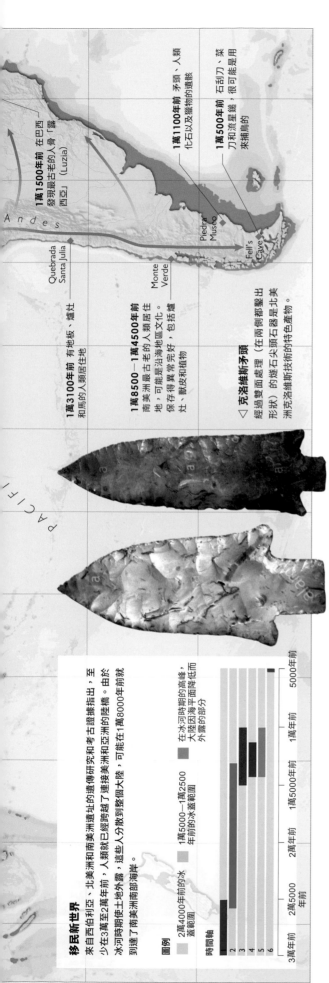

1萬1500年前 在巴西
發現最古老的人骨「露西亞」（Luzia）

1萬1100年前 矛頭、人類化石以及獵物的遺骸

1萬1500年前 石刮刀、菜刀和流星錘，很可能是用來捕鳥的

1萬3100年前 有板岩、爐灶和馬的人類居住地

1萬8500－1萬4500年前
南美洲最古老的人類居住地，可能是沿海地區文化。保存得異常完好，包括爐灶、獸皮和植物

△ **克洛維斯矛頭**
經過雙面處理（在兩側都鑿出形狀）的燧石尖頭是北美洲克洛維斯技術的特色產物。

移民新世界

來自西伯利亞、北美洲和南美洲遺址的遺傳研究和考古證據指出，至少在3萬至2萬年前，人類就已經跨越了連接美洲和亞洲的陸橋。由於冰河時期使土地外露，這些人分散到整個大陸，到達了南美洲南部海岸。

圖例

2萬4000年前的冰蓋範圍	在冰河時期的高峰，大陸因海平面降低而外露的部分
1萬5000－1萬2500年前的冰蓋範圍	

時間軸
2
3
4
5
6

3萬年前　2萬5000年前　2萬年前　1萬5000年前　1萬年前　5000年前

移民美洲

當哥倫布在1492年踏上美洲時，已經有人在這片大陸上生活了數千年。這些真正發現新大陸的人來自西伯利亞。他們克服了冰與雪，長途跋涉，移民到這片有草原、沙漠、雨林和山脈的大陸。

大約2萬4000年前，地球正值冰河時期，北半球大部分地區都被北極冰蓋所覆蓋。由於大量的水都凍結在冰川中，海平面低到足以讓連接亞洲和北美洲的陸地露出，稱為白令陸橋（Beringia）。這表示你可以從一個大陸走到另一個大陸，直到冰蓋擋住去路。美洲最早的居民就在這樣的地方被孤立了數千年，直到氣候暖和起來、冰融化後，才開通了前往南方的道路，時間最早大概是在2萬年前。

來自考古遺址的DNA證據以及現今仍然存活的美洲原住民的DNA顯示，通過白令陸橋進入新大陸的最早居民，分出了兩個不同的群體。其中只有一群人繼續前往美洲殖民，就是美洲原住民的祖先。另一群人——我們稱為古白令人——可能一直被阻隔在白令陸橋或陸橋之外的地區，直到冰川融化。他們的DNA與過去或現在任何美洲原住民的DNA都不一樣。遺傳資訊顯示，在1萬7500年前到1萬4600年前之間，進入美洲的群體再分出分出兩個新部系，也就是北部諸系和南部諸系。其中北系沿線向前推進，有些人後來分散得很快、幾千年之內，沿著太平洋海岸和進入內陸進入美洲定居是很快，指出他們的移動速度很快，並且在短短幾個世紀後就進入了巴塔哥尼亞（Patagonia）。

但他們的基因路線還是很慢。

「那些後來的亞洲人，透過跨越大陸而成為了最初的美洲人。他們開創了史前歷史。他們移民的方式和規模是後世永遠無法複製的。」

大衛·J·梅爾策（David J. Meltzer），《新大陸的第一批人：移民冰河時期的美洲》（First Peoples in a New World: Colonizing Ice Age America），2009年

最早的農夫

耕田和種植食物對史前人類來說是一種全新的生活方式。他們因此從游牧民族變成農夫。他們還建立聚落，有永久性的建築和更大型的社會，並有潛力去發展更複雜的技術和文化。

△ 創新的工具
這種名叫扁斧（adze）的木製工具上面有石製刀片，鋒利到足以砍樹、開闢用來放牧的土地或挖掘堅硬的土地。

最早期的人類大多居住在小型游牧地帶，哪裡有充足的食物就往哪裡去。他們跟隨大型動物遷移，獵捕牠們為食。同樣地，他們也會隨著季節性水果與種子的收穫而移動。他們一次又一次地簡單紮營，隨身帶著幾樣輕便的行囊。

這種狩獵採集的生活方式讓人類撐過了上一次冰河期，但在大約 1 萬 2000 年前，地球的溫度升高，為世界開闢了更多的可能性。其中有一個人類物種——智人——在這個較溫暖的世界裡脫穎而出。到了這個時期，這些現代人類已經遠遠離開了他們的故鄉非洲，來到亞洲、澳洲和美洲，並各自開始在世界各地創造固定的農耕聚落。

定居

在河流的氾濫平原等土壤特別肥沃的地方，擁有更堅固房屋的固定營地是很合理的做法。定居者可以在資源豐富的當地覓食區域周圍狩獵、捕魚和採集植物來作為食物，以便養活更多人口。這距離農業只差一小步，

▷ 早期的農村
梅赫爾格爾（Mehrgarh）位於今日巴基斯坦，當地的這個聚落可追溯至公元前7000年。這裡有泥磚房和糧倉，用來儲存種植出來的多餘穀物。

因為在離家較近的地方照顧或移植食用植物，或者播種、種植塊莖會更方便（最近的一些證據顯示，早在 2 萬 3000 年前，人類就開始採取這種做法），而最溫馴的野生動物則被限制在圍欄中。最早的這批農場生產出更多的食物，能養活更多人，因此聚落有辦法擴大，甚至有多餘的資源能彌補收成較差的時期。珍貴的糧倉受到保護，不讓競爭陣營取得，這也成了留在固定地方生活的另一個原因。

馴化

到了公元前 1 萬年左右，歐亞大陸、新幾內亞和美洲已經出現了農業。農夫依賴當地的動植物作為食物的首選來源。他們了解到，有些物種比其他物種更有用，這些物種就成了主食。

在美索不達米亞（現代伊拉克）肥沃的氾濫區，當地的野生小麥和大麥成為受歡迎的穀物，而山羊和綿羊則提供了肉類。東亞的主要穀物是稻米，而中美洲的農民則種植玉米。在所有的地方，最早的農夫都選擇了最容易管理且高產量的動植物。隨著時間過去，一代又一代下來，他們的選擇將改變野生物種的特性，因為作

定居生活

現代人類分散到世界各地後，就仰賴當地的動植物來維生。人類種植第一批作物、圈養第一批牲畜後，游牧社會就被定居社會取代。野生物種的馴化大約始於1萬2000年前。最早的農夫利用收成最好的可食用物種，大量種植食物，並用足夠的食物來養活更龐大的人口，最終擊敗狩獵採集者。

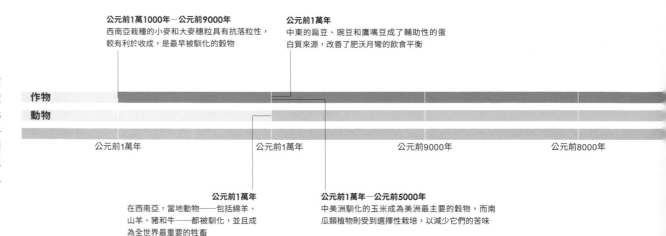

公元前1萬1000年—公元前9000年
西南亞栽種的小麥和大麥穗粒具有抗落粒性，較有利於收成，是最早被馴化的穀物

公元前1萬年
中東的扁豆、豌豆和鷹嘴豆成了輔助性的蛋白質來源，改善了肥沃月彎的飲食平衡

作物	
動物	

公元前1萬年　　　　　公元前1萬年　　　　　公元前9000年　　　　　公元前8000年

公元前1萬年
在西南亞，當地動物——包括綿羊、山羊、豬和牛——都被馴化，並且成為全世界最重要的牲畜

公元前1萬年—公元前5000年
中美洲馴化的玉米成為美洲最主要的穀物，而南瓜類植物則受到選擇性栽培，以減少它們的苦味

◁ **耕田**
一組公元前2000年的木製模型呈現出一個男人用公牛犁田的畫面。這組模型描繪了最早期的一種抓犁，也就是在堅硬的地面上挖出一道溝渠，準備播種。

物和牲畜把這些特性遺傳下來，塑造出現今我們馴化的種類。透過馴化，聚落變得愈來愈依賴這些有限的動植物作為主要的食物來源。因此雖然食物很充足，有時營養卻不均衡。人類需要花更多的時間去種田，乾旱時也可能會喪失一些牲畜。擁擠的聚落導致傳染病很容易在人畜之間互相感染，所以人類往往不太健康。

說到最後，不論把農業視為成功還是失敗，它都是權衡風險和利益的結果。某些地方（例如澳洲內陸）的環境

> 「耕種是埃及、美索不達米亞、印度河流域、中國、美洲和非洲文明發展的先決條件。」

格雷姆·巴克（Graeme Barker），摘錄自《史前時代的農業革命》（*The Agricultural Revolution in Prehistory*），2006年

較有利於傳統的游牧生活方式，這些地方的人大多都維持狩獵採集的生活。農夫愈來愈了解他們的作物和牲畜的需求，於是發展出克服風險和提高生產力的方法。他們學會利用動物的糞便作為肥料，或透過河流改道來灌溉田地，這可以減少季節性乾旱造成的影響。例如在埃及，尼羅河水被用於大規模灌溉農田，有助於延長生長季。

漸漸地，糧食生產力變成了物質上的財富，因為更多的食物不僅能養活更多人，也促進了貿易。同時，更大的聚落也孕育出更多具有不同技能的人，例如工匠和商人。這表示農業革命將對人類歷史產生深遠的影響，包括產業城鎮的出現。

△ **野生祖先**
來自亞洲西南部的亞美尼亞摩弗侖野綿羊可能是被馴化的綿羊的祖先。綿羊是最早被馴化的動物物種之一，時間大約是公元前1萬年。

公元前7000年
中國肥沃的長江流域種植的稻米經過培育，產出更大、更有營養的穀粒

公元前5500年
祕魯和阿根廷北部開始栽種馬鈴薯類植物，是今日人類的主食馬鈴薯的祖先

公元前4000年
真珠粟（pearl millet）生長在薩赫爾（Sahel）地區，與高粱一起成為非洲的主要穀物之一

公元前3000年
單峰駱駝在非洲和阿拉伯被馴化，用於運輸或提供肉類和奶類

公元前2000年
火雞在墨西哥被馴化，用於提供肉類及羽毛，後來更是有了儀式上的用途

公元前6000年　　　公元前5000年　　　公元前4000年　　　公元前3000年　　　公元前2000年

公元前7000年
牛在北非被馴化，比大部分穀物出現在非洲大陸的時間都還要早

公元前5500年
馬在中亞被馴化

公元前5000年
駱馬、羊駝和豚鼠在南美洲被馴化，駱馬用於提供肉類、毛料和載運重物

公元前4000年
在南亞，雞被當作食物或用於鬥雞活動，不過遺傳證據指出，雞在更早之前就已經是馴化的鳥類了，時間可能早於公元前1萬年

農業的起源

當狩獵採集者放棄游牧生活、成為最早的農夫時，他們不僅是在養家餬口，也是在推動一場將對人類未來產生巨大影響的農業革命。

關於農業起源的證據是來自考古研究，以及作物或牲畜和相對野生物種的DNA。沒有人知道人類開始耕種的明確原因。或許他們把野生作物移植到靠近家園的地方是為了方便，或者預見了讓種子發芽的潛力。不論如何，冰河時期結束後，氣候變暖，人口增加，全世界的人類（不約而同地）開始忙於農事。他們因此有了穩定的營養來源，而且在收成好的時候，還能有多餘的糧食來幫忙撐過收成差的時期。要照料作物或圈養牲畜，就必須在同一個地方停留夠長的時間才有辦法收成。其他留在同一個地方的可能原因還有新的農具太重，無法從一個地方帶到另一個地方，而且多餘的糧食也必須儲存起來。農業聚落茁壯成文明的種子，他們的社群也開始散播開來，而技術、植物和牲畜也一起傳開。

> 「……我們幾乎所有人都是農夫，再不然就是因為農夫才能夠飽食。」

賈德‧戴蒙（Jared Diamond），摘錄自《槍炮、病菌與鋼鐵》（*Guns, Germs, and Steel*），1997年

馴化革命

從野生物種變成作物和牲畜

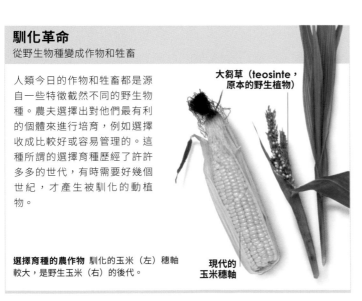

人類今日的作物和牲畜都是源自一些特徵截然不同的野生物種。農夫選擇出對他們最有利的個體來進行培育，例如選擇收成比較好或容易管理的。這種所謂的選擇育種歷經了許許多多的世代，有時需要好幾個世紀，才產生被馴化的動植物。

大芻草（teosinte，原本的野生植物）

現代的玉米穗軸

選擇育種的農作物 馴化的玉米（左）穗軸較大，是野生玉米（右）的後代。

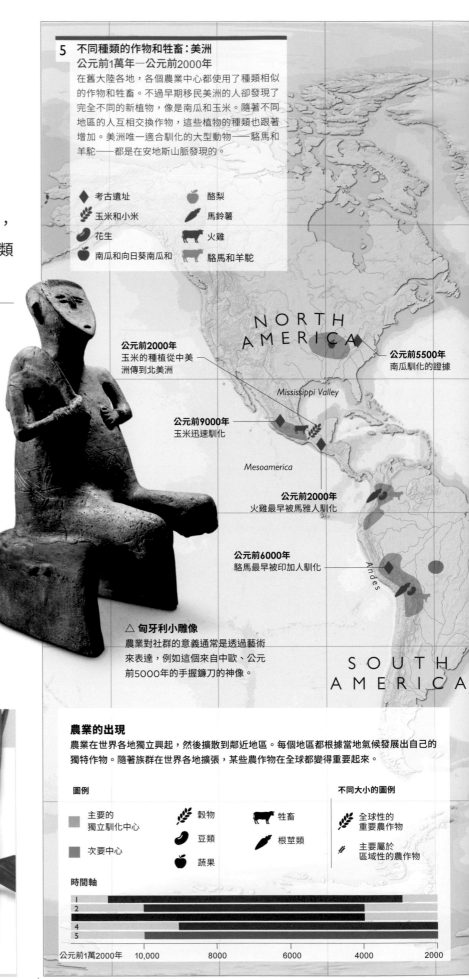

5　不同種類的作物和牲畜：美洲
公元前1萬年─公元前2000年

在舊大陸各地，各個農業中心都使用了種類相似的作物和牲畜。不過早期移民美洲的人卻發現了完全不同的新植物，像是南瓜和玉米。隨著不同地區的人互相交換作物，這些植物的種類也跟著增加。美洲唯一適合馴化的大型動物──駱馬和羊駝──都是在安地斯山脈發現的。

- ◆ 考古遺址
- 🌾 玉米和小米
- 🥜 花生
- 🎃 南瓜和向日葵南瓜和
- 🥑 酪梨
- 🥔 馬鈴薯
- 🦃 火雞
- 🐂 駱馬和羊駝

NORTH AMERICA

公元前2000年
玉米的種植從中美洲傳到北美洲

公元前5500年
南瓜馴化的證據

Mississippi Valley

公元前9000年
玉米迅速馴化

Mesoamerica

公元前2000年
火雞最早被馬雅人馴化

公元前6000年
駱馬最早被印加人馴化

Andes

SOUTH AMERICA

△ **匈牙利小雕像**
農業對社群的意義通常是透過藝術來表達，例如這個來自中歐、公元前5000年的手握鐮刀的神像。

農業的出現

農業在世界各地獨立興起，然後擴散到鄰近地區。每個地區都根據當地氣候發展出自己的獨特作物。隨著族群在世界各地擴張，某些農作物在全球都變得重要起來。

圖例	不同大小的圖例
🟦 主要的獨立馴化中心	🌾 穀物　🐂 牲畜
🟥 次要中心	🫘 豆類　🥕 根莖類
	🍎 蔬果

🌾 全球性的重要農作物

🌾 主要屬於區域性的農作物

時間軸

1　
2　
4　
5　

公元前1萬2000年　10,000　8000　6000　4000　2000

亞洲作物的馴化：中國
公元前1萬1000年—公元前3000年

稻米成為中國河谷地區的主要穀類作物。農夫選擇最好的糯稻來大量種植，所以米粒變大了。這種人為造成的變化已經改變了美索不達米亞的野生小麥，當地人用鐮刀收割，碰巧對具抗落粒性的穗粒比較有利。不過亞洲對稻穀的選擇可能是比較有意識的。

◆ 考古遺址   綠豆
小米和稻米   瓜類
稻米   豬、馬、雞、鴨
黃豆   牛

公元前7000年 農業來到歐洲，希臘人採納了食物生產的經濟

公元前1萬1000年 植物馴化的最早證據，被馴化的是二粒小麥（emmer）和一粒小麥（einkorn）

公元前1萬200年 豬隻馴化的最早證據

公元前1萬年 綿羊和山羊馴化的最早證據

公元前5500年 馬馴化的最早證據，馬具也是證據之一

公元前1萬年 小米的考古證據，小米是亞洲已知最早的旱耕作物

公元前5000年 已知最早的牛隻馴化發生在非洲

公元前3100年 在埃及第一王朝的統治下進行了第一次大型灌溉工程，引導尼羅河的氾濫洪水來灌溉

公元前8000年 所有馴化的亞洲稻米的起源

公元前5000年 馴化油棕的可能起源

公元前1萬500年 現代牛從最初的一小群牲畜馴化而來，這個群體可能只有80隻動物

公元前4500年 真珠粟馴化的證據，這是已知最早在非洲種植的作物

公元前3500年—公元前3000年 馴化高粱的考古證據

公元前7000年 南亞可能展開早期的稻米栽培

公元前7000年 種植香蕉和芋頭的考古證據

公元前1萬年之前 野生原雞（junglefowl）被馴化，是現代雞的祖先

100萬年前 在萬德威洞穴（Wonderwerk Cave）發現人類控制火的最早證據，或許是人類第一次燒烤

West African Sahel
Sahel and Upper Nile Valley
Fertile Crescent
Ganges River Valley
Yellow and Yangtze River Valleys
New Guinea Highlands
EUROPE ASIA AFRICA AUSTRALIA

4 牲畜早於作物：非洲
公元前9000年—公元前2000年

在世界上某些地方，動物比作物更早被馴化。在非洲，早在公元前9000年，人類就已經會使用牛隻，但是當地的穀物（例如小米和高粱）卻要等到這之後的數千年才被馴化。農業始於撒哈拉地區，冰河時期之後，由於降雨量增加，這個地區就被草原、湖泊和沼澤覆蓋。後來這裡的環境轉乾，農業發展就向南擴散。

◆ 考古遺址   牛、驢子和駱駝
高粱和小米
油棕和椰棗

3 農業的最早證據：美索不達米亞
公元前1萬2000年—公元前4000年

一些最早的農作物生長在位於現代伊拉克的底格里斯河和幼發拉底河之間養分豐富的氾濫平原上，這並非巧合。在古代的美索不達米亞（意思是「河流之間」），小麥於公元前1萬1000年左右被馴化。這個地區是所謂「肥沃月灣」的一部分，向西最遠延伸到黎凡特（Levant），並成為全球農業革命的關鍵地點。

◆ 考古遺址   橄欖
小麥和大麥   綿羊、山羊、豬和牛
扁豆、豌豆和鷹嘴豆

2 潮溼熱帶地區的農業：新幾內亞
公元前1萬年—公元前4000年

在滿是雨林的熱帶島嶼新幾內亞，食用的植物種類截然不同。這裡的人不種植穀物，而是種植水果和塊根作物，最出名的是香蕉和芋頭。芋頭的根和葉都可食用，現在仍是當地的主食。不過耕作只是當地經濟的一部分，這個地區是至今唯一沒有向世界其他地方輸出馴化物種的主要農業中心。

◆ 考古遺址
香蕉
芋頭和山藥

從村莊到城鎮

過著游牧生活的狩獵採集者開始耕作後,有史以來第一次,人類在文明的地圖上有了固定的據點。聚落的大小和複雜性都增加了;最早的村莊也變成最早的城鎮。

正如農業讓人類成為定居的物種,人類建造的聚落也推動了現代人的社會特性:累積物資、產業和貿易。世界各地都有這樣的事情發生,但亞洲西南部的證據最為清楚。在這裡,最早的農民在肥沃的土壤上生產了足夠的食物來養活更密集的人口。雖然生活上的勞動量很大,而且因為過度擁擠、營養不良,患病的風險也比較大,但長期生活在同一個地方還是有好處的。人類可以專注於產生、創造盈餘,並完善技能,讓生活變得更容易。他們還燒製黏土,做成磚塊,用來建造更堅固的房子,或做成大型器皿。隨著城鎮發展,有時人類會建造圍牆作為防禦。來自地中海的貝殼顯示,貿易發展的範圍很廣,而紅銅也逐漸取代燧石,成為更好用的工具。社會劃分成工匠、商人和領袖,這些最早的地方產業帶來了物質財富,為最早的貿易經濟奠下基礎。

> 「……人類聚在一起是很合理的……
> 這樣環境比較好管理。」
>
> J‧M‧羅伯茲(J.M. Roberts),摘錄自《世界歷史》
> (*History of the World*),1990年

石器時代的陶器
石器時代的陶器

在2萬年前,人類就已經會燒製黏土,製成小雕像和罐子。這一點在後來建造住所時變得很重要。溼黏土可用來加固灌木牆,實心磚可以用來抵禦惡劣的天氣和敵人,而黏土技術的創意應用造就了更多裝飾性的瓶罐。

哈拉夫壺(Halaf vase)
地中海的的陶器早在公元前6000年就有幾何圖形的裝飾。

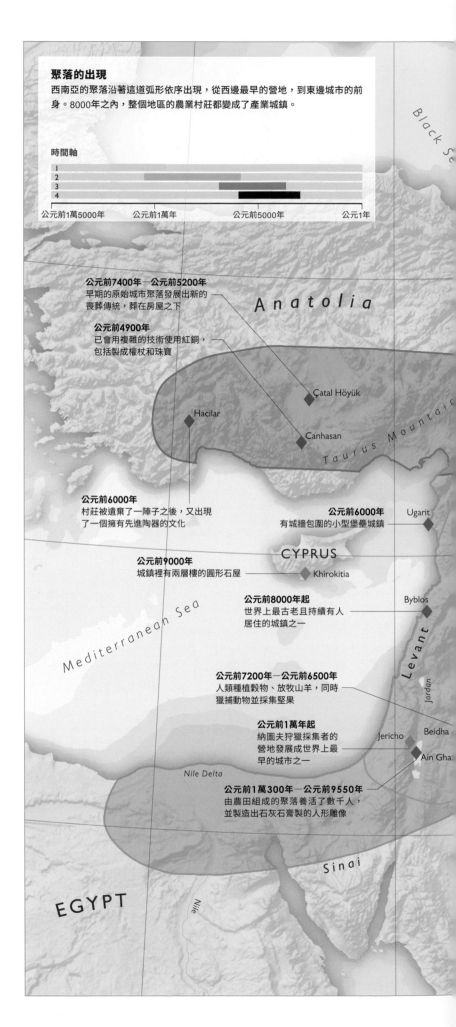

聚落的出現
西南亞的聚落沿著這道弧形依序出現,從西邊最早的營地,到東邊城市的前身。8000年之內,整個地區的農業村莊都變成了產業城鎮。

時間軸

公元前1萬5000年　　公元前1萬年　　　公元前5000年　　　公元1年

公元前7400年—公元前5200年
早期的原始城市聚落發展出新的喪葬傳統,葬在房屋之下

公元前4900年
已會用複雜的技術使用紅銅,包括製成權杖和珠寶

Anatolia

Çatal Höyük
Hacilar
Canhasan
Taurus Mountain

公元前6000年
村莊被遺棄了一陣子之後,又出現了一個擁有先進陶器的文化

公元前6000年　Ugarit
有城牆包圍的小型堡壘城鎮

CYPRUS

公元前9000年
城鎮裡有兩層樓的圓形石屋　Khirokitia

公元前8000年起　Byblos
世界上最古老且持續有人居住的城鎮之一

Mediterranean Sea

Levant

Jordan

公元前7200年—公元前6500年
人類種植穀物、放牧山羊,同時獵捕動物並採集堅果

公元前1萬年起
納圖夫狩獵採集者的營地發展成世界上最早的城市之一
Jericho　Beidha
Ain Gha

Nile Delta

公元前1萬300年—公元前9550年
由農田組成的聚落養活了數千人,並製造出石灰石膏製的人形雕像

Sinai

EGYPT

Nile

Black Sea

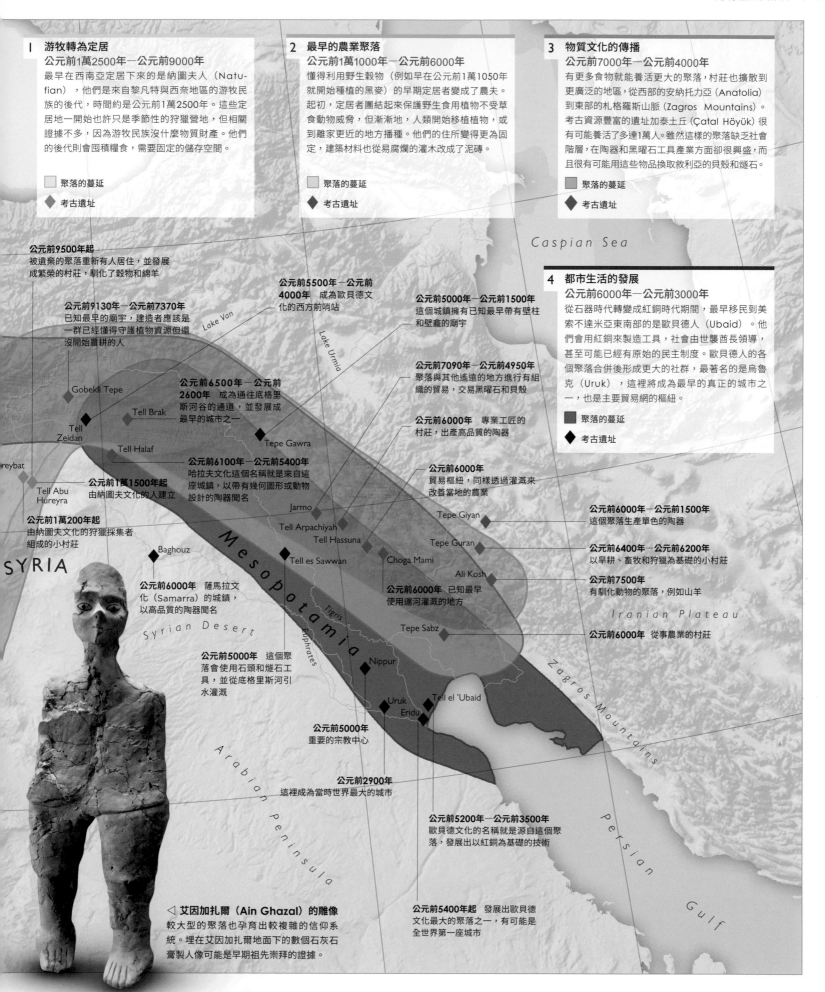

1　游牧轉為定居
公元前1萬2500年—公元前9000年

最早在西南亞定居下來的是納圖夫人（Natu-fian），他們是來自黎凡特與西奈地區的游牧民族的後代，時間約是公元前1萬2500年。這些定居地一開始也許只是季節性的狩獵營地，但相關證據不多，因為游牧民族沒什麼物質財產。他們的後代則會囤積糧食，需要固定的儲存空間。

☐ 聚落的蔓延
◆ 考古遺址

2　最早的農業聚落
公元前1萬1000年—公元前6000年

懂得利用野生穀物（例如早在公元前1萬1050年就開始種植的黑麥）的早期定居者變成了農夫。起初，定居者團結起來保護野生食用植物不受草食動物威脅，但漸漸地，人類開始移植植物，或到離家更近的地方播種。他們的住所變得更為固定，建築材料也從易腐爛的灌木改成了泥磚。

☐ 聚落的蔓延
◆ 考古遺址

3　物質文化的傳播
公元前7000年—公元前4000年

有更多食物就能養活更大的聚落，村莊也擴散到更廣泛的地區，從西部的安納托力亞（Anatolia）到東部的札格羅斯山脈（Zagros Mountains）。考古資源豐富的遺址加泰土丘（Çatal Höyük）很有可能養活了多達1萬人。雖然這樣的聚落缺乏社會階層，在陶器和黑曜石工具產業方面卻很興盛，而且很有可能用這些物品換取敘利亞的貝殼和燧石。

☐ 聚落的蔓延
◆ 考古遺址

4　都市生活的發展
公元前6000年—公元前3000年

從石器時代轉變成紅銅時代期間，最早移民到美索不達米亞東南部的是歐貝德人（Ubaid）。他們會用紅銅來製造工具，社會由世襲酋長領導，甚至可能已經有原始的民主制度。歐貝德人的各個聚落合併後形成更大的社群，最著名的是烏魯克（Uruk），這裡將成為最早的真正的城市之一，也是主要貿易網的樞紐。

☐ 聚落的蔓延
◆ 考古遺址

公元前9500年起
被遺棄的聚落重新有人居住，並發展成繁榮的村莊，馴化了穀物和綿羊

公元前9130年—公元前7370年
已知最早的廟宇，建造者應該是一群已經懂得守護植物資源但還沒開始農耕的人

公元前5500年—公元前4000年　成為歐貝德文化的西方前哨站

公元前5000年—公元前1500年
這個城鎮擁有已知最早帶有壁柱和壁龕的廟宇

公元前7090年—公元前4950年
聚落與其他遙遠的地方進行有組織的貿易，交易黑曜石和貝殼

公元前6500年—公元前2600年　成為通往底格里斯河谷的通道，並發展成最早的城市之一

公元前6000年　專業工匠的村莊，出產高品質的陶器

公元前6100年—公元前5400年
哈拉夫文化這個名稱就是來自這座城鎮，以帶有幾何圖形或動物設計的陶器聞名

公元前1萬1500年起
由納圖夫文化的人建立

公元前6000年
貿易樞紐，同樣透過灌溉來改善當地的農業

公元前1萬200年起
由納圖夫文化的狩獵採集者組成的小村莊

公元前6000年—公元前1500年
這個聚落生產單色的陶器

公元前6400年—公元前6200年
以旱耕、畜牧和狩獵為基礎的小村莊

公元前6000年　薩馬拉文化（Samarra）的城鎮，以高品質的陶器聞名

公元前6000年　已知最早使用運河灌溉的地方

公元前7500年
有馴化動物的聚落，例如山羊

公元前6000年　從事農業的村莊

公元前5000年　這個聚落會使用石頭和燧石工具，並從底格里斯河引水灌溉

公元前5000年
重要的宗教中心

公元前2900年
這裡成為當時世界最大的城市

公元前5200年—公元前3500年
歐貝德文化的名稱就是源自這個聚落，發展出以紅銅為基礎的技術

公元前5400年起　發展出歐貝德文化最大的聚落之一，有可能是全世界第一座城市

◁ 艾因加扎爾（Ain Ghazal）的雕像
較大型的聚落也孕育出較複雜的信仰系統。埋在艾因加扎爾地面下的數個石灰石膏製人像可能是早期祖先崇拜的證據。

地圖標示：
Caspian Sea
Lake Van
Lake Urmia
Gobekli Tepe
Tell Brak
Tell Zeidan
Tell Halaf
reybat
Tell Abu Hureyra
Tepe Gawra
Jarmo
Tell Arpachiyah
Tell Hassuna
Choga Mami
Tepe Giyan
Tepe Guran
Ali Kosh
Baghouz
SYRIA
Mesopotamia
Tell es Sawwan
Tepe Sabz
Iranian Plateau
Syrian Desert
Tigris
Euphrates
Nippur
Uruk
Eridu
Tell el 'Ubaid
Arabian Peninsula
Zagros Mountains
Persian Gulf

古代世界

古代世界的歷史從大約始於公元前**3000**年最早的城市發展出來之際，並於幾個霸權在公元前幾個世紀衰亡之時結束，例如羅馬帝國以及中國漢朝。

最早的文明

肥沃的土壤、溫暖的氣候以及充足的水源，再加上農業以及製造石器的技術，讓最早的都市文明得以發展。一般認為都市文明最初是在美索不達米亞（今日伊拉克）盛行起來的，時間約是公元前3500年。

在有助文明發展的所有因素之中，水源或許是最重要的。已知最早的文明在美索不達米亞南部的蘇美（Sumer）誕生，始於底格里斯河和幼發拉底河之間肥沃的地帶。蘇美人被這個地方乾淨、充足的水源所吸引，定居下來。

烏魯克是蘇美文明繁榮的貿易中心，公認是世界第一座城市。公元前 2800 年，也就是烏魯克的鼎盛時期，這裡擁有 9.6 公里的防禦城牆以及 4 萬到 8 萬之間的人口。其他對文明有重要貢獻的蘇美城邦包括埃里都（Eridu）、烏爾（Ur）、尼普爾（Nippur）、拉格什（Lagash）和基什（Kish）。蘇美人的發明之中，最重要的或許就是輪子，以及後來發展出來的楔形文字。

△ 〈公羊纏枝〉（Ram in the Thicket）

這個精緻的小雕像是蘇美人精湛工藝的典範，來自古代美索不達米亞的城邦烏爾，描繪一隻正在覓食的野生公山羊。

最早的金字塔

如同蘇美人仰賴底格里斯河和幼發拉底河，若是沒有尼羅河，就不會有埃及文明。尼羅河一年中有六個月都會氾濫，沖積到平原上，留下一層豐厚、富含養分的黑色淤泥。因此早期的埃及人可以種植農作物，包括穀物、水果和蔬菜。

大約在公元前 3400 年，埃及的兩個王國繁盛起來——尼羅河谷的上埃及（Upper Egypt）以及北方的下埃及

> 「這是烏魯克之牆，世界上沒有任何城市能與之媲美。」
>
> 《吉爾伽美什史詩》（*Epic of Gilgamesh*），公元前2000年左右

△ 建築奇蹟

吉薩的金字塔是三位古王國時期法老的陵墓。圖中這三座大金字塔從左到右依序是孟卡拉、古夫與卡夫拉的陵墓。

（Lower Egypt）。約 300 年後，國王那爾邁（Narmer）統一了這兩個王國，並把孟斐斯（Memphis）設為統一後的埃及首都。公元前 2611 年左右，埃及人在孟斐斯附近的薩卡拉（Saqqara）建了第一座金字塔。這座階梯式金字塔由國王左塞爾（Djoser）最信任的大臣之一印和闐（Imhotep）設計，目的是作為陵墓，用來安置國王的屍體。接著埃及又建了超過 130 座金字塔。其中最重要的是在吉薩（Giza）為古夫（Khufu）而建的大金字塔（Great Pyramid），他在公元前 2589 年—公元前 2566 年之間統治埃及。後來，同一個地點又建造了兩座金字塔，供古夫之後的法老卡夫拉（Khafre）和孟卡拉（Menkaure）使用。位於現今祕魯的小北文明（Norte Chico）也有同樣的金字

古代文明

一般都認為，以城市為基礎的文明源於美索不達米亞（幼發拉底河和底格里斯河之間的地區），接下來是埃及的尼羅河流域。而在中國肥沃的黃河流域，以及今日巴基斯坦和印度的印度河流域，文明則獨立發展。這幾個例子中都有一條大河，提供了條件來發展集約、高效率的農業。祕魯早期也發展出城市，原因還不完全清楚。在歐洲，邁諾斯人以宏偉的宮殿為中心，建造了高度發展的城市聚落。

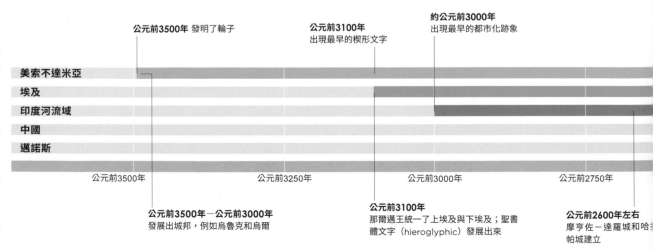

公元前3500年 發明了輪子

公元前3100年 出現最早的楔形文字

約公元前3000年 出現最早的都市化跡象

	公元前3500年	公元前3250年	公元前3000年	公元前2750年
美索不達米亞				
埃及				
印度河流域				
中國				
邁諾斯				

公元前3500年—公元前3000年 發展出城邦，例如烏魯克和烏爾

公元前3100年 那爾邁王統一了上埃及與下埃及；聖書體文字（hieroglyphic）發展出來

公元前2600年左右 摩亨佐－達羅城和哈拉帕城建立

▷ **儀式用的器皿**
中國的青銅食器，又稱為「簋」，可能是在公元前1300年—1050年之間製造的，用於商朝的宗教儀式。

塔形建築結構，但跟埃及文明完全沒有關聯。他們是最早在美洲建立城市的人，時間約是公元前 3000 年。

東方文明

在印度河流域（位於南亞的西北部）以及中國北部，河流在文明的發展中同樣扮演非常重要的角色。我們現在稱印度河流域的人為哈拉帕人（Harappan），這個名稱來自哈拉帕，是他們最重要的城市之一，同樣重要的還有摩亨佐—達羅（Mohenjo Daro）。哈拉帕人興盛的時期是公元前 3300 年—公元前 1900 年。直到最近，很多人都認為哈拉帕人是被北方的入侵者雅利安人（Aryan）所打敗。但更現代的理論指出，印度河文明的滅亡是由於地球結構的改變，影響了他們賴以為生的河流。不過另一個理論則認為，是當地河流乾涸導致這個文明的滅亡。

在中國，文明沿著北部的黃河而繁榮。這裡也跟埃及文明以及哈拉帕文明一樣，季節性的洪水滋養了土地，帶動了農耕的發展。同時，河水本身就是一條實用的貿易路線。到了公元前 2000 年，這裡的人已經會鑄造青銅器、編織絲綢，以及製造陶器。

神祕的邁諾斯人（Minoan）

大約在中國文明發展的同時，另一個重要文明也在地中海的克里特島出現。這裡的

人稱為邁諾斯人，這個名稱是英國考古學家亞瑟·艾文斯爵士（Sir Arthur Evans）取的，用來紀念邁諾斯（Minos），他是一位傳奇領導人，沒有人知道他是否真實存在。邁諾斯人是海上貿易的強大勢力，出口木材、陶器和紡織品。貿易為他們帶來了財富，於是他們建造了許多宮殿——其中最驚人的是克諾索斯皇宮（Knossos）。邁諾斯文明在公元前 15 世紀後期衰落。有些歷史學家把這歸因於錫拉島（Thera，現代的聖托里尼）的火山爆發，有些歷史學家則認為這是從希臘大陸來的邁錫尼人（Mycenaean）入侵的結果。

▽ **藝術表現**
這幅彩色壁畫是公元前14世紀一副石棺上的裝飾，描繪一場邁諾斯葬禮，紀念一位死去的貴族。

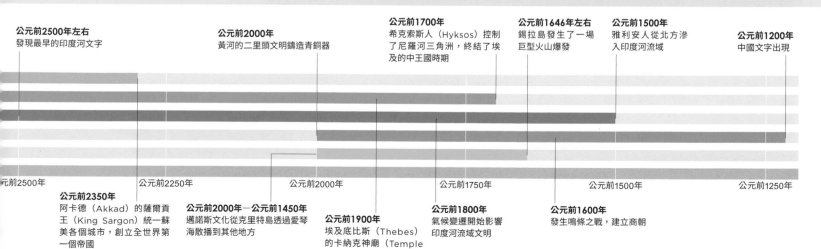

公元前2500年左右
發現最早的印度河文字

公元前2000年
黃河的二里頭文明鑄造青銅器

公元前1700年
希克索斯人（Hyksos）控制了尼羅河三角洲，終結了埃及的中王國時期

公元前1646年左右
錫拉島發生了一場巨型火山爆發

公元前1500年
雅利安人從北方滲入印度河流域

公元前1200年
中國文字出現

元前2500年　　　　公元前2250年　　　　　公元前2000年　　　　　公元前1750年　　　　　公元前1500年　　　　　公元前1250年

公元前2350年
阿卡德（Akkad）的薩爾貢王（King Sargon）統一蘇美各個城市，創立全世界第一個帝國

公元前2000年—公元前1450年
邁諾斯文化從克里特島透過愛琴海散播到其他地方

公元前1900年
埃及底比斯（Thebes）的卡納克神廟（Temple of Karnak）開始建造

公元前1800年
氣候變遷開始影響印度河流域文明

公元前1600年
發生鳴條之戰，建立商朝

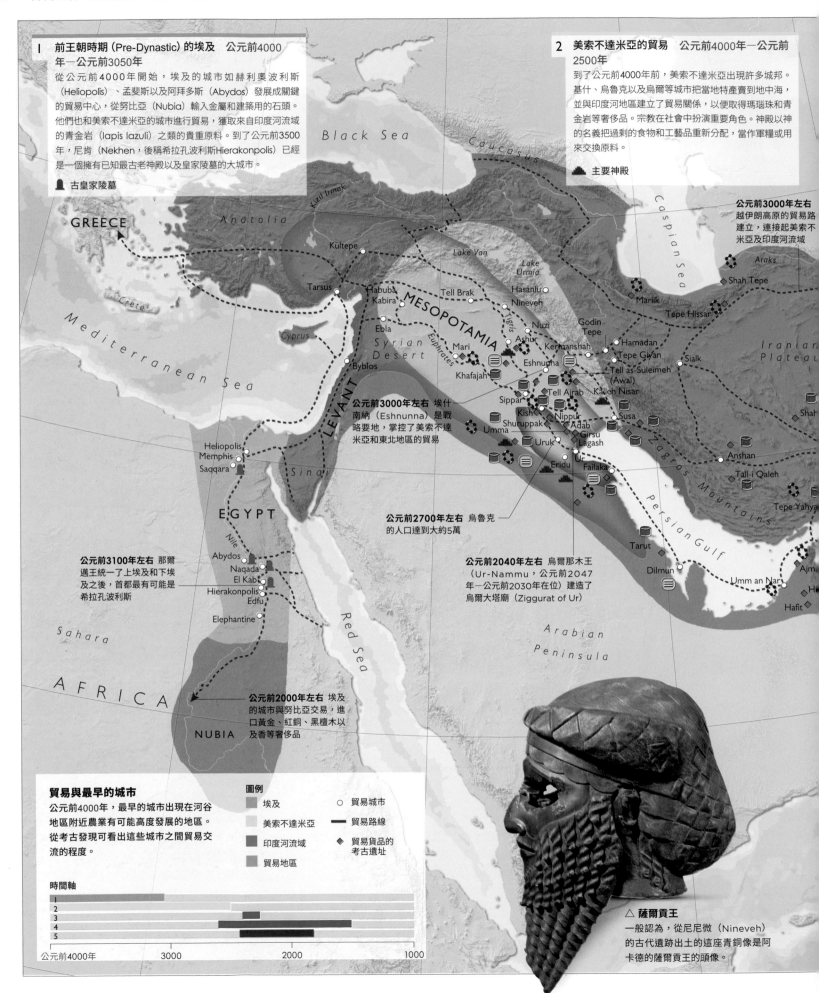

1 前王朝時期（Pre-Dynastic）的埃及 公元前4000年—公元前3050年

從公元前4000年開始，埃及的城市如赫利奧波利斯（Heliopolis）、孟斐斯以及阿拜多斯（Abydos）發展成關鍵的貿易中心，從努比亞（Nubia）輸入金屬和建築用的石頭。他們也和美索不達米亞的城市進行貿易，獲取來自印度河流域的青金岩（lapis lazuli）之類的貴重原料。到了公元前3500年，尼肯（Nekhen，後稱希拉孔波利斯Hierakonpolis）已經是一個擁有已知最古老神殿以及皇家陵墓的大城市。

🏛 古皇家陵墓

2 美索不達米亞的貿易 公元前4000年—公元前2500年

到了公元前4000年前，美索不達米亞出現許多城邦。基什、烏魯克以及烏爾等城市把當地特產賣到地中海，並與印度河地區建立了貿易關係，以便取得瑪瑙珠和青金岩等奢侈品。宗教在社會中扮演重要角色。神殿以神的名義把過剩的食物和工藝品重新分配，當作軍糧或用來交換原料。

🏛 主要神殿

公元前3000年左右 越伊朗高原的貿易路線建立，連接起美索不達米亞及印度河流域

公元前3000年左右 埃什南納（Eshnunna）是戰略要地，掌控了美索不達米亞和東北地區的貿易

公元前2700年左右 烏魯克的人口達到大約5萬

公元前3100年左右 那爾邁王統一了上埃及和下埃及之後，首都最有可能是希拉孔波利斯

公元前2040年左右 烏爾那木王（Ur-Nammu，公元前2047年—公元前2030年在位）建造了烏爾大塔廟（Ziggurat of Ur）

公元前2000年左右 埃及的城市與努比亞交易，進口黃金、紅銅、黑檀木以及香等奢侈品

貿易與最早的城市

公元前4000年，最早的城市出現在河谷地區附近農業有可能高度發展的地區。從考古發現可看出這些城市之間貿易交流的程度。

圖例

■ 埃及
■ 美索不達米亞
■ 印度河流域
■ 貿易地區

○ 貿易城市
━ 貿易路線
◆ 貿易貨品的考古遺址

時間軸

	公元前4000年	3000	2000	1000
1				
2				
3				
4				
5				

△ 薩爾貢王

一般認為，從尼尼微（Nineveh）的古代遺跡出土的這座青銅像是阿卡德的薩爾貢王的頭像。

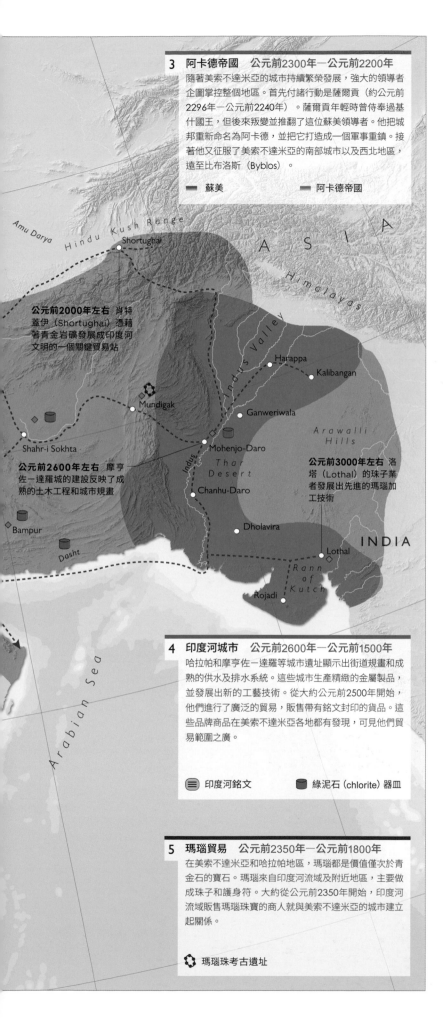

3　阿卡德帝國　公元前2300年－公元前2200年

隨著美索不達米亞的城市持續繁榮發展，強大的領導者企圖掌控整個地區。首先付諸行動是薩爾貢（約公元前2296年－公元前2240年）。薩爾貢年輕時曾侍奉過基什國王，但後來叛變並推翻了這位蘇美領導者。他把城邦重新命名為阿卡德，並把它打造成一個軍事重鎮。接著他又征服了美索不達米亞的南部城市以及西北地區，遠至比布洛斯（Byblos）。

- ▬ 蘇美
- ▬ 阿卡德帝國

公元前2000年左右 肖特蓋伊（Shortughai）憑藉著青金岩礦發展成印度河文明的一個關鍵貿易站

公元前2600年左右 摩亨佐－達羅城的建設反映了成熟的土木工程和城市規畫

公元前3000年左右 洛塔（Lothal）的珠子業者發展出先進的瑪瑙加工技術

4　印度河城市　公元前2600年－公元前1500年

哈拉帕和摩亨佐－達羅等城市遺址顯示出街道規畫和成熟的供水及排水系統。這些城市生產精緻的金屬製品，並發展出新的工藝技術。從大約公元前2500年開始，他們進行了廣泛的貿易，販售帶有銘文封印的貨品。這些品牌商品在美索不達米亞各地都有發現，可見他們貿易範圍之廣。

- ▤ 印度河銘文
- ⬤ 綠泥石（chlorite）器皿

5　瑪瑙貿易　公元前2350年－公元前1800年

在美索不達米亞和哈拉帕地區，瑪瑙都是價值僅次於青金石的寶石。瑪瑙來自印度河流域及附近地區，主要做成珠子和護身符。大約從公元前2350年開始，印度河流域販售瑪瑙珠寶的商人就與美索不達米亞的城市建立起關係。

- ✦ 瑪瑙珠考古遺址

最早的城市

已知最早的城市沿著美索不達米亞（現代的伊拉克）、埃及和印度河流域的肥沃沖積平原發展。這些城市變成繁榮的貿易中心，具備有組織的社會結構，並在藝術、工藝以及建築方面表現出色。

到了公元前3000年，基於農業上的進步，世界某些地方（也就是埃及尼羅河、印度河以及美索不達米亞的底格里斯河和幼發拉底河流域）能夠有多餘的食物。因此，住在這些地區的族群發展出各種工藝，從金屬加工到磚石工程都有。這造就了第一批市場，並把財富引入這些地點，形成了世界上第一批城市的核心。這些城

> 「美索不達米亞人把他們的城邦視為神聖典範和秩序的世俗翻版。」
>
> J・斯皮沃格爾（J. Spielvogel），摘錄自《西方文明簡史》（*Western Civilization*）第一冊，2014年

市中心大多在河岸邊發展，靠近肥沃的農田和製磚用的黏土來源地。河流是把木材、寶石和金屬等原料輸入城市的重要通道。貿易貨物也會透過陸路運輸，尤其是跨越黎凡特和伊朗高原，連接起這三個地區的城市。最值得注意的是，美索不達米亞各地都有發現來自印度河流域的瑪瑙珠和印記（隨貨文件上的品牌標記）。美索不達米亞的許多城市都發展成強大的城邦，其中一些最終成為已知最早帝國的首都。

烏爾王室旗標

美索不達米亞文物，公元前2600年－公元前2400年

1920年代從烏爾皇家陵墓發掘出來的烏爾王室旗標是一個錐形盒子，帶有場景裝飾。這件文物最初的用途至今仍是個謎，不過盒子兩面（又稱為「戰爭面」和「和平面」）的圖案生動地描繪古城生活各層面的故事。這些場景還包括已知最早用於運輸的輪子圖像。

法老統治下的埃及

埃及是古代世界歷史最悠久的文明之一。由於有一連串強大的統治者、獨特的宗教和藝術以及貿易網，3000多年來，埃及文化得以在尼羅河流域及其他地區發揮影響力。

大約從公元前2700年到公元前1085年，埃及的國王（又稱為法老）在尼羅河流域統治了三個不同的漫長時期，歷史學家把這幾個時期稱為古王國、中王國和新王國時期。

埃及古文明沿著尼羅河岸發展，這裡是旅行和貿易的主要幹道。這條河每年也都有豐富的漁獲和洪水，因此河岸覆蓋滿了肥沃的泥土，帶來很大的農業生產量。雖然埃及法老的統治範圍是河岸周邊區域，但他們的影響力遠遠不止於此，主要是透過陸上和海上貿易遠征來傳播，尤其在中王國和新王國時期，影響更是深遠。埃及人發展出他們自己的一套文字系統，而法老也任用書記官來記錄貿易的貨物以及確保稅收，藉此鞏固財富。

埃及人擁有多神信仰，並且把法老也視為神，這為他們的統治增加了神性。法老的權力之大，透過古代興建的驚人陵墓就能明顯看出，包括古王國時期的金字塔，以及後續其他王國的巨大神殿和墳墓。

> 「萬物之神使我偉大，在我誕生之前，他便賜我土地。」

拉美西斯二世（Ramses II），新王國時期的法老，
公元前1279—1213年

埃及統治下的區域

右邊的幾張地圖呈現出古埃及古王國、中王國和新王國的界線，也包括連接綠洲、城市、重要神殿、要塞和金字塔的貿易路線。

圖例
🌴 綠洲

時間軸

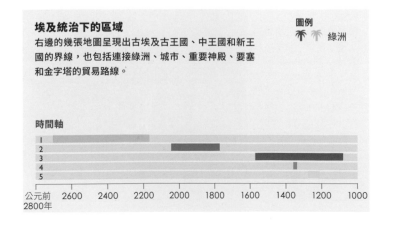

公元前2800年 2600 2400 2200 2000 1800 1600 1400 1200 1000

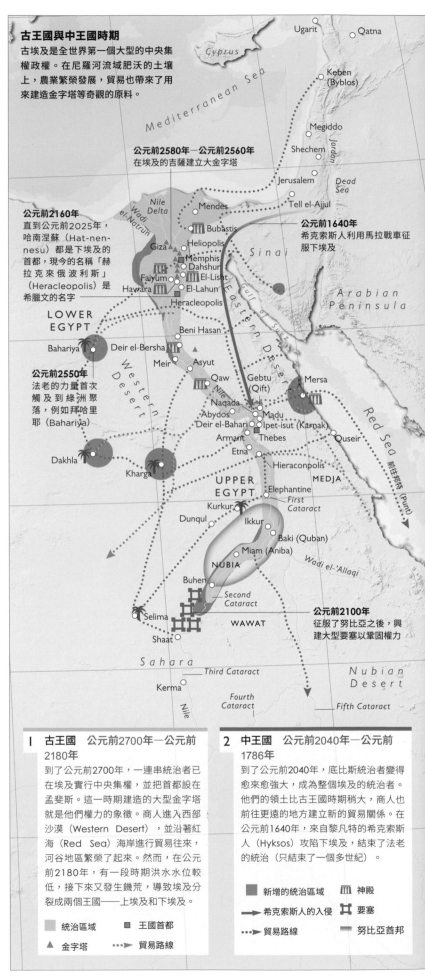

古王國與中王國時期
古埃及是全世界第一個大型的中央集權政權。在尼羅河流域肥沃的土壤上，農業繁榮發展，貿易也帶來了用來建造金字塔等奇觀的原料。

公元前2580年—公元前2560年
在埃及的吉薩建立大金字塔

公元前2160年
直到公元前2025年，哈南涅蘇（Hat-nen-nesu）都是下埃及的首都，現今的名稱「赫拉克來俄波利斯」（Heracleopolis）是希臘文的名字

公元前1640年
希克索斯人利用馬拉戰車征服下埃及

公元前2550年
法老的力量首次觸及到綠洲聚落，例如拜哈里耶（Bahariya）

公元前2100年
征服了努比亞之後，興建大型要塞以鞏固權力

1 古王國 公元前2700年—公元前2180年
到了公元前2700年，一連串統治者已在埃及實行中央集權，並把首都設在孟斐斯。這一時期建造的大型金字塔就是他們權力的象徵。商人進入西部沙漠（Western Desert），並沿著紅海（Red Sea）海岸進行貿易往來，河谷地區繁榮了起來。然而，在公元前2180年，有一段時期洪水水位較低，接下來又發生饑荒，導致埃及分裂成兩個王國——上埃及和下埃及。

2 中王國 公元前2040年—公元前1786年
到了公元前2040年，底比斯統治者變得愈來愈強大，成為整個埃及的統治者。他們的領土比古王國時期稍大，商人也前往更遠的地方建立新的貿易關係。在公元前1640年，來自黎凡特的希克索斯人（Hyksos）攻陷下埃及，結束了法老的統治（只結束了一個多世紀）。

■ 新增的統治區域　🏛 神殿
➡ 希克索斯人的入侵　🏰 要塞
⋯▶ 貿易路線　　　　 ▬ 努比亞酋邦

■ 統治區域　　■ 王國首都
▲ 金字塔　　 ⋯▶ 貿易路線

GREECE

Mycenae

前往哈圖薩斯（Hattushash）

HITTITE EMPIRE

前往哈圖薩斯

Anatolia

Carchemish

Mesopotamia

Tigris

Alalakh

Ugarit　Niya

Karmi

前往巴比倫尼亞（Babylonia）

Cyprus　Enkomi Simyra

Kition　Qatna

Euphrates

Knossos

Kommos　Zakros

Crete

Kouklia　Maroni

Byblos

約公元前1285年

Kadesh

公元前1479年─公元前1425年
在圖特摩斯三世（Thutmos III）統治期間，埃及船隻穿越地中海，來到希臘和安納托力亞

Tyre　Damascus

Akko (Acre)　Hazor

公元前1285年
拉美西斯二世和他的軍隊被突襲之後，擊潰了西臺人

Kyrene

Mediterranean

Sea

約公元前1456年 Megiddo

Jordan

CANAAN

Zawyet
Umm el-Rakham

Gezer

Ascalon　Jerusalem

Gaza　Lachish　Dead
　　　　Sea

Deir el-Balah　Sharuhen

Tanis

Pi-Ramesse

Heliopolis　Bubastis
(Iunu)

4　阿肯那頓（Akhenaten）的統治　公元前1353年─公元前1336年

公元前1351年，阿蒙霍特普四世（Amenhotep IV）上位。他把名字改成阿肯那頓，藉以光耀太陽神阿頓（Aten）。他還建立了以自己的名字命名的新都，並宣布阿頓是唯一的神。在他統治期間，他的大王后娜芙蒂蒂（Nefertiti）具有極大的影響力。繼任的法老摧毀了阿肯那頓的雕像，並把他的名字從國王名單中刪去。

LOWER
EGYPT

Giza

Memphis

Sinai

Serabit
el-Khadim

Timna

3　新王國　公元前1570年─公元前1085年

公元前1532年，底比斯的雅赫摩斯（Ahmose，公元前1549年─公元前1524年在位）把希克索斯人從下埃及驅逐，為新王國奠下基礎並掌權。在接下來的法老統治期間，埃及的領土跨越地中海，並向南延伸到第四大瀑布（Fourth Cataract）。貿易量增加，新的繁榮景況也讓統治者得以建造大型神殿。

Kom Medinet Ghurab
Henen-nesut

Saqqara

Wadi
Maghara

Western
Desert

Istabl
Antar

Bahariya

★ 阿肯那頓統治期間的首都阿瑪納（Amarna）

Akhetaten
(El-Amarna)

Asyut

Ipu (Akhmim)

5　拉美西斯二世的統治　公元前1279年─公元前1213年

公元前14世紀，埃及人在迦南（Canaan）的一部分領土被安納托力亞的西臺人（Hittites）搶走，導致這兩個民族有數十年時間都關係緊張，而且時有戰爭。卡迭石戰役（Battle of Kadesh）期間，強大的統治者拉美西斯二世挑戰西臺勢力，阻止他們進一步進攻。

Abydos

Dakhla

Karnak

Armant　Thebes

■ 統治區域	→ 對抗希克索斯人的戰役
■ 往來區域	••• 貿易路線
■ 王國首都	◎ 希克索斯人被圍困的地點
🏛 神殿	

Sahara

Nekheb (el-Kab)

Kharga

Elephantine

First
Cataract

戰役　　西臺帝國

UPPER
EGYPT

Beit el-Wali

公元前1570年─公元前1069年
底比斯的卡納克建築群擴張，興建了許多神殿，供奉阿蒙─拉（Amun-Re）和穆特（Mut）等神祇。

Kurkur　Baki (Quban)
Gerf Hussein

El-Derr

Aksha

Wadi el-Allaqi

Second Cataract

Buhen　NUBIA

Semna　Kumma

Selima

WAWAT

Sedeinga

Red

Sea

Soleb　Sesebi

Third
Cataract

Tumbos

Fourth
Cataract

Nubian

Desert

前往邦特

Kawa

◁ 娜芙蒂蒂王后
娜芙蒂蒂是埃及法老阿肯那頓的大王后。一般認為這座半身像是在公元前約1345年由雕刻家圖特摩斯（Thutmose）打造的。

公元前1264年─公元前1244年
興建阿布辛貝神殿（Abu Simbel Temple）來紀念拉美西斯在卡迭石戰役的勝利

Napata
(Gebel Barkal)

Fifth
Cataract

新王國時期
驅逐希克索斯人之後，埃及重新統一，於公元前1530年進入新王國時期。這是埃及文明的第三個重要時期，在此期間，這個地區的經濟蓬勃發展，文化也很有成就。

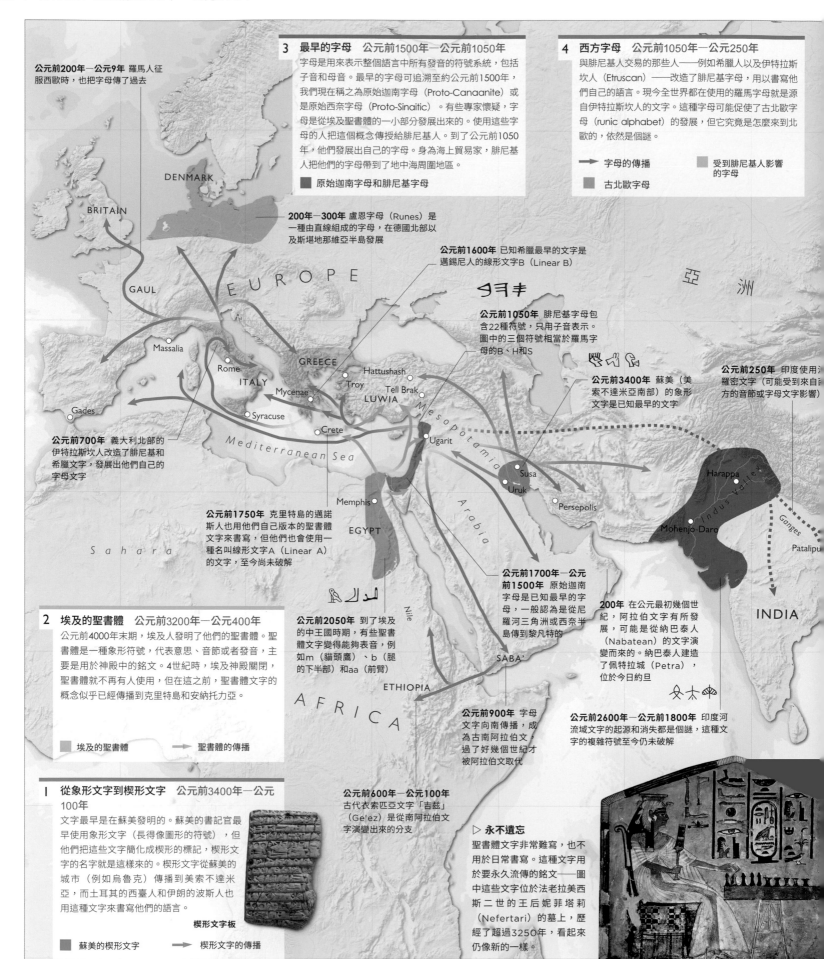

公元前200年—公元9年 羅馬人征服西歐時，也把字母傳了過去

3 最早的字母　公元前1500年—公元前1050年
字母是用來表示整個語言中所有發音的符號系統，包括子音和母音。最早的字母可追溯至約公元前1500年，我們現在稱之為原始迦南字母（Proto-Canaanite）或是原始西奈字母（Proto-Sinaitic）。有些專家懷疑，字母是從埃及聖書體的一小部分發展出來的。使用這些字母的人把這個概念傳授給腓尼基人。到了公元前1050年，他們發展出自己的字母。身為海上貿易家，腓尼基人把他們的字母帶到了地中海周圍地區。

■ 原始迦南字母和腓尼基字母

4 西方字母　公元前1050年—公元250年
與腓尼基人交易的那些人——例如希臘人以及伊特拉斯坎人（Etruscan）——改造了腓尼基字母，用以書寫他們自己的語言。現今全世界都在使用的羅馬字母就是源自伊特拉斯坎人的文字。這種字母可能促使了古北歐字母（runic alphabet）的發展，但它究竟是怎麼來到北歐的，依然是個謎。

➡ 字母的傳播　　■ 受到腓尼基人影響的字母
■ 古北歐字母

200年—300年 盧恩字母（Runes）是一種由直線組成的字母，在德國北部以及斯堪地那維亞半島發展

公元前1600年 已知希臘最早的文字是邁錫尼人的線形文字B（Linear B）

公元前1050年 腓尼基字母包含22種符號，只用子音表示。圖中的三個符號相當於羅馬字母的B、H和S

公元前3400年 蘇美（美索不達米亞南部）的象形文字是已知最早的文字

公元前250年 印度使用婆羅密文字（可能受到來自西方的音節或字母文字影響）

公元前700年 義大利北部的伊特拉斯坎人改造了腓尼基和希臘文字，發展出他們自己的字母文字

公元前1750年 克里特島的邁諾斯人也用他們自己版本的聖書體文字來書寫，但他們也會使用一種名叫線形文字A（Linear A）的文字，至今尚未破解

公元前1700年—公元前1500年 原始迦南字母是已知最早的字母，一般認為是從尼羅河三角洲或西奈半島傳到黎凡特的

公元前2050年 到了埃及的中王國時期，有些聖書體文字變得能夠表音，例如m（貓頭鷹）、b（腿的下半部）和aa（前臂）

200年 在公元最初幾個世紀，阿拉伯文字有所發展，可能是從納巴泰人（Nabatean）的文字演變而來的。納巴泰人建造了佩特拉城（Petra），位於今日約旦

2 埃及的聖書體　公元前3200年—公元400年
公元前4000年末期，埃及人發明了他們的聖書體。聖書體是一種象形符號，代表意思、音節或者發音，主要是用於神殿中的銘文。4世紀時，埃及神殿關閉，聖書體就不再有人使用，但在這之前，聖書體文字的概念似乎已經傳播到克里特島和安納托力亞。

■ 埃及的聖書體　　➡ 聖書體的傳播

公元前900年 字母文字向南傳播，成為古南阿拉伯文，過了好幾個世紀才被阿拉伯文取代

公元前2600年—公元前1800年 印度河流域文字的起源和消失都是個謎，這種文字的複雜符號至今仍未破解

1 從象形文字到楔形文字　公元前3400年—公元100年
文字最早是在蘇美發明的。蘇美的書記官最早使用象形文字（長得像圖形的符號），但他們把這些文字簡化成楔形的標記，楔形文字的名字就是這樣來的。楔形文字從蘇美的城市（例如烏魯克）傳到到美索不達米亞，而土耳其的西臺人和伊朗的波斯人也用這種文字來書寫他們的語言。

楔形文字板

■ 蘇美的楔形文字　　➡ 楔形文字的傳播

公元前600年—公元100年 古代衣索匹亞文字「吉茲」（Ge'ez）是從南阿拉伯文字演變出來的分支

▷ **永不遺忘**
聖書體文字非常難寫，也不用於日常書寫。這種文字用於要永久流傳的銘文——圖中這些文字位於法老拉美西斯二世的王后妮菲塔莉（Nefertari）的墓上，歷經了超過3250年，看起來仍像新的一樣。

源自舊大陸

在舊大陸至少有兩個地方獨立發展出文字，也就是美索不達米亞和中國。埃及和印度河流域的文字有可能是另外兩個獨立發明出來的文字，也有可能源自美索不達米亞。

時間軸

公元前4000年	公元前3000年	公元前2000年	公元前1000年	公元1年	公元1000年

1
2
3
4
5
6

公元前1200年 已知最早的中國文字是占卜師刻在「甲骨」上的甲骨文

1年─500年 朝鮮的書記官試了各種方法改造中國文字，用來書寫他們自己的語言

黃河

安陽

長江

中國

朝鮮

日本

奈良

650年─800年 日本學者以傳統和改造過的中國文字為基礎，發展出他們自己的文字

5　中國文字　公元前1200年─公元220年

自商朝（公元前1200年─公元前1050年）晚期開始，中國發展出許多不同的文字。這些全都是語素文字，包含稱為「字元」的複雜符號，用來表示訊息或詞素（語言中能表達意思的最小單位），而不是表達發音。到了漢朝（公元前206年─公元220年），某些標準字體已經發展出來，其中的繁體字至今仍然在中華人民共和國以外的地方使用。

■ 中國文字　　→ 中國文字的傳播

6　印度文字　公元前268年─公元400年

南亞有大量的音節文字，全部都是源自波羅密文字（Brahmi），至少可追溯至阿育王（Ashoka）的時期（公元前268年─公元前232年），但我們仍不知道它的起源。波羅密文字有可能是在當地發展出來的，也有可能是從其他字母演變而來，例如來自西亞的亞蘭語（Aramaic）。可以確定的是，印度的文字跟消失已久的印度河文明神祕難解的文字沒有任何已知關係。

■ 印度河流域的　　→ 西方文字對波羅密文字
　 文字　　　　　　　的可能影響

最早的文字

文字最早於公元前3400年左右在西亞發展出來，但在中國、美索不達米亞、很可能在印度河流域也都獨立發展。打從一開始，符號就以不同的方式來表達口語──不是代表詞和概念，就是代表語言的發音，再不然就是這兩者的結合。

到了公元前 4000 年，埃及、中國、印度河流域和美索不達米亞都已經發展出城市。建立這些城市的社會都有大規模的貿易和複雜而有組織的宗教。這兩方面的發展都促進了識字率──為了記帳和記錄貨品交易，或者記錄曆法和神聖的傳說。

最早的文字（出現在美索不達米亞）一開始是在潮溼的黏土片上畫出圖案，然後在陽光下烘烤，形成永久性文件。慢慢地，這些圖案演變成由楔角組成的「楔形」符號。許多現存的楔形文字板上列出了貨品，或者包含稅收記錄，不過也有使用這種技術書寫的宗教和文學作品。大約在同一時間，埃及人發展出他們的聖書體，中國人後來也發展出自己的文字，這兩種文字最初都用於宗教目的。字母文字起源於西奈半島或黎凡特，後來廣為流傳，因為腓尼基人（Phoenician）到處傳播他們的版本。這種文字只需要 20 到 30 個字母符號；音節文字要用到數百個符號；中文則需要用到數千個符號。

> 「不可對你的父親回嘴。」
>
> 摘錄自《蘇魯巴克箴言》（*Instructions of Shuruppak*）──這或許是世界現存最早的文學，公元前2600年左右

中美洲的文字

奧爾梅克人（Olmec）、薩波特克人（Zapotec）和馬雅人的文字

中美洲的文明發明了他們自己的文字系統，但並沒有傳播到其他地區。碑文可追溯至神祕的卡斯卡加勒斯石碑（Cascajal Block），可能是奧爾梅克人在大約公元前800年刻寫的。薩波特克人至少從公元前400年就開始使用象形文字，馬雅人也延續了這個系統，他們複雜的符號又稱為字符（右圖），結合了語素文字（代表意思）以及音節文字。馬雅人從大約公元前300年就開始使用字符，一直到西班牙人入侵之前都還持續使用（見第152-153頁）。

6 邁錫尼的貿易
公元前1450年—公元前1100年
從邁錫尼聚落和墳墓的大量發現中，可以看出青銅器時期希臘人交易的物品種類。紅銅和錫等原料透過陸路或海路穿越這個地區，用於邁錫尼的裝飾性金屬製品中。考古學家也發現了許多儲藏用的陶罐，用來運輸酒和油。

→ 邁錫尼進口路線
→ 邁錫尼出口路線
— 邁錫尼核心區域內的主要路線

5 荷馬（Homer）的特洛伊
約公元前1300年—公元前1190年
荷馬的史詩《伊里亞德》（Iliad）指出，邁錫尼就是希臘傳奇戰士阿加曼農（Agamemnon）的故鄉，他是在戰爭中對抗特洛伊的英雄。希沙利克（Hisarlik）位於土耳其面向愛琴海的海岸，這裡可能就是特洛伊的遺址。當地考古學家找到了可以追溯至青銅器時代晚期的大型戰爭證據，但並不知道這跟荷馬所描述的特洛伊戰爭是否有直接關聯。

4 邁錫尼聚落
約公元前1600年—公元前1100年
邁錫尼人用石頭和泥磚來建造房屋，有些地方還會用黏土瓦片建造屋頂。他們的聚落遍布希臘各地，但集中在主要宮殿附近，例如提林斯（Tiryns）、皮洛斯（Pylos）和邁錫尼本身。大型聚落是商業和行政中心，向宮殿報告的官員就住在這裡。

🏠 主要的邁錫尼宮殿　　● 其他邁錫尼遺址

公元前1200年左右 位於底比斯（Thebes）宏偉的邁錫尼宮殿又叫卡德梅翁宮（Kadmeion），毀於一場大火

公元前1400年—公元前1200年 要塞化的邁錫尼聚落提林斯發展到巔峰，這個地點曾出現在荷馬的《伊里亞德》中

公元前8世紀 重要的邁錫尼城市皮洛斯歷經一場大火後被遺棄

公元前14世紀 邁錫尼統治者為雅典衛城建設防禦工事，成為今日著名的古典遺跡

公元前16世紀 邁諾斯文化影響了青銅器時代早期位於米洛斯島的菲拉科皮（Phylakopi）聚落

公元前16世紀 邁諾斯人可能在米利都（Miletus）建立了聚落，邁諾斯風格的壁畫和陶器指出他們曾在這裡出現

公元前1627年左右 錫拉島的火山爆發，把邁諾斯的阿克羅蒂里聚落覆蓋在灰燼之下，並保存了出眾的壁畫和其他藝術品

公元前2000年左右 克里特島的移民來到基西拉，這個邁諾斯聚落一直繁榮到大約公元前1400年

公元前1900年—公元前1700年左右 開始在斐斯托斯（Phaistos）建立宮殿建築群，成為克里特島上最大的邁諾斯遺址之一

公元前1800年左右 古尼亞（Gournia）位於克里特島南北向以及東西向的路線上，成為邁諾斯的貿易重鎮

青銅器時代的地中海
在青銅器時代，邁諾斯與邁錫尼文明是愛琴海地區的主流。以克里特島和其他島嶼為基地的邁諾斯人以及希臘本土的邁錫尼人都在海岸上或海岸附近定居。他們從這些港口派出貿易船隻，不僅前往愛琴海，還有船隻長途穿越地中海。

時間軸

	公元前2000年	公元前1800年	公元前1600年	公元前1400年	公元前1200年	公元前1000年
1						
2						
3						
4						
5						
6						

地圖標註：Olympus、Iolcus、Orchomenus、Gla、Thebes、Euboea、Athens、Mycenae、Argos、Dendra、Tiryns、Aegina、Pylos、Vapheio、Menelaion、Phylakopi、Akrotiri、Thera、Melos、Cythera、Troy、Lemnos、Lesbos、Chios、Miletus、Paros、Naxos、Rhodes、Khania、Armenoi、Knossos、Malia、Palaikastro、Agia Triadha、Phaistos、Gournia、Vasiliki、Zakros、Crete、Cyclades、Dodecanese、Sporades、Thessaly、Anatolia、Aegean Sea、Ionian Sea、Ionian Islands、Gulf of Corinth、Peoponnese、Mediterranean Sea、Sea of Crete

輸往巴爾幹半島
輸往義大利南部
輸往安納托力亞的陶器
輸往義大利、西西里島和薩丁尼亞島的陶器
來自薩丁尼亞島的紅銅
來自薩丁尼亞島的紅銅
輸往黎凡特和埃及的陶器
來自埃及的黃金和雪花石膏
來自埃及的黃金和雪花石膏
輸往埃及的橄欖油和陶器

▷ **公牛頭器皿**
這個來自約公元前1400年的儀式用器皿是在克諾索斯皇宮發現的。邁諾斯人很崇拜公牛，把牠當作人類支配自然的象徵。

3 邁諾斯文明的衰落
約公元前1640年—公元前1450年
邁諾斯文明衰落的原因沒有人知道，但有可能跟公元前2000年中期錫拉島的火山爆發有關。火山爆發摧毀了邁諾斯的阿克羅蒂里（Akrotiri）聚落，也很有可能毀掉了邁諾斯的經濟，讓邁錫尼人有機會奪走邁諾斯的貿易路線和聚落，成為這一地區的主要勢力。

🌋 火山爆發

2 邁諾斯的貿易和擴張　約公元前1900年—公元前1450年
邁諾斯人跟各個地區都有貿易往來，經常造訪其他希臘島嶼，並定居在羅德島（Rhodes）、錫拉島（現代的聖托里尼）、米洛斯島（Melos）以及基西拉島（Cythera）。他們與賽普勒斯、埃及和敘利亞都有貿易關係（進口紅銅、錫和金等金屬以及象牙），影響範圍遠至黎凡特。宮殿遺址的所在位置薩克羅（Zakros）可能就是貿易中心。

- ⇢ 邁諾斯進口路線　　- ▪➡ 邁諾斯出口路線

1 邁諾斯皇宮　約公元前1900年—公元前1450年
這些複雜的建築之中，最龐大的位在克諾索斯，似乎已經結合了皇宮、行政中心、倉庫以及神殿的角色。這些建築有好幾層樓，由木質的尖柱支撐，牆壁上還有繪畫裝飾。有些房間有公牛角的裝飾，並設有類似祭壇的結構，幾乎可以肯定是用於儀式。

🏠 主要的邁諾斯宮殿　　∴ 其他邁諾斯遺址

地圖標註：
Black Sea
來自敘利亞的象牙和錫
輸往克里特島的紅銅
輸往邁錫尼的紅銅
Cyprus
輸往泰爾（Tyre）的橄欖油和布料

邁諾斯人與邁錫尼人

在青銅器時代，邁諾斯人與邁錫尼人先後控制了希臘和愛琴海地區。這些人發展出各種技能，例如金屬工藝、建築以及識字，這些都為之後的古典希臘文明奠下基礎。

有些人認為，最早的歐洲文明就是邁諾斯文明，在公元前 2000 年於克里特島蓬勃發展。關於邁諾斯人還有許多未解的謎團，學者至今未能破解他們的文字，因此無法知道他們生活的確切年代，甚至不知道他們如何稱呼自己——「邁諾斯」是現代人為了方便稱呼他們而發明的詞彙。但我們知道，這些人過去在整個地中海地區有很大的貿易影響力，他們在希臘本土各地以及愛琴海的某些島嶼都留下了碑文。邁諾斯文明以幾個廣大且裝飾優雅的克里特皇宮為中心。這些皇宮並沒有防禦設施，指出他們是個和平的民族。

　　從公元前 15 世紀中期開始，以希臘本土為基地的邁錫尼人變成了主要勢力。他們是個貿易民族，會與義大利本土、西西里島和薩丁尼亞島交換貨品。他們也會使用武力，透過他們有武裝的宮殿以及驚人的武器和盔甲就能得知這點。他們的文字稱為線形文字 B（或許是來自克里特島的線形文字 A），現在已被破解，過去用於書寫早期的希臘語。

　　邁錫尼人在希臘本土創立了許多獨立的邦國，在幾個島嶼上也建立了聚落。每一個邦國都以一座皇宮為中心，大部分邦國都能完成重要的工程建設，例如石製要塞、港口、水壩和道路。各邦國之間的衝突或許是造成邁錫尼文明在大約公元前 1100 年之後衰落的原因。

克諾索斯
歐洲最古老的城市

在邁諾斯的鼎盛時期，克諾索斯是個擁有1萬至10萬人口的大城市。城市中心有宮殿建築群，包含1300個房間，占地2.4公頃。除了有寬闊又裝飾精美的居住用房和儀式用房，還有許多房間挪出來作為儲藏室。這些房間裡有上百個用來裝油、穀物或其他食物的大罐子。穀物磨坊也是宮殿建築群的一部分。

壁畫的一部分
克諾索斯宮殿的牆壁上有圖畫裝飾，描繪動物、神話生物以及人類。

青銅器時代的中國

大約從公元前1600年的青銅器時代起，中國文化就開始自成一格，在商朝及後來的周朝發展出文字。政治上，中國內部仍然各自為政，在不同的時期由一個或幾個政權主導。

大多數歷史學家都把中國的青銅器時代定在公元前 2000 年左右到公元前 770 年左右，不過在接下來的幾個世紀裡，青銅器仍然廣泛使用。這個時期剛好就是中國文字開始普及的時間，經歷兩個強大的王朝，也就是商朝（約公元前 1600 年—公元前 1027 年）和周朝（約公元前 1046 年—公元前 256 年）。

商朝控制了中國北方的大部分地區，他們設立封建制度，以中原王朝為中心，有眾多諸侯國。統治者利用祖先崇拜和「甲骨」（刻有文字訊息的骨頭）占卜等儀式來鞏固他們的權力。商朝曾多次遷都，最後一個也是

最大的一個首都在安陽，考古學家在這裡發現了一座皇家陵墓，裡面有青銅文物和甲骨。商朝人透過與中國北部和中部鄰近地區以及西部草原的貿易往來擴大他們的影響力。

大約在公元前 11 世紀，來自商朝西部邊界的周人姬昌發起一場叛亂，並征服了商朝。周朝人發展出造幣系統，他們的文字也演變成更接近現代的中文字。有史以來最具影響力的兩位哲學家——孔子和老子——在周朝都很活躍。

商朝的中國

在商朝之前，黃河流域好幾個世紀以來都有複雜的文明。這個地區變成了商朝的中心地帶，他們讓當地的許多地方政權成為諸侯國。

圖例

● 商朝的城市　　●●● 貿易路線　　⇒ 商朝的主要進軍路線

時間軸

1		
2		
3		
4		

公元前2200年　2000　1800　1600　1400　1200　1000

◁ **商朝青銅器**
從這個貓頭鷹形狀的器皿可看出，商朝的金屬工匠會用精緻的紋路裝飾他們的作品，包括餐具，例如食器和酒器。

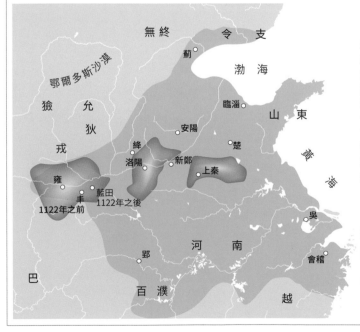

周朝的中國

周國原本是商帝國遠在西邊的諸侯國。在商朝末期，周國挑戰了他們的封建領主，向東遷移，並在黃河沿岸建立要塞，接著在公元前1046年剷除了商朝的統治者。到了公元前1000年，他們的影響力擴及中國大部分地區，包括鄰近商朝的百濮民族，且對周朝城市文明觸及的各地都有影響。

圖例

■ 公元前1000年城市文明分布範圍

▬ 周朝要塞

○ 周朝首都

公元前2000年 一條往西的貿易路線連結中國與中亞，是東西亞之間絲綢之路的前身

商朝之前 約公元前2070年—公元前1600年
在商朝之前，中國已經有一連串的新石器時代文化，例如考古學家已經發現了黃河流域的龍山文化遺跡以及山東地區的岳石文化遺跡。其他遺址，例如二里頭文化驚人的建築、墳墓與鋪石道路，則指向更為複雜的文化，例如夏朝（一般認為夏朝自從公元前2070年就已經存在）。

★ 夏朝的可能首都

▬ 龍山文化，約公元前3000年—公元前2000年

▬ 岳石文化，約公元前1900年—公元前1500年

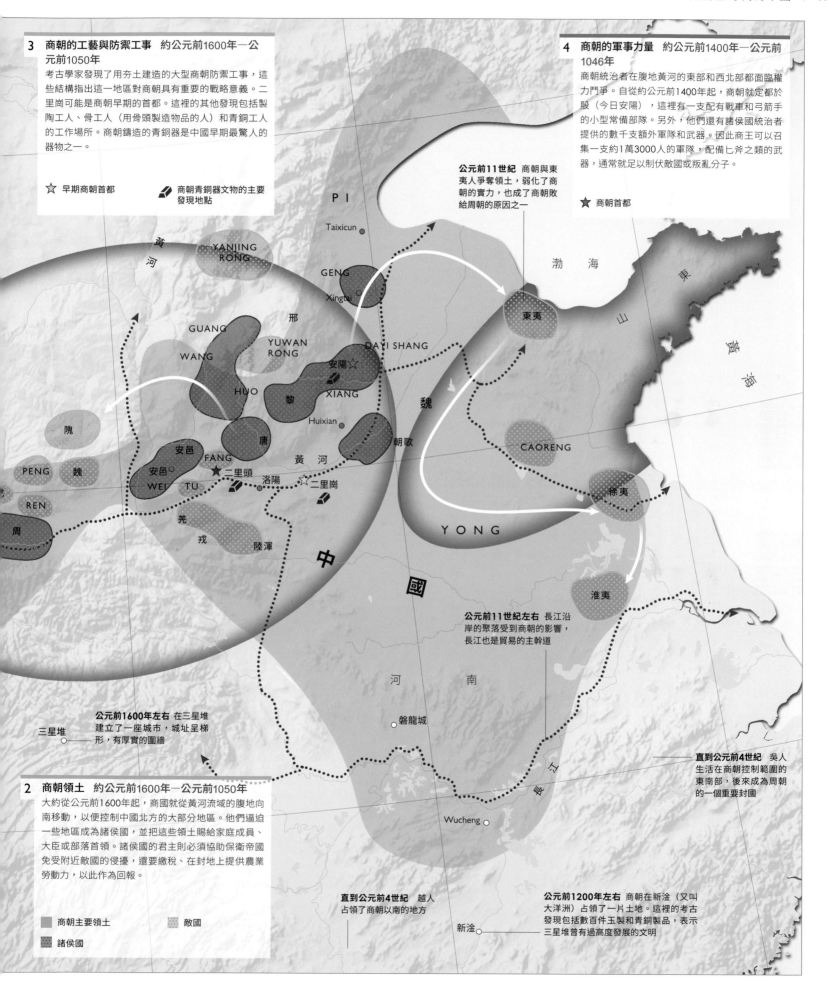

3 商朝的工藝與防禦工事 約公元前1600年—公元前1050年

考古學家發現了用夯土建造的大型商朝防禦工事，這些結構指出這一地區對商朝具有重要的戰略意義。二里崗可能是商朝早期的首都。這裡的其他發現包括製陶工人、骨工人（用骨頭製造物品的人）和青銅工人的工作場所。商朝鑄造的青銅器是中國早期最驚人的器物之一。

☆ 早期商朝首都　　◆ 商朝青銅器文物的主要發現地點

4 商朝的軍事力量 約公元前1400年—公元前1046年

商朝統治者在腹地黃河的東部和西北部都面臨權力鬥爭。自從約公元前1400年起，商朝就定都於殷（今日安陽），這裡有一支配有戰車和弓箭手的小型常備部隊。另外，他們還有諸侯國統治者提供的數千支額外軍隊和武器。因此商王可以召集一支約1萬3000人的軍隊，配備七斧之類的武器，通常就足以制伏敵國或叛亂分子。

★ 商朝首都

公元前11世紀 商朝與東夷人爭奪領土，弱化了商朝的實力，也成了商朝敗給周朝的原因之一

公元前11世紀左右 長江沿岸的聚落受到商朝的影響，長江也是貿易的主幹道

公元前1600年左右 在三星堆建立了一座城市，城址呈梯形，有厚實的圍牆

直到公元前4世紀 吳人生活在商朝控制範圍的東南部，後來成為周朝的一個重要封國

2 商朝領土 約公元前1600年—公元前1050年

大約從公元前1600年起，商國就從黃河流域的腹地向南移動，以便控制中國北方的大部分地區。他們逼迫一些地區成為諸侯國，並把這些領土賜給家庭成員、大臣或部落首領。諸侯國的君主則必須協助保衛帝國免受附近敵國的侵擾，還要繳稅、在封地上提供農業勞動力，以此作為回報。

直到公元前4世紀 越人占領了商朝以南的地方

公元前1200年左右 商朝在新淦（又叫大洋洲）占領了一片土地。這裡的考古發現包括數百件玉製和青銅製品，表示三星堆曾有過高度發展的文明

■ 商朝主要領土　　▩ 敵國

■ 諸侯國

青銅器時代的崩潰

在公元前1225年—公元前1175年之間，地中海東部的許多青銅器社會都瓦解了。這個地區的許多堡壘被不知名的敵人洗劫，西臺帝國和邁錫尼王國也被摧毀。

△ **最後的文字**
這塊被火燒黑的石板是邁錫尼文明最後的文件之一，是用希臘早期一種名為「線形文字B」的文字寫下的。

第一個受害者是西臺帝國，帝國首都哈圖沙（Hattusa）在公元前 1200 年左右遭到洗劫。同時在希臘，邁錫尼人因為害怕來自海上的攻擊而武裝了他們的宮殿。雖然他們做了各種準備，但宮殿還是被大火燒毀。埃及也遭到攻擊，敵人是來自愛琴海的聯盟，他們稱這群人為「海上民族」（Sea Peoples）。法老拉美西斯三世（Rameses III）曾經講述在 1170 年代打敗入侵者。海上民族被逐出埃及之後就征服了黎凡特，並在黎凡特海岸定居下來。

這些社會瓦解的原因至今仍不清楚。海上民族不太可能是唯一的因素。有證據指出，氣候變遷是這一連串解體的根本原因。這個時期的氣候異常乾燥，乾旱可能導致了饑荒，降低了宮殿的經濟力量，變得難以抵禦攻擊。其他造成社會瓦解的可能因素包括地震和內亂。城市一個個被攻陷，人口流離失所、開始遷移，進一步擾亂了其他王國。社會瓦解後，以前大規模進行的青銅器貿易受到阻礙，愈來愈多人轉而使用鐵器。

青銅器時代城市的衰亡

圖例
- 🔥 被洗劫的城市
- ⚫ 倖存的城市
- ➜ 入侵或遷徙
- 西臺帝國
- 邁錫尼文明
- 埃及新王國

在青銅器時代崩潰期間，從西方的皮洛斯到東方的迦基米施（Carchemish）等數十個堡壘都被殘暴地摧毀，許多堡壘都再也沒有人使用。腓尼基城市泰爾和比布洛斯由於位在建有防禦工事的小島上，牢不可破，因此逃過一劫。埃及倖存了下來，但國力不振，之後就輸掉了黎凡特的帝國領土（見第44-45頁）。

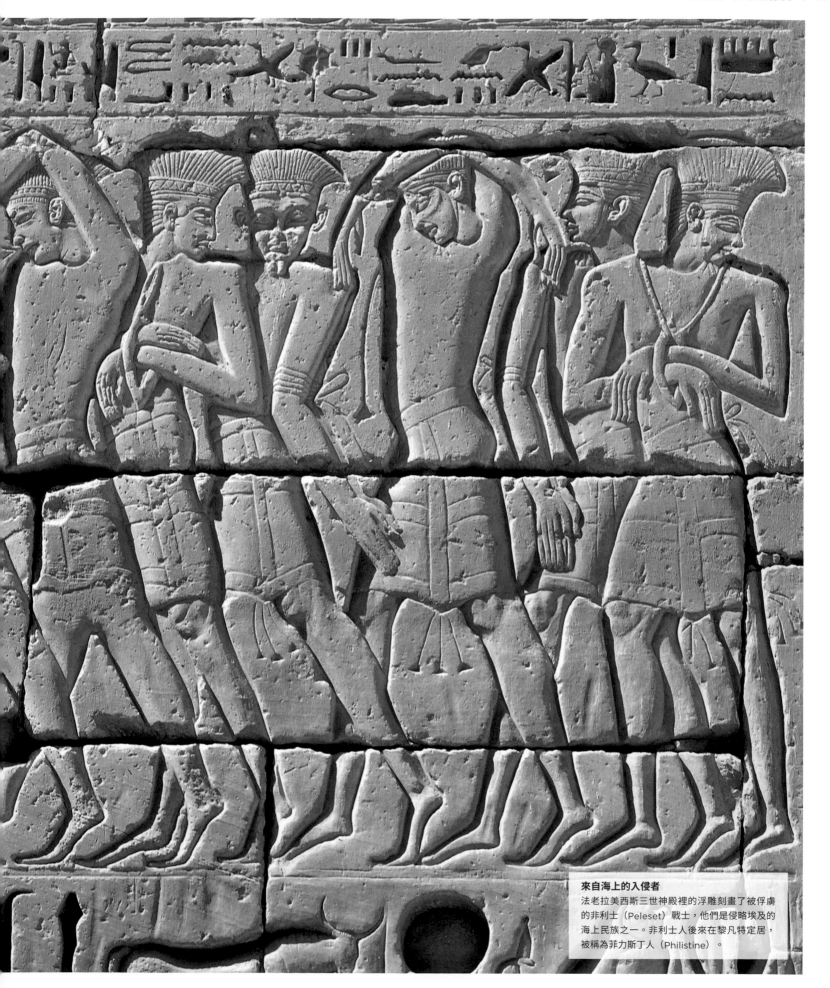

來自海上的入侵者
法老拉美西斯三世神殿裡的浮雕刻畫了被俘虜
的非利士（Peleset）戰士，他們是侵略埃及的
海上民族之一。非利士人後來在黎凡特定居，
被稱為菲力斯丁人（Philistine）。

古代黎凡特

黎凡特是地中海東部的肥沃地帶，在《希伯來聖經》中稱為迦南。它受制於鄰近的強大勢力，但當地的一個民族——猶太人——抵抗羅馬，結果被驅逐，因此加速分散到亞洲和歐洲。

青銅器時代（見第42-43頁）的強權爭相搶奪黎凡特，這些勢力包括埃及、西臺以及舊亞述國（Assyria）。大約在公元前1020年，《聖經》中的以色列王國建國時，就已經有許多重要城市存在黎凡特，例如米吉多（Megiddo）和耶利哥（Jericho）。然而，這個地區的衰微之勢已經持續了好幾個世紀，強大的鄰國也變弱了。海岸邊的港口轉變為城邦，成為後來希臘世界（見第54-57頁）所知的「腓尼基」（Phoenician）。腓尼基人後來形成了一個經商聚落網，最後掌控了地中海大部分地區。定居在腓尼基南部海岸的人成了菲力斯丁人。同時，以色列分裂成以色列王國和猶大王國（Judah），接下來的好幾個世紀先後被亞述、巴比倫和波斯統治。

　　到了《新約聖經》的時代，之前的希伯來各國變成了羅馬的附庸國猶太（Judaea）。耶穌基督的教義在整個羅馬帝國傳播開來（見第86-87頁）。羅馬發生的動亂包括猶太人大起義（Great Jewish Revolt，66年—74年）和巴柯巴起義（Bar Kokhba Revolt，132年—135年），導致耶路撒冷被毀以及猶太教徒人（現稱猶太人，取自猶大）被流放，還造成猶太與鄰近地區合併，成了新的羅馬省分，稱為敘利亞—巴勒斯坦行省（Syria Palaestina），名稱取自菲力斯丁人。

馬薩達（Masada）
猶太人起義的最後堡壘

大希律王（Herod the Great）在沙漠中這個壯觀的山頂要塞建造了一個堡壘宮殿，猶太人大起義時的奮銳黨（Zealot）就是在這裡與羅馬人背水一戰。根據猶太歷史學家的記錄，羅馬人圍攻馬薩達六個月之後，建設了一個攻城坡道，並在內部防禦牆內放火。據說裡面的900名猶太人為了不被奴役而自殺。

1 以色列和猶大 約公元前1020年—公元前926年
根據猶太基督徒的傳說，掃羅王（Saul）建立了以色列王國，《聖經》學者把時間定在公元前大約1020年。這個王國的領土在大衛王（King David）治下達到巔峰，但在公元前926年分裂成以色列和猶大。

- ▇ 猶大和以色列
- ▢ 被征服的王國
- ▨ 附庸國
- ▬ 大衛王時期王國的邊界
- ▬ 公元前926年之後的猶大和以色列邊界

《舊約聖經》中的黎凡特
《希伯來聖經》的《舊約》記錄了以色列和猶大的故事，但有時卻缺乏考古和歷史證據的支持。但只要是公元前8世紀之後的事，歷史學家就可以參考亞述、巴比倫和波斯的獨立文獻，因為他們曾先後征服這個地區。

公元前586年
在拓展新巴比倫帝國的過程中，尼布甲尼撒二世占領了耶路撒冷之後，把以色列人驅逐到巴比倫尼亞（美索不達米亞南部）

公元前722年
以色列當時的首都撒馬利亞（Samaria／示劍Shechem）被亞述的薩爾貢二世摧毀，以色列成為亞述的一個行省

約公元前1000年
掃羅王的繼承人大衛王打敗了菲力斯丁人，並擴大了以色列王國，把首都定在耶路撒冷

約公元前1006年
大衛加冕為王

公元前701年
亞述人入侵猶大，並在圍攻拉奇什（Lachish）時獲得重大勝利

約公元前1200年—公元前1000年 非利士人（《聖經》中的菲力斯丁人）在此定居，他們是青銅器時代末期摧殘了各個知名國家的眾多「海上民族」之一

公元前539年
波斯的居魯士大帝征服巴比倫之後，允許巴比倫尼亞的以色列人回國

地名：ARAM (SYRIA)、PHOENICIA、ARAM-ZOBAH、ARAM-DAMASCUS、Byblos、Damascus、Sidon、Tyre、Dan、Sea of Galilee、Megiddo、Samaria (Shechem)、Jordan、ISRAEL、AMMON、Jericho、Jerusalem、Gath、Lachish、Hebron、Dead Sea、PHILISTIA、Beer Sheba、MOAB、JUDAH、EDOM、EGYPT

2 亞述的征服 公元前722年—公元前701年
除了《聖經》之外，還有一些亞述文獻記載了亞述帝國征服以色列並把猶大收為附庸國的事。根據猶太傳說，12個以色列部落中有10個被驅逐、同化、奴役或消失。亞述人的記錄也指出驅逐是一種征服手段。以色列成為亞述的一個省，而猶大則與剩下的兩個部落一起倖存下來。

- ✕ 亞述的勝利
- ◎ 亞述的圍攻

3 巴比倫和波斯 公元前586年—公元前539年
《聖經》裡提到了以色列人流亡到巴比倫的事。也有完善的獨立資料指出，顯赫的猶大居民都被巴比倫國王尼布甲尼撒二世（Nebuchadnezzar II）流放到美索不達米亞（今日伊拉克）。後來居魯士大帝（Cyrus the Great）允許他們回國，但很多人在流亡期間已經飛黃騰達並且安定了下來，因此就留在了當地。這就是猶太人流散全世界的開端。

- ➡ 被放逐到美索不達米亞的路線

羅馬的統治與叛亂

到了《新約聖經》的時代，以色列和猶大中部已經變成了羅馬的猶太行省。一個反羅馬的民族——此時稱為猶太人——發起叛亂，於是被驅逐並移居到埃及、巴比倫尼亞以及羅馬帝國各地。

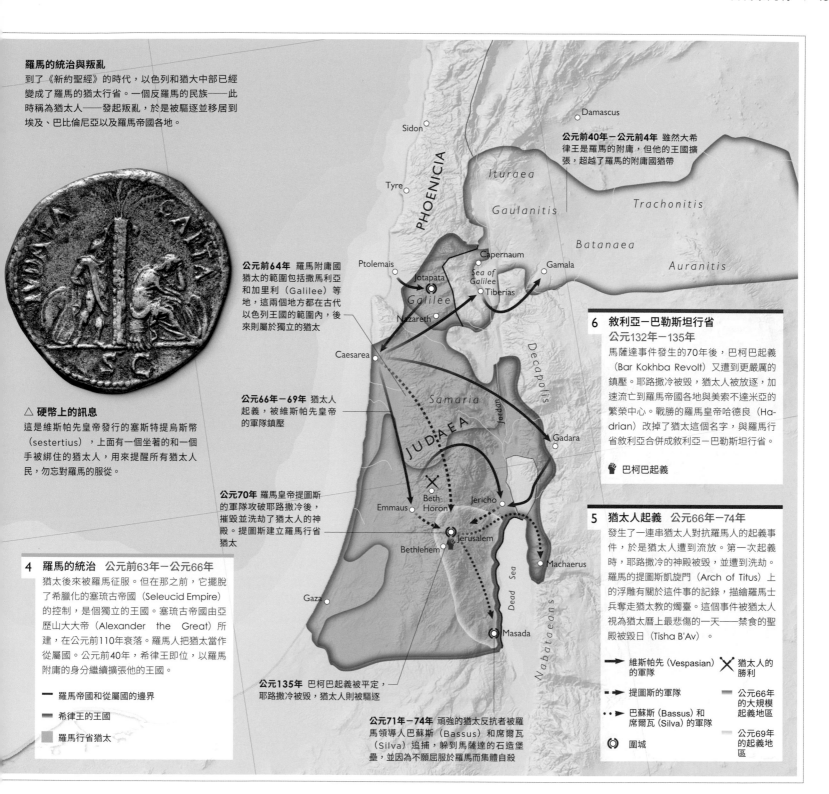

公元前40年－公元前4年 雖然大希律王是羅馬的附庸，但他的王國擴張，超越了羅馬的附庸國猶帶

公元前64年 羅馬附庸國猶太的範圍包括撒馬利亞和加里利（Galilee）等地，這兩個地方都在古代以色列王國的範圍內，後來則屬於獨立的猶太

公元66年－69年 猶太人起義，被維斯帕先皇帝的軍隊鎮壓

公元70年 羅馬皇帝提圖斯的軍隊攻破耶路撒冷後，摧毀並洗劫了猶太人的神殿。提圖斯建立羅馬省猶太

4　羅馬的統治　公元前63年－公元66年

猶太後來被羅馬征服。但在那之前，它擺脫了希臘化的塞琉古帝國（Seleucid Empire）的控制，是個獨立的王國。塞琉古帝國由亞歷山大大帝（Alexander the Great）所建，在公元前110年衰落。羅馬人把猶太當作從屬國。公元前40年，希律王即位，以羅馬附庸的身分繼續擴張他的王國。

— 羅馬帝國和從屬國的邊界

▬ 希律王的王國

▮ 羅馬行省猶太

公元135年 巴柯巴起義被平定，耶路撒冷被毀，猶太人則被驅逐

公元71年－74年 頑強的猶太反抗者被羅馬領導人巴蘇斯（Bassus）和席爾瓦（Silva）追捕，躲到馬薩達的石造堡壘，並因為不願屈服於羅馬而集體自殺

△ 硬幣上的訊息

這是維斯帕先皇帝發行的塞斯特提烏斯幣（sestertius），上面有一個坐著的和一個手被綁住的猶太人，用來提醒所有猶太人民，勿忘對羅馬的服從。

6　敘利亞－巴勒斯坦行省　公元132年－135年

馬薩達事件發生的70年後，巴柯巴起義（Bar Kokhba Revolt）又遭到更嚴厲的鎮壓。耶路撒冷被毀，猶太人被放逐，加速流亡到羅馬帝國各地與美索不達米亞的繁榮中心。戰勝的羅馬皇帝哈德良（Hadrian）改掉了猶太這個名字，與羅馬行省敘利亞合併成敘利亞－巴勒斯坦行省。

✊ 巴柯巴起義

5　猶太人起義　公元66年－74年

發生了一連串猶太人對抗羅馬人的起義事件，於是猶太人遭到流放。第一次起義時，耶路撒冷的神殿被毀，並遭到洗劫。羅馬的提圖斯凱旋門（Arch of Titus）上的浮雕有關於這件事的記錄，描繪羅馬士兵奪走猶太教的燭臺。這個事件被猶太人視為猶太曆上最悲傷的一天——禁食的聖殿被毀日（Tisha B'Av）。

→ 維斯帕先（Vespasian）的軍隊

✕ 猶太人的勝利

⇢ 提圖斯的軍隊

⋯ 巴蘇斯（Bassus）和席爾瓦（Silva）的軍隊

◎ 圍城

▬ 公元66年的大規模起義地區

▬ 公元69年的起義地區

黎凡特

《希伯來聖經》的《舊約》和《新約》都曾提及地中海東岸的這片狹長土地，但它也有出現在埃及、亞述、波斯和羅馬等強大鄰國的文獻中。

時間軸

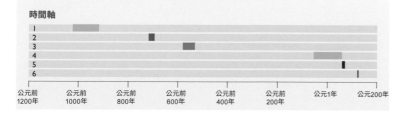

「我公開宣告，我不是作為猶太人的逃亡者，而是作為祢的使者去羅馬人那裡。」

弗拉維奧・約瑟夫斯（Flavius Josephus），羅馬猶太歷史學家，摘錄自《猶太戰史》（The Jewish War），公元75年

鐵器時代

青銅器時代的人類學會如何煉鐵後，引發了一場技術革命。他們從使用青銅改成使用鐵的確切地點和原因仍是個謎。最有可能的解釋是錫和紅銅（青銅的兩種成分）供應不足時，需求就成了創新之母。

▽ **掌管陰間**
哈圖沙是西臺人的古老首都，位於今日土耳其。這裡的一座神廟裡的石雕描繪了陰間的12個神祇。西臺人崇拜的神祇超過1000個。

直到不久前，考古證據都暗示，鐵加工技術是在公元前2000年—公元前1300年之間的某個時間點在土耳其的安納托力亞中部出現的。西臺人（一個安納托力亞的古老民族）被視為煉鐵（加熱鐵礦以提取金屬）這種新技術的開創者。一般認為西臺人早在公元前18世紀就開始鍛造鐵器，包括劍、戰斧、矛頭和箭頭，他們也因此擁有

▷ **歐洲使用鐵的跡象**
這把鐵製匕首是在哈爾施塔特（位於今日奧地利）的上千個墳墓的其中一個發現的，可追溯至公元前750年—公元前450年。哈爾施塔特是中歐最早的鐵器時代文化中心。

比起鄰近地區更強大的軍事優勢。西臺帝國滅亡後，他們的知識傳遍中東，進而傳到希臘和愛琴海地區，最終傳到中歐和西歐。然而，現代考古研究對這個看法提出了質疑。現在一般認為，印度金屬工匠可能在與西臺人差不多甚至更早的時候就已經發現了鍛鐵的方法。

早期的鐵匠

印度北部的北方邦（Uttar Pradesh）和南部馬拉巴爾（Malabar）的巨石墓地都出土了可以追溯至公元前2012年和公元前1882年的鐵製文物。其他在恆河河谷的發掘也找到了鐵製文物，大約可以追溯到西臺人鍛造他們第一批鐵器的同一時間，而在印度南部海德拉巴（Hyderabad）遺址發現的鐵匕首一般認為可以追溯至公元前2400年—公元前2000年。在歐洲，鐵加工技術始於希臘人，時間可能早在公元前1050年。幾百年後，凱爾特人（Celts，歐洲各種部落的統稱）成了這門工藝的

鐵器時代的開始

鐵器時代在將近4000年前開始，在安納托力亞中部（位於今日土耳其）和印度獨立發展。之後，煉鐵和鍛鐵的知識透過希臘人傳到中歐，接著又傳到歐洲大陸其他地方。取得鐵比取得打造青銅用的錫和紅銅還容易，因此幾乎在所有用品上，從武器到犁再到器皿，鐵都取代了青銅。

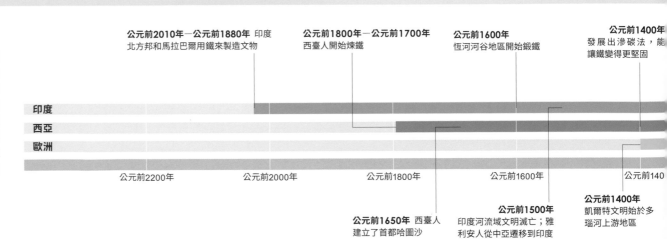

公元前2010年—公元前1880年 印度北方邦和馬拉巴爾用鐵來製造文物

公元前1800年—公元前1700年 西臺人開始煉鐵

公元前1600年 恆河河谷地區開始鍛鐵

公元前1400年 發展出滲碳法，能讓鐵變得更堅固

印度					
西亞					
歐洲					

公元前2200年　　公元前2000年　　公元前1800年　　公元前1600年　　公元前140

公元前1650年 西臺人建立了首都哈圖沙

公元前1500年 印度河流域文明滅亡；雅利安人從中亞遷移到印度

公元前1400年 凱爾特文明始於多瑙河上游地區

◁ **多才多藝的凱爾特人**
凱爾特人很擅長各種金屬的工藝，不只是鐵器。這個大鍋是1891年在丹麥岡德斯特爾普（Gundestrup）附近的一個泥炭沼澤中發現的，年代在公元前2世紀到公元前1世紀之，用銀製成。

大師。他們擁有鍛造鐵和其他金屬的技術，最古老的考古證據來自奧地利薩爾茲堡（Salzburg）附近的哈爾施塔特（Hallstatt）。早在19世紀中葉就開始在這裡進行的掘墓工作發現了豐富的陪葬寶物，包括可追溯到公元前700年左右的鐵劍。以哈爾施塔特為中心的文明滅亡的原因尚不確定。

哈爾施塔特文明被公元前5世紀中葉出現的拉坦諾（La Tène）文明所取代。發掘中找到了超過2500把帶有裝飾鞘的鐵劍以及其他金屬製品。拉坦諾文明在藝術上十分多產。隨著凱爾特部落離開故鄉，向外擴張，拉坦諾文明的影響力也遍及西歐大部分地區。

全球性的使用

非洲煉鐵知識的發展似乎與這項技術在西歐傳播的時間大致相同。一些歷史學家認為這是腓尼基人造成的，他們把煉鐵知識帶到了他們在北非的殖民地，最值得注意的就是迦太基（Carthage）。現在大多數人都認為煉鐵更有可能是在當地發展出來的。不論真相為何，非洲的鐵加工技術無疑都十分多樣化，幾個世紀以來，許多獨特的當地技術不斷進步。

在衣索匹亞、大湖地區、坦尚尼亞、迦納、馬利以及尼日河（Niger）和貝諾威河（Benue）附近的奈及利亞中都有明確的煉鐵證據，諾克（Nok）文化就是在奈及利亞中部出現的。在某些方面，非洲的金屬匠領先於歐洲，例如東非人早在公元前500年就已開始生產鋼鐵。

從青銅器到鐵器

無論青銅器時代到鐵器時代的轉變發生在何時何地，這都為人類的日常生活帶來了重大變化，從古代人種植作物到打仗的方式都受到影響。然而，有一些文明完全沒有經歷過鐵器時代。例如在中美洲和南美洲，各種文明的人類（尤其是印加人）都十分熟悉金、銀、紅銅和青銅的加工，但他們從來沒有經歷過鐵器時代。

> 「〔凱爾特人〕的腦筋動得很快，天生就有很強的學習能力。」
>
> 西西里的狄奧多羅斯（Diodorus Siculus），
> 希臘歷史學家

▽ **傳統的金屬加工**
非洲冶煉和鍛造鐵已經有3000年歷史。這幅19世紀的版畫描繪東非蒙博托湖（Lake Mobutu）附近小規模的鐵器加工過程。

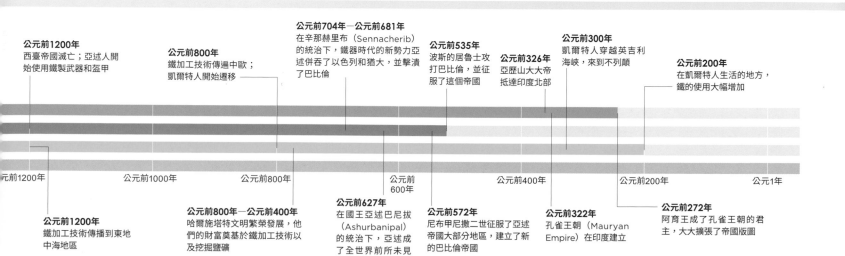

公元前1200年
西臺帝國滅亡；亞述人開始使用鐵製武器和盔甲

公元前1200年
鐵加工技術傳播到東地中海地區

公元前800年
鐵加工技術傳遍中歐；凱爾特人開始遷移

公元前800年—公元前400年
哈爾施塔特文明繁榮發展，他們的財富奠基於鐵加工技術以及挖掘鹽礦

公元前704年—公元前681年
在辛那赫里布（Sennacherib）的統治下，鐵器時代的新勢力亞述併吞了以色列和猶大，並擊潰了巴比倫

公元前627年
在國王亞述巴尼拔（Ashurbanipal）的統治下，亞述成了全世界前所未見的最大帝國

公元前535年
波斯的居魯士攻打巴比倫，並征服了這個帝國

公元前572年
尼布甲尼撒二世征服了亞述帝國大部分地區，建立了新的巴比倫帝國

公元前326年
亞歷山大大帝抵達印度北部

公元前322年
孔雀王朝（Mauryan Empire）在印度建立

公元前300年
凱爾特人穿越英吉利海峽，來到不列顛

公元前272年
阿育王成了孔雀王朝的君主，大大擴張了帝國版圖

公元前200年
在凱爾特人生活的地方，鐵的使用大幅增加

元前1200年　　公元前1000年　　公元前800年　　公元前600年　　公元前400年　　公元前200年　　公元1年

亞述與巴比倫尼亞

中東的鐵器時代是個帝國的時代。亞述人以相當於今日伊拉克北部的地方為基地，創造了一種新的大型國家藍圖，透過直接和間接的統治，以一個主權控制多個民族和大片領土。

公元前1200年之後，青銅器時代（見第42-43頁）末期人類的遷移導致小規模的當地政權取代了大區域的勢力，例如西臺王國和埃及的新王國。亞述王國由於有底格里斯河、托魯斯山脈（Taurus）和札格羅斯山脈為屏障，因此在動盪中倖存了下來，但周圍的領土都被亞蘭部落搶走。公元前900年開始，亞述王國再次崛起，但勢力較小的鄰居卻付出了代價。

亞述帝國除了併吞領土、派出只忠於國王的宦官來掌管這些地方之外，也很喜歡間接統治。從地中海東部到相當於現代伊朗的地區，從屬國的統治者都會進行神聖的宣誓，並接受亞述神（Ashur）及祂的人類代理人亞述國王的主權統治，藉此換取地方權力。帝國透過這些相互的義務關係和創新的中繼郵政系統維繫在一起——史上第一次，訊息的傳播速度比只派一個信差傳信的速度快上許多。後來的巴比倫帝國也採用了這個藍圖的大部分，但把亞述神換成自己的神祇馬爾杜克（Marduk），並廢除了宦官總督。

> 「亞述神是國王，而亞述巴尼拔是（祂的）代理人，是祂親手創造的。」
>
> 亞述巴尼拔的加冕讚美詩

巴比倫律法
刻在石中的正義

巴比倫的國王漢摩拉比（Hammurabi，公元前1782年—公元前1750年在位）彙整了282個條文，刻在他王國各地神殿的石碑上。這些法律的用意在於「防止強者欺壓弱者」，並寫明了各種社會情境下的罰款和罰則。1000多年之後，到了亞述和巴比倫帝國時代，漢摩拉比仍然被視為統治者的典範。

漢摩拉比石碑
國王從正義的守護神沙瑪什（Shamash）手中得到權力，以捲尺和直尺作為象徵。

2 巴比倫：馬爾杜克神的城市 公元前1782年—公元500年

這座古城最初是因為成為國王漢摩拉比的王國首都而崛起的。巴比倫是馬爾杜克神廟的所在地，後來整個巴比倫尼亞（美索不達米亞南部）都與王權有密切關係。公元前1000年，所有試圖控制這一地區的統治者都覬覦巴比倫國王的頭銜，包括亞述人以及後來的波斯和塞琉古帝國的國王。

★ 巴比倫

1 亞述城：亞述神的城市 公元前2000年—公元前614年

亞述神的唯一神殿就在這座城市。公元前2000年初期，亞述城是個頗具影響力的城邦，後來被美索不達米亞北部的沙姆希阿達德（Shamshi-Adad，約公元前1813年—公元前1781年）的王國併吞。沙姆希阿達德受到唾罵，說他是篡位的征服者，不過500年後，當亞述城成為擴張中的王國的中心時，亞述人卻又說他是他們王室的祖先。

★ 亞述城

約公元前900年起 泰爾港是連結中東的帝國以及地中海貿易的關鍵地點，控制了從賽普勒斯到西班牙南部的航線

公元前586年 尼布甲尼撒二世征服耶路撒冷時，雅威（Yahweh）神殿被毀，人民則被帶去巴比倫尼亞

公元前671年 亞述國王阿薩爾哈東攻陷孟斐斯，並透過當地的王子來統治埃及

Anatolia

Tarsus

Alep

Cyprus

Hama

Byblos

Sidon
Damascus

Tyre

ISRAEL

Mediterranean Sea

Samaria

Jerusalem

Gaza   Lachish

JUDAH   Dead Sea

EGYPT

Memphis

Sinai Peninsula

Nile

Red Sea

公元前605年 巴比倫軍隊在迦基米施打敗了亞述和埃及聯軍，結束了亞述幾個世紀的統治

公元前706年 薩爾貢二世把宮廷和行政中心移到新都，這是他構想出來的理想城市，名字和他一樣：「沙魯金要塞」（Fortress of Sharrukin，薩爾貢是《聖經》中的寫法）

3 亞述成為帝國　公元前883年—公元前681年

亞述城一直是亞述國的首都，直到亞述拿西帕二世（Assurnasirpal II）把他統治的世界從王國變成帝國。公元前859年，他遷都到卡爾胡（Kalhu；尼姆魯德Nimrud）。這個新都的設計是要把統治者——而不是亞述神——置於世界之王的中心地位。之後建立更大型的城市也是基於同樣的道理，例如薩爾貢二世建立的杜爾沙魯金城（Dur-Sharrukin；科爾沙巴德Khorsabad，公元前721年—公元前705年），以及辛那赫里布改造的尼尼微城（公元前704年—公元前681年）。

■ 公元前859年亞述帝國的範圍

4 亞述勢力的巔峰　公元前680年—公元前630年

公元前7世紀，在國王阿薩爾哈東（Esarhad-don）的統治下，亞述直接管理的領土範圍達到了最大。阿薩爾哈東的兒子亞述巴尼拔並沒有擴張這片領土，但大幅提升了對於非直接管轄政權的掌控，例如埃及和埃蘭（Elam）。他死後，王權爭奪戰令皇室陷入危機。巴比倫尼亞和瑪代（Medes）脫離統治，並在公元前614年攻陷亞述城，又在公元前612年攻陷首都尼尼微。

■ 公元前669年為止，亞述帝國新增的範圍

5 巴比倫帝國　公元前626年—公元前539年

在造成亞述帝國瓦解的戰爭中，那波帕拉薩爾（Nabopolassar，公元前626年—公元前605年）和他兒子尼布甲尼撒二世（公元前605年—公元前562年）建立了巴比倫帝國。由於巴比倫帝國想控制穿越阿拉伯沙漠的商隊路線，因此征服了猶大，並對阿拉伯部落發動漫長的戰爭。在這些計畫實現之前，巴比倫人民就背叛了最後一位國王那波尼德（Nabonidus，公元前556年—公元前539年），並迎接波斯的居魯士成為巴比倫的新國王，結束了巴比倫的獨立地位。

▬ 公元前539年，巴比倫帝國的範圍

公元前612年 尼尼微有12公里長的防禦城牆和15道城門。巴比倫和瑪代軍隊攻擊時，大部分的戰鬥都是發生在這些城門內部及周圍

公元前648年 埃蘭王國的首都被亞述軍隊征服。一塊公元前12世紀被帶來這裡的漢摩拉比法典石碑躲過了攻擊，完整保存下來

公元前556年—公元前539年 篡位者那波尼德試圖透過恢復古代皇室傳統來合理化他作為巴比倫皇帝的身分，例如任命他的女兒作為烏爾月神的配偶。烏爾城比亞述或巴比倫還要古老，因此受到崇敬

◁ **宮殿的守護者**

亞述拿西帕二世在卡爾胡（尼姆魯德）建立了新的宮殿，並建造大型的神聖守衛雕像來保護亞述皇宮的大門。這所謂的「拉瑪蘇」（lamassu）有人的面孔以及公牛或獅子的身體，通常身體有一部分被魚鱗覆蓋，還擁有老鷹的翅膀。牠們跟《聖經》中智天使的形象相符。圖中是薩爾貢二世於杜爾沙魯金王座室中雕像的複製品。

美索不達米亞的城市和帝國

美索不達米亞最古老的城市大多位於這個地區的南部（見第32-33頁），例如烏魯克和烏爾。那裡的生活都是以一座神殿為中心，人民認為神殿的守護神把權力授予了統治者。亞述人和巴比倫人堅守這個傳統，但他們的視野更廣闊。他們先後建立了帝國，範圍從東部的札格羅斯山脈延伸到西部的地中海。

圖例

----- 現今的海岸線或河流

時間軸

	公元前2000年	公元前1500年	公元前1000年	公元前500年	公元1年	公元500年
1						
2						
3						
4						
5						

4 大流士一世的進軍 公元前516年—公元前513年

公元前516年，大流士一世在中亞展開一場軍事行動，穿越了大夏（Bactria）和犍陀羅（Gandhara）。他從這兩處開始，征服了印度河沿岸土地，並任用希臘探險家卡里安達的西拉克斯（Scylax of Caryanda）勘察印度洋。大流士為了平息帝國各地的一連串叛亂而展開軍事行動，尤其是在巴比倫尼亞和斯基提亞（Scythia，位於東歐），他在這兩處主張波斯的統治地位，之後又試圖征服希臘。

➡ 大流士一世的主要進軍路線

3 大流士一世治下的帝國 公元前522年—公元前486年

大流士於公元前522年即位，並進行了許多改革。他引進一種新的貨幣系統，採用亞蘭語（Aramaic）作為官方語言，並把帝國劃分成許多省分，任用總督（薩特）來治理。大流士修建了運河和道路，包括連接蘇沙和亞述和安納托力亞著名的波斯御道（Persian Royal Road）。他還建造了紀念碑和神殿，並在蘇沙和波斯波利斯建造皇宮。

— 波斯御道，連接薩第斯（Sardis）和蘇沙

2 坎比塞斯二世及對埃及的征服 公元前529年—公元前522年

征服埃及成了居魯士的繼承者坎比塞斯二世的目標。因此他與阿拉伯領導者結盟，並取得原本與埃及同盟的希臘的支持。公元前525年，坎比塞斯二世在培琉喜阿姆（Pelusium）打敗埃及，但他的軍隊卻無法跨越沙漠抵達蘇丹，所以無法繼續向南征服。

■ 埃及王國，公元前525年被併吞
➡ 坎比塞斯二世的主要進軍路線
✕ 戰役及發生時間

公元前480年 一股希臘的小型勢力在溫泉關（Thermopylae）抵禦波斯軍隊，但最終還是被擊敗，之後雅典很快就被攻陷

— 公元前513年 大流士一世入侵斯基提亞

公元前492年 大流士一世入侵馬其頓（Macedonia）

公元前550年—公元前547年 居魯士進軍征服呂底亞

公元前547年 居魯士擊敗呂底亞國王克羅伊斯（Croesus）

THRACE

Black Sea

MACEDONIA

Pella

Byzantium
Sinope

Granicus
SEA TERRITORIES

ARMENIA

Cyrus

Caspian Sea

LYDIA
Halys
Pteria ✕

CAPPADOCIA

Lake Van

Thermopylae ✕
490 BCE Marathon
479 BCE Plataea
Corinth
480 BCE Salamis
Athens
IONIA
Sardis ✕

479 BCE ✕
Mycale Miletus

GREECE

Crete
Rhodes

Taurus Mountains

Issus
Harran

Nineveh

Lake Urmia

Elburz Mountains

Tureng Tepe

MEDIA

PARTHIA

PERSIAN EMPIRE

公元前494年 反對波斯統治的起義在米利都圍城時遭到平定

公元前547年 居魯士攻陷呂底亞的首都薩第斯
公元前500年左右 波斯御道完工

Cyrene

Mediterranean Sea

ASSYRIA

Aleppo
Euphrates
MESOPOTAMIA

Tigris

Zagros Mountains

Ecbatana

SUSIANA

Cyprus

Sidon Damascus
Tyre
ARABIA

Syrian Desert

Babylon
BABYLONIA
Nippur

Susa

549 BCE
PERSIS Pasargadae

Perse

525 BCE
Pelusium ✕
Jerusalem

公元前539年 居魯士占領巴比倫，他很快就允許被流放的以色列人回到故鄉耶路撒冷

公元前522年 蘇沙曾經是埃蘭的首都，後來成為波斯重要的行政中心

Memphis

Sinai

Nile

Red Sea

EGYPT

公元前550年 居魯士打敗他的外公——瑪代國王阿斯提阿格斯（Astyages）

公元前546年 帕薩爾加德城的建設展開，這裡成了居魯士帝國的首都

5 希臘戰爭 公元前492年—公元前479年

雅典支持反抗波斯帝國，因此大流士一世很憤怒，發誓要占領整個希臘，但他的2萬大軍在馬拉松（Marathon）被雅典領導的軍隊擊敗。公元前486年，大流士死後，他的繼承人薛西斯（Xerxes）再次試圖征服希臘。他控制了科林斯（Corinth）以北的內陸並摧毀了雅典，但公元前480年在薩拉米斯一役（Battle of Salamis）中戰敗後，他就撤回了他大部分的軍隊。

➡ 波斯進軍希臘
■ 其他被大流士一世和薛西斯一世併吞的領土
✕ 戰役及發生時間

Thebes

公元前520年左右 大流士一世下令建造新都波斯波利斯

◁ **阿姆河（Oxus）的寶藏**

這個金製的馬車模型是在現今阿富汗的阿姆河附近發現的波斯金屬器之一，可追溯到公元前5世紀，展現出波斯藝術和科技的精湛。

波斯領土的擴張

居魯士征服了西亞和中亞的大片土地，從安納托力亞到今日阿富汗都包括在內。他的繼承人在埃及與希臘又有新的收穫，並透過稱為「薩特」的總督來統治遙遠的轄區，例如粟特（Sogdiana）。

圖例

■ 波斯帝國巔峰時期的範圍

時間軸

公元前600年	550	500	450	400

約公元前530年
居魯士敗給馬薩革泰人（Massagetae）並且被殺

公元前516年 大流士一世抵達印度河北段的犍陀羅

公元前545年－公元前540年
居魯士前進中亞

公元前515年
大流士一世征服了印度河流域

Oxus (Amu Darya)

HORASMIA　SOGDIANA　Balkh　Merv

GANDHARA　BACTRIA　Herat

SATTAGYDIA　Kandahar　INDIA

ARIA　Nad-i Ali　Iranian Plateau　Indus

SAGARTIA　ARACHOSIA

Bampur　Hormuz　GEDROSIA

MAKRAN

居魯士大帝和他的征服
公元前550年－公元前530年

居魯士二世（以居魯士大帝著稱）大約出生於公元前580年，他在公元前559年繼承了父親坎比塞斯一世的王位，成為波斯國王。短短20年之間，他就推翻了瑪代帝國，這場勝利為他贏來了領土和附庸國。接著他又征服了呂底亞（Lydia）和巴比倫尼亞以及大部分的中亞地區，形成了廣大的帝國。一般認為居魯士死於公元前530年左右的一場戰役中。

■ 公元前550年之前，居魯士治下的波斯國土

■ 瑪代帝國，公元前550年被併吞

■ 呂底亞王國，約在公元前547年被併吞

■ 巴比倫帝國，公元前539年被併吞

→ 居魯士的主要進軍路線

✕ 戰役及發生時間

波斯帝國的崛起

波斯帝國非常遼闊，從歐洲延伸到印度，始於公元前6世紀中葉帝國創建者居魯士大帝的軍事勝利，一直持續到大約200年後被亞歷山大大帝征服之時。

公元前 612 年，亞述人的尼尼微城被他們以前的臣民聯盟摧毀，這些人包括巴比倫人和瑪代人。瑪代人和波斯人原本是來自中亞的印歐民族，他們分別占據裏海西南地區和波斯灣以北的土地。一開始，瑪代人是主要勢力，但大約在公元前 550 年，波斯人在一連串強大的國王的統治下展開一系列的征服，創造了世界到那時為止最大的帝國。

> 「簡潔是指揮的靈魂。過多的話語會
> 透露出領導人的絕望。」
>
> 根據《居魯士的教育》（*Cyropaedia*），出自居魯士，
> 公元前370年左右

波斯人是寬容的征服者，居魯士大帝很尊重他治下人民的信仰和習俗，並以釋放在巴比倫被俘的以色列人而聞名。波斯人在組織上下了很大的工夫，他們任命地方總督「薩特」（satrap）來治理各個省分，並修建道路和運河，讓軍隊和商人能輕鬆往來。這樣的組織再加上快速部署軍隊的能力，讓他們能保住廣闊的領土。波斯帝國在公元前 4 世紀被亞歷山大大帝征服時仍然是個很強大的勢力。

帕薩爾加德（**Pasargadae**）
波斯的第一個首都

大約在公元前546年，居魯士大帝開始在帕薩爾加德建造第一個波斯王朝首都。帕薩爾加德位於現代城市夕拉茲（Shiraz）附近，這裡的皇家遺跡是波斯帝國最令人印象深刻的部分，包括宮殿、謁見廳、門樓和居魯士本人的陵墓，展現出居魯士征服的人民的影響力。後來，坎比塞斯二世（Cambyses II）在蘇沙（Susa）建立了另一個首都，大流士（Darius）在波斯波利斯（Persepolis）建立了第三個首都。

有翅的守護靈
這幅公元前5世紀的浮雕是帕薩爾加德古城門上的裝飾。

美洲最早的城市

美洲最早以城市為基礎的文明出現於公元前3500年左右的祕魯海岸，時間比墨西哥南部和北美洲最早的城市早了大約2000年。所有早期美洲城市文明都建造了大型的祭祀場所，並廣泛從事貿易。

自從大約公元前5000年起，美洲的集獵生活就開始被農業活動取代，造就了第一批聚落。

位於祕魯海岸蘇佩（Supe）河谷地區的小北文明是南美洲已知最早的城市文明，時間約在公元前4000年。這個文明包括超過30個大型聚落，並且在大約公元前3500年建造了第一座重要城市，繁榮了超過2000年。美洲其他地區早期的文明還包括墨西哥南部的奧爾梅克文明，以及密西西比河上游與俄亥俄河河谷的阿德納（Adena）和霍普韋爾築丘人文明（Hopewell Mound Builder）。

這些古老的社群都發展出獨特的文化，各有自己的藝術、工藝和宗教儀式，但也都有主要為了祭祀而建的大型土木工程──平臺、金字塔或土丘。這些城鎮之間也有貿易往來，透過河運或其他沿海平原的路線運輸貨品。

卡拉爾（Caral）
美洲最早的城市文明

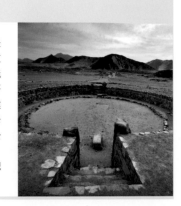

在公元前2600年，卡拉爾已經是個重要城市，屬於祕魯的小北文明。小北文明的其他城市甚至可能更古老。卡拉爾跟很多之後的前哥倫布時期城市一樣，有許多大型建築，例如平臺土丘和廣場。圖為卡拉爾的下沉式廣場遺跡，寬40公尺，是在1990年代晚期發現的。一般認為這個廣場是作為公共祭祀之用。

美洲早期的文明

大約從公元前1500年開始，中美洲的農耕文化就很盛行，奧爾梅克人建造了他們最早的城市。在北美洲，阿德納文明是最早的築丘人文明之一，大約出現於公元前1000年。800年後，霍普韋爾（Hopewells）文明也出現了。

圖例
◆ 主要的城市中心

時間軸

公元前2000年　　公元前1000年　　公元1年　　公元1000年

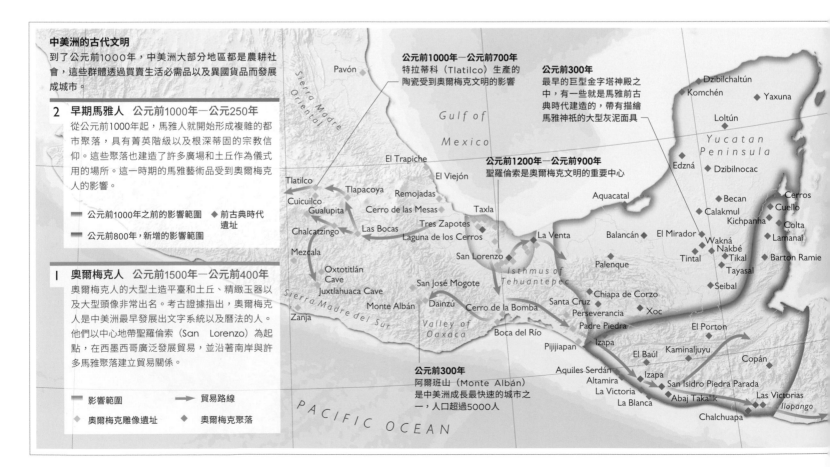

中美洲的古代文明

到了公元前1000年，中美洲大部分地區都是農耕社會，這些群體透過買賣生活必需品以及異國貨品而發展成城市。

2 早期馬雅人　公元前1000年─公元250年

從公元前1000年起，馬雅人就開始形成複雜的都市聚落，具有菁英階級以及根深蒂固的宗教信仰。這些聚落也建造了許多廣場和土丘作為儀式用的場所。這一時期的馬雅藝術品受到奧爾梅克人的影響。

── 公元前1000年之前的影響範圍　　◆ 前古典時代遺址
── 公元前800年，新增的影響範圍

1 奧爾梅克人　公元前1500年─公元前400年

奧爾梅克人的大型土造平臺和土丘、精緻玉器以及大型頭像非常出名。考古證據指出，奧爾梅克人是中美洲最早發展出文字系統以及曆法的人。他們以中心地帶聖羅倫索（San Lorenzo）為起點，在西墨西哥廣泛發展貿易，並沿著南岸與許多馬雅聚落建立貿易關係。

── 影響範圍　　　　　→ 貿易路線
◆ 奧爾梅克雕像遺址　　◆ 奧爾梅克聚落

公元前1000年─公元前700年
特拉蒂科（Tlatilco）生產的陶瓷受到奧爾梅克文明的影響

公元前1200年─公元前900年
聖羅倫索是奧爾梅克文明的重要中心

公元前300年
最早的巨型金字塔神殿之中，有一些就是馬雅前古典時代建造的，帶有描繪馬雅神祇的大型灰泥面具

公元前300年
阿爾班山（Monte Albán）是中美洲成長最快速的城市之一，人口超過5000人

（地圖地名）Pavón　Sierra Madre Oriental　El Trapiche　El Viejón　Tlatilco　Tlapacoya　Remojadas　Cuicuilco　Gualupita　Cerro de las Mesas　Taxla　Chalcatzingo　Las Bocas　Tres Zapotes　Mezcala　Laguna de los Cerros　La Venta　San Lorenzo　Oxtotitlán Cave　Juxtlahuaca Cave　San José Mogote　Isthmus of Tehuantepec　Monte Albán　Dainzú　Cerro de la Bomba　Zanja　Sierra Madre del Sur　Valley of Oaxaca　Boca del Río　Palenque　Balancán　Chiapa de Corzo　Santa Cruz　Perseverancia　Padre Piedra　Izapa　Pijijiapan　Aquiles Serdán　Altamira　La Victoria　La Blanca　Abaj Takalik　Izapa　San Isidro Piedra Parada　Kaminaljuyu　El Baúl　El Porton　Xoc　Gulf of Mexico　Yucatan Peninsula　Dzibilchaltún　Komchén　Yaxuna　Loltún　Edzná　Dzibilnocac　Aquacatal　Becan　Cerros　Calakmul　Cuello　Kichpanha　Colta　El Mirador　Waknápanha　Lamanai　Tintal　Nakbé　Tikal　Barton Ramie　Tayasal　Seibal　Copán　Las Victorias　Chalchuapa　Ilopango　PACIFIC OCEAN

3　阿德納文明　公元前1000年—公元400年
自從把農業也納入他們的漁獵生活之後，阿德納人就成了俄亥俄河河谷的季節性定居者。每個社群大約由100人組成，裡面包括四到六個部族。阿德納人只靠挖杆和竹籃就建造出驚人的土墩，作為神聖的儀式場所或是菁英的墓地。阿德納人會買賣重晶石、海裡的貝殼和紅銅等原料，用來製造工具和裝飾品。

▬▬　阿德納人的影響範圍

◖　墓墩遺址

4　霍普韋爾文明　公元前200年—公元500年
霍普韋爾文明很可能是受到阿德納文明的影響，由獨立的村莊組成，這些村莊都以他們風格獨特的文物為基礎，具有共同的文化。霍普韋爾除了建造錐形土丘之外，也建造了許多東林地（Eastern Woodlands）地區最複雜的土造建築，包括安聖特堡（Fort Ancient）、馬克司維（Marksville）和平森（Pinson）的平臺土丘，另外還有雕像土丘，通常都製成動物的形狀，例如熊或鳥。

▬▬　霍普韋爾人的影響範圍

◖　墓墩遺址　　　　　🐗　雕像遺址

築丘人
阿德納人和霍普韋爾人都因為大量的土墩而有「築丘人」之稱，他們是公元前1000年起出現在北美洲的最早文明之一。一般認為他們建造的大型土丘是作為儀式中心或社會菁英的墳墓。

公元1年—500年
倫納（Renner）的土丘所在地是堪薩斯城霍普韋爾文明人民的住所

公元400年
安聖特堡是北美洲已知最大的土丘，建造耗時超過400年

公元前250年—公元前150年
克里克土墩（Creek Mound）是阿德納人最大的錐形墓墩之一

公元400年
馬克司維的墓墩被大約910公尺長的馬蹄形土堤包圍

▷ **霍普韋爾小雕像**
這個黏土製的女性小雕像是在辛辛那提（Cincinnati）附近的特納土丘（Turner Mound）發現的。霍普韋爾文明除了有許多日常使用的陶器之外，也經常製作裝飾或儀式用的陶器。

Boucher
Howard Lake
Trempealeau
Trempealeau
Menasha Mounds
High Cliff
Goodall
Vine Mound
New York
Squawkie Hill
Man Mound
Devils Lake
Lizard Mound
University
Norton
Lake Erie
Rosenkrans
Pikes Peak
Panther Intaglio
Missouri
Muscoda Mounds
Mendota Mounds
Boone
Campbell Mound
Newark
Grave Creek Mound
St. Jones River
Toolesboro Mounds
Havana
Miamisburg
Adena
Ohio
Mound City
Marietta
West River
Sandy Hill
Havana
Fort Ancient
Turner
Harness
Hopewell
Criel Mound
Armstrong
Renner
Bedford
Knight
Serpent Mound
Tremper
Appalachian Mountains
Kansas
Kansas City
Crab Orchard
Cato
Mann
Portsmouth
Ohio
Adena Park
Crab Orchard
Cooper
Arkansas
Pinson
Miller
Miller
Copena
Red River
Bynum
Mississippi
Jaketown
Marksville
Porter
Porter
Marksville
Gulf of Mexico
Lake Michigan
Lake Huron
Lake Ontario
Tennessee

腓尼基人

在公元前1000年，腓尼基人是地中海的主要海上商人。他們是專業工匠，善於製作奢侈品，包括象牙雕刻、金屬製品和紡織品。

△ **腓尼基戰船**
這艘腓尼基戰船是雙層槳座戰船，需要用兩層槳來推動。雖然後來古希臘人進行了改良，但最初很可能是腓尼基人發明的。上層甲板由一排盾牌保護。

腓尼基人生活在相當於現代黎巴嫩的港口城市。在這些城市中，最重要的就是比布洛斯、泰爾和賽達（Sidon），每座城市都由一位國王統治。希臘人把這些人稱為腓尼基人，取自他們最昂貴的產品——從一種骨螺屬海螺身上粹取出來、不會褪色的紫色染料（希臘語為phoinix）。

黎巴嫩的山區滿是雪松林，為腓尼基人提供了又長又直的木材。他們用雪松造船並出口到埃及、希臘和美索不達米亞，這些地方都缺乏優質木材。腓尼基人的城市也是工藝品生產中心，出產紫色紡織品、玻璃器皿、帶雕刻的青銅碗和用象牙板裝飾的木製家具。腓尼基人把埃及藝術傳播到地中海東部和美索不達米亞，工匠也受到這種藝術的影響。除了自己的產品外，他們還會買賣西班牙的錫和銀、賽普勒斯的紅銅、阿拉伯的香、非洲的象牙、埃及的莎草紙、印度的香料，以及波斯商人的絲綢。

殖民地與探險

從公元前10世紀開始，腓尼基人就在地中海各地建立殖民地作為貿易站。其中一個殖民地迦太基（位於北非）後來成為廣大帝國的中心。為了尋找市場，腓尼基人成了古代世界最偉大的航海家。除了地中海，他們還探索了大西洋沿岸的歐洲，並且在公元前600年左右就環繞了整個非洲。字母系統是他們留給後世的遺物，只有22個字母，後來經過希臘人的改造，成了所有西方文字系統的基礎。

▷ **文化上的影響**
這個腓尼基人的象牙雕刻是一隻有翅膀的人面動物，源自美索不達米亞，頭上戴著埃及王室的頭飾。

獻給王室的雪松
亞述國王從黎巴嫩進口雪松來建造宮殿。國王薩爾貢二世（公元前722年—公元前705年）宮殿裡的簷壁飾帶上描繪腓尼基人把雪松原木拖在船後。

古代希臘
公元前700年—公元前338年

在亞歷山大大帝和他父親於公元前338年統一希臘之前，這個地區由上百個大大小小的城邦組成。許多城邦互相為敵，最明顯的就是雅典和斯巴達。

圖例

雅典本土

斯巴達本土

○ 希臘城邦

時間軸

1
2
3
4

800　700　600　500　400　300

1 希臘的一體性
公元前700年—公元前338年

所有的希臘城市都很重視在整個希臘世界裡具有「泛希臘」（Pan-Hellenic）意義的地方。這些地方包括眾神之座奧林匹斯山、德爾菲（Delphi，所有希臘人都在這裡請求神諭），以及舉辦泛希臘慶典的地方，例如奧林匹亞。

◎ 泛希臘的地點

公元前338年 馬其頓的腓力二世（Philip II，亞歷山大的父親）離開首都艾加伊城（Aegae），橫掃希臘。他打敗了雅典和底比斯，並試圖把希臘納入科林斯同盟（League of Corinth）

公元前431年—公元前404年 伯羅奔尼撒戰爭的關鍵在於取得狹長的赫勒斯滂（Hellespont）海峽的控制權，這裡是通往雅典的盟友——拜占庭以及黑海——的通道

4 希臘的衰落
公元前404年—公元前338年

伯羅奔尼撒戰爭終結了希臘的穩定，也重創了希臘的繁榮。從那時起，權力就在城邦和聯盟之間不斷更替。接連不斷的戰爭給了外部勢力——北部說希臘語的馬其頓——擴張和控制這個地區的機會。

● 馬其頓首都

公元前454年 雅典將軍伯里克里斯把提洛同盟的資金庫從提洛島移至雅典，表面上是要讓它不受波斯攻擊，卻挪用同盟的資金來建造帕德嫩神廟（Parthenon）

公元前478年 小島提洛島被選為由雅典領導的同盟資金庫所在地，提洛同盟的名稱就是這樣來的

公元前415年 雅典派遣一支遠征軍去攻打西西里島的夕拉庫沙（Syracuse），這是個不智的決定，讓斯巴達得以俘虜整個雅典海軍，希臘因此幾乎沒了勝算

3 伯羅奔尼撒戰爭
公元前431年—公元前404年

斯巴達雖然曾跟雅典結盟對抗波斯，但後來卻成為對立的伯羅奔尼撒聯盟的領導者，反抗雅典的鐵腕帝國主義。斯巴達和雅典的戰爭爆發後，大部分希臘城邦都選邊站。斯巴達勝出，但這場衝突卻讓這個地區分崩離析。

✕ 雅典的勝利　　✕ 斯巴達的勝利

→ 雅典的遠征　　● 捲入戰爭的城邦

雅典的盟友　　斯巴達的盟友

公元前424年 伯羅奔尼撒戰爭期間，雅典從斯巴達手中奪取了基西拉島

公元前416年 中立的米洛斯島被雅典占領，所有居民都被屠殺或成為奴隸，讓故鄉雅典的許多人大為震驚

公元前422年 斯巴達穿越色薩利（Thessaly）和色雷斯（Thrace），前往占領安菲波利斯（Amphipolis），伯羅奔尼撒戰爭的戰場往北移動

地圖標註地名：

THRACE, Abdera, Maronea, Aenus, Amphipolis, Thasos, Samothrace, Pari, Argilus, Galepsus, Cherronesita, Lampsacus, Arisbe, Strepsa, Imbros, Abydus, Dardanus, Scepsis, Cebren, MACEDONIA, Pella, Dicaeopolis, Stolos, Acanthus, Aenea, Mecyberna, Dion, Hephaestia, Tenedos, Methone, Spartolus, Sermylia, Singus, Thyssus, Myrina, Assos, Olynthus, Potidaea, Aphytis, Torone, Lemnos, Lemnos, Aegae, Mende, Scione, Mount Olympus, Antissa, Pyrrha, Myti, Larissa, Eressus, Lesbos, Thessaly, Pherae, Pagasae, Skyros, Pharsalus, Peparethus, Phocae, Ambracia, Oreos, Chios, Argos, Euboea, Erythrae, Haerae, Olpae, Chalcis, Leucas, Boeotia, Eretria, Styra, Clazom, Delphi, Koronela, Thebes, Tanagra, Carystus, Oiniadai, Naupactus, Calydon, Gulf of Corinth, ATTICA, Oenoe, Karia, Patrae, ACHAEA, Megara, Athens, Andros, Cephallenia, Corinth, Piraeus, Tenos, Myconos, Aegina, Coressus, Delos, Elis, ARCADIA, Mantinea, Ceos, Cythnos, Cyclades, Naxos, Olympia, Dipai, Argos, Serifos, Zacynthus, Peloponnese, Bassae, Sifnos, Ios, Astypa, Melos, MESSENIA, Sparta, LACONIA, Thera, Methone, Cythera, Mediterranean Sea, Aegean Sea, Kydonia, Knossos, Crete

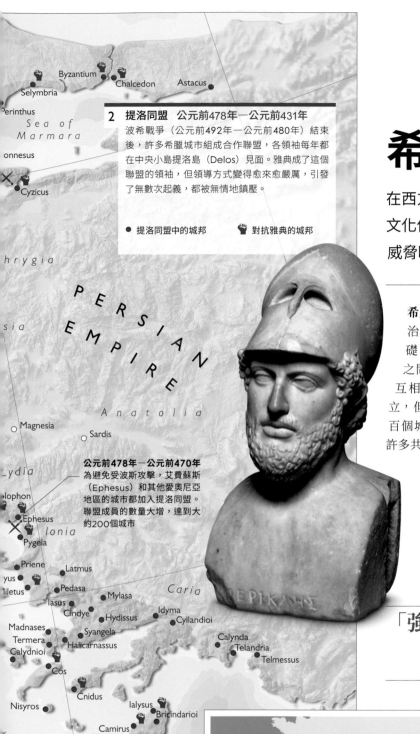

2 提洛同盟 公元前478年—公元前431年

波希戰爭（公元前492年—公元前480年）結束後，許多希臘城市組成合作聯盟，各領袖每年都在中央小島提洛島（Delos）見面。雅典成了這個聯盟的領袖，但領導方式變得愈來愈嚴屬，引發了無數次起義，都被無情地鎮壓。

● 提洛同盟中的城邦　　✊ 對抗雅典的城邦

公元前478年—公元前470年

為避免受波斯攻擊，艾費蘇斯（Ephesus）和其他愛奧尼亞地區的城市都加入提洛同盟。聯盟成員的數量大增，達到大約200個城市。

希臘城邦

在西方文明的萌芽期，希臘人分散到地中海各地，並把他們的文化傳播開來。但這些人在政治上並不統一，只有在面臨共同威脅時，各個獨立的城邦才會團結起來。

希臘文明的基石是城邦。這些自治的社群以設有圍牆的城市為基礎，偏遠處有村莊和農田。社群之間經常因為希臘崎嶇的地形而互相孤立。儘管彼此之間非常獨立，但這些分散在地中海各處的幾百個城邦都有共同的語言、宗教和許多共同的文化習俗。就連偏遠的聚落也透過建造神殿和劇院、產出精緻的陶瓷來努力展現自己的身分。希臘世界有時也或多或少會組成鬆散的聯盟，尤其是在需要擊退入侵的波斯帝國時（見第58-59頁）。波希戰爭之後出現的主要聯盟是提洛同盟（Delian League），後來變成由雅典人主導，這不僅讓許多聯盟成員不滿，其他聯盟也不高興，尤其是由斯巴達領導的聯盟。雅典的提洛同盟實際上已經成為雅典的帝國，而他們的無情統治使他們陷入了與斯巴達的衝突，當時兩者都是很強大的國家。到了戰爭結束時，雙方都元氣大傷，留下一個權力空位等著其他勢力來填補。

◁ **伯里克里斯半身像**

伯里克里斯（Pericles）有所謂「雅典第一公民」之稱，他在伯羅奔尼撒戰爭中擔任雅典的領導人。雖然他在家鄉是民主的強力擁護者，卻在國外樹立了許多敵人。

> **「強者為所欲為，弱者委屈求全。」**
>
> 修昔底德（Thucydides），《伯羅奔尼撒戰爭史》（*History of the Peloponnesian War*），公元前400年

公元前600年左右，希臘人建立了馬薩利亞（Massalia，馬賽）

迦太基是腓尼基人的殖民地，獨立發展成能挑戰羅馬勢力的貿易帝國

希臘人和腓尼基人在公元前338年之前的影響力

地中海殖民者

公元前800–300年間，有兩種文化在地中海傳播。由於希臘本身幾乎沒有肥沃的土地，所以殖民者去其他地方尋找——先是去安納托亞西部，接著來到黑海沿岸、西西里島、義大利和法國。腓尼基人則想尋找金屬和貿易點，因此開始殖民紅銅豐富的賽普勒斯，最遠抵達加的斯（Gades）和那裡的銀礦。

圖例

■ 希臘本土　　■ 腓尼基本土城市所在區域

■ 希臘殖民地　　■ 腓尼基殖民地

● 希臘城市　　● 腓尼基城市

7 普拉塔亞戰役 公元前479年

公元前479年8月，敵對的兩支軍隊在波也奧西亞（Boeotia）的普拉塔亞交戰。這次也跟11年前的馬拉松戰役一樣，希臘人利用高超的戰術來戰勝規模大上許多的波斯軍隊。同一天，位於安納托力亞的波斯艦隊在米卡勒慘敗。這兩次戰敗讓薛西斯放棄征服希臘。

✕ 戰役

6 薩拉米斯戰役 公元前480年

公元前480年9月，希臘人於薩拉米斯再次面對一支規模大上許多的敵軍。雅典將軍特米斯托克力（Themistocles）採用很大膽的策略，把波斯艦隊引到狹窄的海峽，然後從四面八方發起全面進攻。他的勝利迫使其他波斯船隻撤退到安納托力亞。

✕ 戰役

5 溫泉關戰役 公元前480年

雖然波斯軍隊的人數超過希臘軍隊，但斯巴達國王列奧尼達（Leonidas）率領的一小支斯巴達軍隊和其他希臘士兵進行最後抵抗，希臘人在溫泉關狹窄的通道守了三天。 最終，波斯人控制了關口，但列奧尼達的光榮戰敗讓希臘人相信他們能夠戰勝波斯。

✕ 戰役

公元前492年 馬鐸尼斯的艦隊因為遭遇暴風雨而撞上阿索斯山附近的岩石，大部分船隻都被毀，有2萬人死亡

公元前491年 馬鐸尼斯的戰艦抵達薩索斯島（Thassos），這裡的人民臣服於波斯的統治

公元前492年 馬鐸尼斯的陸軍併吞了原本是波斯帝國附庸國的馬其頓

公元前480年7月 波斯艦隊在阿提米斯（Artemision）戰役中重創希臘盟軍艦隊

公元前480年8月 波斯軍隊在溫泉關戰勝後，波也奧西亞城邦（Boeotia）衰亡

公元前479年6月 斯巴達軍隊衝破波斯防線，殺死波斯將軍馬鐸尼斯

公元前480年9月 希臘海軍善用狹窄的薩拉米斯海峽，擊敗了規模大上許多的波斯艦隊

◁ **陣亡的戰士**
這個細節描繪的是一個倒下的希臘戰士，是希臘愛吉納島（Aegina）阿法埃婭神廟（Temple of Aphaia）西面的山牆雕刻，可追溯至約公元前500年—公元前480年。

公元前480年10月 波斯軍隊洗劫雅典，燒毀這座城市

波希戰爭

就在西部省分發生一連串起義之後，龐大的波斯帝國在公元前492年向西進攻，企圖征服希臘城邦和愛琴海周圍的殖民地。這導致了一系列破壞力強大的戰爭，而希臘人的軍事策略與及時的好運讓他們得以抵禦規模較大的波斯軍隊。

到了約公元前550年，波斯帝國已經向西擴張，來到安納托力亞。波斯軍隊在這裡打敗了強大的呂底亞國王克羅伊斯，並征服了多個愛奧尼亞的城市，此前這些地方都是希臘的殖民地。但在公元前499年，米利都的愛奧尼亞希臘人起義反抗波斯的統治，引發了各地的反叛，不只在愛奧尼亞，連波斯西部邊界的各個城市也跟著造反。

波斯軍隊的反應引發了第一波反對浪潮。軍隊花了五年來鎮壓愛奧尼亞的叛亂，最終在公元前494年重新奪回米利都。接著，為了報復希臘城邦雅典和埃雷特里亞（Eretria）在反叛期間對愛奧尼亞城市的支持，波斯國王大流士（公元前522年—公元前486年在位）於公元前492年發動了對希臘的軍事入侵。這場攻擊透過海陸雙管齊下，波斯將軍馬鐸尼斯（Mardonius）率軍攻擊色雷

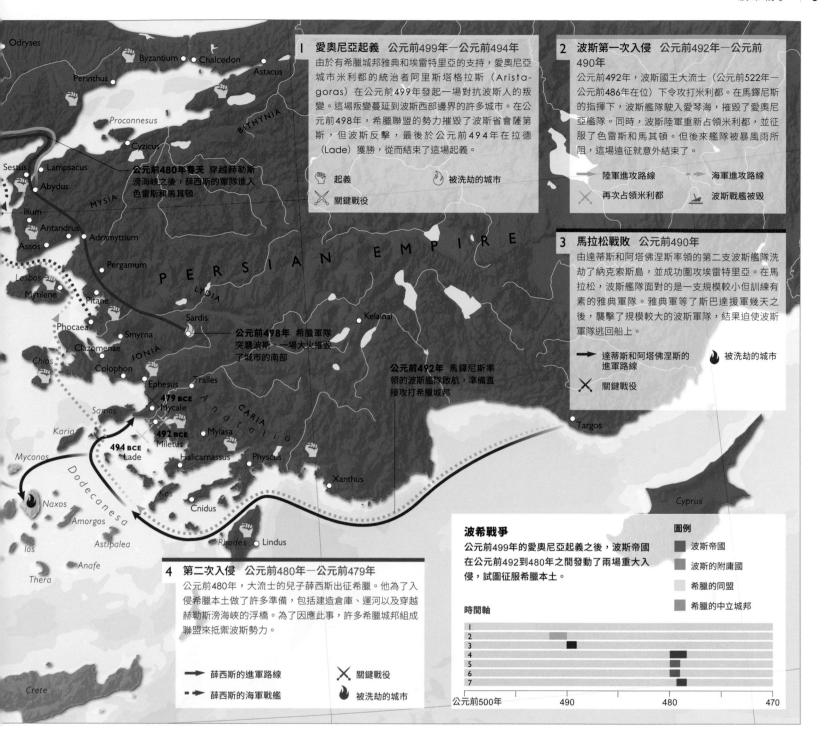

1　愛奧尼亞起義　公元前499年—公元前494年

由於有希臘城邦雅典和埃雷特里亞的支持，愛奧尼亞城市米利都的統治者阿里斯塔格拉斯（Arista-goras）在公元前499年發起一場對抗波斯人的叛變。這場叛變蔓延到波斯西部邊界的許多城市。在公元前498年，希臘聯盟的勢力摧毀了波斯省會薩第斯，但波斯反擊，最後於公元前494年在拉德（Lade）獲勝，從而結束了這場起義。

🖐 起義　　　　　　　　　🔥 被洗劫的城市

✂ 關鍵戰役

2　波斯第一次入侵　公元前492年—公元前490年

公元前492年，波斯國王大流士（公元前522年—公元前486年在位）下令攻打米利都。在馬鐸尼斯的指揮下，波斯艦隊駛入愛琴海，摧毀了愛奧尼亞艦隊。同時，波斯陸軍重新占領米利都，並征服了色雷斯和馬其頓。但後來艦隊被暴風雨所阻，這場遠征就意外結束了。

➡ 陸軍進攻路線　　　　➡ 海軍進攻路線

✕ 再次占領米利都　　　⚓ 波斯戰艦被毀

3　馬拉松戰敗　公元前490年

由達蒂斯和阿塔佛涅斯率領的第二支波斯艦隊洗劫了納克索斯島，並成功圍攻埃雷特里亞。在馬拉松，波斯艦隊面對的是一支規模較小但訓練有素的雅典軍隊。雅典軍等了斯巴達援軍幾天之後，襲擊了規模較大的波斯軍隊，結果迫使波斯軍隊逃回船上。

➡ 達蒂斯和阿塔佛涅斯的進軍路線　　🔥 被洗劫的城市

✕ 關鍵戰役

4　第二次入侵　公元前480年—公元前479年

公元前480年，大流士的兒子薛西斯出征希臘。他為了入侵希臘本土做了許多準備，包括建造倉庫、運河以及穿越赫勒斯滂海峽的浮橋。為了因應此事，許多希臘城邦組成聯盟來抵禦波斯勢力。

➡ 薛西斯的進軍路線　　　✕ 關鍵戰役

➡ 薛西斯的海軍戰艦　　　🔥 被洗劫的城市

波希戰爭

公元前499年的愛奧尼亞起義之後，波斯帝國在公元前492到480年之間發動了兩場重大入侵，試圖征服希臘本土。

圖例
- ■ 波斯帝國
- ■ 波斯的附庸國
- □ 希臘的同盟
- ■ 希臘的中立城邦

時間軸

公元前500年　490　480　470

斯和馬其頓，而達蒂斯（Datis）和阿塔佛涅斯（Artaphernes）則領導第二場戰役。這些任務讓波斯人控制了許多希臘城市，也讓馬其頓成了從屬國。但波斯軍隊最終被迫撤退，因為一場暴風雨在阿索斯山（Mount Athos）海岸附近摧毀了馬鐸尼斯的艦隊。波斯的第二支軍隊在公元前490年的馬拉松戰役（Battle of Marathon）中輸了給規模較小但戰術精湛的雅典軍隊。

十年後，大流士的兒子兼繼承人薛西斯一世（公元前486年—公元前465年在位）花了幾年策畫戰爭，並重新展開對雅典的軍事行動。波斯軍隊的人數再次超越希臘軍隊，部分原因是雅典有時沒辦法說服其他希臘城邦（尤其是軍國主義的斯巴達）加入戰役。然而，波斯人還是無法利用這個優勢，希臘城邦在薩拉米斯和普拉塔亞（Plataea）戰勝，確保了他們的獨立性。

大流士一世
公元前550年—公元前486年

大流士一世是阿契美尼德帝國（Achaemenid Empire）的第三位波斯國王。在他的統治下，帝國勢力達到了巔峰。他的行政手段加上有力且明智的領導能力為他贏得了「大流士大帝」的稱號。他還建造了宏偉的波斯波利斯城，並留下銘文，講述他的豐功偉業。

偉大的國王大流士
波斯波利斯城展示的一幅公元前500年左右的淺浮雕，描繪國王坐在王座上。

亞歷山大大帝

公元前336年，年輕的馬其頓國王亞歷山大三世在父親去世後即位，繼承了一支強大的軍隊。十年之內，他就征服了廣闊的波斯帝國，並開創了從希臘延伸到印度河的疆土。這個帝國雖然在他死後不久就崩解了，但卻在這整片土地上留下了持久的文化印記。

國王腓力二世（公元前359年—公元前336年在位）於公元前359年繼承馬其頓王位後，把他的軍隊變成了世界最強大的戰鬥機器，以配備長矛的重型步兵方陣為基礎。在他統治期間，他的軍隊透過有效的圍攻控制了色薩利、伊利里亞（Illyria）和色雷斯。儘管希臘也進行了軍事反抗，但他還是掌控了希臘本土。然而在公元前336年，就在預備入侵波斯之際，腓力被一名保鏢暗殺。

亞歷山大即位

腓力21歲的兒子亞歷山大三世立刻即位，並出兵鎮壓腓力死後在希臘和巴爾幹地區爆發的叛亂。之後，亞歷山大開始實現亡父的志向，率領一支由3萬名士兵和5000名騎兵組成的軍隊，經過精心操練後出兵征服波斯帝國。亞歷山大橫掃波斯於安納托力亞、敘利亞和埃及的領土，大獲全勝。他接著向東進軍波斯本土，繼續奮戰不懈。到了公元前327年，他擊潰阿契美尼德王朝，也就是第一個統治波斯帝國的王朝。亞歷山大建立了一個從希臘延伸

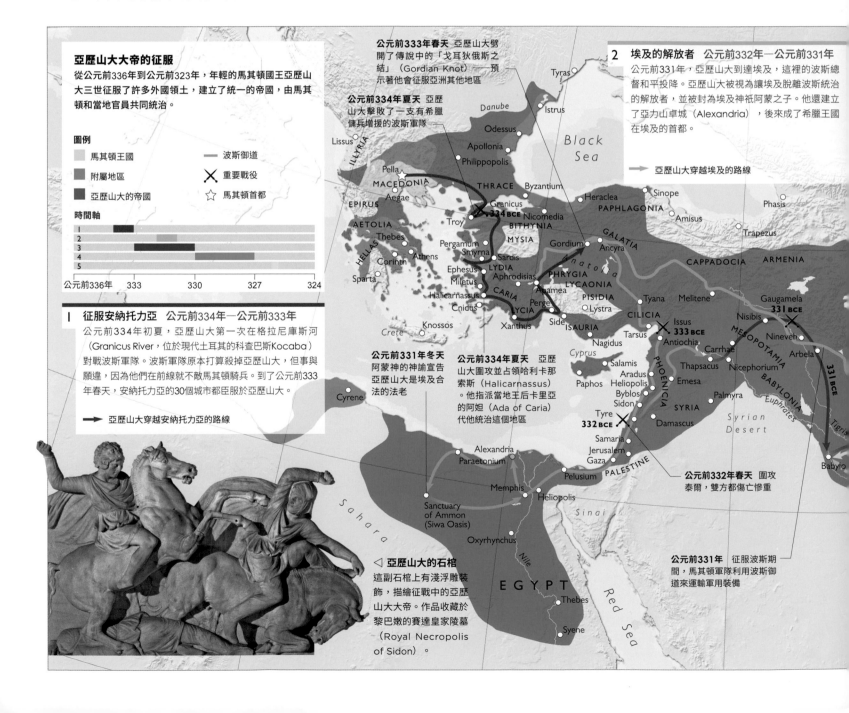

亞歷山大大帝的征服

從公元前336年到公元前323年，年輕的馬其頓國王亞歷山大三世征服了許多外國領土，建立統一的帝國，由馬其頓和當地官員共同統治。

圖例

- 馬其頓王國
- 附屬地區
- 亞歷山大的帝國
- ─── 波斯御道
- ✕ 重要戰役
- ☆ 馬其頓首都

時間軸

公元前336年　333　330　327　324

I　征服安納托力亞　公元前334年—公元前333年

公元前334年初夏，亞歷山大第一次在格拉尼庫斯河（Granicus River，位於現代土耳其的科查巴斯Kocaba）對戰波斯軍隊。波斯軍隊原本打算殺掉亞歷山大，但事與願違，因為他們在前線就不敵馬其頓騎兵。到了公元前333年春天，安納托力亞的30個城市都臣服於亞歷山大。

➡ 亞歷山大穿越安納托力亞的路線

公元前333年春天 亞歷山大劈開了傳說中的「戈耳狄俄斯之結」（Gordian Knot）——預示著他會征服亞洲其他地區

公元前334年夏天 亞歷山大擊敗了一支有希臘傭兵增援的波斯軍隊

2　埃及的解放者　公元前332年—公元前331年

公元前331年，亞歷山大到達埃及，這裡的波斯總督和平投降。亞歷山大大被視為讓埃及脫離波斯統治的解放者，並被封為埃及神祇阿蒙之子。他還建立了亞力山卓城（Alexandria），後來成了希臘王國在埃及的首都。

➡ 亞歷山大穿越埃及的路線

公元前331年冬天 阿蒙神的神諭宣告亞歷山大是埃及合法的法老

公元前334年夏天 亞歷山大圍攻並占領哈利卡那索斯（Halicarnassus）。他指派當地王后卡里亞的阿妲（Ada of Caria）代他統治這個地區

公元前332年春天 圍攻泰爾，雙方都傷亡慘重

公元前331年 征服波斯期間，馬其頓軍隊利用波斯御道來運輸軍用裝備

◁ **亞歷山大的石棺**

這副石棺上有淺浮雕裝飾，描繪征戰中的亞歷山大大帝。作品收藏於黎巴嫩的賽達皇家陵墓（Royal Necropolis of Sidon）。

到印度河的帝國，並把希臘文化引入這片廣闊的地帶。此外，他也是個明智的外交官，鼓勵文化融合，並接受波斯習俗，試圖統一他的帝國並建立歐亞之間的貿易路線。

亞歷山大接著打算入侵印度，但他的軍隊已精疲力盡，不願繼續戰鬥，國王只好撤軍回國。他們展開一趟穿越馬克蘭沙漠（Makran desert）的艱險旅程，亞歷山大倖存了下來，但卻在公元前323年（他32歲時）死在巴比倫，原因是發燒、疲憊，或可能是中毒。他死後發生了一場權力之爭，導致他龐大的帝國分崩離析。

> 「……征服的宗旨和目的是避免犯下與被征服者同樣的錯。」
>
> 亞歷山大三世，摘自普魯塔克（Plutarch）的《希臘羅馬名人傳》（Lives），公元100年左右

帝國分裂

亞歷山大死後，他的將軍和親信——又稱為繼業者（Diadochi）——為了誰該繼位而爭執不休，導致帝國分裂。塞琉古人是亞歷山大的將領塞琉古斯一世尼卡托（Seleucus I Nicator）的後裔，統治範圍從色雷斯到波斯；希臘托勒密王國（Ptolemaic）的國王掌管埃及；獨眼的安提柯納斯一世（Antigonus I Monophthalmus）的安提柯王國（Antigonids）則統治馬其頓和部分希臘地區。

圖例

- 安提柯王國
- 帕加馬王國（Pergamum）
- 托勒密帝國
- 獨立的希臘城邦
- 希臘－巴克特里亞王國（Graeco-Bactrian）
- 希臘化的非希臘王國
- 塞琉古帝國

3　對戰波斯　公元前333年—公元前330年

亞歷山大第一次與波斯國王大流士三世正面交戰是在公元前333年的伊蘇斯戰役（Battle of Issus）中。亞歷山大戰勝，迫使大流士逃離戰場。亞歷山大接著攻陷波斯的儀式中心波斯波利斯。後來大流士被他的總督貝蘇斯（Bessos）殺死，積弱不振的波斯帝國大致上已經滅亡，貝蘇斯之後則死於亞歷山大之手。

→ 亞歷山大穿越波斯帝國的路線

4　希臘化　公元前330年—公元前327年

波斯帝國滅亡後，亞歷山大在公元前330年—公元前327年之間征服了東北部的其他省分。在征服的過程中，亞歷山大建立了許多城市，且都是按照古典風格設計的，有許多希臘藝術家的作品，以確保希臘語和他故鄉的希臘文化在帝國中傳播。

→ 亞歷山大穿越波斯省分的路線
○ 亞歷山大大帝建立的希臘化城市

公元前326年秋天　希達斯皮斯河戰役之後，亞歷山大的軍隊發起叛變，拒絕繼續作戰

5　軍隊抗命　公元前326年

公元前326年，亞歷山大把目標放在印度。他在希達斯皮斯河（River Hydaspes）的一場重大戰役中征服了旁遮普邦（公元前326年），但後來他的士兵因為疲於交戰而叛變，他只好啟程回家。他的指揮官克拉特魯斯（Craterus）帶領一部分陸軍，尼阿庫斯（Nearchus）領導海軍戰艦，而亞歷山大則率領大軍穿越馬克蘭沙漠——這是個錯誤的決定，造成大量傷亡。

→ 亞歷山大的路線
····· 克拉特魯斯的路線
→ 尼阿庫斯的路線

公元前325年　亞歷山大的艦隊在尼阿庫斯的率領下從波斯灣向北航行回鄉

公元前325年　亞歷山大軍隊中的許多士兵都熱死在馬克蘭沙漠中

古典時代

傳統上，「古典文明」這個詞是用來定義大約公元前800年—公元400年之間在地中海世界發展出的兩個不同但相關的文明。第一個文明出現於希臘及附近地區，第二個則出現在羅馬，接著從羅馬傳遍整個歐洲。

△ **代表性的設計**
這個公元前6世紀的青銅製頭盔最早是科林斯城邦的士兵戴的，後來在整個希臘都普遍使用。

大家都認同，希臘對於西方文明有巨大的貢獻。雖然傳統上希臘被視為這些進步的主要功臣，但現代歷史學家認為，故事並沒有這麼簡單。

城邦的興起

希臘文明的種子是在希臘歷史上的古風時期（Archaic Period，公元前800年—公元前479年）播下的。這是個實驗與知識醞釀的時代。雅典、斯巴達、科林斯、阿各斯（Argos）、艾列夫西斯（Eleusis）、底比斯、米利都和夕拉庫沙等城邦出現了。人口增加，而到了古典時代，估計已有超過1000個聚落分散在希臘世界的各地。

藝術和建築都蓬勃發展，安納托力亞（今日土耳其）沿岸城市成為早期哲學和其他知識發展的重要中心。索發克里斯（Sophocles）、優里皮底斯（Euripides）、艾斯奇勒斯（Aeschylus）和亞里斯多芬（Aristophanes）的偉大劇作首先在雅典衛城南坡的狄俄倪索斯劇場（Theatre of Dionysus Eleutherus）上演。希羅多德（Herodotus）和修昔底德是最早的偉大歷史學家。蘇格拉底、柏拉圖和亞里斯多德徹底改革了哲學，三人都創立了自己的哲學流派。當時其他著名的人物還有政治家梭倫

（Solon）和伯里克里斯（Pericles）、將軍阿爾西比亞德斯（Alcibiades）和特米斯托克力、詩人品達（Pindar）和莎芙（Sappho）、雕刻家菲迪亞斯（Phidias）和醫生希波克拉底（Hippocrates）——現代醫學之父。

戰爭上的勝利進一步鞏固了這些成就。希臘人分別在公元前490年及公元前480年於馬拉松鎮和薩拉米島擊敗入侵的波斯人，被視為世界歷史上的關鍵時刻。假若是波斯人獲勝，那麼構成現代西方文明基礎的希臘成就很可能在剛誕生就被扼殺了。

△ **希臘藝術**
希臘人會用瓶罐來儲存物品，有時在婚禮等場合也會用到。這個可追溯至公元前530年的罐子上描繪的是英雄海克力斯（Hercules）。

希臘影響力的傳播

公元前338年，馬其頓的腓力二世征服希臘後，希臘城邦失去了大部分勢力。然而，希臘文化並沒有走到盡頭，反而是被馬其頓人帶到地中海東部各地，並進入亞洲。雖然亞歷山大大帝（腓力二世的兒子）在公元前323年死去時，他遼闊的帝國並沒有延續下去（被他的將領瓜分了），但「希臘」的概念倖存了下來，並滲透到日常生活的各個層面。幾乎前帝國的每一個人都會說某種希臘方言。統治者鼓勵帝國人民學習。在馬其頓將軍托勒密一世的領導下，埃及亞力山卓的大學成為許多人才的大本營，包括數學家歐幾里得（Euclid）、埃拉托斯特尼

強大的文明

在世界歷史上所謂的古典時代，各種文明在地中海地區歷經興衰。然而在這個時代，希臘和羅馬文明成為最活躍的文明。由於伊特拉斯坎文明與早期羅馬關係密切，因此我們也把伊特拉斯坎包含在這個時間軸中。羅馬城本身歷史悠久，但原本的重要性相對較小，直到羅馬人在公元前3世紀擴張勢力後才有所改變。

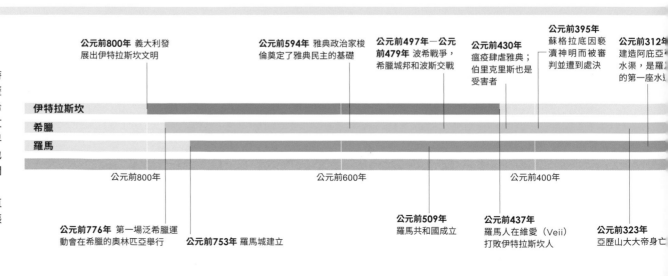

公元前800年 義大利發展出伊特拉斯坎文明

公元前594年 雅典政治家梭倫奠定了雅典民主的基礎

公元前497年—公元前479年 波希戰爭，希臘城邦和波斯交戰

公元前430年 瘟疫肆虐雅典；伯里克里斯也是受害者

公元前395年 蘇格拉底因褻瀆神明而被審判並遭到處決

公元前312年 建造阿庇亞水渠，是羅馬的第一座水渠

伊特拉斯坎
希臘
羅馬

公元前800年　　　公元前600年　　　公元前400年

公元前776年 第一場泛希臘運動會在希臘的奧林匹亞舉行

公元前753年 羅馬城建立

公元前509年 羅馬共和國成立

公元前437年 羅馬人在維愛（Veii）打敗伊特拉斯坎人

公元前323年 亞歷山大大帝身亡

（Eratosthenes）、阿基米德（Archimedes）以及發明家海龍（Heron）和克特西比烏斯（Ktesibios），那裡的大圖書館也成為古代地中海世界的奇蹟。

羅馬的興衰

羅馬起源於臺伯河（River Tiber）河畔的一個小型貿易聚落。一開始，這裡受到北方強大的伊特拉斯坎文明的影響。最後一位伊特拉斯坎國王盧修斯·塔克文·蘇佩布（Lucius Tarquinius Superbus）在公元前 509 年被羅馬人驅逐。之後羅馬就成了共和國，由元老院和每年選舉產生的兩名執政官統治。

這個共和國的偉大是戰爭造就的。羅馬共和國在義大利的勢力日益增長，導致了與地中海敵對城市迦太基之間的衝突。迦太基人戰敗，鞏固了羅馬在西地中海的統治地位。羅馬人又與馬其頓人和東部其他政權交戰，而羅馬獲勝後就控制了整個地中海地區。

公元前 1 世紀，羅馬仍是個共和國，有強大的元老院議員，例如尤利烏斯·凱撒（Julius Caesar）。沒有人知道他若沒被暗殺的話，是不是會自封為皇帝。他收養的侄孫屋大維（Octavian）歷經一場激烈的內戰後，於公元前 31 年成為羅馬的第一位皇帝，稱號是「皇帝凱撒奧古斯都」（Imperator Caesar Augustus）。

3 世紀時，由於政局不穩，邊疆地區面臨壓力，於是帝國經歷了一段危機時期，並分為東西兩半。皇帝戴克里先（Diocletian）穩定了局勢，部分是透過任命同伴與他共治。後來的某些皇帝則獨自統治，最著名的是君士坦丁（Constantine）。正是他讓基督教合法化，並建立了君士坦丁堡作為帝國的首都，與羅馬抗衡。在他之後，東西羅馬帝國漸行漸遠。

> 「只有有勇氣捍衛自由的人才能真正擁有自由。」
>
> 伯里克里斯，希臘政治家，公元前495年—429年

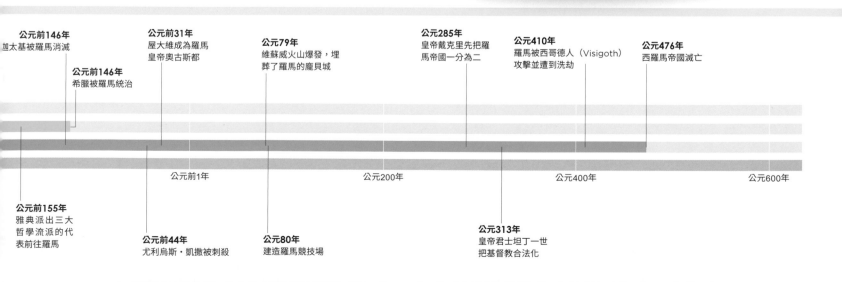

公元前146年
加太基被羅馬消滅

公元前146年
希臘被羅馬統治

公元前31年
屋大維成為羅馬皇帝奧古斯都

公元79年
維蘇威火山爆發，埋葬了羅馬的龐貝城

公元285年
皇帝戴克里先把羅馬帝國一分為二

公元410年
羅馬被西哥德人（Visigoth）攻擊並遭到洗劫

公元476年
西羅馬帝國滅亡

公元前1年　　　公元200年　　　公元400年　　　公元600年

公元前155年
雅典派出三大哲學流派的代表前往羅馬

公元前44年
尤利烏斯·凱撒被刺殺

公元80年
建造羅馬競技場

公元313年
皇帝君士坦丁一世把基督教合法化

公元前500年義大利的民族

在羅馬擴張之前，義大利最有影響力的民族就是伊特拉斯坎人。一群獨立的古義大利語族人（例如艾達人）占據了義大利中部的一小塊地區。

1 伊特拉斯坎人
約公元前700年—公元前270年

大約從公元前700年開始，伊特拉斯坎文明就在三個中心發展：伊特拉斯坎的中心地帶（現代的托斯卡尼、拉吉歐和翁布里亞）、波河河谷以及南部的坎佩尼亞。伊特拉斯坎文明成了地中海最有影響力的文明之一，直到他們最終被羅馬的專業軍隊打敗，並被羅馬的體制吸收。

■ 伊特拉斯坎中心地區

公元前8世紀 塔爾奎尼亞（Tarquinii）成為伊特拉斯坎人最重要的貿易城市之一

公元前396年 伊特拉斯坎的城市維愛經常與鄰近的羅馬發生衝突，最後落入羅馬人手中

公元前8世紀開始 迦太基人占據了薩丁尼亞島的許多沿海地區，並鼓勵在內陸種植穀物

2 伊特拉斯坎同盟 約公元前700年—公元前400年

為了鞏固權力並加強貿易關係，各個伊特拉斯坎城市結盟或形成聯盟。波河河谷和坎佩尼亞的伊特拉斯坎人之間形成了小型同盟，但最大的是位於伊特拉斯坎的伊特拉斯坎聯盟，成員包括12個城邦。他們每年舉行一次會議來選出領袖，舉行位置可能在他們位於沃爾西尼（Volsinii）的聖地。

● 伊特拉斯坎聯盟的城市

公元前8世紀 莫蒂亞（Motya）是腓尼基人建立的殖民城市，後來變成迦太基人在西西里島上的關鍵中心

3 大希臘（Magna Graecia）
約公元前700年—公元前250年

義大利南部的大部分地區住的都是古義大利語族人，例如薩比尼人和薩莫奈人（Samnite），但在南部和西西里島也有希臘人的殖民地。由於希臘的勢力過於龐大，羅馬人稱這一地區為「大希臘」。那不勒斯和夕拉庫沙等希臘城市非常強大，並把希臘文化帶到了義大利，包括希臘字母。公元前3世紀，羅馬人占領了這一地區。

■ 希臘人

約公元前600年 伊特拉斯坎人建立卡普亞城（Capua），周圍有肥沃的農田

公元前734年左右 夕拉庫沙被科林斯附近的希臘人殖民，並與科林斯和斯巴達結盟

伊特拉斯坎藝術
墓冢裝飾

伊特拉斯坎人在各種形式的藝術上都有所發展，包括製作寫實主義的青銅和赤陶人像雕塑、雕刻寶石、花瓶畫和壁畫（右）。許多這類型的藝術都受到希臘人的強烈影響。大多數現存最好的壁畫和赤陶雕塑都是在墳墓中找到的，尤其是在義大利的塔基尼亞（Tarquinia）。

義大利的政權變化
公元前500年—公元前200年

公元前500年的義大利半島住有許多不同的民族，北非的迦太基人和希臘人也在這裡建立殖民地。到了公元前2世紀末，羅馬成了義大利的霸主，並且繼續擴張。

圖例

■ 古義大利語族

■ 古義大利語族及伊特拉斯坎人

■ 迦太基人

時間軸

公元前800年　公元前600年　公元前400年　公元前200年　公元1年

伊特拉斯坎人與羅馬的崛起

大約到了公元前800年，義大利北部的主要勢力是伊特拉斯坎人，這個民族住在各個城邦，說的是非印歐語系的語言。羅馬是他們統治的城市之一，從公元前500年起開始發展成重要的勢力，併吞了鄰近地區，並在義大利各地建立殖民地。

伊特拉斯坎文明很可能是從地中海東部移民與微蘭諾威人（Villanovan）之間交流發展而來的。微蘭諾威人是鐵器時代的民族，生活在波河（Po）河谷和羅馬之間。

伊特拉斯坎人在義大利北部他們稱為伊特拉斯坎的地區和現代那不勒斯附近的坎佩尼亞（Campania）地區蓬勃發展。他們建造了城市，並發展出獨特的藝術風格（尤其是壁畫和雕塑），還形成了貿易聯盟。

羅馬最初是拉丁姆（Latium）的一個聚落。許多古義大利民族都以義大利中部為家，例如翁布里亞人（Umbri）、薩比尼人（Sabini）和其他印歐語系的人。直到公元前 509 年，羅馬一直由伊特拉斯坎血統的國王統治。後來羅馬成為共和國，由兩名每年選舉產生的地方官（稱為執政官）統治。羅馬共和國擴大領土，首先進入拉丁姆，接著進入伊特拉斯坎和南部地區。他們透過軍事勝利來擴張，打敗了義大利中部的薩比尼人和艾達人（Aequi），並戰勝羅馬西北部的伊特拉斯坎城市維愛。羅馬人透過建立殖民地來鞏固地位，並透過這些殖民地支配義大利大部分地區。到了公元前 3 世紀初，羅馬已有將近 30 萬公民，分布在義大利半島各地。羅馬人與伊特拉斯坎人和希臘人都有接觸，文化也因此受到影響。

4　羅馬的建立　公元前753年—公元前509年
據說羅馬是由雙胞胎羅穆路斯（Romulus）和雷穆斯（Remus）於公元前753年建立的。考古證據指出，羅馬起源於臺伯河附近的一些史前村莊，這些村莊不斷擴張，最終合併成羅馬城。當地原本的居民與伊特拉斯坎人融合，形成一個強大的城市，並在公元前509年成立共和國，不久後就開始擴張領土。

--- 羅馬共和國成立時，羅馬的疆域

5　公民的殖民地　公元前500年—公元前150年
羅馬為了鞏固征服領地的控制權並堅守戰略要地，於是在義大利各地建立殖民地。這些殖民地通常有約300名羅馬公民及他們的家人，每人都分配到一塊從戰敗的當地人手中沒收的土地。這些殖民地通常都選在已存在的城市中，功能像是守備部隊，而不是獨立的城市。

● 羅馬的殖民地　○ 其他聚落

公元前240年的義大利
羅馬的殖民地從北部的阿里米努姆（Ariminum；里米尼Rimini）延伸到南部的布魯迪辛（Brundisium，布林底希Brindisi）。這些殖民地建立的年分都在公元前，以粗體字顯示。羅馬人建造的道路網讓他們的影響力傳播到義大利的大部分地區。

公元前264年　為了防守羅馬北部的海岸，建立航海聚落卡斯泰爾諾沃尼格拉（Castrum Novum）

公元前4世紀　位於奧斯提亞（Ostia）的殖民地守住臺伯河河口，重要性極大

公元前468年　羅馬從古義大利的沃爾西尼人手中取得安提蒙（Antium，今日的安濟奧〔Anzio〕）

6　拉丁殖民地　公元前350年—公元前100年
並非所有殖民者都保有跟羅馬公民同等的權利，其中有些人獲得與先前被羅馬征服的拉丁姆居民相同的地位。這些「拉丁」殖民地的人民在羅馬法律的規範下的享有法律權利，但沒有選舉權或競選公職權。羅馬的大多數「同盟」（socii，條約中的盟友）既沒有獲得完整的公民身分，也沒有獲得拉丁人的權利，這最終導致了叛變。

■ 羅馬公民，公元前240年
■ ◇ 拉丁殖民地，公元前240年
■ 羅馬的同盟，公元前240年
—— 羅馬道路

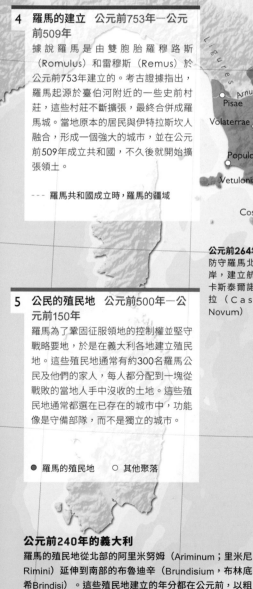

△ 《母狼乳嬰像》（*The Capitoline Wolf*）
這座雕像描繪一隻母狼哺育傳說中的羅馬創建者。這隻青銅製的狼或許可追溯至伊特拉斯坎時代，雙胞胎則是文藝復興時期加上去的。

公元前3世紀　希臘聚落布魯迪辛（今日布林底希）被羅馬人征服

公元前3世紀　羅馬人與統治希臘本土伊匹魯斯（Epirus）的國王皮洛士（Pyrrhus）對戰之後，占領了希臘殖民地帕埃斯圖姆（Paestum）

公元前340年　維蘇威火山之戰爆發，羅馬人對戰鄰近的拉丁人、坎佩尼亞人、沃爾西尼人和其他民族組成的聯盟

羅馬奠定權力基礎

公元前3世紀，羅馬共和國在擴張的同時與繁榮的迦太基文明發生了衝突。接下來的三場布匿戰爭（Punic War）中，羅馬獲勝，因此掌控了西地中海的主控權。後來羅馬又在希臘戰勝，因此也得以向東擴展勢力。

公元前 3 世紀初，羅馬的勢力大部分局限在義大利的殖民地。公元前 264 年，羅馬開始擴大影響力，首先是與當時西地中海最強大的城市迦太基展開一連串的戰爭。

迦太基是由航海民族腓尼基人（拉丁文為 Punicus，「布匿戰爭」因此得名）建立的，這個文明從約公元前 1500 年開始就在地中海東部蓬勃發展。迦太基並不是一個正式的帝國，而是一個互相協助防守並維持貿易網的城市聯盟中的傑出城市。迦太基位於今日突尼西亞的海岸，建立了強大的海權，到了公元前 256 年時，他們的艦隊裡已有約 350 艘船。為了

擊敗迦太基和他們的盟友，羅馬不但得在陸戰中與優秀的迦太基將軍作戰，還得建立自己的海軍並加強裝備。羅馬戰勝迦太基後贏得了許多省分：第一次布匿戰爭（公元前 264 年—公元前 241 年）贏得西西里島、科西嘉島和薩丁尼亞島；第二次布匿戰爭（公元前 218 年—公元前 201 年）贏得西班牙的兩個省分；第三次布匿戰爭（公元前 149 年—公元前 146 年）贏得迦太基城所在的非洲省分（突尼西亞北部）。後來在希臘戰勝後，羅馬更是取得地中海的霸主地位，並一直維持到 5 世紀。

> 「我來不是為了向義大利人開戰，而是為了幫助義大利人對抗羅馬。」
>
> 漢尼拔（Hannibal），特拉西美諾湖戰役（Battle of Lake Trasimenus），公元前217年

羅馬人在希臘

由於科林斯和雅典等最強大的城市想脫離這個地區的主要勢力——馬其頓和波斯的塞琉古帝國，造成政治局勢緊張，導致希臘四分五裂。這讓羅馬有機會進入這一地區。從公元前146年的科林斯戰役開始，羅馬經歷了多場軍事勝利而贏得許多希臘城市，後來又建立了省分，他們取名為馬其頓省、亞該亞省（Achaia）和伊匹魯斯省（Epirus）。

公元前100年左右，位於希臘的羅馬省分

迦太基及迦太基的領土
公元前814年—公元前146年

迦太基從最初在公元前814年腓尼基人建立的貿易站發展成一個重要勢力，在北非沿岸擁有多個前哨站，一直延伸到西班牙南部以及部分島嶼，例如科西嘉島、薩丁尼亞島和西西里島。因為有堅強的海軍，迦太基看起來比羅馬強大許多，在公元前3世紀初期，羅馬還沒有海軍。

公元前209年 羅馬人包圍並摧毀了迦太基的基地新迦太基（Carthago Nova），逼迫他們離開西班牙東部海岸

◁ 戰象
據說漢尼拔穿越阿爾卑斯山的軍隊裡有37頭戰象，這是一種從印度傳到地中海的創新戰術，這個公元前3世紀的義大利盤子上有所描繪。

布匿戰爭

這一連串的三場戰爭歷時一個多世紀，迦太基人經常得在難行的土地上艱苦地長途行軍。雙方都損失了許多士兵，但迦太基最終被羅馬的力量削弱。

圖例

- 公元前264年，迦太基的領土
- 公元前200年，迦太基的領土
- 公元前264年，羅馬的領土
- 公元前241年為止，羅馬取得的領土
- 公元前202年為止，羅馬取得的領土

公元前218年 在第二次布匿戰爭的第一場重要戰役中,漢尼拔打敗由提比略·森普羅尼烏斯·朗格斯(Tiberius Sempronius Longus)率領的羅馬人,造成嚴重傷亡。

5 **第三次布匿戰爭** 公元前149年—公元前146年
由於羅馬拒絕阻止盟友努米底亞(Numidia)攻擊迦太基的邊界,迦太基只好出兵抵抗。公元前149年,羅馬派出軍隊,迦太基人因此同意投降。但羅馬的要求愈來愈多,導致迦太基人的反叛,他們尤其不同意把城市遷往內陸。因此羅馬發動圍攻,迦太基人抵抗了兩年,直到羅馬指揮官西庇阿·埃米利安努斯(Scipio Aemilianus)在公元前146年占領這座城市,並徹底摧毀迦太基。

— 努米底亞   ✕ 戰役

公元前217年 漢尼拔掃蕩了由蓋烏斯·弗拉米尼烏斯(Gaius Flaminius)帶領的羅馬軍隊,這是軍事史上最大型的一場伏擊。

公元前216年 漢尼拔利用鉗形攻勢困住軍力多出許多的羅馬軍隊,贏得重大勝利

公元前238年 科西嘉島敗給羅馬

公元前202年 巴里亞利(Baleares)被割讓給羅馬,到了公元前121年才終於穩定政局

公元前238年 薩丁尼亞島敗給羅馬

公元前215年—公元前203年 在一場關鍵戰役中,漢尼拔打不過羅馬人,只好退出義大利戰場

公元前202年 漢尼拔受命回到北非的故鄉保衛迦太基,但被大西庇阿打敗

公元前149年—公元前146年 迦太基被圍攻,最後終於被羅馬軍隊打敗

公元前262年 羅馬人在阿格里真托(Agrigentum)擊敗一支迦太基軍隊,接著摧毀這座城市,當地居民淪為奴隸

公元前264年 羅馬人登陸梅薩納,只遭遇了輕微的反抗

公元前241年 西西里島敗給羅馬

公元前260年 在邁利(Mylae)的一場海戰中,羅馬人奪取了許多迦太基船隻,逼迫迦太基人撤退

公元前256年 羅馬人建立一支大型艦隊,迦太基人在埃克諾穆斯(Ecnomus)試圖摧毀這支艦隊但以失敗告終。不過羅馬人接下來入侵北非的行動並未成功

2 **第一次布匿戰爭** 公元前264年—公元前241年
這一系列戰爭中的第一場源自於西西里島當地的衝突,並很快就把兩個強大勢力牽扯進來。公元前264年,迦太基軍隊來到西西里島,羅馬也做出回應,占領了梅薩納(Messana;美西納Messina)並擊退敵軍。由於羅馬人缺乏海上力量,所以無法發揮優勢,但從公元前260年開始,他們建立了自己的艦隊,並設計了海戰的成功新戰術,因此短暫在北非建立了勢力。到了公元前241年,羅馬人從衰弱的迦太基手中奪走了西西里島、科西嘉島和薩丁尼亞島。

✕ 戰役

3 **漢尼拔與第二次布匿戰爭**
公元前218年—公元前201年
第一次布匿戰爭後,迦太基加強了在西班牙的影響力。公元前218年,迦太基將軍漢尼拔占領了羅馬保護下的城市薩貢托(Saguntum)。接著漢尼拔的軍隊越過阿爾卑斯山,在義大利北部戰勝,並前往羅馬。另一支由哈斯德魯巴(Hasdrubal)率領的迦太基軍隊也跟著前往,但被羅馬擊敗。少了援兵,漢尼拔無法拿下羅馬,於是返回保衛迦太基。

→ 公元前219年—公元前202年,漢尼拔的路線
→ 公元前208年—公元前207年,哈斯德魯巴的路線
✕ 戰役
— 公元前218年為止,迦太基軍隊在伊比利半島獲得的領土

4 **西庇阿(Scipio)征服西班牙**
公元前210年—公元前202年
羅馬軍隊繼續攻擊迦太基在西班牙的據點。公元前206年,羅馬將軍大西庇阿(Scipio Africanus)在伊利帕(Ilipa)擊敗了迦太基人,迫使他們離開西班牙。公元前204年,大西庇阿渡海到非洲向迦太基人施壓,要求他們同意和平條約,但迦太基人違約,並期望能戰勝大西庇阿。雙方於公元前202年在扎馬(Zama)交戰,迦太基戰敗,只好把他們在地中海的島嶼交給羅馬,並支付戰爭賠款。

→ 公元前210年—公元前202年,西庇阿的路線
✕ 戰役

公元142年左右 羅馬人把北部邊界延伸到安東尼長城（Antonine Wall），後來又撤回到哈德良長城

安東尼長城
公元145年左右

哈德良長城
公元125年左右

公元9世紀 羅馬與日耳曼部族戰爭失敗後，輸掉了易北河以南的領土

3 征服不列顛 公元前55年—公元50年左右

凱撒曾在公元前50年代試圖入侵不列顛，只是未能成功，但公元43年之後，皇帝克勞狄（Claudius）就拿下了不列顛。羅馬人只打了一場大型戰役就輕鬆占領了不列顛東南部，但在其他地方遭遇反抗，尤其是威爾斯（Wales）和北部地區，因此帝國花了幾十年的時間才控制住不列顛。公元2世紀，羅馬人建造了哈德良長城（Hadrian's Wall）作為北部邊界。

■ 羅馬不列顛

公元前121年 相當於今日隆格多克（Languedoc）和普羅旺斯納的博訥高盧（Gallia Narbonensis）成為羅馬在法國的第一個殖民地

公元1、2世紀 羅馬人慢慢把西班牙併入帝國，同化當地部落並鎮壓叛亂

公元前58年 凱撒來到萊茵河，這條河成為羅馬帝國的北部邊界

公元前31年 屋大維在亞克興戰役（Battle of Actium）中擊敗馬克‧安東尼和克麗奧佩脫拉，羅馬因此掌控了埃及

2 北非 公元前33年—公元44年

公元前33年，柏柏人（Berber）的毛里塔尼亞（Mauretania）王國成為羅馬的從屬國，後來被羅馬併吞，並從44年開始成為凱撒毛里塔尼亞省（Mauretania Caesariensis）和廷吉塔納毛里塔尼亞省（Mauretania Tingitana），受羅馬直接統治。更往西去，屋大維擊敗了他的對手馬克‧安東尼和他的愛人——埃及女王克麗奧佩脫拉七世（Cleopatra VII），並在公元前30年創立埃及省（Aegyptus）。北非成為羅馬的玉米、大理石、奴隸和其他商品的重要供應地。

■ 羅馬在北非的省分

公元前49年—公元前44年 羅馬人重建布匿戰爭時被摧毀的迦太基城，這裡成為帝國的重要「糧倉」

公元前27年 奧古斯都把亞細亞省（Asia）的省會定在希臘古城艾費蘇斯

公元前80年 亞力山卓城正式受到羅馬管轄，這裡仍然是整個地中海重要的穀物運輸中心

1 征服高盧 公元前58年—公元前50年

羅馬人在公元前121年就已經併吞了加利亞（Gallia／高盧）南部地區，但整片領土（今日法國和比利時的範圍）是公元前58年到公元前50年之間由凱撒征服的。除了尋找更多鉛和銀等原料的來源之外，這次征服還善用萊茵河作為交通路線，凱撒因此贏得聲望和軍隊的忠誠。

■ 羅馬高盧

◁ **圖拉真凱旋門**

這座浮雕描繪圖拉真皇帝受到羅馬公民的歡迎。這是114—117年間在義大利南部的貝內芬托（Benevento）為紀念圖拉真而建造的凱旋門裝飾的一部分。

羅馬帝國的鼎盛時期

羅馬共和國時期的領土穩定擴張。到了公元前27年，第一位皇帝奧古斯都即位時，羅馬已經控制了整個地中海。到了公元120年，帝國疆域已經確定，進入了最穩定的時期。

羅馬共和國透過軍事征服和建立從屬國來發展。這些從屬國接受羅馬的統治，換取生活的穩定以及良好的貿易關係。第一位皇帝奧古斯都採取了不擴張羅馬疆域的政策，後來的許多皇帝也都遵循這個政策，但也有一些例外，例如圖拉真（Trajan），他在東部擴張，增加了大量省分，但維持的時間很短暫。

　　約有 30 萬大軍負責保衛這個龐大的帝國，他們大多駐紮在帝國邊界的營地。羅馬海軍負責保護地中海的航運。羅馬城很依賴航運貿易——從原料和奴隸到穀物和橄欖油等食物都是。羅馬與各省分的關係通常都很和諧：羅馬的生活方式不僅非常有吸引力，還有助刺激貿易，能鼓勵被征服的人「羅馬化」、接受帝國統治。軍事力量和經濟繁榮因此達到平衡，讓這些地區在帝國的前 200 年間維持相對的穩定與和平。

> 「那些把羅馬建造成一座永恆之城的人，你們讓我無比開心。」
>
> 奧古斯都凱撒

哈德良統治下的羅馬帝國

到了哈德良皇帝（117—138年在位）統治時，羅馬帝國已經達到了一個規模，會持續到3世紀末。羅馬帝國的疆域從西班牙延伸到敘利亞，分成多個省分，例如卡帕多恰（Cappadocia）。

圖例
- 120年左右羅馬帝國的範圍
- ⊞ 軍團總部
- ⚓ 主要海軍基地
- ⦿ 省會
- —— 主要道路
- ⣿ 武裝邊界

時間軸

	公元前100年	公元1世紀	公元100年	公元200年
1				
2				
3				
4				
5				

4　圖拉真的征服　98年—117年

圖拉真皇帝（98年—117年在位）試圖擴張帝國，尤其是在東部。他征服了達契亞（Dacia）和納巴泰（Nabataea，後來成為阿拉伯省）。接著圖拉真又讓之前被安息（Parthian）廢黜的亞美尼亞從屬國國王復位。113年，他洗劫了安息帝國（之前由波斯人和塞琉古人統治）的首都泰西封（Ctesiphon），把美索不達米亞納入羅馬的版圖。

- 圖拉真征服的領土

公元17世紀 在皇帝提貝里烏斯（Tiberius）的統治下，卡帕多恰成為羅馬省分

公元1世紀 羅馬人重建安提阿城（Antioch），並把這裡視為東方首都

公元前68年 羅馬領導人龐貝（Pompey）包圍耶路撒冷，打敗猶太人，並把猶太變成從屬國

5　羅馬帝國－安息帝國戰爭　113—197年

圖拉真在113年併吞了安息帝國的部分地區，這麼做是為了保衛羅馬的從屬國亞美尼亞，並鞏固東部邊境勢力。圖拉真的繼承人哈德良卻做了相反的決定，把帝國的邊界設定在原本的幼發拉底河。然而，安息人再次試圖占領亞美尼亞，因此在161年引發羅馬反擊。197年，羅馬人再次洗劫安息首都泰西封。

- 安息帝國

從共和國到帝國
羅馬的權力鬥爭

公元前49年，尤利烏斯‧凱撒以獨裁者的身分掌權，羅馬因此從共和國走上帝國之路。公元前44年，凱撒被暗殺後，馬克‧安東尼（Mark Antony）、雷比達（Lepidus）和屋大維以三巨頭的身分統治共和國，但他們互相爭權，引發了一連串衝突與內戰。屋大維透過政治操縱把雷比達趕下臺，接著在戰鬥中擊敗了安東尼，於公元前27年以「奧古斯都凱撒」的稱號成為第一位皇帝。

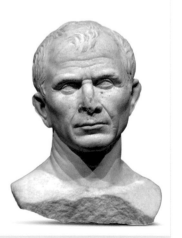

尤利烏斯‧凱撒半身像
尤利烏斯‧凱撒是強大的軍事領袖與政客，他的行動促成了共和國的終結。

印度歷史的起源

公元前20世紀，印度河流域文明衰落後，一個自稱「雅利安」（貴族）的民族從伊朗高原遷移到印度西北部。他們說的是梵文，屬於印歐語系。

關於印度次大陸的這個時期，我們所知的事主要來自印度雅利安人口述流傳的神聖文本——四部《吠陀經》（*Vedas*，源自梵文的「知識」）。這些文獻主要是關於禮拜儀式，用於向戰爭之神因陀羅等神靈獻祭。關於社會結構的證據也是來自《吠陀經》。這一時期稱為吠陀時代（Vedic Age）。早期的《梨俱吠陀》（*Rig Veda*）從公元前1500年開始編寫，書中把印度雅利安人描繪成游牧民族——駕著戰車互相掠奪牲畜的部落戰士。大約從公元前1100年開始，他們向東遷移到恆河平原，成為定居的農夫。出現了許多村莊，人類在村裡種植稻米、小麥和大麥。後來發展出大型城鎮，以壕溝和堤防作為防禦工事。社會階層出現，標誌了印度種姓制度的開始：撰寫並熟記《吠陀經》的祭司婆羅門、高貴的戰士剎帝利、商人吠舍、僕人首陀羅。原本的社會透過酋長會議選出國王，又稱為「羅闍」（raja），這種部落制度轉變為王權世襲制。每一任新的國王都透過由婆羅門監督的祭祀儀式獲得合法的權力，被賦予神聖的力量。

△ **精緻的陶器**
從公元前1000年到公元前600年，印度北部到處都有以簡單線條或幾何圖案裝飾的獨特彩繪灰陶。這些陶器非常纖薄精緻，很可能是奢侈品或儀式用品。

印度最早的王國

從公元前1100年開始，幾個強大的王國在整個印度北部發展，每個王國都有武裝的首都。這些王國後來稱為「印度列國」（Mahajanapadas，偉大的領域），經常相互交戰。最早有記載的王國是北部的俱盧國（Kuru）。後來政權轉移到南方和東方的潘恰拉國（Panchala）和拘薩羅國（Kosala）。

圖例
■ 四個著名的印度列國範圍

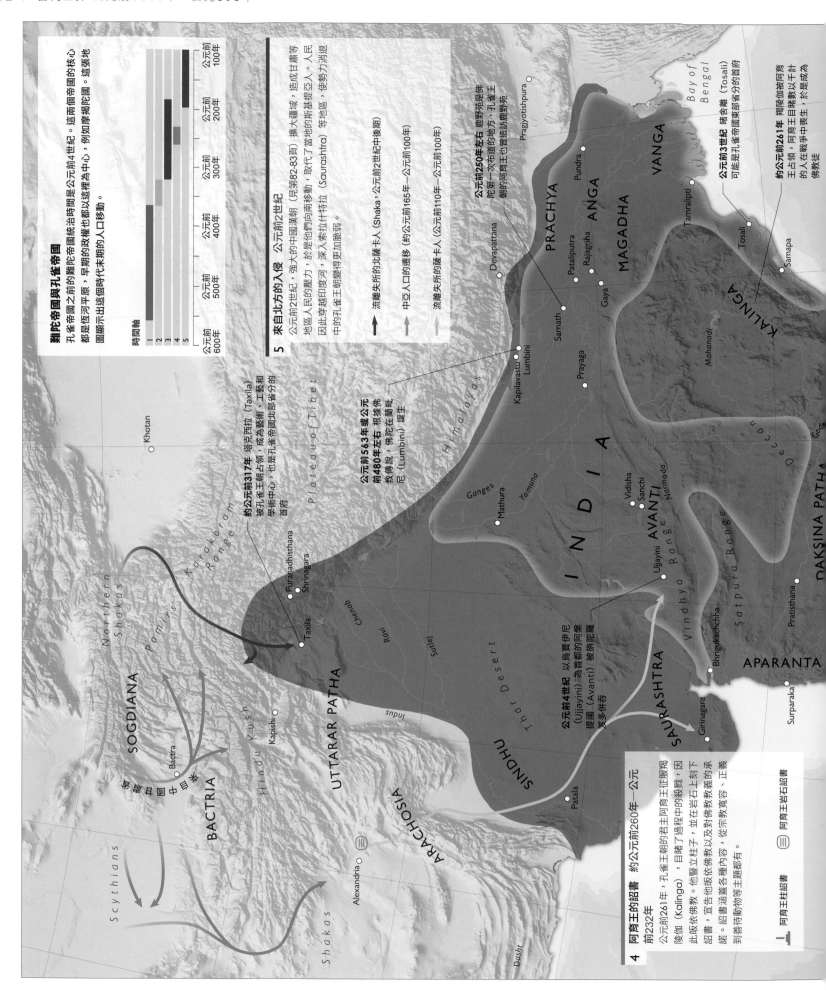

難陀帝國與孔雀帝國

孔雀帝國之前的難陀帝國統治時間是公元前4世紀。這兩個帝國都以恆河平原、早期的政權也都以這裡做為中心，例如摩揭陀國。這張地圖顯示出這個時代末期的人口移動。

5 來自北方的入侵 公元前2世紀

公元前2世紀，強大的中國漢朝（見第82-83頁）擴大疆域，造成甘肅等地區人民的壓力，於是他們向南移動，取代了當地的斯基泰亞人。人民因此穿越印度河，深入索拉什特拉（Saurashtra）等地區。使勢力消退中的孔雀王朝變得更加脆弱。

→ 流離失所的北薩卡人（Shaka，公元前2世紀中後期）

→ 中亞人口的遷移（約公元前165年—公元前100年）

→ 流離失所的薩卡人（公元前110年—公元前100年）

公元前563年或公元前480年左右 根據佛教傳說，佛陀在藍毗尼（Lumbini）誕生

約公元前317年 塔克西拉（Taxila）被孔雀王朝占領，成為藝術、工藝和學術中心，也是孔雀帝國北部省分的首府

公元前250年左右 鹿野苑是佛陀第一次布道的地方。孔雀王朝的阿育王目睹訪鹿野苑

公元前3世紀 睹舍離（Tosali）可能是孔雀帝國東部省分的首府

約公元前261年 羯陵伽被阿育王占領，阿育王目睹數以千計的人在戰爭中喪生，於是成為佛教徒

公元前4世紀 以烏賈伊尼（Ujjayini）為首都的阿槃提國（Avanti）被旃陀羅笈多併吞

4 阿育王的詔書 約公元前260年—公元前232年

公元前261年，孔雀王朝的君主阿育王征服羯陵伽（Kalinga），目睹了過程中的殺戮，因此皈依佛教。他豎立柱子，並在岩石上刻下詔書，宣告他皈依佛教以及對佛教教義的承諾。詔書涵蓋各種內容，從宗教寬容、正義到善待動物等主題都有。

| 阿育王柱詔書   ⬙ 阿育王岩石詔書

印度孔雀王朝

大約公元前321年，旃陀羅笈多 (Chandragupta Maurya) 建立了印度最大的古代帝國。孔雀王朝的君主——尤其是偉大的阿育王——第一次試圖統一印度。他們透過農業和貿易來促進繁榮，並利用者那教 (Jainism) 以及更更要的佛教信仰來推廣非暴力思想。

印度由多個獨立國家所組成，直到公元前6世紀，摩揭陀國 (Magadha) 開始佔領鄰國，並在恆河河平原上建立帝國。摩揭陀國奠定了基礎，讓4世紀中葉的難陀王朝 (Nanda) 得以建立更大的帝國。然而，印度偉大的孔雀王朝會出現，是因為亞歷山大大帝死後，旃陀羅笈多填補了西北地區的權力空缺。他組建了一支軍隊，進軍摩揭陀國並擊敗敵國王，被立為皇帝，鼓勵社會意識和非暴力思想。

孔雀王朝統治了整個印度，只有最南端除外。他們透過省分總督制和組織良好的行政機構來維繫權力。政府向貿易商徵稅，並收取道路和河流的通行費。

公元前268—232年間在位的阿育王 (Ashoka) 最終放棄戰爭，成為虔誠的佛教徒。他建造並修復佛塔，出資贊助傳教僧侶，並通過符合慈悲教義的法律。孔雀王朝的統治一直持續到公元前180年代，末代君主被暗殺。

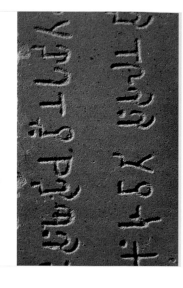

阿育王柱
佛教信仰宣言
有20根刻有阿育王詔書的柱子倖存至今，其中一根 (下) 位於瓦拉納西 (Varanasi) 附近的鹿野苑 (Sarnath)。大多數銘文都是用婆羅門文書寫的，這是一種孔雀王朝流行的書寫形式，全印度都有人使用。後來有數十種南亞文字都源自婆羅門文，包括天城文 (Devanagari)，通常用於書寫梵語。

▽ 通往桑吉佛塔的大門
阿育王下令建造桑吉 (Sanchi) 大佛塔，上面有佛陀的遺物。大門是下圖場景中的圓頂結構，也就是下圖有佛陀的大門，上面加上的，是在1世紀百乘王朝 (Satavahana) 時期加上的，描繪佛陀的生平故事。

1　摩揭陀國　約公元前558年—約公元前365年
印度東北部的摩揭陀國在佛陀的時代強盛起來，佛陀一生大部分時間都在那裡度過。摩揭陀國在統治者頻婆娑羅 (Bimbisara，約公元前558—491年) 的治理下擴張，他占領了家鄉東部的鴦伽國 (Anga)，並透過聯姻擴奪回領土擴張奠下基礎。

2　難陀帝國　約公元前365年—公元前321年
難陀是印度北部的第一個帝國，始於摩揭陀國，並在公元前4世紀向西擴張。帝國由大臣組成網絡來管理，也因為有統一的度量衡系統能順利進行貿易。難陀帝國的統治者以龐大的軍隊來鞏固權力。帝國因富裕而聞名，首都巴連弗邑 (Pataliputra) 尤其奢華。

　公元前321年難陀帝國的最大範圍

3　孔雀帝國　約公元前321年—公元前185年
公元前321年，旃陀羅笈多征服了難陀帝國，並得到增恨統治者財富的難陀反對派的支持。旃陀羅笈多向西擴展帝國，征服亞歷山大大帝之前佔領的地區邊緣。旃陀羅笈多的兒子與孫子反過來擴張領土，這是印度史上最大的帝國，一直延續到公元前181年。

　公元前185年孔雀帝國的最大範圍

公元前3世紀　蘇伐刺城 (Suvarnagiri) 是孔雀王朝南部的首府，也是一個貿易中心，位於幾條路線交會的交會點。

公元前3世紀　朱羅 (Chola)、潘迪亞 (Pandya) 和蕉賴 (Chera) 等地的南方人與孔雀王朝關係友好。

MAHISA-MANDALA

ANURADHAPURA

INDIAN OCEAN

Arabian Sea

Western Ghats

Andhapura　Suvarnagiri　Vanavasi　Kanchipuram　Kavei　Uraiyur　Vanchi　Madurai　Korkai　Shravana Belgola　Jambukolapattana　Anuradhapura

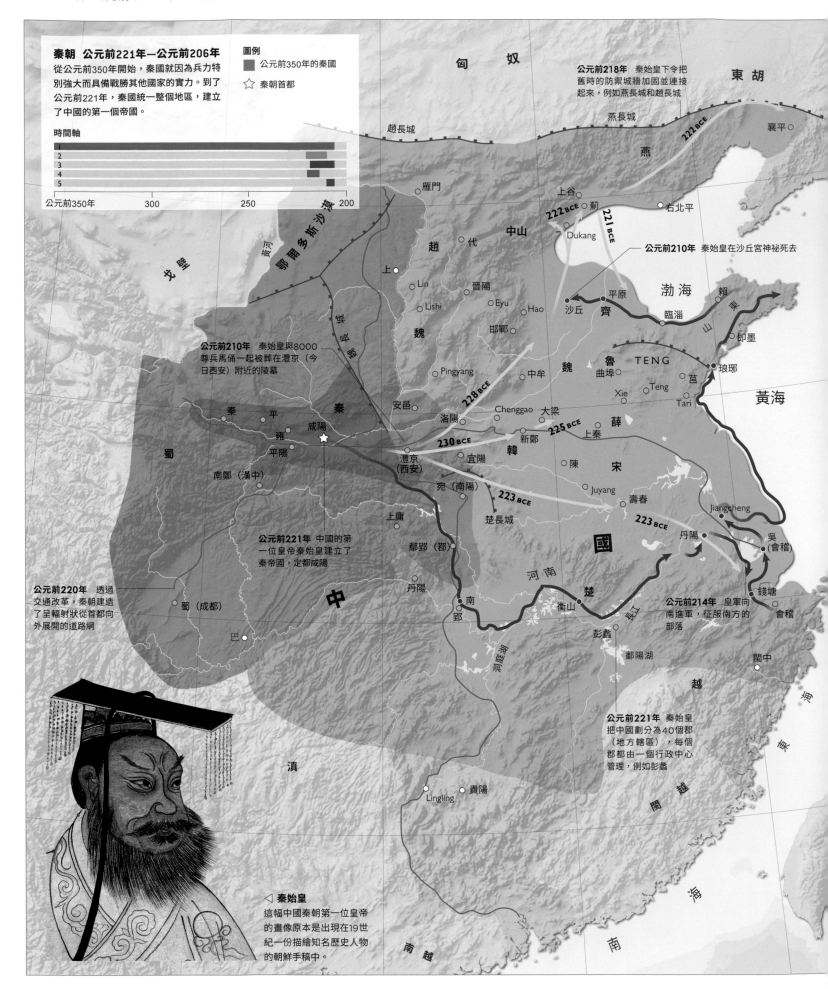

秦朝 公元前221年—公元前206年

從公元前350年開始，秦國就因為兵力特別強大而具備戰勝其他國家的實力。到了公元前221年，秦國統一整個地區，建立了中國的第一個帝國。

圖例

■ 公元前350年的秦國

☆ 秦朝首都

時間軸

公元前350年　　300　　250　　200

匈奴

東胡

公元前218年 秦始皇下令把舊時的防禦城牆加固並連接起來，例如燕長城和趙長城

趙長城

燕長城

222 BCE

襄平

燕

雁門

上谷

222 BCE 薊

221 BCE

右北平

中山

趙

代

Dukang

公元前210年 秦始皇在沙丘宮神祕死去

上

Lin

晉陽

Eyu

Hao

沙丘

齊

平原

渤海

賴

臨淄

即墨

Lishi

邯鄲

魏

公元前210年 秦始皇與8000尊兵馬俑一起被葬在灃京（今日西安）附近的陵墓

黃河

鄂爾多斯沙漠

戈壁

長城

秦

Pingyang

中牟

魏

魯

曲阜

TENG

莒

琅琊

黃海

安邑

洛陽

Chenggao

大梁

228 BCE

新鄭

薛

Xie

Teng

Tari

咸陽

雍

平

秦

平陽

230 BCE

灃京（西安）

宜陽

韓

225 BCE

上蔡

南鄭（漢中）

宛（南陽）

陳

宋

223 BCE

蜀

公元前221年 中國的第一位皇帝秦始皇建立了秦帝國，定都咸陽

上庸

Juyang

壽春

Jiangcheng

223 BCE

公元前220年 透過交通改革，秦朝建造了呈輻射狀從首都向外展開的道路網

鄢郢（郢）

丹陽

吳（會稽）

楚長城

國

丹陽

越

南

中

河南

楚

衡山

錢塘

公元前214年 皇軍向南進軍，征服南方的部落

蜀（成都）

郢

彭蠡

會稽

巴

洞庭湖

鄱陽湖

閩中

公元前221年 秦始皇把中國劃分為40個郡（地方轄區），每個郡都由一個行政中心管理，例如彭蠡

滇

越

閩越

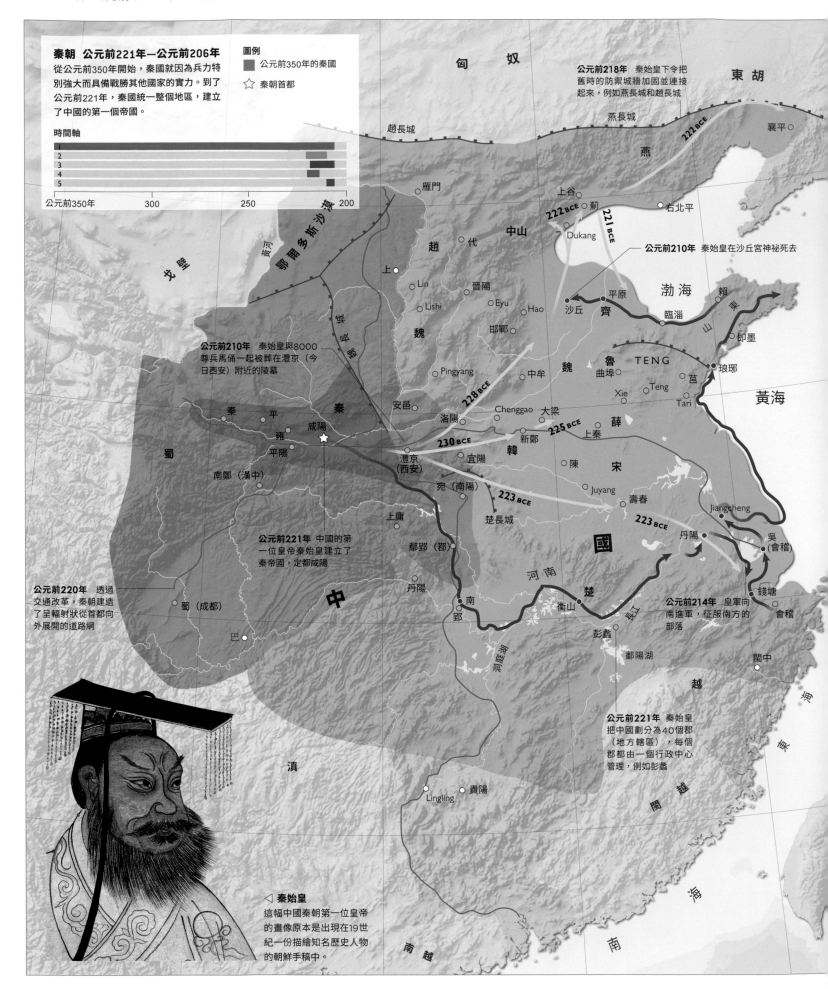

東海

△ **秦始皇**

這幅中國秦朝第一位皇帝的畫像原本是出現在19世紀一份描繪知名歷史人物的朝鮮手稿中。

Lingling

貴陽

南越

南海

秦國的擴張主義
公元前350年—公元前206年

原本只是西部小國的秦在戰國時期打敗鄰國，控制了中國西南部的一大片土地。公元前230年，秦國滅了韓國，獲得了足夠的動力，在十年之內就征服其餘各國。公元前221年，秦國國君嬴政自封為秦始皇（第一位皇帝），定都咸陽。

→ 秦國進軍路線

■ 公元前288年為止，秦國的擴張範圍

■ 公元前221年，秦國統一天下後取得的範圍

■ 公元前206年為止，秦國征服的範圍

2 秦始皇的統治 公元前221年—公元前210年

秦始皇進行了一連串的改革來強化中國的大一統，包括廢除封建制度（為了消滅傳統上對地方及家族的忠誠，因為這可能會威脅中央的權力），並建立一個新的行政區劃分系統。他透過統一度量衡來達到中國經濟上的統一。

◉ 行政中心

3 加固防禦長城 公元前218年—公元前206年

面對西部和北部游牧民族的威脅，秦始皇調動數以千計的勞動力來加固並連接戰國時期各國建造的防禦長城。長城後來成了秦朝最知名的遺產。

⋯⋯ 早期的部分長城

4 秦朝的運輸網 公元前220年—公元前214年

秦始皇統治期間的另一項重要建設就是複雜的道路系統，這讓城與城之間的往來更順暢，並鼓勵了全國性的貿易。皇帝也下令建造一座重要運河，連接湘江和灕江，以便輸送軍備物資。

── 馳道

5 秦朝滅亡 公元前210年—公元前206年

公元前210年，秦始皇在巡遊中國東部時死去。據人民所知，他是出巡，但其實他是去尋找長生不老藥。始皇帝死後，秦朝發生了暴動，最後在公元前206年滅亡。

→ 秦始皇的巡遊路線　　● 秦始皇巡遊時造訪的城鎮

中國的第一位皇帝

中國經歷了戰國時代之後，秦國終於在公元前221年勝出，統一了中國。秦始皇創立了一套嚴格的中央集權制度——這個系統將會成為後世中國政權的典範。

公元前 11—8 世紀之間，中國由忠於周朝的多個諸侯國組成，周朝採用封建制度來統治這片土地。但在戰國時期（公元前 475—221 年），秦國戰勝了周國和其他六個敵對國家，在秦國君主嬴政的領導下統一了中國。

嬴政是中國第一個皇帝，自稱秦始皇。他用高效率的官僚制度取代了傳統以親屬為基礎的政府。事實證明他是個強大的統治者，對這個帝國有清晰的願景，並制定了殘酷的刑罰來鞏固他的暴政。他透過焚書來有效抑制他認為批評或挑戰他權威的思想。然而在公元前 210 年，他突然死去，他的王朝則快速衰落，並於公元前 206 年滅亡。雖然秦帝國只維持了 15 年，但建立的制度卻奠下基礎，讓劉邦得以建立更持久的漢朝（見第 82-83 頁）。

> 「朕為始皇帝。後世以計數，二世三世至於萬世，傳之無窮。」
>
> 秦始皇

戰國時代

中國由多個貴族統治的諸侯國組成，效忠周天子。但周朝勢力逐漸衰弱，較強的諸侯國趁機相互鬥爭，試圖控制中國。在歷史學家所說的戰國時期（公元前475年—公元前221年），七大國——楚、韓、燕、齊、秦、趙、魏——相互混戰，爭相成為這個地區的霸主。

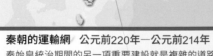

圖例

── 國界

⋰⋰ 城牆

■ 帝國王朝

兵馬俑

1974年，中國的農夫在西安掘井時發現了內有兵馬俑的一個大坑，這只是四個坑中的第一個。裡面的雕像包括了大約7000個真人大小的士兵、150隻騎兵用馬、130部戰車，以及520隻戰馬。

△ 戰士的面孔
這些戰士的頭部是用模具製成的，再手工添加面部毛髮等特徵。每一尊人像的面容都不一樣。

這支軍隊在公元前 210 年下葬，用以保護中國的第一位皇帝秦始皇（見第 74-75 頁），他的陵寢就在一座巨大的人造山底下。根據漢朝（見第 82-83 頁）初期史學家司馬遷的記載，這座陵墓由 70 萬人建造，裡面有中國的模型與宮殿。陵墓本身還未挖掘出來，部分是因為考古上的挑戰，也有一部分是因為中國人仍對始皇帝心存敬畏。

來世的統治

秦始皇已經打算在墳墓裡永遠統治下去，所以他可能會用到的一切物品都一起下葬。與他葬在一起的有陶製的文官和戲班——雜技演員、摔角手和音樂家。陪葬的軍隊則用來保護他來世免受在世時殺死的人的冤魂所害。附近的坑裡有石板製的盔甲以及 4 萬件青銅武器，刀片至今仍然很鋒利。這些器具鍍了氧化鉻以避免腐蝕，這種技術直到 20 世紀才被重新發明出來。

在秦始皇之前，中國沒有製作真人大小寫實雕像的傳統。有一派理論指出這是受到希臘的啟發，但兵馬俑的風格仍保有鮮明的中國特色。

▽ 永恆的交通工具
這個半真人大小的馬戰車雕像是青銅打造的，作為皇帝在來世巡遊帝國的交通工具。

站崗守衛

2000多年以來，數量龐大的兵馬俑一直筆挺地堅守崗位。它們面朝東方，保護的陵墓就在它們身後。

中美洲的古代文明
前哥倫布時期的中美洲以城市為中心發展，這些城市有大型儀式中心，且各個城市之間透過貿易而影響彼此的文化。

公元前200年 建立了艾爾提爾（El Teul）聚落。在1531年歐洲人抵達之前，這裡連續大約1800年都有人居住

公元600年 特奧蒂瓦坎成為中美洲最大的城市

1 特奧蒂瓦坎
公元前300年─公元600年
多民族的城市特奧蒂瓦坎是個擁有獨特文化的中心，以集約農業、多神信仰和人祭儀式為基礎。這座城市的非凡遺跡（如大型金字塔和多戶住宅）證實了它的規模。他們也廣泛進行貿易，在中美洲的許多地方都發現來自這座城市的黑曜石工具和陶器。

■ 核心地區　→ 影響方向
☆ 首都

公元400年左右 生產家用、禮儀和喪葬用陶瓷的重要地點

公元前450年左右 這是薩波特克的首都，也是重要的儀式中心

△ **薩波特克的鳥人**
這尊鳥人的雕像可追溯至大約公元300年，很可能是薩波特克人的神靈。雕像用赤陶製成，在瓦哈卡的阿爾班山考古遺址出土。

2 古典馬雅 250年─900年
在古典馬雅時期，馬雅人受到特奧蒂瓦坎人的啟發而建造了大型城市。馬雅人也與鄰近地區的其他文明有所交流，尤其是參與球類競賽，競賽結束時會進行祭祀，有時候是用輸的一方作為祭品。許多馬雅神殿的平臺狀牆上都有嵌板，上面有巨大的灰泥製神祇面孔。

■ 古典馬雅地區　🔺 大型建築
🗿 大型灰泥神祇面孔遺址　⇢ 貿易路線

3 薩波特克文化 公元前500年─公元900年
薩波特克人來自瓦哈卡（Oaxaca）谷地及附近地區。他們在阿爾班山建立了驚人的文化中心，有大型的階地、廣場和一個形狀像金字塔底部的儀式平臺，位於山頂中央。到了700年，阿爾班山已經發展成一個約2萬5000人的城邦，與其他中美洲的地區性城邦有所往來。

■ 核心地區　→ 影響方向
☆ 首都

地圖標註：El Teul, Tamuín, Panuco, Etzatlán, Itztepetl, Xiuhquilpan, Tula, El Tajín, Tepexic, Teotihuacán, Apatzingán, Lake Texcoco, Mexiquito, Gulf of Mexico, Tanganhuato, Balsas, Ixcaquiztla, Remojadas, Cerro de las Mesas, Acatlán, Tehuacan, Tres Zapotes, Matacapan Piedra, Tuxtepec, Popaloapan, Tzilcayoapan, Comalcalco, San Miguel, San Lorenzo, Acapulco, Villa Alta, Monte Albán, Grijalva, Sierra Madre del Sur, PACIFIC OCEAN, Chiapa de Corzo, Tehuantepec, Tonalá, Izapa, El Jobo

美洲古文明

公元250─900年之間，中美洲的農業生產力提高，促成了特奧蒂瓦坎（Teotihuacán）和阿爾班山這些偉大城市的誕生。這些城市影響了東邊的馬雅城邦，迎來了一段繁榮的時期，稱為古典馬雅時期。同時，人類掌握了灌溉技巧，一連串的帝國因此得以統治南美洲的安地斯地區。

在古典馬雅時期初期，特奧蒂瓦坎和阿爾班山（薩波特克的首都）是中美洲兩個最強大的貿易中心。特奧蒂瓦坎與高地地區最早形成的古典馬雅時期城市交易，影響力擴及同一時期猶加敦（Yucatan）半島上出現的其他類似的獨立馬雅城邦。馬雅文明在古典時期達到巔峰，從建築、銘文文字的普及以及複雜的馬雅曆法都可以明顯看出。

這三個文明都把城市建在儀式場所附近，這些地方通常都以金字塔神殿作為儀式用地，儀式包括人祭。他們也建造了娛樂用的球場以及帶有雕刻的石柱，用來讚美他們的統治者。

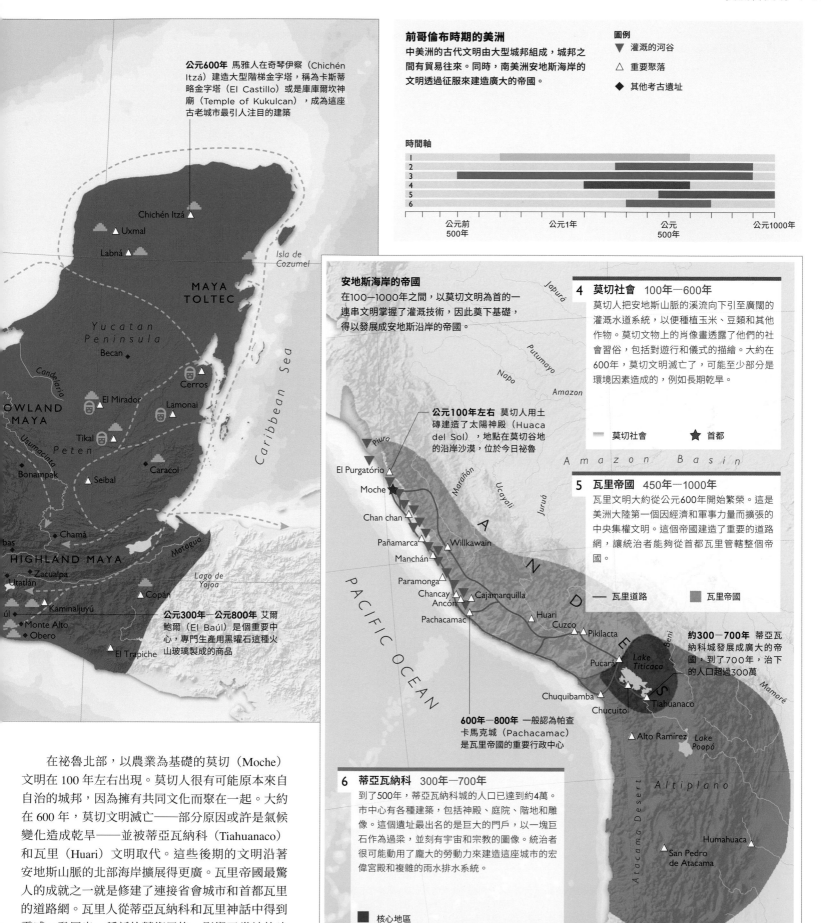

公元600年 馬雅人在奇琴伊察（Chichén Itzá）建造大型階梯金字塔，稱為卡斯蒂略金字塔（El Castillo）或是庫庫爾坎神廟（Temple of Kukulcan），成為這座古老城市最引人注目的建築

前哥倫布時期的美洲
中美洲的古代文明由大型城邦組成，城邦之間有貿易往來。同時，南美洲安地斯海岸的文明透過征服來建造廣大的帝國。

圖例
▼ 灌溉的河谷
△ 重要聚落
◆ 其他考古遺址

時間軸

公元前500年　公元1年　公元500年　公元1000年

安地斯海岸的帝國
在100—1000年之間，以莫切文明為首的一連串文明掌握了灌溉技術，因此奠下基礎，得以發展成安地斯沿岸的帝國。

公元100年左右 莫切人用土磚建造了太陽神殿（Huaca del Sol），地點在莫切谷地的沿岸沙漠，位於今日祕魯

4　莫切社會 100年—600年
莫切人把安地斯山脈的溪流向下引至廣闊的灌溉水道系統，以便種植玉米、豆類和其他作物。莫切文物上的肖像畫透露了他們的社會習俗，包括對遊行和儀式的描繪。大約在600年，莫切文明滅亡了，可能至少部分是環境因素造成的，例如長期乾旱。

— 莫切社會　★ 首都

5　瓦里帝國 450年—1000年
瓦里文明大約從公元600年開始繁榮。這是美洲大陸第一個因經濟和軍事力量而擴張的中央集權文明。這個帝國建造了重要的道路網，讓統治者能夠從首都瓦里管轄整個帝國。

— 瓦里道路　■ 瓦里帝國

公元300年—公元800年 艾爾鮑爾（El Baúl）是個重要中心，專門生產用黑曜石這種火山玻璃製成的商品

約300—700年 蒂亞瓦納科城發展成廣大的帝國，到了700年，治下的人口超過300萬

600年—800年 一般認為帕查卡馬克城（Pachacamac）是瓦里帝國的重要行政中心

6　蒂亞瓦納科 300年—700年
到了500年，蒂亞瓦納科城的人口已達到約4萬。市中心有各種建築，包括神殿、庭院、階地和雕像。這個遺址最出名的是巨大的門戶，以一塊巨石作為過梁，並刻有宇宙和宗教的圖像。統治者很可能動用了龐大的勞動力來建造這座城市的宏偉宮殿和複雜的雨水排水系統。

■ 核心地區
■ 影響地區

在祕魯北部，以農業為基礎的莫切（Moche）文明在 100 年左右出現。莫切人很有可能原本來自自治的城邦，因為擁有共同文化而聚在一起。大約在 600 年，莫切文明滅亡——部分原因或許是氣候變化造成乾旱——並被蒂亞瓦納科（Tiahuanaco）和瓦里（Huari）文明取代。這些後期的文明沿著安地斯山脈的北部海岸擴展得更廣。瓦里帝國最驚人的成就之一就是修建了連接省會城市和首都瓦里的道路網。瓦里人從蒂亞瓦納科和瓦里神話中得到靈感，發展出一種新的藝術風格，影響了當地的建築和陶器。

400年左右 皮克特人向南移動的同時，愛爾蘭凱爾特人在不列顛北部島嶼定居，成了蘇格蘭人

1 西哥德人 378年—418年
西哥德人於378年在阿德里亞堡（Adrianopolis；哈德良堡Edirne）擊敗羅馬人，接著向西遷徙。他們在國王亞拉里克（Alaric）的帶領下，於410年到達並洗劫了羅馬。到了418年，他們在南高盧定居，羅馬人允許他們留在這裡，條件是他們得提供傭兵。這項協議並沒有持續下去——西哥德人在多羅沙（Tolosa；圖盧茲）建立了自己的首都。

⟹ 西哥德人　⇢ 哥德人

2 匈人 370年—440年
匈人在370年代從中亞抵達相當於今日俄羅斯南部的地方。他們從這裡向西遷徙，征服了阿蘭人的領土並擊垮東部的哥德人。在強大的領袖阿提拉的領導下，他們建立了一個廣大的東歐帝國，離東、西羅馬帝國的邊界都很近，並以相當於今日匈牙利的地方為中心。

→ 匈人遷往匈牙利

441年左右 來自北歐的日耳曼人開始在不列顛定居
447年左右 盎格魯－撒克遜人在艾爾斯福特（Aylesford）戰勝後，不列顛人（Briton）就逃離肯特郡（Kent）

456年 西哥德人開始往高盧南部擴張帝國。到了約500年，他們已征服伊比利半島的大部分地區

414年 西哥德人的領袖阿陶爾夫（Athaulf）在納博訥（Narbo）與已故羅馬皇帝狄奧多西的女兒加拉·普拉西提（Galla Placidia）結婚

406—407年 阿蘭人

453年 阿提拉死去，匈人帝國瓦解

452年 匈人洗劫阿奎萊亞（Aquileia），為阿提拉開闢往義大利北部的道路

492年—493年 狄奧多里克領導的東哥德人圍攻西羅馬帝國的首都拉溫納（Ravenna）

376年 上千名哥德人移入羅馬的領土達契亞和默西亞（Moesia）

428—429年 汪達爾人穿越直布羅陀海峽來到北非，他們建立的王國一直延續到6世紀

430年 汪達爾人占領了希波城（Hippo），城中教堂的神父與主教聖奧古斯丁（St Augustine）在圍城戰中死去

410年 西哥德國王亞拉里克去世；西哥德人放棄了入侵非洲的計畫

396年—397年 雅典和柯林斯是其中兩個被西哥德人摧殘的城市

378年 阿蘭人是哥德人的一股勢力，他們和其他民族打敗了東羅馬帝國的軍隊

7 法蘭克人的擴張 357年—550年
生活在羅馬帝國邊界萊茵河沿岸的法蘭克部落有時會與鄰近的羅馬合作，有時則會襲擊他們的土地。在357年，他們的大片領土獲得了帝國的承認。5世紀羅馬勢力衰亡時，法蘭克人在梅洛溫王朝的統領下征服了高盧的大部分地區。

→ 法蘭克人

6 東哥德人（Ostrogoths） 453年—493年
東哥德人是4世紀被匈人征服的民族之一。他們定居在羅馬的潘諾尼亞省（Pannonia），並在453年阿提拉死後向西遷移，到達義大利北部。從這裡開始，在偉大領袖狄奧多里克（Theoderic）的領導下，他們在480、490年代把勢力擴展到整個義大利。

→ 東哥德人

5 阿提拉的征戰 440年—453年
匈人在阿提拉的領導下摧毀了巴爾幹半島和色雷斯，攻打希臘，並向東羅馬帝國皇帝索取貢品。接著他們入侵高盧，結果在451年的沙隆戰役（Battle of the Catalaunian Fields）上被羅馬人擊敗。匈人遷入義大利，洗劫了許多城市，後來羅馬帝國向他們求和，阿提拉才終於離開義大利。

→ 阿提拉的進軍路線

3　大遷徙　406年

406年冬天，一大群游牧民族——阿蘭人、汪達爾人（Vandals）和蘇維匯人（Sueves）——向西遷移，穿越萊茵河進入羅馬領土。他們從這裡穿過高盧，來到伊比利半島，阿蘭人和蘇維匯人定居了下來，汪達爾人則繼續前進，並於429年越過直布羅陀海峽進入北非。

- - - ▸　阿蘭人、汪達爾人和蘇維匯人
——▸　阿蘭人

Volga

匈人
376年之前

370年左右 來自中亞的匈人第一次出現在西方

Don

370年 匈人穿過草原，來到窩瓦河（Volga）後就開始向西快速遷移

阿蘭人
376年之前

▷ **西哥德胸針**
這枚用青銅和石榴石製成的胸針是在西班牙西南部發現的，可追溯到6世紀。老鷹的形狀是西哥德人從羅馬帝國國徽修改而來的。

Black Sea

帝
國
（395年起）

ASIA MINOR

Antioch

SYRIA

Cyprus

4　遷徙至不列顛　約400年—460年

到了5世紀初，羅馬人已經從不列顛撤軍，以便對抗其他地方的入侵者。410年，皇帝霍諾留（Honorius）下令不列顛的各個城市「自行防守」，標誌了羅馬對不列顛行省的統治結束。不列顛被羅馬拋棄後，就遭到來自北歐的皮克特人（Picts）、愛爾蘭凱爾特人、盎格魯人（Angles）和撒克遜人（Saxons）入侵，他們在這裡定居了下來。

——▸　愛爾蘭人
——▸　皮克特人
——▸　盎格魯人和撒克遜人

民族大遷徙
300年—500年

4世紀和5世紀時，西亞和歐洲之間發生了長距離的人口流動。這些變化削弱了羅馬帝國的勢力，並摧毀了羅馬等主要城市，為5世紀末西羅馬帝國的崩解奠下基礎。

圖例

■ 390年左右，羅馬帝國的範圍　　✕ 重要戰役

時間軸

1
2
3
4
5
6
7

300年　　　400　　　500　　　600

大遷徙時期

在公元4世紀和5世紀，來自東方的游牧民族入侵羅馬帝國，加速了帝國的衰亡。這造成了大規模的遷徙，新的民族到歐洲和北非定居，改變了權力的平衡。

從4世紀末葉開始，許多民族接二連三地遷入了原本由羅馬人統治的土地。這些移民中的許多民族都來自中亞，例如阿蘭人（Alan）和匈人（Hun），但如法蘭克人（Frank）等其他民族則來自帝國邊境附近。入侵者出於不同的原因而來：游牧的匈人是為了掠奪，他們迅速穿越這片土地，強取豪奪。也有一些民族是因面臨饑荒或故鄉被入侵而流離失所，所以亟欲尋找新的定居點，例如原本定居在黑海附近多瑙河平原的西哥德人與羅馬達成協議，為帝國軍隊提供傭兵以獲取土地。

　　這些人開始入侵時，羅馬的勢力已經在走下坡，原因很多——饑荒、失業、通貨膨脹以及腐敗都有影響。帝國的規模也是原因之一：因為難以管理，它在285年分裂成東西兩半，而遭受入侵又令帝國更加脆弱。5世紀羅馬滅亡後，傭兵的領導人完全有能力接管帝國的部分地區。

> 「阿提拉（Attila）出生在世是為了撼動各國，他是所有國家的禍害。」
>
> 約達尼斯（Jordanes），哥德歷史學家，551年左右

分裂的帝國
東、西羅馬帝國

羅馬帝國受到北方及東方敵人的侵擾，內部又因紛爭而變得四分五裂。戴克里先認為帝國太大，無法統治整片土地。285年，他把帝國一分為二，自己統治東部，西部則由馬克西米安（Maximian）統治。之後雖然有統一的時期，但東西方的行政體系延續了幾個世紀，直到西羅馬帝國於480年滅亡。

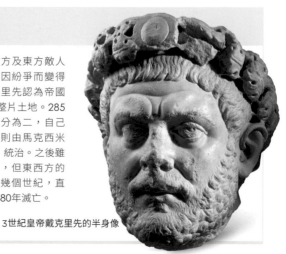

3世紀皇帝戴克里先的半身像

漢朝

劉邦於公元前206年統一中國，建立了漢帝國。他以之前秦始皇的秦帝國創立的制度為基礎，建立了一個高效的中央集權政府。在漢朝400年統治的巔峰時期，中國是主導亞洲文化、政治和經濟的勢力。

漢朝（公元前 206 年—公元 220 年）
被視為中國歷史的黃金時期，這一時期的商業、科技、藝術和政治都繁榮發展。漢朝透過征服統治了中亞的大片土地，巔峰時期的規模及財富可與羅馬帝國相媲美。為了鞏固權力，漢朝加固了長城，並在前哨站建立守備部隊。這些措施讓帝國得以在公元前130 年打開一條重要的貿易通道——絲路（見第 102-103 頁）——並與更多地方建立貿易關係，透過出口絲綢

和漆器等奢侈品來賺取大筆財富。漢朝的科技也有所進步：鑄幣標準化，中國書法演變成一種藝術，技術的創新最終促成了鑄鐵工具、絲織機和紙張的發明。然而，雖然漢朝在軍事上有所成就，但草原民族一直都是個威脅，尤其是匈奴。2 世紀時，外族入侵加上農民起義，導致帝國勢力大減，最終使漢朝滅亡。

> ## 「安得猛士兮守四方！」
>
> 漢高祖，摘錄自〈大風歌〉，公元前195年

漢帝國的統治

漢帝國投資貿易和基礎設施，迎來了一段繁榮時期。漢朝還擴大疆域，控制了北方的部落領土、東方的朝鮮和南方各個政權。

圖例
■ 87年為止的漢朝領土

時間軸

	公元前200年	公元前100年	公元1年	公元100年	公元200年
1					
2					
3					
4					
5					
6					

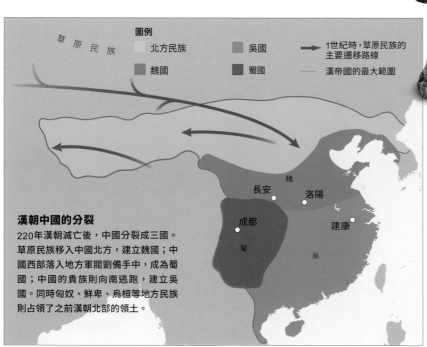

◁ **長信宮燈**
這盞鍍金青銅燈可追溯至約公元前113年，上面有宮女雕像的裝飾。一般認為這盞燈是在西漢中山王劉勝（公元前154 年—公元前113年在位）在位期間在河北的長信宮使用的。

漢朝中國的分裂
220年漢朝滅亡後，中國分裂成三國。草原民族移入中國北方，建立魏國；中國西部落入地方軍閥劉備手中，成為蜀國；中國的貴族則向南逃跑，建立吳國。同時匈奴、鮮卑、烏桓等地方民族則占領了之前漢朝北部的領土。

圖例
□ 北方民族	■ 吳國
■ 魏國	■ 蜀國
→ 1世紀時，草原民族的主要遷移路線	
— 漢帝國的最大範圍	

草原民族

長安　洛陽　魏
成都　建康
蜀　吳

| **漢朝第一位皇帝** 公元前202年—公元前195年

公元前202年，劉邦在垓下之戰中擊敗了最後的反對勢力，之後他以高祖的名號成為漢朝的第一位皇帝，並在公元前206年統一了天下。他透過減稅來復甦經濟，並把鹽鐵工業收歸國有，作為貿易投資。他還投資了國內的交通基礎設施，包括在中原地區修建運河。戰役

✕ 戰役　　　　　🐚 製絲廠
⚙ 製鹽廠　　　　═ 帝國運河
🔨 製鐵廠

孟加拉灣

6 黃巾起義　184年─205年

漢朝重新討伐北方部落，戰爭的花費再加上184年的旱災導致帝國內部的貧窮與饑荒。於是在中國東方及中原各地發生了大規模的農民叛變，最後導致黃巾起義。這是一場由道教分支所發起的叛變，持續了20年，侵蝕了漢朝的勢力。

― 叛變地區　　➜ 叛軍進攻首都的路線

5 東漢　25年─220年

9世紀時，原本的朝臣王莽篡位，建立新朝。結果王莽的政權並不受到推崇，並在23年遭到叛變，農民攻陷首都。之後的政權又回歸漢朝，定新都在洛陽。東漢透過與北方各部落結盟而掌控了北部和西部的領土。

☆ 帝國首都　　■ 東漢（25年─200年）擴張的領土

4 擴張長城　公元前133年─公元前57年

雖然漢朝在軍事上有所成就，但匈奴、鮮卑和烏桓等外族持續對帝國造成威脅，因此朝廷決定擴展中國北部邊界的長城。這次擴張不只是為了抵禦北方的部落，也讓漢朝得以向西開拓一條安全的道路，並且與外界建立利益豐厚的貿易關係，這就是著名的絲綢之路（見第102-103頁）的起源。

--- 漢朝長城

東北平原
Woju

戈壁
鮮卑
烏桓
匈奴

Wuci
Wulu
Jiaoli
Yalu

日本海
（東海）

居延

五原

燕

河北
安平　Gaocheng
Luoling
臨淄
渤海

Luolang
朝鮮

日本

公元前101年　長城的長度在漢朝達到巔峰，總長1萬公里

武威
鄂爾多斯沙漠

青海湖
Sanshui
蘭州

臨洮

洛陽
藍田

下邳
垓下

公元前206年　漢朝的每個郡縣都設有一個地方行政中心

黃海

公元前130年　漢朝首都長安是絲綢之路的最東站

長安
（西安）

宛　淮河

廣陵

太湖

公元前127年　運河擴張，讓鹽、木材和紅銅等商品可以輸送得更順暢

羌

成都

Yufu　義陵

C H I N A

錢塘

東海

洞庭湖　合肥

3 漢武帝的征戰　公元前141年─公元前87年

在漢武帝的統治下，漢朝發起大量的軍事行動，擴張帝國的影響力。漢朝軍隊掌控了關鍵的貿易城市鄯善、喀什和于闐，並且征服了南越和朝鮮，擴展了帝國南邊和東邊的疆界。他還討伐匈奴，把他們驅逐至戈壁沙漠。

➜ 漢武帝的進軍路線
― 南越國（公元前206年─公元前113年）

夜郎

新淦

滇

西江
Lingfang
南海

Julu

南海

海南

Wuqie

占婆

公元前112年　由將領路博德和楊僕統帥的軍隊把南越國併入漢朝治下

2 長安　公元前195年─公元23年

漢朝最初選擇洛陽作為首都，但之後下令在距離先前的秦朝首都數公里外的地方建造新都。公元前195年定都長安（今西安），以新建的未央宮為中心。這座城市發展成繁華的國際中心，人口近25萬，在規模和影響力上都僅次於羅馬。

★ 帝國首都　　― 帝國馳道

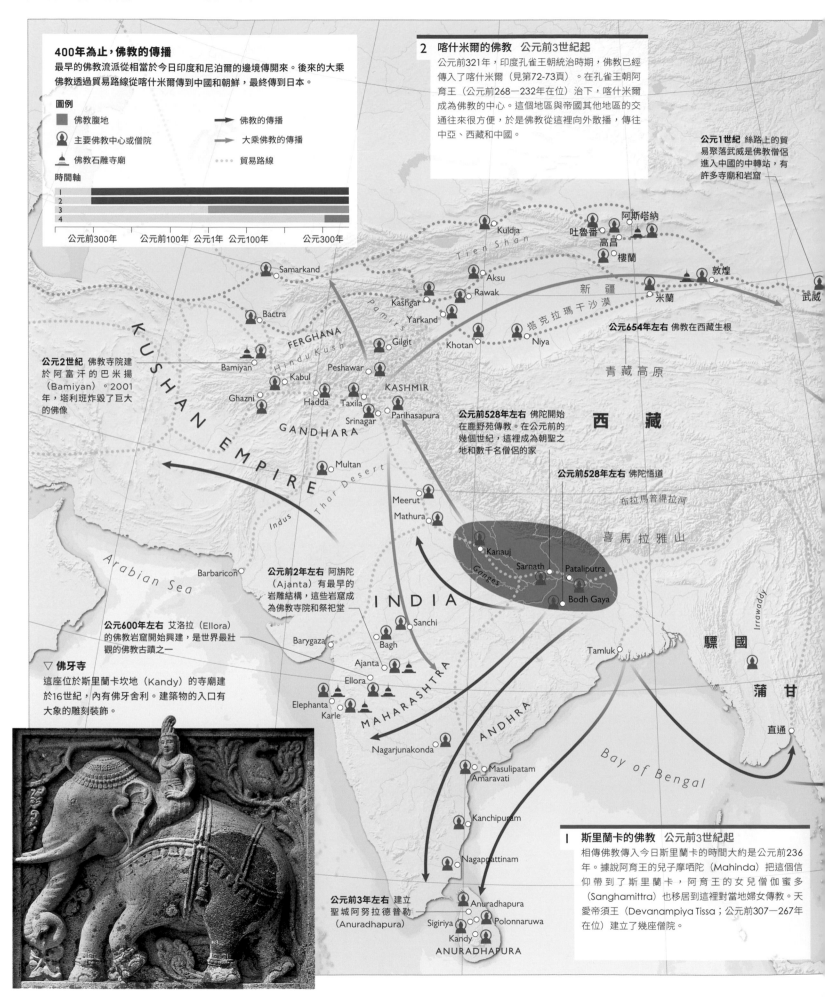

400年為止，佛教的傳播

最早的佛教流派從相當於今日印度和尼泊爾的邊境傳開來。後來的大乘佛教透過貿易路線從喀什米爾傳到中國和朝鮮，最終傳到日本。

圖例

■ 佛教腹地　　　　　　　→ 佛教的傳播

🧘 主要佛教中心或僧院　　→ 大乘佛教的傳播

🛕 佛教石雕寺廟　　　　　⋯ 貿易路線

時間軸

1	
2	
3	
4	

公元前300年　公元前100年　公元1年　公元100年　公元300年

2 喀什米爾的佛教　公元前3世紀起

公元前321年，印度孔雀王朝統治時期，佛教已經傳入了喀什米爾（見第72-73頁）。在孔雀王朝阿育王（公元前268—232年在位）治下，喀什米爾成為佛教的中心。這個地區與帝國其他地區的交通往來很方便，於是佛教從這裡向外散播，傳往中亞、西藏和中國。

公元1世紀 絲路上的貿易聚落武威是佛教僧侶進入中國的中轉站，有許多寺廟和岩窟

公元2世紀 佛教寺院建於阿富汗的巴米揚（Bamiyan）。2001年，塔利班炸毀了巨大的佛像

公元654年左右 佛教在西藏生根

公元前528年左右 佛陀開始在鹿野苑傳教。在公元前的幾個世紀，這裡成為朝聖之地和數千名僧侶的家

公元前528年左右 佛陀悟道

公元前2年左右 阿旃陀（Ajanta）有最早的岩雕結構，這些岩窟成為佛教寺院和祭祀堂

公元600年左右 艾洛拉（Ellora）的佛教岩窟開始興建，是世界最壯觀的佛教古蹟之一

▽ **佛牙寺**

這座位於斯里蘭卡坎地（Kandy）的寺廟建於16世紀，內有佛牙舍利。建築物的入口有大象的雕刻裝飾。

公元前3年左右 建立聖城阿努拉德普勒（Anuradhapura）

1 斯里蘭卡的佛教　公元前3世紀起

相傳佛教傳入今日斯里蘭卡的時間大約是公元前236年。據說阿育王的兒子摩哂陀（Mahinda）把這個信仰帶到了斯里蘭卡，阿育王的女兒僧伽蜜多（Sanghamittra）也移居到這裡對當地婦女傳教。天愛帝須王（Devanampiya Tissa；公元前307—267年在位）建立了幾座僧院。

公元5—6世紀 雕刻家在大同附近的雲岡石窟裡創作裝飾用的菩薩像，菩薩就是獲得啟蒙的人

公元550年左右 佛教傳入日本

平壤

開城

朝鮮

北京

大同

河間

Wuyi

Gaoyang

鄴

開封

洛陽

天水

長安

南陽

新野

襄陽

江陵

成都

武昌

長沙

福州

公元372年左右 中國皇帝苻堅派僧侶前往朝鮮，佛教因此傳入

Linhuai

建康

Wuxing

CHINA

黃海

東海

福爾摩沙

公元713—803年 高71公尺的樂山大佛在成都附近建成

廣州（廣東）

海南

卡蒂加拉

南詔

3　中國的佛教　1世紀起

把佛教帶到中國的有可能是穿越絲綢之路的僧人。公元148年已經出現了佛教著作的翻譯。這些文本強調冥想和智慧，於是吸引了熟悉道家和儒家等思想的人。佛教也採用了道家聖山的概念——聖山是荒涼孤立的地方，有利於靜心禪修。

🏔 佛教聖山　••••• 絲綢之路

4　蒲甘的佛教　3世紀起

佛教在這個地區的第一個確鑿證據是3世紀的銘文。從9世紀—13世紀，蒲甘王國（Pagan）占領了現代稱為緬甸的領土。正是在這一時期，蒲甘王國成為小乘佛教的重要中心，且在蒲甘王朝的支持下建造了數千座寺廟。

佛教的傳播

佛教源於印度北部和尼泊爾，在公元前5世紀—公元3世紀之間傳入亞洲。佛教受到強大人物的支持，例如孔雀王朝的阿育王，因此得以在整個大陸生根。

佛教以喬達摩·悉達多（Siddhartha Gautama）的教義為基礎，他有佛陀（開悟者）之稱。據說佛陀在蘭毗尼出生，但他在世的年分眾說紛紜（他可能死於公元前 420—380 年之間）。他並沒有把他的教義寫下來，所以他的思想一開始是透過口耳相傳，且他的弟子對教義的確切含義也有所分歧。因此在佛陀死後的幾個世紀裡，有許多不同的早期佛教「流派」在印度各地流傳，並跨海傳到斯里蘭卡和緬甸。

　　現存的最早流派之一是小乘佛教，強調個人開悟的過程。這個流派在斯里蘭卡發展，經典《巴利三藏》（*Pali Canon*）就是公元前 1 世紀在這裡編纂的。小乘佛教從斯里蘭卡傳到現代的緬甸、柬埔寨、寮國和泰國。佛教的另一個主要流派是大乘佛教，強調藉由幫助他人來達到頓悟的重要性。這個流派在喀什米爾壯大起來，並在公元前 3 世紀傳到印度各地。到了公元 1 世紀，這個信仰被中亞的貴霜（Kushan）皇帝迦膩色伽（Kanishka）接受，並沿著絲綢之路傳到中國。

佛教的起源

佛陀造訪的主要地區是恆河平原。他向社會各階層的人傳教，認為雖然生活中會經歷苦難，但只要遵循他所描述的方法就能克服。

圖例

◆ 佛陀造訪過的地方

重要路線

公元前567年左右
佛陀出家，決定過上遁世的生活

公元前566年左右
佛陀出生的地方

公元前486年左右
佛陀入涅槃——這是從輪迴中解脫的終極精神目標

Himalayas

Soreyya

Veranja

Kampilya

Mathura

Samkashya

Kapilavatthu

Shravasti

Setavya

Lumbini

Ramagama

Mithila

Alavi

Saketa

Pava

Kusinagara

Bhoganagara

Kitagiri

Vesali

Nadikagama

Isipatana
(Sarnath)

Pataliputra

Campa

Kaushambi

Baranasi

Nalanda

Rajagriha

Kajangala

Bhaddiya

Sahajati

Uruvela
(Bodh Gaya)

Yamuna

Ganges

Brahmaputra

基督教的興起

基督教在公元後的頭幾個世紀傳遍了羅馬帝國和一些鄰近地區。基督徒一直受到迫害，後來才慢慢被菁英階層所接受，並在4世紀初獲得官方認可。

在公元1世紀傳播基督教的傳教士之中，最著名的是據說在羅馬建立了教會的彼得（Peter），以及在小亞細亞、希臘、愛琴海和義大利展開一連串傳教之旅的猶太教改信者保羅（Paul）。他們一開始是對猶太社群傳教，但很快就有了更多聽眾。基督教思想吸引了窮人，但也討論古典哲學所涉及的命題。有些異教徒學者抨擊這個宗教，但也有一些人承認它的道德價值。到了2世紀，基督教作家已經有了一套強而有力的邏輯辯護。羅馬帝國的良好通訊和行政架構讓基督得以傳播，也為教會組織提供了典範。到了1世紀末，整個地中海東部和羅馬都有教會。在接下來的一個世紀，整個地中海和更遠的地方也都建立了教會。有些皇帝把基督教視為威脅，並迫害信徒，但君士坦丁在313年正式讓基督教合法化，基督教因此在帝國裡穩穩扎根。

> 「每當我們被你砍倒，我們就會倍增；基督徒的血是種子。」
>
> 特土良（Tertullian），摘錄自《護教篇》（Apologeticus），公元197年

羅馬的早期教會
帝都之中的信仰

聖保羅和聖彼得應該是在公元50年左右抵達羅馬的，他們後來殉道，最有可能是大約64年皇帝尼祿（Nero）在位時發生的。到了公元1世紀晚期，羅馬已經有了主教，但當時因為基督徒廣泛受到迫害，所以教堂通常都是私人住宅裡的一個房間。到了4世紀初，他們的信仰已被更多人接受，也建造了更多的教堂。

殉道者墓窟（Catacombs of Rome）
比起火葬，基督徒更喜歡土葬。他們用壁畫裝飾城市裡安置死者的地下墓穴。

457年 相傳聖派翠克在亞爾馬（Armagh）建立他的主要教會

3世紀 羅馬時期的不列顛就已經有一些基督徒了，尤其是從3世紀開始

177年 消息指出有基督徒在盧格杜努姆（Lugdunum；里昂）受到迫害，是基督教出現在羅馬高盧的最早證據

1世紀 基督教很可能傳到了西班牙。到了羅馬時代晚期，托利多（Toletum；托雷多Toledo）等城市裡出現了教堂

2世紀 迦太基有了基督徒。這座城市是特土良的故鄉，他是一位頗具影響力的拉丁神學家

源於巴勒斯坦 約公元30—50年
根據《使徒行傳》（Acts of the Apostles；《新約聖經》第五卷），受迫害的耶穌追隨者從巴勒斯坦被驅逐，並在安提阿等中心建立基督教聚落。基督教似乎在地中海東部緩慢傳播，直到聖保羅等傳教士把這個信仰傳到更遠的地方。

基督教的傳播
基督教迅速傳播，教會從1世紀開始就在羅馬帝國各地成立。從4世紀起，基督教的分歧引起了皇帝的關注，於是他召開教會領袖會議來解決教義上的分歧。

圖例
- 250年的羅馬帝國
- 羅馬帝國之外的基督教地區

時間軸
1
2
3
4
5
6
7

公元1年　100　200　300　400　500　600

7　愛爾蘭　公元430—492年

聖派翠克（St Patrick）是羅馬裔英國傳教士，據說他是第一個把基督教帶到愛爾蘭的人，時間可能在5世紀初。相傳他成了亞爾馬（Armagh）的第一任主教。可以肯定的是，到了430年，愛爾蘭已經有基督徒，因為羅馬教皇在這一年派保林（Paulinus）向這一地區「相信基督」的人傳教。

6　教會組織　約公元300—600年

早期教會的組織方式與羅馬帝國很相似，教會領袖以主要城市為據點。宗主教（patriarch）是最高級別的主教，其次是大主教（archbishop）。五位宗主教擁有最高權力，羅馬主教在西羅馬帝國教會中逐漸建立起權威，不過在東羅馬帝國並沒有這樣的發展。

✠ 公元600年的基督教宗主教區

✠ 公元600年的基督教大主教區

✠ 公元600年的其他基督教會

5　君士坦丁　公元306—337年

4世紀初，皇帝君士坦丁改信基督教。他在313年頒布米蘭敕令（Edict of Milan），賦予基督教合法地位，並在325年召開尼西亞公會議（Council of Nicaea），教會領袖在會議上確立了關鍵的神學問題，例如耶穌的神性和復活節日期的計算方式。這次和後來的會議讓羅馬帝國的教會團結起來，但也導致了分立，後來形成了東正教等分支。

⟲ 教會會議

公元50年左右 保羅造訪塞薩洛尼基（Thessalonica），並在城裡的一個猶太教堂傳教

325年 尼西亞公會議駁斥了獲得大量追隨者的異端亞流教派（Arianism），並提出尼西亞信經（Nicene Creed）

公元50年左右 保羅第一次造訪科林斯，並於58年再次來到這座城市

公元52—54年左右 保羅住在艾費蘇斯，這座港口成為傳教活動的中心

公元60年左右 提多（Titus）成為克里特島的第一位主教，他是追隨保羅的眾多改信者之一

公元70年左右 安提阿成為主要的基督教中心，追隨者最早就是在這裡得到「基督徒」（Christian）的稱號

4　亞美尼亞　公元301—484年

301年，亞美尼亞成為第一個以基督教為國教的國家（亞美尼亞在羅馬帝國境外）。428年，波斯的薩珊王朝（Sassanid）占領了亞美尼亞東部，並試圖逼迫人民信仰祆教（Zoroastrianism），於是引發叛亂。鎮壓行動導致亞美尼亞人發動游擊戰，最後波斯在484年簽署條約，同意給予他們宗教自由。

▷ **君士坦丁大帝**

這尊大理石頭像是12公尺高的皇帝雕像的一部分，大約是315年打造的。君士坦丁授予基督徒新的權利，並成為這個信仰的支持者。

2　聖保羅與早期基督教會　約公元35—55年

聖保羅踏上四次傳教之旅，造訪的地方遠至小亞細亞、希臘、羅馬，可能還有西班牙。旅途中，他建立了教會，並鼓勵追隨者建立更多教會。在1世紀的教會中，最著名的是《聖經》的《啟示錄》（Book of Revelation）中提到的小亞細亞七教會（Seven Churches）。

3　科普特教會　約公元150—451年

在上埃及發現用科普特語書寫的部分《約翰福音》（St John's Gospel），指出基督教在2世紀中葉就已傳到這個地區。後來科普特（Coptic）神學思想與其他教會漸行漸遠。在451年的迦克墩公會議（Council of Chalcedon）上，科普特教會與其他基督教會分離，兩者的緊張關係達到頂點。

約340年 阿克蘇姆（Aksum；衣索匹亞）的國王埃扎納（Ezana）被一位名叫弗魯門修斯（Frumentius）的敘利亞基督徒說服，改信了基督教。弗魯門修斯在衣索匹亞文學中有「和平之父」（Abba Salama）的稱號

聖保羅的旅程

→ 第一次　　→ 第三次　　▲ 小亞細亞七教會

→ 第二次　　→ 第四次

地圖地名：
Brigetio, DACIA, Sirmium, Danube, Black Sea, Caucasus, Caspian Sea, Mtskheta, Vagarshapat, Dvin, Artashat, ARMENIA, Ratiaria, MOESIA, Konjic, Nefertare, Scupi, Scodra, Stobi, THRACE, Adrianople, Chalcedon, Nicaea, Constantinople, BITHYNIA, PONTUS, Amisus, Marcianopolis, Gangra, Amasia, CAPPADOCIA, Ancyra, Caesarea, Cappadociae, Melitene, Nisibis, Arbela, SASSANIAN EMPIRE, Thessalonica, Larissa, Aegean Sea, Smyrna, Pergamum, Sardes, Thyatira, GALATIA, ASIA MINOR, Iconium, Edessa, Amida, Tigris, MESOPOTAMIA, Gondeshapur, Nicopolis, GREECE, Philadelphia, Ephesus, Laodicea, Perge, Seleucia, Tarsus, Antioch, Ctesiphon, Athens, Corinth, LYCIA, Myra, Perath, Rewardashur, Euphrates, Persian Gulf, Rhodes, Crete, Cyprus, Salamis, SYRIA, Apamea, Gortyna, Sidon, Damascus, Tyre, Diocaesarea, Bostra, Ptolemais, Jerusalem, PALESTINE, Petra, Arabian Peninsula, Cyrene, LIBYA, Alexandria, Memphis, EGYPT, Nile, AFRICA, Red Sea, Aksum, AKSUM

中世紀

中世紀期間，也就是公元500—1450年，基督教會限制了歐洲的發展，而亞洲和美洲的部分地區則在文化和技術上達到新的巔峰。

中世紀

羅馬帝國在5世紀瓦解之後的1000年間，歐洲在經濟和政治上形同死水，被科技先進的中國和強大的伊斯蘭帝國超越。

△ 黃金面具
這個〈翼眼面具〉（Mask of the Winged Eyes）來自祕魯北部海岸的蘭巴耶克（Sicán）文明，他們在900—1100年間達到鼎盛，顯示出前印加時期金屬工藝的精湛技術。

到了6世紀，原本主導古典世界的大帝國因為遭到鄰近勢力的攻擊而瓦解。在西歐，入侵者開始建立自己的政權，他們保留了部分羅馬的法律和行政方式，但融入了基督教文化。他們發展出一種附庸的管理方式，貴族從君主手中取得土地，代價是必須從軍；階級較低的人則透過勞動力來換取土地，這種制度稱為封建。羅馬之後，日耳曼民族沒有一個能夠成功統一以前的領土。卡洛林王朝（Carolingian）統治者查理曼（Charlemagne，768—814 年在位）的帝國最接近原本羅馬帝國的規模，但帝國在他死後就分崩離析。711年，來自北非的伊斯蘭軍隊擊敗了西哥德人統治的西班牙。

到了 900 年，中美洲的馬雅城邦已經滅亡。在同一個地區，阿茲提克帝國（Aztec）在 14 世紀崛起，而南美洲的印加帝國（Inca）則在 15 世紀中葉迅速發展。在印度，笈多帝國（Gupta）到了 606 年就已被入侵的匈人摧毀。到了13 世紀初，一個以德里為基地的伊斯蘭政權才讓這個地區恢復部分的穩定。

伊斯蘭教與十字軍東征

伊斯蘭教於 7 世紀初於阿拉伯半島誕生並迅速傳播開來，形成了從西班牙延伸到中亞的龐大帝國。帝國的統治者是倭瑪亞王朝（Umayyad）和後來的阿拔斯王朝（Abbasid）的哈里發（caliph），他們統治的領土很繁榮，文化上充滿活力。但事實證明，統治這麼遼闊的土地終究會遇到許多無法克服的困難。到了 10 世紀，帝國已經開始分裂成相互競爭的酋長國和對立的哈里發國。這個四分五裂的世界面臨了歐洲的軍事討伐，這是歐洲人幾個世紀以來第一次出征歐洲大陸以外的地方。

△ 摩爾人的奇觀
奈斯爾（Nasrid）王朝的蘇丹穆罕默德五世（Muhammad V）於1370年左右在格拉納達的阿爾罕布拉宮（Alhambra palace）建了華麗的獅子庭院（Court of the Lions），是西班牙伊斯蘭統治晚期很典型的複雜設計。

中世紀的歐洲

十字軍東征是為了從穆斯林手中奪取對聖城耶路撒冷的控制權而發起的戰爭。在 1096—1291 年間，十字軍在巴勒斯坦成功建立了基督教政權，但敗給了一連串復甦的伊斯蘭教勢力，包括埃及的馬木路克（Mamluk）和塞爾柱土耳其人（Seljuk Turk）。

曾經發動過十字軍的教皇在歐洲的政治和精神領域一直都是股強大的力量。教皇與世俗領袖經歷過長時間的主次之爭，導致了與神聖羅馬帝國皇帝之間的衝突。這些皇帝是來自德意志的競爭對手，宣稱擁有同樣的地位（見第

動盪的時代

中世紀早期（6—10世紀）是個動盪的時代，繼古典世界主要文明的崩壞後是新勢力的出現，例如西歐的法蘭克人、中東的伊斯蘭帝國以及中國唐代。13世紀和14世紀又出現了新的動盪——蒙古人建立了龐大的歐亞帝國，一場瘟疫大流行導致歐洲大約2500萬人死亡。

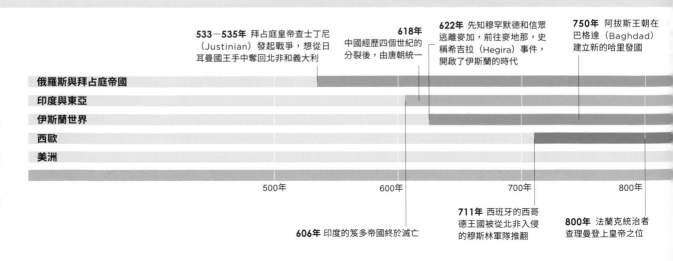

533—535年 拜占庭皇帝查士丁尼（Justinian）發起戰爭，想從日耳曼國王手中奪回北非和義大利

618年 中國經歷四個世紀的分裂後，由唐朝統一

622年 先知穆罕默德和信眾逃離麥加，前往麥地那，史稱希吉拉（Hegira）事件，開啟了伊斯蘭的時代

750年 阿拔斯王朝在巴格達（Baghdad）建立新的哈里發國

俄羅斯與拜占庭帝國				
印度與東亞				
伊斯蘭世界				
西歐				
美洲				

500年　　　600年　　　700年　　　800年

606年 印度的笈多帝國終於滅亡

711年 西班牙的西哥德王國被從北非入侵的穆斯林軍隊推翻

800年 法蘭克統治者查理曼登上皇帝之位

◁ 死亡之舞
15世紀德意志藝術家伯恩特・諾特科（Bernt Notke）的籤壁畫作〈死亡之舞〉（*Danse Macabre*）顯示出黑死病時期的歐洲人有多麼在意死亡，當時死亡似乎毫無差別地降臨在富人和窮人身上。

116-119 頁）。

歐洲又受到更多入侵者的打擊：大約從 800 年起的兩個世紀間，維京人在歐洲西北部的海岸線到處掠奪。900 年左右，馬扎爾人（Magyar）入侵匈牙利平原並定居下來，而擅長騎射的蒙古人則在 1240 年代突襲東歐。

蒙古人的崛起

蒙古人還征服了中國。中國於 589 年被隋朝統一，並在唐朝（618 年起）和宋朝（960 年起）的統治下繁榮發展。

財富與新思想都透過絲路在東亞和中東之間交流傳遞，位於絲路東端的中國率先懂得使用火藥、印刷術和指南針，但未能成功馴服蒙古人。蒙古人也攻打東南亞，摧毀了位於現代緬甸的蒲甘王國，並威脅柬埔寨的吳哥國（Angkor）。蒙古軍隊也試圖入侵日本，但兩次都被暴風雨擊退。日本持續由幕府將軍（shogun）統治——這是軍事強人的朝代，由武士家族支持。武士的尚武精神成了日本此時的主流思想。

歐洲的復興

雖然全世界瘟疫大流行，蒙古人又入侵歐洲東部邊界，但歐洲還是倖存下來並繁榮起來。這場瘟疫又稱黑死病，導致歐洲大陸三分之一以上的人口死亡，但也改善了農民的命運——此時他們的勞動力成了稀有商品，因此破壞了封建制度的根本。

新的想法開始在歐洲出現。在義大利，大家對古典藝術和思想重新產生興趣，造就了文藝復興時期（見第 160-61 頁）豐富的文化活動。

義大利商人首先發展出銀行產業，而航海帝國威尼斯和熱那亞（Genoa）也擴展到地中海東部。到了 1450 年，歐洲的野心和眼界再次開始擴張。

▽ 戰敗的蒙古人
這是19世紀日本藝術家歌川國芳（Kuniyoshi Utagawa）的雕版畫，描繪1274年和1281年日本僧人日蓮（Nichiren）召喚暴風雨來摧毀蒙古人的艦隊。

「大家都相信這就是世界末日，所以沒有人為死者哭泣，因為所有人都認為自己會死。」

編年史學家阿格洛・迪・圖拉（Agnolo Di Tura）對義大利黑死病的描述，1348年

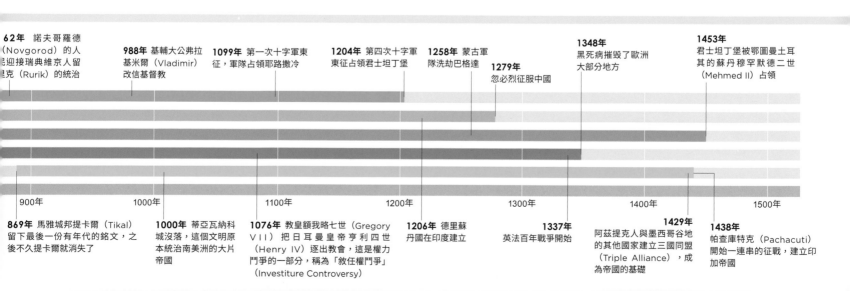

62年 諾夫哥羅德（Novgorod）的人迎接瑞典維京人留克（Rurik）的統治

988年 基輔大公弗拉基米爾（Vladimir）改信基督教

1099年 第一次十字軍東征，軍隊占領耶路撒冷

1204年 第四次十字軍東征占領君士坦丁堡

1258年 蒙古軍隊洗劫巴格達

1279年 忽必烈征服中國

1348年 黑死病摧毀了歐洲大部分地方

1453年 君士坦丁堡被鄂圖曼土耳其的蘇丹穆罕默德二世（Mehmed II）占領

900年　　1000年　　1100年　　1200年　　1300年　　1400年　　1500年

869年 馬雅城邦提卡爾（Tikal）留下最後一份有年代的銘文，之後不久提卡爾就消失了

1000年 蒂亞瓦納科城沒落，這個文明原本統治南美洲的大片帝國

1076年 教皇額我略七世（Gregory VII）把日耳曼皇帝亨利四世（Henry IV）逐出教會，這是權力鬥爭的一部分，稱為「敘任權鬥爭」（Investiture Controversy）

1206年 德里蘇丹國在印度建立

1337年 英法百年戰爭開始

1429年 阿茲提克人與墨西哥谷地的其他國家建立三國同盟（Triple Alliance），成為帝國的基礎

1438年 帕查庫特克（Pachacuti）開始一連串的征戰，建立印加帝國

拜占庭帝國

330年，羅馬皇帝君士坦丁將首都從羅馬遷往之前的希臘聚落拜占庭，之後改稱君士坦丁堡。395年，帝國一分為二，其中西羅馬帝國在476年滅亡。但東羅馬帝國因為有強大的君士坦丁堡，又撐了1000年。

公元476年，最後一任西羅馬帝國皇帝被推翻後，東羅馬帝國（史學家稱為拜占庭）繼續存在，成為唯一的羅馬政權，不過人民說的語言主要是希臘文（不像滅亡的西羅馬帝國說的是拉丁文）。

到了554年，皇帝查士丁尼一世（527—565年在位）已經重新征服了地中海西部海岸的大部分地區，包括羅馬城本身，帝國繼續守住這座城市長達兩個世紀。查士丁尼為了標記他的成就而下令建造聖索菲亞大教堂（Hagia Sophia），後來成了東正教的中心，也激發了一波新的建築浪潮，尤其是在伊斯蘭世界各地。然而在7世紀，拜占庭把北非和中東的領土輸給了成長中的伊斯蘭勢力，

而巴爾幹半島的大部分地區則被由斯拉夫人領導的軍隊入侵。雖然拜占庭帝國在馬其頓王朝（Macedonian Dynasty）治下有所復興，重新奪回了失去的領土，但他們在1054年與羅馬公教決裂，威脅了教皇的地位，因此威尼斯人把原本第四次十字軍東征的軍隊拿來洗劫拜占庭首都，使帝國一蹶不振。

雖然如此，在拜占庭帝國存在的1000年間，它大部分時候都替歐洲擋下了來自東方的新勢力，繁榮的首都也在藝術、文學、科學和哲學上發揮重大的影響力——既是知識中心，也是古代希臘文本的守護者，因此也協助塑造了現代歐洲文明。

堅韌的帝國

到了500年，西羅馬帝國已經分裂成多個日耳曼王國。事實證明，東羅馬帝國較能抵抗類似的入侵，首都君士坦丁堡有牢不可破的城牆。一連串有才幹的皇帝讓帝國得以復興，繁榮的經濟也讓帝國能夠養活龐大的軍隊。

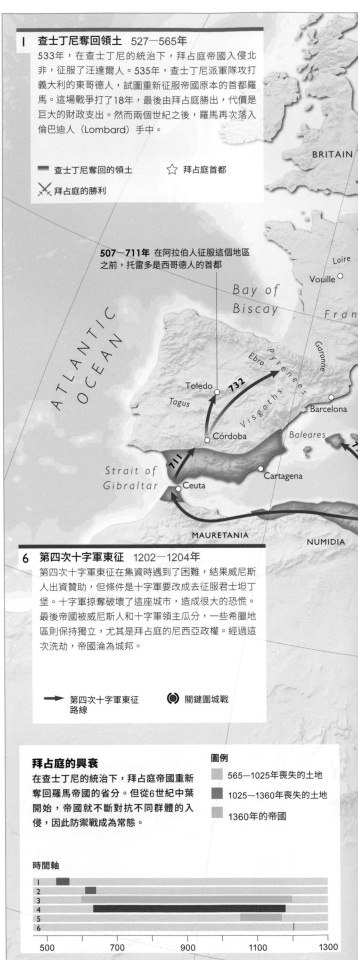

1 查士丁尼奪回領土 527—565年

533年，在查士丁尼的統治下，拜占庭帝國入侵北非，征服了汪達爾人。535年，查士丁尼派軍隊攻打義大利的東哥德人，試圖重新征服帝國原本的首都羅馬。這場戰爭打了18年，最後由拜占庭勝出，代價是巨大的財政支出。然而兩個世紀之後，羅馬再次落入倫巴迪人（Lombard）手中。

■ 查士丁尼奪回的領土　☆ 拜占庭首都

✕ 拜占庭的勝利

507—711年 在阿拉伯人征服這個地區之前，托雷多是西哥德人的首都

6 第四次十字軍東征 1202—1204年

第四次十字軍東征在集資時遇到了困難，結果威尼斯人出資贊助，但條件是十字軍要改成去征服君士坦丁堡。十字軍掠奪破壞了這座城市，造成很大的恐慌。最後帝國被威尼斯人和十字軍領主瓜分，一些希臘地區則保持獨立，尤其是拜占庭的尼西亞政權。經過這次洗劫，帝國淪為城邦。

➡ 第四次十字軍東征路線　◉ 關鍵圍城戰

拜占庭的興衰

在查士丁尼的統治下，拜占庭帝國重新奪回羅馬帝國的省分。但從6世紀中葉開始，帝國就不斷對抗不同群體的入侵，因此防禦戰成為常態。

圖例

□ 565—1025年喪失的土地

■ 1025—1360年喪失的土地

□ 1360年的帝國

時間軸

2　抵禦波斯　610—641年

拜占庭皇帝希拉克略（Heraclius；610—641年在位）即位時，帝國正遭受波斯薩珊王朝的侵略。薩珊王朝已經掌控了埃及和黎凡特，並試圖圍攻君士坦丁堡。627年，希拉克略反擊並包圍了波斯首都泰西封，最後逼迫薩珊王朝答應和平協議，解除了對帝國的威脅。

→　波斯的入侵　　┄→　希拉克略的反入侵

★　波斯首都

3　游牧民族的襲擊　600—1200年

10世紀時，斯拉夫人、阿瓦爾人（Avars）和保加爾人（Bulgars）等半游牧民族入侵巴爾幹半島，攻打希臘伯羅奔尼撒和多瑙河之間的地區。1014年，拜占庭皇帝巴西爾二世（Basil II；976—1027年在位）滅了保加利亞王國，併吞他們的領土。這場偉大戰役之後，巴西爾二世贏得了「保加爾人屠夫」的稱號。然而1185年發生了反對拜占庭統治的叛亂，導致帝國失去巴爾幹半島的土地，國力也被削弱。

→　游牧民族的襲擊　　✕　拜占庭的勝利

4　伊斯蘭勢力的入侵　629—1180年

在第一任哈里發的領導下，阿拉伯的穆斯林軍隊入侵了波斯薩珊王朝和拜占庭帝國。在636年的雅爾穆克戰役（Battle of Yarmuk）中，拜占庭軍隊損失慘重。後果是敘利亞、巴勒斯坦以及埃及先後被阿拉伯軍隊征服，並受到伊斯蘭教的影響。在馬其頓王朝（867—1056年）的統治下，拜占庭帝國成功奪回了7世紀因穆斯林征服而失去的領土。

→　穆斯林的入侵　　✕　拜占庭戰敗

1202年 第四次十字軍東征，港口札拉（Zara）遭到掠奪

1014年 巴西爾二世擊敗保加爾人，併吞保加利亞王國

1091年 塞爾柱土耳其入侵拜占庭帝國，導致拜占庭喪失大部分安納托力亞的領土

552-553年 拉克塔里山戰役（Battle of Mons Lactarius）

533年 阿德底斯姆戰役（Battle of Ad Decimum）。拜占庭在迦太基戰勝，導致汪達爾王國滅亡

627年 拜占庭軍隊為了反擊薩珊王朝的入侵而進攻波斯首都

636年 雅爾穆克戰役

Rhine　*gundians*　Milan　*Alps*　Aquileia　Venice　Ravenna　*Adriatic Sea*　Zara　ITALY　*Corsica*　Rome　Naples　Barium　Durazzo　Brundisium　*Sardinia*　Carthage　ZEUGI-ARTHAGO　*Sicily*　Syracuse　Tripoli　*Vandals*　*Mediterranean Sea*　CYRENAICA　AFRICA　EGYPT

Danube　DACIA　Ragusa　Serdica　MACEDONIA　Kleidion　Thessalonica (Salonika)　*Aegean Sea*　Athens　Crete　*Slavs, Bulgars and Avars*　MOESIA　Adrianople　THRACE　Constantinople　Nicaea　LYDIA　Ephesus　PAMPHYLIA

Dnieper　*Don*　ASIA　CRIMEA　Cherson　*Black Sea*　PAPHLAGONIA　Trebizond　PONTUS　CAPPADOCIA　Manzikert　Akroinon　Caesarea　Iconium　Tarsus　CILICIA　Antioch　Callinicum　Edessa　Dara　*Caspian Sea*　PERSIAN EMPIRE　*Seljuks*　*Tigris*　Ctesiphon　*Euphrates*　SYRIA　Damascus　Caesarea　Jerusalem　Alexandria　ARABIA　*Nile*　*Red Sea*

690　568　878　902　697—98　643　823—26　648　654　904　919　915　924　675—81　918　1071　675　647　611—613　614　615　639—46　627　619　634　637—38　642,646

5　拜占庭與塞爾柱土耳其帝國的戰爭 1048—1071年

塞爾柱土耳其人是來自中亞的一群馬背上的戰士，他們在11世紀入侵拜占庭帝國。在1071年的曼齊刻爾特戰役（Battle of Manzikert）中，拜占庭皇帝羅曼努斯·戴奧真尼斯（Romanus Diogenes）被俘虜。塞爾柱土耳其人對君士坦丁堡的威脅迫使拜占庭向羅馬求救，並引發了第一次十字軍東征（見第106-107頁）。

✕　拜占庭戰敗

→　塞爾柱土耳其人的入侵

全副武裝的塞爾柱騎兵

▷ **皇帝查士丁尼**

這幅描繪拜占庭皇帝查士丁尼的馬賽克作品位於拉溫納的聖維塔教堂（Basilica of San Vitale）牆上。完工時間是547年，也就是查士丁尼重新征服舊帝國首都之後。

伊斯蘭教的興起

新興的伊斯蘭信仰始於610年先知穆罕默德收到的一連串啟示，並很快在阿拉伯獲得大量信徒。一個世紀之內，軍隊就打著伊斯蘭教的名號，征服了從波斯到西班牙的大片領土。

穆罕默德大約在 570 年出生於麥加一個頗具影響力的商人家庭。 他從 40 歲開始經歷了一連串神聖啟示，並從 613 年左右開始宣揚安拉是唯一的神。他譴責多神信仰與偶像崇拜，但他的思想並不受大眾歡迎，因此他被迫逃到葉斯里卜（Yathrib；麥地那）。他的一神論思想開始吸引信徒，並很快就組建了軍隊，攻陷麥加。

穆罕默德的繼承人稱為哈里發。在這些人的統治下，穆斯林勢力擊敗了拜占庭和波斯帝國，這兩個帝國先前就因為 602—628 年的一場戰爭而元氣大傷。穆斯林從拜占庭帝國手中奪下了敘利亞、巴勒斯坦（包括聖城耶路撒冷）和埃及，而波斯帝國的薩珊王朝則是完全被征服，因此萌芽中的伊斯蘭政權獲得了新省分，從伊拉克到印度邊界都有。

661 年建立的倭瑪亞王朝在首都大馬士革（Damascus）統治伊斯蘭帝國。他們創立了複雜的行政系統，任用之前拜占庭省分有經驗且說希臘文的官員。他們還鼓勵阿拉伯以外地區的人融入帝國。隨著愈來愈多人改信伊斯蘭教，伊斯蘭軍隊向西發展，在 711 年征服了北非其餘地區以及西班牙大部分地區。在 8 世紀中葉，所有這些領土曾短暫地統一在一位君主之下，信奉同一種信仰，此時伊斯蘭教的教義已經寫成聖書——《古蘭經》。

伊斯蘭教的分歧　634—661年
遜尼派與什葉派

穆罕默德死後該由誰來繼承伊斯蘭世界的政治和宗教權力，大家的看法分歧得非常厲害。很多人覺得繼承權應該屬於阿里（Ali）家族，也就是穆罕默德的女婿，阿里這一派的人形成了什葉派（Shia）。其他不贊同這個觀點的人則支持大馬士革的倭瑪亞家族與他們的繼承人，成了遜尼派（Sunni）。伊斯蘭教的這個分歧一直持續到今日。

文字上的傳承
在這幅18世紀的土耳其藝術品上，紅色文字表示安拉；中央藍色的名字是阿里，也就是什葉派的第一任伊瑪目（Imam）；綠色的文字則是先知穆罕默德的名字。

伊斯蘭世界的成長 610—750年
穆斯林軍隊從阿拉伯半島崛起後的十年內就占領了中東和北非的大部分地區，並在接下來的一個世紀內向西班牙北部和中亞邊界前進。這張地圖顯示了每個城市被占領或投降的時間。

圖例

→ 穆斯林的襲擊及發生時間
★ 穆斯林新建的城市
☖ 穆斯林堡壘
▬ 610年左右的拜占庭帝國
▬ 610年左右的薩珊帝國
▬ 632年穆斯林的領土
▬ 656年穆斯林的領土
▬ 756年穆斯林的領土

時間軸

732年 查理·馬特（Charles Martel）率領的法蘭克軍隊阻止阿拉伯軍隊進攻

698年 穆斯林軍隊占領迦太基

711年 柏柏人將軍塔里克（Tariq）率軍進入西班牙，征服西哥德王國

▽ 圓頂清真寺（The Dome of the Rock）
這座伊斯蘭聖殿是耶路撒冷的地標，在倭瑪亞王朝第五任哈里發阿卜杜勒·馬利克（Abd al-Malik）治下建立，並於691年完工，建築的一部分（包括圓頂）後來經過重建。

1 穆罕默德、希吉拉與征服阿拉伯　610－632年

穆罕默德屬於古萊什（Quraysh）部族，由於他拒絕阿拉伯的多神崇拜，許多族人把他視為對部落權力的威脅。622年，他只好逃到麥地那，這次出走稱為希吉拉事件，傳統上認為這標誌了穆斯林時代的開始。穆罕默德身兼軍事及宗教領袖，他組成聯盟並召集軍隊，在630年占領麥加。到了632年去世時，他已經征服了阿拉伯大部分地區。

✕ 戰役或占領

751年 倭瑪亞王朝之後的阿拔斯王朝哈里發在塔拉斯河（Talas River）擊敗了中國唐朝，鞏固了他們接下來400年對河中地區的控制

642年 伊斯特格德三世在納哈萬德（Nehavend）戰敗，穆斯林因此得以快速征服波斯其他地區

636年 穆斯林戰勝波斯人，征服了美索不達米亞

636年 哈立德·本·瓦利德（Khalid ibn al-Walid）在雅爾穆克打敗拜占庭的主要軍團，穆斯林因此征服了敘利亞和巴勒斯坦的其餘地區

661年 阿里在禱告時被暗殺，導致遜尼派和什葉派分裂。穆阿維亞（Muawiya）成為第一位倭瑪亞王朝的哈里發，統治地點在大馬士革

622年 穆罕默德和他的主要追隨者被迫逃往綠洲城鎮葉斯里卜（後來稱為麥地那）

630年 穆罕默德征服麥加

642年 阿姆魯·本·阿斯（Amr ibn al-As）占領亞力山卓，這是拜占庭在埃及的最後堡壘

624年 穆斯林軍隊擊敗麥加軍隊，這場勝利是穆罕默德征服整個阿拉伯地區的起點

610年 穆罕默德在麥加城外一座小丘上的洞窟裡收到大天使加百列的啟示

2 歐瑪爾與征服敘利亞和埃及　634－644年

在第二代哈里發歐瑪爾（Umar，之前也是穆罕默德的同伴）的統治下，穆斯林軍隊對抗拜占庭並取得驚人的成就。拜占庭軍隊原本就已因為與波斯的長年戰爭而衰弱。敘利亞的首都大馬士革首先落入穆斯林手中，接著他們又占領耶路撒冷。後來他們征服了拜占庭的埃及行省，這裡的基督徒因宗教分歧而減弱了對穆斯林的反抗。

✕ 戰役或占領

3 征服波斯與胡拉善　636－656年

626年，波斯薩珊王朝的統治者差一點占領了拜占庭的首都君士坦丁堡，但這場戰事耗盡了他們的資源。636年，一支穆斯林軍隊在美索不達米亞擊敗了波斯人，波斯因此失去了西部省分。波斯君主伊斯特格德三世（Yazdegerd III）成為逃犯，而他的領土則併入了日益壯大的伊斯蘭帝國。五年內，中亞胡拉善（Khurasan）的大部分地區也都併入了伊斯蘭帝國。

✕ 戰役或占領

4 倭瑪亞王朝晚期的征服　670－750年

穆斯林擴張埃及西部領土的速度很慢，直到他們於670年在開羅安（Kairouan；今日突尼西亞）建立了基地才加快。他們從這個要塞開始，攻陷了拜占庭帝國位於北非的其他領土，並在698年占領首都迦太基。711年，一支阿拉伯與柏柏人聯軍越過西班牙信仰基督教的西哥德王國，並在20年內征服了幾乎所有的領土。在中亞，穆斯林軍隊贏得了河中地區（Transoxiana）。750年，阿拔斯王朝推翻倭瑪亞王朝，控制了這個哈里發國。

✕ 戰役或占領

哈里發的統治

倭瑪亞王朝從661年開始統治伊斯蘭世界，並在749—750年之間垮臺。繼承帝國的是新的阿拔斯王朝，不過後來地方統治者決裂，帝國的完整性也受到挑戰，導致阿拔斯王朝能掌控的地方幾乎只剩下巴格達。

倭瑪亞哈里發國（見第94-95頁）在749—750年之間經歷了短暫的內戰後就垮臺了，這有一部分是因為他們歧視非阿拉伯裔的穆斯林。阿拔斯王朝的成員是穆罕默德叔父的後裔，他們崛起並掌權，定都巴格達，並讓帝國恢復穩定。然而事實證明，要控制這麼廣大的穆斯林帝國終究是個不可能的任務。809—833年之間發生了一連串的內戰，這個哈里發國因此國力減弱，並且分裂出幾個地方王朝：西班牙在756年被倭瑪亞王朝的一個分支奪走；易弗里基葉（Ifriqiya；突尼西亞附近的地方）從800年開始獨立，受阿格拉布王朝（Aghlabids）統治；在埃及，突倫王朝（Tulunids）於868年脫離中央掌控，後來法蒂瑪王朝（Fatimids）也在這裡壯大起來；926年起，布維西王朝（Buwayhids）在伊朗生根；從大約977年起，加茲尼王朝（Ghaznavids）則占領東方的領土。

隨著新王朝的出現，阿拔斯王朝的勢力逐漸衰弱，直到哈里發變得微不足道，統治的領土只有美索不達米亞的一小塊土地。1258年蒙古人入侵，把這一小塊地也奪走，並洗劫了巴格達，結束了哈里發國的統治。

> 「不要滿足於別人的故事。開啓你自己的神話。」
>
> 魯米（Rumi），13世紀伊斯蘭學者與詩人

伊斯蘭的黃金時代
阿拔斯王朝的科學與文化

各領域的學者都聚集在阿拔斯王朝的首都巴格達。這座城市位於歐亞交會處，成了大家思想交流的地方，其中許多思想是出自阿拉伯學者翻譯的經典著作。阿拔斯王朝的哈里發——包括哈倫·拉希德（Harun al-Rashid）和他兒子馬蒙（al-Ma'mun）——都透過建立「智慧宮」（House of Wisdom）直接鼓勵巴格達的知識與學術。

黃金時代的遊戲
象棋從印度經過波斯傳到巴格達，在穆斯林世界流行起來，如這張9世紀的圖畫所示。

伊斯蘭的印記 約800—1200年
廣大的阿拔斯哈里發國分裂成多個王朝（如下所示，附上時間）。有些王朝漸漸沒落，有些後來填補了伊斯蘭世界的權力空缺，例如塞爾柱人（見第120頁）。

圖例

⬜ 1000年左右的伊斯蘭世界

➜ 伊斯蘭教的進一步擴張

時間軸

1
2
3
4
5
6

700　800　900　1000　1100　1200　1300

FRANKISH EMPIRE

Iberian Peninsula

Pyrenees　Alps

756年 倭瑪亞王朝的王子阿卜杜拉赫曼（Abd al-Rahman）逃往西班牙，建立新的酋長國，並在929年主張哈里發國的地位

UMAYYADS 756—1031

Cordova　Barcelona
Seville
Granada
Tangier

Mediterranean Sea

ALMORAVIDS 1056—1147
Marrakech

ZIRIDS 972—1148

Maghreb

IDRISIDS 789—926

ALMOHADS 1130—1269

Tunis
Kairouan

AGHLABIDS 800—909

A F R I C A

Sahar

1 阿拔斯王朝 750—1258年
最後的倭瑪亞王朝在一場內戰中覆滅後後，阿拔斯王朝掌權。阿拔斯王朝的第二代哈里發曼蘇爾（Al-Mansur）建立新都巴格達（設計成圓形），成為文化和商業中心。到了10世紀，阿拔斯王朝的勢力衰弱，只能尋求其他庇護才能確保自己生存，例如布維西王朝和漢達尼王朝（Hamdanids）。1258年蒙古人洗劫巴格達時，最後一任哈里發穆斯塔欣（al-Musta'sim）被殺害。

⬜ 800年左右，阿拔斯哈里發國的範圍

2 薩曼王朝 819—999年
薩曼家族（Samanid）是原本是阿拔斯王朝位於伊朗東部的總督，他們逐漸主張獨立，並於900年占領了胡拉善的布哈拉（Bukhara）作為首都。他們的帝國在經濟和文化上都繁榮發展，藝術作品包括精美的陶器以及詩人菲爾多西（Ferdowsi）於977年左右撰寫的波斯民族史詩《列王紀》（Shahnameh）。來自東部邊界的壓力侵蝕了薩曼王朝的勢力。999年，突厥喀喇汗國（Turkic Qarakhanid）占領布哈拉，結束了薩曼帝國的統治。

▨ 900年左右，薩曼帝國的範圍

6 穆拉比特王朝 1056—1147年

穆拉比特王朝（Almoravid）是柏柏人的部落聯盟，也是11世紀宗教復興的中心，旨在淨化伊斯蘭教。他們把宗教熱情與征服相結合，在1062年占領摩洛哥並建立了馬拉喀什城（Marrakech）。西班牙的伊斯蘭王國要求穆拉比特王朝幫忙抵抗基督教的收復失地運動（見第122-123頁），於是他們越過伊比利半島，並在領袖優素福·本·塔什芬（Yusuf Ibn Tashfin）的領導下統治南方。然而到了1145年，他們被迫離開西班牙，並在北非受到另一場由阿爾摩哈德王朝（Almohad）發起的復興運動的挑戰，阿爾摩哈德王朝於1147年占領馬拉喀什。

■ 1100年左右，穆拉比特王朝的領土

5 加茲尼王朝 977—1186年

加茲尼王朝具有突厥血統，從977年開始在胡拉善的加茲尼崛起並逐漸擴張。到了1005年，他們接管了原本薩曼帝國西部的領土。接著他們又征服了布維西帝國東部，直到1040年在丹達納坎（Dandanaqan）慘敗給塞爾柱人，領土只剩下胡拉善東部的一小塊地區，一直統治到1186年。

■ 1028年左右，加茲尼王朝的領土

✕ 戰役

△ **11世紀法蒂瑪王朝的吊墜**
法蒂瑪王朝控制努比亞（今日蘇丹）的金礦，並以精細的花絲工藝把金屬製成珠寶。

EUROPE

VOLGA BULGARIA

Volga

Danube

KHAZAR EMPIRE

Aral Sea

QARAKHANIDS
992–1211

KHWARIZM SHAHS
1077–1231

SELJUKS
950年左右—1192年

TRANSOXIANA

Black Sea

Caucasus

Constantinople

Caspian Sea

Tiflis

Amu Darya

Bukhara Samarkand

BYZANTINE EMPIRE

Anatolia

Manzikert

KHORASAN

ASIA

868年 艾哈邁德·伊本·突倫（Ahmad ibn Tulun）原本是阿拔斯王朝的總督，他在埃及掌權，建立了突倫王朝

969年 什葉派的法蒂瑪王朝占領開羅，創建了新的哈里發國

HAMDANIDS
945–1004

SYRIA Hamah

Damascus

Mosul

Samarra

Mesopotamia

NIZARI ISMAILIS
1090–1256

ABBASIDS
750–1258

Baghdad

Tigris

GHAZNAVIDS
977–1186

1040
Dandanaqan

Nishapur

Hindu Kush

Kabul

Ghazni

Indus

Jerusalem

Alexandria

Cairo

Nile

TULUNIDS
868–905

FATIMIDS
909–1171

EGYPT

Euphrates

BUWAYHIDS
926–1055

Iranian Plateau

PERSIA

SAMANIDS
819–999

SAFFARIDS
867–1495

Multan

INDIA

945年 布維西王朝占領巴格達，讓阿拔斯王朝哈里發淪為傀儡

Hormuz

Persian Gulf

HEJAZ

Medina

Red Sea

NEJD

QARMATIANS
894年—1200年左右

Muscat

OMAN

Mecca

Arabian Peninsula

Arabian Sea

3 法蒂瑪王朝 909—1171年

法蒂瑪王朝屬於什葉派，名稱取自穆罕默德的女兒法蒂瑪。他們自稱是穆罕默德的後裔，於909年在突尼西亞成立，並在隔年主張哈里發的頭銜，與阿拔斯王朝爭奪伊斯蘭世界的領導權。60年後，他們征服了埃及並擴展到敘利亞，接著被塞爾柱人驅逐。統治者淪為傀儡，受到一連串軍官控制。

YEMEN

ZAIDI IMAMS
860年起

Aden

Socotra

4 布維西王朝 926—1055年

布維西王朝（又稱白益王朝，Buyid）起源於德萊木人（Daylamite），他們是伊朗北部的一個族群，此前不久改信了伊斯蘭教。他們趁926年阿拔斯王朝軍隊撤離時在伊朗擴張並鞏固勢力，向北部和西部拓展，並於945年占領巴格達。他們定都巴格達，使這裡的阿拔斯王朝哈里發淪為傀儡。到了10世紀末，布維西王朝的勢力減弱，最後一位統治者在1055年被塞爾柱人廢黜。

▨ 1000年左右，法蒂瑪哈里發國的範圍

▨ 1028年左右，布維西王朝的領土

維京人

8世紀末，斯堪地那維亞半島的戰士民族維京人從他們的家園蜂擁而出，在接下來的兩個世紀中以掠奪者、商人和定居者的身分擴散到歐洲和大西洋各地。

公元8世紀的斯堪地那維亞半島分裂成軍閥統治的小片領土。這些部落首領為了統一土地互相征戰，社會因此變得更加動盪，而不斷增長的人口也對資源造成了壓力。年輕人受到歐洲西北部貿易中心和修道院的財富所吸引，於是開始突襲這些地方，並有了維京人的稱號。隨之而來的是驚人的擴張。由於擁有速度快、機動性高的維京長船，他們得以進行突擊，且他們還有較堅固的遠洋漁船（knorr），用於遠距離貿易。來自挪威和丹麥的維京人利用法國、不列顛和愛爾蘭的弱點，出其不意地襲擊這些受害者，掠奪物資並索取貢品。9世紀時，這些地區的維京人從襲擊轉為征服，開闢了領土，有些地方被他們統治了幾個世紀。為了尋找土地，他們穿越未知的水域，來到冰島和格陵蘭島，最後在1000年左右抵達北美洲海岸。

> 「他們蹂躪了整個王國，也摧毀了他們所及的每個修道院。」
>
> 《盎格魯－撒克遜編年史》
> （*Anglo-Saxon Chronicle*），869年

在東方，瑞典維京人以商人的身分深入相當於今日俄羅斯和烏克蘭的通航河流，主導往來君士坦丁堡和阿拉伯的貿易，並向斯拉夫部落索取貢品。這些東維京人又稱瓦良格人（Varangian），他們建立了俄羅斯的第一個國家——基輔羅斯（Kievan Rus'）。

萊夫・艾瑞克森
維京探險家

紅鬍子艾瑞克（Erik the Red）是第一個在格陵蘭建立據點的維京人，他的兒子萊夫・艾瑞克森（Leif Erikson）是個傳奇人物，探索了我們今日所知的北美洲土地。除了紐芬蘭的蘭塞奧茲牧草地（L'Anse aux Meadows）考古遺址，很難知道艾瑞克森和他的船員等維京人究竟去了哪些地方，但他們很有可能到達被苔原覆蓋的拉布拉多海岸（他們稱之為馬克蘭Markland）以南的森林地帶，因為他們非常需要木材。

紀念雕像
冰島的一座現代紀念碑承認艾瑞克森是已知第一個到達美洲的歐洲人。

4 前往文蘭的旅程 約1000—1400年
公元986年，被放逐的逃犯紅鬍子艾瑞克從冰島移居到格陵蘭。格陵蘭是一片很荒涼的土地，只有幾千名維京人靠狩獵海豹、海象和養牛維生。不過人類為了尋找格陵蘭缺少的木材而前往北美洲，這裡因此成了探索北美洲的基地。他們把所到達最遠的地方稱為「文蘭」（Vinland）。

NORTH AMERICA
HELLULAND
Davis Str...

1000年左右 格陵蘭傳奇中獵海豹的地點赫爾陸蘭（Helluland）可能就是艾爾斯米爾島（Ellesmere Island）

986 Godthåb

約1000年—1400年 格陵蘭的維京人出海去一個他們稱為文蘭的地方採集木材，大概在馬克蘭南方的某處

986 Julianehåb

1000年左右 維京傳奇提及「馬克蘭」——有可能位在加拿大的拉布拉多海岸

St Lawrence

MARKLAND

VINLAND

L'Anse aux Meadows

1000年左右 蘭塞奧茲牧草地是一個考古遺址，顯示這裡曾有北歐人定居，但在美洲原住民的施壓下，他們待了20到30年就撤離了

Newfoundland

ATLANTI...

▷ **維京長船**
這個現代模型呈現了維京長船可能的樣子。方帆讓船能夠快速行駛，但逆風時很難操縱。

維京人的時代
790—1060年的歐洲歷史由維京人主導。雖然到了1100年，他們已愈來愈少襲擊其他地區，但他們建立的版圖一直延續到15世紀。

圖例
■ 瑞典
■ 挪威
■ 丹麥
••• 國界
— 神聖羅馬帝國邊界
→ 維京人的旅程，依地區使用不同顏色

時間軸

700　　　900　　　1100　　　1300　　　1500

3 北大西洋 825—1408年

維京人是探險家，他們跨海去尋找能定居的土地。蘇格蘭北部海岸距離法羅群島（Faroes）很近，在大約800年就有人定居在這裡。維京人的船隻向西漫遊，在830年代發現冰島，並在870年代定居下來。他們在冰島建立共和國，擁有全世界最古老的冰島議會（Althing），一直到1240年之前都獨立運作。

■ 北大西洋聚落

2 不列顛群島 793—1103年

維京人最早襲擊不列顛是在790年代。他們一開始的目標是沒有武裝的修道院，維京人知道這種地方有很多寶物。他們的襲擊規模變得愈來愈大，在865年，丹麥的「異教徒大軍」（Great Heathen Army）來到這裡，結果英格蘭大部分的盎格魯—撒克遜王國都被征服。

■ 不列顛和愛爾蘭聚落

1 瑞典人與基輔羅斯 750—988年

瑞典維京人向東前進，襲擊了相當於今日俄羅斯、白俄羅斯和烏克蘭的土地，並且定居下來。有些人稱他們為瓦良格人，有些人則稱他們為羅斯人（Rus），也就是俄羅斯這個名字的起源。羅斯人在俄羅斯建立了第一個國家，這是一個由斯拉夫人組成的邦聯，名叫基輔羅斯，名稱來自他們建立的其中一個城市——基輔。

■ 瓦良格人（維京人）的影響範圍

GREENLAND

875年 挪威的維京人掌控不列顛北部群島，建立了奧克尼伯爵郡（Earldom of Orkney），這個地方在1468年割讓給蘇格蘭

750年 維京人建立舊拉多加（Staraya Ladoga），這是他們在斯堪地那維亞半島之外的第一個聚落

950年 維京人的襲擊延伸到窩瓦河下游，最後擴及阿拉伯統治的亞塞拜然（Azerbaijan）

VOLGA BULGARIA

Bulgar

873 Reykjavik
ICELAND
860年左右

860年左右

Trondheim

750 Staraya Ladoga (Aldeigjuborg)

Novgorod (Holmgard)

NORWAY

Baltic Sea

Gnezdovo

Volga

Itil

800年左右 Faroe Islands

Kaupang (Skiringssal)

Sigtuna
Birka

862年 維京人留里克建立了諾夫哥羅德城，意思是「新城」

KIEVAN RUS'

3年 維京人進行第一次海外襲擊，襲擊了諾森布里亞王國（kingdom Northumberland）的林迪斯法恩（Lindisfarne Island）上資源豐富的修道院

Shetland Islands

SWEDEN

Paviken

988年 基輔大公弗拉基米爾改信基督教

KIEVAN RUS

North Sea

Orkney Islands

Lewis

DENMARK

Truso

882 Kiev (Könugard)

Sarkel

Caspian Sea

SCOTLAND

793 Lindisfarne

Ringsted
Lund

866—954年 丹麥區（Danelaw）是維京人在英格蘭北部的王國，首都在約維克（Jorvik；約克）

IRISH KINGDOMS

866 York

Ribe

Hedeby

Jomsborg (Wolin)

POLAND

841 Dublin

DANELAW

845 Hamburg

836 Limerick

860—902年 維京人在都柏林建立要塞港口，並定居下來

ENGLAND

London

834 Dorestad

BOHEMIA-MORAVIA

HUNGARY

WELSH PRINCIPALITIES

HOLY ROMAN EMPIRE

911年 法蘭克國王「頭腦簡單的查理」（Charles the Simple）把諾曼第的土地賜給維京人

NORMANDY

841 Rouen

845年 維京人洗劫巴黎，並向法蘭克人索取貢品

BRITTANY

845 Paris

839 Constantinople (Miklagard)

BYZANTINE EMPIRE

843 Nantes

842 Noirmoutier

857年 維京人向法國西南部前進，並與法蘭克的亞奎丹（Aquitaine）統治者丕平二世（Pippin II）結盟

844

FRANCE

BURGUNDY

Pisa

CROATIA

VENETIAN REPUBLIC

BULGARIA

907年 基於維京人和拜占庭的貿易條約，維京人可以用皮毛（從基輔羅斯的斯拉夫人那裡獲得的貢品）換取君士坦丁堡市場上的黃金

LEÓN

NAVARRE
CASTILE

Rome

PAPAL STATES

859—862

Sardinia

Black Sea

OCEAN

844 Lisbon

CALIPHATE OF CORDOVA

859 Balearic Islands

Sicily

844 Seville

Tunis

Mediterranean Sea

5 維京人成為諾曼人 799—1066年

維京人最早襲擊法國是在799年，他們攻擊了西北海岸的一座修道院。最初，法蘭克國王查理曼的鐵腕統治逼得維京人走投無路，不過814年查理曼死後，維京人的襲擊事件又增加了。911年，維京軍閥羅洛（Rollo）同意停止襲擊，條件是取得一片諾曼第的土地。定居在這裡的人成了說法語的諾曼人，失去了維京人的身分。之後，諾曼人繼續征服英格蘭和西西里島。

■ 諾曼人的聚落

1053年 在教皇、倫巴迪和拜占庭皇帝的支持下，諾曼騎士成為傭兵，占領西西里島

6 瓦良格護衛 988—1050年

羅斯人建立了一些小型封國，並開始襲擊更遠的地方。他們好幾次攻打君士坦丁堡，也就是拜占庭帝國的首都。988年，基輔大公弗拉基米爾改信基督教，與拜占庭的關係也改善了。他甚至派了一個代表團去擔任拜占庭皇帝的護衛，稱為瓦良格人（Varangian）——因為他們驍勇善戰。到了11世紀中期，維京人就不再襲擊這個地區了。

諾曼人

諾曼人原本是維京掠奪者,他們在法國北部取得了土地,並在當地建立了公國。他們後來又繼續擴張,到了11世紀中葉時已經征服了英格蘭、西西里島和義大利南部的大部分地區。

△ 諾曼修道院
位於法國康城的聖埃提安修道院擁有羅馬式的中殿,拱廊環繞,是諾曼式建築一個很好的例子。

公元 911 年,維京人的掠奪大軍肆虐法國北部,法蘭克國王「頭腦簡單的查理」與一群由羅洛領導的挪威維京人達成協議:為了換取土地,羅洛同意抵擋其他的維京人。他只遵守了部分協議,並慢慢擴張後來稱為諾曼第(北方人的土地)的地方。927 年他把諾曼第傳給兒子「長劍威廉」(William Longsword)時,已經出現了一種由法國和斯勘地那維亞半島混合而成的文化,而且愈來愈基督教化。1066 年,羅洛的來孫「征服者威廉」(William the Conqueror)為了搶奪王位而入侵英格蘭。他的成功標誌了盎格魯一諾曼王朝的開始,他們的後代現在依然在位。

奠定根基

至於其他地方,從 11 世紀初開始,野心勃勃的諾曼人就在義大利南部和當地的封建貴族對戰。後來,在歐特維爾家族(Hauteville)、羅伯特(Robert)和羅傑·吉斯卡爾(Roger Guiscard)等無情戰士的率領下,他們在義大利南部開闢了自己的領地。1060 年,羅傑·吉斯卡爾入侵西西里島,十年內就征服了大部分地區,並建立了一個結合阿拉伯和諾曼文化且蓬勃發展的王國,直到 1194 年被日耳曼的霍亨斯陶芬王朝(Hohenstaufens)征服。

諾曼人的征服

1066年,「征服者威廉」在哈斯丁(Hastings)戰勝後,就鞏固了對英格蘭的統治,並把土地分封給他的追隨者。在他死後,諾曼第和英格蘭被他的兒子羅貝爾·柯索斯(Robert Curthose)和威廉·魯弗斯(William Rufus)瓜分。1106年,羅貝爾在坦什布賴(Tinchebrai)被威廉的繼承人——英格蘭的亨利一世(Henry I)——擊敗後,英格蘭和諾曼第再次統一。

圖例　→ 入侵路線　　▨ 諾曼第
　　　✕ 戰役

戰爭掛毯
貝葉掛毯（Bayeux Tapestry）的這個場景是
為了紀念1066年諾曼人在哈斯丁戰勝英國人而
編織的，征服者威廉（右）摘下頭盔，向他的
追隨者證明他被殺害的謠言是假的。

1 波斯御道 公元前500年—公元224年

建於公元前500年左右的波斯御道後來成了絲綢之路的一部分，通往羅馬帝國。然而到了1世紀，羅馬與安息帝國（當時統治波斯）之間關係緊張，導致穿越御道的旅程風險變高。因此很多原本要輸往歐洲的中國商品都透過其他路線送到印度的港口，羅馬船隻則從這裡載貨，穿越印度洋。

— 波斯御道

2 張騫通西域 公元前138—125年

中國漢朝的使節與探險家張騫在遠征了13年之後帶回好消息，說也許可以和天山以西的地區進行通商貿易。漢朝與新疆的幾個政權結成同盟，商人穿越塔里木盆地的旅程因此變得安全許多。

→ 張騫的第一次遠征路線

公元前60年 漢朝在喀什（Kashgar）建立都護府

公元前120年—公元221年 綠洲城市是商旅的關鍵停留站，他們經常在這裡更換馬匹或駱駝

6 蒙古人掌控絲路 1215—1368年

蒙古人在13世紀征服中國後，整個貿易網都落在廣大的蒙古帝國的掌控之下。他們建立了武裝驛站系統，用來保護沿線的貿易通道，鼓勵東西方之間的商品和文化交流。其中一個著名的例子是義大利探險家馬可·波羅（Marco Polo）在1275年穿越絲路的一個分支抵達中國（見第132頁）。

— 1260年，蒙古帝國的範圍

5 唐朝的貿易 公元618—907年

中國唐朝（618—907年）在639年重新征服新疆、再次掌控絲綢之路後，這條路線又活躍起來。貿易再次繁盛，直到755年中國北部爆發安史之亂。隨著阿拉伯商人建立從中東和非洲東岸到中國港口的廣大貿易網，唐朝中國商品在波斯灣和紅海的數量也快速增加。

⋯⋯ 海上絲路

公元600年 泰西封發展成富有的商業大都市，並在7世紀初成為世界上最大的城市之一

公元113—217年 安息戰爭期間，原本要送往羅馬帝國的中國貨品繞了遠路

歐亞貿易

絲綢之路形成了漢朝中國與羅馬帝國之間的關鍵貿易通道。商人利用周圍的路線網來達到東西方之間的貿易流通。

圖例

羅馬帝國的範圍（公元1年左右）	安息帝國（公元前247年—公元224年）
漢帝國（公元前206年—公元221年）	絲綢之路
新疆（漢朝的保護國，公元前60年—公元221年）	其他貿易路線（公元前100年—公元221年）

時間軸

1	
2	
3	
4	
5	
6	

公元前500年　公元1年　公元500年　公元1000年　公元1500年

4 敦煌 公元前104年—公元1227年

221年漢帝國滅亡，絲綢之路的貨物流通也漸漸沒落，要塞城市敦煌則成了佛教重地。從印度來的佛教朝聖者與旅人經由絲綢之路來到這座城市傳教。他們花了1000年建造現代知名的敦煌莫高窟，內有描繪佛教各方面文化的壁畫裝飾。

◉ 敦煌

△ 馬可波羅遠征中國
1375年《加泰隆尼亞地圖集》中的圖畫，描繪1275年義大利探險家馬可·波羅的隊伍沿著絲路前往中國。

公元前120年—公元23年 載運中國商品的商隊從漢朝首都長安開始向西方前進

公元25年 東漢定都洛陽，洛陽成為絲綢之路的東方新起點

公元前138年

公元前126年

公元366年 佛教朝聖者開始打造千佛洞，內有宗教壁畫裝飾

朝鮮
黃海
開封
杭州
洛陽
寧波
長安
漢口
東海
中國
漢帝國
福州
泉州
成都
臺灣
昆明
廣東（廣州）
南海
布拉馬普特拉河
卡蒂加拉
海南
喜馬拉雅山
巴連弗邑
那爛達
塔姆盧克
伊洛瓦底江
孟加拉灣
直通
恆河
澳盖
董里府
東印度爪哇海
Java

吐魯番
交河
安西
武威
敦煌

公元870年 由於國際貿易發達，有多達20萬名外國人居住在廣州，其中包括阿拉伯人、波斯人、印度人、非洲人和土耳其人

3　受歡迎的漢朝出口品　公元前120年—公元221年
漢朝時，中亞的商人把香料、寶石和玻璃等商品引入漢朝市場。知名的中國出口品則有絲線、紡織品和青銅製的鏡子。接近漢朝末年時，蔡倫發明了紙張，據說這項新發明的製造技術就是透過絲路傳往西方的。

🔍 漢朝鏡子的考古發現　　🔍 中國絲綢的考古發現

公元830年左右 一艘載著6萬個唐朝瓷器的阿拉伯獨桅帆船在前往中東的過程中翻覆，船舶遺骸在1998年尋獲

絲綢之路

公元前2世紀，漢朝對中國的控制範圍擴張，因此與世界其他地區的交流變得更加容易且安全。連接東西方的道路網運行了1500年，並以輸送奢華的中國絲綢而聞名。

絲綢之路的起源可追溯至公元前120年，當時漢帝國征服了塔里木盆地，漢朝軍隊把多個部落從這個地區驅逐。帝國因此得以開闢一條安全的貿易通道，從中國首都長安（西安）延伸到中亞以及更遠處的眾多城市。

漢朝與印度、波斯和羅馬帝國都有活躍的貿易活動，這些地方的統治階層非常覬覦中國絲綢。絲綢之路除了運輸絲綢、香料、寶石和裝飾品等奢侈品，也是傳播宗教、哲學、科技、語言、科學，甚至是疾病的通道。

隨著221年漢朝滅亡，這條通道也跟著沒落，不過在唐朝（618—907年）奪回部分中亞省分後又再度復興。8世紀時，西藏人和維吾爾族人掌控新疆，貿易再次沒落，不過500年後，蒙古人的征服（見第130-131頁）又讓這條通道經歷了重大的復甦。14世紀蒙古帝國衰亡，絲綢之路的重要性再次減弱，並在16世紀被海上貿易路線取代。

> 「絲國（中國）以從森林裡取得的絨毛原料而聞名。」
>
> 老普林尼（Pliny the Elder），
> 摘錄自《博物志》（*Naturalis Historia*），公元79年

中國絲綢
獨特的中國出口品

公元前1世紀，中國開始把絲綢輸出至西方後，這種材料就在羅馬帝國的菁英圈流行起來。西方一直沒有人知道製造絲綢的過程，直到550年，拜占庭皇帝查士丁尼一世說服兩名僧人把蠶藏在他們的竹製手杖中，從中國偷渡過來。

中國的製絲工藝
這是一幅12世紀帛畫的局部，描繪正在處理絲綢的宮女。

12世紀歐洲的文藝復興

12世紀時，大學和新的修道會成立，重要的科學手稿也從阿拉伯文被翻譯成歐洲語言。

圖例
— 1200年的國界

時間軸

| | 700 | 800 | 900 | 1000 | 1100 | 1200 | 1300 | 1400 |

I 查理曼治下的文藝復興 800—814年

公元800年，查理曼加冕成為「羅馬人的皇帝」，給人一種羅馬帝國已經在西歐復興的感覺。在他治下，文學、藝術、寫作、建築以及經典研究都繁榮發展。814年查理曼死後，皇帝的頭銜傳給了一連串的德意志貴族，之前在他治下的昌盛文化很快就煙消雲散。

— 814年，查理曼帝國的範圍

2 熙篤會以及新修道主義 1098—1153年

熙篤會的出現是因為一般人認為舊修道會富有、自私且違背他們最初的精神使命。熙篤會成立於1098年，在格萊福的聖伯爾納鐸（St Bernard of Clairvaux）的影響力之下而傳播開來，到了1153年他死時，整個歐洲已有300多座修道院。熙篤會嚴格遵守聖本篤準則（Rule of St Benedict），以虔誠聞名，並提供「通往天堂最可靠的道路」。

✝ 熙篤會的主要修道院與建立日期

SCOTLAND

1140 Newbattle
1142 Melrose

IRELAND
1142 Mellifont

1150 Jervaulx　1132 Rievaulx
1132 Fountains
1147 Kirkstall

WALES　ENGLAND

1209年 牛津發生動亂，逃離的學生協助建立劍橋大學

1160年代 牛津大學的學生人數增加，並在1248年獲得皇家特許狀

Oxford　1209年左右 Cambridge
12世紀早期 London
1128 Waverley　Canterbury

1078年 安瑟莫被選為貝克的修道院長，這所修道院成為重要的神學校

Bec
1250年左右 Angers
Chartres　1200年左右 Rheims
Paris
Meung　1236年左右 Orléans
Tours
1115 Clairvaux
Pontigny　1115 Morimond
1112 La Ferté　1124 Lützel
1098 Cîteaux

1132 Camp
Cologne

KINGDOM OF GERMANY

Worms
1127
1135 Eberbach　Ebrach

FRANCE

1290
Lisbon

1332 Cahors
1229 Toulouse
1303 Avignon
Béziers
Narbonne
Montpellier (medicine)
Marseille
12世紀

Grenoble
Milan
1248 Piacenza
Genoa
1088 (law) Bologna (law)
Pisa
1215 Arezzo
1246 Siena
1248
PAPAL STATES
Rome
1140年左右
1245

1137 Heiligenkreuz

1204 Vicenza
1222 Padua (law)
Venice
VENETIAN REPUBLIC

1308 Perugia

1224 Naples

LEÓN

León
1132 Moreruela
NAVARRE
Pamplona

1308 Coimbra
1148 Alcobaça
PORTUGAL
1290 Lisbon

1218 Salamanca
Segovia
CASTILE
Toledo
Tarazona
ARAGON
1300 Lérida
Barcelona

1254 Seville　Cordova

1130年代
大主教雷蒙（Archbishop Raymond）創立的翻譯學校翻譯了許多阿拉伯和希伯來著作

1088年 波隆那是重要的法學研究中心，波隆那大學成了歐洲第一所大學

10世紀起 沙勒諾（Salerno）的醫學院是阿拉伯醫學著作輸入的通道

Salerno (medicine)
9世紀起

KINGDOM OF SICILY
Palermo
Sicily

ALMOHAD EMPIRE

ATLANTIC OCEAN

North Sea

DENMARK
Lubeck
Elbe

Baltic S

1143 Wagrowiec
POLAND
1348 Prague

1143 Alvastra
NORWAY
SWEDEN

1142 Czikador

SERBIA

KINGDOM OF ITALY

Rhine
Alps
Corsica
Sardinia
Balearic Islands
Mediterranean Sea

△ **上課中的學生**
這幅描繪波隆那大學學生的雕刻作品可追溯至約1412年，是偉大的教師與法學思想家巴托羅梅奧‧德‧薩利切托（Bartolomeo da Saliceto）墓中的裝飾品。

中世紀文藝復興

12世紀的歐洲在知識、精神以及文化方面都經歷了一場復興。這包括修道院的復甦、建立學校和大學、發展新的建築形式，以及透過翻譯希臘和阿拉伯手稿來獲取知識。

5　文學和歌曲的發展　1100—1200年
12世紀出現了方言文學熱潮，其中許多是史詩，例如日耳曼傳奇史詩〈尼伯龍根之歌〉（Nibelungen-lied）和沃爾夫拉姆‧馮‧艾森巴哈（Wolfram von Eschenbach）的〈帕西法爾〉（Parzival）。在法國南部，吟遊詩人會傳播「武功歌」（chansons de geste，也就是「事蹟的完成」，包括浪漫故事、英雄事蹟和宮廷愛情），例如〈羅蘭之歌〉（Chanson de Roland），敘述770年代查理曼在西班牙北部對戰穆斯林。

4　阿拉伯學術的影響　1085—1300年
許多希臘學者的科學和哲學著作都只在伊斯蘭世界倖存下來，且很多都被翻譯成阿拉伯文，並由穆斯林作家補充。12世紀時，這些作品從不久前被穆斯林勢力征服的西西里和西班牙部分地區（如托雷多）等地方滲入歐洲。接著，亞里斯多德、托勒密和歐幾里得的許多作品手稿都被翻譯成拉丁文，推動了12世紀的學術復興。

☪ 與阿拉伯學術圈接觸的主要地點

■ 1030年—1200年，被基督徒收復的穆斯林土地

■ 1200年—1300年，被基督徒收復的穆斯林土地

3　新型大學　1088—1348年
12世紀，教授神學與邏輯學的學者吸引了大批學生，例如在巴黎的阿伯拉爾（Abelard）以及在貝克（Bec）的奧斯塔的安瑟莫（Anselm of Aosta）。他們的學校發展成學者行會（studia generalia），也就是大學，提供了更廣泛的課程。波隆那大學是其中最早的機構之一。

🏛 大學與建立日期

🏛 其他重要的神學校

西羅馬帝國在 5 世紀滅亡後，許多古典知識也失傳了，剩下的大部分手稿都只能在修道院裡找到。雖然在查理曼大帝（768—814 年在位）治下的法國、阿佛烈大帝（Alfred the Great；871—899 年在位）治下的英格蘭以及奧托一世（Otto I；962 年973 年在位）治下的德意志都出現了地方性的文化復興，但在皇室贊助人死後不久也就都沒落了。然而，11 世紀後期出現了一場新的運動，部分原因是大家渴望回歸更純粹的宗教儀式，也有部分是因應日漸複雜的皇室官僚機構。

新的修道院運動也出現了，例如熙篤會（Cistercians）推動靈性與學校的復興，這些在大教堂和修道院周邊發展起來的學校歡迎神職和非神職的學生。他們的課程注重邏輯、文法和修辭，但也鼓勵辯論和學術討論。巴黎和波隆那（Bologna）等最大的中心吸引了來自西歐各地的學生，並發展成大學。這裡的學者有機會接觸到羅馬淪陷以來在歐洲失傳的作品，以及來自之前伊斯蘭統治的西西里島和西班牙的正宗阿拉伯作品和翻譯過的古典作家作品。

> 「因為懷疑而驗證，因為驗證而達到真理。」
>
> 彼得‧阿伯拉爾（Peter Abelard），法國神學家，1079—1142年

哥德式建築
建築的新語言

12世紀初，一種新的建築風格取代了原本以厚實做工與圓拱為特色的羅馬傳統。這種風格稱為哥德風，特色是尖頂的拱門、肋條狀的扶壁以及高聳的穹頂，能支撐起更高的天花板、允許更多的光線照入（窗戶上經常裝上彩繪玻璃）。在接下來的300年中，這種風格在西歐的大型教堂和主教座堂中最為常見。

韋爾斯座堂（Wells Cathedral）
這座12世紀的英國教堂是其中一個最早完全哥德式的建築例子。

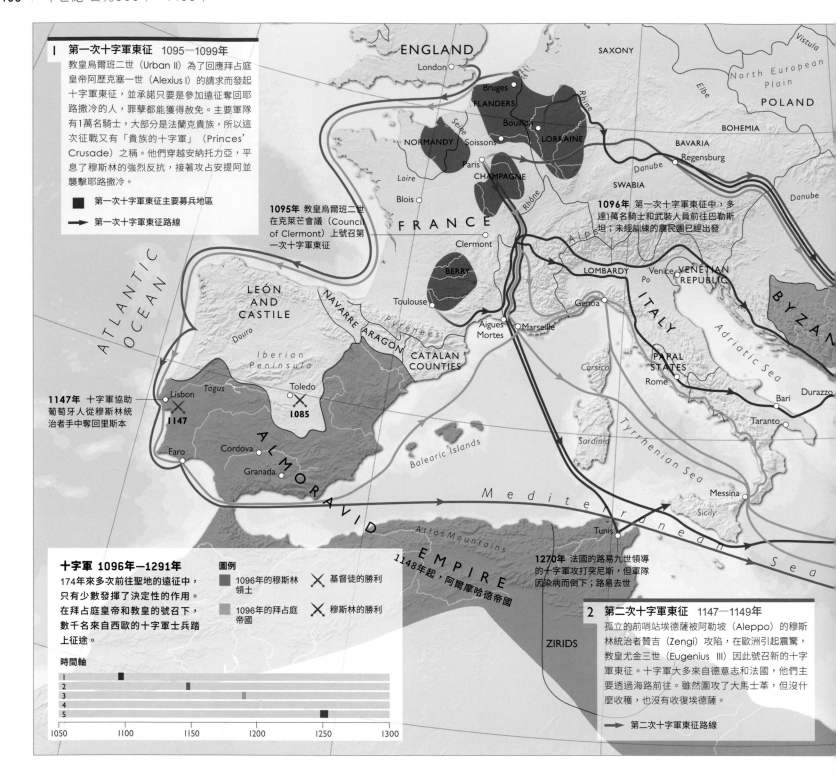

第一次十字軍東征 1095—1099年

教皇烏爾班二世（Urban II）為了回應拜占庭皇帝阿歷克塞一世（Alexius I）的請求而發起十字軍東征，並承諾只要是參加遠征奪回耶路撒冷的人，罪孽都能獲得赦免。主要軍隊有1萬名騎士，大部分是法蘭克貴族，所以這次征戰又有「貴族的十字軍」（Princes' Crusade）之稱。他們穿越安納托力亞，平息了穆斯林的強烈反抗，接著攻占安提阿並襲擊耶路撒冷。

■ 第一次十字軍東征主要募兵地區

→ 第一次十字軍東征路線

1095年 教皇烏爾班二世在克萊芒會議（Council of Clermont）上號召第一次十字軍東征

1096年 第一次十字軍東征中，多達1萬名騎士和武裝人員前往巴勒斯坦；未經訓練的農民團已經出發

1147年 十字軍協助葡萄牙人從穆斯林統治者手中奪回里斯本

十字軍 1096年—1291年

174年來多次前往聖地的遠征中，只有少數發揮了決定性的作用。在拜占庭皇帝和教皇的號召下，數千名來自西歐的十字軍士兵踏上征途。

圖例
- ■ 1096年的穆斯林領土
- ■ 1096年的拜占庭帝國
- ✕ 基督徒的勝利
- ✕ 穆斯林的勝利

時間軸

	1050	1100	1150	1200	1250	1300
1		■				
2			■			
3				■		
4						
5					■	

1148年起，阿爾摩哈德帝國

1270年 法國的路易九世領導的十字軍攻打突尼斯，但軍隊因染病而倒下；路易去世

第二次十字軍東征 1147—1149年

孤立的前哨站埃德薩被阿勒坡（Aleppo）的穆斯林統治者贊吉（Zengi）攻陷，在歐洲引起震驚，教皇尤金三世（Eugenius III）因此號召新的十字軍東征。十字軍大多來自德意志和法國，他們主要透過海路前往。雖然圍攻了大馬士革，但沒什麼收穫，也沒有收復埃德薩。

→ 第二次十字軍東征路線

十字軍東征

1095年起，基督教的歐洲發起了一連串軍事遠征，目的是奪取耶路撒冷和聖地，這些地方自7世紀中葉起就成了伊斯蘭哈里發國的一部分。十字軍東征的過程中，有些國家在這些地區建立，但穆斯林統治者克服了原本的內訌之後就驅逐了十字軍，並在1291年占領了他們最後的重要據點。

639年，哈里發國占領了拜占庭帝國在巴勒斯坦和敘利亞的省分，耶路撒冷於落入穆斯林手中。11世紀時，一群新的穆斯林——塞爾柱土耳其人——獲得了更多拜占庭的領土，威脅到基督教朝聖者造訪耶路撒冷的權利。為了回應拜占庭皇帝的呼籲，教皇號召十字軍東征，這是一場武裝的長征，目的是解放聖城。上千名騎士響應並進軍巴勒斯坦，占領了許多穆斯林控制的城市，包括耶路撒冷本身。十字軍在巴勒斯坦建立了國家，但他們的人數很少，而1144年穆斯林的反擊導致埃德薩（Edessa）被攻陷，這場災難引發了第二次十字軍東征。1187年，薩拉丁（Saladin）攻陷耶路撒冷，引發了第三次十字軍東征。他們雖然阻止了穆斯林的前進，

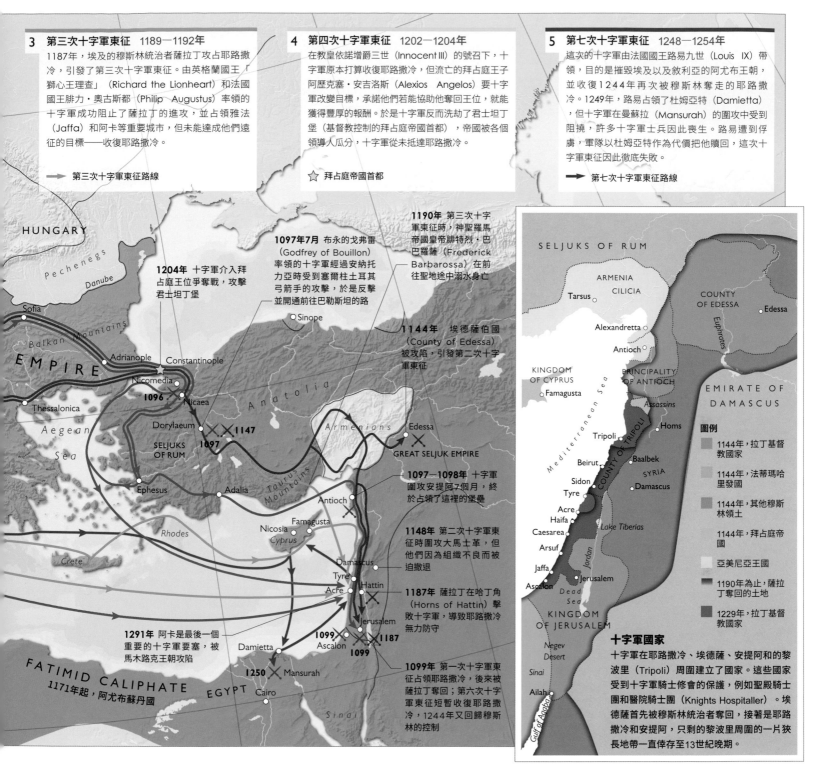

3 **第三次十字軍東征　1189—1192年**

1187年，埃及的穆斯林統治者薩拉丁攻占耶路撒冷，引發了第三次十字軍東征。由英格蘭國王「獅心王理查」（Richard the Lionheart）和法國國王腓力·奧古斯都（Philip Augustus）率領的十字軍成功阻止了薩拉丁的進攻，並占領雅法（Jaffa）和阿卡等重要城市，但未能達成他們遠征的目標——收復耶路撒冷。

→ 第三次十字軍東征路線

4 **第四次十字軍東征　1202—1204年**

在教皇依諾增爵三世（Innocent III）的號召下，十字軍原本打算收復耶路撒冷，但流亡的拜占庭王子阿歷克塞·安吉洛斯（Alexios Angelos）要十字軍改變目標，承諾他們若能協助他奪回王位，就能獲得豐厚的報酬。於是十字軍反而洗劫了君士坦丁堡（基督教控制的拜占庭帝國首都），帝國被各個領導人瓜分，十字軍從未抵達耶路撒冷。

☆ 拜占庭帝國首都

5 **第七次十字軍東征　1248—1254年**

這次的十字軍由法國國王路易九世（Louis IX）帶領，目的是摧毀埃及以及敘利亞的阿尤布王朝，並收復1244年再次被穆斯林奪走的耶路撒冷。1249年，路易占領了杜姆亞特（Damietta），但十字軍在曼蘇拉（Mansurah）的圍攻中受到阻撓，許多十字軍士兵因此喪生。路易遭到俘虜，軍隊以杜姆亞特作為代價把他贖回，這次十字軍東征因此徹底失敗。

→ 第七次十字軍東征路線

1204年 十字軍介入拜占庭王位爭奪戰，攻擊君士坦丁堡

1097年7月 布永的戈弗雷（Godfrey of Bouillon）率領的十字軍經過安納托力亞時受到塞爾柱土耳其弓箭手的攻擊，於是反擊並開通前往巴勒斯坦的路

1190年 第三次十字軍東征時，神聖羅馬帝國皇帝腓特烈·巴巴羅薩（Frederick Barbarossa）在前往聖地途中溺水身亡

1144年 埃德薩伯國（County of Edessa）被攻陷，引發第二次十字軍東征

1097—1098年 十字軍圍攻安提阿7個月，終於占領了這裡的堡壘

1148年 第二次十字軍東征時圍攻大馬士革，但他們因為組織不良而被迫撤退

1187年 薩拉丁在哈丁角（Horns of Hattin）擊敗十字軍，導致耶路撒冷無力防守

1291年 阿卡是最後一個重要的十字軍要塞，被馬木路克王朝攻陷

1099年 第一次十字軍東征占領耶路撒冷，後來被薩拉丁奪回；第六次十字軍東征短暫收復耶路撒冷，1244年又回歸穆斯林的控制

十字軍國家

十字軍在耶路撒冷、埃德薩、安提阿和的黎波里（Tripoli）周圍建立了國家。這些國家受到十字軍騎士修會的保護，例如聖殿騎士團和醫院騎士團（Knights Hospitaller）。埃德薩首先被穆斯林統治者奪回，接著是耶路撒冷和安提阿，只剩下的黎波里周圍的一片狹長地帶一直倖存至13世紀晚期。

圖例

- 1144年，拉丁基督教國家
- 1144年，法蒂瑪哈里發國
- 1144年，其他穆斯林領土
- 1144年，拜占庭帝國
- 亞美尼亞王國
- 1190年為止，薩拉丁奪回的土地
- 1229年，拉丁基督教國家

但並沒有收復聖城。由於沒有連貫的策略能確保十字軍國家的安全，因此許多後來發起的十字軍東征目標都是解決眼前的危機。耶路撒冷最終在1229年第六次十字軍東征時被收復，但後來的遠征基本上都沒什麼成績，且都是針對巴勒斯坦以外被穆斯林控制的地區，例如1249年出征埃及以及1270年出征突尼斯。十字軍控制的地區逐漸縮小，直到阿尤布（Ayyubid）王朝和馬木路克王朝重新奪回十字軍的最後一座城堡，並以阿卡（Acre）的陷落告終。

▷ **踏上第二場十字軍東征**

這幅來自法國西南部聖殿騎士團（Templar）禮拜堂的12世紀壁畫描繪了騎士前往聖地的情景。大多數騎士都留在巴勒斯坦多年，有些人在這裡定居下來。

羅馬的繼承者

西羅馬帝國滅亡後，日耳曼人入侵原本屬於羅馬的省分，好幾個王國崛起。在這些王國裡，原本的羅馬式生活或多或少有所改變，但在200年之內，他們至少都沿用了一部分的羅馬制度。

△ **羅馬菁英**
這幅4世紀晚期的象牙雙聯畫描繪了羅馬將領斯提里科（Stilicho）和他的妻兒。斯提里科有一半汪達爾人的血統，也是皇帝霍諾留的執政官，是西羅馬帝國最有權勢的人之一。

3 世紀起，日耳曼入侵者向西遷移，導致羅馬帝國沿著萊茵河和多瑙河的邊界壓力變大。406 年，部分因為帝國內部的問題，大量汪達爾人、阿蘭人和蘇維匯人有機會穿越萊茵河湧入帝國，並在高盧和西班牙分散開來。帝國對這些省分的掌控力減弱，於是能夠提高稅收來支持軍隊的能力也降低了，這些新居民因此得以很快地定居下來，而不是被驅逐。接著又發生了其他入侵事件，入侵的民族經歷了一些轉變，最後留在西羅馬帝國的有西哥德人、東哥德人、勃艮第人和法蘭克人。羅馬失去了對西部省分的控制力，這並不是因為打輸了一場仗，而單純是因為缺乏捍衛領土的資源。

新的王國

到了 418 年，西哥德人已經在圖盧茲建立王國並擴張，涵蓋了法國西南部和西班牙大部分地區，並取代了汪達爾人。429 年，汪達爾人渡海來到北非，建立了他們自己的王國（見第 92-93 頁）。由於法蘭克部落向西擴張，法國北部在 5 世紀中葉脫離了帝國的控制，最後在 476 年，義大利也被奧多塞（Odovacer）征服，接著奧多亞塞又在 493 年被狄奧多里克大帝率領的東哥德人取代。隨著盎格魯人和撒克遜人跨越北海展開侵略，411 年就脫離羅馬帝國的不列顛行省在政治上徹底崩解。

羅馬帝國之後的歐洲

羅馬帝國所保障的安全消失後，造成了深遠的後果。貿易量減少，許多地區的經濟崩潰，長途通訊變得更加困難，而城市聚落也縮小了——在英格蘭幾乎是完全消失。即使是曾經擁有超過 50 萬人口的羅馬，到了 7 世紀時也只剩下約 3 萬居民。新的統治者延用了一些羅馬的生活元素。這些戰團的首領沒有能力管理龐大的固定人口，而且許多前元老院的菁英都認了新的主人，尤其是在義大利。卡西奧多羅斯（Cassiodorus）等政治家在狄奧多里克手下任職，試圖讓東哥德人與羅馬人和解。高盧則保留了中央集權政府，擁有徵稅的權力。在西班牙，西哥德人結合了羅馬人和哥德人的利益，為這兩個群體制定不同的法律。然而在不列顛，入侵的盎格魯─撒克遜人和原本的不列顛人長期發生軍事鬥爭，導致原本的羅馬體制連一點點都沒有倖存下來。

▷ **教會的財富**
這個鑲有寶石的十字架是7世紀西班牙的西哥德國王捐給教會的祭器之一。589年，國王卡雷德（Reccared）改信天主教後，教會就成了鞏固西班牙王權的關鍵角色。

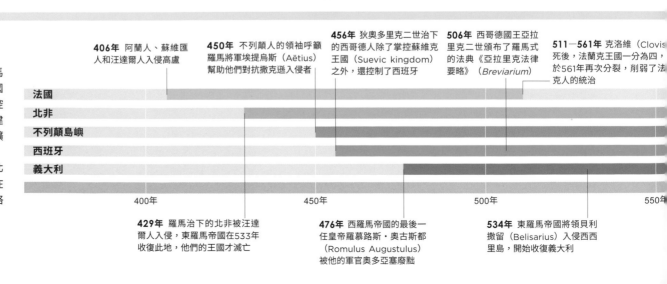

新秩序

5世紀初，日耳曼人入侵羅馬帝國的萊茵河邊界。接著帝國就迅速失去了對西部省分的控制權。法蘭克人在法國北部建立王國，並向南部和東部擴張；西哥德人占領了西班牙；汪達爾人占領了羅馬控制的北非。新的日耳曼統治者慢慢在這些地區建立了政府，但英格蘭仍處於小國分裂的狀態。

406年 阿蘭人、蘇維匯人和汪達爾人入侵高盧

450年 不列顛人的領袖呼籲羅馬將軍埃提烏斯（Aëtius）幫助他們對抗撒克遜入侵者

456年 狄奧多里克二世治下的西哥德人除了掌控蘇維克王國（Suevic kingdom）之外，還控制了西班牙

506年 西哥德國王亞拉里克二世頒布了羅馬式的法典《亞拉里克法律要略》（Breviarium）

511—561年 克洛維（Clovis）死後，法蘭克王國一分為四，於561年再次分裂，削弱了法蘭克人的統治

法國
北非
不列顛島嶼
西班牙
義大利

400年　　　450年　　　500年　　　550年

429年 羅馬治下的北非被汪達爾人入侵，東羅馬帝國在533年收復此地，他們的王國才滅亡

476年 西羅馬帝國的最後一任皇帝羅慕路斯·奧古斯都（Romulus Augustulus）被他的軍官奧多亞塞廢黜

534年 東羅馬帝國將領貝利撒留（Belisarius）入侵西西里島，開始收復義大利

這是12世紀本篤會（Benedictine）修道院的遺跡，位於英格蘭諾森布里亞東北海岸附近的林迪斯法恩島。這座建築建在一座更古老的修道院遺址上，原本的修道院在793年維京人第一次襲擊英格蘭時被毀。

▷ 盎格魯－撒克遜頭盔

這是7世紀早期英格蘭東安格里亞王國的薩頓胡（Sutton Hoo）船葬中發現的頭盔重建品，顯示出盎格魯－撒克遜金屬工匠的精湛技藝。

533年—534年，倖存的東羅馬（拜占庭）帝國皇帝查士丁尼發動了一場軍事行動，目的是收復羅馬的西部省分，並摧毀北非的汪達爾王國。他進軍義大利，導致一場長達20年的戰爭，最終在553年以東哥德王國衰亡告終。這場戰爭也讓義大利半島飽受摧殘，無法產生任何稅收，倫巴迪人因此有機會入侵。568年—572年，倫巴迪人征服了半島大部分地區，拜占庭的領土只剩下一些零碎分散的地帶。

復甦與合併

其他地方雖然發生了幾場內戰，但在7世紀時，發展過程大致上是趨向於合併。英格蘭出現了較大的王國，最著名的是北部的諾森布里亞王國、中部的麥西亞王國（Mercia）和東安格里亞王國（East Anglia）以及南部的威塞克斯王國（Wessex）和肯特王國。597年，修士奧斯定（Augustine）奉教皇額我略一世（Gregory I）之命前往英格蘭傳教，此後的一個世紀裡，這些王國都改信了基督教。倫巴迪王國統治的義大利在入侵時期結束後就恢復了穩定，當時倫巴迪國王阿吉盧爾夫（Agilulf，590—616年在位）在一連串入侵事件後與法蘭克人和好。643年，國王羅撒里（Rothari）頒布了一部法典，首次以書面形式定下了倫巴迪人的習慣法。

到了700年，西哥德人統治的西班牙、法蘭克人統治的高盧和倫巴迪人統治的義大利已經達到相對的穩定。在這些地區以及盎格魯－撒克遜人依然支離破碎的英格蘭，人們持續以拉丁文作為正式的書面交流方式，基督教會也持續傳播，這些都是從羅馬時代晚期傳承下來的。在羅馬帝國定居下來的入侵者拋棄了一些羅馬舊有的東西，但也從曾經的羅馬人身上繼承了許多。

> 「國王羅撒里彙整了……倫巴迪人的律法……他把這部律法稱為《敕令》。」
>
> 保羅執事（Paul the Deacon），《倫巴迪人史》（*History of the Lombards*），約790年

568年 倫巴迪人開始入侵義大利

664年 盎格魯－撒克遜王國與羅馬的凱爾特基督徒之間的紛爭在惠特比宗教會議（Synod of Whitby）上平定

698年 阿拉伯穆斯林軍隊占領迦太基

600年　　　650年　　　700年　　　750年　　　800年

597年 奧斯定奉教皇額我略一世之命前往坎特伯里（Canterbury）向英國人傳教

633年 麥西亞的彭達（Penda）打敗並殺死麥西亞國王艾德溫（Edwin），開始了麥西亞在英格蘭各王國中長達160年的霸權

711年 阿拉伯穆斯林軍隊從北非前往並征服西哥德王國

774年 倫巴迪王國被法蘭克王國卡洛林王朝的統治者查理曼入侵後滅亡

英法百年戰爭

1337年，英格蘭統治者因為企圖爭奪法國王位而與法國國王爆發了長達116年的衝突。雖然英國人曾經成功征服大片法國領土，但在1453年戰爭結束時，他們只保住了港口城鎮加萊（Calais）。

由於英格蘭的愛德華三世（Edward III）的母親是法國的查理四世（Charles IV）的妹妹，因此他有權繼承法國王位。查理死時沒有子嗣，於是愛德華和對手腓力（Philip）爭奪法國王位。這件事再加上之前愛德華不願就他所擁有的領地對法國君主致敬，所以導致了戰爭。這場衝突分為三個階段。在最初的階段（1337—1360年），英國人在愛德華三世的領導下大勝。這個階段以簽訂《布勒丁尼條約》（Treaty of Brétigny）作結，讓英格蘭擴大了在法國的土地。第二階段（1369—1389年），

英國人原本大有進展，但接著就受到了阻撓。這個階段以休戰告終，英格蘭只保住了加萊和布雷斯特（Brest）、波爾多和巴約訥（Bayonne）周圍的小片區域。在1400年代初期，法國實際上處於內戰狀態，勃艮第公爵和阿馬尼亞克派（Armagnac）的支持者相互對立。1415年，英格蘭的亨利五世（Henry V）利用這次內訌向法國開戰。一開始，英國軍隊占領了大片地區。然而在聖女貞德的鼓舞下，法國人展開反擊，結果到了戰爭結束時，英格蘭掌控的地方只剩下加萊。

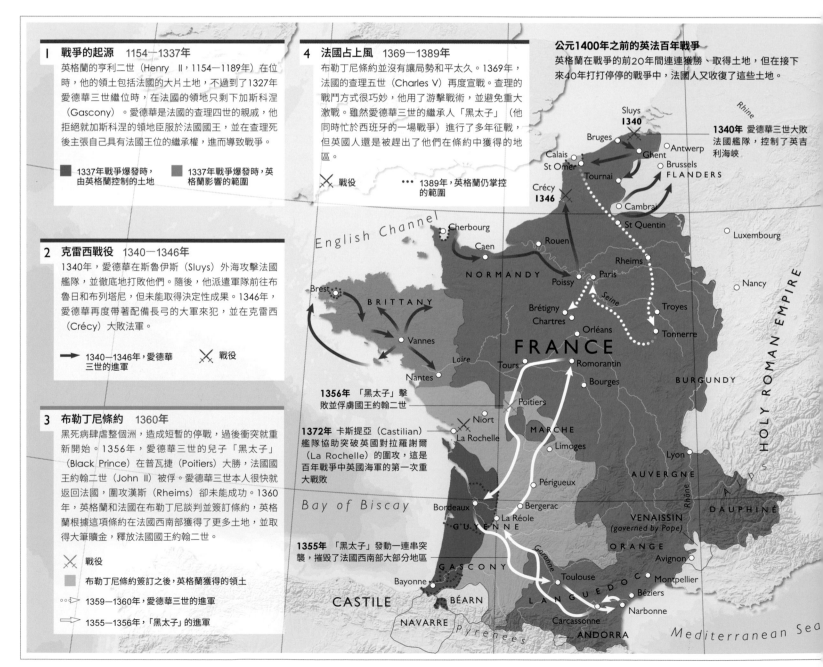

1 戰爭的起源　1154—1337年

英格蘭的亨利二世（Henry II，1154—1189年）在位時，他的領土包括法國的大片土地，不過到了1327年愛德華三世繼位時，在法國的領地只剩下加斯科涅（Gascony）。愛德華是法國的查理四世的親戚，他拒絕就加斯科涅的領地臣服於法國國王，並在查理死後主張自己具有法國王位的繼承權，進而導致戰爭。

- ■ 1337年戰爭爆發時，由英格蘭控制的土地
- ■ 1337年戰爭爆發時，英格蘭影響的範圍

2 克雷西戰役　1340—1346年

1340年，愛德華在斯魯伊斯（Sluys）外海攻擊法國艦隊，並徹底地打敗他們。隨後，他派遣軍隊前往布魯日和布列塔尼，但未能取得決定性成果。1346年，愛德華再度帶著配備長弓的大軍來犯，並在克雷西（Crécy）大敗法軍。

- ➡ 1340—1346年，愛德華三世的進軍
- ✕ 戰役

3 布勒丁尼條約　1360年

黑死病肆虐整個歐洲，造成短暫的停戰，過後衝突就重新開始。1356年，愛德華三世的兒子「黑太子」（Black Prince）在普瓦捷（Poitiers）大勝，法國國王約翰二世（John II）被俘。愛德華三世本人很快就返回法國，圍攻漢斯（Rheims）卻未能成功。1360年，英格蘭和法國在布勒丁尼談判並簽訂條約，英格蘭根據這項條約在法國西南部獲得了更多土地，並取得大筆贖金，釋放法國國王約翰二世。

- ✕ 戰役
- ■ 布勒丁尼條約簽訂之後，英格蘭獲得的領土
- ⇢ 1359—1360年，愛德華三世的進軍
- ⇨ 1355—1356年，「黑太子」的進軍

4 法國占上風　1369—1389年

布勒丁尼條約並沒有讓局勢和平太久。1369年，法國的查理五世（Charles V）再度宣戰。查理的戰鬥方式很巧妙，他用了游擊戰術，並避免重大激戰。雖然愛德華三世的繼承人「黑太子」（他同時忙於西班牙的一場戰爭）進行了多年征戰，但英國人還是被趕出了他們在條約中獲得的地區。

- ✕ 戰役
- ⋯ 1389年，英格蘭仍掌控的範圍

公元1400年之前的英法百年戰爭

英格蘭在戰爭的前20年間連連獲勝、取得土地，但在接下來40年打打停停的戰爭中，法國人又收復了這些土地。

1340年　愛德華三世大敗法國艦隊，控制了英吉利海峽

1356年　「黑太子」擊敗並俘虜國王約翰二世

1372年　卡斯提亞（Castilian）艦隊協助突破英國對拉羅謝爾（La Rochelle）的圍攻，這是百年戰爭中英國海軍的第一次重大戰敗

1355年　「黑太子」發動一連串突襲，摧毀了法國西南部大部分地區

5 阿金科特戰役 1415—1420年

1415年，英格蘭的亨利五世再次開戰，他航向法國並圍攻哈弗勒爾（Harfleur）。他在阿金科特（Agincourt）打了勝仗，法國騎士被英國人及威爾斯長弓手痛擊。亨利橫掃法國北部，並且簽訂《特魯瓦條約》（Treaty of Troyes），這項條約承認他是法國王位繼承人。

→ 1415年，亨利五世的進軍　　✗ 戰役

公元1400年之後的英法百年戰爭

在1415—1429年之間，英國人趁著法國內亂，差點就征服了法國，但在聖女貞德的率領下，法國人重振士氣、反抗敵軍。

6 英國鞏固軍力 1420—1429年

英國人在1420年代初遭遇挫折，包括1422年亨利五世在戰爭期間死於痢疾。即使如此，由貝德福德公爵（Duke of Bedford）領導的英國人還在勃艮第盟友的幫助下鞏固了對法國北部的控制。塞納河和羅亞爾河（Loire）之間的所有領土都屬於勃艮第家族。最後在1428年，索爾茲伯里伯爵（Earl of Salisbury）攻打戰略重鎮奧爾良（Orléans）。

▫➪ 1421—1422年，亨利五世的進軍
➪ 1428年，索爾茲伯里伯爵的進軍
▨ 1429年，勃艮第家族（House of Burgundy）的屬地
▧ 1429年，英格蘭或勃艮第家族掌控的土地

7 聖女貞德 1429—1431年

1429年，英國人圍攻奧爾良，這是法國最後的要塞之一。一名農家少女貞德聲稱她收到神諭，得知法國應該繼續抵抗，結果激勵了查理七世（Charles VII）統治下的法國人民發動反擊，並收復了北方的大部分領土。後來聖女貞德被勃艮第人俘虜並施以火刑，但法國已經脫離了英國人的掌控。

→ 1429年，聖女貞德的進軍　　✗ 戰役

8 戰爭結束 1435—1453年

1435年，勃艮第人解除了他們與英格蘭人的盟友關係，接著英國人就失去了巴黎的控制權。1440年代，法國北部的其他大部分地區都被查理七世收復，英國人只剩波爾多周圍的地區。最後英國人在卡斯蒂隆（Castillon）的一場戰敗導致波爾多落入法國手中，戰爭也就此結束。

✗ 戰役

1415年10月 亨利五世擊敗法軍，大量法國貴族被殺

1430年5月 聖女貞德被勃艮第人俘虜

1419—1435年 巴黎被英國人占領

1429年 英國人在帕提（Patay）決定性的一場戰爭中戰敗，因此失去法國北部的領土

1453年 國指揮官什魯斯伯里伯爵（Earl of Shrewsbury）在卡斯蒂隆戰敗，失去了吉耶訥（Guyenne）和加斯科涅

1428—1429年 聖女貞德鼓勵查理七世反擊後，英國人就停止了圍攻

法國王位爭奪戰

在14世紀和15世紀，許多英國國王都主張自己有權繼承法國王位，因此陸續發起了一連串戰爭。雖然1360年和1420年簽訂的條約讓他們得到法國的大片土地，但最後他們又全部失去，只保住了加萊。

圖例
▨ 法國領土

時間軸

	1100	1200	1300	1400	1500
1					
2					
3					
4					
5					
6					
7					
8					

△ **克雷西戰役**
這幅15世紀編年史中的插圖描繪了克雷西戰役時的交戰情況。戰役中，十字弓裝備速度較慢且射程較短，英國長弓較占優勢。

5 威尼斯帝國　850—1500年

9世紀中葉，威尼斯首次成為貿易強權，很快就在亞得里亞海建立了基地。到了14世紀，威尼斯已經超越了一直以來的對手熱那亞，並從拜占庭帝國手中獲得了愛琴海的土地。但到了16世紀，來自西班牙、荷蘭和葡萄牙的商人對手造成了威尼斯帝國的崩潰。

- ■ 1400年，威尼斯人的屬地
- ⋯⋯ 威尼斯人的主要貿易路線

6 熱那亞帝國　950—1409年

大約從950年開始，熱那亞港崛起，變成海上強權，還成了北非和地中海西部貿易網的中心。熱那亞在基奧賈戰爭（War of Chioggia）中被威尼斯擊敗，熱那亞人的野心因此被削弱。15世紀初，這座城市落入了米蘭維斯孔蒂家族（Visconti）的統治之下。

- ■ 1400年，熱那亞人的屬地
- ⋯⋯ 熱那亞人的主要貿易路線

7 漢撒聯盟　1265—1669年

1265年，一些城鎮決定每年開會討論共同事務，結果很快就發展成漢撒聯盟，成員多達200個城鎮。這個聯盟日漸成長，強大到足以對各個政權施壓。由於爆發三十年戰爭（Thirty Years' War），再加上與荷蘭的競爭加劇，漢撒聯盟的統治地位被擊垮，他們最後一次開會是在1669年。

- ● 漢撒聯盟的主要成員
- ⋯⋯ 漢撒聯盟的主要貿易路線

4 中世紀歐洲的猶太人　1100—1492年

到了12世紀，德意志和法國已經有了大型的猶太社群（約10萬人）。猶太商人因放款而出名，再加上他們的宗教信仰不同，所以飽受歧視。猶太人遭受了法律限制與屠殺（尤其是在十字軍東征和黑死病期間）。到了1492年，他們已被完全驅逐出英格蘭、法國和西班牙。

- ▨ 1200年，猶太人口眾多的地區
- ⚔ 驅逐猶太人口的地區與時間

1288年 18名猶太人被控犯下祭祀性的殺生而被處決

1265年 與維斯比（Visby）簽訂條約，奠定了漢撒聯盟的基礎

1669年 漢撒聯盟最後一次開會

1281年 教堂會議禁止猶太人擔任公職

1127年 工藝行會組織起來後，「行會會館」一詞首度出現在史料中

1137年 香檳公爵（Duke of Champagne）首次頒發特許狀給市集

1348年 猶太社群遭到集體迫害

1492年 猶太人群體被驅逐到北非

1370年 條約保障了漢撒聯盟的商人在德意志境內享有完全的貿易自由

1349年 黑死病被歸咎於猶太人，他們因此被驅逐

15世紀末 米蘭人口達到8萬5000人

697年 推選出第一位威尼斯總督（Doge，又稱威尼斯公爵（Duke）

1345年 巴迪銀行（Bardi）和佩魯齊銀行倒閉

1378—1382年 沒有行會代表的城市勞工與工匠發起「梳毛工起義」（Ciompi Uprising）

1397年 美第奇銀行成立

1349年 威尼斯海軍大敗熱那亞

1132年 比薩市取得了比郊區村莊更優越的政治權利

3 銀行業　1100—1500年

12世紀初，義大利商人開始利用匯票來進行風險投資。專門提供這種信貸的銀行出現了，例如佩魯齊銀行（Peruzzi），以及後來在1397年起最知名的美第奇銀行（Medici）。到了15世紀後期，美第奇銀行已經被向奧地利哈斯堡王朝（Habsburgs）提供貸款而致富的競爭對手所超越。

- 💰 佩魯齊銀行的分行或經辦處

2 市集與當地貿易　1100—1300年

12世紀時，德意志和法國建立起大型貿易市集，以滿足日漸增長的長途貿易商人的需求。其中最大型的是每年在香檳郡（County of Champagne）的四個地點舉行的六場市集。特魯瓦使用的度量衡系統成了歐洲通用的標準。

- 🚚 重要市集

歐洲貿易

歐洲從12世紀初起出現了新的產業，貿易路線網也有所擴張。城鎮及人口迅速增長，佩魯齊等公司發展出銀行業務等新技術。

圖例

- ┈┈ 主要的陸路
- 🏷 主要的紡織品城鎮
- ○ 其他貿易中心

時間軸

1						
2						
3						
4						
5						
6						
7						
800	1000	1200	1400	1600	1800	

RUSSIAN PRINCIPALITIES

Moscow

Smolensk

Mogilev

Kiev

Dnieper

Moncastro

Kaffa

┃ 城鎮的興起　1100－1358年

由於經濟快速發展，到了1300年，米蘭、熱那亞、那不勒斯、弗羅倫斯和巴勒摩（Palermo）都已有超過10萬名居民，而巴黎則可能有20萬名。許多城鎮都發展出政府或商人行會。但由於人口擁擠，城鎮中出現了愈來愈多的政治動盪、疾病和對立。城市人口不再安分，法蘭德斯和巴黎分別在1348－1359以及1358年發生了大規模起義。

● 人口超過5萬的城鎮

KHANATE OF THE GOLDEN HORDE

通往新沙來（New Sarai）

Tana

新沙來就是今日俄羅斯的科洛博夫坎（Kolobovkan），是中世紀最大的城市之一

Black Sea

TREBIZOND
Trebizond

通往大布里士（Tabriz）

Anatolia

1182年 威尼斯商人由於主導了這個城市的海上貿易而在一場動亂中被屠殺

Constantinople

BYZANTINE EMPIRE

RUM

Taurus Mountains

IL-KHANATE

通往巴格達

LITTLE ARMENIA

Aleppo
Antioch

Famagusta

Cyprus

Beirut

Acre

Jerusalem

Damietta

1218－1219年 熱那亞艦隊圍攻杜姆亞特，這是第五次十字軍東征的其中一場行動

Nile

Cairo

MAMLUKS

1492年 許多從西班牙被驅逐的猶太人定居在北非和東地中海

Alexandria

中世紀歐洲的貿易

從12世紀開始，歐洲經歷了一段經濟和人口成長的時期。行會（guild）和鎮議會威脅到王室壟斷的權力，商人也開創了新的銀行業務方法。然而並非所有人都能共享這繁榮的果實，且猶太族群也遭到愈來愈多的迫害。

在 12 世紀的歐洲，城市生活重新繁榮起來。新城鎮在英格蘭和法國王室的贊助下建成，其他城鎮的規模也明顯擴大。大量市集湧現，商人從歐洲大陸各地前來採購及兜售商品。許多地方擁有了自己的議會，這些議會並不總是聽命於王室，於是城市也變得更加重要，義大利則發展出獨立的城邦網。這個地區成為金融業創新的沃土，包括建立第一家貿易銀行。這裡的商人創造的財富讓熱那亞和威尼斯得以在地中海建立海上帝國，並憑著自己的力量成為國際強權。同樣地，在北歐，由貿易城市組成的漢撒聯盟（Hanseatic League）在 1265 年之後開始發展，並主導了波羅的海和北海的貿易長達兩個世紀。但猶太社群被驅逐出西歐和南歐的大部分地區。他們原本是借款服務方面的核心角色，但到了 1500 年，在歐洲大陸上，猶太人生活的主要中心已經轉移至東歐、義大利和穆斯林控制的土地。

△ 猶太婚戒
這枚華麗的戒指來自法國東北部的科爾馬（Colmar）。13世紀時，這裡有個繁榮的猶太聚落。

布料貿易
歐洲的第一個偉大產業

布料是中世紀歐洲第一個發展成偉大產業的商品。主要中心位於法蘭德斯（Flanders）、英格蘭和義大利，這些都是能取得重要羊毛資源的地方。紡紗、織布、縮絨（清潔布料並使織物質地更緊密）和染色過程為大量工匠提供了就業機會，並為商人帶來收入。主要城市也有了行會，也就是工匠和商人的協會。商人鉅額資助奢華的布料館——也就是出售布料的地方。

正在染布的織品工人

6 黑死病傳到不列顛 1348—1350年

瘟疫透過海路傳播得最遠、最快,因此不列顛和其他海上大國比北歐和東歐內陸更早受到影響。1348年7月,這場瘟疫傳入不列顛,並在六個月後傳到倫敦。擁擠航髒的街道是傳播疫情的老鼠和跳蚤的理想溫床。大約有4萬人死亡,占了城市人口的一半。

5 抵達義大利 1347—1348年

1347年晚期,從瘟疫肆虐的卡法逃出來的熱那亞難民把黑死病帶到了義大利。患者從各個港口登陸——包括威尼斯,這裡死了四分之三的居民,接著黑死病又蔓延到內陸。數以千計的屍體被丟在公墓。在弗羅倫斯,許多之前為這座城市帶來繁榮的銀行家族都倒閉了。

4 歐洲的瘟疫 1346—1347年

1346年,黑海港口卡法(Caffa)遭到韃靼人(Tatar)的圍攻。韃靼人屬於蒙古族,一心想驅逐熱那亞駐軍。某些文獻記載,韃靼軍隊感染了瘟疫,於是他們的將領札尼別汗(Khan Janibeg)命人把染疫死亡的人的屍體拋進城裡。沒多久,熱那亞人也感染了,有些患者搭上一艘船逃離卡法,結果把疾病傳到更西邊的地方。

1349年 從英格蘭開往挪威卑爾根(Bergen)的船隻把瘟疫傳入斯堪地那維亞半島

1347年春天 瘟疫傳到拜占庭首都君士坦丁堡,並蔓延到安納托力亞西部與巴爾幹半島

1346年 韃靼人圍攻卡法,導致黑死病蔓延

1348年1月 瘟疫傳到義大利北部港口,並蔓延到整個義大利、安納托力亞與巴爾幹半島

1346年 在開羅疫情的高峰,每天都有1萬至1萬5000人死亡

1348年 前往麥加的朝聖者把瘟疫帶入阿拉伯半島

1347年 一支圍攻大布里士的軍隊裡爆發瘟疫,並捲襲波斯

黑死病的蔓延

1347—1350年是黑死病的重要階段,幾乎整個歐洲都受到影響。中東和北非也受到了非常嚴重的影響,尤其是埃及。貿易和朝聖路線是疾病蔓延的關鍵。

圖例

- — — — 阿拉伯貿易路線
- — — — 中國貿易路線
- — — — 熱那亞貿易路線
- — — — 漢撒聯盟主要貿易路線
- — — — 絲綢之路
- ——— 威尼斯貿易路線
- — — — 其他貿易路線
- — — — 前往麥加朝觀的主要路線
- → 腺鼠疫的傳播
- 腺鼠疫最早爆發的地區
- 腺鼠疫爆發地區
- 有記錄的腺鼠疫爆發地點及時間

時間軸

	1330	1340	1350
1			
2			
3			
4			
5			
6			

3 中東的黑死病 1335—1348年

黑死病在1335年傳到波斯,並從這裡蔓延到中東其他地區,對擁擠的大城市中心影響尤其嚴重,例如敘利亞的大馬士革和埃及的開羅。根據摩洛哥知名學者伊本・巴圖塔(Ibn Battutah)的說法,大馬士革每天有2000人死於這種疾病。

黑死病

1347年，一種新的疾病從中國和中亞傳入歐洲。這種腺鼠疫又稱為黑死病（取自疾病導致皮膚上出現的黑斑），傳播速度很快，且無藥可治，造成約1億5000萬人死亡，大概是全世界人口的三分之一。

黑死病是透過老鼠身上染疫的跳蚤叮咬傳染的，在中世紀擁擠且衛生環境不良的城鎮裡，傳播速度很快。1347年傳到義大利後，又沿著貿易路線傳播，並漸漸發展成更致命的疾病。醫生開的處方有芳香花卉、藥草和香料熬煮的複雜飲品、燻蒸房間，但只有最後一個方法——殺死跳蚤——能稍微阻止這種傳染病的散播。試圖逃離的人只是把疾病傳播到新的地區。

　　這種疾病導致了恐懼和神祕主義的盛行，也對社會造成了深遠的影響。由於人們背棄了傳統價值觀，犯罪率大幅上升，英格蘭的謀殺率增加了一倍。而且因為農民的數量變少，所以能要求更好的條件，並向封建領主索取更高的報酬。

　　到了1350年底，黑死病基本上已經自然結束了，但又復發了許多次。即使到了現代，世界各地也偶爾會出現這種病例。

> 「每天都有成千上萬的人生病，在無人照顧、無人伸出援手的情況下死去。」
>
> 喬凡尼・薄伽丘（Giovanni Boccaccio），《十日談》（The Decameron），1348—1353年

1330年代
中國西部爆發嚴重瘟疫

△ **猶太代罪羔羊**
這幅1493年的木版畫描繪了被活活燒死的猶太醫生。他們被控在井裡投毒以傳播瘟疫。許多猶太族群都在這一波迫害中被滅族。

1　源自中國　1331年
中國歷史學家對瘟疫的記錄可以追溯到公元前244年，他們提到的一些症狀與642年爆發的腺鼠疫很像。黑死病可能始於1331年的河北省，導致當地多達九成的人口死亡，並加速了元朝的終結。

2　傳播至中亞　1330年代
接二連三的歉收、地震、洪水和蝗蟲肆虐都導致人口減少。接著在1338年，中國西部的伊息庫爾湖（Lake Issyk-Kul）周圍爆發瘟疫。許多聚落整個死光，黑死病從這裡開始沿著絲網之路向西蔓延到歐洲。

在歐洲的傳播
黑死病可能在1320年代起源於中國，最初是沿著貿易路線緩緩向西傳播。1347年傳到君士坦丁堡後，傳染速度就變快了。1348年初，疫情蔓延到義大利的大部分地區，到了夏天時已經蔓延到英格蘭。隔年，黑死病甚至滲透到斯堪地那維亞半島北部。只有某些地區倖免於難，尤其是波蘭中部。

圖例

■ 1347年	□ 1350年
■ 1348年中	□ 1351年
■ 1349年初	□ 1351年後
■ 1349年末	□ 相對未受影響的地區

加冕與逐出教會

這幅畫描繪了教皇依諾增爵三世把皇冠授予腓特烈二世（Frederick II，右側），並從奧托四世（Otto IV，左側）頭上摘下皇冠，顯示出教皇造王和滅王的權力。

皇帝與教皇

在11和12世紀，教皇和神聖羅馬帝國統治者之間的關係十分緊繃，因為他們都聲稱握有帝國的至高權力。直到德意志帝內部的帝王權威衰落，他們之間的鬥爭才終於平息。

從 10 世紀開始，隨著帝國延伸到現代的德國、捷克和法國部分地區，教皇和皇帝之間也展開了權力鬥爭。雖然教皇堅持最終權威應該由作為教會領袖的他們來掌握，但皇帝也極力捍衛自己作為最高世俗統治者的地位。這場鬥爭人稱「敘任權鬥爭」，焦點在於君主握有對主教的任命權，而相對地，主教必須為了土地而向皇帝表示忠誠。教皇額我略七世拒絕接受這一點，並兩度把皇帝亨利四世逐出教會，第一次是在 1076 年，另一次是在 1080 年。1122 年，敘任權鬥爭達到妥協並結束，結果就是帝國的主教會被委任兩次，一次是由皇帝授予他們土地，另一次是教皇授予他們精神上的地位。

△ **至高無上的榮耀**
這個華麗的皇冠是10世紀後期神聖羅馬帝國皇帝加冕時用的皇冠。

權力核心轉移

教皇持續干預帝國的繼承權，直到 1356 年，一份名為《金璽詔書》（Golden Bull）的文件規定皇帝將由一個選侯團選出，這個團隊由三名主教和四名（後來改為六名）德意志王侯組成。這擴大了德意志王侯在他們領土上的權力。此外，15 和 16 世紀時，哈布斯堡王朝的權力核心移至奧地利和西班牙，德意志的帝國機構尤其興盛，例如帝國議會（Imperial Diet），切宗教改革後，德意志天主教會開始衰弱（見第 166-167 頁）。這些事件都顯示到了 17 世紀，教皇與皇帝之間的競爭已經變得不太重要。

◁ **神聖加冕**
這幅11世紀的彩飾畫描繪了基督為皇帝亨利二世加冕的情景。君權神賜的這個概念削弱了教皇權威的主張。

圖例

— 801年查理曼帝國

■ 教皇的屬地

根據843年《凡爾登條約》(Treaty of Verdun) 分割的法蘭克帝國

■ 禿頭查理 (Charles the Bald) 的王國

■ 日耳曼人路易 (Louis the German) 的王國

■ 洛泰爾 (Lothar) 的王國

公元800年 教皇利奧三世為查理曼加冕

帝國的起源

公元800年查理曼加冕時，是第一次有統治者被加冕為「羅馬人的皇帝」。他在814年死後，法蘭克帝國分裂導致法國、義大利和德意志都出現法蘭克人控制的王國，其中德意志成了神聖羅馬帝國的核心。

1 奧托帝國 919—1024年

薩克森 (Saxony) 公爵奧托於962年被教皇選為皇帝，條件是要抵禦另一名國王的侵略。奧托的兒子奧托二世 (967—983年在位) 娶了一位拜占庭公主，並正式採用「羅馬人的皇帝」(Imperator Romanorum) 這個頭銜。奧托二世努力擴張帝國勢力，導致與拜占庭帝國和法蒂瑪哈里發國在義大利南部都擁有領土。

■ 936年，奧托一世的王國

神聖羅馬帝國

法蘭克統治者查理曼在800年加冕為皇帝，標記了一個政權的誕生，後來人稱神聖羅馬帝國。雖然這個帝國延續了超過1000年，但核心領土卻持續減少，直到大部分都被德意志王國掌控，有時候領土由多個重疊而混亂的轄區拼湊而成。

教皇利奧三世 (Leo III) 賦予法蘭克統治者查理曼新的帝國頭銜，有一部分是因為懷念羅馬帝國失去的穩定，同時亟欲取得保護。自768年即位以來，查理曼征服了歐洲西北部的大部分地區，似乎就是從前凱撒的理想繼承人。然而814年查理曼死後，法蘭克帝國解體並發生內戰，指出帝國權力任是短暫的。有一段時間，這裡都沒有一個公認的皇帝，直到奧托家族 (Ottonian) 在962年取得「羅馬人的皇帝」(Emperor of the Romans) 這個頭銜。現代大多數人把這個事件視為帝國真正的開始。此後，帝國主要掌握在德意志王國手中，歷經了幾個王朝的控制：奧托王朝、薩利安 (Salian)、霍亨陶芬王朝、盧森堡王朝和哈布斯堡王朝。皇帝人在義大利，正在進行十字軍東

征或忙於戰事時，帝國的土地就被地方王侯和城鎮所占據。這導致帝國的控制權普遍被削弱，較強大的皇帝 (例如亨利四世) 則試圖維護帝國權威，並在上和教會上和教皇發生衝突。但他在1077年被逐出教會並被迫懺悔，這條件的屈辱證明了王權的局限性。13世紀初，西西里島被納入版圖，帝國在排特烈二世的統治下暫時達到新的顛峰。但從1438年起，哈布斯堡王朝長期統治帝國，他們在神聖羅馬帝權力的進一步衰落外也統治了其他領土，導致帝國幾乎完全獨立。1806年，最後一位皇帝哈布斯堡王朝的法蘭茲二世 (Francis II) 被迫退位，結束了一個早已名存實亡的政權。

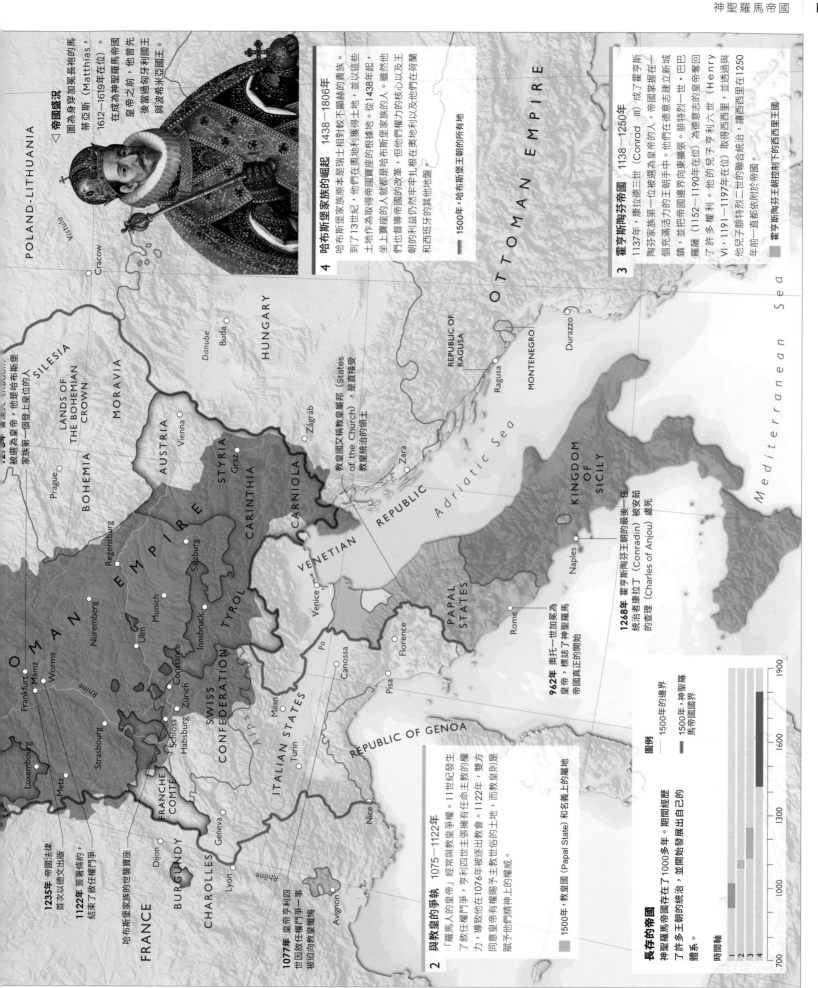

△ 帝國盛況
蒂亞斯 (Matthias，1612—1619年在位)。圖為身穿加冕長袍的馬蒂亞斯，在成為神聖羅馬帝國皇帝之前，他曾先後當過匈牙利國王與波希米亞國王。

4　哈布斯堡家族的崛起　1438—1806年

哈布斯堡家族原本是瑞士相較不顯赫的貴族。到了13世紀，他們在奧地利獲得土地，並以這些土地作為取得帝國寶座的根據地。從1438年起，坐上寶座的人就都是哈布斯堡家族的人，但他們權力的核心以及反王朝的利益仍然牢牢扎根在奧地利以及他們在荷蘭和西班牙的其他地盤。

■ 1500年，哈布斯堡王朝的所有地

3　霍亨斯陶芬帝國　1138—1250年

1137年，康拉德三世 (Conrad III) 成了霍亨斯陶芬家族第一位被選為皇帝的人，帝國掌握在一個充滿活力的王朝手中。他們在德意志建立新城鎮，並把帝國境界向東擴張。腓特烈一世·巴巴羅薩 (1152—1190年在位) 為德意志的皇帝奪回了許多權利。他的兒子亨利六世 (Henry VI，1191—1197年在位) 取得西里，並透過這與他兒子腓特烈二世的聯合統治，讓西西里在1250年前一直都依附於帝國。

■ 霍亨斯陶芬王朝控制下的西西里王國

1268年 霍亨斯陶芬王朝的最後一任統治者康拉丁 (Conradin) 被安茹的查理 (Charles of Anjou) 處死

2　與教皇的爭執　1075—1122年

「羅馬人的皇帝」經常與教皇爭奪權。11世紀發生了敘任權鬥爭，亨利四世主張擁有任命主教的權力，導致他在1076年被逐出教會。1122年，雙方同意皇帝有權賜予主教世俗的土地，而教皇則是賦予他們精神上的權威。

■ 1500年，教皇國 (Papal State) 和名義上的屬地

962年 奧托一世加冕為皇帝，標誌了神聖羅馬帝國真正的開始

長存的帝國

神聖羅馬帝國存在了1000多年。期間經歷了許多王朝的統治，並開始發展出自己的體系。

圖例
— 1500年的邊界
■ 1500年，神聖羅馬帝國國界

時間軸
1
2
3
4
700　1000　1300　1600　1900

1235年 帝國法律首次以德文出版

1122年 簽署條約，結束了敘任權鬥爭

1077年 皇帝亨利四世因敘任權鬥爭一事，被迫向教皇懺悔

...被選為皇帝，他是哈布斯堡家族第一個登上皇位的人

教皇國又稱教皇屬邦 (States of the Church)，是直接受教皇統治的領土

POLAND-LITHUANIA

Vistula
Cracow

SILESIA
LANDS OF THE BOHEMIAN CROWN
MORAVIA
BOHEMIA
Prague
AUSTRIA
Vienna
Danube
Buda
HUNGARY
STYRIA
Graz
Zágráb
CARINTHIA
CARNIOLA
Zara
REPUBLIC OF RAGUSA
Ragusa
MONTENEGRO
Durazzo

OTTOMAN EMPIRE

Adriatic Sea
Mediterranean Sea

VENETIAN REPUBLIC
Venice
PAPAL STATES
Rome
KINGDOM OF SICILY
Naples
Florence
Pisa
Canossa
Milan
Po
Turin
ITALIAN STATES
REPUBLIC OF GENOA
Nice

EMPIRE
Salzburg
Regensburg
Nuremberg
Ulm
Munich
Innsbruck
TYROL
Constance
Zürich
Habsburg
Schloss
SWISS CONFEDERATION
Geneva
Rhône

Rhine
Worms
Mainz
Frankfurt
Strasbourg
Metz
Luxembourg
FRANCE
FRANCHE COMTÉ
BURGUNDY
CHAROLLES
Dijon
Lyon
Avignon

鄂圖曼帝國
的崛起

在13世紀晚期，鄂圖曼土耳其人是在拜占庭帝國邊境作戰的幾個酋長國之一。到了1500年，他們已經征服了大部分安納托力亞以及巴爾幹半島的部分地區，並占領了君士坦丁堡。他們的蘇丹國從匈牙利延伸到美索不達米亞。

11世紀時，拜占庭帝國國力變弱，於是新的穆斯林族群湧入安納托力亞，其中勢力最大的是塞爾柱土耳其人。一個世紀內，他們也分裂了，留下來的是更多相互競爭的小型伊斯蘭政權。1290年代，鄂圖曼人利用他們地處拜占庭邊界的優勢來進行擴張，並吸引渴望爭取榮耀的戰士。

到了1350年代，鄂圖曼軍隊進入歐洲。他們很快就占領了拜占庭僅存的大部分領土，並擊敗塞爾維亞、保加利亞和匈牙利，這些都是巴爾幹半島上主要的基督教封國。1402年，鄂圖曼人被蒙古人擊敗，但很快就從戰敗中復甦。1453年，蘇丹穆罕默德二世拿下拜占庭首都君士坦丁堡。鄂圖曼蘇丹以這裡作為統治的基地，並在接下來的兩個世紀繼續擴張領土，成為包含多國的廣大帝國。然而到最後，波斯的薩法維王朝（Safavid）和歐洲的哈布斯堡王朝阻止了鄂圖曼人的擴張（見第172-173頁）。

鄂圖曼帝國的崛起
鄂圖曼帝國大約於1300年起源於安納托力亞西北部的一個小酋長國，後來迅速崛起。到了1400年，他們已征服了拜占庭帝國在亞洲的大部分領土，並在60年內占領了君士坦丁堡，入侵巴爾幹半島的大部分地區。

圖例
■ 1480年左右的神聖羅馬帝國
━ 1481年的國界
◎ 圍攻及發生時間

時間軸

⊲ **穆罕默德二世**
這幅1585年左右的土耳其彩飾畫描繪的是征服君士坦丁堡並擴張鄂圖曼帝國的偉大蘇丹。

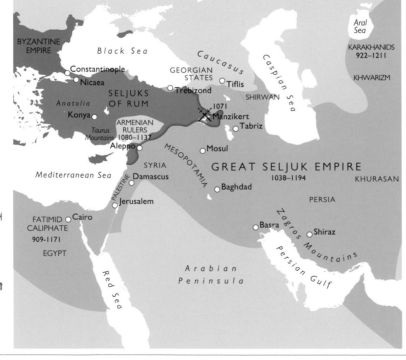

塞爾柱人
在鄂圖曼人擴張之前，塞爾柱人就已經削弱了拜占庭對安納托力亞的掌控。塞爾柱人是從中亞向西遷移的土耳其民族。1071年，他們在曼齊刻爾特打敗拜占庭，此後他們就大舉入侵安納托力亞大部分地區，並建立了魯姆蘇丹國（Sultanate of Rum），這個蘇丹國一直存在到1308年。

圖例
━ 1025年左右，拜占庭在亞洲的邊界
■ 1095年的拜占庭帝國
■ 1095年左右的塞爾柱帝國
■ 1095年為止，拜占庭被塞爾柱人入侵的土地
■ 其他穆斯林王朝
✕ 戰役

3 鄂圖曼人進軍巴爾幹半島 1354—1389年
1354年，鄂圖曼人跨海來到加利波利（Gallipoli），在歐洲建立了據點。他們在穆拉德一世的統治下占領了色雷斯的大部分地區，並把哈德良堡（阿德里安堡）定為新都。他們在1389年的科索沃戰役（Battle of Kosovo）打敗了塞爾維亞，標誌了鄂圖曼帝國在巴爾幹半島霸權的開始。

■ 1362—1389年，穆拉德一世征服的領土
● 1354年，鄂圖曼人進入歐洲
✕ 戰役
★ 1369年的鄂圖曼首都

2 征服安納托力亞 1326—1402年
在奧爾汗的統治下，鄂圖曼人征服了安納托力亞西北部剩下的大部分拜占庭城市，只留下遙遠的前哨站。安納托力亞後來由巴耶濟德一世（Bayezid I）統一，受鄂圖曼帝國控制。巴耶濟德一世是奧爾汗的孫子，也就是穆拉德一世（Murad I）的兒子。1389年，他成為蘇丹後不久就征服了西南部的貝伊。

■ 1326—1362年，奧爾汗征服的領土
■ 1389—1402年，巴耶濟德一世征服的領土

4 蒙古的威脅 1400－1405年

1400－1401年，巴耶濟德一世要求蒙古駙馬帖木兒（Timur）的一個附庸國進貢，帖木兒對此很不滿，入侵鄂圖曼帝國。1402年，帖木兒在安卡拉（Ankara）大敗鄂圖曼帝國，導致安納托力亞許多原本的貝伊脫離鄂圖曼帝國的統治。直到帖木兒在1405年去世後，鄂圖曼帝國才免於遭受進一步的損失。

⋀⋀ 1402年帖木兒入侵後，　⚔ 戰役
　　鄂圖曼帝國的東部邊界

5 圍攻君士坦丁堡 1451－1453年

1451年，穆罕默德二世成為鄂圖曼帝國的蘇丹時，拜占庭帝國的領土幾乎只剩下君士坦丁堡。1453年4月，穆罕默德斷了通往君士坦丁堡的補給線，並圍攻這座城市。拜占庭皇帝君士坦丁十一世（Constantine XI）抵抗了將近八週，最後還是被鄂圖曼帝國占領。拜占庭帝國滅亡，而鄂圖曼帝國則有了新的首都。

★ 1453年的鄂圖曼首都

6 穆罕默德二世的征服 1460－1481年

穆罕默德二世占領君士坦丁堡後還對付了拜占庭帝國剩下的零碎地區，在1460年和1461年分別占領了摩里亞（Morea）以及分裂出來的特拉比松帝國（Empire of Trebizond）。1463年，波士尼亞戰敗，瓦拉幾亞（Wallachia）和摩爾達維亞（Moldavia）淪為附庸國，因此巴爾幹半島對鄂圖曼帝國的抵抗只剩下少數分散的要塞和希臘與亞得里亞海沿岸的威尼斯所有地。

■ 1481年，鄂圖曼帝國　　■ 1460年左右受威尼
　的附庸國　　　　　　　　斯控制的地區

■ 1481年，鄂圖曼帝國
　進一步征服的地區

1 鄂圖曼帝國的起源 1280－1326年

塞爾柱帝國滅亡後，安納托力亞西部分裂成多個互相競爭的政權，稱為「貝伊」（beylik）。1280年代，其中一個貝伊以小鎮瑟於特（Söüt）附近為根據地，在奧斯曼（Osman）的領導下開始擴張。奧斯曼的兒子奧爾汗（Orhan）在1326年占領了拜占庭的重要城鎮布爾薩（Bursa），並且定都於此。他以這裡為據點，征服了安納托力亞其餘的大部分地區，並派了第一支鄂圖曼軍隊前往歐洲。

■ 1326年的鄂圖曼領土　　□ 1300年左右，
★ 1326年的鄂圖曼首都　　　安納托力亞的
　　　　　　　　　　　　　　貝伊

收復失地運動

8世紀早期，伊斯蘭軍隊占領伊比利半島。在收復失地運動中，基督教統治者漸漸逆轉局勢，並在1492年達到高峰，攻陷格拉納達，並驅逐西班牙的大部分穆斯林人口。

原本由西哥德王國統治的西班牙很快就落入穆斯林軍隊手中，他們在711年從穆斯林掌控的北非來到這裡，並在718年征服了大部分地區，只有偏僻的阿斯圖里亞斯（Asturian）山區倖免。後來基督教國家花了將近八個世紀才收復穆斯林統治的西班牙和葡萄牙（安達魯斯）。首先，收復偏遠東北部的是法蘭克統治者查理曼的軍隊，而不是相對國力較弱的西班牙基督教王國。不過漸漸地，西部的卡斯提亞王國和雷昂王國（Leon）以及東部的納瓦拉王國（Navarre）和亞拉岡王國（Aragon）也鞏固力量，向南進攻。

11世紀晚期十字軍意識形態的出現加速了收復失地運動，因為基督教軍隊當時被灌輸的觀念是自己正在打一場宗教上的正義之戰。倭瑪亞哈里發國的政治分裂也削弱了穆斯林對西班牙中部的控制，導致他們在1085年失去了戰略重鎮托雷多。西班牙出現了來自北非的新團體，首先是穆拉比特王朝，接著是阿爾摩哈德王朝，他們再度統一了安達魯斯（Andalus），但1212年，卡斯提亞王國的阿方索八世（Alfonso VIII）大敗穆斯林，導致穆斯林控制的地區縮小至格拉納達。到了這時候，另一場收復失地運動已經在葡萄牙展開，過程比西班牙短許多。

格拉納達以伊斯蘭酋長國的地位倖存下來，直到亞拉岡王國的斐迪南二世（Ferdinand II）和卡斯提亞王國的伊莎貝拉（Isabella）在1492年派軍圍攻這座城鎮。經過短暫抵抗後，格拉納達淪陷，標誌了伊斯蘭在西班牙的統治結束、收復失地運動完成。

宗教裁判所（Inquisition）
對付西班牙異端

幾個世紀以來，穆斯林、猶太人和基督徒都在西班牙共存，但到了14世紀後期，西班牙愈來愈渴望宗教統一。猶太人和穆斯林被迫改信基督教，這些改信者成了被迫害的對象。1478年，教皇西斯篤四世（Sixtus IV）授權成立宗教裁判所，讓他們能公開考驗人民的信仰並處決「異端」。被告被換上衣服，然後在信仰審判儀式（Auto da ceremony，如右圖）上遊街示眾，同時被定下罪行與懲罰。

1 收復失地運動的起源 711—900年

711年，倭瑪亞哈里發派出由塔里克・伊本・齊亞德（Tariq ibn Ziyad）率領的阿拉伯和柏柏人聯軍進入西班牙，他們擊敗了西哥德國王羅德里克（Roderick）。五年內，穆斯林軍隊就征服了除了西班牙北部邊緣的所有地區。約718年，阿斯圖里亞斯的首領佩拉約（Pelayo）在科瓦東加（Covadonga）擊敗了一支穆斯林軍隊，他們的進軍因此受阻。阿斯圖里亞斯王國慢慢鞏固起來，成為基督教抵抗力量的核心。711年，倭瑪亞哈里發派出由塔里克・伊本・齊亞德（Tariq ibn Ziyad）率領的阿拉伯和柏柏人聯軍進入西班牙，他們擊敗了西哥德國王羅德里克（Roderick）。五年內，穆斯林軍隊就征服了除了西班牙北部邊緣的所有地區。約718年，阿斯圖里亞斯的首領佩拉約（Pelayo）在科瓦東加（Covadonga）擊敗了一支穆斯林軍隊，他們的進軍因此受阻。阿斯圖里亞斯王國慢慢鞏固起來，成為基督教抵抗力量的核心。

— 732年，倭瑪亞哈里發國的進軍範圍

2 基督徒的進攻 1030—1080年

到了11世紀初，執政的倭瑪亞哈里發國已分裂為數十個小酋長國，又稱「泰法」（taifa）。這些泰法無法抵抗基督徒的進攻，尤其是西部的雷昂王國和卡斯提亞王國以及東部的亞拉岡王國。許多泰法都被迫向基督教王國納貢。

3 穆拉比特王朝 1086—1165年

1085年，雷昂－卡斯提亞的阿方索六世（Alfonso VI）占領了托雷多，也就是之前西哥德人在西班牙的舊都，伊斯蘭統治的西班牙因此變得很容易受到基督徒的攻擊。無奈之下，泰法的統治者向穆拉比特王朝（來自北非嚴格的伊斯蘭宗派）的統治者優素福求助。他在薩拉卡（Sagrajas）擊敗了阿方索，並橫掃西班牙中部和東部，基督教這個時期的許多軍事進展因此功虧一簣。

→ 1086—1115年，穆拉比特王朝的進軍路線
— 1115年，穆拉比特帝國的邊界

4 阿爾摩哈德王朝 1165—1228年

1165年，非洲的一個穆斯林群體——阿爾摩哈德王朝——進入西班牙，重新展開伊斯蘭對基督教入侵的反抗。1195年，他們在阿拉爾科斯（Alarcos）大敗卡斯提亞的阿方索八世，於是西班牙南部也落入阿爾摩哈德王朝的掌控。1212年，阿方索反擊，在托洛薩（Las Navas de Tolosa）擊敗了阿爾摩哈德王朝的軍隊，削弱了穆斯林的軍事力量。

— 1180年，阿爾摩哈德帝國的邊界

西班牙的收復失地運動

西班牙的基督教王國重新征服伊比利半島，這場收復失地運動歷時700多年才完成。穆斯林團結起來時，收復失地的進展最為緩慢，例如穆拉比特王朝和阿爾摩哈德王朝反擊的時候。

圖例

⚔ 穆斯林戰勝及發生時間
✗ 基督徒戰勝及發生時間

基督徒控制範圍的擴張

■ 至1030年　■ 至1280年
■ 至1115年　■ 至1492年
■ 至1180年　— 1493年的邊界

時間軸

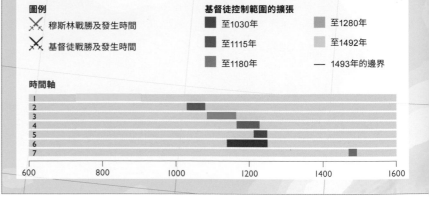

地圖標注：
Santiago de Compostela
Oporto
Coimbra
PORTUGAL
Santarém
1147年 十字軍協助阿方索・亨利克斯占領里斯本
1147 Lisbon
Évora
1217 Alcacer
1139年 葡萄牙伯爵阿方索・亨利克斯打敗穆斯林軍隊
Ourique
Algarve
Silves
1249年 穆斯林的境外領土法洛（Faro）被占領，標誌了葡萄牙收復失地運動的結束
1249 Faro

Toulouse
FRANCE
BÉARN
受法國統治
NAVARRE
Carcassonne
Pamplona
Pyrenees
ANDORRA
Oviedo
Covadonga
8年 阿斯圖里亞斯的首領
拉約打敗穆斯林將領卡馬
（al-Qama），建立獨立的
國
León
Huesca
Gerona
Asturia
Burgos
Catalonia
Valladolid
1118
Saragossa
Lérida
1238
Barcelona
ARAGON
Tarragona
Ebro
801年 巴塞隆納被法蘭克軍
隊占領，代表基督徒重新統
治西班牙東北部
1148
Tortosa
1085年 阿方索六世占領
托雷多，基督教的控制範
圍擴大到太加斯河（River
Tagus）
Ávila
Teruel
1229年 亞拉岡的海梅（Jaume）
占領馬略卡島（Mallorcan）的首
都帕爾馬（Palma）
1086年 阿爾摩哈德
王朝的統治者優素福
打敗卡斯提亞，阻止
他們越過太加斯河
Toledo
Tagus
Palma
Mallorca
1229
1089－1099年 羅
德里戈‧迪亞茲
（Rodrigo Díaz）
又有「熙德」（El
Cid）之稱，他建立
了一個自治區，抵
擋來自阿爾摩哈德
王朝以及基督教王
國的進軍
Alcántara
1238年 基督徒占領瓦倫西
亞（Valencia），東南部因
此幾乎都在基督徒手中
Valencia
Balearic
Islands
Ibiza
Sagrajas
Badajoz
1230
CASTILE
1096
Cuarte
1248年 斐迪南三
世占領塞維爾，把
格拉納達孤立起來
Calatrava
Alarcos
1195年 阿爾摩哈德王朝取得重
大勝利，因此掌控了西班牙南部
並阻止基督徒進攻
Alicante
Las Navas de Tolosa
1212年 卡斯提亞的
阿方索八世戰勝，使
阿爾摩哈德哈里發國
分崩離析
1243
Murcia
Cordova
Jaén
1246
1489
1488
Mediterranean Sea
Seville
1488
Lorca
Andalucia
Granada
1492
Almería
1231
Jerez
Antequera
1485
1262
Cádiz
1487
Málaga
1491－1492年 格拉納達遭到圍
攻，落入亞拉岡的斐迪南二世和
卡斯提亞的伊莎貝拉一世手中
1292
Tarifa
Ceuta
1236年 斐迪南三世征服了
前倭瑪亞王朝的首都
Tangier
Wattasids
Zayyanids
葡萄牙統治

▷ 摩爾人殺手：聖詹姆斯（St
James the Moor-slayer）
根據西班牙傳說，在克拉維霍
（Clavijo）的神話戰役中，門徒詹
姆斯被描繪成殺戮摩爾人的騎士。

5 收復失地運動的巔峰 1212－1248年
卡斯提亞王國和雷昂王國的軍隊在托洛薩打敗阿爾摩
哈德王朝後繼續向南進攻。而勢力減弱的阿爾摩哈德
哈里發國則分裂成三個分支，有助於卡斯提亞王國的
斐迪南三世（Ferdinand III）在1236年及1248年攻占
哥多華（Cordova）和塞維爾（Seville）。失去這兩
個城市對西班牙的伊斯蘭政權是很大的打擊，沒多久
就只剩下格拉納達酋長國還在穆斯林的掌握之下。

⟹ 重要進軍
→ 收復失地的路線與時間

6 葡萄牙的收復失地運動 1139－1249年
1139年，伯爵阿方索‧亨利克斯（Count Alfonso
Henriques）與穆斯林在歐里基（Ourique）對
戰，獲得重大勝利。1147年，由於正在進行第二
次十字軍東征的軍隊出手相助，他們占領了里斯
本。收復阿加夫（Algarve）的運動則於1190年代
開始，但阿爾摩哈德王朝的勢力復甦，葡軍受到阻
撓，所以一直到1249年才完成葡萄牙的收復失地
運動。

7 格拉納達的收復失地運動 1469－1492年
14世紀以及15世紀早期，收復失地運動暫緩。但
在1469年，斐迪南二世和伊莎貝拉成婚，亞拉岡
和卡斯提亞王國形成同盟，因此收復失地運動又
有了動力。他們的軍隊蠶食了格拉納達酋長國，
並在1487年占領馬拉加（Málaga）。最後他們
圍攻格拉納達，格拉納達的統治者布阿卜迪勒
（Boabdil，也就是穆罕默德十二世）在抵抗了
18個月之後投降並遭到流放。

◎ 格拉納達

中世紀的東亞

在6—15世紀之間，中國是東亞最強大的勢力。中國的政府組織在東亞地區廣泛受到模仿，從日本到朝鮮到越南都一一效法。然而中國也跟這個時期的其他政權一樣，有許多漫長的分裂時期，也有外敵來犯。

公元 220 年漢朝滅亡後，中國一直處於分裂狀態，直到隋朝在 589 年占領南方六朝的首都南京，才結束這次分裂。隋朝與之後的唐朝不斷插手鄰近國家的事務，中國的統治深入中亞。唐朝雖然經濟繁榮，但因為派系鬥爭、751 年被阿拉伯軍隊打敗、755 年發生安史之亂，國力日漸衰弱。國力不振的唐朝苟延殘喘到 907 年後再次分裂，到了 960 年才被宋朝統一。在宋朝的統治下，有一段時間經濟和科技都有所進展。然而在 1127 年，宋朝遭到來自北方的游牧民族女真人的攻擊，淪為以南京為據點的南宋，這個朝代又在 1251—1279 年間敗在蒙古人手下。蒙古人領袖成吉思汗建立元朝，這是第一個非漢族統治的中國朝代。後來蒙古人的統

◁ **上工去**
這是商人騎著駱駝的唐代陶偶。雙峰駱駝耐勞又能負重，是前往中亞的絲綢之路貿易的理想選擇。

▷ **心安的象徵**
這尊坐佛是日本11世紀的木雕。佛陀的手勢象徵心安，據說能保護信徒免於恐懼。在奈良時代，佛教是日本的國教。

治力量漸漸減弱，反抗軍將領朱元璋在 1368 年攻占北京，自稱明朝第一任皇帝。

日本與朝鮮

奈良時期（710—794 年），日本出現一個中央集權的政府，這個政府有中國式的官僚制度，實施行省制，宗教則以佛教為主。794 年，天皇御所遷至平安京（今京都）以降低佛教徒的影響力，但像源氏與平氏這樣的貴族漸漸從天皇手中奪取了實權。這兩大家族之間的對抗導致了 1180—1185 年的源平合戰，最終平氏被打敗，源氏在鎌倉建立軍事政府，也就是幕府。天皇成為象徵性元首——雖然後醍醐天皇曾在 1331 年發動過政變，企圖奪回皇權，但從起初的源氏到後來的室町足利氏等幕府將軍已成為實際的統治者。然而到了 15 世紀中葉，幕府的權力被大名（地方軍閥）超越，日本分裂成一系列交戰中的獨立小國。

313 年，中國大使離開朝鮮後，朝鮮半島分裂成三個交戰中的國家——高麗、新羅和百濟。中國試圖重新征

東亞的權力交替

中世紀的東南亞和日本有許多政權形成，這兩個地方的政權都深受中國政府體制及佛教的影響。中國本身經歷了一段分裂時期，接下來的唐宋則再次建立強硬的中央集權。反之，印度的笈多王朝在6世紀滅亡後分裂，由多個獨立的王朝分別統治這個次大陸的南北部。

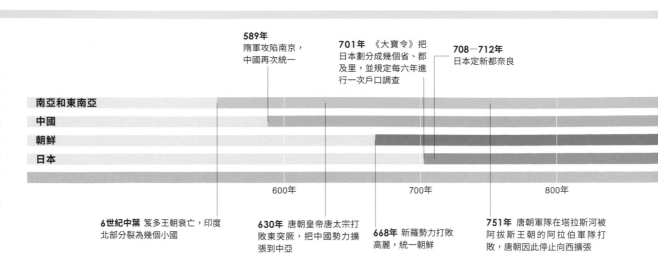

589年 隋軍攻陷南京，中國再次統一

701年 《大寶令》把日本劃分成幾個省、郡及里，並規定每六年進行一次戶口調查

708—712年 日本定新都奈良

南亞和東南亞			
中國			
朝鮮			
日本			

600年　　　700年　　　800年

6世紀中葉 笈多王朝衰亡，印度北部分裂為幾個小國

630年 唐朝皇帝唐太宗打敗東突厥，把中國勢力擴張到中亞

668年 新羅勢力打敗高麗，統一朝鮮

751年 唐朝軍隊在塔拉斯河被阿拔斯王朝的阿拉伯軍隊打敗，唐朝因此停止向西擴張

◁ **天上的舞者**
這是12世紀柬埔寨吳哥窟寺廟群的複雜雕刻，
描繪了四個飛天女神（apsara），又稱為天上
的舞者。祂們是在印度教神祇因陀羅的天堂裡
為眾神提供娛樂並賜予人類恩惠的神。

服朝鮮，但新羅趁著中國攻擊其他兩國時，在 668 年重新統一朝鮮，納入新羅治下。統一後的新羅建立了中國式的官僚機構，但在 900 年左右的一波起義潮中滅亡。935 年，王建創了高麗王朝，重新統一了朝鮮，但蒙古人從 1231 年開始入侵，使朝鮮淪為附庸（從屬）國，直到 1356 年恭愍王才重新主張獨立。中國持續對朝鮮施壓，直到 1388 年李成桂打敗明朝，建立朝鮮王朝，並一直統治朝鮮到 1910 年。

東南亞的王國

9—11 世紀時，東南亞出現了一系列強大的領土型國家。阿奴律陀（Anawrahta）統治下的蒲甘王國統一了相當於現代緬甸的大部分地區，而蘇利耶跋摩二世（Suryavarman II）統治下的吳哥國（今日柬埔寨）達到了權力的巔峰。1181 年，闍耶跋摩七世（Jayavarman VII）統治下的吳哥帝國擊敗了占婆帝國（Champa Empire），占婆帝國自從 7 世紀以來一直統治柬埔寨南部，且在 1177 年洗劫過吳哥國。但東南亞諸國遭到蒙古人的襲擊，蒙古人削弱了

蒲甘王國的勢力，且幾乎擊敗了越南人的大越王國（Dai Viet）。到了 15 世紀晚期，中世紀的偉大王國逐漸崩解，占婆首都毘闍耶（Vijaya）被大越占領，吳哥也被泰人的阿瑜陀耶王國（Ayutthaya）洗劫。

6 世紀中葉，笈多帝國滅亡後，印度北部出現了一些小國。這些小國被普西亞布蒂王朝（Pushyabhuti）的哈莎·瓦爾丹（Harsha Vardhen）統一，但他在 647 年被謀殺後，王國也分崩離析。1192 年古爾的默罕默德（Muhammad of Ghur）入侵，以及 1206 年德里蘇丹國（Delhi Sultanate）成立之後，印度北部才再次統一。印度南部則獨立發展，在 10—11 世紀，朱羅帝國（Chola Empire）擴張，占領了斯里蘭卡北部和馬來半島沿線的港口，但這個帝國在 12 世紀滅亡。1336 年，毗奢耶那伽羅王國（Vijayanagara）建立，統治印度南部，直到 17 世紀被蒙兀兒帝國（Mughal）征服。

> # 「百濟滿月，新羅半月。」
> 新羅即將崛起的預言，公元669年。

▽ **神聖建築**
印度南部奧里薩邦（Odisha）10 世紀的穆克特斯瓦爾神廟（Muktesvar Temple）是這個地區一個更龐大寺廟群的一部分。這座神廟供奉印度教的溼婆神，建於索姆凡希王朝（Somavanshi），這個王朝在 9—12 世紀統治印度東南部部分地區。

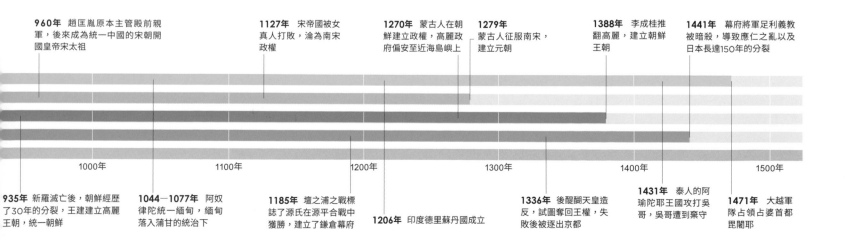

960年 趙匡胤原本主管殿前親軍，後來成為統一中國的宋朝開國皇帝宋太祖

1127年 宋帝國被女真人打敗，淪為南宋政權

1270年 蒙古人在朝鮮建立政權，高麗政府偏安至近海島嶼上

1279年 蒙古人征服南宋，建立元朝

1388年 李成桂推翻高麗，建立朝鮮王朝

1441年 幕府將軍足利義教被暗殺，導致應仁之亂以及日本長達150年的分裂

1000年　　1100年　　1200年　　1300年　　1400年　　1500年

935年 新羅滅亡後，朝鮮經歷了30年的分裂，王建建立高麗王朝，統一朝鮮

1044—1077年 阿奴律陀統一緬甸，緬甸落入蒲甘的統治下

1185年 壇之浦之戰標誌了源氏在源平合戰中獲勝，建立了鎌倉幕府

1206年 印度德里蘇丹國成立

1336年 後醍醐天皇造反，試圖奪回王權，失敗後被逐出京都

1431年 泰人的阿瑜陀耶王國攻打吳哥，吳哥遭到棄守

1471年 大越軍隊占領占婆首都毘闍耶

中國唐宋時期

漢朝滅亡後，中國經歷了很長的分裂，接著被隋朝以及後續的唐宋統一。中國繁榮發展，勢力也稱霸中亞，但最後宋朝被蒙古人征服。

220年漢朝滅亡後，中國分崩離析。隋朝（581—618年）重新統一中國，不過618年發生了一場叛變，王位被李淵奪下。李淵和兒子李世民建立唐朝並制定新制度，重整中國各省的秩序。639年，李世民（唐太宗）派兵到突厥斯坦（Turkestan）建立了一連串具有戰略價值的貿易聚落，例如敦煌。

755年，唐朝因為將領安祿山發動叛變而元氣大傷，雖然帝國軍隊重新取得掌控，但後來一連串無能的統治者導致唐朝在907年滅亡。出現了十幾個互相爭權的敵對國家，直到宋朝在960年征服其他國家，統一全中國。復興後的中國出現了貿易行會，紙幣受到大規模採用，還出現了火藥和指南針等發明，得到廣泛使用。到了12世紀初，宋朝開始衰落。游牧民族女真人征服了中國北部，宋朝疆域因此縮小到只剩原本領土的南部。

唐朝的中國
唐朝統一中國後，打敗了東、西突厥。從750年代起，叛亂和積弱不振的朝廷導致唐朝的影響力下降。

751年 唐朝軍隊在塔拉斯河被阿拉伯人打敗

657年 唐朝人打敗西突厥，並控制這個地區，直到665年發生叛變

統一與分裂
唐朝在742年擴張到最大。在這個時期，以首都長安為中心的帝國驛道也助長了中國文化的傳播。中國再次分裂後，北方的宋朝崛起。

圖例

⸙ 受中國文化影響的地區
● 重要城市
◉ 人口超過30萬的城市
○ 其他主要城市
🐉 受中國影響的地區
— 長城
▭ 帝國驛道

時間軸

宋朝的中國
宋朝在960年由趙匡胤（宋太祖）建立，他原本是唐朝滅亡後統治中國北部五代的一個將領。一般把宋朝分為兩個時期，即北宋和南宋。宋朝不斷受到北方契丹人的大遼和女真的壓力，最終於在1126年把整個中國北方都輸給了女真。

1279年 蒙古擊敗宋朝艦隊，七歲的宋朝末代皇帝趙昺溺死

5 北宋 960—1126年
從960年開始，宋太祖征服並統一了曾經屬於漢唐帝國的大部分土地。他對農民收取高額稅收，後來游牧民族女真入侵北方時，幾乎沒有遇到反抗。1126年，女真人攻占宋朝首都開封，宋朝偏安到中國南方。

▬ 北宋的統治範圍

6 南宋 1127—1279年
從1127年起，偏安的宋朝以中國南方的杭州為據點統治，而女真人的金朝則統治北方。1233年，南宋聯合蒙古人攻打女真。但滅了女真之後，蒙古人就於1268年南侵。他們在1276年占領杭州，並在三年後擊敗了最後的南宋勢力。

▬ 南宋的統治範圍　　→ 1268年起，蒙古人的攻擊

1　中國統一　590—628年

漢朝滅亡後，中國分裂成一連串的王朝，許多都是來自北方的游牧民族。590年，隋朝取得掌控，暫時統一中國，但他們出征朝鮮和突厥，付出很高的代價，導致王朝在618年滅亡。經歷了一段混亂時期後，年輕的將領李世民重整秩序，並讓自己的父親登上王位，成為唐朝第一個皇帝唐高祖。628年，中國再次統一。

■ 唐帝國

2　中亞帝國　629—751年

唐朝初年，突厥入侵威脅中國，但唐太宗在629年擊敗了東突厥。後來他派兵進入中亞，在西部地區建立了保護地，遠至喀什。680年代，唐朝失去了部分領土。751年唐朝軍隊在塔拉斯河被阿拉伯人擊敗，於是停止了向西的擴張。

■ 西突厥　　　━ 唐朝臨時控制區域
■ 東突厥

8—9世紀 渤海國向唐帝國納貢

660—668年 唐朝發起一場大規模入侵，征服了朝鮮新羅王國的大部分地區，但又在676年被迫撤退

645—769年 北疆被唐朝中國占領

600年左右 西藏統一，並開始迅速擴張

700年左右 南詔統一，並開始擴張

679年 唐朝的保護國安南建國

▷ **唐朝瓷偶**
唐朝的人會製作色彩鮮豔的瓷偶，有動物和官員，作為陪葬之用。

4　唐朝滅亡　763—907年

安史之亂後，節度使獲得了更大的權力，雖然唐憲宗（805—820年在位）努力穩定財政並平息叛亂。此後宦官開始操縱朝中事務與兵權，派系鬥爭也削弱了政府的勢力。907年，節度使朱溫廢黜唐朝末代皇帝唐哀帝，建立後梁王朝。

3　安史之亂　755—763年

在中亞遭遇了一連串軍事上的失敗後，中國軍隊的不滿情緒愈來愈高。755年，將領安祿山發起叛變，並在756年占領了帝國首都（西京）長安。雖然他在次年遭到刺殺，但唐朝直到763年才擊敗最後一支叛軍，此時唐朝對各省的控制已被嚴重削弱。

☆ 唐朝首都被占領

高麗陵墓
文化遺產

韓國高麗王國著名的遺跡是社會菁英的陵墓。這些墳墓以石頭建造，用石頭或土堆覆蓋，通常有精畫裝飾。在高麗首都開京（今日開城）周圍的陵墓群中，最著名的是恭愍王的玄正陵。這兩個墳墓中是恭愍王和妻子——蒙古公主仁德王后（Noguk）——的遺骨。

中世紀的朝鮮與日本

朝鮮和日本都受到鄰近的唐朝中國的強烈影響，在8世紀開始發展中央集權的官僚君主制。此外，兩國文化風貌都深深受4世紀從中國傳來的佛教所影響。

7世紀中葉，朝鮮的新羅國在唐朝的軍事支持下擊敗了敵對的高句麗和百濟王國，統一了朝鮮。906年中國唐朝滅亡後，新羅也在統治了將近三個世紀之後，在這種動盪中走向分裂。後來高麗國（由前高句麗領袖於901年建立）在936年統一了朝鮮，並帶領朝鮮走過一段經濟和文化的繁榮期。然而從1231年開始，蒙古的一連串侵襲終究導致高麗淪陷。從1270年開始的80年，這裡成為蒙古元帝國的附庸國。

在日本，538年佛教的傳入適逢大和時代滅亡，當時強大的家族和地方王國互相爭權。646年的大化革新為日本奠定了基礎，得以建立一個統一且以中國模式為基礎的中央集權政府。奈良時代的天皇漸漸失去權力，先是在10和11世紀被藤原氏奪走勢力，接著勢力又落入武士人的手中，他們支持幕府將軍的軍事獨裁。強大的鎌倉幕府兩度阻擋了蒙古人的入侵，但最終被敵對的氏族推翻，後來權力逐漸落入當地大名（領主）手中，導致長達一個世紀的內戰（見第180-181頁）。

> 「吾以甲冑為枕，弓箭為業。」
> 源義經，源氏武士，1189年左右

朝鮮和日本國家的建立
4—7世紀之間的區域性戰爭導致朝鮮半島先後被新羅和高麗王國統一。同時在日本，一連串強大的家族在內亂混亂的部落統一於一個政權之下。

時間軸　500　1000　1500　2000

6　武士的崛起　900—1868年
從900年代初開始，平安政權積弱不振，不滿的情緒蔓延到各省。許多貴族開始僱用武士來維護自己的利益，於是產生了早期的武士。到了1100年代，各省的領主私自相互競爭，最後源氏在源平戰爭（1156—1185年）中擊敗平氏，奪下權力。

✕ 源氏勝利
✕ 源氏戰敗
■ 平氏
■ 源氏
■ 藤原氏
→ 源氏的進軍
1180年的掌控範圍

7　鎌倉幕府　1192—1333年
1221年，源賴朝創立鎌倉幕府。鎌倉幕府與中國建立往來關係，讓日本吸收新的佛教教派，尤其是禪宗。幕府任命自己早期的軍事統治者——又稱為「守護」——作為每個省的領袖，並任命地頭來監督省各後的土地，從而建立起有效的全國網絡，以便維持穩定。

玉造
Kuriyagawa
平泉
Nie
奧州
渤海國

5 日本的平安時代 794—1189年
794年，桓武天皇（今京都）遷至平安京，標誌了平安時代的開始，這一時期，藤原氏掌權，這個國家在藝術和文學方面取得重大成就。日本因此擺脫了中國的影響，建立自己的文化。
★ 平安時代的首都

4 日本的奈良時代 710—794年
8世紀初，日本採用了以中國模式為基礎的官制，包括集中稅收制度。在元明天皇（707—715年在位）的統治下，日本模仿中國唐朝首都長安，建新都於奈良。除了受中國影響，佛教也在奈良時代塑造了日本文化。
☆ 奈良時代的首都

3 高麗朝鮮 935—1392年
高麗時代，人民對奢侈品的需求增加，當地的手工業發展繁盛。首都開京成為重要的貿易中心，與東亞其他海外地區有往來。高麗還接納了佛教發展的分支禪宗，並稱之為「國教」。1270年，高麗遭蒙古入侵，朝鮮半島成為元帝國的附庸國。
★ 首都
••••• 貿易路線

2 高麗的崛起 889—935年
新羅統治了兩個世紀後，各省軍閥發起的叛亂導致朝鮮半島暫時分裂為三個部分（也就是後來的三個王國）。在這個新時代，改革後的高句麗國——高麗（現代的朝鮮名稱就是源自高麗）擁有最強大的軍隊。935年，高麗大將王建攻占新羅，統治慶州，重新統一朝鮮半島。
★ 首都
━━ 高麗國

1 朝鮮的統一之戰 370—668年
從4世紀開始，百濟、高句麗和伽耶對朝鮮的控制權而開戰。新羅和伽耶聯盟為了手奪對朝鮮的控制權而開戰。新羅軍隊利用中國唐朝與高句麗的敵對關係，在唐軍的幫助下擊敗了百濟，並在668年占領了高句麗首都平壤，在文武王的率領下統一朝鮮。

百濟 (17—660年)
高句麗 (37—668年)
新羅王朝 (670—935年)
伽耶 (42—532年)
新羅 (57—668年)
➤ 唐朝和新羅的進軍路線
✕ 重要戰役
◎ 圍攻

△ 鎏金青銅菩薩
佛教於4世紀經中國傳入朝鮮，激發了獨特的佛教藝術傳統。佛像通常具有朝鮮人的面部特徵。

1189年 源氏擊敗藤原氏

1183年 礪波山之戰的勝利扭轉了源平合戰，源氏取得優勢

668年 唐朝和新羅圍攻平壤，迫使高句麗統治者放棄這座城市

663年 唐朝和新羅軍隊在白江口大敗百濟

3 在阿音札魯特戰敗 1251—1259年

在大汗蒙哥的統治下，蒙古人打倒阿拔斯哈里發國，並殘酷地洗劫了巴格達，摧毀了城裡的大圖書館。1259年，蒙哥去世，部分軍隊因此返回故鄉，其餘士兵則在阿音札魯特與馬木路克人戰鬥，這是一支由奴隸士兵組成的伊斯蘭軍隊，在1250—1517年間統治埃及和敘利亞。這場戰鬥中，蒙古人遭遇慘敗。

→ 蒙哥的進軍路線

1241年 蒙古擊敗了一支波蘭與德意志的聯軍，為進一步征服歐洲開了先鋒

4 忽必烈占領中國 1251—1294年

1279年，成吉思汗的孫子忽必烈推翻了宋朝，征服全中國並建立元朝。1277年，他對蒲甘帝國發起長達十年的戰爭，進攻緬甸和越南。

→ 忽必烈的進軍路線

5 四大汗國 1259—1411年

單單一位蒙古統治者無法統治廣闊的帝國疆域。1259年，帝國分裂為四個汗國，每個都由成吉思汗的後裔統治，分別是察合臺汗國、旭烈兀（Hulagu）的伊兒汗國（Ilkhanate），別兒哥（Berke Khan）的欽察汗國（Golden Horde），以及後來忽必烈的元帝國。

━ 汗國邊界

▽ 征戰中的成吉思汗

這幅14世紀的插圖出自拉施德丁（Rashid al-Din）的編年史，描繪了成吉思汗在野狐嶺戰役（1211年）中率軍對抗中國金朝軍隊。

2 窩闊臺侵略歐洲 1229—1241年

1227年，成吉思汗去世，窩闊臺在1229年正式即位，把蒙古人的戰場轉向歐洲。1236年，蒙古軍隊攻占並摧毀了弗拉基米爾和莫斯科等重要城鎮。1241年，蒙古軍隊大敗波蘭、匈牙利和保加利亞。但窩闊臺卻在同年突然死去，蒙古大軍這才沒有進攻西歐。

→ 窩闊臺的進軍路線

1241年 蒙古的3萬騎兵跨越冰凍的維斯瓦河（Vistula River）入侵波蘭

1260年 由於了解地形，馬木路克士兵首次擊敗蒙古軍隊

1258年 蒙古進行為期12天的圍攻，最後殘暴洗劫了阿拔斯哈里發國的首都巴格達

1221年 蒙古軍隊追殺馬木路克領袖札蘭丁（Jalal ad-Din），並在印度河之戰（Battle of Indus）擊敗他

蒙古的征服 1206—1294年

1206—1227年之間，蒙古領袖成吉思汗建立了一個從中國延伸到波斯的帝國。雖然他的繼承人統治蒙古期間征服了更多領土，但在1260年，帝國分裂為四個王國，又稱為「汗國」，這些汗國之間的政治與文化差異都愈來愈大。

圖例

■ 1206年的蒙古本土　　　✕ 蒙古的重要勝利

■ 約1227年的蒙古帝國　　✕ 蒙古的重要戰敗

■ 蒙古帝國的最大疆域　　🔥 被蒙古洗劫的城市

　　　　　　　　　　　　⊚ 被蒙古占領的城市

時間軸

1100　　1200　　1300　　1400　　1500

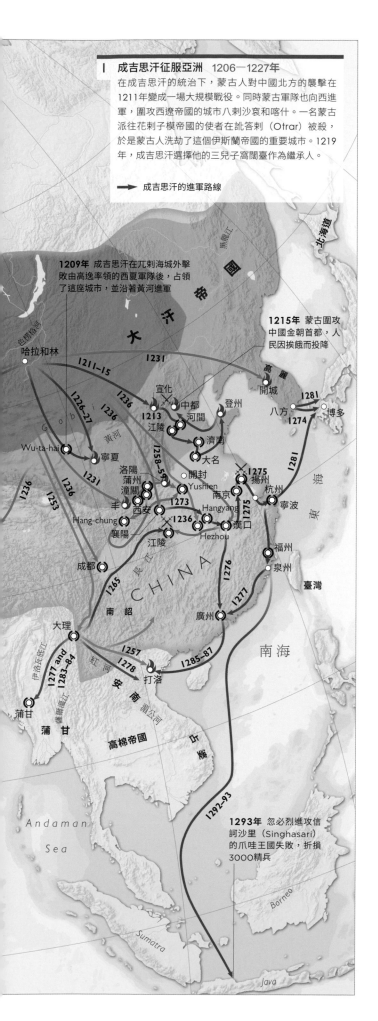

成吉思汗征服亞洲　1206—1227年

在成吉思汗的統治下，蒙古人對中國北方的襲擊在1211年變成一場大規模戰役。同時蒙古軍隊也向西進軍，圍攻西遼帝國的城市八剌沙袞和喀什。一名蒙古派往花剌子模帝國的使者在訛答剌（Otrar）被殺，於是蒙古人洗劫了這個伊斯蘭帝國的重要城市。1219年，成吉思汗選擇他的三兒子窩闊臺作為繼承人。

→　成吉思汗的進軍路線

1209年 成吉思汗在兀剌海城外擊敗由高逸率領的西夏軍隊後，占領了這座城市，並沿著黃河進軍

1215年 蒙古圍攻中國金朝首都，人民因挨餓而投降

1293年 忽必烈進攻信訶沙里（Singhasari）的爪哇王國失敗，折損3000精兵

蒙古的征服

蒙古人是13世紀初在鐵木真領導下團結起來的蒙古族人和突厥語部落形成的團體。他們家鄉的位置相當於今日的蒙古，勇猛的蒙古戰士從這裡出發，橫掃亞洲和歐洲，創造出史上最大的陸上帝國。

鐵木真在 1206 年的一次部族會議上被選為蒙古首領，人稱「成吉思汗」（意為普世統治者）。在他的領導下，所有部族都統一起來。成吉思汗組織了一支強大的騎兵大軍，發起一場持續了超過 20 年的征服，讓亞洲大部分地區都落入他的掌控。

1211 年，蒙古軍隊入侵中國北方，襲擊並洗劫了許多中國城市。經過一場漫長而艱苦的戰鬥後，蒙古人占領了中國首都中都，迫使金朝皇帝南逃。

1218 年，成吉思汗圍攻中亞西遼帝國（Kara Khitai Empire）的首都八剌沙袞（Balasaghun），消滅了這個帝國，接著又把軍隊派往伊斯蘭世界，征服了花拉子模帝國（Khwarazm Shah），大肆破壞布哈拉和撒馬爾罕（Samarkand）等城市。蒙古軍隊很擅長長途跋涉和騎馬作戰，再加上名

聲野蠻，大多數對手都聞風喪膽。雖然成吉思汗在 1227 年進攻中國期間死去，但在他兒子窩闊臺（Ögedei）的帶領下，帝國繼續壯大。1234 年，他消滅了中國的金帝國，並在俄羅斯和東歐打仗。1241 年，窩闊臺死後，帝國的擴張減緩。1260 年，蒙古人第一次面臨慘敗，他們在巴勒斯坦的阿音札魯特（Ain Jalut）被馬木路克蘇丹國（1250—1517 年）的軍隊打敗，之後就結束了擴張。不久後，帝國四分五裂，由獨立的可汗（khan）統治中國、波斯、中亞和俄羅斯公國。

一個世紀後，在河中地區，也就是察合臺汗國（Chagatai Khanate）的一部分土地上，蒙古公國的統治者帖木兒發起最後一次的蒙古復興。他短暫征服了橫跨中亞的一片廣闊領土，但未能鞏固帝國。

帖木兒：最後一位蒙古偉人

1383年，河中地區的蒙古統治者帖木兒展開了復興成吉思汗大帝國的使命。30年後，他統治了一個王國，疆域從敘利亞延伸到印度北部。然而帖木兒未能建立一個有效的政府，因此1405年他死後不久，帝國就分裂了。

1　蒙古征服中國　1211—1293年

先後幾任大汗分階段征服了中國。成吉思汗征服了中國北方的非中國勢力——西夏和建立金朝的女真。接著成吉思汗的孫子蒙哥汗占領了大理國（後來成為元朝的雲南省）。最後，蒙哥的繼承人忽必烈推翻了整個宋朝，成為第一位統治全中國的外族皇帝。

⇨　蒙古進軍中國北方的金朝（1209—1234年）

➡　蒙古進軍中國南方的大理王國及宋朝（1253—1293年）

✕　關鍵戰役

1253年 蒙古領袖蒙哥汗派太子忽必烈去征服大理國（雲南省）

1273年 忽必烈派遣一名總督確保元朝的稅收

2　元朝　1272—1368年

忽必烈宣布1272年為元朝元年，並建新都汗八里，又稱大都（今日北京）。1293年建設完成後，大都有一座宏偉的宮殿，周圍有巨大的防禦城牆。同時，忽必烈把上都設為帝國的夏都，與蒙古中心地帶保持聯繫。

☆　帝國首都　----　元朝國界與內部邊界

3　世界貿易　1279—1368年

元朝中國對外開放，因此對外貿易比以往更加廣泛。雖然這復興了絲綢之路（見第102-103頁），但造船和航海技術的進步也開闢了通往東南亞的海上新航線。廣州成為元朝最重要的貿易港口。

·····　海上貿易路線

1215年 成吉思汗摧毀女真（金朝）的首都中都
1264年 忽必烈下令重建未來的元朝首都

1368—1420年 明朝首都

1281年 元朝前去征服日本的艦隊有3500艘船，載著多達10萬大軍

1293年 蒙古軍隊入侵爪哇失敗後撤退

▷ **忽必烈**

這幅忽必烈的水墨絹畫由尼泊爾藝術家與天文學家阿尼格（Anige）於1294忽必烈去世後繪製，應該是他在1260年左右的模樣

蒙　古

哈拉和林
黑龍江
遼陽
戈壁
上都
大寧
遼陽
敦煌
甘肅
黃河
肅州
甘州
寧夏
正定
汗八里（大都，後來的北京）
Kaekyong
高麗
渤海
127 128 博多
1281 平戶
西藏
青藏高原
藏
青
中書
清江
益都
開封
汴梁
陝西
奉元
1273
河南
安豐
Taiping
南京
Changzhou
拉薩
成都
宜昌
Zhongxing
浙江
杭州
Luzhou
四川
武昌
常德
龍興
田林
吉安
湖廣
Hengzhou
Jingjiang
江西
Dingzhou
漳州
臺灣
重慶
雲南
Dengchong
西江
廣州
1279 崖山
塔姆盧克
蒲甘
緬州
蒲甘
河內
安南
海南
勃固
撣州
素可泰
因陀羅補羅
碧差汶里
高棉帝國
南
吉打
丁加奴

4 在日本失利 1274—1281年

1274年，忽必烈派了一支艦隊去征服日本。雖然早期打過幾場勝仗，但一場颱風卻摧毀了好幾百艘船，其中許多是平底的內河船，蒙古人被迫撤退。1281年第二次入侵時，蒙古又遭遇了類似的命運：蒙古艦隊無法攻破日本的防護牆，且又遇上颱風，因此陣亡。

入侵路線

→ 1274年　✕ 1274年的關鍵戰役

→ 1281年

5 大運河 1281—1293年

元朝召集了400萬農民來建造一條新的直通路線，作為大運河。這條運河最古老的部分可以追溯到公元前6世紀。工人在丘陵地帶開闢了一條數百英里長的通道，連接首都與杭州。因此穀物得以運往北方，進一步剝奪了人民的權利。

— 大運河

6 紅巾軍反抗 1351—1368年

漢人把1340年代的一連串水災和旱災視為元朝失去「天命」的神兆。帝國各地都有人揭竿起義，並引發紅巾軍之亂。在朱元璋的帶領下，起義分子在1368年推翻元朝，攻占首都。

✊ 受農民起義影響的省會

7 明初 1368—1398年

朱元璋成為明朝的第一位統治者洪武帝，接下來明朝統治了中國三個世紀。朱元璋親自管控政府機關，恢復了全國的秩序。他制定公共工程計畫並進行改革，把土地重新分配給農夫。

▬ 明帝國　★ 帝國首都

元帝國的興衰

1234年，蒙古人消滅金帝國，控制了中國北方。在忽必烈的領導下，元帝國於1279年征服了南宋的領土。元朝統治中國89年後因農民起義而亡，被漢人建立的明朝取代。

圖例

■ 1279年為止的元帝國　　■ 元朝控制寬鬆或短暫控制的地區

■ 1280—1368年間元帝的擴張

時間軸

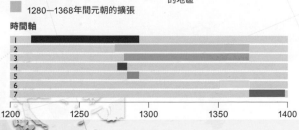

元朝中國與明初

1272年，成吉思汗的孫子忽必烈創立了中國第一個由外族統治的帝國——元朝。九年後，他就掌控了整個王國。但元朝的統治體系壓迫漢人，最終在各地引發叛亂，導致帝國在89年後垮臺。

忽必烈把中國當作獨立於蒙古帝國之外的王國來統治。他實行嚴格的種族階級制度，蒙古人是最高等的人種。

忽必烈把元朝首都定在大都（北京），鼓勵對外貿易，並讓紙幣通行。然而，忽必烈繼承人的子民對日漸嚴重的通貨膨脹和王朝歧視性的社會政策所產生的沉重稅收愈來愈不滿。此外，1330年代的黑死病（見第114-115頁）以及一連串的自然災害給貧困階層帶來巨大的苦難。從1340年代起，各省都爆發了叛亂，並引發以朱元璋為首的「紅巾之亂」。

1368年，朱元璋奪下大都，驅逐蒙古統治者。他建立明朝、進行改革，改善了農民階層的前景。

> ## 「馬上打天下，焉可馬上治天下？」
>
> 忽必烈，元朝皇帝，1271—1294年

馬可·波羅遊歷中國

蒙古人對歐亞大陸的控制迎來了一段和平穩定的時期，人稱「蒙古和平」（Pax Mongolica）。義大利商人兼探險家馬可·波羅因此沿著絲綢之路，踏上了中國的貿易之旅。根據馬可·波羅的遊記，他在中國擔任忽必烈朝廷的官員17年。

圖例

→ 馬可·波羅的路線，1271—1295年

■ 欽察汗國
■ 大汗帝國
■ 察合臺汗國
■ 伊兒汗國

東南亞的宗教國家

10世紀初，東南亞出現的王國深深受到強大鄰國的影響。印度透過貿易路線把政府結構和宗教思想傳入這些王國，而中國的外交和商業力量則塑造了東方的政權。

約2世紀時，東南亞出現了有組織的國家，位於柬埔寨湄公河三角洲的扶南王國（Funan）是最早受到印度影響的政權之一。他們從印度引進了重要的思想，尤其是在藝術、政府和宗教方面。3世紀後期，佛教傳到緬甸的孟王國（Mon，現代緬甸），到了375年則傳到扶南。印度教的傳播也很迅速，在400年傳到婆羅洲，成為吳哥王國（位於今日柬埔寨）受歡迎的宗教。統治者採用了神王的特徵——他們有時會借用印度教轉輪王（cakravartin，也就是統一世界的君王）的頭銜——並建造奢華的首都，內有佛教和印度教寺廟。印度文化主要影響西部地區，而中國政治則直接觸及東部的政權。東邊的政權派出外交使團到唐朝中國，而越南則是受到直接的軍事干預。到了9世紀時，一連串的大國出現，從緬甸的蒲甘到柬

埔寨的占婆和吳哥，再到相當於現代越南的大越都一一崛起。夏連德拉王朝（Sailendra）的室利佛逝帝國（Empire of Srivijaya）則以蘇門答臘島為根據地，統治印尼群島。

1287年，蒙古人入侵（見第130-131頁）並占領蒲甘。外來入侵以及新競爭者的崛起——尤其是泰國的陀羅缽地王國（Dvaravati）——動搖了這些宗教王國的穩定。到了15世紀後期，吳哥、蒲甘、占婆和室利佛逝都瓦解了，因此一個世紀後歐洲人抵達時，這個地區只剩支離破碎的地方政權。

▷ **金字塔神廟**
吳哥的巴戎寺（Bayon temple）大約建於1200年，是為闍耶跋摩七世建造的，他是帝國的國王之一。巴戎寺的一些塔樓刻有闍耶跋摩的臉，也有一些塔樓上刻有佛教神祇的面容。

印度教
傳遍東南亞的宗教影響力

印度教在公元前20世紀創作出最古老的文本《梨俱吠陀》讚美詩之後開始發展。這個宗教崇拜許多神靈，每一位神靈都代表同一個神聖真理的不同面向。他們的系統以寺廟為基礎，發展成一個極為多樣化的宗教。到了3世紀笈多帝國時期，印度教的主要形式是毗濕奴派（專注於崇拜毗濕奴）和濕婆派（崇拜創造與毀滅之神濕婆），兩派都在東南亞廣泛傳播。

印度教雕刻
這座10世紀的廟宇顯示出濕婆派對吳哥國的影響。

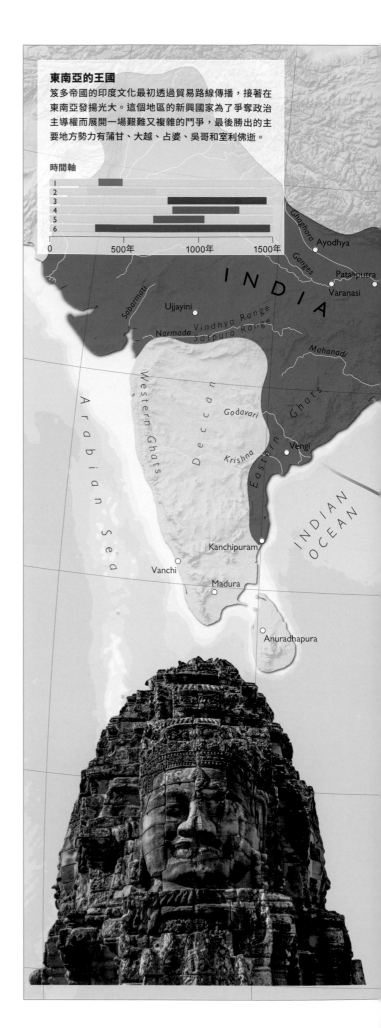

東南亞的王國
笈多帝國的印度文化最初透過貿易路線傳播，接著在東南亞發揚光大。這個地區的新興國家為了爭奪政治主導權而展開一場艱難又複雜的鬥爭，最後勝出的主要地方勢力有蒲甘、大越、占婆、吳哥和室利佛逝。

時間軸

東南亞的王國
（地圖標示：Ghaghara、Ayodhya、Ganges、Varanasi、Pataliputra、Sabarmati、Ujjayini、Narmada、Vindhya Range、Satpura Range、Mahanadi、INDIA、Western Ghats、Deccan、Godavari、Krishna、Vengi、Eastern Ghats、Arabian Sea、Kanchipuram、Vanchi、Madura、Anuradhapura、INDIAN OCEAN）

I 笈多帝國 320—500年

笈多帝國於320年由旃陀羅笈多一世建立，因與東南亞的貿易而富裕起來。商人透過陸路和海路把印度文化和宗教傳播到馬來西亞各地。帝國為了平定叛亂的省分而持續征戰，加上在455年被嚈噠匈人（Hephthalite Hun）入侵者打敗，加速了帝國在6世紀中葉的衰落和滅亡。

■ 550年左右，笈多帝國的最大疆域

→ 印度的影響力

2 扶南王國 243—700年

扶南是東南亞地區最早有記載的政權，大約於2世紀出現在湄公河三角洲。扶南透過位於澳蓋（Oc Eo）的一個沿海貿易中心與中國保持密切的貿易往來，並在243年派遣使者前往中國。雖然佛教在扶南很強大，但中國的文獻記載，有一位名叫竺旃檀（Chan-t'an）的國王在357年以印度教徒的身分向中國納貢。

■ 受印度影響的地區

3 吳哥王國的興衰 802—1431年

吳哥王國建於802年，當時闍耶跋摩二世（Jayavarman II）自稱轉輪王，並在後來的吳哥遺址附近建立新都。之後的國王在鄰近地區建立了新的皇都，每個城市都建有印度教寺廟。然而，闍耶跋摩七世（1181—1218在位）卻提倡佛教，但吳哥隨後又回歸印度教並倖存了下來，直到在15世紀滅亡。

■ 吳哥王國的核心地帶

■ 吳哥王國的最遠邊界

4 佛教王國蒲甘 849—1287年

蒲甘由說緬甸語的民族於849年建立，勢力不斷增長，直到1044年，阿奴律陀掌控了相當於現代緬甸的大部分地區，最終在1057年擊敗了直通（Thaton）的孟族人（Mon）。他的後裔統治了兩個世紀，但為了支持寺廟的運作而將土地分割，導致蒲甘的勢力減弱，並在1287年被蒙古輕鬆消滅。

■ 蒲甘的核心地帶

■ 蒲甘的最遠邊界

5 海上王國室利佛逝 671—1045年

室利佛逝和那些以陸地為據點的國家不同，靠掌控海上航線、貿易港口和城市勝出。室利佛逝以蘇門答臘島的巨港（Palembang）為據點，與中國往來密切，經常派大使前往中國。11世紀時，爪哇出現了競爭對手，尤其是卡迪里（Kadiri），室利佛逝帝國因此終結。

■ 室利佛逝的核心地帶   ■ 卡迪里的核心地帶

■ 室利佛逝的最遠邊界   ■ 卡迪里的最遠邊界

6 占婆與大越 300年左右—1471年

4世紀時，占族人（Cham）在越南南部建立了印度教的占婆王國。他們經常向北部鄰國的越南人發動戰爭，越南人在1471占領了他們的首都毘闍耶。越南人的大越王國建立在一個長期被中國壓抑的地區，並逐漸發展，939年，在吳權（Ngo Quyen）的領導下獨立。

■ 占婆的核心地帶   ■ 大越的核心地帶

■ 占婆的最遠邊界   ■ 大越的最遠邊界

938年 在吳權的領導下，越南人擊敗南漢，保住了大越的獨立

1287年 蒲甘被蒙古所滅

875年左右 占族首都建立

1471年 毘闍耶遭越南人占領，標誌了占婆王國的結束

1130—1150年 蘇利耶跋摩二世下令建造吳哥窟，是吳哥最壯觀的寺廟

1177年 闍耶因陀羅跋摩四世（Jaya Indravarman IV）率領占族軍隊占領吳哥

700年左右 扶南滅亡後，真臘（Chenla）王國成為主要勢力

441年 中國對於室利佛逝最早的記載是來自坎特里港（Kan-t'l'li，位置不詳）的朝貢

671年 根據前來造訪的中國朝聖者的記錄，這裡有1000名佛教僧人

中國

大理

大越

大羅城

海南

南 海

CHANDRA

蒲甘

佩克沙諾苗

什里什特拉

勃固

Bay of Bengal

陀羅缽地

真臘

因陀羅補羅

占婆

毘闍耶

那宏柏頌

吳哥

伊奢那城

KAMBUJADESHA

澳蓋

扶南

TUN-SUN

Andaman Sea

泰國灣

Philippines

Strait of Malacca

羯荼訶

KAMPE

馬來半島

哥羅

Sumatra

YEH-PO-TI

VIJAYAPURA

BORNEO

Sulawesi

Macassar Strait

MALAYU

MALAYU

Malayu

Palembang

SRIVIJAYA

Sunda Strait

Java Sea

Flores Sea

TARUMA

TAN-TAN

KADIRI

PO-LI

Bali

Lombok

Sumbawa

Borobudur

Java

近代世界

1450—1700年之間，歐洲探險家到達美洲，並開始探索從非洲附近進入亞洲的海上航線。歐洲的軍事和科學革命也讓強權得以入侵歐洲以外的領土。

△ 爭奪靈魂
這幅畫是1614年由荷蘭藝術家阿德里安・范・德・維納（Adriaen van de Venne）創作的，象徵宗教的競爭導致歐洲分裂。圖中描繪新教徒（左側）的「收穫」比他們的天主教對手還多。

1450 年，政治上處於分裂狀態的歐洲在境外幾乎沒有影響力——法國和英格蘭仍在交戰；西班牙處於分裂狀態；義大利的貿易城邦似乎是歐洲大陸最活躍的勢力。最後，是貿易的衝動讓歐洲在世界上的地位徹底改變。

發現新大陸

葡萄牙水手慢慢前往非洲海岸線，尋找新航線以通往利潤豐厚的亞洲香料市場。他們在 1498 年成功了：瓦斯科・達伽馬（Vasco da Gama）的船隊抵達印度港口卡利刻特（Calicut，今日的科日可德 Kozhikode）。然而在這之前，就已經有了更驚人的發現——克里斯多福・哥倫布（Christopher Columbus）在 1492 年偶然發現加勒比海的一座島嶼，開啟了一道門，通往與世界其他地區隔絕了千年的美洲。

大量西班牙探險家越過大西洋進入美洲，意外地輕鬆推翻了當地的阿茲提克和印加帝國。他們建立了第一個歐洲殖民帝國，並把寶藏和白銀送回西班牙，導致西班牙通貨膨脹，但也增強了國內哈布斯堡王朝統治者在陸上的戰力。這是動盪時

期的寶貴資產。1517 年，德意志神父馬丁・路德（Martin Luther）對抗羅馬天主教會的腐敗，西歐在宗教上的統一因此破裂。這促使一連串改革家建立替代的新教教會，又進一步引發了一波宗教戰爭。1618 年爆發三十年戰爭，導致德意志的天主教和新教公侯相互鬥爭，法國、哈布斯堡帝國和瑞典軍隊也捲入其中，歐洲各國互相交戰，整個大陸滿目瘡痍。

歐洲的戰爭

火藥戰爭的到來預示了歐洲常備軍的出現，這些軍人受過槍械訓練，在比以往大上許多的部隊中作戰。這場 16 世紀的軍事革命大大增加了歐洲君主的權力，但也增加了戰爭的風險。英格蘭的專制君主和不滿的議會之間關係緊張，爆發成衝突，讓國家陷入內戰，導致國王查理一世（Charles I）於 1649 年被處決，並建立了一個為時 12 年的共和國，這是不列顛史上

◁ 藝術在印度蓬勃發展
這本美麗的《詩頌集》（Divan）是14世紀流行的波斯詩人哈菲茲（Hafiz）的作品集，於印度蒙兀兒時期編纂，這個時期的視覺藝術和文學都蓬勃發展。

探險與教會派系

近代是一個深度變革的時代。歐洲探險家在1492年到達新大陸，加速了原本稱霸當地的社會崩解。雖然歐洲商人也繞過非洲到達了亞洲的香料產區，但他們在這些地方建立的據點小了許多。歐洲本身因宗教上的衝突而飽受暴力摧殘，經過一個世紀的戰爭後，這些紛爭才結束。

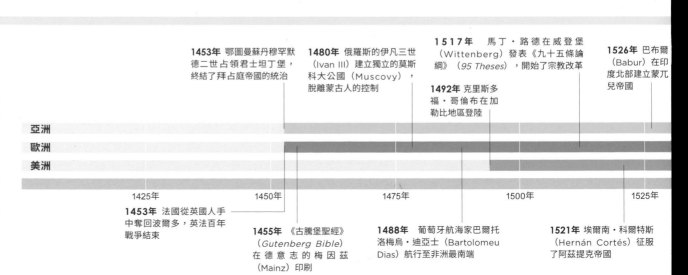

1453年 鄂圖曼蘇丹穆罕默德二世占領君士坦丁堡，終結了拜占庭帝國的統治

1480年 俄羅斯的伊凡三世（Ivan III）建立獨立的莫斯科大公國（Muscovy），脫離蒙古人的控制

1517年 馬丁・路德在威登堡（Wittenberg）發表《九十五條論綱》（95 Theses），開始了宗教改革

1526年 巴布爾（Babur）在印度北部建立蒙兀兒帝國

1492年 克里斯多福・哥倫布在加勒比地區登陸

亞洲
歐洲
美洲

1425年　　　　1450年　　　　1475年　　　　1500年　　　　1525年

1453年 法國從英國人手中奪回波爾多，英法百年戰爭結束

1455年 《古騰堡聖經》（Gutenberg Bible）在德意志的梅因茲（Mainz）印刷

1488年 葡萄牙航海家巴爾托洛梅烏・迪亞士（Bartolomeu Dias）航行至非洲最南端

1521年 埃爾南・科爾特斯（Hernán Cortés）征服了阿茲提克帝國

◁ **武士道**
在日本的江戶時代（又稱德川時代），武士在嚴格的階級制度中占據很高的地位。這副武士的軍用盔甲可追溯至19世紀。

唯一的共和國。到了1660年恢復君主制時，不列顛又面臨新的競爭對手：路易十四（Louis XIV）統治下復甦的法國以及剛形成的荷蘭共和國，荷蘭商人在亞洲部分地區取代了葡萄牙人和西班牙人。

進一步擴張

法國和不列顛的競爭延伸到美洲，他們在那裡慢慢侵蝕葡萄牙和西班牙的雙頭壟斷，也開始侵略亞洲，但遇到了強大的對手。

鄂圖曼帝國已經擴張，占領了整個土耳其以及中東和北非的大部分地區。薩法維帝國為波斯（現代伊朗）迎來了黃金時代，蒙兀兒帝國則於1526年占領德里，1700年為止已征服了印度次大陸的大部分地區。在中

> 「教會需要改革……這完全是上帝的工作……」
>
> 馬丁・路德，德意志神學家

▷ **天體模型**
這個儀器稱為渾天儀，用來表示天體的位置，太陽位在中心。

國，社會和外交都很保守的明清兩朝都只把數量愈來愈多的外國人視為騷擾。然而在日本，經過長期內戰後，幕府將軍德川於1600年重新統一了日本。他預見了外國勢力的危險，於是慢慢驅逐他們，只允許荷蘭人待在長崎附近的一小塊貿易領地，日本人因此免於受到這波開始侵蝕其他亞洲勢力的歐洲浪潮所影響。日本也沒有接觸到始於歐洲的科學革命，這場革命推翻了數個世紀以來普遍接受的觀念，並為新理論奠下基礎，例如哥白尼（Copernicus）的日心說和艾薩克・牛頓（Isaac Newton）的萬有引力學說。歐洲的軍事力量漸漸增長，經濟影響的範圍跟著擴大，科學知識也迅速發展。到了1700年，歐洲列強幾乎就要完全超越亞洲的競爭對手。

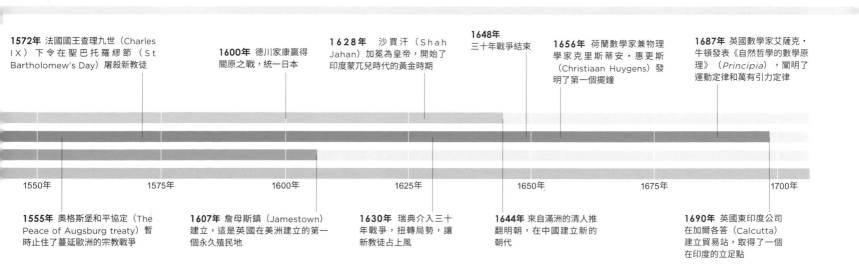

1572年 法國國王查理九世（Charles IX）下令在聖巴托羅繆節（St Bartholomew's Day）屠殺新教徒

1600年 德川家康贏得關原之戰，統一日本

1628年 沙賈汗（Shah Jahan）加冕為皇帝，開始了印度蒙兀兒時代的黃金時期

1648年 三十年戰爭結束

1656年 荷蘭數學家兼物理學家克里斯蒂安・惠更斯（Christiaan Huygens）發明了第一個擺鐘

1687年 英國數學家艾薩克・牛頓發表《自然哲學的數學原理》（Principia），闡明了運動定律和萬有引力定律

1550年　　1575年　　1600年　　1625年　　1650年　　1675年　　1700年

1555年 奧格斯堡和平協定（The Peace of Augsburg treaty）暫時止住了蔓延歐洲的宗教戰爭

1607年 詹母斯鎮（Jamestown）建立，這是英國在美洲建立的第一個永久殖民地

1630年 瑞典介入三十年戰爭，扭轉局勢，讓新教徒占上風

1644年 來自滿洲的清人推翻明朝，在中國建立新的朝代

1690年 英國東印度公司在加爾各答（Calcutta）建立貿易站，取得了一個在印度的立足點

殖民北美洲

歐洲人在17世紀初成功殖民北美洲。法國和西班牙的殖民地必須聽從皇室的命令，而英國殖民地則由宗教異議異士、商業公司和皇室相關人士共同建立，他們與皇室保持一定的距離，因此比競爭對手擁有更多的優勢。

1585 年，華 特·雷 利 爵 士 (Sir Walter Raleigh) 試圖在洛亞諾克 (Roanoke) 建立新大陸的第一個英國殖民地，但並未成功。英國第一個成功的殖民地是詹母斯鎮，於 1607 年成立。一個世紀後，約有 20 萬名英國移民抵達，英國在美洲的殖民地數量已經增加到 13 個。歐洲的奴隸販子也帶來了將近 17 萬 5000 名非洲奴隸，在美洲的種植園工作。1608 年，法國移民在加拿大的魁北克扎根，並開始在聖羅倫斯河盆地和河口到達的內陸

地區定居。他們建立了堡壘，最南邊的位在紐奧良，因此和英國成了競爭者，並在 1689 年爆發戰爭。同時，西班牙人在佛羅里達的新興殖民地發展受阻，且他們從 1520 年代起就開始探索北美洲西南部，卻未能從中獲利。不斷增長的歐洲勢力攪亂了當地的權力結構，結果美洲原住民為了奪回失去的土地而抗爭，引發持續了將近三個世紀的衝突。到了 1700 年代中期，殖民者彼此之間以及他們和大西洋對岸的英國統治者之間的關係已經變得愈來愈緊張。

北美13州

間在1607年 (維吉尼亞) 到1733年 (喬治亞) 之間，這些殖民地已經發展成獨立的政治體，且經常根據地理特徵和所從事的主要貿易類型被畫分為四個地區。

1750年被殖民的北美洲

1750年，北美洲的法國和西班牙帝國領土都比英國領土大，但人口稀少，經濟活動有限。相對之下，英國殖民地有大量移民湧入，因為這速增長的經濟所吸引。

圖例
1 ■ 英格蘭、蘇格蘭不列顛領土和聚落
2 ■ 西班牙領土和聚落
3 ● 法國領土和聚落

時間軸

1500　1600　1700　1800

---

1 西班牙人在佛羅里達 1565─1718年

西班牙是最早在北美洲建立歐洲聚落的國家，於1565年在佛羅里達建立了聖奧古斯丁 (St Augustine)。他們一開始把殖民的重心放在墨西哥和祕魯，因為這兩處有金礦和待征服的帝國。由於北方英國殖民地在發展，再加上1718年法國人到達西部的紐奧良，因此西班牙人被限制在佛羅里達。

→ 西班牙移民路線

2 新法蘭西 1605─1718年

法國人先後於1605年和1608年在皇家港和魁北克 (加拿大殖民地內，聖羅倫斯河沿岸的領土) 建立聚落。1629─1632年，魁北克落入英國手中時，蘇格蘭人建立了新斯科細亞 (Nova Scotia) 殖民地。法國人主張擁有密西西比河沿岸的土地，並稱這片土地為路易斯安納。法國在北美洲所有殖民地統稱為新法蘭西。

→ 法國移民路線

3 英國人到來 1620年

1620年12月，將近100名英國移民乘著五月花號 (Mayflower) 抵達美洲海岸尋求宗教上的自由，他們在普利茅斯 (Plymouth) 建立聚落。第一個冬天很艱苦，許多人在這段期間喪生，但在馬什比的萬帕諾亞格 (Mashpee Wampanoag) 部落的幫助下，他們的聚落得以倖存。接下來的幾十年中，有愈來愈多人從不列顛殖民至到美國東岸。

→ 英格蘭或不列顛移民路線

Hudson Bay

Newfoundland

Labrador

1717 Fort Churchill
1682 York Factory

1713年 根據烏得勒支和約 (Treaty of Utrecht) 割讓給英國

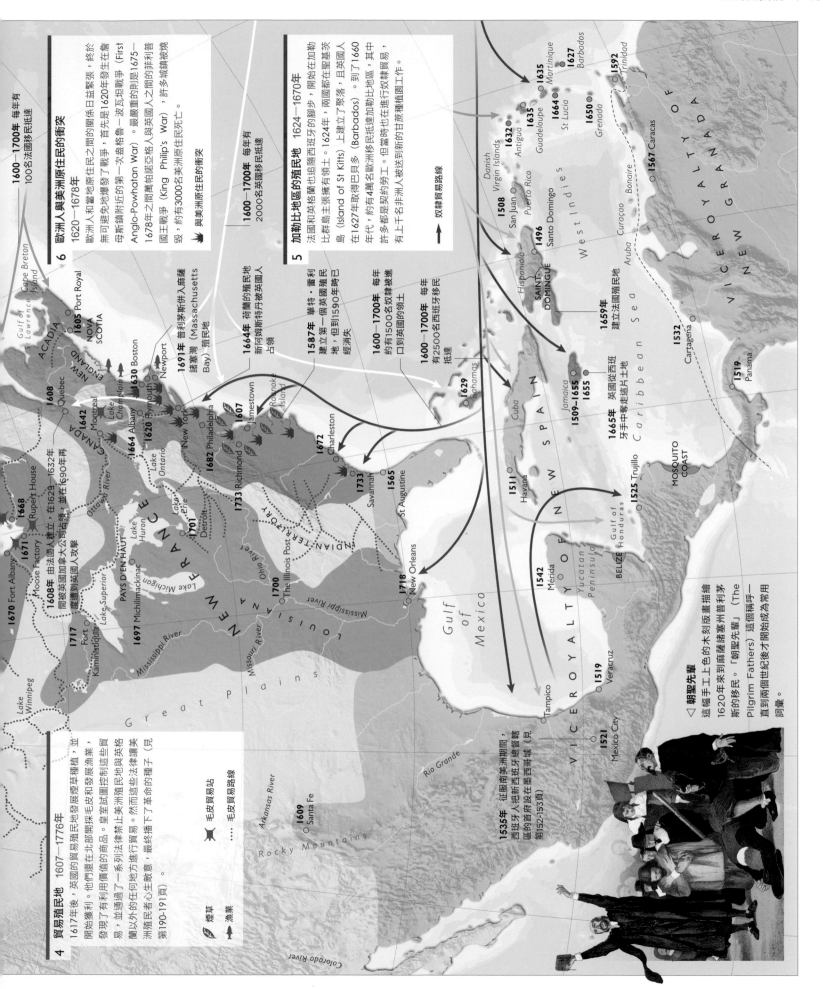

4 貿易殖民地 1607－1776年

1617年後，英國的貿易殖民地發展煙草種植，並開始獲利。他們還在北部開採毛皮和發展漁業，發現了有利可圖的商品。皇室試圖控制這些貿易，並通過了一系列法律禁止美洲殖民地與英格蘭以外的任何地方進行貿易。然而這些法律讓美洲殖民者心生敵意，最終播下了革命的種子（見第190-191頁）。

🐟 煙草

🐟 漁業

➤ 毛皮貿易站

⋯⋯ 毛皮貿易路線

6 歐洲人與美洲原住民的衝突

1620－1678年

歐洲人和當地原住民之間的關係日益緊張，終於無可避免地爆發了戰爭，首先是1620年發生在詹母斯鎮附近的第一次盎格魯一波瓦坦戰爭（First Anglo-Powhatan War）。最嚴重的則是1675－1678年之間萬帕諾亞格人與英國人之間的菲利普國王戰爭（King Philip's War），許多城鎮被焚燒毀，約有3000名美洲原住民死亡。

🔥 與美洲原住民的衝突

1600－1700年 每年有
100名法國移民抵達

1600－1700年 每年有
2000名英國移民抵達

5 加勒比地區的殖民地 1624－1670年

法國和英格蘭也追隨西班牙的腳步，開始在加勒比群島建立殖民地。1624年，兩國都在聖基次島（Island of St Kitts）上建立了聚落，且英國人在1627年取得巴貝多（Barbados）。到了1660年代，約有4萬名歐洲移民抵達加勒比地區，其中許多都是契約勞工。但當時也在進行奴隸貿易，有上千名非洲人被送到新的甘蔗種植園工作。

➤ 奴隸貿易路線

1600－1700年 每年
約有1500名奴隸被進
口到英國的領土

1600－1700年 每年
有2500名西班牙移民
抵達

1535年 征服南美洲期間，西班牙人把新西班牙總督轄區的首府設在墨西哥城（見第152-153頁）

◁ **朝聖先輩**

這幅手工上色的木刻版畫描繪1620年來到麻薩諸塞州普利茅斯的移民。「朝聖先輩」（The Pilgrim Fathers）這個稱呼一直到兩個世紀後才開始成為常用詞彙。

大交換時代

從新石器時代起，人類就展開全球性的遷徙，繼而交換糧食作物和動物。但直到1492年，歐洲探險家到達新大陸（美洲）時，物種交流才產生如此巨大的影響。

在公元前 1 萬 1000 年到公元前 6000 年之間，人類在全球各地獨立馴化了作物。在這些塑造早期農業基石的「奠基農作物」（founder crop）之中，小麥是最早大規模在西亞栽種的作物，時間約在公元前 9500 年，而稻米則在 1500 年過後成為東亞的主食。同時，美洲的農業社群由於和舊大陸（非洲、亞洲和歐洲）徹底隔絕，所以馴化了一系列完全不同的作物。

歐洲探險家在 15 世紀末到達美洲時（見第 150-151 頁），新、舊大陸開始經歷前所未有的大規模物種交流，這就是後來我們所知的「哥倫布大交換」（Columbian Exchange）。舊大陸的主食——小麥、稻米、豬、牛、馬等——被引進美洲，而番茄、玉米、馬鈴薯和木薯等新大陸的食物則出口到全球其他地區。煙草和美洲當地動物的毛皮成為高利潤的商品，讓定居者能夠獲得資金去經營新的殖民地。然而，哥倫布大交換並非只有正面影響。疾病在兩個世界之間傳播開來，梅毒傳入歐洲，而天花、麻疹和流感等舊大陸的疾病則蔓延到美洲，消滅了大量當地人口。因此，為了填補枯竭的美洲原住民勞動力，歐洲種植園主從非洲引進奴隸，導致數千萬人流離失所和死亡。

馬匹
馬對美洲原住民部落的影響

15世紀晚期，哥倫布在第二次前往新大陸時帶了一群動物，共有25匹馬，於是馬又重新被引入美洲。到了1750年，馬已經分散到十個州，這個地帶稱為北美大平原（Great Plains）。當地居民的生活因此徹底改變。平原印第安人突然發現了一種優越的動物，可以用來捕獵他們的主食——野牛。

美洲原住民的畫作

4 煙草 1528—1700年
煙草傳統上是美洲原住民在宗教儀式上使用的物品，於1528年被西班牙探險家帶回歐洲。煙草中令人上癮的物質在歐洲流行起來，殖民者用它來資助對北美的進一步擴張。從大約1610年開始，英國殖民者就在北美洲東岸建立了煙草種植園。從1700年代初期開始，大多數煙草種植園都是利用非洲奴隸來讓利潤達到最大化。

🌿 煙草

1660年 維吉尼亞州的切薩皮克灣每年出口價值3500萬元的煙草到世界各地

NORTH AMERICA

PACIFIC OCEAN

15—16世紀 探險家帶來了許多馴化的動物，包括馬、牛、羊和豬

1492年 哥倫布在加勒比地區登陸後的150年內，約有80%至95%的美洲當地原住民死於最初由哥倫布的船員帶來的新疾病

SOUTH AMERICA

5 甘蔗 1492—1650年
甘蔗從東南亞經由歐洲傳到新大陸。這種集約作物在巴西和加勒比地區蓬勃發展，到了1560年代，巴西成為出口糖到歐洲的主要國家。當地人口因疾病而漸漸減少，因此在1650年，西班牙和葡萄牙殖民者運了大約80萬名非洲奴隸到甘蔗園工作。

🌾 甘蔗

6 新疾病傳入美洲 1492—1600年
受感染的西班牙殖民者把白喉、麻疹、流感和天花等舊大陸的疾病傳到美洲。在1520—1600年之間，墨西哥和祕魯的一連串流行病導致當地九成的人口死亡。在歐洲，一般認為是哥倫布的船員把梅毒從新大陸帶了回來。

☀ 舊大陸的疾病　　☀ 新大陸的疾病

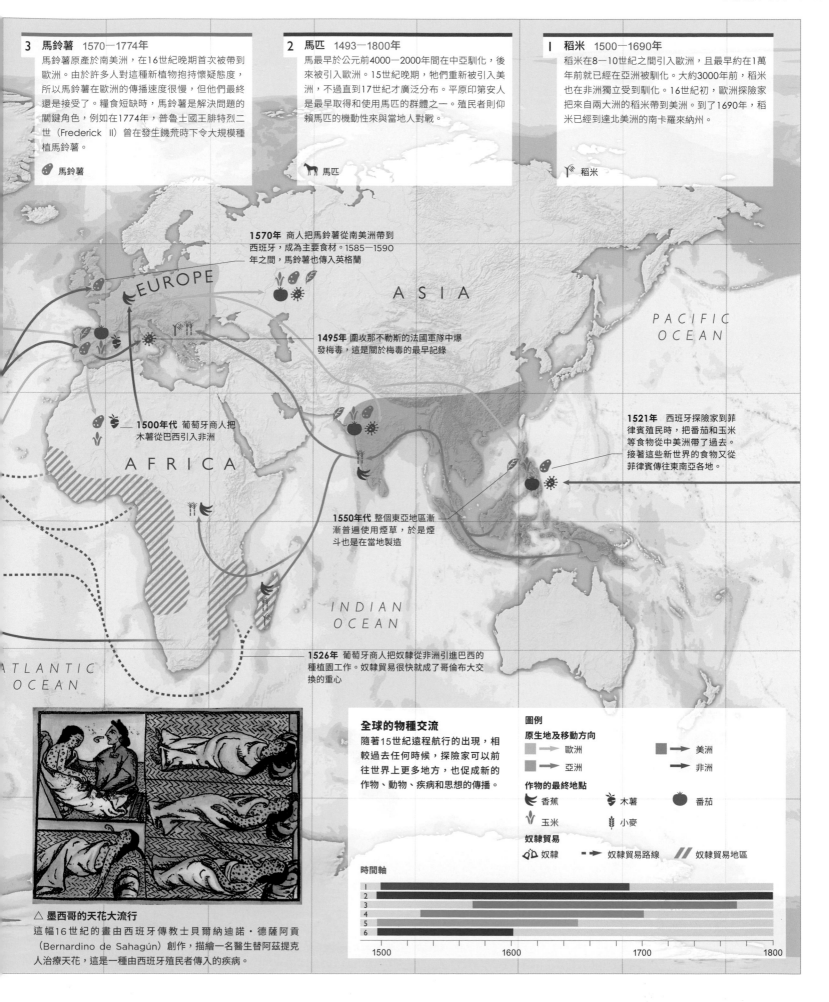

3　馬鈴薯　1570—1774年

馬鈴薯原產於南美洲，在16世紀晚期首次被帶到歐洲。由於許多人對這種新植物抱持懷疑態度，所以馬鈴薯在歐洲的傳播速度很慢，但他們最終還是接受了。糧食短缺時，馬鈴薯是解決問題的關鍵角色，例如在1774年，普魯士國王腓特烈二世（Frederick II）曾在發生饑荒時下令大規模種植馬鈴薯。

🥔 馬鈴薯

2　馬匹　1493—1800年

馬最早於公元前4000—2000年間在中亞馴化，後來被引入歐洲。15世紀晚期，牠們重新被引入美洲，不過直到17世紀才廣泛分布。平原印第安人是最早取得和使用馬匹的群體之一。殖民者則仰賴馬匹的機動性來與當地人對戰。

🐎 馬匹

1　稻米　1500—1690年

稻米在8—10世紀之間引入歐洲，且最早約在1萬年前就已經在亞洲被馴化。大約3000年前，稻米也在非洲獨立受到馴化。16世紀初，歐洲探險家把來自兩大洲的稻米帶到美洲。到了1690年，稻米已經到達北美洲的南卡羅來納州。

🌾 稻米

1570年　商人把馬鈴薯從南美洲帶到西班牙，成為主要食材。1585—1590年之間，馬鈴薯也傳入英格蘭

EUROPE

ASIA

PACIFIC OCEAN

1495年　圍收那不勒斯的法國軍隊中爆發梅毒，這是關於梅毒的最早記錄

1500年代　葡萄牙商人把木薯從巴西引入非洲

AFRICA

1521年　西班牙探險家到菲律賓殖民時，把番茄和玉米等食物從中美洲帶了過去。接著這些新世界的食物又從菲律賓傳往東南亞各地。

1550年代　整個東亞地區漸漸普遍使用煙草，於是煙斗也是在當地製造

INDIAN OCEAN

ATLANTIC OCEAN

1526年　葡萄牙商人把奴隸從非洲引進巴西的種植園工作。奴隸貿易很快就成了哥倫布大交換的重心

△ **墨西哥的天花大流行**
這幅16世紀的畫由西班牙傳教士貝爾納迪諾·德薩阿貢（Bernardino de Sahagún）創作，描繪一名醫生替阿茲提克人治療天花，這是一種由西班牙殖民者傳入的疾病。

全球的物種交流

隨著15世紀遠程航行的出現，相較過去任何時候，探險家可以前往世界上更多地方，也促成新的作物、動物、疾病和思想的傳播。

圖例

原生地及移動方向

■ → 歐洲　　　　■ → 美洲
■ → 亞洲　　　　■ → 非洲

作物的最終地點

🍌 香蕉　　　🥕 木薯　　　🍅 番茄
🌽 玉米　　　🌾 小麥

奴隸貿易

奴隸　　-▶ 奴隸貿易路線　　▨ 奴隸貿易地區

時間軸

1500　　　1600　　　1700　　　1800

文藝復興

在15世紀的義大利，大家對於經典以及非宗教讀物重新產生興趣，再加上藝術創作繁榮發展，造就了文藝復興。這場運動很快就傳到北歐，重新塑造了歐洲大陸的文化景觀。

△ 大膽諷刺
德西德里烏斯·伊拉斯謨於1509年撰寫的《愚人頌》嘲諷當時天主教會的某些暴行，並在結尾呼籲回歸更純粹的基督教倫理。

5世紀羅馬帝國滅亡後，古典作家的知識在歐洲已經沒落，雖然在11和12世紀時，有人重新發現了拉丁和希臘文的文本（尤其是法律和亞里斯多德的哲學相關著作）。但這場復興以教會內部為基礎，重心放在於為神職人員的教育而設計的狹隘課程。14世紀的義大利由幾十個獨立的城邦組成。大部分城邦（如弗羅倫斯和威尼斯）都是共和制，由聲望高的市民統治，他們因中世紀晚期貿易和產業的發達而致富。世俗財富的增長不受君主或天主教會掌控，於是漸漸形成了贊助人的階級。這些贊助人傾向於提升自己城市的形象，而不是歌頌教會。

重新發現過去

人們意識到過去的輝煌，於是渴望找回那些曾經讓羅馬帝國偉大的知識。波焦·布拉喬利尼（Poggio Bracciolini）等學者翻遍了修道院的檔案，尋找沒見過的文本。結果他們找到的作品有演說家西塞羅（Cicero）的八篇新講稿和馬爾庫斯·維特魯威·波利奧（Marcus Vitruvius Pollio）的《建築十書》（Ten Books on Architecture）手稿。雖然布拉喬利尼擔任教廷文書，但他依然對新人文主義運動有貢獻，這個運動將研究的重心放在人性，不只是上帝，並鼓勵更廣泛的教育方法。

▷ 贊助藝術
弗羅倫斯藝術家桑德羅·波提切利為統治弗羅倫斯的美第奇家族成員創作了〈春〉（*Primavera*）。畫中描繪了維納斯、美惠三女神以及墨丘利（Mercury），是文藝復興時期典型由富裕的義大利贊助人委託的畫作。

藝術復興

與人文主義一起興起的還有方言文學的創作，而不是數個世紀以來幾乎所有學術研究都在使用的拉丁文。弗羅倫斯詩人但丁·阿利吉耶里（Dante Alighieri）是這方面的先驅，他於1320年創作的《神曲》（*Divine Comedy*）可說

歐洲的重生

雖然9和12世紀也曾有過一些文化復興的時期，但始於15世紀義大利的文藝復興在藝術、文學、教育和政治等方面所觸及的廣度卻是無與倫比。文藝復興於14世紀初次萌芽，由提香（Titian）和喬托·迪·邦多納（Giotto di Bondone）等藝術家的畫作開始，影響力持續發揮到17世紀。然而，這場運動的關鍵事件都是發生在從1400年起的125年之間。

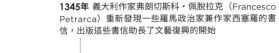

1345年 義大利作家弗朗切斯科·佩脫拉克（Francesco Petrarca）重新發現一些羅馬政治家兼作家西塞羅的書信，出版這些書信助長了文藝復興的開始

1401年 弗羅倫斯藝術家羅倫佐·吉貝爾蒂（Lorenzo Ghiberti）受委託為弗羅倫斯大教堂的洗禮堂打造新的大門

| 文學 |
| 建築 |
| 教育 |
| 繪畫與雕塑 |

1360年　　　　1380年　　　　1400年

1348—1353年 喬凡尼·薄伽丘寫的《十日談》是最偉大的早期義大利非韻文作品之一

1417年 布拉喬利尼發現了古羅馬哲學家盧克萊修（Lucretius）的《物性論》（*De Rerum Natura*）手稿

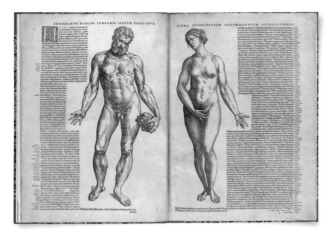

◁ **解剖學的革命**
這張圖是很像法蘭德斯解剖學家安德雷亞斯·維薩里（Andreas Vesalius）於1543年出版《摘要》（*Epitome*），中心的插圖詳細展示出人體構造。維薩里徹底改變了人體的研究。

> 「拿到錢之後，我第一件要做的事……買一些希臘作家的作品，然後再買衣服。」

德西德里烏斯·伊拉斯謨，荷蘭學者，1498年

是定義了義大利的文學語言。到了16世紀，方言文學已經在許多國家生根，並出現各種活躍的作品，例如英格蘭的威廉·莎士比亞的戲劇，還有法國的米歇爾·德·蒙田（Michel de Montaigne）的哲學著作。荷蘭學者德西德里烏斯·伊拉斯謨（Desiderius Erasmus）開創了一種批判性的歷史分析法，並撰寫了《愚人頌》（*In Praise of Folly*），以諷刺的手法抨擊宗教迷信。1450年代，富人識字率提高，加上發明了印刷術，有助於教會控制的鬆綁——在這之前，教會幾乎壟斷了手稿的傳播以及歐洲大學和神學院提供的教育，嚴重打壓了反對者的意見。這次復興進而為宗教改革奠下了基礎——宗教改革運動質疑教會的暴行以及天主教教義。到了15世紀，義大利城邦裡富有的贊助人已經開始用新知識所創造出來的作品來豐富他們的家鄉。

從14世紀初開始，義大利藝術家一直在嘗試新技術，試圖為他們的作品找到更新、更寫實的創作方式。馬薩喬（Masaccio）等弗羅倫斯藝術家在描繪自然方面發展出一套專業技術，並提升了風景畫的深度。後來的幾代畫家——例如桑德羅·波提切利（Sandro Botticelli）、李奧納多·達文西和拉斐爾等人——的作品被視為藝術史上最偉大的傑作。

雕塑家創作了公共藝術作品，例如放置在弗羅倫斯市政府外的米開朗基羅〈大衛像〉（David）。建築師也改良了他們的技術，最著名的是菲利波·布魯內萊斯基，他設計了弗羅倫斯的聖母百花大教堂（Duomo），擁有有史以來最大的石造穹頂。

運動的巔峰

這場運動迅速蔓延，義大利的進步啟發了揚·凡·艾克（Jan van Eyck）等法蘭德斯大師和魯道夫·阿格里科拉（Rudolph Agricola）等日耳曼學者的作品。弗羅倫斯的歷史學家尼可洛·馬基維利（Niccolò Machiavelli）撰寫了一系列著作，研究統治者該如何進行最佳管理，之後這場運動的影響也延伸到政治思想上。到了16世紀下半葉，義大利的財富和勢力與法國、英格蘭和荷蘭共和國等其他新興國家相比有所衰落，且義大利作為文化強國的地位漸漸沒落，文藝復興也接近尾聲。

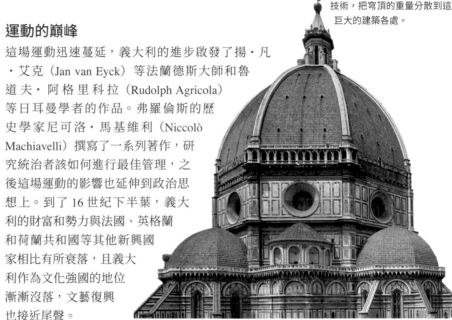

▽ **建築壯舉**
弗羅倫斯的聖母百花大教堂於1296年開工，到了1418年仍未建成。當時菲利波·布魯內萊斯基（Filippo Brunelleschi）贏得競賽，得以設計這座教堂的穹頂。他使用創新技術，把穹頂的重量分散到這座巨大的建築各處。

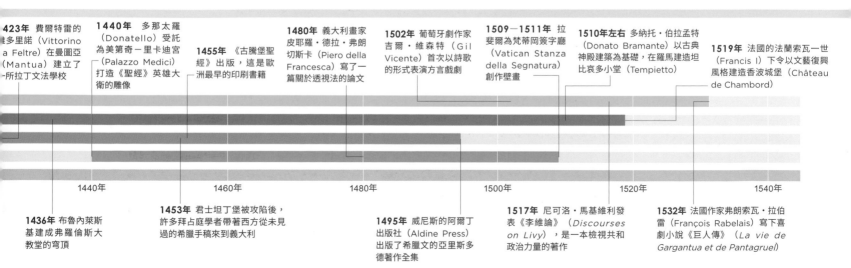

1423年 費爾特雷的維多里諾（Vittorino da Feltre）在曼圖亞（Mantua）建立了一所拉丁文法學校

1440年 多那太羅（Donatello）受託為美第奇－里卡迪宮（Palazzo Medici）打造《聖經》英雄大衛的雕像

1455年 《古騰堡聖經》出版，這是歐洲最早的印刷書籍

1480年 義大利畫家皮耶羅·德拉·弗朗切斯卡（Piero della Francesca）寫了一篇關於透視法的論文

1502年 葡萄牙劇作家吉爾·維森特（Gil Vicente）首次以詩歌的形式表演方言戲劇

1509－1511年 拉斐爾為梵蒂岡簽字廳（Vatican Stanza della Segnatura）創作壁畫

1510年左右 多納托·伯拉孟特（Donato Bramante）以古典神殿建築為基礎，在羅馬建造坦比哀多小堂（Tempietto）

1519年 法國的法蘭索瓦一世（Francis I）下令以文藝復興風格建造香波城堡（Château de Chambord）

1440年　1460年　1480年　1500年　1520年　1540年

1436年 布魯內萊斯基建成弗羅倫斯大教堂的穹頂

1453年 君士坦丁堡被攻陷後，許多拜占庭學者帶著西方從未見過的希臘手稿來到義大利

1495年 威尼斯的阿爾丁出版社（Aldine Press）出版了希臘文的亞里斯多德著作全集

1517年 尼可洛·馬基維利發表《李維論》（*Discourses on Livy*），是一本檢視共和政治力量的著作

1532年 法國作家弗朗索瓦·拉伯雷（François Rabelais）寫下喜劇小說《巨人傳》（*La vie de Gargantua et de Pantagruel*）

殖民地的香料貿易

15世紀末發現了一條從歐洲到印度的航線，於是幾個歐洲國家迅速在非洲撒哈拉沙漠以南和南亞沿岸建立設防的貿易站。這些國家因此獲得了香料的來源，這是一種在歐洲市場備受推崇的商品。

中世紀時，肉荳蔻、丁香和胡椒等亞洲香料經由陸路到達歐洲，過程中流經許多商人之手，所以價格很昂貴。歐洲探索非洲海岸線的目的是找到一條路線，可以繞過控制亞洲的穆斯林，確保能夠直接取得這些香料。

1497—1498年，由於瓦斯科・達伽馬率先環繞了非洲，葡萄牙艦隊得以在莫三比克（1505年）、果亞（1510年）、荷莫茲（Hormuz，1515年）和麻六甲（1511年）建立據點。相較之下，西班牙則主要局限於菲律賓（1565年）的前哨站。在

阿方索・德・阿爾布克爾克（Afonso de Albuquerque，1509—1515年在位）治下，葡萄牙掌控了印度洋的貿易，但在1609年被荷蘭人取代。荷蘭人在摩鹿加群島建立據點，後來人稱這裡為香料群島（Spice Islands）。

不列顛也受到香料貿易的豐厚利潤所吸引，但由於他們無法突破荷蘭在摩鹿加群島的壟斷，所以把重心轉向印度。從1613年起，不列顛的商業機構——英國東印度公司——在印度設立了一連串的貿易站和工廠，並取得據點，將在18世紀成為帝國的核心。

> 「肉荳蔻對頭腦發冷的人有好處，能舒緩視力和大腦。」
>
> 安德魯・布德（Andrew Borde），
> 摘錄自《健康飲食》（*Dyetary of Helth*）

安波那大屠殺，1623年
荷蘭保護香料貿易的手段

到了1621年，荷蘭東印度公司（VOC）完全掌控了摩鹿加群島，並壟斷了只在這個地區栽種的肉荳蔻、荳蔻、丁香和胡椒等香料。1623年2月，荷蘭東印度公司聲稱揭穿了英國商人的恐怖陰謀，說他們打算潛入安波那島（Amboina，今日安汶）並攻占要塞。於是荷蘭人逮捕了有罪的一方（也包括荷蘭東印度公司僱用的日本和葡萄牙職員），其中20人後來因侵犯荷蘭主權而遭受酷刑並被處決。

I 歐洲人在非洲的殖民地 1482—1721年
1482年，葡萄牙人為了交易黃金而在相當於今日迦納的位置建造了艾爾米納城堡（Elmina Castle，後來成為英國的財產），此後歐洲人就沒有離開過撒哈拉沙漠以南的非洲。後來他們又在莫三比克的基爾瓦和安哥拉的魯安達（Luanda）增加了更多前哨站。隨著貿易重心轉向奴隸貿易，英國、法國和荷蘭人開始在非洲海岸線建立據點。1721—1730年之間，荷蘭人掌控了葡萄牙位於德拉哥亞灣（Delagoa Bay）的奴隸貿易港。

■ 受歐洲影響的地區

1482年 葡萄牙
立要塞，並在16
年被荷蘭人占領

1641—1648
荷蘭人占領達
島嶼，後來歸
給葡萄牙

1448年 探險家迪亞哥・康（Diogo Cão）
主張安哥拉屬於葡萄牙

7 荷蘭東印度公司掌權 1602—1796年
荷蘭東印度公司又稱聯合東印度公司（Verenigde Oost-Indische Compagnie），成立於1602年，為東南亞各地的貿易業務提供資金。1602年，荷蘭東印度公司到達香料群島，主導了香料貿易整整兩個世紀，並消除了葡萄牙、英國和當地班達人（Bandanese）不時造成的威脅。1796年，荷蘭東印度公司收歸國有。

➤➤ 荷蘭貿易路線　　○ 荷蘭東印度公司的主要基地

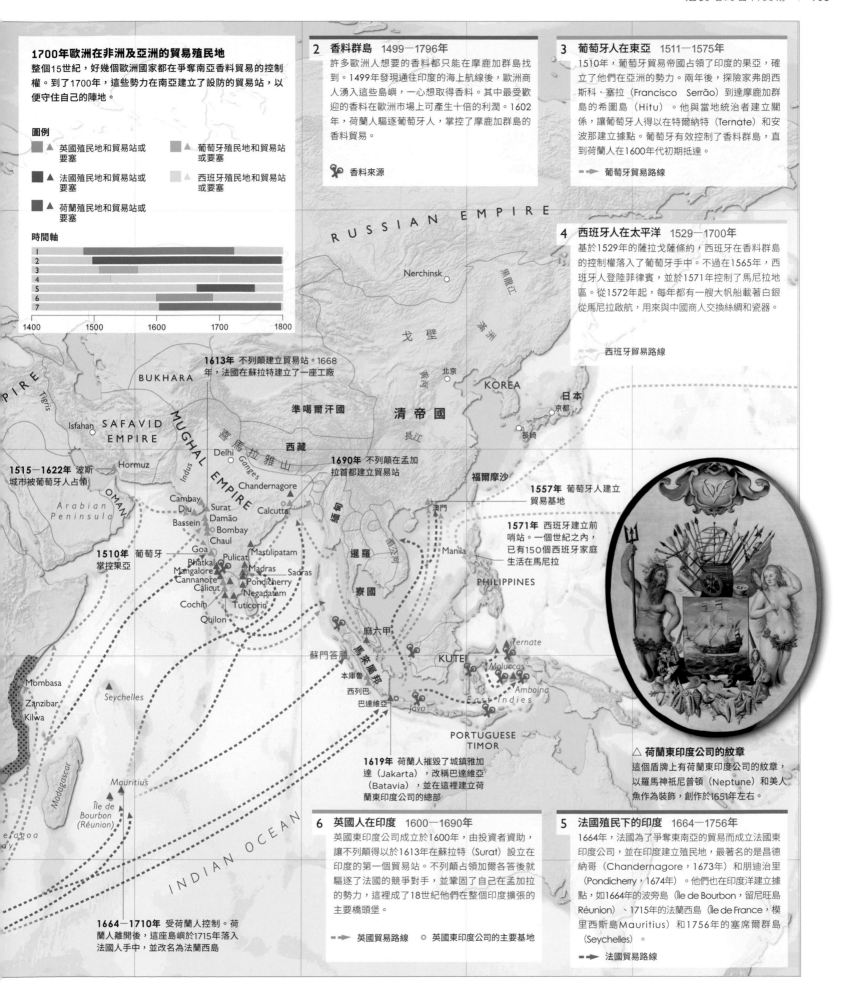

1700年歐洲在非洲及亞洲的貿易殖民地

整個15世紀，好幾個歐洲國家都在爭奪南亞香料貿易的控制權。到了1700年，這些勢力在南亞建立了設防的貿易站，以便守住自己的陣地。

圖例

■ ▲ 英國殖民地和貿易站或要塞　　■ ▲ 葡萄牙殖民地和貿易站或要塞

■ ▲ 法國殖民地和貿易站或要塞　　■ ▲ 西班牙殖民地和貿易站或要塞

■ ▲ 荷蘭殖民地和貿易站或要塞

時間軸

1400	1500	1600	1700	1800	

2　香料群島　1499—1796年

許多歐洲人想要的香料都只能在摩鹿加群島找到。1499年發現通往印度的海上航線後，歐洲商人湧入這些島嶼，一心想取得香料。其中最受歡迎的香料在歐洲市場上可產生十倍的利潤。1602年，荷蘭人驅逐了葡萄牙人，掌控了摩鹿加群島的香料貿易。

✤ 香料來源

3　葡萄牙人在東亞　1511—1575年

1510年，葡萄牙貿易帝國占領了印度的果亞，確立了他們在亞洲的勢力。兩年後，探險家弗朗西斯科·塞拉（Francisco Serrão）到達摩鹿加群島的希圖島（Hitu）。他與當地統治者建立關係，讓葡萄牙人得以在特爾納特（Ternate）和安波那建立據點。葡萄牙有效控制了香料群島，直到荷蘭人在1600年代初期抵達。

⇢ 葡萄牙貿易路線

4　西班牙人在太平洋　1529—1700年

基於1529年的薩拉戈薩條約，西班牙在香料群島的控制權落入了葡萄牙手中。不過在1565年，西班牙人登陸菲律賓，並於1571年控制了馬尼拉地區。從1572年起，每年都有一艘大帆船載著白銀從馬尼拉啟航，用來與中國商人交換絲綢和瓷器。

⇢ 西班牙貿易路線

1613年 不列顛建立貿易站。1668年，法國在蘇拉特建立了一座工廠

1690年 不列顛在孟加拉首都建立貿易站

1557年 葡萄牙人建立貿易基地

1571年 西班牙建立前哨站。一個世紀之內，已有150個西班牙家庭生活在馬尼拉

1515—1622年 波斯城市被葡萄牙人占領

1510年 葡萄牙掌控果亞

1664—1710年 受荷蘭人控制。荷蘭人離開後，這座島嶼於1715年落入法國人手中，並改名為法蘭西島

1619年 荷蘭人摧毀了城鎮雅加達（Jakarta），改稱巴達維亞（Batavia），並在這裡建立荷蘭東印度公司的總部

△ **荷蘭東印度公司的紋章**

這個盾牌上有荷蘭東印度公司的紋章，以羅馬神祇尼普頓（Neptune）和美人魚作為裝飾，創作於1651年左右。

6　英國人在印度　1600—1690年

英國東印度公司成立於1600年，由投資者資助，讓不列顛得以於1613年在蘇拉特（Surat）設立在印度的第一個貿易站。不列顛占領加爾各答後就驅逐了法國的競爭對手，並鞏固了自己在孟加拉的勢力，這裡成了18世紀他們在整個印度擴張的主要橋頭堡。

⇢ 英國貿易路線　　○ 英國東印度公司的主要基地

5　法國殖民下的印度　1664—1756年

1664年，法國為了爭奪東南亞的貿易而成立法國東印度公司，並在印度建立殖民地，最著名的是昌德納哥（Chandernagore，1673年）和朋迪治里（Pondicherry，1674年）。他們也在印度洋建立據點，如1664年的波旁島（Île de Bourbon，留尼旺島Réunion）、1715年的法蘭西島（Île de France，模里西斯島 Mauritius）和1756年的塞席爾群島（Seychelles）。

⇢ 法國貿易路線

印刷術

印刷機的發明徹底改變了知識的傳播。原本必須辛
苦手抄的書籍如今可以一口氣印上幾百、幾千份，
提供給更廣大的市場。

△ 古代印刷

這是《金剛經》中的一頁。《金剛經》
是世界上年代已知的印刷書籍中最古老
的，於868年用雕版印刷印成，並於
1907年在中國西部被重新發現。

印刷術並不是什麼新的科技。
從 2 世紀開始，東亞就有人使
用雕版印刷。1041 年，中國發
明家畢昇創造了活字印刷，也
就是不必每次都雕刻一塊新的
木版，就能迅速印出新的頁面。
然而，印刷術的關鍵發明出現
在 1439 年，當時德意志印刷工
約翰尼斯・古騰堡（Johannes
Gutenberg）發明了印刷機。把
紙張放置在排有墨字的木托盤上，再用長桿和螺釘按壓，就能每小
時精準印出 200 多張。

觸及更多讀者

古騰堡在 1440 年代初於德意志梅因茲打造了他的印刷機，而到
了 1455 年，他就已經印出了《四十二行聖經》（Forty-two-line
Bible），這是有史以來最著名的印刷作品之一。此後，這項技術就
迅速傳播開來，到了 1500 年，德意志已有大約 60 個城鎮擁有印刷
機。1465 年，印刷術傳到義大利，在 1470 年傳到法國，1476 年又
傳到英格蘭。這使得出版更多版本的書籍成為可能，加速了文藝復
興（見第 104-105 頁）時期出現的新人文主義思想的傳播。長遠來
說，生產這些書籍比手抄稿更
便宜，使更廣泛的社會群體可
以負擔得起，並有助於提高識
字率。雖然古騰堡並不知道，
但他發動了一場知識革命。

◁ 世界最早的報紙

世界上最早的報紙有可能是《一切非凡與
值得銘記的新聞》（Relation Aller
Fürnemmen und Gedenckwürdigen
Historien），於1605年由德意志出版商
約翰・卡羅勒斯（Johannes Carolus）
在斯特拉斯堡（Strasbourg）印製。

> 「這本《詩篇》⋯⋯是用印刷術這種
> 巧妙的發明印成的⋯⋯」

摘錄自福斯特和蕭佛（Fust and Schoeffer）印刷的《詩篇》
（Psalms），1457年

宗教改革

對羅馬天主教會行為的長期不滿導致了1517年的派系分裂，於是改革宗（又稱為新教）教會在整個歐洲興起。天主教國家試圖重申教皇權威，卻引發一波反對浪潮。

1517年，德意志奧斯定會（Augustinian）的修士馬丁・路德（Martin Luther）撰寫了《九十五條論綱》（*Ninety-five Theses*），譴責羅馬天主教會的許多行為。教會不友善的反應迫使路德揚棄天主教的階級制度，採用一套新的神學思想。他吸引了大量支持者，這些人形成了改革宗教會的核心，遍及德意志諸國。德意志王侯開始支持這個運動後，就爆發了一系列宗教戰爭。在這場鬥爭中又出現了更激進的新教改革分子，例如瑞士的喀爾文（Calvin），而英國和瑞典國王不是反對教皇的權威，就是更進一步——接受新

> 「一名擁有《聖經》的普通信徒勝過沒有《聖經》的至高教皇。」
>
> 馬丁・路德，1519年

教，因此擴大了改革宗教會在地理上的分布範圍。1542年，特倫特（Trent）的天主教議會加強了對神職人員的教育，並糾正了教會的弊端。1555年，他們在奧格斯堡（Augsburg）達成了一項和平協議，在宗教上給予新教徒有限的寬容。然而，這份和平充其量都還是很脆弱。1560年代，法國爆發了新的宗教衝突，其他地方也有衝突在醞釀中，最終於1618年爆發三十年戰爭（見第168-169頁）。

聖巴托羅繆節大屠殺
法國歷史上的血腥篇章

1572年8月24日，法王查理九世在他母后的指示下，下令暗殺巴黎胡格諾派新教（Huguenot Protestant）的領袖。暗殺的目標人物包括胡格諾派領導人加斯帕爾・德科利尼（Gaspard de Coligny）上將，他被狠狠毆打，並在黎明前被扔出臥室的窗戶。這個事件引發了一波大規模的狂熱，天主教暴徒衝上街頭，在全國屠殺了1—2萬名新教徒。

歐洲的宗教地圖

馬丁・路德於1517年抨擊了羅馬天主教會之後，一股強大的信仰復興運動捲襲了整個歐洲。德意志和斯堪地那維亞的世俗統治者順從路德宗的路線，建立了新教。喀爾文主義在荷蘭、蘇格蘭和東歐占主導地位，而盎格魯宗（Anglicanism）則在英格蘭興起。

圖例

- 1555年，以天主教為主的地區
- 1570年左右的神聖羅馬帝國邊界
- 1555年，以新教為主的地區

時間軸

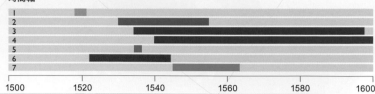

1500　1520　1540　1560　1580　1600

1　《九十五條論綱》　1517—1521年

1517年10月，馬丁・路德把他的《九十五條論綱》釘在威登堡教堂的門上。這份文件上列出針對教會的95項不滿，並且在救贖以及聖餐的定義等主題上提出新的神學觀點。這份文件在整個歐洲引起軒然大波，並導致他在1521年被逐出天主教會。

- 路德宗（Lutherism）的創始地點
- 路德宗的散播
- 信仰路德宗的地區

2　天主教與新教的衝突　1530—1555年

1530年，神聖羅馬帝國皇帝查理五世下令要所有新教教會放棄改革，於是在1540以及1550年代引起一連串的戰爭。最後他們於1555年在德意志的奧格斯堡達成和平協議，天主教會同意接納新教，但僅限於已經改信新教的德意志諸國境內。

- 奧格斯堡和平協定的簽署地點

3　法國的宗教衝突　1534—1598年

宗教戰爭最初的爆發時間是1534年，當時法蘭索瓦一世（1515—1537年在位）試圖壓迫法國境內的新教。1572年的聖巴托羅繆節，上千名胡格諾派新教人士在巴黎遭到屠殺。1598年，原本是胡格諾派一員的亨利四世（Henri IV，1598—1610年在位）發布南特敕令（Edict of Nantes），接納法國境內的新教。新教徒在倫敦和羅馬也面臨迫害。

- 迫害地點
- 南特敕令
- 胡格諾派的中心

4　喀爾文主義　1540—1600年

法國神學家約翰・喀爾文於1540年代在日內瓦建立新教社群。他發起的運動提出比路德更激進的神學思想，強調上帝的權力和預選說。喀爾文主義在法國、德意志諸國、荷蘭、蘇格蘭和中歐各地都迅速傳播。

- 喀爾文主義
- 喀爾文主義的傳播

ATLANTIC OCEAN

PORTUGAL

Lisbon

SPAIN

Seville

5　英格蘭教會　1531─1534年

英格蘭的宗教改革一直沒什麼進展，直到國王亨利八世（Henry VIII，1509─1547年在位）為了和妻子亞拉岡的凱瑟琳（Katherine of Aragon）離婚而與教皇發生爭執，因為天主教會禁止離婚。亨利八世不顧教皇的最高權力，於1534年通過至尊法案（Act of Supremacy），建立了英格蘭教會，並將新教引入英格蘭。

── 英格蘭教會

6　瑞典的宗教改革　1523─1544年

隨著路德宗的思想在瑞典傳播開來，國王古斯塔夫・瓦薩（Gustavus Vasa，1523─1560年在位）試圖建立一個能與教皇共存的國教。然而在1527年，革命家奧拉維斯・佩特里（Olavus Petri）在維斯特羅斯（Västeras）發起一場集會後，天主教會的財產就被沒收了。1544年，瑞典正式宣布成為新教國家。

✤ 維斯特羅斯集會地點

7　反宗教改革　1545─1563年

1545─1563年之間的三次特倫特大公會議（General Council of Trent）是天主教宗教改革的巔峰。教會的階級制度擁護教皇的至高權力和天主教的核心教義，但改革了對神職人員的教育，並且禁止濫用職權，例如出售贖罪券──也就是懺悔者能透過金錢上的捐款而獲得赦免。

✤ 特倫特大公會議地點

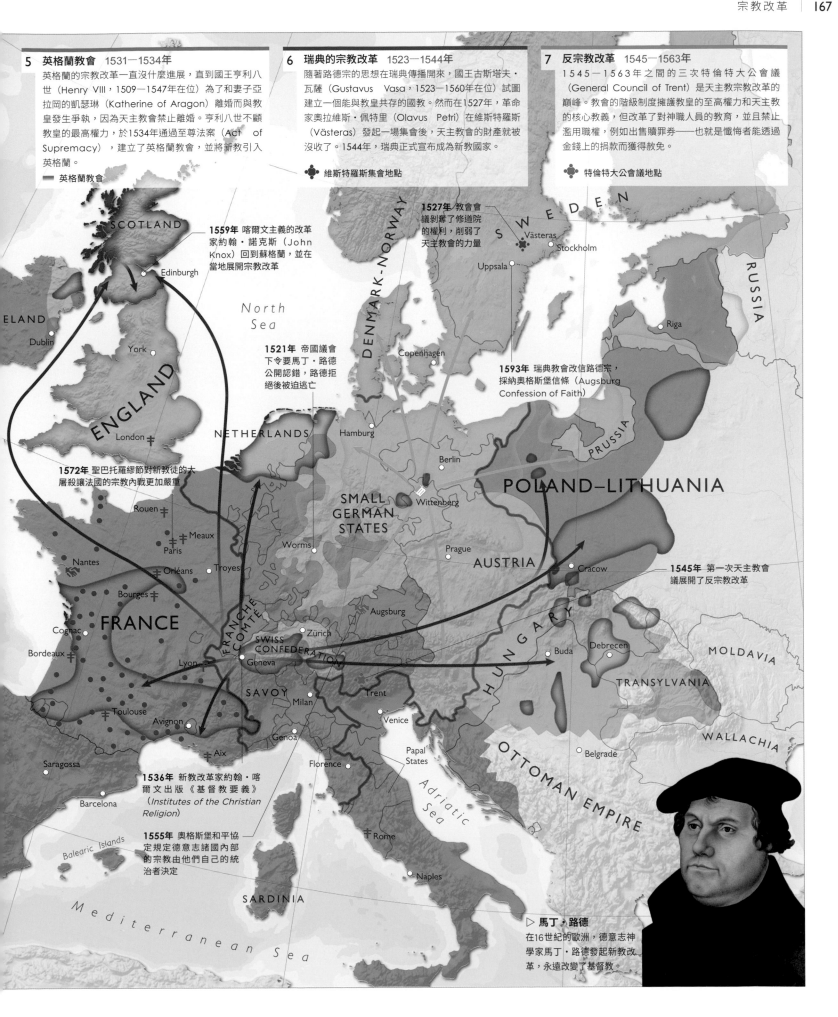

1559年 喀爾文主義的改革家約翰・諾克斯（John Knox）回到蘇格蘭，並在當地展開宗教改革

1527年 教會會議剝奪了修道院的權利，削弱了天主教會的力量

1521年 帝國議會下令要馬丁・路德公開認錯，路德拒絕後被迫逃亡

1593年 瑞典教會改信路德宗，採納奧格斯堡信條（Augsburg Confession of Faith）

1572年 聖巴托羅繆節對新教徒的大屠殺讓法國的宗教內戰更加嚴重

1545年 第一次天主教會議展開了反宗教改革

1536年 新教改革家約翰・喀爾文出版《基督教要義》（Institutes of the Christian Religion）

1555年 奧格斯堡和平協定規定德意志諸國內部的宗教由他們自己的統治者決定

▷ **馬丁・路德**

在16世紀的歐洲，德意志神學家馬丁・路德發起新教改革，永遠改變了基督教。

North Sea

Mediterranean Sea

Adriatic Sea

SCOTLAND
Edinburgh
IRELAND
Dublin
York
ENGLAND
London
NETHERLANDS
Hamburg
Berlin
DENMARK–NORWAY
Copenhagen
SWEDEN
Västeras
Stockholm
Uppsala
RUSSIA
Riga
PRUSSIA
POLAND–LITHUANIA
Wittenberg
SMALL GERMAN STATES
Worms
Prague
AUSTRIA
Cracow
Rouen
Meaux
Paris
Nantes
Orléans
Troyes
Bourges
FRANCE
Cognac
Bordeaux
Lyon
Geneva
FRANCHE COMTÉ
SWISS CONFEDERATION
Zürich
Augsburg
HUNGARY
Buda
Debrecen
MOLDAVIA
TRANSYLVANIA
SAVOY
Milan
Trent
Venice
Genoa
Florence
Papal States
Rome
Naples
Toulouse
Avignon
Aix
Saragossa
Barcelona
Balearic Islands
SARDINIA
WALLACHIA
Belgrade
OTTOMAN EMPIRE

天下大亂
正如賽巴斯汀・弗蘭克斯（Sebastien Vrancx）
在他1620年的畫作中所記錄的，三十年戰爭期
間，肆意掠奪的情形在雙方軍隊中都十分普遍，
有不少第一手資料證實了這些暴行。

三十年戰爭

當戰爭於1618年爆發時，原本只是為了波西米亞少數新教徒的權利。但戰爭卻蔓延開來，讓奧地利、巴伐利亞和神聖羅馬帝國的天主教統治者與德意志的新教王侯勢不兩立，最後連幾個外國勢力也捲入了。

1555 年的奧格斯堡和平協定（見第 166-167 頁）規定神聖羅馬帝國的各個統治者都能夠選擇天主教或新教作為自己王國的宗教，但天主教徒和新教徒之間仍然關係緊張。

1617 年，這股壓力終於爆發。身為施蒂里亞（Styria）大公的天主教狂熱分子斐迪南（Ferdinand）被任命為波希米亞國王，這是個以新教為主的王國。波希米亞的新教徒為他們的宗教自由感到擔心，於是在 1618 年 5 月起義。之後爆發的衝突蔓延到整個大波希米亞。最後，由西班牙支持的帝國軍隊在 1620 年的白山戰役（Battle of White Mountain）中鎮壓了叛亂，並把天主教強制定為波希米亞的國教。

幾年下來，對於天主教政權的不滿不斷增長，為鄰近的新教國家奠下基礎，對帝國發動戰爭。首先是丹麥（1625—1629 年），接著是瑞典（1630—1635 年），最後是法國（1635—1648 年）。雖然法國信仰天主教，但他們卻站在新教那一邊。

三十年戰爭是歐洲史上最激烈、最具破壞性的戰爭之一，造成神聖羅馬帝國原本 2000 萬到 2500 萬的人口減少了三分之一。最後他們終於在 1648 年達成和平協議，對新教徒的普遍歧視和歐洲的宗教戰爭也告一段落。

▷ **瑞典國王**
（1611—1632年
在位）
三十年戰爭期間，古斯塔夫領導他的國家發展成一個軍事霸權。1631年，他在布來騰費爾德（Breitenfeld）大敗神聖羅馬帝國軍（右圖），並橫掃德意志和波西米亞大部分地區。他在1632年的呂岑會戰（Battle of Lützen）瑞典軍戰勝時死去，因此拖慢了瑞典的進軍。

> 「這場強盜戰爭中的一切都難以言喻。」

目擊者彼得・泰爾（Peter Thiele）的描述

不列顛內戰

在1640年代和1650年代初，一名傾向絕對君主制的國王試圖挑戰議會，導致不列顛群島陷入一連串錯綜複雜的戰爭。結果發生了一場短暫的共和革命，在這期間，激進的政治團體推動了激進的社會和政治改革。

到了16世紀，英國已經有了這樣的慣例：君主徵收的大部分稅款都必須得到議會的批准。查理一世必須為1636—1637年出征國和西班牙以及1639—1640年征討蘇格蘭支付費用。但在1640年之前，他都採取權宜措施，只徵收不需要議會批准的稅款，例如船稅，這是一種過時的海軍稅。

在1629—1640年之間，他一直沒有召開議會，因此大家開始懷疑他想解散議會。同時，有一股清教主義浪潮正在興起，這個激進的宗教派系反對英格蘭教會的傳統階級制度。議會堅持要掌握更多權力，因此他們與國王的談判變得更複雜。1642年，保王派和議會派之間爆發了戰爭。

在第一次內戰中，奧立佛．克倫威爾（Oliver Cromwell）領導的議會派徹底擊敗了保皇派。第二次內戰期間，國王向蘇格蘭求助，但這場由蘇格蘭支持的入侵行動以失敗告終。查理遭到審判並被處決，接著他的兒子查理二世（Charles II）在第三次內戰中被擊敗。後來政治激進分子建立了英格蘭共和國，由奧立佛．克倫威爾擔任護國公，這個共和國一直存在到1660年。

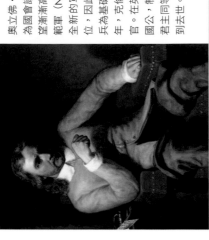

奧立佛．克倫威爾 1599—1658年

奧立佛．克倫威爾是清教徒，於1628年成為國會議員。內戰期間，他在不列顛的聲望漸漸高升。1645年，克倫威爾成為新模範軍（New Model Army）的副手。這支全新的軍隊重視個人能力，而非社會地位，因此達到達勃發展；軍隊以輕裝上陣的騎兵為基礎，大大提高了改擊軍隊的速度。1650年，克倫威爾升官成為議會派軍隊的指揮官。在英格蘭共和國期間，他受命擔任在護國公、制止激進主義的興起，幾乎擁有與君主同等的權力。他一直擔任這個職位直到去世。

> 「朕將從肉身轉變為不朽，不復蒙塵。」
> 查理一世受刑前的遺言。

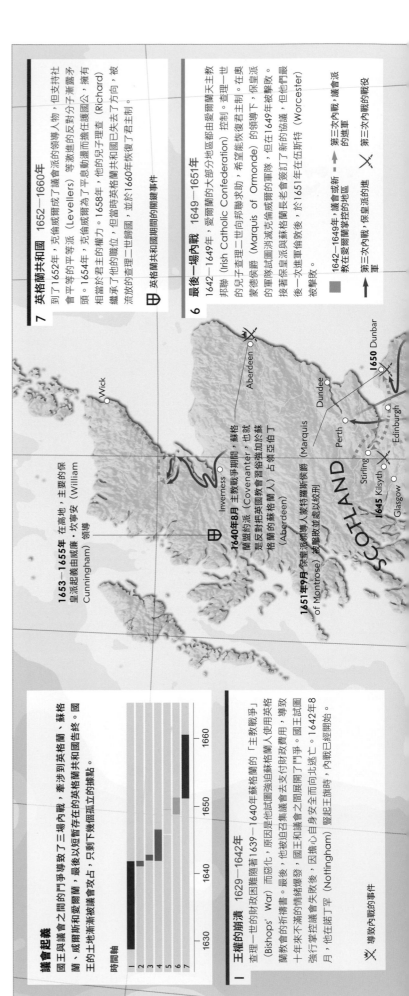

議會起義

1 王權的崩潰 1629—1642年
查理一世與議會之間的鬥爭導致了三場內戰。國王與議會之間的財政困境隨著對蘇格蘭的「主教戰爭」（Bishops' War）而惡化，原因是他試圖強迫蘇格蘭人使用英格蘭教會的祈禱書。最後，他被迫召集議會去支付財政費用，導致十年來不滿的情緒爆發。國王和議會之間展開了鬥爭。1642年8月，他在諾丁宇（Nottingham）豎起王旗時，內戰已經開始。

✗ 導致內戰的事件

1653—1655年 在高地，主要的保皇派聯盟的派系（Covenanter）也就是反對把英格蘭教會習俗強加於蘇格蘭的蘇格蘭人）占領亞伯丁（Aberdeen）

1640年8月 主教戰爭期間，蘇格蘭盟約的派系（Covenanter）是反對義威廉·坎寧安（William Cunningham）領導

1651年9月 保皇派領導人蒙特羅斯侯爵（Marquis of Montrose）被擊敗逃亡時，豎起王旗後，因擔心自身安全而出逃

Wick
Aberdeen
Inverness
SCOTLAND
Perth
Dundee
Stirling
1645 Kilsyth
Glasgow
Edinburgh
1650 Dunbar

7 英格蘭共和國 1652—1660年
到了1652年，克倫威爾成了議會派的領導人物，但支持社會平等的平等派（Levellers）等激進的反對分子漸露矛頭。1654年，克倫威爾為了平息動盪而擔任護國公，擁有相當於君主的權力。1658年，他的兒子理查（Richard）繼承了他的職位，但當時英格蘭共和國已失去了方向，被流放的查理二世恢復了君主制。

⊞ 英格蘭共和國期間的關鍵事件

6 最後一場內戰 1649—1651年
1642—1649年，愛爾蘭的大部分地區都由愛爾蘭天主教邦聯（Irish Catholic Confederation）控制。查理一世的兒子查理二世向邦聯求助，希望能恢復君主制。在奧蒙德侯爵（Marquis of Ormonde）的領導下，保皇派的軍隊試圖消滅克倫威爾的軍隊，但在1649年被擊敗。接著保皇派與蘇格蘭長老會簽訂了新的協議，但他們最後一次進軍英倫三島後，於1651年在伍斯特（Worcester）被擊敗。

■ 1642—1649年：第三次內戰，議會或新教在愛爾蘭掌控的地區
→ 第三次內戰，保皇派控制的地區
→ 第三次內戰的進軍
✗ 第三次內戰的戰役

時間軸
1630　1640　1650　1660

1640年8月 紐伯恩之戰（Battle of Newburn）過後，蘇格蘭盟約派占領紐卡斯爾（Newcastle）

1644年 保皇派指揮官魯珀特親王（Prince Rupert）試圖接收約克（York），但以失敗告終

1642年8月22日 國王在諾丁罕升起王旗，象徵內戰開始

1646年5月 查理一世向蘇格蘭人投降

1651年 克倫威爾的議會派軍隊在沃里克（Warwick）會合，並進軍伍斯特

1642年 戰爭的第一場戰役

1649年末 平等派叛變

1642 難分難解，最後無果而終

1643, 1644 紐伯里 Newbury

1640年11月 召開長期議會

1642年1月 查理一世進入下議院逮捕異議分子

1649年1月 查理一世在倫敦被處決

1649年4月 平等派在士兵叛變（Bishopsgate）

1660年5月 查理二世登陸，奪回英格蘭王位

1643年 議會派軍隊為了重新取得英格蘭南部的主控權而擊退保皇派

1643年 雷夫‧霍普頓爵士為保皇派取得勝利，開闢了通往得文郡（Devon）的道路

1643年 彭魯多克上校（Colonel Penruddock）領導的保皇派義被鎮壓

1655年 彭魯多克上校（Colonel Penruddock）領導的保皇派義被鎮壓

1651年 最後一支支持查理二世的軍隊在伍斯特被擊敗，查理二世開始流亡

1648年8月25日 最後一支蘇格蘭騎兵向議會投降

1649年 克倫威爾攻陷德羅赫達（Drogheda），造成大量平民傷亡

1648年8月17日 蘇格蘭軍的長老會和保皇派聯軍被擊敗

1652年 愛爾蘭人和被視為對英格蘭不忠的平民的土地被共和國領導人大多沒收

1649年 奧蒙德侯爵被爵被擊敗，扼殺了保皇派在愛爾蘭東山再起的機會

1642年 愛爾蘭邦聯軍隊在利斯卡羅爾（Liscarrol）被擊敗，代科克（Cork）成為保皇派和新教的據點

1643年7月 被保皇派軍隊占領

1645年9月 向議會投降

1648年 科爾切斯特 Colchester

1648年5月 多佛 Dover

1648年 梅德斯通 Maidstone

地名（地圖上）：Londonderry、Drogheda、Dublin、Rathmines、Liscarrol、Clonmel、Cork、IRELAND、Carlisle、Newcastle、Castle Bolton、Marston Moor、Sandal Castle、Newark、Nottingham、Ashby-de-la-Zouch、Naseby、Lichfield、Uttoxeter、Warwick、Worcester、Edgehill、Preston、Lathom、Hulme、ENGLAND、WALES、Burford、Donnington Castle、Roundaway Down、Langford House、Turnham Green、London、Newbury、Cherton、Langport、Lansdown、Bristol、Raglan、SOMERSET、South Molton、DEVON、CORNWALL、Braddock Down、EAST ANGLIA

---

5 第二次內戰 1646－1649年

1646年，查理向蘇格蘭人投降，但被交到議會手中，標誌了第一次內戰的結束。1647年，國王說服蘇格蘭人入侵英格蘭，因此他們成為國王的另一個強大的新模範軍，在戰爭中贏得了關鍵勝利，並於1648年在普雷斯頓（Preston）擊敗了國王的軍隊。國王遭到審判並被處決。

— 第二次內戰，保皇派的進軍

→ 第二次內戰，議會派的進軍

✕ 第二次內戰的戰役

---

4 清教徒和長老會 1643－1646年

許多議會派人士都信奉清教，這是新教中一個嚴格的分支。多議會領導主要歸屬長老會，是新教的另一派。因此在1643年，議會領導階層向蘇格蘭求助，而作為回報，議會同意英國國教會將按照長老會的路線進行改革。清教派的勝利導致大多數原本屬於保皇派的地區倍增。

▮ 1645年年底，國王控制的地區

▮ 1645年年底，議會掌控的地區

⚑ 1645年年底，議會掌控地區內的保皇派據點

---

2 第一次內戰爆發 1642年

1642年10月，戰爭在刀鋒山（Edgehill）爆發，但沒有結果。議會派和保皇派都未能有效領導軍隊，且國王錯過了從牛津進軍入倫敦以提早結束戰爭的機會。國家反而分裂成幾個區塊，各自從兩方之中選邊站。西方的康瓦耳且（Cornwall）最初是保皇派，而薩莫塞特（Somerset）則是親議會派。

✕ 第一次內戰的戰役

▮ 1642年年底，國王控制的地區

▮ 1642年年底，議會掌控的地區

---

3 保皇派的復甦 1643年

1643年發生了許多戰鬥，保皇派在戰略上取得優勢。1月份的布拉多克戰役（Battle of Braddock Down）由雷夫‧霍普頓爵士（Sir Ralph Hopton）取勝，到了7月，保皇派已經占領了布里斯托（Bristol）。北方也明顯落入保皇派的手中，只有在西南與立佛、克倫威爾落入保皇掌控的東安格里亞（East Anglia）議會才不落下風。

▮ 1643年年底，國王控制的地區

▮ 1643年年底，議會掌控的地區

▽ **走向斷頭臺**

1649年1月30日，國王查理一世在士兵的守衛下穿越聖詹姆斯公園（St James's Park），前往受刑。

1 征服巴爾幹地區 1453—1495年

穆罕默德二世於1453年占領君士坦丁堡後，就主張剩下的拜占庭屬地也歸他所有，最後在1460年攻陷摩里亞。他在1454年征服塞爾維亞，並在1463年併吞波士尼亞。摩爾達維亞和拉古薩共和國（Republic of Ragusa）都和平屈服於鄂圖曼帝國，並成為朝貢國。唯有在1456年，鄂圖曼攻占貝爾格勒（Belgrade）失敗，才阻止他們進一步向西進攻。

→ 主要進軍路線　◎ 圍攻

2 塞利姆坐上哈里發之位 1512—1520年

塞利姆蘇丹（1512—1520年在位）於1516年開始征服由馬木路克王朝統治的埃及和敘利亞。他的軍隊掃蕩了阿勒坡和大馬士革的反抗軍，並於1517年把馬木路克王朝的哈里發吊死在開羅城門（Gates of Cairo），宣布勝利。鄂圖曼透過取得對伊斯蘭聖城麥地那和麥加的掌控權，成功當上了繼拉什敦（Rashiduns）、倭瑪亞和阿拔斯之後的第四大哈里發王朝。

→ 塞利姆一世的主要進軍　✗ 鄂圖曼的勝利

◁ **蘇萊曼一世上朝**

這幅16世紀的鄂圖曼彩飾畫描繪1556年蘇萊曼大帝接見一名來自附庸國匈牙利的使者。

3 蘇萊曼大帝 1520—1566年

蘇萊曼一世以蘇萊曼大帝（1520—1566年在位）的稱號為人所知。他在帝國勢力最鼎盛的時期擔任統治者。1526年，他在莫哈奇（Mohács）擊敗匈牙利人，讓匈牙利淪為附庸國。奧地利的哈布斯堡統治者斐迪南一世（Ferdinand I）試圖奪回匈牙利，但1529年，鄂圖曼帝國反擊，圍攻維也納。雖然蘇萊曼沒有成功拿下這個哈布斯堡王朝的城市，但還是保住了匈牙利領主的地位。

→ 蘇萊曼一世的主要進軍　◎ 圍攻
✗ 重要勝利

4 鄂圖曼人的海上戰事 1522—1571年

1522年，鄂圖曼海軍把十字軍軍隊的聖約翰騎士團（Knights of St John）逐出羅德島，並於1529年占領阿爾及爾（Algiers）。1570年，鄂圖曼帝國襲擊賽普勒斯（Cyprus）之後，歐洲列強建立了神聖同盟（Holy League）。一年後，由奧地利的唐·胡安（Don Juan）率領的同盟艦隊在勒班陀（Lepanto）擊敗了鄂圖曼軍隊，結束了鄂圖曼海軍在地中海東部的霸權。

→ 主要的海上進軍路線　✗ 重要勝利
→ 基督教的反擊　✗ 重要戰敗
◎ 圍攻

1475年 克里米亞汗國（Khanate of the Crimea）成為鄂圖曼帝國的朝貢國

1541年 匈牙利被鄂圖曼帝國併吞

1504年 摩爾達維亞成為鄂圖曼帝國的朝貢國

1461年 鄂圖曼帝國占領拜占庭要塞特拉比松

1366—1453年 鄂圖曼帝國首都

1453年 鄂圖曼帝國定都君士坦丁堡，並改名為伊斯坦堡

1460年 鄂圖曼帝國占領拜占庭領土摩里亞（伯羅奔尼撒半島）

1565年 鄂圖曼軍隊圍攻了三個月，仍無法擊退十字軍的聖約翰騎士團

1517年 鄂圖曼人征服開羅，象徵馬木路克蘇丹國的衰落。馬木路克蘇丹自1250年就掌控埃及和敘利亞

NORWAY
SWEDEN
RUSSIAN EMPIRE
DENMARK
POMERANIA
POLAND-LITHUANIA
Don
UNITED PROVINCES
SMALL GERMAN STATES
BRANDENBURG
SAXONY
AUSTRIA
EASTERN UKRAINE
KHANATE OF THE CRIMEA
Azov
1569
CIRCASSIA
SPANISH NETHERLANDS
HOLY ROMAN EMPIRE
BAVARIA
1683
1529 Vienna
Esztergom (Gran)
1543
TRANSYLVANIA
MOLDAVIA
Jassy
BUJAK
JEDISAN
Kaffa (Kefe)
Caucasus
GEORGIAN STATES
Dniester
SALZBURG
Buda
1526, 1541
1566
HUNGARY
Mohács
WALLACHIA
Black Sea
Trebizond
FRANCHE COMTÉ
SWISS CONFEDERATION
Szigetvár
1456 Belgrade
1521 Donube
1566
SERBIA
BOSNIA
Sofia
MILAN Venice
VENETIAN REPUBLIC
Danube
Edirne (Adrianople)
MOLDAVIA
SAVOY
PAPAL STATES
FLORENCE
REPUBLIC OF RAGUSA
Constantinople
OTTOMAN EMPIRE
1516 Aleppo
FRANCE
REP OF GENOA
PAPAL STATES
NAPLES
Otranto
1538 Preveza
1687 Athens
1453年
ANATOLIA
Taurus Mountains
SYRIA
Tripoli
Damascus
1516
PORTUGAL
SPAIN
Madrid
SARDINIA
1571 Lepanto
MOREA
1540 Monemvasia
1522 Rhodes
Cyprus
Jerusalem
Lisbon
1541
Algiers
Sicily
Malta
Crete
Mediterranean Sea
Alexandria
Suez
Oran
Fez
ALGIERS
1574 Tunis
Djerba
1560
Tripoli
1551
Cairo
Nile
MOROCCO
TUNIS
TRIPOLI
EGYPT

鄂圖曼帝國的擴張

鄂圖曼帝國在16和17世紀繼續擴張，一個個蘇丹發動戰役，為帝國贏得更多的領土。1683年，帝國未能征服維也納，這是帝國衰落的第一個跡象。

圖例

鄂圖曼帝國
- 1451年的帝國
- 1481年為止征服的領土
- 1512—1520年征服的領土
- 1520—1566年征服的領土
- 1566—1639年征服的領土

其他勢力
- 奧地利哈布斯堡王朝的領土
- 西班牙哈布斯堡王朝的領土
- ---- 附庸國的邊界

時間軸

1 2 3 4 5 6 7

1400 1500 1600 1700 1800

7 摩里亞戰爭 1684—1699年

1684年，威尼斯共和國發起戰爭，目的是征服摩里亞。他們在1687年占領摩里亞半島後就進軍雅典，向衛城內的鄂圖曼駐軍發射迫擊砲，嚴重破壞了帕德嫩神廟。威尼斯勝利與鄂圖曼帝國簽署卡洛維茨條約（Treaty of Karlowitz），鄂圖曼帝國把摩里亞和達爾馬提亞（Dalmatia）的部分地區割讓給威尼斯。

■ 威尼斯共和國與屬地　✕ 鄂圖曼帝國的戰敗

1552年 由海軍上將皮瑞・雷斯（Piri Reis）統帥的鄂圖曼艦隊洗劫了葡萄牙的前哨站

1534年 鄂圖曼人入侵，迫使薩法維政府逃離這座城市

6 圍攻維也納 1681—1683年

在大宰相卡拉・穆斯塔法帕夏（Kara Mustafa Pasha）的指揮下，鄂圖曼帝國於1681年攻擊哈布斯堡王朝統治的奧地利，於1682年占領匈牙利北部，並於1683年7月圍攻維也納。基督教國家結盟，並派了一支軍隊，由波蘭國王揚・索別斯基（Jan Sobieski）統帥，在兩個月後解放了維也納。卡拉・穆斯塔法因為戰敗遭到處決。

→ 波蘭的反擊　　■ 波蘭立陶宛聯邦
✕ 鄂圖曼的戰敗

5 治理帝國 1566—1639年

1574年，鄂圖曼帝國占領突尼斯，鞏固了對馬格雷布（Maghreb）東部和中部的統治。鄂圖曼還入侵了薩法維帝國西部邊境，占領了數個城市，包括1578年占領北部的德爾本特（Derbent）和1583年占領巴庫（Baku）。蘇萊曼一世上位後，宰相和後宮之間的權力鬥爭動搖了蘇丹的權威，削弱了帝國勢力。

1517年 鄂圖曼帝國擊敗埃及的馬木路克蘇丹國後，麥加的謝里夫・巴拉卡特（Sharif Barakat）承認了塞利姆一世的哈里發地位

→ 主要進軍路線　★ 鄂圖曼首都
✕ 重要勝利

地圖標注：
1578 Derbent
1583 Baku
1588 Ganja
1554 Nakhichevan
Tehran
Tabriz
1514, 1534, 1555, 1585
1514 Hamadan
SAFAVID EMPIRE
Zagros Mountains
Tigris
1534 Baghdad
Mesopotamia
Euphrates
1538 Basra
Gombrun
Muscat
OMAN
Persian Gulf
Bahrain
Arabian Peninsula
Medina
Mecca
Red Sea
ETHIOPIA

鄂圖曼帝國的統治

15世紀是鄂圖曼帝國擴張的時代，領土延伸到巴爾幹、敘利亞和埃及。鄂圖曼帝國在權力巔峰時期對西歐構成挑戰，迫使基督教國家結盟保護自己的土地。

1453年，拜占庭帝國的首都君士坦丁堡被攻陷之後，鄂圖曼帝國鞏固地位，成為現代主要的伊斯蘭勢力。蘇丹穆罕默德二世（1444—1446年及1451—1481年在位）接著併吞了拜占庭帝國分裂後的領土，進攻巴爾幹半島北部和安納托力亞東部，並透過從這些新併吞的領土得到的財富來壯大蘇丹國的勢力。1481年，鄂圖曼帝國對義大利南部的奧特蘭托（Otranto）發動攻擊，震驚了整個西歐。但一年後，穆罕默德突然死去，這場戰役因而告終。

繼位的巴耶濟德二世（Bayezid II，1481—1512年在位）在巴爾幹地區取得進一步的發展。塞利姆一世（Selim I，1512—1520年在位）征服了埃及和聖地，於是得以主張哈里發的頭銜，並在穆斯林統治者中取得主導地位。蘇萊曼大帝（Suleyman the Magnificent，1520—1566年在位）統治時，帝國處於鼎盛時期，他最知名的功績是在1526年入侵匈牙利。雖然哈布斯堡王朝的統治者是頑強的對手，但王朝大部分地區仍被鄂圖曼帝國占領。

蘇丹國的權威從16世紀中葉開始減弱。內部的權力鬥爭導致軍官對地方的控制權增加，而政府官員（尤其是大宰相）也開始崛起。雖然穆拉德四世（Murad IV，1623—1640年在位）和穆罕默德四世（Mehmed IV，1648—1687年在位）斷斷續續嘗試了一些改革，但事實證明他們的努力大多沒有效果。1683年，鄂圖曼帝國圍攻維也納失敗，領導者愈來愈無用的事實顯露無遺，而這場戰敗也標誌了帝國衰落的開始。

鄂圖曼建築
源自拜占庭的靈感

蘇丹穆罕默德二世征服君士坦丁堡後就前往聖索菲亞大教堂，也就是前拜占庭首都的核心，並把這裡改建為清真寺。這座壯麗的建築啟發了鄂圖曼帝國的偉大建築師，例如希南（Sinan），他接著設計的清真寺擁有高聳的圓頂、寬敞的開放式內部空間以及多個尖塔，例如於1558年在伊斯坦堡設計的蘇萊曼尼耶清真寺（Sülemaniye mosque）。

聖索菲亞大教堂
這幅16世紀的畫描繪了被改成清真寺的（聖）索菲亞大教堂。

東西交會

15世紀，歐洲人來到印度洋，開啟了為期200年的東西交會。愈來愈多西方旅人、商品和思想進入亞洲，而關於亞洲大陸與當地強大帝國的訊息也傳回歐洲。

△ **貿易中心**
這幅1665年的畫作描繪荷蘭國旗在印度孟加拉胡格里（Hooghly）的荷蘭東印度公司貿易站上空飄揚。在恆河可以看到荷蘭船隻在航行。

在 15 世紀晚期之前，歐洲人對亞洲的了解甚少，主要都是來自威尼斯商人馬可·波羅對蒙古帝國的觀察。歐洲人之所以會再次被亞洲吸引，是因為想要獲得肉豆蔻、胡椒、肉桂和丁香等香料，這些香料有很高的烹飪和藥用價值，不但價格昂貴，且只能沿著由中國、蒙兀兒帝國和鄂圖曼帝國掌控的陸路來取得。

前往亞洲的海上路線

義大利探險家克里斯多福·哥倫布於 1492 年向西航行，越過大西洋，試圖前往印度和中國。然而，最後是葡萄牙船長瓦斯科·達伽馬於 1498 年繞過非洲，再向東航行到印度洋，抵達了印度馬拉巴爾海岸的卡利刻特（今日科日可德）。此後，葡萄牙人帶著更多軍隊回來，在南亞各地建立了一連串據點，分別於 1510 年、1511 年和 1512 年在印度果亞、馬來半島的麻六甲和相當於今日印尼的地方建立貿易站。

面臨其他歐洲對手的競爭，葡萄牙很快就處於劣勢。最主要的對手是荷蘭人，他們於 1599 年開始入侵麻六甲。另外還有英國人，他們於 1612 年在印度的蘇拉特建立貿易站。然而，當時葡萄牙已經在中國澳門取得貿易據點，歐洲傳教士和商人都從這裡進入中國和日本。在中國，利瑪竇（Matteo Ricci）所帶領的耶穌會傳教士接納了許多中國習俗，包括他們的穿著，並在北京的明朝朝廷占有一席之地。雖然他們成功說服改信的人很少，且直到 1692 年他們才使基督教得到官方的允許，但傳教士把歐洲的天文、醫學和數學思想引入中國。中國的知識也透過書籍傳回西方，例如 1667 年的《中國圖說》（China Illustrata），由耶穌會的阿塔納修斯·基歇爾

◁ **入境隨俗**
阿塔納修斯·基歇爾的《中國圖說》中的一幅畫作描繪利瑪竇（左）與一位基督教傳教士穿著中式袍子，這讓他們在宮廷裡更容易被接納。

傳教士與商人

瓦斯科·達伽馬到達印度後，葡萄牙人就在南亞和東南亞建立了要塞。商人和傳教士經過這些地方深入亞洲，尤其是印度、日本和中國。到了17世紀中葉，大部分葡萄牙人都被荷蘭人和英國人取代。雖然這兩個國家對於傳教的貢獻並不如葡萄牙那樣顯著，但他們的商人把歐洲思想傳入亞洲，並把關於亞洲的知識帶回西方。

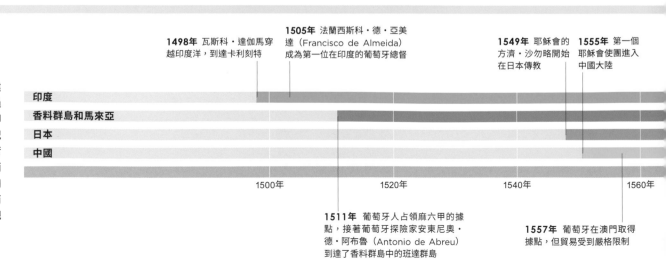

1498年 瓦斯科·達伽馬穿越印度洋，到達卡利刻特

1505年 法蘭西斯科·德·亞美達（Francisco de Almeida）成為第一位在印度的葡萄牙總督

1549年 耶穌會的方濟·沙勿略開始在日本傳教

1555年 第一個耶穌會使團進入中國大陸

印度
香料群島和馬來亞
日本
中國

1500年　　　　1520年　　　　1540年　　　　1560年

1511年 葡萄牙人占領麻六甲的據點，接著葡萄牙探險家安東尼奧·德·阿布魯（Antonio de Abreu）到達了香料群島中的班達群島

1557年 葡萄牙在澳門取得據點，但貿易受到嚴格限制

◁ **描繪外國人**
這幅16－17世紀的畫作描繪葡萄牙遠征隊抵達日本。畫風是南蠻風格，這是日本的一個藝術流派，專門描繪外國人和外國主題。

（Athanasius Kirchner）匯集而成，是第一本為歐洲讀者編製的關於中國的文本。

16世紀的日本也深陷內戰。1543年，兩名葡萄牙水手遇上船難，因而把現代火器傳入日本，增加了內戰的傷亡。耶穌會的方濟・沙勿略（Francis Xavier）於1549年進行傳教，因為他而改信的人包括大名大村純忠，他在1571年開放長崎給葡萄牙人，讓他們以這裡為據點擴張貿易網。

雖然歐洲商品深受日本人喜愛，且葡萄牙人還把銅版雕刻和油畫、水彩畫引入日本，但基督教改信者逐漸增加，令1600年起統治日本的德川幕府感到憂慮。1637年爆發島原之亂，這場暴動牽涉到許多日裔的羅馬天主教徒，是壓倒駱駝的最後一根稻草。基督教受到強烈鎮壓，葡萄牙人也被驅逐，與歐洲人往來的地方只剩下長崎附近的一小塊貿易據點，由荷蘭人管理。

印度的貿易與外交

在印度，英國人並沒有試圖讓人民改信基督教，而是想擴張貿易，方法是透過進入主要權力中心，而北方的中心就是蒙兀兒王朝。雖然英國東印度公司分別於1641年和1690年取得聖喬治堡（Fort St George，今日的欽奈）和威廉堡（Fort William，今日的加爾各答），但他們並沒有做出會耗盡英國資源的重大政治承諾。然而，必須

要有知識才能進行貿易。1615—1618年，在蒙兀兒宮廷擔任英國外交官的湯瑪斯・羅爵士（Sir Thomas Roe）是眾多回報印度地形、風俗和政治的使節之一。前往西方的印度人僅限於公司船隻上工作的僕人和「拉斯卡」（lascar，印度籍水手），但也有少數地位較高的印度人出航。

當時，歐亞之間的交流條件正在變化。不出一個世紀，英國人就會直接占領印度大部分地區，鄂圖曼帝國會開始分裂，清帝國將會依賴與歐洲人的貿易，日本將會鎖國。然而，在逐漸全球化的世界裡，東西方只會變得密不可分。

▷ **經過偽裝的信仰**
這尊日本的象牙小雕像把聖母馬利亞描繪成佛教的慈悲之神觀音，之所以必須如此，是因為從1614年起，基督教在日本變成了非法宗教。

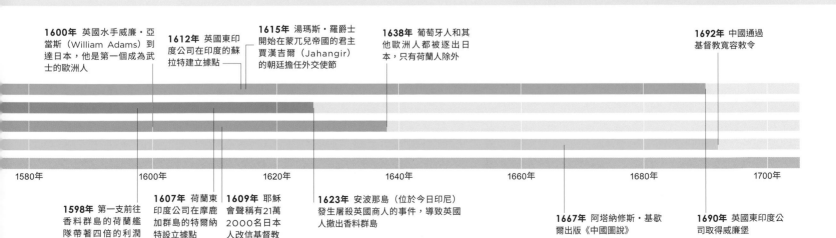

1600年 英國水手威廉・亞當斯（William Adams）到達日本，他是第一個成為武士的歐洲人

1612年 英國東印度公司在印度的蘇拉特建立據點

1615年 湯瑪斯・羅爵士開始在蒙兀兒帝國的君主賈漢吉爾（Jahangir）的朝廷擔任外交使節

1638年 葡萄牙人和其他歐洲人都被逐出日本，只有荷蘭人除外

1692年 中國通過基督教寬容敕令

1580年　　　　1600年　　　　1620年　　　　1640年　　　　1660年　　　　1680年　　　　1700年

1598年 第一支前往香料群島的荷蘭艦隊帶著四倍的利潤回國

1607年 荷蘭東印度公司在摩鹿加群島的特爾納特設立據點

1609年 耶穌會聲稱有21萬2000名日本人改信基督教

1623年 安波那島（位於今日印尼）發生屠殺英國商人的事件，導致英國人撤出香料群島

1667年 阿塔納修斯・基歇爾出版《中國圖說》

1690年 英國東印度公司取得威廉堡

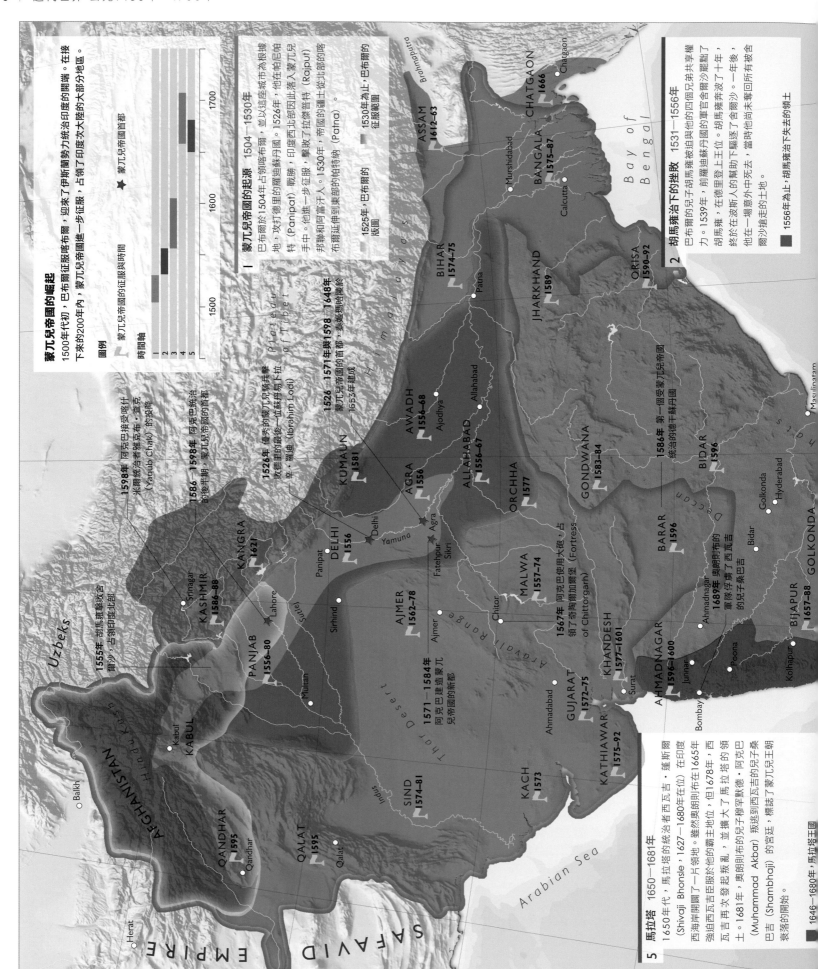

蒙兀兒帝國的崛起

1500年代初，巴布爾征服喀布爾，迎來了伊斯蘭勢力統治印度的開端。在接下來的200年內，蒙兀兒帝國進一步征服，占領了印度次大陸的大部分地區。

圖例

時間軸
1
2
3
4
5
蒙兀兒帝國的征服與統治時間

★ 蒙兀兒帝國首都

1500　1600　1700

1 | 蒙兀兒帝國的起源 1504—1530年

巴布爾於1504年占領喀布爾，並以這座城市為根據地，攻打德里的羅迪蘇丹國。1526年，他在帕尼帕特（Panipat）戰勝，印度西北部因此淪入蒙兀兒手中。他進一步征服，擊敗了拉傑普特（Rajput）邦聯和阿富汗人。1530年，帝國的疆土從東部的帕特納（Patna）伸延到西部的拉合爾（Lahore）。

　1525年，巴布爾的版圖

　1530年，巴布爾的征服範圍

2 | 胡馬雍治下的挫敗 1531—1556年

巴布爾的兒子胡馬雍被迫與他的四個兄弟共享權力。1539年，前羅迪和蘇丹國的軍官舍爾沙罷黜了胡馬雍，在德里登上王位。胡馬雍在波斯人的幫助下驅逐了舍爾沙，一年後，終於在波斯重回舍爾沙。他在一場意外中死去，當時他尚未奪回所有領舍爾沙猜走的土地。

　1556年為止，胡馬雍治下失去的領土

1598年 阿克巴接受喀什米爾統治者雅庫布·查克（Yaqub Chak）的投降

1586—1598年 阿克巴統治的後半期 蒙兀兒帝國的首都

1555年 胡馬雍擊敗敵舍爾沙，占領印度北部

1526年 優秀的蒙兀兒騎兵擊敗德里的最後一位蘇丹伊卜拉辛·羅迪（Ibrahim Lodi）

1526—1571年與1598—1648年 蒙兀兒帝國的首都，泰姬瑪哈陵建成於1653年建成

1571—1584年 阿克巴建造蒙兀兒帝國的新都

1567年 阿克巴使用大砲占領了奇陶爾加爾堡（Fortress of Chittorgarh）

1586年 第一個受蒙兀兒帝國統治的德干蘇丹國

1689年 奧朗則布的軍隊俘虜了西瓦吉的兒子桑巴吉

5 | 馬拉塔 1650—1681年

1650年代，馬拉塔的統治者西瓦吉·邦斯爾（Shivaji Bhonsle，1627—1680年在位）在印度西海岸開闢了一片領地。雖然奧朗則布在1665年強迫西瓦吉臣服於他的霸主地位，但1678年，西瓦吉再次發起叛亂，並擴大了馬拉塔的領土。1681年，奧朗則布的兒子穆罕默德·阿克巴（Muhammad Akbar）叛逃到西瓦吉的兒子桑巴吉（Shambhaji）的宮廷，標誌了蒙兀兒王朝衰落的開始。

　1646—1680年，馬拉塔王國

印度蒙兀兒帝國

蒙兀兒人是來自中亞的穆斯林群體。1520年代，他們在印度北部建立了帝國，並在接下來的150年內擴張到印度次大陸的大部分地區。蒙兀兒帝國經歷一連串君主的統治，孕育出豐富的文化遺產，包括宏偉的建築傑作，例如泰姬瑪哈陵（Taj Mahal）和德里的紅堡（Red Fort）。

蒙古軍閥帖木兒的後裔巴布爾在1526年打敗了德里的蘇丹羅迪（Lodi），征服了印度北部的大片地帶，建立了蒙兀兒王朝。在他統治期間，他進一步征服，把帝國規模擴大了一倍。然而，巴布爾的兒子與繼承人胡馬雍（Humayun）把蒙兀兒帝國的領土輸給了對手舍爾沙（Sher Shah Suri），遭被流放了15年，後來才在波斯薩法維王朝的幫助下重登王位，並於不久後的1556年去世。確保帝國未來的人是胡馬雍的兒子阿克巴（Akbar，1556—1605年在位），他把帝國邊界擴張至南部和東部，並建立了一個組織良好的世俗政府，讓王國走向統一。接下來的兩位蒙兀兒統治者是賈漢吉爾（1605—1627年在位）和沙賈汗（1628—1658年在位）。他們治下的宮廷金碧輝煌，標誌了帝國的黃金時代。由於沙賈汗十分熱愛宏偉的建築，於是在亞格拉（Agra）和德里建造了泰姬瑪哈陵和壯觀的賈瑪清真寺（Jama Masjid）。然而，他過於熱中戰事，耗盡了帝國的財富。在奧朗則布（Aurangzeb，1658—1707年在位）的統治下，帝國擴張至印度南部深處，但他嚴厲的宗教政策造成許多印度教統治者的不滿，引發了地方上的動亂，例如馬拉塔（Marathas）起義，帝國邊界的情勢因此緊張起來。入侵的歐洲列強利用這動盪進一步削弱了蒙兀兒帝國的勢力，到了1800年代初，蒙兀兒帝國的統治範圍幾乎沒有超出德里地區。

> 「每個宗教的神殿中都有奇蹟發生。」
> 阿克巴大帝，摘錄自《阿克巴歷史》（Akbarnama），1603年左右

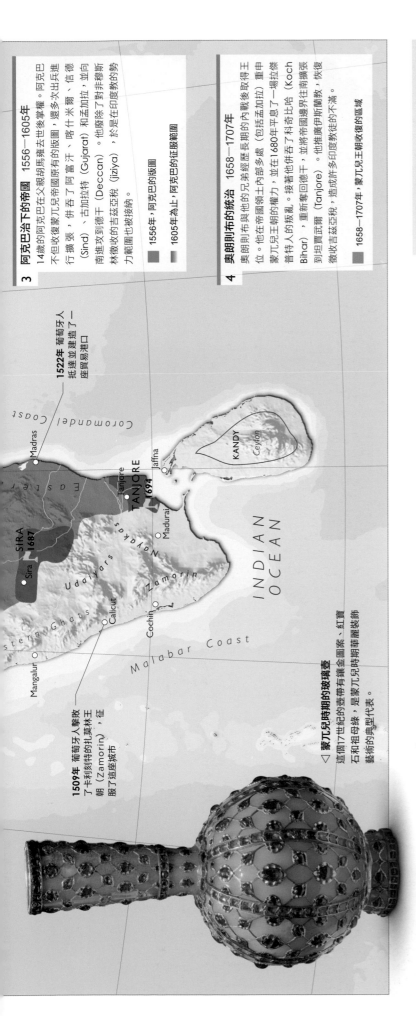

3　阿克巴治下的帝國 1556—1605年

14歲的阿克巴在父親胡馬雍去世後掌權。阿克巴不但收復蒙兀兒帝國原有的版圖，還多次出兵進行擴張，併吞了阿富汗、喀什米爾、信德（Sind）、古加拉特（Gujarat）和孟加拉，並向南進攻到德干（Deccan）。他廢除了對非穆斯林徵收的吉茲亞稅（jiziya），於是在印度教的勢力範圍也被接納。

■ 1556年，阿克巴的版圖
■ 1605年為止，阿克巴征服的區域

4　奧朗則布的統治 1658—1707年

奧朗則布與他的兄弟經歷長期的內戰後取得王位。他在帝國領土內部多處（包括孟加拉）重申蒙兀兒王朝的權力，並在1680年平息了一場拉普特人的叛亂，接著他併吞了科奇比哈（Koch Bihar），重新奪回德干，並將帝國邊界往南擴張到坦賈武爾（Tanjore）。他推廣伊斯蘭教，恢復徵收吉茲亞稅，造成許多印度教徒的不滿。

■ 1658—1707年，蒙兀兒王朝收復的區域

1522年葡萄牙人托達建並建造了一座貿易港口

1509年葡萄牙人擊敗了卡利刻特的扎林王朝（Zamorin），征服了這座城市

◁ 蒙兀兒時期的玻璃壺
這個17世紀的壺帶有鑲金圖案、紅寶石和祖母綠，是蒙兀兒時期華麗裝飾藝術的典型代表。

（地圖標註）Madras、Coromandel Coast、Ceylon、KANDY、Jaffna、TANJORE、Tanjore 1694、SIRA 1687、Sira、Nayakas、Udaiyars、Madurai、Mysore、Zamorin、Cochin、Calicut、Mangalur、Malabar Coast、Western Ghats、INDIAN OCEAN

沙賈汗與慕塔芝
皇帝不滅的愛
這幅插畫描繪蒙兀兒皇帝沙賈汗擁抱著妻子慕塔芝·瑪哈（Mumtaz Mahal），他對慕塔芝的愛勝過另外兩個妻子。1631年，慕塔芝在分娩過程中去世，沙賈汗傷心欲絕。次年，他下令在亞格拉建造泰姬瑪哈陵，這是一座鑲嵌著寶石的白色大理石陵墓，用來紀念他對她的摯愛。

海軍將領鄭和

鄭和下西洋

明朝與清朝的中國

明朝（1368—1644年）鼓勵產業和對外貿易，為中國迎來了經濟和技術發展的復甦。然而，從1506年開始，一連串無能的統治者削弱了明朝的勢力。1620年代爆發了一場饑荒，全國發生內亂，非漢族的女真人（後來稱為滿族）趁機取代了走投無路的明朝，成為中國的新統治者。

明朝根據許久以前秦朝（見第74-75頁）制定的制度來治理帝國。明朝的製造業在對外貿易的驅使下興盛起來。在明成祖永樂帝（1403—1424年在位）治下，紫禁城在新都北京建成，北京取代為南京，成為皇帝的主要居所。他也擴大了中國在亞洲和非洲的影響力。

後來的皇帝缺乏和他一樣的遠見，導致明朝勢力漸漸衰落。明宣宗（1425—1435年在位）設內閣大學士來加速法規的制定，藉此減輕自己統治的壓力。1449年，明英宗

（1435—1449年與1457—1464年在位）帶兵攻打蒙古部落時淪為戰俘。明朝下半葉，朝臣取代傳統的政府官員，導致派系鬥爭和管理不佳。1620年代，一場嚴重的饑荒預示了帝國的沒落。饑荒等導致整固國家的法紀朋壞，並引發農民起義。

1644年，滿族人攻占北京。最初，原本的漢人統治階級無法擔任公職，於是引發叛亂。但順治帝（1644—1661年在位）和康熙帝（1661—1722年在位）的改革之後的清朝統治帶來了穩定。

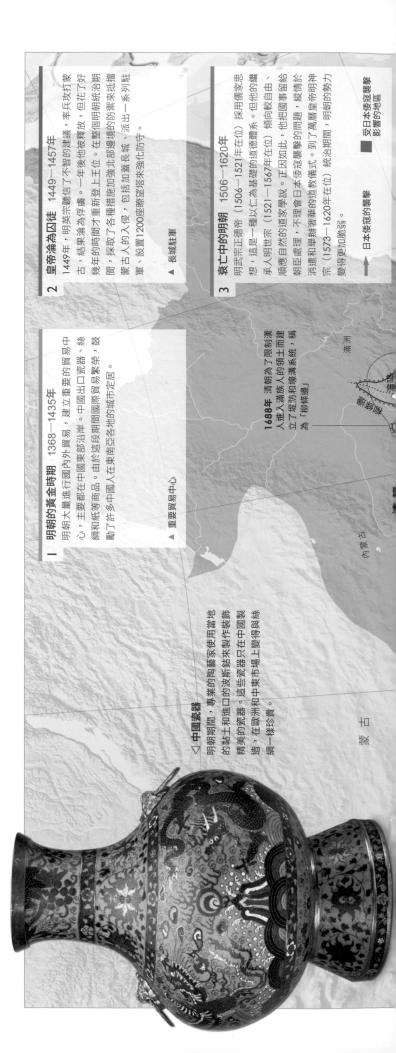

◁**中國瓷器**

明朝期間，專業的陶瓷家使用當地的黏土和進口的波斯鈷來製作裝飾精美的瓷器。造些瓷器只在中國製造，在歐洲和中東市場上變得與絲綢一樣珍貴。

1 明朝的黃金時期 1368—1435年

明朝大量進行國內外貿易，建立重要的貿易中心，主要都在中國東部沿岸。中國出口瓷器、絲綢和紙等商品。由於這段期間國際貿易繁榮，鼓勵了許多中國人在東南亞各地的城市定居。

▲ 重要貿易中心

2 皇帝淪為囚徒 1449—1457年

1449年，明英宗聽信了不智的建議，率兵攻打蒙古，結果淪為俘虜。一年後他被釋放，但花了好幾年的時間才重新登上王位。在整個明朝統治期間，採取了各種措施加強北部邊境的防禦來抵擋蒙古人的入侵，包括加蓋長城，派出一系列駐軍，設置1200座瞭望塔來強化防守。

▲ 長城駐軍

3 衰亡中的明朝 1506—1620年

明武宗正德帝（1506—1521年在位）採用儒家思想，這是一種以仁為基礎的道德體系。但他信奉承人明世宗（1521—1567年在位）傾向較自由，順應自然的道家學說。正因如此，他把國事留給朝臣處理，不理會日本侵襲的問題，縱情於消遣和學術的道教儀式。到了萬曆皇帝明神宗（1573—1620年在位）統治期間，明朝的勢力變得更加脆弱。

→ 日本倭寇的襲擊

■ 受日本倭寇雙襲影響的地區

1405—1433年，海軍將領鄭和七次統帥國家資助的海軍任務，越過印度洋，史稱「鄭和下西洋」。鄭和的船隊有超過200艘船和2萬7800名船員，航行遠至阿拉伯和非洲東岸，建立了新的貿易關係，並擴大了中國的商業影響力。

1688年 清朝為了限制漢人進入滿族人的領土而建立了堤防和壕溝系統，稱為「柳條邊」。

滿洲

內蒙古

蒙古

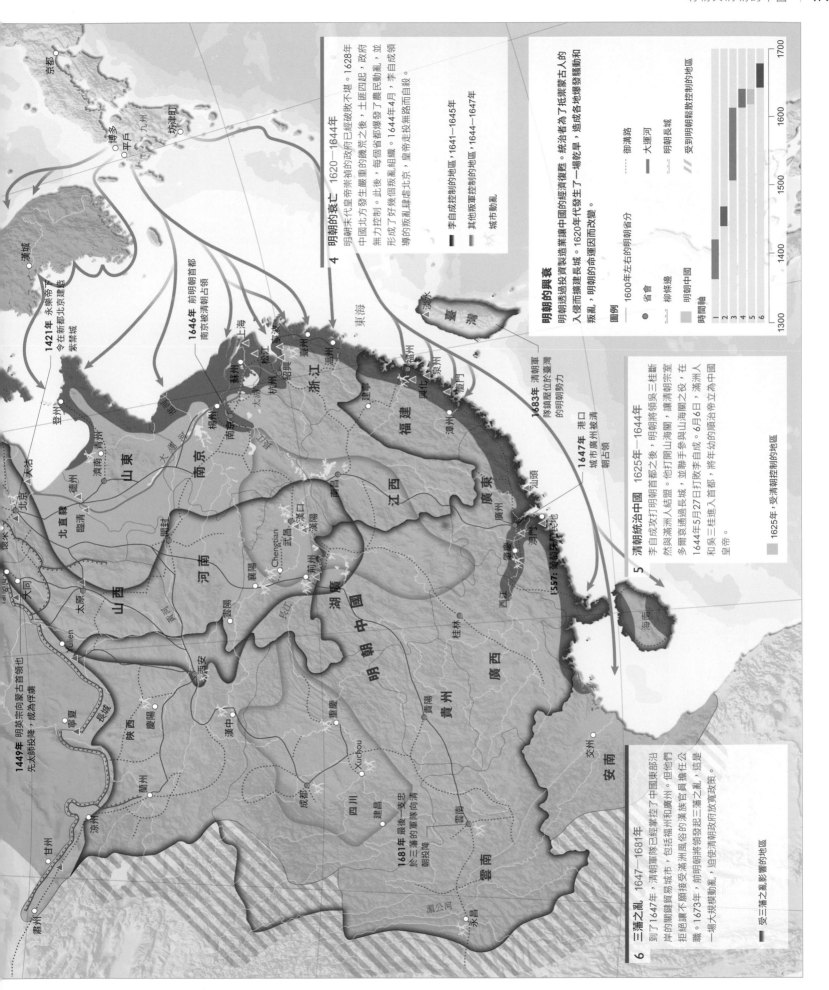

4　明朝的衰亡　1620－1644年

明朝末代皇帝崇禎的政府已經敗壞不堪。1628年中國北方發生嚴重的饑荒之後，土匪四起，政府無力控制。此後，每個省都爆發了農民動亂，並形成了好幾個叛亂組織。1644年4月，李自成佔領導的叛亂肆虐北京，皇帝走投無路而自殺。

- 李自成控制的地區，1641－1645年
- 其他叛軍控制的地區，1644－1647年
- 城市動亂

明朝的興衰

明朝透過投資製造業使中國的經濟復甦。統治者為了抵禦蒙古人的入侵而擴建長城。1620年代爆發了一場乾旱，明朝的命運因而改變。

圖例

- ----- 御溝渠路
- 明朝中國 ── 大運河
- ● 省會 ─── 柳條邊
- ● 叛亂 ──── 明朝長城
- // 受到明朝鬆散控制的地區

時間軸

	1300	1400	1500	1600	1700
1					
2					
3					
4					
5					
6					

5　清朝統治中國　1625－1644年

李自成攻打明朝首都之後，明朝將領吳三桂斷然與滿洲人結盟，他打開山海關，讓清朝宗室多爾袞透過山海關之役，並聯手參與山海關之役。在1644年5月27日打敗李自成。6月6日，滿洲人和吳三桂進入首都，將年幼的順治皇帝立為中國皇帝。

- 1625年，受清朝控制的地區

6　三藩之亂　1647－1681年

到了1647年，清朝軍隊已經掌控了中國東部沿岸的關鍵貿易城市，包括福州和廣州，但他們拒絕讓不願接受滿洲風俗的漢族官員擔任公職。1673年，前明朝將領發起三藩之亂，這是一場大規模動亂，迫使清朝政府放寬政策。

- 受三藩之亂影響的地區

地圖標註（由上至下、由左至右）：

1421年 永樂帝下令在新都北京建造紫禁城

1646年 前朝明首都南京被清朝占領

1449年 明英宗向蒙古首領也先太師投降，成為俘虜

1681年 最後一支向清投降於三藩的軍隊向清朝投降

1683年 清軍隊鎮壓臺灣的明朝勢力

1647年 港口城市廣州被清朝占領

1557年 葡萄牙取得澳門殖民地

京都・博多・平戶・坊津町・九州・漢城

登州・天津・北京・大同・宣府・甘州・涼州・肅州・寧夏・長城・延安・慶陽・漢中・成都・建昌・雲南・永昌・湄公河・安南・交州・貴陽・貴州・桂林・廣西・昆明・四川・重慶・和州・襄陽・武昌・漢陽・Chengtian・漢口・南昌・江西・南京・開封・河南・山西・太原・Yülien・西安・陝西・濟南・山東・德州・臨清・北直隸・大沽・淡水・臺灣・東海・溫州・臺州・紹興・杭州・紹江・松江・蘇州・上海・寧波・浙江・福建・建寧・福州・興化・泉州・漳州・廈門・汕頭・廣州・廣東・肇慶・澳門・海南

明朝中國

德川家康
1543—1616年

德川幕府統一日本

涉及日本最大的兩個家族的應仁之亂（1467—1477年）發生後，各地大名（地方軍閥）為了爭奪最高權力而互相討伐，使整個國家陷入一個世紀的動盪。歷經一連串人士掌權，和平才漸漸到來，但最終使日本恢復長期穩定的是德川家康，他建立了一個歷時265年的強硬政權。

1467年，日本兩大家族——細川家和山名家——因幕府將軍足利義政的繼承問題而發生了暴力衝突。應仁之亂的影響持續了十年，權毀了首都京都，最後山名家落敗。

戰爭的蹂躪嚴重削弱了兩個國家族的實力，各個大名則看到了奪權的機會。敵對的大名為了奪取權力而互相討伐，讓日本陷入了一場更大的動盪。將近一個世紀後，大名織田信長勝出，打擊對手。然而，1582年6月，就在織田信長即將成為日本的新領導人之際，他手下的武士將軍卻逼迫他自殺。

織田信長從前的盟友豐臣秀吉花了八年時間打敗柴田家、島津家和北條家等大名，統一了日本。1598年他因病而死，又引發了一連串奪權戰爭，其中德川家康（1603—1605年在位）在關原取得了關鍵性的勝利，得到了幕府將軍的頭銜。德川家康為了削弱大名的力量推行嚴格的改革，他的繼承人也進一步加強了這些措施。為了鞏固德川家治下的穩定，他還限制歐洲人只能出現在九州的港口城市，藉此消除了基督教戰爭蔓延到日本國土的威脅。

> 「只有明白耐性的真義的人才是強大的人。」
>
> 德川家康，德川幕府的第一位將軍，1616年

德川家康是三河省（今日的愛知縣）東部小岡崎城的繼承人，在今川家開始接受軍事訓練。他先後與強大的織田信長和豐臣秀吉結盟，並擊敗鄰近的北條家，向東擴張領土。1603年豐臣秀吉死後，德川家成為日本皇室的幕府將軍，建立了德川幕府。

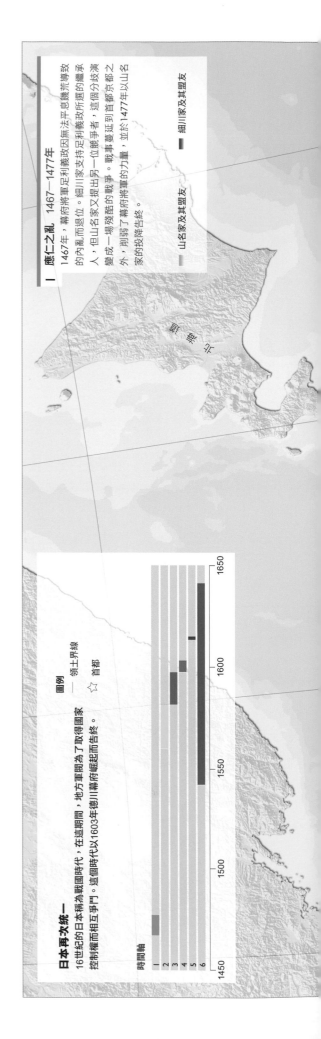

應仁之亂 1467—1477年

1467年，幕府將軍足利義政因無法平息騷亂導致的內亂而退位。細川家支持足利義政所選的繼承人，但山名家又提出另一位勝爭者，這個分歧演變成一場殘酷的戰爭。戰事蔓延到首都京都之外，削弱了幕府將軍的力量，並於1477年以山名家的投降告終。

■ 山名家及其盟友　　■ 細川家及其盟友

蝦夷地

日本再次統一

16世紀的日本稱為戰國時代，在這期間，地方軍閥為了取得國家控制權而相互爭鬥。這個時代以1603年德川幕府崛起而告終。

圖例
—— 領土界線
☆ 首都

時間軸
1　2　3　4　5　6

1450　1500　1550　1600　1650

2 織田信長的進軍 1560–1582年

1560年為止，織田信長阻止了敵對大名今川義元侵犯他的領土。此後他便集結盟友，著手奪取日本內的控制權。到了1575年，他以裝備以寺院為基地的武裝民兵。1582年，就在信長即將奪得日本統治權之際，一名將領謀反，信長被迫自殺。

■ 1582年為止，織田信長統一的地區

✕ 關鍵戰役

3 豐臣秀吉取得控制權 1582–1598年

信長死後引發了一陣混亂。在這期間，他的前將領豐臣秀吉向敵對大名發起戰爭。此後陸續打倒各個對手，此後陸續打倒各個對手，他下達了刀狩令，並在1587年成為日本的領導者。他下達了刀狩令，解除鄰邦地區的武裝，並制定土只能待在城鎮中。1592年，他入侵朝鮮，展開了一場長達六年的戰爭，並以失敗告終。

→ 秀吉統一日本的進軍路線

Ⅱ 城下町

4 德川的崛起 1598–1603年

1598年豐臣秀吉去世，留下了年僅五歲的唯一繼承人。因此產生的權力空缺導致秀吉集結的東軍在關原之戰打敗了對手石田三成的西軍，三年後，家康成為幕府將軍，創立了德川幕府。

■ 1600年起，德川掌控的大名

✕ 關鍵戰役

5 大阪之役 1614–1615年

雖然德川家康在1603年統一了日本，但由秀吉兒子豐臣秀賴領導的豐臣家並沒有讓幕府將掌握日本的絕對控制權。1614年冬天，家康對大阪的豐臣家發動大規模進攻，之後發生了一連串血腥的戰鬥，持續了整整六個月，最後豐臣家戰敗。

✕ 關鍵戰役

6 對外貿易 1542–1641年

1542年，葡萄牙人登陸九州南部的種子島後，歐洲人就開始與日本進行貿易。1607年，荷蘭人在平戶設了一個貿易站。然而，德川幕府原先歡迎了葡萄牙人，天主教的起義後，德川幕府就驅逐了葡萄牙人，並將荷蘭人限制在出島，後來更是停止與歐洲的所有貿易。

▲ 外國貿易站

◁ 織田信長視察城堡

城堡為大名提供了重要基地，讓他們得以掌控所統治的省分，經常成為日本內戰時激烈爭奪的東西。信長在安土的主城堡讓他得以控制通往首都京都的通道。

日本海（東海）

1600年 家康把江戶定為德川幕府的首都

1600年 德川家康打敗石田三成，成為日本的幕府將軍

1583年 豐臣秀吉打敗柴田勝家，導致勝家自殺

1582年 信長被明智光秀圍攻後，死於京都的本能寺

1575年 信長打破武田勝賴所帶領的長篠城之圍，拯救了後來的將軍德川家康

1560年 織田信長擊敗今川義元，確立了他在尾張地區的控制權

1638年 島原的基督教改信者起義，被德川軍鎮壓

1542年 葡萄牙人在種子島設立第一個貿易站

1641年 荷蘭商人被限制在出島

1570年 長崎向歐洲人開放貿易

仙北
庄內
佐渡
江戶
鎌倉
1590 小田原
1575 長篠城
1575
福波間
1583 北之庄
小松
1600 關原
1582 山崎
1615 大阪
兵庫
京都
奈良
隱岐島
高知
高松
1582
名古屋
尾張
蔚山
釜山
松浦
平戶
長崎
出島
種子島
1587 千代川
肥後
天草
島原
柳川

師父與徒弟
這幅由義大利畫家提圖・萊西（Tito Lessi）於1892年創作的畫描繪的是伽利略（右），他晚年逐漸失明，由他的助手溫琴佐・維維亞尼（Vincenzo Viviani）陪伴左右。維維亞尼在1660年透過觀察大砲發出的聲音和閃光來計算音速。

科學革命

從16世紀中葉到17世紀末，哥白尼（Nicolaus Copernicus）、伽利略（Galileo Galilei）和牛頓（Isaac Newton）等科學家啟發了一場革命，扭轉了關於自然及宇宙運轉的傳統觀念。

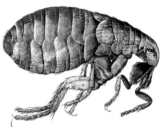

△ **顯微觀察**
1665年，英國自然學家羅伯特·虎克（Robert Hooke）利用剛發明的顯微鏡畫出一隻跳蚤。顯微鏡又是另一種有助於推動科學觀察的儀器。

1500 年之前，學者的思想嚴重受限於古代作品中的見解，例如 2 世紀的托勒密（Ptolemy）撰寫的天文學著作中描述的太陽系是以地球為中心。1543 年，波蘭天文學家尼古拉·哥白尼因為不同意托勒密的理論而提出新的可能性——他發現地球是繞著太陽轉的。德意志天文學家約翰尼斯·克卜勒（Johannes Kepler）完善了哥白尼的學說，並在 1619 年發現行星軌道是橢圓形而不是圓形的。哥白尼的研究成果鼓勵了其他人把理論建立在觀察之上，而不是傳統的基礎上。1609—1610 年，義大利天文學家伽利略·伽利萊用新發明的望遠鏡發現了木星的四顆衛星。他在動力學方面也取得了巨大的進展，建立了自由落體的加速度定律。

百花齊放

在醫學方面，對病人的直接觀察以及對屍體的解剖讓人有了新的見解，例如 1628 年，英國醫生威廉·哈維（William Harvey）發現了人體內的血液循環。17 世紀後期是科學革命的巔峰，英國數學家艾薩克·牛頓提出三大運動定律和萬有引力定律，以數學的方式解釋了行星的運行。至此，大家已經清楚認識到宇宙可以用機械術語和數學公式來描述，不再需要依賴神學教條。

繪製世界地圖

15、16世紀歐洲探險家的航行引發了一場繪製地圖的革命，荷蘭成了這個專業的中心。1569年，法蘭德斯的地圖學家傑拉杜斯·麥卡托（Gerardus Mercator）在荷蘭利用一種新的投影法繪製世界地圖，成了後來幾個世紀地圖的標準。

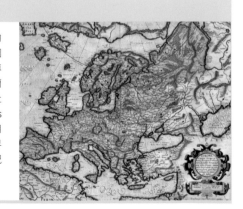

荷蘭的黃金時代

1568年，荷蘭開始脫離西班牙、主張獨立，這個新興國家接下來度過了一段黃金時期。在海外，荷蘭東印度公司於香料群島（見第162-163頁）擊敗其他歐洲國家，創造了一個海上帝國。

1568 年，荷蘭反抗西班牙統治的起義最初為北部的主要叛亂地區帶來毀滅性的破壞。成功獨立後，這些地區稱為荷蘭共和國（Dutch Republic）或聯省共和國（United Provinces）。國家從戰爭中復甦後，經濟再度繁榮，出現了「攝政」階級。這個階級雖然富有，卻擁有自力更生和勤奮工作的美德，他們的宗教領袖對此表示讚賞。另一方面，他們之中也有一群人成為藝術和科學領域的贊助人，讓荷蘭獨立後的 100 年間成為黃金時代。

荷蘭共和國與早期的海上保險、國有銀行和證券交易所合作，開創了股份公司，讓投資者分擔風險，並平均共享利潤。最重要的是 1602 年成立的荷蘭東印度公司，他們利用香料市場有利的投資環境，有利因素包括不受國家干預。1605 年，荷蘭東印度公司占領了位於摩鹿加群島（也稱為香料群島）香料生產區中心的安汶。1610—1619 年，安汶成為公司的總部。公司還擴展了要塞和前哨網，到了 1660 年代，荷蘭人已經建立了一個帝國，從南美洲的蘇利南（Surinam）延伸到開普敦、錫蘭（今日斯里蘭卡）和印尼群島的大部分地區。

荷蘭黃金時代的繪畫
獨立後的藝術

荷蘭共和國漸漸富裕起來，許多商人家庭因此有能力成為贊助人，助長了繁榮中的藝術領域。這些人對宗教主題沒有興趣，因此荷蘭最重要的藝術家都是專攻其他各類主題，包括歷史畫，例如林布蘭‧范萊因（Rembrandt van Rijn，1606—1669年）；社會風情畫，例如約翰尼斯‧維梅爾（Johannes Vermeer，1632—1675年）；風景畫，例如雅各布‧范勒伊斯達爾（Jacob van Ruisdael，1629—1682年）；以及肖像畫，例如弗蘭斯‧哈爾斯（Frans Hals，1582—1666年）。

居家藝術
維梅爾的〈倒牛奶的女僕〉（The Milkmaid，1666年左右）描繪典型的居家平靜場景，受到許多荷蘭贊助人的喜愛。

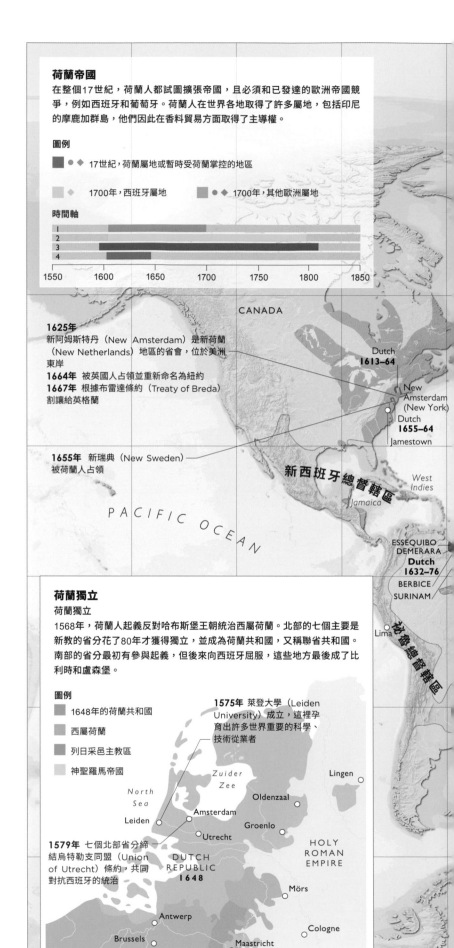

荷蘭帝國
在整個17世紀，荷蘭人都試圖擴張帝國，且必須和已發達的歐洲帝國競爭，例如西班牙和葡萄牙。荷蘭人在世界各地取得了許多屬地，包括印尼的摩鹿加群島，他們因此在香料貿易方面取得了主導權。

圖例
■ ●◆ 17世紀，荷蘭屬地或暫時受荷蘭掌控的地區
■ ◆ 1700年，西班牙屬地   ■ ●◆ 1700年，其他歐洲屬地

時間軸

1550 1600 1650 1700 1750 1800 1850

1625年 新阿姆斯特丹（New Amsterdam）是新荷蘭（New Netherlands）地區的省會，位於美洲東岸
1664年 被英國人占領並重新命名為紐約
1667年 根據布雷達條約（Treaty of Breda）割讓給英格蘭

1655年 新瑞典（New Sweden）被荷蘭人占領

CANADA

Dutch 1613-64

New Amsterdam (New York)

Dutch 1655-64
Jamestown

新西班牙總督轄區

PACIFIC OCEAN

West Indies

Jamaica

Lima

ESSEQUIBO DEMERARA
Dutch 1632-76
BERBICE
SURINAM

祕魯總督轄區

荷蘭獨立
荷蘭獨立

1568年，荷蘭人起義反對哈布斯堡王朝統治西屬荷蘭。北部的七個主要是新教的省分花了80年才獲得獨立，並成為荷蘭共和國，又稱聯省共和國。南部的省分最初有參與起義，但後來向西班牙屈服，這些地方最後成了比利時和盧森堡。

圖例
■ 1648年的荷蘭共和國
■ 西屬荷蘭
■ 列日采邑主教區
■ 神聖羅馬帝國

1575年 萊登大學（Leiden University）成立，這裡孕育出許多世界重要的科學、技術從業者

1579年 七個北部省分締結烏特勒支同盟（Union of Utrecht）條約，共同對抗西班牙的統治

North Sea
Zuider Zee
Leiden   Amsterdam
Utrecht
DUTCH REPUBLIC 1648
Antwerp
Brussels
SPANISH NETHERLANDS
BISHOPRIC OF LIÈGE
Maastricht
Mörs
Groenlo
Oldenzaal
Lingen
HOLY ROMAN EMPIRE
Cologne
Rhine

1 荷蘭的經濟與政治 1602—1700年

由於外國貿易遠征隊需要資金，因此1602年及1609年分別成立了阿姆斯特丹證券交易所及阿姆斯特丹銀行。這兩家機構都能夠投入資金，並以比外國競爭者低許多的利率提供貸款。約翰·范·奧爾登巴內費爾特（Johan van Oldenbarnevelt，1547—1619年）和約翰·德·維特（Johan de Witt，1625—1672年）等政治家有效領導新的聯省共和國，帶來了政治上的穩定。

2 荷蘭東印度公司 1602—1799年

荷蘭東印度公司成立於1602年，投資者出資650萬弗羅林幣（florin），由阿姆斯特丹的17名董事管理。1619年，荷蘭東印度公司在爪哇建立了一個基地，再加上東印度總督的有力領導，因此他們得以把香料群島的葡萄牙人邊緣化，並在印尼群島掌握主導權，直到公司在1799年解散。

☆ 荷蘭東印度公司總部

3 荷蘭人在非洲 1592—1814年

荷蘭人大約從1592年開始航行至非洲西部。他們試圖占領艾爾米納，但經歷多次失敗（最後在1637年成功），於是在1612年建立拿騷堡（Fort Nassau），作為荷蘭黃金海岸（Dutch Gold Coast）的首都。到了1640年代，荷蘭人威脅到葡萄牙人位於安哥拉（Angola）的基地。1652年，他們在非洲南端的開普敦建立前哨站。大量荷蘭移民湧入開普敦，直到1814年，這個地方都掌控在荷蘭人手中。

RUSSIAN EMPIRE

ATLANTIC OCEAN

ENGLAND　NETHERLANDS
London
Paris
FRANCE　Vienna

Azores

PORTUGAL　SPAIN
Lisbon　Madrid
Ceuta
Melilla
Oran
Madeira

OTTOMAN EMPIRE

SAFAVID EMPIRE
Isfahan

北京

清帝國

日本
京都

1641年 荷蘭在長崎灣建立貿易據點，這是江戶時代的日本唯一能與世界其他地方進行直接貿易的地方

Canary Islands

Arguin Island
Dutch 1638–78

Cape Verde Islands

Gorée
Dutch 1621–77

Fort Nassau
Elmina

Fernando Po

São Tomé　Príncipe
Dutch 1641–48

Dutch
1630–54

Recife

Luanda

St Helena
Dutch 1633–51

1623年 荷蘭人在加姆隆斯港（Gamron）——也就是阿巴斯港（Bandar Abbas）建立工廠

1637—1871年 艾爾米納被占領，成為荷屬黃金海岸的首都

黃金海岸：11個荷屬殖民地、7個英屬殖民地

1612年 普林西比（Principe）被荷蘭人占領

1630—1654年 雷西費（Recife）是荷屬巴西的首都，直到後來被葡萄牙人占領

1630—1654年 珀南布科（Pernambuco）被荷蘭艦隊攻擊並占領

1623—1625年 薩爾瓦多（Salvador）被荷蘭人占領

Gamron
Delhi

MUGHAL EMPIRE

Diu　Surat
Bombay
Bhatkal
Dutch 1637–38
Cannanore
Cochin
Quilon
Tuticorin

Goa
Masulipatam
Pulicat
Madras
Sadras
Pondicherry
Negapatam

CEYLON

1616年 蒙兀兒帝國允許荷蘭人在蘇拉特進行貿易

福爾摩沙
Dutch 1624–62

Manila

Philippine Islands

1607年 荷蘭東印度公司壟斷了摩鹿加群島（香料群島）的丁香貿易

1605年 荷蘭人從葡萄牙人手中奪取要塞，因此掌握了香料群島的主導權

1605年 荷蘭建立要塞，協助壟斷紡織品貿易

Sumatra

Batavia
Java

Moluccas
East Indies
Ambon

葡屬帝汶

INDIAN OCEAN

ANGOLA
Dutch 1641–48

1641—1642年 魯安達被荷蘭人占領

Mauritius
Bourbon

1644 阿貝爾·塔斯曼的航行

AUSTRALIA

1642–43 阿貝爾·塔斯曼的航行

New Zealand

DUTCH SOUTH AFRICA

1652年 荷蘭人在開普敦建立殖民地

▽ **從巴達維亞歸來**

1648年，荷蘭東印度公司的一支艦隊在桌灣（Table Bay）營救了一組遇難船員之後返回荷蘭，這是荷蘭第一次與非洲南部有所接觸。

4 荷蘭人在紐澳 1606—1642年

荷蘭人是最早發現澳洲海岸的歐洲人，時間在1606年，此後他們就對澳洲西部和北部海岸做了大量研究。1606年，威廉·揚松（Willem Janszoon）第一個上岸。1642年，阿貝爾·塔斯曼（Abel Tasman）發現凡狄曼之地（Van Diemen's Land），也就是塔斯馬尼亞，並聲稱這裡歸荷蘭所有。荷蘭人並未試圖在澳洲建立殖民地。

→ 1642—1644年，阿貝爾·塔斯曼的航行　　— 1644年，荷蘭人勘查的澳洲海岸

革命與工業

公元1700—1850年，世界大部分地區都因新的科學和政治思想而歷經劇變。然而，影響最深遠的或許是工業革命。

革命的時代

1700—1850年這段期間有許多名稱——帝國時代、工業時代、民族國家時代、啟蒙時代、浪漫主義時代、民族主義的時代。這些描述都沒有錯，而且這個時代還代表了更多——這是個革命的時代，塑造了現代世界。

▽ **戰鬥到底**
在七年戰爭的其中一場關鍵海戰上，英軍於1758年7月掌控了法國的路易斯堡要塞（Louisbourg，位於今日加拿大）。這場勝利讓英國人得以在第二年接管法國位於北美洲的首都魁北克。

在世界歷史上的這個時期，「增長」是主導一切的力量，也是所有事物的基礎。全球人口爆增，這與創新相輔相成，而創新又帶來生產力、貿易、經濟、城市化、農業和工業、識字率和教育、媒體和科技等的增長。不同的政權都試圖去應對這突如其來的增長，一些帝國成功擴張，一些則失敗垮臺。有些國家蓬勃發展，但往往都伴隨經濟上和人類史上的慘痛代價，例如英國以奴隸貿易為基礎對全球資源的剝削，或是美國對北美大陸的深入擴張（見第260-261頁）。至於從東亞到西歐的另外一些地區則因無法應對壓力而爆發革命，造成了深遠的影響。

△ **波士頓茶葉事件（Boston Tea Party）**
773年發生波士頓茶葉事件，抗議英國統治的美國殖民者把一箱箱茶葉扔進海港中。圖中是唯一倖存下來的一箱。

重塑世界

18 世紀初在好幾方面都面臨變革。農業、工業和其他技術的創新促使歐洲移民殖民美洲、亞洲、澳洲和紐西蘭，因而對原住民造成可怕的後果。例如美國的擴張侵犯了美洲原住民的領土，或者在澳洲，殖民者屠殺了原住民。技術的進步使衝突的規模和致死率呈指數型增長，這在世界各地都一樣。歐洲的拿破崙戰爭（見第208-211頁）動員了龐大的軍隊；火槍改變了

日漸緊密的關係

隨著世界各地的關係愈來愈緊密，人口跟著成長，旅行和通訊也變得更輕鬆了。隨之而來的後果在各方面都清晰可見——人口遷移、世界經濟的規模改變、以及各國內外政治的發展，這也包括全球性的衝突。在這個時代，人類對於自然的了解有長足的發展，並加以控制及利用。

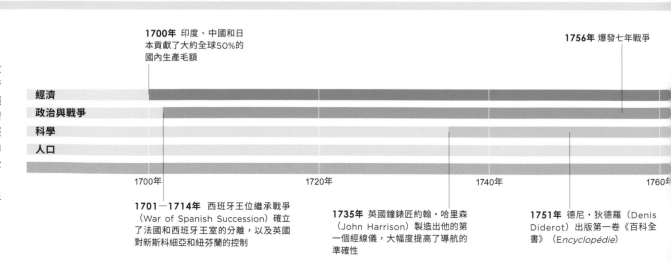

1700年 印度、中國和日本貢獻了大約全球50%的國內生產毛額

1756年 爆發七年戰爭

| 經濟 |
| 政治與戰爭 |
| 科學 |
| 人口 |

1700年　　　　　　　1720年　　　　　　　1740年　　　　　　　1760年

1701—1714年 西班牙王位繼承戰爭（War of Spanish Succession）確立了法國和西班牙王室的分離，以及英國對新斯科細亞和紐芬蘭的控制

1735年 英國鐘錶匠約翰・哈里森（John Harrison）製造出他的第一個經線儀，大幅度提高了導航的準確性

1751年 德尼・狄德羅（Denis Diderot）出版第一卷《百科全書》（Encyclopédie）

◁ **高舉頭顱**

這幅18世紀的蝕刻版畫描繪法國革命人士高高舉著1789年7月14日攻占巴士底監獄時被殺的衛兵的頭顱。進攻巴士底是法國大革命最偉大的象徵性舉動之一。

紐西蘭傳統毛利人的戰爭；在印度，規模較小的歐洲軍隊能夠擊敗當地更龐大的軍隊；在非洲，新武器讓奴隸制的帝國得以蓬勃發展。

全球影響

18世紀發生了世界上第一場全球性的戰爭，當時歐洲列強之間的七年戰爭（Seven Years War，見第 192-193 頁）蔓延到世界各地的戰場，從北美洲到東南亞都在打仗。貿易和金融網遍及世界各個角落，隨之而來的影響無處不在：在美國中西部的平原上，連結海岸的鐵路帶來了經濟成長，但也導致原住民賴以維生的野牛滅絕。在非洲各地，奴隸貿易導致人口大量減少；英國在南亞實行的帝國主義最終造成當地經濟和貿易崩潰；中國面臨貨幣和商品貿易的問題，爆發鴉片戰爭；在大洋洲各地，殖民者掠奪領土，導致原住民人口衰竭。

如此龐大的變革不免產生了深遠的政治後果。在歐洲和美洲，日漸增加的中產階級和工匠階級推動了改革，必要時會透過革命的手段，因此 1700—1850 年之間爆發大量革命衝突，例如 18 世紀美國和法國的革命，以及 19 世紀初南美洲的民族主義和政治革命。最大的動盪發生在中國，由於中國無法因應世界經濟、技術和政治的變化，所以 19 世紀長期處於動盪不安的狀態。

到了 1850 年，世界整體來說更富裕了，但不平等的程度卻更甚於以往。雖然革命、解放運動、啟蒙和科學革命讓政治、社會和文化都有了長足的進步，但成長得最多的卻是全球人類的苦難。工業、貿易、科技和文化上的成就都建立在剝削、奴役、種族滅絕及不公的基礎上。

▷ **通往未來的地圖**

這張地圖是在路易斯與克拉克遠征（Lewis and Clark Expedition，1804—1806年）期間畫的，有助殖民者在北美洲定居，並加速了美國的擴張。

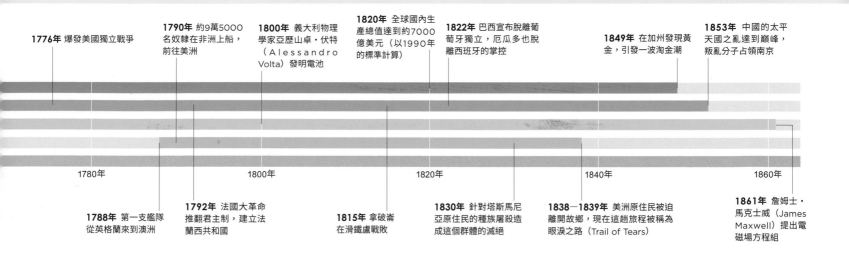

1776年 爆發美國獨立戰爭

1790年 約9萬5000名奴隸在非洲上船，前往美洲

1800年 義大利物理學家亞歷山卓·伏特（Alessandro Volta）發明電池

1820年 全球國內生產總值達到約7000億美元（以1990年的標準計算）

1822年 巴西宣布脫離葡萄牙獨立，厄瓜多也脫離西班牙的掌控

1849年 在加州發現黃金，引發一波淘金潮

1853年 中國的太平天國之亂達到巔峰，叛亂分子占領南京

1780年　　1800年　　1820年　　1840年　　1860年

1788年 第一支艦隊從英格蘭來到澳洲

1792年 法國大革命推翻君主制，建立法蘭西共和國

1815年 拿破崙在滑鐵盧戰敗

1830年 針對塔斯馬尼亞原住民的種族屠殺造成這個群體的滅絕

1838—1839年 美洲原住民被迫離開故鄉，現在這趟旅程被稱為眼淚之路（Trail of Tears）

1861年 詹姆士·馬克士威（James Maxwell）提出電磁場方程組

1 法國爭奪主導權 1700—1750年

法國殖民者主張擁有北美洲的廣闊土地，範圍從南部的密西西比三角洲到東北部海岸。到了1750年代，他們以毛皮貿易為經濟支柱。到了1750年，由於英國人侵綁近大平原的中西部地區，局勢日益緊張，因此法國人建立了許多堡壘，並與休倫族（Huron）和渥太華族（Odawa）等部落建立良好的關係，借助他們的力量來對抗英國的威脅。

⊥ 法國堡壘　　▲ 法國貿易站

2 安妮女王戰爭 (Queen Anne's War) 1702—1713年

法國殖民者與美洲原住民結盟，襲擊了新英格蘭殖民地的英國部落。英國人為了報復，占領了法國殖民地阿卡迪亞（Acadia）的重要法國堡壘皇家港。戰後，根據1713年簽署的烏得勒支和約，阿卡迪亞內陸、哈得遜灣和紐芬蘭被割讓給英國。阿卡迪亞的一部分成為新斯科細亞，這個地方在1629—1632年之間曾短暫作為蘇格蘭殖民地，因而得名（見第156頁）。

→ 法國的進軍路線
···→ 法國和美洲原住民的進軍路線
→ 英國的進軍路線

3 易洛魁聯盟 1600—1779年

1722年，歐洲人在卡羅來納州定居，造成塔斯卡羅拉部落（Tuscarora）被驅逐，成為易洛魁聯盟（Iroquois Confederacy）的第六個成員。這個同盟定居在紐約州北部，他們成功捍衛自己的領土，直到1779年，一支美國軍隊對他們的聚落和農作物進行了系統性的破壞。

■ 易洛魁聯盟的領土

4 詹金斯的耳朵戰爭 (War of Jenkins's Ear) 1739—1748年

西班牙人和英國人針對南卡羅來納州和佛羅里達州之間的土地衝突已經醞釀了一個世紀。由於英國船長羅伯特·詹金斯（Robert Jenkins）聲稱西班牙海巡隊掠奪他的船隻並切斷了他的耳朵（他把耳朵帶到國會上展示），於是兩國之間的敵對情緒爆發，引發了長達九年的戰爭，最後成為了喬治王戰爭（King George's War）的一部分。

→ 西班牙的進軍路線
→ 英國的進軍路線
✗ 主要戰役

5 喬治王戰爭 1744—1748年

1744年，法國和英國為了爭奪奧地利的繼承權而在歐洲開戰，這兩國在北美洲的戰事則精為喬治王戰爭。最後，英國位於美洲的殖民者占領布雷頓角（Cape Breton Island）的路易斯堡。然而，英國根據1748年的和平條約把路易斯堡退還給法國，此舉激怒了美洲殖民者。

→ 法國的進軍路線
···→ 英國的進軍路線
✗ 主要戰役

6 英法北美戰爭 1756—1762年

法國把軍力集中在歐洲，於是英國殖民者趁機針對法國人在路易斯堡（1758年開戰）、魁北克（1759年）、尼亞加拉堡（Fort Niagara，1759年）和蒙特婁的美洲領土的要塞發起攻勢。英國贏得了關鍵的戰役，1762年，法國根據私下簽訂的楓丹白露條約，把路易斯安納州割讓給西班牙。1763年的巴黎條約正式承認這一點，並且終止了法國對北美洲領土的主張。

→ 法國的進軍路線
···→ 英國的進軍路線
✗ 主要戰役

△ 波士頓茶葉事件

英國頒布了茶葉法案和印花稅法案（要求人們在紙張上支付印花稅費）等稅法後，革命者做出了回應——他們偽裝成美洲原住民，摧毀了英國東印度公司船隻上昂貴的茶葉。

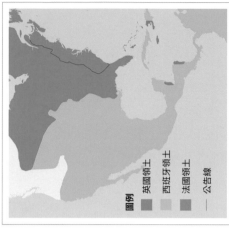

圖例
- 英國領土
- 西班牙領土
- 法國領土
- 公告線

北美洲，1763年

英國在英法北美戰爭（1754—1760年）中獲勝後，從法國手中取得了密西西比河以東的所有土地，北美州的地圖因此有了巨大的變化。同時，西班牙獲得了對路易斯安納州名義上的控制權，並把佛羅里達州割讓給英國人。英國政府為了安撫美洲原住民的頒布人，到1750年創下只剩下2萬人。此外，美洲原住民很難在自己的群體中達到團結，因此無法抵禦這波外來者。為了阻止英國人在大西洋擴張殖民地，法國人選擇有戰略價值的地點定居，並與1763年公告線（Proclamation Line），禁止殖民者定居在阿帕拉契山脈以東的地方。

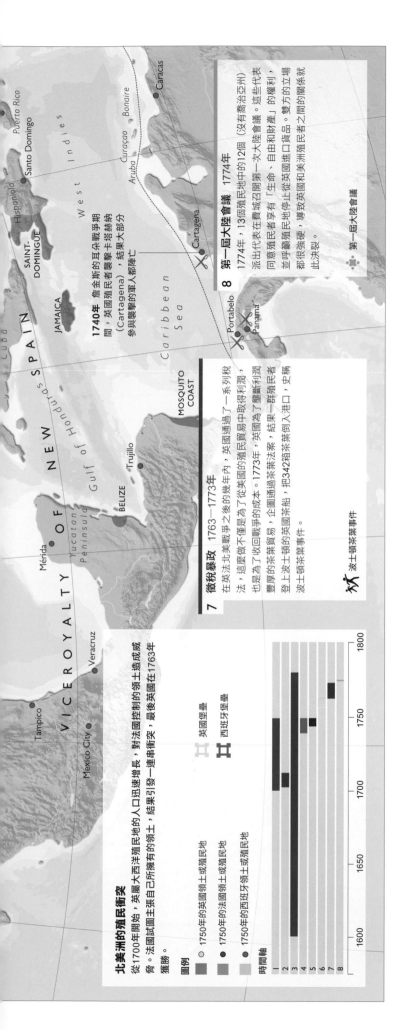

北美洲的殖民衝突

從1700年開始，英屬大西洋殖民地的人口迅速增長，對法國控制的領土造成威脅。法國試圖主張自己所擁有的領土，結果引發一連串衝突，最後英國在1763年獲勝。

圖例
- 1750年的英國領土或殖民地
- 1750年的法國領土或殖民地
- 1750年的西班牙領土或殖民地

🏰 英國堡壘
🏰 西班牙堡壘

時間軸　1600　1650　1700　1750　1800

1740年 詹金斯的耳朵戰爭期間，英國殖民者襲擊卡塔赫納（Cartagena），結果大都陣亡。參與襲擊的軍人都陣亡。

第一屆大陸會議 1774年

1774年，13個殖民地中的12個（沒有喬治亞州）派出代表在費城召開第一次大陸會議。這些代表同意殖民者享有「生命、自由和財產」的權利，並呼籲殖民地停止從英國進口貨品，自由和財產」的權利，導致英國和美洲殖民者之間的關係就此決裂。

8　第一屆大陸會議

7　**徵稅稅暴政 1763—1773年**

在英法北美戰爭之後的幾年內，英國通過了一系列稅法，這麼做不僅是為了從美國的殖民貿易中取得利潤，也是為了收回戰爭的成本。1773年，英國為了壟斷利潤豐厚的茶葉貿易，企圖通過茶葉法案，結果為一群殖民者登上波士頓的英國茶船，把342箱茶葉倒入港口，史稱波士頓茶葉事件。

🫖 波士頓茶葉事件

爭奪北美洲

18世紀上半葉，北美洲成了法國、不列顛和西班牙之間爭奪帝國霸權的另一個戰場。不列顛最終取得勝利，但所付出的代價將會在美國殖民者心中播下革命的種子。

到了1750年，英國在北美殖民地的人口已達到120萬，遠遠超過北美大陸上的6萬5000名法國人和大約2萬名西班牙殖民者。反之，當地人因為被驅離故鄉，被屠殺以及受到舊大陸帶來的疾病病摧殘，人口迅速減少。歐洲人剛開始殖民時，阿帕拉契山脈（Appalachians）以東的美洲原住民人數約有12萬人，到了1750年創下只剩下2萬人。此外，美洲原住民很難在自己的群體中達到團結，因此無法抵禦這波外來者。為了阻止英國人在大西洋擴張殖民地，法國人選擇有戰略價值的地點定居，並與

美洲原住民結盟。這些策略促成了小規模的衝突，但無法阻止英國殖民地的擴張。英國人取代了東北部的法國殖民者，並摧毀了西班牙前哨站，因為這些地點對他們的南向擴張造成威脅。英法北美戰爭（French and Indian War，這是七年戰爭的一部分，見第192-193頁）的爆發是這些衝突的高潮，這是一場血腥且代價高昂的戰役，英國大獲全勝，幾乎拿下了法國在北美大陸的所有領土。然而，戰爭結束後，英國政府立法向殖民地徵稅，要求他們償還戰爭的支出，引起了殖民者對遠方統治者的不滿。

七年戰爭

英國和法國為了爭奪殖民地的霸權而引發衝突，雙方都招攬盟友。這場衝突從北美延伸到印度，又從加勒比地區延伸到俄羅斯，是第一場真正的全球性戰爭。

七年戰爭裡，英國、普魯士和漢諾威（Hanover）同盟與法國、奧地利、瑞典、薩克森、俄羅斯和西班牙同盟展開激戰。這場戰爭的動力源自普魯士與奧地利之間的商業競爭、帝國競爭，以及兩國之間的仇恨情緒。在歐洲，法國結束了與奧地利哈布斯堡王朝長久以來的競爭，兩國與俄羅斯結成大同盟。普魯士發現自己四面受敵，於是先發制人，在1756年8月攻擊薩克森。英國與普魯士結盟，部分是因為英國國王想保護他的德意志屬地漢諾威免受法國接管的威脅。然而，英國的主要目標是摧毀商業競爭對手法國，所以把攻擊的重心放在法國海軍和海外的法國殖民地，尤其是在北美洲。由於法國把軍力集中在歐洲，沒有資源去支持殖民地，因此在北美洲、加勒比地區、西非以及印度都損失慘重（見第224-225頁）。七年戰爭同時在五大洲進行，並以1763年不列顛成為世界最大的殖民霸權作結。

> 「法國是我們的敵人，但我們要利用德意志的戰場，阻止法國擴張。」
>
> 英國首相威廉・皮特（William Pitt），1762年

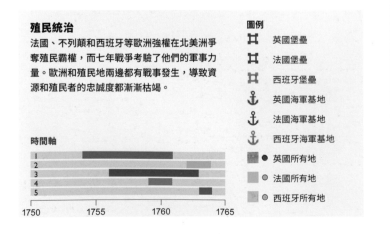

殖民統治

法國、不列顛和西班牙等歐洲強權在北美洲爭奪殖民霸權，而七年戰爭考驗了他們的軍事力量。歐洲和殖民地兩邊都有戰事發生，導致資源和殖民者的忠誠度都漸漸枯竭。

圖例

- 🏰 英國堡壘
- 🏰 法國堡壘
- 🏰 西班牙堡壘
- ⚓ 英國海軍基地
- ⚓ 法國海軍基地
- ⚓ 西班牙海軍基地
- ● 英國所有地
- ● 法國所有地
- ● 西班牙所有地

時間軸

2 英西戰爭（Anglo-Spanish War）

1762─1763年

法國的損失愈來愈大，因此西班牙愈來愈擔心英國對自己殖民地的威脅。但在西班牙以法國盟友的身分發動攻擊之前，英國就先在1762年圍攻並控制了西班牙在古巴哈瓦那的殖民地。一個月後，在世界的另一端，英國人也入侵了西班牙控制的菲律賓馬尼拉。

➡ 英國的進軍路線　✕ 英國的勝利

北美洲，1754─1763年

七年戰爭在北美洲的戰事在美國稱為「法國─印第安戰爭」，而在加拿大的英語區則只稱為七年戰爭，爆發時間比歐洲的戰事早兩年。

1 阿卡迪亞殖民地的終結　1754─1760年

1754年，法國和英國殖民者為了爭奪俄亥俄河谷（關鍵的毛皮貿易站）的所有權而爆發衝突。戰役持續了幾年，美洲原住民部落也捲入衝突。最後英國人占領了魁北克，控制了所有原本屬於法國的領土，並驅逐了阿卡迪亞的法國殖民者。

➡ 英國的進軍路線　✕ 英國的勝利
➡ 法國的進軍路線　✕ 法國的勝利
△ 法國防守範圍

3　普魯士的入侵　1756—1762年

普魯士的腓特烈大帝（Frederick the Great）入侵薩克森後，奧地利和他們的盟友全面反擊，但普魯士在英國的資助下取得了多場早期的勝利，尤其是1757年在洛伊滕（Leuthen）戰勝法軍。然而在1759年，普魯士於庫勒斯道夫（Kunersdorf）敗給奧地利和俄羅斯，損失慘重。俄羅斯的進一步攻勢似乎決定了普魯士的命運，但好戰的俄羅斯女皇伊莉莎白（Empress Elizabeth）去世，讓普魯士在最後關頭獲得緩刑。

- ▬▬　普魯士及其同盟
- ▬▬　奧地利及其同盟
- ✕　奧地利及其同盟的勝利
- ✕　奧地利及其同盟最初的進軍路線
- →　普魯士及其同盟的勝利

歐洲，1756—1763年

在歐洲，七年戰爭的陸上戰場位於中歐和東歐，西歐方面則發生在海上。

1762年　彼得三世（Peter III）登上沙皇之位，促成了俄羅斯和普魯士之間的和平

1763年　胡貝圖斯堡條約（Peace of Hubertusburg）確立各國恢復到戰前的狀態，而普魯士則躋身列強的地位

1760年　普魯士在萊格尼察（Leignitz）和托爾高（Torgau）戰勝，減輕了奧地利遭受的威脅

1759年　英國海軍在基伯龍灣和拉各斯戰勝，保住了海上霸權

1758年　何奧（Howe）和布萊（Bligh）的進軍

1761年　凱珀爾（Keppel）的進軍

1757年　霍克和莫爾達特（Mordaunt）的進軍

地名標示：
North Sea / SWEDEN / RUSSIA / Baltic Sea / IRELAND / GREAT BRITAIN / HANOVER / PRUSSIA / PRUSSIA / POLAND-LITHUANIA / Plymouth / Portsmouth / London / Chatham / Berlin / 1761 Kolberg / Danzig / 1758 Zorndorf / 1759 Kunersdorf / Liegnitz / 1757 Leuthen / 1758 Hochkirch / SAXONY / 1756 Pirna / 1756 Lobositz / 1757 Prague / 1757 Kolin / Cherbourg / Brest / St Malo / Paris / Quiberon Bay / 1763 Treaty of Paris / Rochefort / Ferrol / Corunha / FRANCE / AUSTRIA / HUNGARY / MILAN / MANTUA / Adriatic Sea / Danube / ATLANTIC OCEAN / Oporto / Lisbon / Madrid / PORTUGAL / SPAIN / TUSCANY / CORSICA / Toulon / 759 Lagos / Cádiz / Gibraltar / Cartagena / 1756-68 Frendi / 1756 / 1782

4　英國封鎖線　1759—1761年

法國人曾計畫入侵不列顛，但他們的艦隊於1759年8月19—28日在葡萄牙附近的拉各斯海戰（Battle of Lagos）以及11月20日在布列塔尼附近的基伯龍灣海戰（Battle of Quiberon Bay）戰敗並遭受重創，而英國海軍的封鎖線則阻擋了法國通往殖民地的補給路線。海軍的勝利讓英國取得優勢，在其他地方征服比法國更多的殖民地。

- ✕　英國的勝利
- ✕　法國的勝利
- →　英國海軍的進軍路線
- →　法國海軍的進軍路線

5　巴黎協定帶來和平　1763年

巴黎協定（Paris Treaty）的簽署確立了法國帝國和殖民野心的終結，也確立了不列顛作為世界帝國的地位。戰爭結束後，英國背負巨額戰爭債務，因此試圖從北美洲的殖民地取得收入。殖民者十分不樂意，於是挑起了叛亂。

- 🤝　巴黎協定

△「老腓」（Old Fritz）
普魯士的腓特烈大帝在這張圖中向一位陣亡的軍官致敬。他在七年戰爭中克服了困境，在德意志被人親切地稱為「老腓」。

農業革命

「農業革命」這個詞傳統上會令人聯想到18世紀初到19世紀中葉農業生產量的快速提升。這個轉變主要始於不列顛，後來蔓延到整個歐洲、美國以及其他地方。

△ 海埔新生地
這幅1705年的畫作是針對填海造陸的影響最戲劇化的描繪之一。荷蘭人用水壩和堤壩來排乾原本低於海平面的土地，真正擴大了他們的國家。

▷ 播種機
這種相對簡易的裝置可以把種子以固定的深度、間隔及排列方式埋在土裡，大幅提升了農業生產力。

從 18 世紀初開始，創新的英國農夫為了大幅提高農業生產力，採用並改良了來自世界其他地區的技術、作物和科技，尤其是低地國（今日的比利時和荷蘭）。1750—1850 年之間，不列顛的糧食生產力提升到三倍，人口數也因此增加到大約三倍，遠遠超出了歷史上可維持的標準。他們使用的許多方法和想法或許是來自歐洲大陸，但到了 1815 年，英國的農業生產力已經遠遠超越了其他歐洲國家。19 世紀時，這些革新傳遍了已發達的國家。這場農業革命有四大支柱：農業技術（例如播種機與機械化）、輪耕、選擇性育種（能提高牲畜產量），以及改變土地利用的方式（例如圈地、墾殖等等）。

創新與機械化

1701 年，英國農夫兼農學家傑叟羅·托爾（Jethro Tull）開發了一種改良的播種機，這種設備能整排整排地播種，讓除草和照料作物更容易，從此提升了勞動效率。雖然一開始花了很長的時間才流行起來，但播種機象徵技術的潛力，能夠大幅提升土地和勞工的生產力。在美國，賽勒斯·麥考密克（Cyrus McCormick）開發了一種稱為收割機的機器。1840 年時，他用這種機器一天能收割的小麥量是用鐮刀收割的 12.5 倍。

另一種增加生產力的方法是使用新型的作物，例如高產量的小麥和大麥（這兩種作物取代了低產量的黑麥）以及蕪菁。蕪菁是一種塊根類蔬菜，種植起來不會影響除草作業。然而，提高生產量最大的推手或許是因為克服了原本限制產量的最主要因素，也就是土壤中生物可使用的氮含量。雖然當時的人類未能了解其中牽涉的生物學原理，但低地國的農夫已經發現，豆類和三葉草屬等作物能增加土壤的肥沃度，並減少土壤所需的休耕時間。這是因為這些作物中的根瘤菌能固定或吸收大氣中的氮，即使在生產有用的糧食和飼料作物的同時也能施

革命的動力

高產量作物種類的引入、輪耕，以及非食用的經濟作物，對經濟造成的影響都是農業革命的主要動力。其他里程碑還包括新的牲畜品種以及牠們進入市場的方式。除了舊大陸的土地利用方式改良之外，新大陸的一些新的地區也成了耕地。都市及鄉村人口的變化改變了勞動力市場，而新科技則提升了生產力。

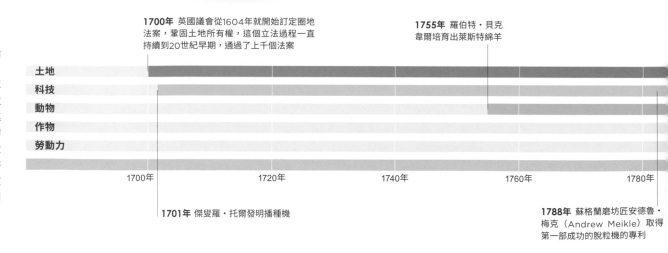

1700年 英國議會從1604年就開始訂定圈地法案，鞏固土地所有權，這個立法過程一直持續到20世紀早期，通過了上千個法案

1755年 羅伯特·貝克韋爾培育出萊斯特綿羊

	1700年	1720年	1740年	1760年	1780年
土地					
科技					
動物					
作物					
勞動力					

1701年 傑叟羅·托爾發明播種機

1788年 蘇格蘭磨坊匠安德魯·梅克（Andrew Meikle）取得第一部成功的脫粒機的專利

◁ **貝克韋爾的萊斯特綿羊（Leicester ram）**
這幅版畫描繪的是迪什利綿羊（Dishley），又叫萊斯特綿羊，是羅伯特・貝克韋爾（Robert Bakewell）選擇性培育的大量物種之一，目的是創造更具生產力的牲畜。

肥。以諾福克的例子來說，在 1700—1850 年之間，農夫改種三葉草並把豆類的種植面積提高一倍，結果讓固氮率達到了三倍。

改變作法

同時，由於飼養牲畜的方式改變（例如用圈養代替放牧），人類得以收集糞便作為肥料。從 1700—1800 年，這些創新方法使小麥產量增加了約四分之一；在 1800—1850 年之間，產量增加了約一半。最後，科學知識趕上了以經驗為基礎的智慧。人類終於了解氮是肥料中的關鍵元素，於是從 19 世紀中葉開始，鳥糞等進口原料變得十分重要。

產量的提升以及飼料作物的種植導致牲畜的飼養量增加，且選擇性育種也帶來了更高產量的物種。舉例來說，以羊毛聞名的美麗諾綿羊（Merino）促使澳洲的農業自從 1807 年起走向極端；到了 1850 年代，平均每一個澳洲人就有 39 隻綿羊。

在不列顛，圈地（把荒地或公共土地圍起來，變成私有財產）增加了可用於集約耕作的土地，開墾林地、高地牧場和沼澤地也有同樣的效果。從 17 世紀中葉到 19 世紀中葉，英格蘭近三分之一的農田都受到影響。從前的牧場變成了可耕地，因為牧場的功能被飼料作物取代，尤其是那些輪耕種植的作物。輪耕（特別是作物成排種植時）表示不需要讓土地休耕養草。

農業革命為工業革命（見第 212-213 頁）奠定了基礎，維持人口高度增長，提高了土地和工人的生產力，把勞動力從農業和農村解放出來，並推動了城市與工業勞動力的增長。

> 「農業不只為國家帶來財富，這也是唯一真正屬於國家的財富。」
>
> 山繆・詹森（Samuel Johnson），英國評論家，1709—1784 年

△ **施肥**
這幅優美的鄉村景致在某種程度上掩蓋了它所宣傳的產品的真實性質——天然肥料，也就是用鳥糞製成的肥料。

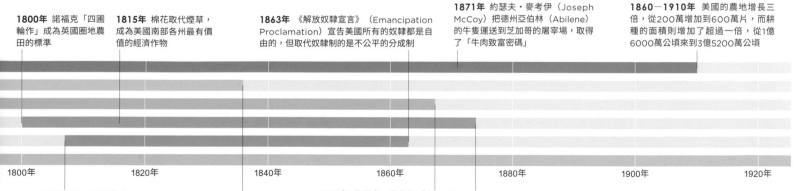

1800年 諾福克「四圍輪作」成為英國圈地農田的標準

1815年 棉花取代煙草，成為美國南部各州最有價值的經濟作物

1863年 《解放奴隸宣言》（Emancipation Proclamation）宣告美國所有的奴隸都是自由的，但取代奴隸制的是不公平的分成制

1871年 約瑟夫・麥考伊（Joseph McCoy）把德州亞伯林（Abilene）的牛隻運送到芝加哥的屠宰場，取得了「牛肉致富密碼」

1860—1910年 美國的農地增長三倍，從200萬增加到600萬片，而耕種的面積則增加了超過一倍，從1億6000萬公頃來到3億5200萬公頃

1800年　1820年　1840年　1860年　1880年　1900年　1920年

1807年 十月敕令（October Edict）結束了普魯士的農奴制度。歐洲的農奴制度在中世紀就已經幾乎消失，但在俄羅斯一直持續到1861年

1837年 賽勒斯・麥考密克取得機械收割機的專利

1867年 約瑟夫・麥考伊（Joseph McCoy）把德州亞伯林（Abilene）的牛隻運送到芝加哥的屠宰場，取得了「牛肉致富密碼」

1874年 由蘇格蘭農學家派翠克・謝里夫（Patrick Sheriff）培育的高產量方頭小麥傳到丹麥，並從丹麥傳播到整個歐洲

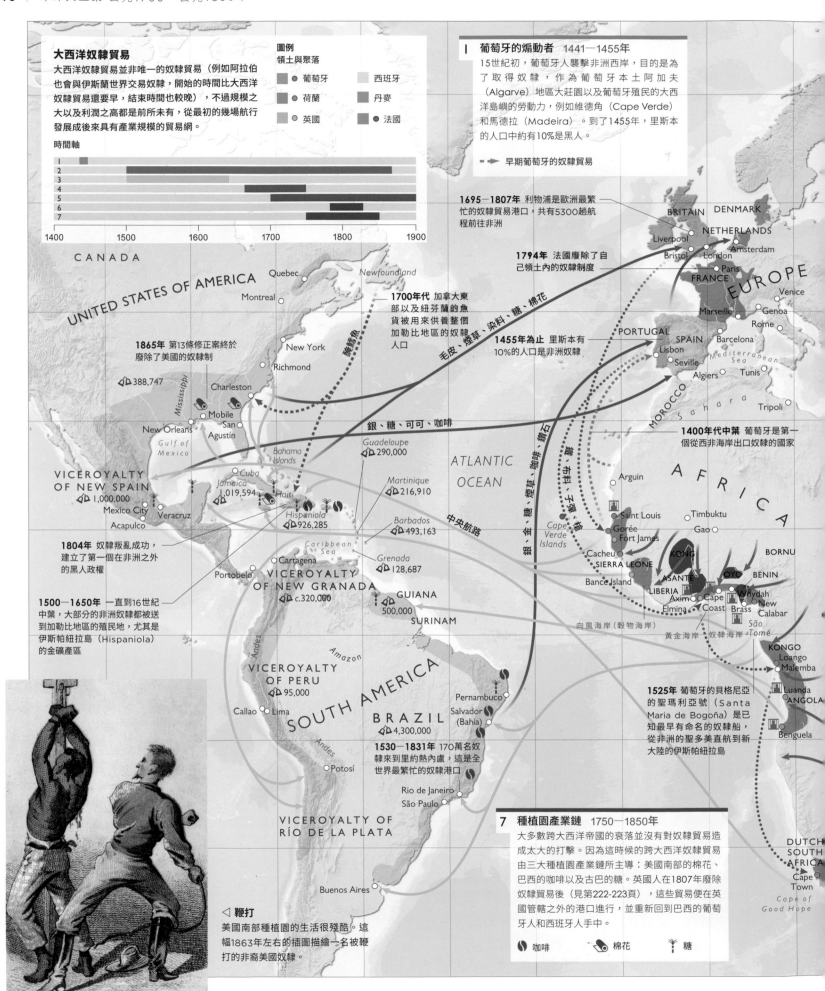

大西洋奴隸貿易

大西洋奴隸貿易並非唯一的奴隸貿易（例如阿拉伯也會與伊斯蘭世界交易奴隸，開始的時間比大西洋奴隸貿易還要早，結束時間也較晚），不過規模之大以及利潤之高都是前所未有，從最初的幾場航行發展成後來具有產業規模的貿易網。

圖例
領土與聚落
- 葡萄牙　　西班牙
- 荷蘭　　丹麥
- 英國　　法國

時間軸

1
2
3
4
5
6
7

1400　1500　1600　1700　1800　1900

1 葡萄牙的煽動者 1441—1455年
15世紀初，葡萄牙人襲擊非洲西岸，目的是為了取得奴隸，作為葡萄牙本土阿加夫（Algarve）地區大莊園以及葡萄牙殖民的大西洋島嶼的勞動力，例如維德角（Cape Verde）和馬德拉（Madeira）。到了1455年，里斯本的人口中約有10%是黑人。

➡ 早期葡萄牙的奴隸貿易

CANADA

UNITED STATES OF AMERICA

Quebec
Montreal
Newfoundland

1865年 第13條修正案終於廢除了美國的奴隸制

388,747

1700年代 加拿大東部以及紐芬蘭鱈魚貨被用來供養整個加勒比地區的奴隸人口

鱈魚

New York
Richmond
Charleston

毛皮、煙草、染料、糖、棉花

1695—1807年 利物浦是歐洲最繁忙的奴隸貿易港口，共有5300趟航程前往非洲

BRITAIN　DENMARK
Liverpool　NETHERLANDS
Bristol　London　Amsterdam
FRANCE　EUROPE　Paris
Venice
Marseille　Genoa
Rome

1794年 法國廢除了自己領土內的奴隸制度

PORTUGAL　SPAIN　Barcelona
Lisbon　Mediterranean Sea
Seville
Algiers　Tunis

1455年為止 里斯本有10%的人口是非洲奴隸

MOROCCO　Sahara　Tripoli

Mobile
San Agustín
New Orleans
Gulf of Mexico
Bahama Islands

銀、糖、可可、咖啡

1400年代中葉 葡萄牙是第一個從西非海岸出口奴隸的國家

VICEROYALTY OF NEW SPAIN
1,000,000
Mexico City　Veracruz
Acapulco

Cuba
Jamaica 1,019,594
Haiti
Hispaniola 926,285

Guadeloupe 290,000

Martinique 216,910

ATLANTIC OCEAN

銀、金、糖、煙草、咖啡

鐵、布料、子彈、槍

鑽石

AFRICA

Arguin
Saint Louis
Timbuktu
Gao
Gorée
Fort James
Cacheu
Cape Verde Islands
Cacheu

1804年 奴隸叛亂成功，建立了第一個在非洲之外的黑人政權

Barbados 493,163

中央航路

SIERRA LEONE
Bance Island
KONG　BORNU
ASANTE　OYO　BENIN
LIBERIA
Axim　Cape Coast　Whydah New Calabar
Elmina　Brass
São Tomé

Cartagena
Caribbean Sea
Grenada 128,687
Portobelo
VICEROYALTY OF NEW GRANADA
c.320,000

1500—1650年 一直到16世紀中葉，大部分的非洲奴隸都被送到加勒比地區的殖民地，尤其是伊斯帕紐拉島（Hispaniola）的金礦產區

GUIANA 500,000
SURINAM

向風海岸（穀物海岸）
黃金海岸
奴隸海岸

KONGO
Loango
Malemba

1525年 葡萄牙的貝格尼亞的聖瑪利亞號（Santa Maria de Bogoña）是已知最早有命名的奴隸船，從非洲的聖多美直航到新大陸的伊斯帕紐拉島

Luanda
ANGOLA

Andes　Amazon

VICEROYALTY OF PERU
95,000
Callao　Lima

SOUTH AMERICA

BRAZIL
4,300,000

Pernambuco
Salvador (Bahia)

Benguela

1530—1831年 170萬名奴隸來到里約熱內盧，這是全世界最繁忙的奴隸港口

Potosí
Rio de Janeiro
São Paulo

VICEROYALTY OF RÍO DE LA PLATA

7 種植園產業鏈 1750—1850年
大多數跨大西洋帝國的衰敗並沒有對奴隸貿易造成太大的打擊。因為這時候的跨大西洋奴隸貿易由三大種植園產業鏈所主導：美國南部的棉花、巴西的咖啡以及古巴的糖。英國人在1807年廢除奴隸貿易後（見第222-223頁），這些貿易便在英國管轄之外的港口進行，並重新回到巴西的葡萄牙人和西班牙人手中。

☕ 咖啡　🧺 棉花　🌾 糖

DUTCH SOUTH AFRICA
Cape Town
Cape of Good Hope

Buenos Aires

◁ **鞭打**
美國南部種植園的生活很殘酷。這幅1863年左右的插圖描繪一名被鞭打的非裔美國奴隸。

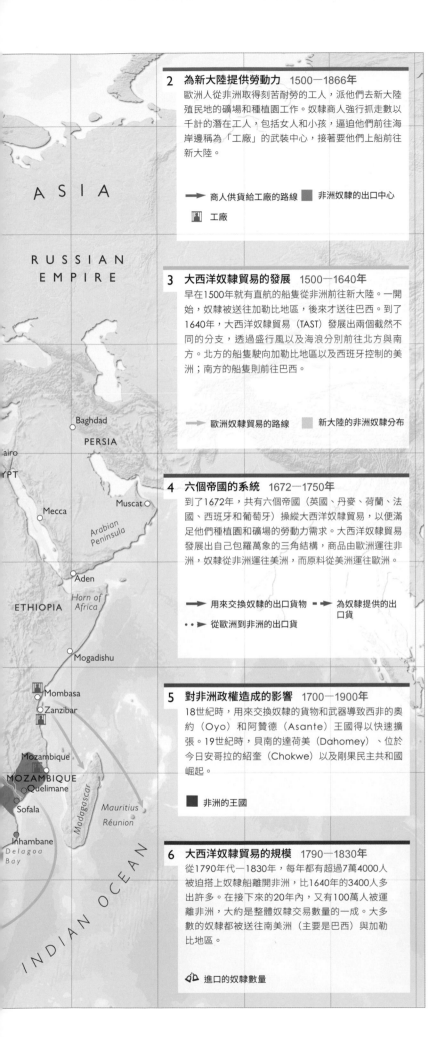

2 為新大陸提供勞動力 1500—1866年

歐洲人從非洲取得刻苦耐勞的工人，派他們去新大陸殖民地的礦場和種植園工作。奴隸商人強行抓走數以千計的潛在工人，包括女人和小孩，逼迫他們前往海岸邊稱為「工廠」的武裝中心，接著要他們上船前往新大陸。

→ 商人供貨給工廠的路線　■ 非洲奴隸的出口中心

▣ 工廠

3 大西洋奴隸貿易的發展 1500—1640年

早在1500年就有直航的船隻從非洲前往新大陸。一開始，奴隸被送往加勒比地區，後來才送往巴西。到了1640年，大西洋奴隸貿易（TAST）發展出兩個截然不同的分支，透過盛行風以及海浪分別前往北方與南方。北方的船隻駛向加勒比地區以及西班牙控制的美洲；南方的船隻則前往巴西。

→ 歐洲奴隸貿易的路線　■ 新大陸的非洲奴隸分布

4 六個帝國的系統 1672—1750年

到了1672年，共有六個帝國（英國、丹麥、荷蘭、法國、西班牙和葡萄牙）操縱大西洋奴隸貿易，以便滿足他們種植園和礦場的勞動力需求。大西洋奴隸貿易發展出自己包羅萬象的三角結構，商品由歐洲運往非洲，奴隸從非洲運往美洲，而原料從美洲運往歐洲。

→ 用來交換奴隸的出口貨物　→ 為奴隸提供的出口貨

••► 從歐洲到非洲的出口貨

5 對非洲政權造成的影響 1700—1900年

18世紀時，用來交換奴隸的貨物和武器導致西非的奧約（Oyo）和阿贊德（Asante）王國得以快速擴張。19世紀時，貝南的達荷美（Dahomey）、位於今日安哥拉的紹奎（Chokwe）以及剛果民主共和國崛起。

■ 非洲的王國

6 大西洋奴隸貿易的規模 1790—1830年

從1790年代—1830年，每年都有超過7萬4000人被迫踏上奴隸船離開非洲，比1640年的3400人多出許多。在接下來的20年內，又有100萬人被運離非洲，大約是整體奴隸交易數量的一成。大多數的奴隸都被送往南美洲（主要是巴西）與加勒比地區。

◁▷ 進口的奴隸數量

大西洋的奴隸貿易

大西洋的奴隸貿易是一場全球性的商業機制，也是人類的悲劇。1250萬人被強行運到新大陸，過程中約有200萬人被殺。這場貿易改變了全世界的經濟，也改變了牽連其中的國家。

在 15 世紀，奴隸仍然是人類生活中重要的一部分，尤其是伊比利半島和義大利從東歐以及非洲進口奴隸。雖然奴隸通常擔任家裡的傭人，但這為新大陸剛萌芽的殖民和剝削提供了一個典範，當時對勞動力的強烈需求推動了最早全球性大規模商業體系的發展，形成了一個三角體系：在歐洲製造的商品賣到非洲換取奴隸，而這些奴隸被運送到新大陸強迫勞動，產出的原料再透過船隻運回歐洲。

奴隸貿易的利潤很豐厚，產生的資金多到足以支撐整個西方的資本主義。雖然某些獲利最多的國家試圖消滅這種貿易模式，但奴隸貿易的量依然很大，並一直持續到 19 世紀初。這場貿易對於人口有深遠的影響，也改變了進出口地區的發展，是歷史上最大的被迫遷移事件之一。這是一場大規模的暴行，至今人類還沒有完全承認這件事所造成的後果。

「尖叫聲和呻吟聲讓整個恐怖場景幾乎無法想像。」

曾經的奴隸，奧拉達・艾奎亞諾（Olaudah Equiano），1789年

中央航路
旅程與目的地

渡過大西洋的旅程是這場三角貿易的「中間」段，人稱「中央航路」（Middle Passage）。這些奴隸大部分都從未見過大海，他們被銬住，緊緊挨在一起，並在惡劣的條件下被囚禁六至八週，天氣惡劣時還可能長達十三週。疾病、謀殺和自殺是常有的事，有10%—20%的奴隸在航行過程中喪生。

擁擠不堪
這張甲板平面圖讓人看了十分心痛，描繪了奴隸被囚禁在擁擠的奴隸船中，這種做法令人難以想像。

美國革命

美國革命又稱為美國獨立戰爭，是英國與美洲殖民地之間日益緊張的局勢所導致的結果。渴望獨立的愛國者（Patriot）與忠於王室的保皇派（Loyalist）爆發衝突，結果在美洲造就了一個新國家。

為了償還戰爭欠下的債務， 以及支付保衛西部邊境和保護殖民者免受美洲原住民攻擊的許多費用，英國打算對13個殖民地徵收更多稅款。但殖民地的人對這種壓迫性的稅收很不滿，因為他們繳了稅，但在英國議會上卻沒有得到任何直接代表的席位。許多殖民者因為受到啟蒙運動自由正義思想的激勵，抵制遠方議會的法案，並上演各種反叛戲碼，例如1773年的波士頓茶葉事件等。1774年，他們召開大陸會議，爭取自治權和自由。

　　1775年4月，麻州的列星頓（Lexington）發出第一聲槍響，愛國者與外國軍隊之間日漸緊張的局勢升級為戰爭。這既是一場內戰，也是一場革命。許多殖民者依然效忠於王室，保皇派的民兵構成了英軍重要的

一部分。在北部，英軍奮力打擊喬治・華盛頓帶領的愛國者軍隊，最後陷入僵局。但愛國者贏得了幾場關鍵性且具有象徵意義的勝利，例如他們擊敗了一支從加拿大行軍而來的縱隊，法國人因此決定加入愛國者的陣營。英國人開始從南方進攻，並在查爾斯登（Charleston）大獲全勝，革命看似岌岌可危。但情勢漸漸變得對愛國者有利，且英國人開始感受到遠距作戰的困難——命令、部隊和補給品可能都需要好幾個月才能穿越大西洋。1781年，法國艦隊驅逐了英國增援艦隊，華盛頓和法國盟友因此得以把英國指揮官查爾斯・康沃利斯（Charles Cornwallis）困在維吉尼亞州的約克鎮（Yorktown），並迫使英國簽訂和平條約。

湯瑪斯・傑佛遜
（Thomas Jefferson）

1743—1826年

湯瑪斯・傑佛遜是來自維吉尼亞州的一位律師與種植園主，他在1774年寫了〈英屬北美權利概要〉（*A Summary View of the Rights of British America*）一文，為美國的獨立作出辯護，因此成為愛國者陣營的主要智囊之一。他受邀協助起草《獨立宣言》，所寫的版本只有少數幾處被修改，並在1776年獲得採納。接著他成立了民主黨，並成為美國第三任總統，在他的治理下，美國領土大幅擴張。

宣布獨立

湯瑪斯・傑佛遜把《獨立宣言》提交給國會。

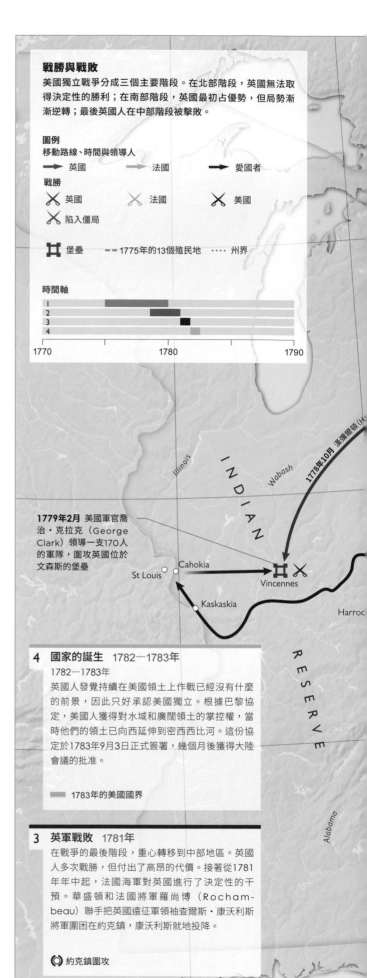

戰勝與戰敗

美國獨立戰爭分成三個主要階段。在北部階段，英國無法取得決定性的勝利；在南部階段，英國最初占優勢，但局勢漸漸逆轉；最後英國人在中部階段被擊敗。

圖例

移動路線、時間與領導人

→ 英國　　→ 法國　　→ 愛國者

戰勝

✕ 英國　　✕ 法國　　✕ 美國

✕ 陷入僵局

⊞ 堡壘　　-- 1775年的13個殖民地　　⋯⋯ 州界

時間軸

	1770	1780	1790
1			
2			
3			
4			

1779年2月 美國軍官喬治・克拉克（George Clark）領導一支170人的軍隊，圍攻英國位於文森斯的堡壘

4 國家的誕生 1782—1783年

1782—1783年

英國人發覺持續在美國領土上作戰已經沒有什麼的前景，因此只好承認美國獨立。根據巴黎協定，美國人獲得對水域和廣闊領土的掌控權，當時他們的領土已向西延伸到密西西比河。這份協定於1783年9月3日正式簽署，幾個月後獲得大陸會議的批准。

▬ 1783年的美國國界

3 英軍戰敗 1781年

在戰爭的最後階段，重心轉移到中部地區。英國人多次戰勝，但付出了高昂的代價。接著從1781年年中起，法國海軍對英國進行了決定性的干預。華盛頓和法國將軍羅尚博（Rochambeau）聯手把英國遠征軍領袖查爾斯・康沃利斯將軍困在約克鎮，康沃利斯就地投降。

⊙ 約克鎮圍攻

CANADA

QUEBEC

Lake Huron

Georgian Bay

Lake Ontario

Lake Erie

rt Detroit

Fort Malden

Ottawa

Montreal

Fort Chambly

Fort St John's

Crown Point

Fort Oswego

Fort Stanwix

Fort Niagara

Saratoga

Cherry Valley

Albany

NEW YORK

Wilkes Barre

PENNSYLVANIA

Fort Pitt (or Pittsburg)

Fort Henry

Redstone Fort

上俄亥俄邊界

1775年8月 蒙哥馬利（Montgomery）

Quebec

DISTRICT OF MAINE to Massachusetts

1776年5月 湯瑪斯（Thomas）

1775年9月 阿諾德（Arnold）

1777年10月 英國軍官伯格因（Burgoyne）為了阻止北方殖民地的叛亂而從加拿大向南進軍，卻在沙拉托加戰役中慘敗

1777年6月 聖烈治（St Leger）

1777年6月 伯格因

NEW HAMPSHIRE

Connecticut

Bennington

Concord
Cambridge
Lexington
Boston

MASSACHUSETTS
Providence

RHODE ISLAND

Newport

1778年11月 法國艦隊司令查爾斯－赫克托・德斯坦（Charles-Hector d'Estaing）的艦隊經歷一場激烈的暴風雨，大部分船隻都損壞，因此離開前往西印度群島，對愛國者來說是重大損失

1778年11月 德斯坦

1775年6月 愛國者在波士頓附近的邦克山戰役（Battle of Bunker Hill）中展現了他們的決心，英軍被迫撤離波士頓

1776年12月 在紐約與周圍地區經歷多次挫敗後，華盛頓越過德拉瓦河，贏得了一場具有象徵意義的勝利

1777年9月 蓋茨

Hartford

CONNECTICUT

New Haven

New London

1781年5-6月 羅尚博

West Point

White Plains

New York

Princeton

1778年9月 華盛頓

1776年7月 何奧

1778年9月 德・巴拉斯（De Barras）

Germantown

Monmouth

Trenton

1777年9月 何奧

1781年8月 胡德（Hood）或格雷夫斯（Graves）

1778年7月 德斯坦

Philadelphia

Wilmington

NEW JERSEY

DELAWARE

MARYLAND

1781年7月 華盛頓

1781年7月 何奧

1781年8月 德・巴拉斯

VIRGINIA

Potomac

Lafayette

Charlottesville

1781年7月 塔爾頓（Tarleton）

Richmond

Bedford

Petersburg

Chesapeake Bay

Williamsburg

Yorktown

Norfolk

1781年8月 德・格拉斯（De Grasse）

1781年5月 康沃利斯

Roanoke

1781年10月 康沃利斯在約克鎮投降，結束了這場戰爭，美國脫離英國獨立

1781年9月 海角戰役（Battle of the Capes）中，法國艦隊追擊英國艦隊，讓康沃利斯等不到海軍的增援，困在約克鎮

Cape Hatteras

Cape Fear

NORTH CAROLINA

Guilford

1780年8月 蓋茨（Gates）

Ramsay's Mill

1781年3月 摩根（Morgan）與格林（Greene）

1781年1月 愛國者在考朋斯戰勝

1781年3月 英國付出極大的代價，只取得了慘勝

63年10月 英國發布公告，禁止殖民者進入西邊的地，以防他們進一步擴張美洲原住民的領土

UCKY TIER

1778年7月－1779年2月 克拉克

Charlotte

Cowpens

Pee Dee

Cheraw

Camden

1780年8月 康沃利斯

SOUTH CAROLINA

Fort Ninety Six

Augusta

1779年2月 林肯

GEORGIA

Savannah

1780年3-5月 英國在查爾斯登獲得重大勝利，幾乎讓愛國者失去南部的領土

Wilmington

1780年1月 克林頓（Clinton）和康沃利斯

1778年12月 坎貝爾（Campbell）

Charleston

巴勒溫（Balfour）

普雷沃斯特（Prevost）

Hudson

1 北方的戰爭 1775—1780年

美國愛國者面對的是經驗豐富的英國軍隊，但他們在麻州最早的戰役中展現了勇氣。將軍喬治・華盛頓率領缺乏經驗的愛國者部隊撐過了艱難的戰役，並避免了決定性的失敗，讓北方的戰事陷入僵局，並在1776年的特倫頓（Trenton）戰役和1777年的沙拉托加戰役戰勝，鼓舞了士氣。

■ 北方殖民地

2 南方的戰爭 1778—1781年

1778年，英國人在南部開啟一條新戰線，並在1780年占領查爾斯登，取得了重大勝利。然而愛國者拒絕投降，保皇派漸漸處於劣勢，最終愛國者在1781年1月於南卡羅來納州的考朋斯（Cowpens）取得關鍵性的勝利，證明了他們有能力對英國在南方的戰略做出反擊。

■ 南方殖民地

▽ 邁向成功

1776年的耶誕節，華盛頓的愛國者軍隊越過德拉瓦河（Delaware River），突襲特倫頓。這幅1851年由伊曼紐爾・洛伊茨（Emanuel Leutze）創作的畫就是在紀念這個事件。

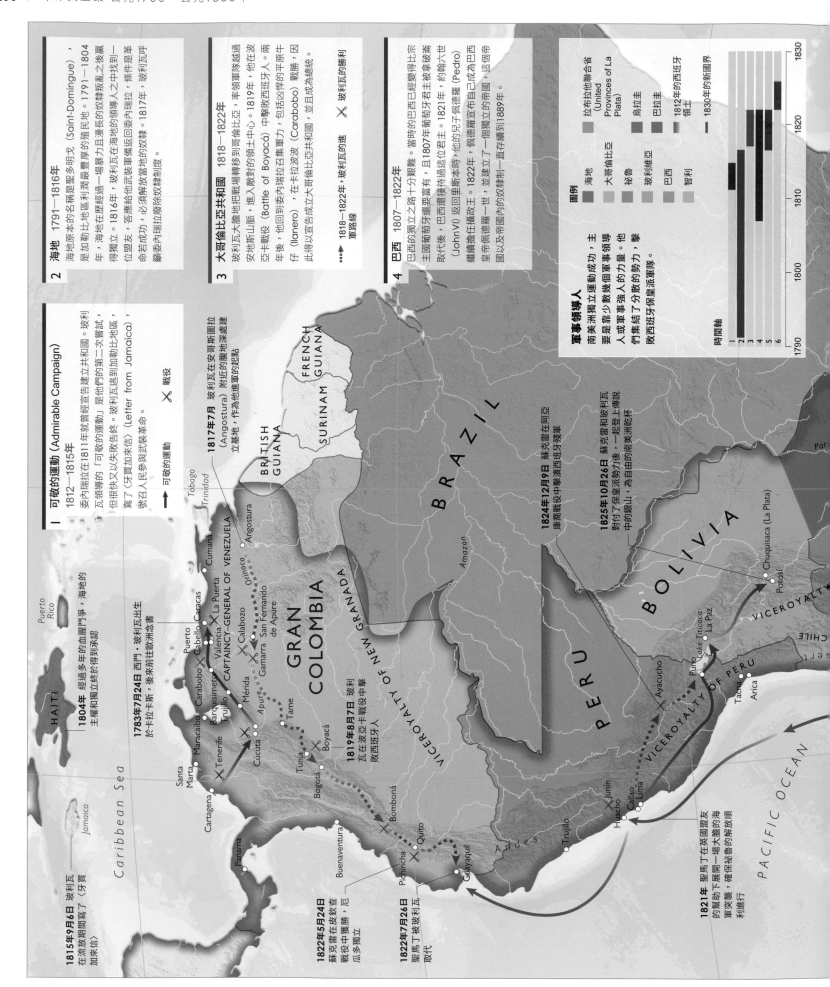

1 可敬的運動 (Admirable Campaign) 1812—1815年

委內瑞拉在1811年就曾經宣告建立共和國。玻利瓦率領過的「可敬的」運動，是他們的第二次嘗試，但很快又以失敗告終。玻利瓦後來回到委內瑞拉召集軍力。寫了《牙買加來信》(Letter from Jamaica)，後來前往歐洲追尋，號召人民參與武裝革命。

→ 可敬的運動
✕ 戰役

2 海地 1791—1816年

海地原本的名稱是聖多明戈 (Saint-Domingue)，是加勒比地區利潤最豐厚的殖民地。1791—1804年，海地在歷經過一場最暴力且漫長的奴隸叛亂之後贏得獨立。1816年，玻利瓦在海地的領導下找到一位盟友，答應給他武裝軍備返回委內瑞拉，條件是革命若成功，必須解放當地的奴隸。1817年，玻利瓦呼籲委內瑞拉廢除奴隸制度。

3 大哥倫比亞共和國 1818—1822年

玻利瓦大膽地把戰場轉移到哥倫比亞，進入敵對的領土中心。1819年，他在波安地斯山脈 (Battle of Boyacá) 中擊敗西班牙人。兩年後，他回到委內瑞拉召集軍力，包括凶悍的平原牛仔 (llanero)，在卡拉波波 (Carabobo) 戰勝，並且成為總統。此得以宣告成立大哥倫比亞共和國。

✕ 玻利瓦的勝利

⟶ 1818—1822年，玻利瓦的進軍路線

4 巴西 1807—1822年

巴西的獨立之路十分艱難。當時的巴西已經變得比宗主國葡萄牙還要富有，且1807年當葡萄牙君主被拿破崙取代後，巴西迎接過這位君主。1821年，約翰六世 (John VI) 返回里斯本時，他的兒子佩德羅 (Pedro) 繼續擔任攝政。1822年，佩德羅宣布巴西成為帝國，並建立了一個獨立的帝國，這個帝國以及帝國內的奴隸制一直存續到1889年。

圖例

拉布拉他聯合省 (United Provinces of La Plata)
海地
大哥倫比亞
秘魯
玻利維亞
巴西
智利
1812年的西班牙領土
1830年的新國界

軍事領導人

南美洲獨立運動成功，主要是靠少數幾個軍事領導人或軍力強大人的力量。他們集結了分散的勢力，擊敗西班牙保皇派軍隊。

時間軸

1790 1800 1810 1820 1830

1 海地
2
3
4
5
6

1815年9月6日 玻利瓦在流放期間寫了《牙買加來信》

1804年 經過多年的血腥鬥爭，海地的主權獨立終於獲得到承認

1783年7月24日 西門·玻利瓦出生於卡拉卡斯，後來前往歐洲追尋

1822年5月24日 蘇克雷在皮欽查戰役中獲勝，厄瓜多獨立

1822年7月26日 聖馬丁被玻利瓦取代

1817年7月 玻利瓦在安哥斯圖拉 (Angostura) 附近的腹地深處建立基地，作為他進軍的起點

1819年8月7日 玻利瓦在波亞卡戰役中擊敗西班牙人

1821年 聖馬丁在英國盟友的贊助下展開一場大膽的海軍突襲，確保秘魯的解放順利進行

1824年12月9日 蘇克雷在阿亞庫喬戰役中擊潰西班牙殘軍

1825年10月26日 蘇克雷和玻利瓦，對付了保皇勢力量中的鎮山，一起登上傳說中的南美銀杯

HAITI
Jamaica
Puerto Rico
Caribbean Sea
Tobago
Trinidad
Santa Marta
Cartagena
Panama
Maracaibo
Barquisimeto
Trujillo
Mérida
Cúcuta
Tunja
Bogotá
Buenaventura
Quito
Guayaquil
Pichincha
Bombona
Boyacá
Apure
Gamarra
San Fernando de Apure
Tame
Calabozo
Valencia
Carabobo
Puerto Cabello
Caracas
Tenerife
La Puerta
Cumaná
Angostura
Orinoco
CAPTAINCY-GENERAL OF VENEZUELA
GRAN COLOMBIA
VICEROYALTY OF NEW GRANADA
BRITISH GUIANA
SURINAM
FRENCH GUIANA
BRAZIL
Amazon
PERU
VICEROYALTY OF PERU
BOLIVIA
Andes
Trujillo
Huacho
Callao
Lima
Junín
Ayacucho
Puno
Lake Titicaca
La Paz
Arica
Tacna
Chuquisaca (La Plata)
Potosí
CHILE
PACIFIC OCEAN

西門·玻利瓦
1783—1830年

玻利瓦是南美洲解放運動最偉大的英雄，他出生於卡拉卡斯（Caracas，位在今日委內瑞拉）的一個富裕家庭。他在歐洲待過一段時間，吸收了自由主義思想，接著帶著革命的熱情回到南美洲。他是個出色的軍事戰略家，對抗保皇派勢力時贏得了一連串關鍵勝利，但獨立後未能實現泛美洲統一的夢想。

南美洲獨立戰爭

南美洲人想要脫離遙遠的伊比利半島宗主國的掌控並取得獨立，這份渴望主要是由在美洲出生的克里奧耳（creole）菁英推動的，並由幾名具有領袖魅力與活力的革命將領付諸實踐。在西班牙殖民地，一開始北部的行動並不順利，但後來脫離西班牙統治的解放運動從南向北襲捲整個大陸，而巴西則開闢了自己的獨立之路。

19世紀初，南美洲的政治、經濟和種族方面都局勢緊張。克里奧耳人——也就是出生在美洲、通常掌權有混血統的人——控制了大部分財富以及能產生財富的種植園。然而，最高的政治權力還是掌握在伊比利半島手中，這遙遠的帝國權威限制了貿易和工業。克里奧耳人十分憎恨這種不公平的待遇，但又擔心革命可能會造成的後果。在海地發生的事件——成功的奴隸起義就是在那裡爆發生的。

愛國者與遙遠的歐洲統治者以及效忠他們的人之間的緊張關係跟革命前夕的北美洲很相似，而玻利瓦（Simón Bolívar）等人的煽動下，這種緊張關係又更加嚴重，這些人受到歐洲新興的自由民族主義

耳濡目染。1808年和1809年，拿破崙入侵西班牙和葡萄牙，推翻或驅逐了這些國家的皇室，兩國與他們殖民地之間的聯繫被切斷，因此點燃了革命的導火線。

後來由於拿破崙戰敗，西班牙皇室回歸，南美洲最初宣布共和獨立的行動受挫，西班牙皇室還要收回殖民地。1815年，西班牙人恢復了對委內瑞拉和新格拉納達的王權控制，但他渴望獨立的欲望並沒有受挫。玻利瓦被放逐到牙買加和海地，但他渴望獨立的欲望並沒有受挫。

在南部，聖馬丁（San Martín）解放了智利和祕魯，而在北部，玻利瓦和他的副手蘇克雷（Sucre）解放了哥倫比亞和厄瓜多。1824年12月，他們終於把西班牙保皇派勢力逐出南美洲。

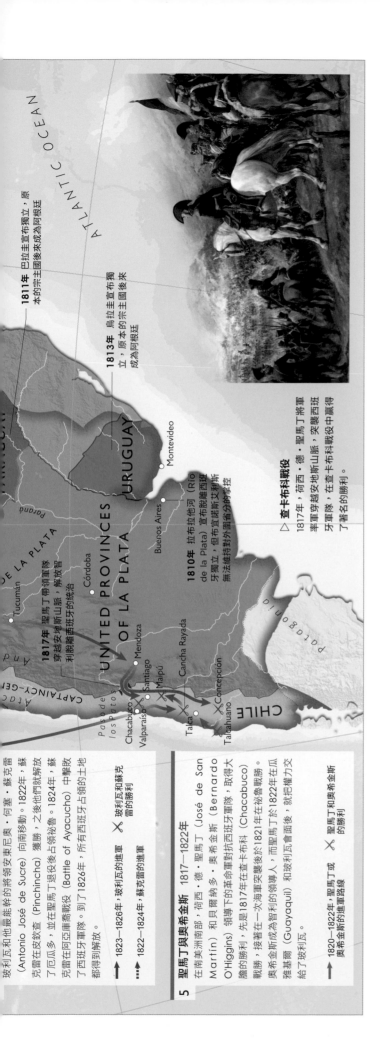

1811年 巴拉圭宣布獨立，原本的宗主國後來成為阿根廷

1813年 烏拉圭宣布獨立，原本的阿根廷成為阿根廷

1810年 拉布拉他河（Rio de la Plata）宣布獨立，但布宜諾斯艾利斯無法維持對外圍省分的掌控

1817年 聖馬丁帶領軍隊穿越安地斯山脈，解放權權西班牙統治

◇ **查卡布科戰役**
1817年，荷西·德·聖馬丁將軍率軍穿越安地斯山脈，突襲西班牙軍隊，在查卡布科戰役中贏得了著名的勝利。

5　聖馬丁與奧希金斯　1817—1822年
在南美洲南部，荷西·德·聖馬丁（José de San Martín）和貝爾納多·奧希金斯（Bernardo O'Higgins）領導下的革命軍隊抗拒西班牙軍隊，取得大膽的勝利，先是1817年在查卡布科（Chacabuco）戰勝，接著在1821年在祕魯戰勝，奧希金斯成為智利的領導人，而聖馬丁于1822年在瓜雅基爾（Guayaquil）和玻利瓦會面後，就把權力交給了玻利瓦。

玻利瓦和他最能幹的將領安東尼奧·荷西·德·蘇克雷（Antonio José de Sucre）在皮欽查（Pinchincha）獲勝，並在皮欽查退役後占領祕魯。1824年，蘇克雷在阿亞庫喬戰役（Battle of Ayacucho）中擊敗了西班牙軍隊。到了1826年，所有西班牙占領的土地都得到了解放。

→ 1823—1826年，玻利瓦和蘇克雷的進軍
┄ 1822—1824年，蘇克雷的進軍
✕ 玻利瓦和蘇克雷的勝利

→ 1820—1822年，聖馬丁或奧希金斯的進軍路線
✕ 聖馬丁和奧希金斯的勝利

啟蒙運動

在17世紀中葉—19世紀初的啟蒙運動時期，思想家放棄迷信、擁護理性，並在科學、藝術、政治、經濟和宗教方面取得重大進展。

△ 受到啟蒙的女皇
在她統治俄羅斯帝國的34年間，凱薩琳女皇除了開疆拓土、讓帝國現代化之外，也支持啟蒙運動的思想、提升女性的國民教育。

啟蒙時代又稱為理性時代，在西方世界各地蓬勃發展。這個時代提倡理性主義和宗教寬容，而不是迷信和宗派主義。

在德意志，啟蒙運動以哲學和文學運動的形式出現，德語為 Aufklärung，振興了東歐的文學和哲學。法國的啟蒙運動則關係到「哲人」——文學家、科學家和哲學家，始於赫內·笛卡兒（René Descartes），其他相關人物還包含伏爾泰和尚－賈克·盧梭（Jean-Jacques Rousseau）等人。他們的思想是理性主義，並結合了實現社會改革、克服不平等與不公正的渴望。基於理性至上、宗教寬容和憲政的信念，他們批判法國滿是教條的教會和絕對的君主制。他們的著作奠定了法國大革命的思想基礎，而美國開國元勳制定新的國家憲法時也是從這些思想上取得靈感。

英格蘭的啟蒙思想家包括約翰·洛克（John Locke）和湯瑪斯·潘恩（Thomas Paine），他們進一步影響了詩人和作家，例如瑪麗·沃斯通克拉夫特（Mary Wollstonecraft）。而在蘇格蘭，啟蒙運動在1750—1800 年之間於愛丁堡和周圍地區蓬勃發展，這都要歸功於大衛·休謨（David Hume）和亞當·史密斯（Adam Smith）等作家。理性時代不僅鼓勵了文學寫實主義和小說的發展，還發展出一種文化現象，也就是浪漫主義——這是 18 世紀晚期的一波藝術與文學運動（見第 216-217 頁）。

理性思想的擴張

歐洲「理性主義者的熱點地區」從斯德哥爾摩延伸到里斯本、從都柏林延伸到聖彼得堡。美國的重要地區則包括波士頓和費城。這些中心之間的往來日益增加，導致思想得以快速交流，與國際貿易的發展相呼應。

圖例
● 啟蒙運動的主要中心

向伏爾泰學習
1755年蒞臨這間巴黎沙龍的客人包括德尼・狄德羅（Denis Diderot）和尚・勒朗・達朗貝爾（Jean Le Rond d'Alembert）。這些「哲人」圍繞在一座伏爾泰的半身像周圍，聆聽他劇作的朗讀，內容是關於盲目和野蠻被智慧和理性打敗。

美洲原住民的命運

北美洲的原住民群體在尚未與美國有直接接觸之前就已經在轉型中，但新興的美國認為向西擴張是一種宿命。這個信念愈來愈強烈，並導致劇變，造成兩個世紀的暴力衝突，美洲原住民瀕臨滅絕。

1783 年，美國成為主權獨立的國家，不再受限於英國施加於殖民地的規範。獲得自由的美洲殖民者產生了一種信念，認為他們理應是這片大陸的繼承人，於是創造了「昭昭天命」（manifest destiny，如下說明）這種說法來合理化他們的行為，驅使他們向西部擴張。

到了 1790 年，已有大約 50 萬名殖民者在原本的 13 州（見第 156-157頁）以西的地方定居下來。接下來的50 年內，擴張的速度變快，探險家乘著車隊向西前進或航行到太平洋海岸加入淘金潮。一群先驅者奠定了基礎，促使移民在西部海岸定居下來，尤其是在鐵路取代車隊之後。到了1860 年，約有 1600 萬名移民來到這裡，並在阿帕拉契山脈以西的地方定居。他們逼迫大平原和遠西地區的大約 25 萬名美洲原住民離開家園，並剝奪了他們的權利。

許多原住民都為自己的土地而戰，並進行了幾場知名的防禦戰，但他們被這一波強大的歐美擴張勢力擊垮只是時間早晚的問題。到了 1890年，戰後倖存的美洲原住民被迫離開家園，並被驅逐到特別指定的保留區，這些地方僅占美國國土面積的 2% 多。

> 「無論老小，格殺勿論：虱卵會長成虱子。」
>
> 約翰・奇文頓（John Chivington），美國上校，1864年

昭昭天命
殖民的權利

「昭昭天命」這個詞是在1845年創的，意思是美國移民擁有上天賦予的權利，可以在整個大陸上定居並使這個大陸「文明化」。雖然美洲的殖民者一直以來都渴望得到西部的土地和機會，但在獨立後，這種渴望在大陸上演變成一種理所當然的權利感，促使他們大規模向西遷移。約翰・賈斯特（John Gast）1872年的畫作〈美利堅向前行〉（American Progress）描繪了哥倫比亞（美國的擬人化身）帶領移民向西前進。這個人物手上拉著一串電報線，暗示移民正把「光」帶到西部。

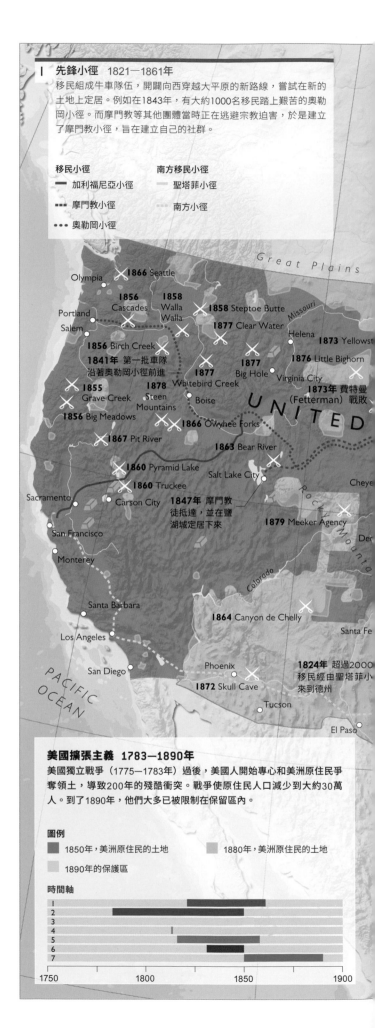

先鋒小徑 1821—1861年

移民組成牛車隊伍，開闢向西穿越大平原的新路線，嘗試在新的土地上定居。例如在1843年，有大約1000名移民踏上艱苦的奧勒岡小徑。而摩門教等其他團體當時正在逃避宗教迫害，於是建立了摩門教小徑，旨在建立自己的社群。

移民小徑
— 加利福尼亞小徑
··· 摩門教小徑
··· 奧勒岡小徑

南方移民小徑
— 聖塔菲小徑
— 南方小徑

美國擴張主義 1783—1890年

美國獨立戰爭（1775—1783年）過後，美國人開始專心和美洲原住民爭奪領土，導致200年的殘酷衝突。戰爭使原住民人口減少到大約30萬人。到了1890年，他們大多已被限制在保留區內。

圖例
- 1850年，美洲原住民的土地
- 1880年，美洲原住民的土地
- 1890年的保護區

時間軸

2 爭奪舊西北領地 1783—1850年

美國獨立之後，原本由英國人規畫的法定界線不再適用，因此從歐洲來到美洲的移民得以向西遷移到阿帕拉契山脈以外的地方。1794年的倒木之戰（Battle of Fallen Timbers）中，這些移民狠狠擊潰了美洲原住民的抵抗。原住民在這個地區的最後一次抵抗是1811年的提佩卡奴之戰（Battle of Tippecanoe），有些移民已經把目標放在更遙遠的西部地區。

✂ 區域性戰爭

3 淘金熱 1849—1855年

加州發現金礦，導致1849年的一股淘金熱潮，大批滿懷希望的探勘者湧入這個地區開採新發現的金礦、賺取利潤，導致美洲原住民人口面臨種族滅絕。1850—1860年，戰爭、疾病與飢餓導致加州的美洲原住民從15萬人減少至3萬5000人。後來在北美洲的其他地方發現金礦時，同樣的事情再次發生。

▱ 主要金礦產區

△ 馬背上的美洲原住民
平原印第安人特別擅長騎馬作戰。美軍為了在平原印第安戰爭中取勝，經常屠殺整個馬群。

DOMINION OF CANADA

1794年 美國獲得關鍵性的勝利，結束了西北領地的重大衝突，直到1811年才又爆發戰爭

1825年 伊利運河接通伊利湖（Lake Erie）與哈德遜河，形成通往中西部的北邊通道

4 克里克戰爭（Creek War） 1813—1814年

阿拉巴馬州克里克部落國（Creek Nation）對立派系之間的區域性戰爭因移民兵部隊的介入而演變成大規模的衝突。英國和西班牙為了遏止美國的擴張而向紅木克里克部落（Red Stick Creeks）提供了武器。但美國使用先進的火藥，大敗克里克部落，導致他們失去了相當於今日阿拉巴馬州和喬治亞州的大片領土。

✂ 1813—1814年，克里克戰爭

5 塞米諾爾戰爭（Seminole Wars） 1817—1858年

佛羅里達州的塞米諾爾人在第一次塞米諾爾戰爭（1817—1818年）之後就已經被迫遷移到保留區。他們拒絕進一步被驅逐，因此在強大的酋長奧西奧拉（Osceola）的領導下從艾弗格雷茲沼澤（Everglades）的藏身處發動了一場游擊戰。為了鎮壓他們，美軍耗費了許多人力和資源，後來趁奧西奧拉來到休戰的旗幟下準備談判時俘虜他，這才成功打贏戰爭。

✂ 1816—1858年，塞米諾爾戰爭

7 平原印第安戰爭 1850—1890年

大平原的美洲原住民與美軍之間長期發生血腥衝突，主要的焦點在於美國必須確保橫貫大陸的通行路線免受美洲原住民的侵略。「瘋馬」（Crazy Horse）和「坐牛」（Sitting Bull）等部落首領英勇作戰，但仍阻止不了美國對新領土的渴望。美洲原住民失去了最後的土地後，被迫遷入指定的保留區，讓路給這個新興國家。

✂ 1850—1890年，西部爭奪戰

6 眼淚之路 1830—1850年

1830年通過印第安人遷移法案（Indian Removal Act）後，東南部約有1萬6000名契羅基人（Cherokee）在槍口下遭到圍捕，被關押在衛生條件差的營地，並被運送到新指定的印第安領地（Indian Territory），其中有將近四分之一的人在途中喪生。許多其他部落也遭遇了被迫搬遷的類似情況，這些事件統稱眼淚之路。

→ 眼淚之路

地圖地名標注

1863 Big Mound
1873 ony lake
Bismarck
1863 Whitestone Hill
6 vder River
1862 Acton
St Paul
1823 Arickara
1862 Wood Lake
1862 New Ulm
Pierre
STATES OF AMERICA
64年 格拉坦（Grattan）戰敗
1865 Rush Creek
1812年 史堤爾曼（Stillman）戰敗
Madison
Lansing
Chicago
1812 Fort Dearborn
1794 Fallen Timbers
Detroit
Cleveland
Des Moines
1791年 聖克萊爾（St Clair）戰敗
Columbus
Lincoln
1865 Fort Sedgwick
1857 Fort Kearney
Nauvoo
1811 Tippecanoe
Indianapolis
1873 Massacre Canyon
Springfield
Cincinnati
Independence
St Louis
Frankfort
1864 Sand Creek
Topeka
Jefferson City
Louisville
Arkansas
1861 Chustenahlah
Nashville
Knoxville
64, 1874
1859 Crooked Creek
obe Walls
1868 Washita
1874
1868 Soldier Spring
1861 Bird Creek
Duro
Memphis
Savannah
nyon
1872 McClellan Creek
Little Rock
1813 Tallasahatchee
1793 Etowah
Atlanta
1858 Wichita Village
1814 Horseshoe bend
1814 Enotachopco Creek
Vicksburg
1814 Emuckfaw
Jackson
1817 Fowltown
1865 Dove Creek
1813 Fort Minas
Montgomery
1813 Burnt Corn Creek
Jacksonville
Mobile
1818 Pensacola
Tallahassee
1837年 奧西奧拉被俘
Austin
Baton Rouge
1818 St Marks
San Antonio（San Antonio de Bexar）
Houston
1814 New Orleans
1836 Gaine's Battle
1837 Fort Mellon
1830年 「印第安領地」位於相當於今日俄克拉荷馬州和阿肯色州的地方
1837 Taylor's Battle
Rio Grande
Corpus Christi
1835 Dade's Battle
1842 Colee Hammock
1855—58 Big Cypress Swamp
Matamoros
MEXICO
Gulf of Mexico
Cuba

Lake Superior
Lake Michigan
Lake Huron
Lake Ontario
Lake Erie
St Lawrence
Hudson
Augusta
Montpelier
Concord
ATLANTIC OCEAN
Albany
Boston
Buffalo
Providence
Hartford
New York City
Trenton
Harrisburg
Philadelphia
Baltimore
Dover
Washington DC
Annapolis
Appalachian Mountains
Richmond
Raleigh
Charleston
Columbia
Missouri
Mississippi
Tennessee

法國大革命

法國大革命實際上是一連串的革命，伴隨著牽涉到整個歐陸的戰爭。三股革命勢力匯集一處，推動了法國的改革：促成憲政改革的自由派貴族和中產階級運動、巴黎街頭的革命群眾，以及遍及全國各地的農民起義。

1789 年，路易十六召開了三級會議（Estates-General），這是 175 年來的第一次，目的是為了緩解法國的巨額債務而進行財政改革。三級會議是舊制度下產生的代表大會，由三個階級構成：神職人員（第一級）、貴族（第二級）、平民（第三級）。1789 年 5 月，占多數的第三級成員堅持要有更大的投票權。被拒絕後，他們就脫離會議，建立了國民議會（National Assembly）。這開啟了一個大變革的時期：建立了君主立憲制、草擬了《人權宣言》（Declaration of the Rights of Man），確立出一套適用於所有人的個人和集體權利。

從國民議會演變而來的議會通過了一套新的憲法和其他一些重大改革，例如終結了封建制度。議會中充滿了派系鬥爭，一方是吉倫特派（Girondist），另一方則是羅伯斯比（Robespierre）、馬拉（Marat）以及丹東（Danton）領導的雅各賓派（Jacobin）。

法國輸出的革命理想對周邊國家造成威脅，於是他們組成一個反法的反動聯盟。來自四面八方的敵軍和國內的反革命暴動令革命分子恐慌起來。革命進入了極端主義的第二階段，名為恐怖時期。1794 年 7 月，雅各賓派在熱月政變（Thermidor coup）中被推翻。這開啟了革命的第三階段，較溫和的督政府在 1795 年 10 月掌權，並試圖恢復第一階段的自由與憲政價值。然而到了 1799 年 11 月，敵軍再次威脅到這個共和國的存亡。拿破崙·波拿巴（Napoleon Bonaparte）策畫了一場政變，讓自己成為第一執政（First Consul）。傳統上，這個事件標誌了法國大革命的結束以及拿破崙時代的開始。

《人權宣言》
革命的原則

《人權與公民權宣言》（Declaration of the Rights of Man and Citizen）確立了人民主權，也宣告了「自由、平等、博愛」的革命原則。路易十六被迫於1791年的憲法中接受這份宣言。這幅畫顯示一位國民自衛軍（National Guard）官員在國民公會（Convention）的聖壇前宣誓效忠。

法國大革命 1789—1795年

並非所有人都接受這場革命，因此到處都出現了反革命中心，但這些勢力都被擊垮。法國走向戰爭，並四處宣揚革命理想。1796年，拿破崙成功進軍義大利，讓他走上權力之路。

圖例
■ 1789年的法國領土

時間軸

	1785	1790	1795	1800
1				
2				
3				
4				
5				
6				
7				

2 國民議會 1789—1791年

國民議會廢除了封建制度，通過《人權宣言》，並宣告成立新的君主立憲制。1791年6月，國王在逃出巴黎的時候被捉到。7月17日發生戰神廣場（Champ de Mars）慘案，國民自衛軍朝巴黎的群眾開槍，造成多達50個平民喪命。溫和派因此受到譴責，進一步煽動起激進情緒。

☠ 大屠殺

3 動亂向國外蔓延 1792—1794年

歐洲各國都受到衝擊，引發革命情緒（奧屬荷蘭起義並宣布以比利時的身分獨立）和保守分子的反對（鄰近的君主國為了恢復法國的君主制而成立第一個反法同盟）。革命戰爭展開，法國與奧地利、普魯士與大部分鄰國開戰。法國境內的恐慌情緒升高，革命也變得更加極端。

○ Brest

⚔ 法國勝利　　　✕ 法國戰敗

➜ 1792—1794年，法軍的進攻路線

▪➜ 1792—1794年，反法同盟的進攻路線

■ 1792—1797年，法國併吞的土地

4 共和國 1792—1793年

巴黎的暴徒害怕路易十六會與普魯士人結盟，於是衝進杜樂麗宮（Tuileries Palace），把王室成員囚禁起來。他們廢除君主制、宣布成立共和國，並宣告新的一年開始。雅各賓派掌權，於1792年頒布了博愛法令（Edict of Fraternit），提倡輸出革命理想。1793年，國王遭到處決。

5 大規模徵兵 1792—1794年

強制性的大規模徵兵引發了旺代（Vendée）和其他地方的反革命起義，再加上英國在土倫（Toulon）登陸、造成威脅，因此國民公會於1793年8月頒布大規模徵兵令——也就是全國動員。旺代的起義遭到殘酷鎮壓，外國軍隊則被擊退。

▰▰ 反革命的中心　　　▬ 旺代戰爭

I 緊急狀態 1789年6-10月

由於經濟與政治危機不斷增加，路易十六於1789年在凡爾賽宮召開三級會議。第三級的平民組成國民議會，簽署網球場宣言（Tennis Court Oath），發誓在憲法制訂前絕不解散。1789年7月發生了攻占巴士底監獄事件，革命的速度從此加快。這所監獄是舊制度壓迫人民的象徵，為人民所憎惡。

✊ 革命的中心　　　🏃 暴動

▷ **前往斷頭臺**

1794年7月的熱月政變結束了雅各賓派的統治，羅伯斯比（上排中央）等雅各賓派的領導人被送上斷頭臺。

7 督政府 1795—1799年

熱月黨取代了雅各賓派，並在1795年10月舉辦了新的選舉。巴黎的一場叛亂遭到鎮壓，較溫和的督政府成立，開啟了一段相對穩定的時期。1796年，法國將軍拿破崙·波拿巴成功進軍義大利，他也因此成為法國的領導人。

➡️ 拿破崙進軍義大利的路線

✂️ 拿破崙攻打義大利的戰役

6 恐怖時期 1793—1794年

為了消滅反革命分子，國民公會展開恐怖統治，進行監視、告發和大規模處決。馬克西米連·羅伯斯比（Maximilien Robespierre）成了恐怖統治的領導人，並處決了他的對手。1794年7月，恐怖時期達到了狂熱的巔峰，最後在熱月政變中自我毀滅。羅伯斯比遭到逮捕並被處決後，恐怖時期才結束。

🏠 處決的中心及人數

1790年1月 奧屬荷蘭起義，宣布獨立，成為比利時

1791年6月21日 路易十六試圖逃亡時被逮捕

1789年7月14日 革命的暴動分子攻占巴士底監獄

1789年7月17日 巴黎發生戰神廣場慘案

1792年9月 1200名「反革命」的囚犯在巴黎被屠殺，預告了恐怖時代的來臨

1792年9月20日 法國打敗普魯士

1792年9月2日 普魯士打敗法國
1792年 糧食暴動以及普郡對於反革命勢力的恐懼壯大了激進分子

1789年7月9日 簽署網球場宣言，組成國民議會

1793年3-12月 旺代的暴動被鎮壓，數千名民眾被殺

1788年 格勒諾勃（Grenoble）起義

地圖地名：

North Sea
NETHERLANDS
GERMAN STATES
English Channel
Hondschoote 1793
Neerwinden 1793
Cologne
Brussels
Jemappes 1792
Liège
Fleurus 1794
AUSTRIAN NETHERLANDS
Arras 400
Wattignies 1793
Koblenz
Amiens
Mainz
Le Havre
Rouen
Seine
Caen
Longwy
Varennes
Verdun
Moselle
Worms
Valmy 1792
Metz
Paris 2600
Versailles
Nancy
Strasbourg
Rennes
Rhine
Colmar
Orléans
Loire
Angers 2000
Nantes 3500
Dijon
Besançon
NEUCHÂTEL
VENDÉE
Bourges
SWISS CONFEDERATION
Poitiers
Cluny
Bay of Biscay
Geneva
Lyon 2000
SAVOY
Grenoble
Bassano
Venice
Rivoli
Arcole
Milan
Lonato
Bordeaux 300
Lodi
Castiglione
Garonne
Turin
PIEDMONT
Mantua
Cahors
Rhône
Bologna
REPUBLIC OF GENOA
Orange 300
AVIGNON
Genoa
Dego
Toulouse
Mondovi
Montenotte
Florence
Nîmes
NICE
Montpellier
Nice
Mediterranean Sea
Marseille 300
Toulon 300
SPAIN
ANDORRA
FRANCE
Corsica
Maas

海戰 1794—1805年

自法國革命戰爭（見第206-207頁）以來，英國對海洋的控制權一直都是拿破崙的痛處。特拉法加海戰（Battle of Trafalgar）是一場決定性的戰役，結束了法國掌控海洋的野心，但在這之前，英國在加勒比海和丹麥的遠洋行動就已經確保了他們的海上優勢。

→ 法軍　✕ 法國勝利
⇢ 英軍　✕ 英國勝利

1805年7月 英國指揮官霍雷肖·尼爾森（Horatio Nelson）在加勒比地區靠策略擊敗了維爾納夫（Villeneuve）帶領下的法國軍隊。

1794年6月1日 英國在所謂的「光榮6月1日海戰」（Glorious 1 June）中戰勝了一支法國艦隊（當時這支艦隊正在保護一支來自美國的糧食運輸船隊），英國因此得以把法國海軍封鎖在港口多年。

1805年9月 尼爾森繼續航行，在特拉法加攔截了法國與西班牙的聯合艦隊。

1799年12月 拿破崙在仲冬期間率領軍隊通過阿爾卑斯山的聖伯納隘口（St Bernard's Pass），突襲正在圍攻熱那亞的奧地利軍隊。

1797年 西班牙艦隊還沒與法軍會合、入侵不列顛之前，就先在聖文森角（Cape St Vincent）附近被英軍攔截。

1805年10月21日 英國海軍擊敗法西聯合艦隊，獲得關鍵勝利；英國海軍英雄尼爾森將軍受了致命傷。

1798年 法國試圖煽動愛爾蘭叛亂分子背叛英國，但他們未能成功登陸。

1801年、1807年 英國為了避免丹麥海軍成為拿破崙強大的盟友而兩次轟炸哥本哈根。

1805年8月 拿破崙放棄從布洛涅（Boulogne）入侵英國的計畫，改派他的大軍團（Grande Armée）去烏爾母（Ulm）對抗奧地利軍隊。

1807年 第四次反法同盟在夫力德蘭（Friedland）戰敗後，普魯士被迫於提爾西特（Tilsit）簽署令他們蒙羞的條約。

1801年 法國在蘇黎世和霍亨林登（Hohenlinden）戰勝後，奧地利被迫求和。

1806年10月14日 Jena-Auerstädt

1806年10月 拿破崙在耶拿—奧爾施泰特（Jena-Auerstädt）擊敗普魯士之後占領柏林

1800 Hohenlinden

1799 Zurich

1800年6月14日 Marengo

1805年12月2日 法國在奧斯特里次（Austerlitz）擊敗奧地利，奧地利求和

1798年6月12日

拿破崙的成就

1794—1804年，拿破崙取得一連串的成就。他崛起成為法國領導人，並擴張了法國的影響力，不久就擴及整個歐洲。法國在1802年的領土範圍並沒有超出歷史上的國界太多，但它很快就會成為一個帝國。

圖例
■ 1802年的法國　— 1802年的國界
■ 神聖羅馬帝國的國界

時間軸

	1790	1795	1800	1805	1810	1815
1						
2						
3						
4						

2 埃及之戰 1798—1801年

拿破崙企圖控制埃及（可能是希望藉此對英國在印度的利益構成威脅）。他避開了尼爾森（Nelson）的艦隊，在埃及登陸。他對抗鄂圖曼蘇丹統治下的埃及及馬木路克王朝，贏得金字塔戰役（Battle of the Pyramids）並占領了開羅。

→ 法軍　✕ 法國勝利
⇢ 英軍　✕ 英國勝利

3 第二次反法同盟戰爭 1799—1802年

1799年，多個國家組成的同盟趁拿破崙在埃及時侵犯法國的勢力。俄羅斯擊敗義大利的法國人，而奧地利人則把法國人驅逐到萊茵河的另一側。拿破崙從埃及回來後先是發動了一場軍事政變，成為「第一執政」，接著才去處理義大利北部的危機。

→ 法軍　✕ 法國勝利

拿破崙的帝國，1812年
拿破崙的疆土在1812年達到最大，涵蓋了歐洲大部分地區，只有英國始終抵抗著拿破崙。

圖例
■ 法蘭西帝國
■ 法國的從屬國
■ 獨立的盟國
■ 與拿破崙對戰的國家

4　第三、第四次反法同盟戰爭　1805─1807年
奧地利加入由英國資助的反法同盟，當時的成員包括俄羅斯、瑞典以及那不勒斯王國。奧地利慘敗之後與法國和俄羅斯簽署和平條約，撤退到波蘭。法國消滅神聖羅馬帝國之後建立了萊茵邦聯，成為自己的從屬國。在這個事件的威脅之下，普魯士向法國開戰，最後普魯士戰敗，在原本奧地利和普魯士的土地上成立了另一個從屬國——華沙公國（Duchy of Warsaw，也就是波蘭）。

→ 法軍
✕ 法國勝利

MOLDAVIA

WALLACHIA

Bucharest
Varna

OTTOMAN EMPIRE

Constantinople

1798年 由於拿破崙入侵埃及，鄂圖曼蘇丹宣布發起討伐異教徒的戰爭

Smyrna

1799年3月 拿破崙並沒有因為失去艦隊而受阻，而是繼續向前，並在阿卡圍攻鄂圖曼人，鄂圖曼人利用英國提供的槍炮來抵抗

Crete

Cyprus

1799年8月 在尼羅河海戰（Battle of the Nile）中，尼爾森摧毀了法國艦隊，讓拿破崙進攻埃及的行動嚴重受阻

Beirut
Damascus
Acre
Jaffa
Gaza
Jerusalem

Alexandria

1799年4月 拿破崙撤退到埃及時贏了一場戰役

EGYPT

8年7月21日 拿破崙擊敗埃
]馬木路克統治者，占領開羅

Cairo

前往阿斯旺（Aswan）

拿破崙的進擊

拿破崙擔任法國革命軍領袖，在1796─1797年於義大利對抗奧軍，因為他大膽且難以捉摸的策略而建立起名聲。1804年，也就是法國共和革命的十年後，他自封為皇帝。到了1809年，他已經完全掌控了中歐。

在法國革命戰爭的動盪之中，拿破侖·波拿巴以野心勃勃的年輕將領的形象崛起。他早期的驚人成就之一是在1796—1797年間把奧軍和薩丁尼亞王國逐出義大利北部。奧軍一路撤退到維也納，義大利北部因此落入法國手中。到了1809年，拿破崙已經把荷蘭南部（巴達維亞）、萊茵河西岸以及義大利的大部分地區都併入了法國領土，並且建立

了受法國控制的從屬國，例如萊茵邦聯（Confederation of the Rhine）。他讓自己的家族成員在歐洲各地稱王，並與奧地利的瑪麗·路易絲（Marie Louise）結婚，普魯士和奧地利逼不得已，只好與法國結盟。

這段期間，英國一直與拿破崙對抗。英國人擁有強大的海軍，正是這海上的力量在埃及和中東重挫了拿破崙的信心。為了報復，拿破崙對英國展開大陸封鎖（Continental System），這是一種孤立英國的貿易封鎖。但這麼做卻沒有摧毀英國的商業發展，因為從葡萄牙到俄羅斯，要在整個歐洲強制實行封鎖是不可能的。

◁ **真人與神話**
賈克－路易·大衛（Jacques-Louis David）於1800—1801年創作的這幅馬背上的肖像描繪拿破崙越過阿爾卑斯山，並且融入了這位領導人想要的古典英雄形象。

「戰爭中的有利時刻只有一個，抓住這一刻是個偉大的藝術！」

拿破崙·波拿巴，1804年

拿破崙·波拿巴
1769—1821年

拿破崙在法國大革命期間崛起，並在法國革命戰爭中領導了多場成功的進攻。他在1804—1814年和1815年得到教皇的認同，成為法國皇帝拿破崙一世（見第210-211頁）。拿破崙在歐洲和全球呼風喚雨了超過十年，同時也在拿破崙戰爭中領導法國對抗一連串的聯盟。這些大大小小的戰爭中，他絕大多數都獲勝，建立了一個稱霸歐陸的帝國，直到帝國在1815年衰亡。

拿破崙戰敗

拿破崙試圖統一歐洲並讓巴黎成為世界的首都。然而在1812—1814年，他於西班牙和俄羅斯戰敗，這些挫折清楚顯示他的野心太大了。

圖例

- 1812年的法蘭西帝國
- 1812年，法國的從屬國
- 1812年，英國以及英國占領的國家
- 1812年的國界

時間軸

1		
2		
3		
4		
5		

1805　1810　1815　1820

最後的流放

拿破崙試圖逃往美洲失敗後，在柏勒洛豐號戰艦（HMS Bellerophon）上投降，並被流放到大西洋偏遠的聖赫勒納島。他口述回憶錄來消磨時間，並在1821年去世。拿破崙在遺囑中寫道：
「我希望我的骨灰能葬在塞納河畔，在我如此熱愛的法蘭西人群間安息。」

1815年6月18日 英國的威靈頓以及普魯士元帥布呂歇爾（Blücher）聯手領軍，確保在滑鐵盧的最後一戰打敗拿破崙

1815年6月16日 在拿破崙職業生涯中的最後幾場勝利中，他的北方軍團（Armée du Nord）分別於利尼（Ligny）和卡特布哈斯（Quatre-Bras）擊敗普魯士和英國軍隊

1809年 拿破崙大舉入侵，擊潰了西班牙軍隊，並把英軍追趕到海岸邊，英軍只好在科倫納（Corunna）撤退

1814年3月 在法國守衛戰中，同盟軍占領巴黎，迫使拿破崙在4月退位

1808年7月 亞瑟·韋爾斯利率領一支英國軍隊在葡萄牙登陸。他擊敗當地的法軍，並把他們遣返回法國，這是個仁慈卻不智的決定

1814年4月 拿破崙退位時，英軍越過庇里牛斯山，爭奪圖盧茲

1809年 英國和西班牙聯手於塔拉維拉（Talavera）打敗法國之後，韋爾斯利成為威靈頓子爵（後來當上公爵），但接著就退守到葡萄牙

1812年 英國進軍並贏得一連串的勝利，最著名的就是薩拉曼卡之戰。法軍放棄馬德里，去對戰威靈頓

1815年 拿破崙逃離愛爾巴島後就集結了一支新的軍隊向北方前進

半島戰爭 1808—1814年

法國入侵葡萄牙和西班牙，廢黜了西班牙君主。接下來西班牙發生了持續好幾年的民眾暴動，這個期間出現了「游擊戰」（guerilla warfare）這個詞語。最後，其他地方的危機分散了拿破崙的注意力，這是威靈頓公爵參與籌畫的計謀，成功迫使法國撤軍。

→ 法軍　　✕ 法國勝利
⇢ 英軍　　✕ 法國戰敗

地名（依地圖）： North Sea, UNITED KINGDOM, London, Boulogne, Waterloo, Amiens, Brussels, Rouen, Ligny/Quatre-Bras, Château-Thierry, 1814年2月12日, 1814年3月30日 Paris, 1814年3月9—10日 Laon, 1814年3月13日 Rheims, Orléans, 1814年2月11日 Montmirail, 1814年2月14日 Vauchamps, 1814年2月18日 Montereau, 1814年2月10日 Champaubert, 1814年3月25日 La Fère-Champenoise, Lunéville, Strasbourg, FRENCH EMPIRE, Bordeaux, Lyon, Geneva, HELVETIA, Toulouse, Marseille, Toulon, Barcelona, Cannes, Nice, Genoa, 1796 Mondovi, 1796年3月 Montenotte, KINGDOM OF ITALY, Turin, Milan, Florence, Corsica, Elba, Rome, KINGDOM OF SARDINIA, Alps, Pyrenees, 1809年1月16日 Corunna, Vigo, 1809年5月 Oporto, Santander, Sahagun, Burgos, 1812年1月 Ciudad Rodrigo, 1812年7月 Salamanca, 1813年6月 Vitoria, 1808年8月21日 Vimeiro, Lisbon, PORTUGAL, 1812年4月 Badajoz, 1809年7月 Talavera, Madrid, Tagus, Iberian Peninsula, KINGDOM OF SPAIN, Saragossa, Seville, Guadalquivir, Cádiz, 1808 Bailén, 直布羅陀（由英國統治）, Tangier, 1812 Valencia, Cartagena, Balearic Islands, Mediterranean Sea, MOROCCO, ALGIERS, Algiers

拿破崙的衰敗

為了稱霸歐洲，拿破崙在歐陸上東征西討。他試圖控制西班牙、葡萄牙和俄羅斯失敗後，就被中歐的反法同盟擊敗。他先後被流放到愛爾巴島（Elba）以及偏遠的聖赫勒納島（St Helena）。

1809年，拿破崙擊敗普魯士，並贏得第四次反法同盟戰爭（見第208-209頁）。這似乎鞏固了他對歐洲的控制，但英國尚未屈服，而拿破崙也不願意罷手。他想出了一個名為大陸封鎖的貿易封鎖策略來對付英國，這需要西班牙、葡萄牙和俄羅斯的配合。西班牙君主願意支持，但在1807年，法軍入侵葡萄牙，逼迫葡萄牙人同意，後來更是派人取代了西班牙國王，以便進行直接控制。

1809年5月，馬德里發生了一場群眾暴動，蔓延到整個西班牙，並展開一場游擊戰，拿破崙稱之為他的「西班牙潰瘍」（Spanish ulcer）。雖然拿破崙在最初階段就親自解決了這件事，並把英國人逐出西班牙，但在1809年，奧地利又發起新的戰爭，轉移了他的注意力。他在瓦格藍（Wagram）擊敗了奧地利，但損失慘重，為了控制歐洲而付出的代價開始增加。拿破崙後來的計畫又被嚴

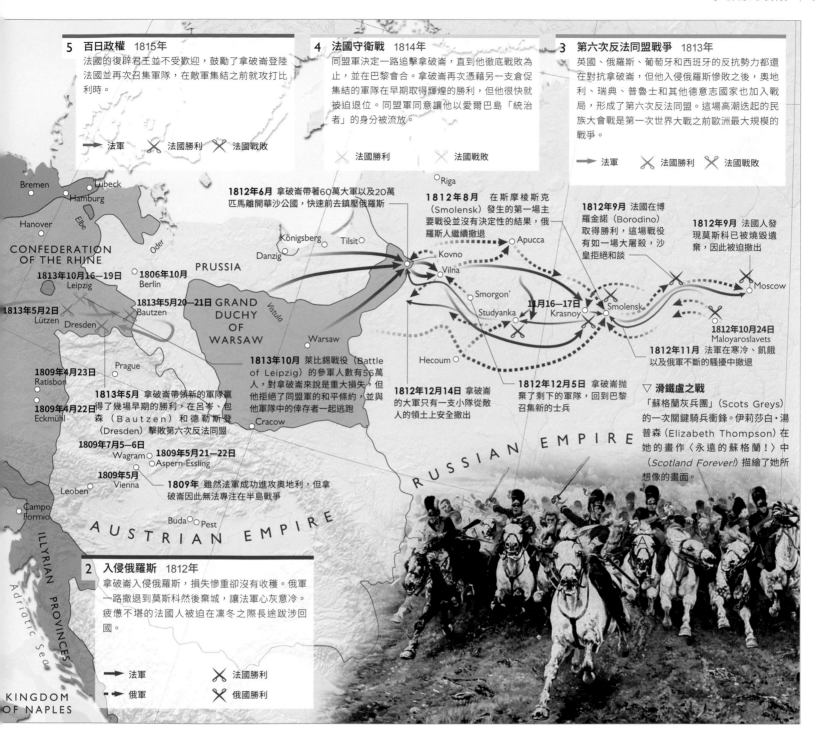

5 百日政權 1815年

法國的復辟君王並不受歡迎，鼓勵了拿破崙登陸法國並再次召集軍隊，在敵軍集結之前就攻打比利時。

→ 法軍　✕ 法國勝利　✕ 法國戰敗

4 法國守衛戰 1814年

同盟軍決定一路追擊拿破崙，直到他徹底戰敗為止，並在巴黎會合。拿破崙再次憑藉另一支倉促集結的軍隊在早期取得輝煌的勝利，但他很快就被迫退位。同盟軍同意讓他以愛爾巴島「統治者」的身分被流放。

✕ 法國勝利　✕ 法國戰敗

3 第六次反法同盟戰爭 1813年

英國、俄羅斯、葡萄牙和西班牙的反抗勢力都還在對抗拿破崙，但他入侵俄羅斯慘敗之後，奧地利、瑞典、普魯士和其他德意志國家也加入戰局，形成了第六次反法同盟。這場高潮迭起的民族大會戰是第一次世界大戰之前歐洲最大規模的戰爭。

→ 法軍　✕ 法國勝利　✕ 法國戰敗

1812年6月 拿破崙帶著60萬大軍以及20萬匹馬離開華沙公國，快速前去鎮壓俄羅斯

1812年8月 在斯摩棱斯克（Smolensk）發生的第一場主要戰役並沒有決定性的結果，俄羅斯人繼續撤退

1812年9月 法國在博羅金諾（Borodino）取得勝利，這場戰役有如一場大屠殺，沙皇拒絕和談

1812年9月 法國人發現莫斯科已被燒毀遺棄，因此被迫撤出

1813年10月16─19日 Leipzig

1806年10月 Berlin

1813年5月2日 Lützen

1813年5月20─21日 Bautzen

1813年10月 萊比錫戰役（Battle of Leipzig）的參軍人數有56萬人，對拿破崙來說是重大損失，但他拒絕了同盟軍的和平條約，並與他軍隊中的倖存者一起逃跑

1809年4月23日 Ratisbon

1813年5月 拿破崙帶領新的軍隊贏得了幾場早期的勝利，在呂岑、包森（Bautzen）和德勒斯登（Dresden）擊敗第六次反法同盟

1809年4月22日 Eckmühl

1809年7月5─6日 Wagram

1809年5月21─22日 Aspern-Essling

1809年5月 Vienna

1809年 雖然法軍成功進攻奧地利，但拿破崙因此無法專注在半島戰爭

11月16─17日

1812年12月14日 拿破崙的大軍只有一支小隊從敵人的領土上安全撤出

1812年12月5日 拿破崙拋棄了剩下的軍隊，回到巴黎召集新的士兵

1812年10月24日 Maloyaroslavets

1812年11月 法軍在寒冷、飢餓以及俄軍不斷的騷擾中撤退

▽ 滑鐵盧之戰

「蘇格蘭灰兵團」（Scots Greys）的一次關鍵騎兵衝鋒。伊莉莎白・湯普森（Elizabeth Thompson）在她的畫作〈永遠的蘇格蘭！〉中（Scotland Forever!）描繪了她所想像的畫面。

2 入侵俄羅斯 1812年

拿破崙入侵俄羅斯，損失慘重卻沒有收穫。俄軍一路撤退到莫斯科然後棄城，讓法軍心灰意冷。疲憊不堪的法國人被迫在凜冬之際長途跋涉回國。

→ 法軍　✕ 法國勝利
┈→ 俄軍　✕ 俄國勝利

地名標註：Bremen, Lübeck, Hamburg, Hanover, Elbe, CONFEDERATION OF THE RHINE, Oder, PRUSSIA, Königsberg, Tilsit, Danzig, Riga, Kovno, Vilna, Apucca, Smorgon', Studyanka, Krasnoy, Smolensk, Moscow, Hecoum, Dresden, Leipzig, Berlin, Vistula, GRAND DUCHY OF WARSAW, Warsaw, Prague, Cracow, Leoben, Campo Formio, Buda, Pest, Vienna, ILLYRIAN PROVINCES, Adriatic Sea, KINGDOM OF NAPLES, AUSTRIAN EMPIRE, RUSSIAN EMPIRE

重打亂，他試圖逼迫俄羅斯合作，但俄羅斯早已被英國說服，放棄大陸封鎖。1812年，他帶著大軍入侵俄羅斯，但撤退時只帶回少數衣衫襤褸、消瘦不堪的倖存者。其他歐洲政權趁機集結成當時為止最大的反法同盟，最後終於把拿破崙追擊到巴黎，並逼迫他流放。雖然拿破崙後來成功逃跑，並在滑鐵盧進行最後一搏，但他的時代已經結束。

> # 「我曾說過，在戰場上他（拿破崙）的存在相當於4萬名士兵。」
>
> 威靈頓公爵亞瑟・韋爾斯利（Arthur Wellesley），1831年

威靈頓公爵
1769─1852年

愛爾蘭出生的亞瑟・韋爾斯利後來成為威靈頓公爵。他最初成名是因為對抗了印度的邁索爾王國（Kingdom of Mysore）和馬拉塔帝國（Marathas，馬哈拉什特拉邦的民族）。基於半島戰爭（Peninsular War）中的成就，他成為英國的民族英雄，後來又於1815年率軍在滑鐵盧打敗拿破崙，英雄形象因此更為鮮明。他通常是個謹慎的將領，但也可以進行大膽的攻擊，1812年的薩拉曼卡之戰就是一個例子。他從來不輕視手下的性命，只在必要時刻冒險。

工業革命

工業化或許是世界經濟史上發生過最偉大的一件事，至少是自幾千年前農業出現以後最偉大的事。工業化始於18世紀晚期，並對後世造成深遠的影響，重新塑造了這個世界。

△ 機器的奴隸
這幅版畫是為了讚揚伊萊・惠特尼（Eli Whitney）發明的軋花機，但也揭露了協助促成工業革命的人類苦難與剝削。

▽ 飛梭
1733年，約翰・凱（John Kay）在英格蘭獲得飛梭的專利。這些梭子能在機械紡織機上來回拉線，讓生產布料所需的勞動力減少一半。

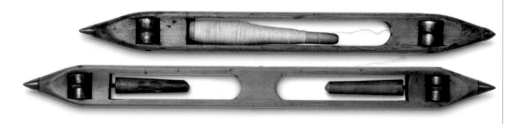

在 18 世紀晚期之前，西方世界的經濟大致上呈現停滯狀態。雖然隨著人口增長，經濟也有定期的成長，但人口成長的速度通常都超過經濟的負荷，導致饑荒、疾病或戰爭，造成人口暴跌，接著就是經濟緊縮。

但從 18 世紀晚期起，經濟成長就突破了這個限制，開始持續攀升。不同之處在於經濟效能變得有增無減。這個轉變稱為工業革命，始於英國，並蔓延到世界其他地方。

工業革命並不是單一事件，而是一連串零碎的變化，發生在不同時間、不同地方以及經濟的不同層面。其中一些改變早在 18 世紀之前就已經發生了。例如羊毛織品的製造就是一場小型革命，要歸功於水磨技術，可以追溯至 13 世紀。

勞動力、原料與科技

工業化以人口成長為基礎，並因為農業革命（見第 194-195 頁）而得以達成，因為農業革命大幅增加了農業效率以及生產力。另一項促成工業革命的因素是奴隸制度。由於新大陸剝削奴隸，導致棉花原料的產量大增，因此得以支持當時的紡織工業。奴隸制度也促成了糖、煙草以及其他原物料的大規模生產。貿易得到的利潤先後提升了歐洲及美國的財力，為產業注入資金，使家庭工業轉變成全球性的產業。

技術的改變也成為工業革命的動力。蒸汽機的發明為紡織廠以及其他工廠裡的機器提供了動力。為了替這些機器提供燃料，對煤炭的需求量提高了，這可以透過進步的採礦技術以及運送方式來解決，首先是用運河來運輸，後來則改用鐵路。在工業革命後期，由於更堅固、用途更廣泛的鋼開始取代鐵，於是煉鋼技術的進步也推動了變革。

普及全球

雖然這場革命在英國發生，但很快就蔓延到歐洲及美洲。若一個國家的企業家和政府樂於改變，工業化就能順利發展。在美國，煉鐵和造船業是最先轉型的產業。在歐

播下工業化的種子

工業革命牽涉到一連串複雜的因素。人口特徵——也就是人口的增長及分布——會影響原料的供應以及對產品的需求。這進而促使金融發展，金融又為工業提供了所需的資金。在新型原料以及不斷增加的社會與經濟需求的鼓舞之下，通訊、動力與運輸都有所創新，導致生產力大幅提高。

1694年 英格蘭銀行（Bank of England）成立，為之後的中央銀行建立了模型

1750年 全球人口大約是7億1500萬，主要集中在南亞和東亞，在接下來的一個世紀內將會增加到將近兩倍，人口成長最多的地方是歐洲和美洲

| | 金融 | 人口特徵 | 創新 | 貿易 | 運輸 |

1690年　　　1710年　　　1730年　　　1750年

1720年 一家英國公司利用瘋狂的投機活動而取得與南美洲貿易的壟斷權，最終導致一場金融危機，稱為南海泡沫事件（The South Sea Bubble）

◁ **巴頓水道橋**

這座水道橋（The Barton Aqueduc）於1761年建成後讓布里奇沃特（Bridge-water）公爵弗朗西斯·艾格頓（Francis Egerton）賺了不少錢。這座橋是煤炭運輸網的一部分，大幅降低了把原材料從公爵的礦井運到市場的成本。

洲，比利時和普魯士帶頭，而法國則因大革命而在最初階段受到阻礙。1870年代，德國統一後掀起了新一波工業化的浪潮。到了1900年，德國和美國的工業產量已超越英國。

工業化的後果

有了更發達的交通，就不再需要把工廠建在靠近原料的地方。工業地點位於城市，而城市人口迅速增長。1800年，歐洲有28個城市人口超過10萬；到了1848年則有45個這樣的城市。然而，城市工人的生活條件很惡劣。他們的工資和生活水準都很低，不平等的情況加劇，尤其是在工業革命初期。

隨著工業革命的發展，新的貿易型態也出現了。由於交通進步，加上電報等通訊技術問世，全球貿易崛起。貿易又進一步帶來更多成長，因為原料的取得變得更加便宜，成品市場也擴大了。工業革命對現代也有許多影響，尤其是我們現在正在經歷的氣候變遷，可追溯至第一波工業化浪潮中煤炭等化石燃料的使用增加。

> 「工業化的過程必然是痛苦的。」

愛德華·帕爾默·湯普森（E. P. Thompson），英國歷史學家，摘自《英國工人階級的形成》（*The Making of the English Working Class*），1963年

▽ **貝塞麥轉爐（Bessemer converter）**

貝塞麥轉爐煉鋼法改變了歐洲的工業產出。這種方法要用到大型熔爐，例如安裝在德國埃森（Essen）克虜伯鋼鐵廠（Krupp Steel Works）的熔爐。

1771年 在不列顛，理查·阿克萊特（Richard Arkwright）開了第一家現代化工廠，使用水力紡紗機

1799年 荷蘭東印度公司無法承受愈來愈有競爭力的自由貿易所帶來的壓力，於是走向破產

1830年 喬治·史蒂文生（George Stephenson）的火箭號（Rocket）第一次在英格蘭的利物浦和曼徹斯特鐵路上載運乘客

1848年 倫敦是全世界最大的城市，人口在不到50年內就從100萬增加到270萬

1865年 跨大西洋電纜線的安裝讓三個大陸的棉花期貨能同時進行交易

1790年　　　1810年　　　1830年　　　1850年　　　1870年

1769年 詹姆士·瓦特（James Watt）申請了旋轉蒸汽機的專利，標誌了一個新時代的開始，有些人稱之為動力時代

1776年 大陸會議決定開放美國港口進行對外貿易

1804年 全球人口達到10億

1844年 塞繆爾·摩斯（Samuel Morse）發送了第一則電報，從華盛頓哥倫比亞特區送到馬里蘭州的巴爾的摩

1853年 美國海軍將領培里（Perry）率領艦隊逼迫日本開放全球貿易

1869年 美國橫貫大陸鐵路完工

工業化的英國

工業革命始於18世紀晚期的英國，這段時期的工業迅速發展，導致政治、社會及經濟都面臨鉅變。許多科技上的進步都發生在英國，推動了機械化、都市化以及資本主義，並導致棉花、煤炭和鐵等工業的成長。

工業革命之所以會在英國誕生並迅速發展，原因很多。其中一個重要因素就是農業革命（見第194-195頁），在這段期間，農耕方式有所進步。農業生產變得更有效率，讓英國得以支撐更龐大的勞動力。農田裡需要的農夫變少了，許多人開始能夠遷移到都市地區，在新的工廠裡找工作。英國的政治體系也有助於工業化的迅速發展。當時的英國是一個仰賴全球貿易的國家，政府採取鼓勵商業發展的措施，例如訂定保護知識財產權的法律。英國的地理位置也是一個關鍵因素，能與世界上其他地方交流貿易。英國也有充足的自然資源，例如水力可以為磨坊和工廠提供動力；燃燒煤炭能獲得能源，是很珍貴的資源。

這種種因素，再加上18世紀以及19世紀初期愈來愈富裕的中產階級資助了一連串重要的科技創新，許多工業過程因此得到改革。到了19世紀末，原本以鄉村為主的英國已經轉變成都市化社會，日常生活的方方面面幾乎都改變了。

詹姆士·瓦特
1736—1819年

詹姆士·瓦特於1736年出生於蘇格蘭的格林諾克（Greenock），是發明家兼工程師。瓦特因為改進蒸汽機技術而聞名，進而透過建立一個單獨的冷凝室來防止蒸汽流失，改善了湯瑪斯·紐科門（Thomas Newcomen）於1712年發明的蒸汽機擁有更高的效能。1769年，瓦特為這項發明申請了專利。

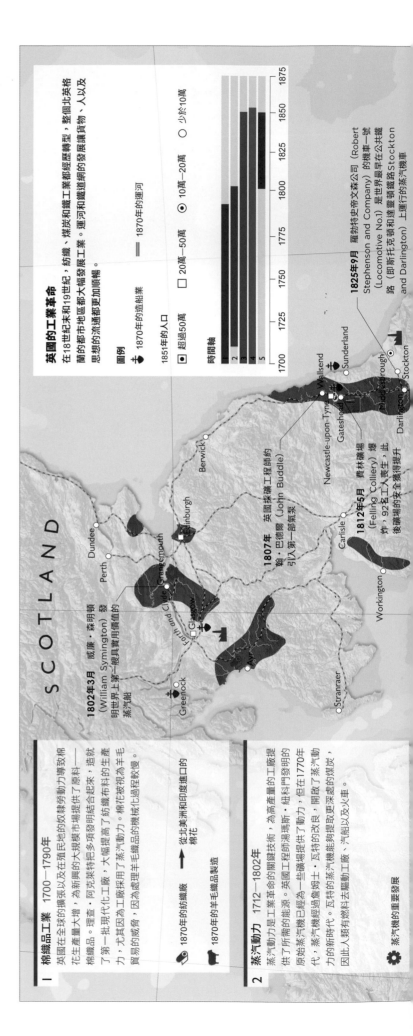

英國的工業革命

在18世紀末和19世紀，紡織、煤炭和鐵工業都經歷轉型，整個北英格蘭的都市地區都大幅發展茁壯。運河和鐵道網的發展都讓貨物、人以及思想的流通都更加順暢。

圖例

- ☗ 1870年的造船業
- — 1870年的運河

1851年的人口
- ⊡ 超過50萬
- ☐ 20萬–50萬
- ⊙ 10萬–20萬
- ○ 少於10萬

時間軸

	1700	1725	1750	1775	1800	1825	1850	1875
2								
3								
4								
5								

1 棉織品工業 1700—1790年

英國在全球的擴張版圖及其在殖民地的奴隸勞動力導致棉花產量大增，為新興的大規模市場提供了原料。紐約萊特把多項發明結合起來，造就了第一批現代化工廠，大幅提高了紡織品的生產力，尤其因為工廠採用了蒸汽動力，棉花被機械化過程更慢。

- ⚙ 1870年的織造廠
- → 從北美洲和印度進口的棉花
- ☗ 1870年的羊毛織造

2 蒸汽動力 1712—1802年

蒸汽動力是工業革命的關鍵技術，為高產量的工廠提供了所需的能源。英國工程師湯瑪斯·紐科門發明的原始蒸汽機已經為一些礦場提供了動力，但在1770年代，蒸汽機經過詹姆士·瓦特的改良，開啟了蒸汽動力的新時代。瓦特的蒸汽機能夠抽取更深處的煤炭，因此人類經歷了以燃料去驅動工廠、汽船以及火車。

- ⚙ 蒸汽機的重要發展

1802年3月 威廉·森明頓發明世界上第一艘具備實用價值的蒸汽船（William Symington）

1807年 英國探礦工程師約翰·巴德爾（John Buddle）引以第一部氣泵

1812年5月 費林礦場爆炸（Felling Colliery），92名工人喪生，此後礦場的安全獲得提升

1825年9月 羅勃特史帝文森公司（Robert Stephenson and Company）的機車一號（Locomotive No.1）是世界最早公共鐵路（即斯托克頓和達靈頓鐵路Stockton and Darlington）上運行的蒸汽機車

SCOTLAND

Dundee
Perth
Edinburgh
Berwick
Newcastle-upon-Tyne
Wallsend
Sunderland
Gateshead
Middlesbrough
Stockton
Darlington
Carlisle
Glasgow
Forth and Clyde
Greenock
Ayr
Workington
Stranraer

North Sea

Yarmouth
Norwich
Ipswich
Colchester
Hull
Great Grimsby
Peterborough
Cambridge
Ely
Folkestone
Dover
Royal Military
Chatham
London
Newhaven
Brighton
Portsmouth
Fareham
Southampton
Salisbury
Northampton
Leicester
Oxford
Gloucester
Bath
Bristol
Dorchester
Taunton
Exeter
Plymouth
Redruth
Camborne
York
Doncaster
Chesterfield
Leeds
Bradford
Halifax
Huddersfield
Sheffield
Nottingham
Derby
Cromford
Stoke
Crewe
Liverpool
Birkenhead
Preston
Blackburn
Blackpool
Wigan
Manchester
Bangor
Holyhead
Fishguard
Pembroke
Swansea
Cardiff
Merthyr Tydfil
Hereford
Wolverhampton
Birmingham
Coalbrookdale
Ironbridge
Tipton

Trent and Mersey
Grand Junction
Thames
Wey and Arun
Kennet and Avon
Thames and Severn
Severn
Wye
Inn

ENGLAND
WALES
IRELAND

North Sea
Irish Sea
Bristol Channel
English Channel

1750年 與1750年相比，煤炭的生產量增加到10倍

1856年2月 發明貝塞麥轉爐，用鐵生產鋼

1771年8月 理查·阿克萊特的克羅姆福德紗廠 (Cromford Mill) 啟用，這是一座水力紡紗廠

1782年 索重鑄造廠 (Soho Foundry) 成了英格蘭第一間以瓦特的蒸汽機為動力的工廠

1784年 第一家軋鐵廠生產鍛鐵

1712年 湯瑪斯·紐科門的蒸汽機把一座煤礦坑中的水抽出來

1779年7月 第一座鑄鐵橋建成

1708年1月 亞伯拉罕·達比第一次在高爐中使用焦炭，生產鑄鐵

1761年7月 布里奇沃特公爵運河啟用，這是英格蘭的第一條運河

1792年 蘇格蘭發明家威廉·默多克 (William Murdock) 萃取並儲存煤氣，也就是焦化煤炭時的副產品

1829年10月 英國工程師喬治·史蒂文生的火箭號贏得了由利物浦與曼徹斯特鐵路公司發起的雨山選拔賽 (Rainhill Trials)

△ **征服自然**
法國出生的英國藝術家菲利普·詹姆斯·德·盧森堡 (Philip James de Loutherbourg) 於1805年創作的畫描繪了土羅普夏 (Shropshire) 的煤鐵現代村 (Coalbrookdale) 科埠場。在英國各地，原本的農村地區因工業發展而轉型。

史蒂文生的火箭號，1829年

3　煤 1700—1850年
人類砍伐森林造成木炭短缺，同時由於蒸汽機問世，對燃料的需求增加，煤炭就成了有效的替代品。最初工廠為了減少運輸成本，只把工業區設在有煤田的地區。然而，找到用煤炭散裝運輸的方法之後就不一樣了，煤炭先後透過運河以及鐵路運輸。1750年，英國每年都生產563萬噸的煤炭，而到了1850年，這個數字已經增加了1000倍以上。

■ 1870年的煤田

4　鐵 1700—1856年
在能夠不加入過多硫磺的情況下進行煉鐵之前，鐵的潛力並沒有得到充分的發揮，因為硫磺會使鐵變脆。首先使用焦炭（類似木炭的煤）來生產鑄鐵。1784年，亨利·科特 (Henry Cort) 利用攪鍊鐵和滾製技術生產出可鍛鑄鐵。1856年，亨利·貝塞麥 (Henry Bessemer) 發明空氣噴管，因此對鐵路的發展十分重要的鋼材才得以普及。

▲ 開採鐵礦以及煉鐵，1870年

5　鐵路 1801—1850年
在工業革命的早期階段，運河扮演了關鍵角色，但蒸汽動力以及鐵路技術的發達造就了一種新型的運輸方式——蒸汽鐵路，取代了原本的運河。鐵路能夠快速裝載運原料、商品以及乘客在來全國各地，讓全英國的工業都得以發展。

— 1870年的鐵路

1801年12月 工程師李察·特里維西克 (Richard Trevithick) 發明了噴煙魔王「噴煙魔王」是第一台全尺寸的蒸汽動力火車

浪漫主義與民族主義

浪漫主義與民族主義是互相交織的文化及政治運動，從18世紀末到20世紀初在西方世界各地蔓延，強調情感與愛國主義重於理性和世界主義。

△ 早期浪漫主義詩歌
1794年的詩集《經驗之歌》（*Songs of Experience*）的扉頁，由威廉・布萊克（William Blake）親自書寫、繪圖以及印製。他是浪漫主義和民族主義運動早期的重要支持者。

浪漫主義是 18 世紀晚期開始的一場文化運動，影響了藝術、文學、音樂、戲劇和政治，顛覆了啟蒙運動（見第 202-203 頁）的理性主義，堅持想像力與情感優先。浪漫主義者對於自然以及自然與人類心靈的關係很著迷。他們因此相信土地與生活在這片土地上的人民之間有特殊的聯繫，繼而產生了對民俗文化與傳說的浪漫熱情。

浪漫主義成了新興的民族主義運動的動力，而民族主義運動認為，民族國家是政治、文化、語言和歷史的根本。相對於像奧匈帝國這樣疆域遼闊的王朝，各民族更渴望建國，而這份渴望又變得與希望爭取更多公民權利的自由期望變得密不可分。

浪漫民族主義與文化

文化是領導浪漫民族主義的力量，不但歌頌那些團結人心的傳奇與藝術等傳統文化，同時也創造新的文化。許多作家收集民俗故事，融入他們自己的文學、戲劇以及民族史詩。畫家試圖捕捉具有代表性的場景或創造民族主義的寓言畫作。作曲家把民俗歌謠以及鄉村舞曲融入他們的音樂中，創造了激勵人心的新興國歌。最有野心的作曲家則試圖達到德意志作曲家理察・華格納（Richard Wagner）所提出的「整體藝術」（Gesamtkunstwerk）概念，認為各方面的藝術都應融合起來，為國家精神服務。

浪漫民族主義塑造了 20 世紀初的世界秩序。它促成了歐洲獨立國家的誕生，以及平民主義運動的出現——最後導致某些人基於種族身分而主張擁有至高無上的地位。以德國為例，德國人認為他們在種族上優於其他民族，結果促成了納粹主義的崛起。

◁ 影響力強大的作曲家
理察・華格納的歌劇《尼伯龍根的指環》（*Ring Cycle*）是根據日耳曼傳說創作的，被視為浪漫主義的顛峰之作。許多德意志民族主義者都認為這部作品有成為民族起源神話的潛力。

革命情懷
法國藝術家歐仁・德拉克羅瓦（Eugene Delacroix）這幅1830年的畫作〈自由引導人民〉（*Liberty Leading The People*）是以他親眼見證的一場動亂為基礎創作的。這幅畫是浪漫民族主義藝術的經典代表，象徵了自由和民族主義抱負的革命力量。

1848年革命

歐洲的統治階級無法現代化，也無法回應日益富裕的人民對於更大的自由與建國的期待，人民因此愈來愈失望。1848年，歐洲各地發生一連串起義與叛亂，引爆了原本緊張的氣氛，導致了血腥的反抗行動。

拿破崙戰爭（見第208-211頁）過後，1815 年的維也納會議（Congress of Vienna）本應為歐洲創造持久的穩定。打倒拿破崙法國的強權派出政治家聚集在維也納，決定該如何重新劃定歐洲的國界。他們的決定基本上很保守：努力撲滅民族主義。民族主義運動的核心在於把民族視為政治與文化上合法且必要的根本，這個思想在法國興起後就粉碎了歐洲的舊制度。維也納會議後的 30 年內，民族主義確實被壓抑了。

然而，維也納會議過後的那些年裡，歐洲持續經歷劇變，而且變化的速度甚至加快了。與 1800 年相比，歐洲的人口增加了 50%，且快速都市化，人口數超過 10 萬的城市從 1800 年的 28 個變成 1848 年的 45 個。政治方面，普魯士、俄羅斯、尤其是奧地利為了維持神聖同盟中的帝國而打壓萌芽中的民族主義情懷，尤其是在德意志、波蘭和義大利等地方。

社會與經濟的變革導致中產階級大量出現，於是孕育出自由的情懷，推動了改革的渴望。這些人要求更強大的代表以及自由，包括民族自決的自由。

在歐洲的邊界處，鄂圖曼帝國正值瓦解之際，推動了巴爾幹半島的民族自決，塞爾維亞和希臘分別在 1817 年以及 1821 年取得自治（見第 266-267 頁）。在拿破崙時代就已經震撼歐洲的革命情緒再次掀起，人民愈來愈要求更自由的政治秩序，因此歐洲許多地方都像火藥桶，一觸即發。

為未來播種
1848年革命的意義

1848年的革命以失敗告終，人民受到殘酷的鎮壓，自由主義者感到幻滅，但也確實留下了重大影響。它們促成了不同政治團體的成立、加速了農奴與封建制度的廢除，並激發了大眾的政治意識。雖然大家心中對於民族主義的渴望暫時受到壓抑，但並沒有完全粉碎——1871年，義大利和德意志都統一了（見第264-265頁）。這幅1860年的畫作展現了民族主義的情緒，畫中的日耳曼妮婭（Germania）手握盾牌以及長劍，戍守著萊茵河。

△ 毀滅君主制度
這幅19世紀的畫作描繪1848年革命時的法國巴士底廣場，群眾焚燒法國王座。

1848年2月22日
政府禁止舉行宴會，導致動亂和街壘戰鬥
1848年2月24日
路易－菲利普退位
1848年2月26日
法國第二共和成立
1848年6月23日
社會主義起義遭到血腥鎮壓
1848年12月10日
路易・拿破崙當選總統

維也納會議之後的歐洲

數十年的革命動亂讓歐洲列強筋疲力盡，於是這些強權在維也納會議上達成協議，用地緣政治來劃分領土。這樣的劃分大多超越了語言和民族的界限，將會釀成災難。

圖例

- ■ 德意志邦聯
- ■ 普魯士
- ■ 德意志小國
- ■ 受到1848年起義影響的其他國家
- — 1848年的國界

時間軸

	1848年1月	7月	1849年1月	7月	1850年1月
1					
2					
3					
4					
5					
6					

1　法國與西西里島爆發革命　1848年1─3月

在西西里島的巴勒摩爆發了一場反抗西班牙波旁王朝（Borbón）國王斐迪南二世（Ferdinand II）的起義，很快就蔓延到那不勒斯。在法國，國王路易－菲利普（Louis-Philippe）禁止公共集會，在巴黎引發暴動。暴動分子遭到槍擊後，路易－菲利普逃亡，法國宣布成立第二共和。工人上街遊行，全法動盪不安。

▌民族主義革命　　✊共和革命

🕸君主退位

2　星火燎原　1848年1─3月

革命的情緒在義大利各地蔓延。米蘭人起身反抗，把元帥拉德茲基（Radetzky）帶領的奧地利士兵逐出城外，並請求皮埃蒙特（Piedmontese）國王卡洛・阿爾貝托（Charles Albert）的保護。威尼斯宣布成立共和國，並得到特雷維索（Treviso）和烏第內（Udine）等周圍城市的支持，但帕馬（Parma）起義反抗。卡洛・阿爾貝托對奧地利宣戰，但因沒有盟友而戰敗。

▌民族主義革命　　✊共和革命

3　統一的德意志國　1848年3─5月

丹麥國王克里斯蒂安八世（Christian VIII）於1月去世，引爆了什列斯維格荷爾斯坦邦（Schleswig-Holstein）的問題（見第264-265頁），導致泛德意志民族主義湧現，人民要求統一以及自由憲法。柏林和法蘭克福的國民議會呼籲普魯士國王統一德意志，德意志邦聯（German Confederation）各地出現起義聲浪。

▌民族主義革命　　🕸君主退位

4　建制派命運未決　1848年3─5月

反動勢力持續抗爭，因此建制派的命運未決。維也納發生革命，迫使外交官梅特涅（Metternich）辭職，皇帝也被迫逃亡，國家制定了一部自由派憲法。在布拉格，帝國軍破壞了一場泛斯拉夫會議，但無法阻止匈牙利境內的民族主義起義。

▌民族主義革命　　👑建制派的勝利

🕸君主退位

5　反動勢力占上風　1848年6─12月

反動勢力扭轉了局勢。法國新上任的議會採反動態度，導致利摩日（Limoges）和其他地方發生動亂，巴黎的社會主義起義遭到血腥鎮壓。帝國軍隊在6月平息了維也納的動亂，但未能鎮壓匈牙利的起義。7月時，奧地利軍隊在義大利的庫斯托札（Custoza）鎮壓了皮埃蒙特人。

👑建制派的勝利

6　共和主義的失敗　1848─1849年

普魯士國王拒絕統一德意志並把德意志納入他的庇護下，引發萊茵蘭（Rhineland）和德意志南部的共和黨起義，但遭到鎮壓。加里波底（Garibaldi）在羅馬宣布建立共和國，羅馬堅持了一個月，但被一支法國派出的軍隊擊敗，當時法國的路易・拿破崙（Louis Napoleon）已當選總統。威尼斯和托斯卡尼的共和黨前哨站被擊潰，匈牙利的起義也面臨同樣的遭遇。

👑建制派的勝利　　✊共和革命

1848年1月 丹麥國王克里斯蒂安八世去世

1848年6月 哈布斯堡王朝軍隊血腥鎮壓，結束了革命分子的憲政改革

1848年3月20日 波蘭發生起義
5月 普魯士軍隊鎮壓起義

1848年3月12日 梅特涅辭職

1848年5-6月 革命遭到鎮壓

1848年3月23日 國王卡洛・阿爾貝托向奧地利宣戰
1848年8月6日 奧地利軍隊再次占領米蘭

1848年7月24─25日 奧地利軍隊擊潰皮埃蒙特人的起義

1848年3月15日 爆發革命，匈牙利取得獨立
1849年10月 匈牙利人被擊敗

1848年3月23日 宣布成立共和國
1849年8月28日 再次被奧地利占領

1848年11月 教皇逃亡
1849年2月 加里波底宣布成立共和國
1849年7月 共和國被擊敗

1848年1月12日 爆發革命
1848年3月25日 西西里國會宣布獨立
1848年5月15日 波旁王朝軍隊再次占領西西里島

North Sea　SWEDEN　Baltic Sea　Bornholm　St Petersburg

Edinburgh　DENMARK　Copenhagen　EAST PRUSSIA　Danzig

KINGDOM　SCHLESWIG-HOLSTEIN　Hamburg　HANOVER　PRUSSIA　Berlin　RUSSIA

Amsterdam　THE NETHERLANDS　Warsaw

London　Brussels　BELGIUM　PRUSSIA　Frankfurt　SAXONY　POLAND

Paris　Stuttgart　Prague　BOHEMIA　Cracow　GALICIA

BAVARIA　WÜRTTEMBERG　BAVARIA　Munich　Vienna　AUSTRIA

BADEN　FRANCE　SWITZERLAND　Geneva　Buda　Pest　HUNGARY　MOLDAVIA

Milan　Venice　TRANSYLVANIA　WALLACHIA

PIEDMONT　Custoza　MODENA　SAN MARINO　Bucharest　Sebastopol

PARMA　BOSNIA　Belgrade　SERBIA　Black Sea

MONACO　LUCCA　TUSCANY　PAPAL STATES　OTTOMAN EMPIRE

Corsica　Rome　MONTENEGRO　MACEDONIA

Sardinia　Naples　Salonica

Mediterranean Sea　THE TWO SICILIES　Corfu　GREECE

Palermo　Ionian Islands　Athens

TUNISIA　Sicily　Malta

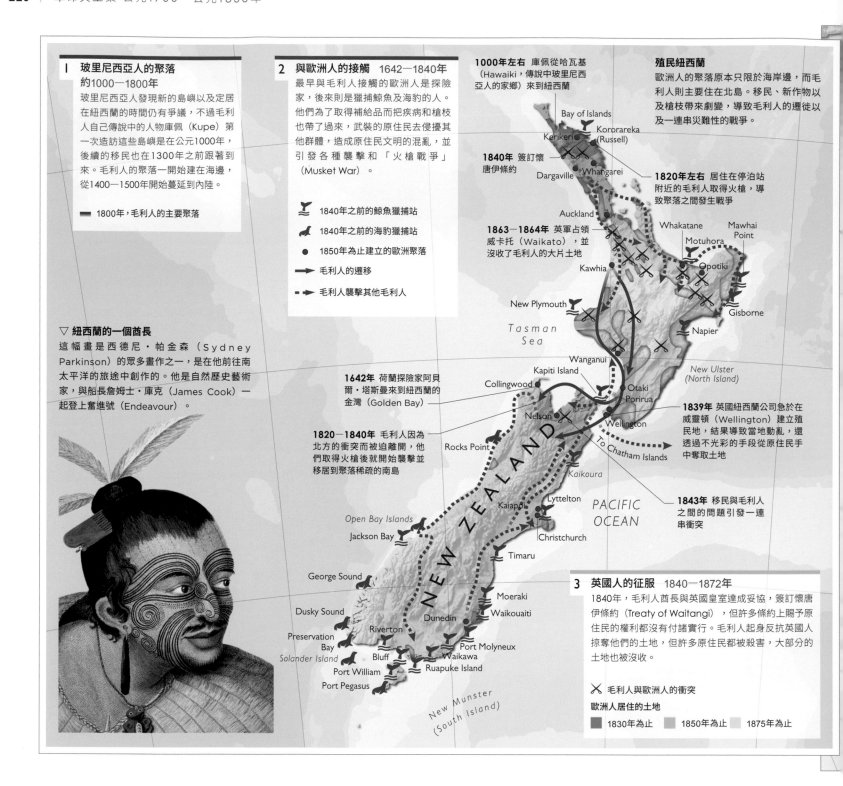

1 玻里尼西亞人的聚落
約1000─1800年
玻里尼西亞人發現新的島嶼以及定居在紐西蘭的時間仍有爭議，不過毛利人自己傳說中的人物庫佩（Kupe）第一次造訪這些島嶼是在公元1000年，後續的移民也在1300年之前跟著到來。毛利人的聚落一開始建在海邊，從1400─1500年開始蔓延到內陸。

━━ 1800年，毛利人的主要聚落

▽ **紐西蘭的一個酋長**
這幅畫是西德尼・帕金森（Sydney Parkinson）的眾多畫作之一，是在他前往南太平洋的旅途中創作的。他是自然歷史藝術家，與船長詹姆士・庫克（James Cook）一起登上奮進號（Endeavour）。

2 與歐洲人的接觸　1642─1840年
最早與毛利人接觸的歐洲人是探險家，後來則是獵捕鯨魚及海豹的人。他們為了取得補給品而把疾病和槍枝也帶了過來，武裝的原住民去侵擾其他群體，造成原住民文明的混亂，並引發各種襲擊和「火槍戰爭」（Musket War）。

🐋 1840年之前的鯨魚獵捕站
🦭 1840年之前的海豹獵捕站
● 1850年為止建立的歐洲聚落
➡ 毛利人的遷移
⇢ 毛利人襲擊其他毛利人

1642年 荷蘭探險家阿貝爾・塔斯曼來到紐西蘭的金灣（Golden Bay）

1820─1840年 毛利人因為北方的衝突而被迫離開，他們取得火槍後就開始襲擊並移居到聚落稀疏的南島

1000年左右 庫佩從哈瓦基（Hawaiki，傳說中玻里尼西亞人的家鄉）來到紐西蘭

1840年 簽訂懷唐伊條約

1863─1864年 英軍占領威卡托（Waikato），並沒收了毛利人的大片土地

殖民紐西蘭
歐洲人的聚落原本只限於海岸邊，而毛利人則主要住在北島。移民、新作物以及槍枝帶來劇變，導致毛利人的遷徙以及一連串災難性的戰爭。

1820年左右 居住在停泊站附近的毛利人取得火槍，導致聚落之間發生戰爭

1839年 英國紐西蘭公司急於在威靈頓（Wellington）建立殖民地，結果導致當地動亂，還透過不光彩的手段從原住民手中奪取土地

1843年 移民與毛利人之間的問題引發一連串衝突

3 英國人的征服　1840─1872年
1840年，毛利人酋長與英國皇室達成妥協，簽訂懷唐伊條約（Treaty of Waitangi），但許多條約上賜予原住民的權利都沒有付諸實行。毛利人起身反抗英國人掠奪他們的土地，但許多原住民都被殺害，大部分的土地也被沒收。

✗ 毛利人與歐洲人的衝突
歐洲人居住的土地
■ 1830年為止　■ 1850年為止　□ 1875年為止

紐西蘭與澳洲

歐洲人因為各種原因而殖民紐西蘭和澳洲，從捕鯨到流放囚犯都有，因此造成了驚人的後果，且經常都對當地原住民釀成悲劇，包括戰爭和種族屠殺。

現代人類才剛出現不久（見第18-19頁），就開始移民到今日稱為澳洲的地方。之後，或許是因為位置偏遠，澳洲與南邊的紐西蘭在文化上變得相對孤立──紐西蘭可能是地球上可居住的地方之中最晚有人定居的。

18、19世紀，隨著歐洲強權（尤其是英國）的科技進步以及對領土的慾望增加，這種情況也跟著改變。對這些強權來說，澳洲與紐西蘭的未知土地就像一張空白的畫布，所有對於殖民以及帝國主義的幻想都可以投放到這裡。其實澳洲和紐西蘭有各式各

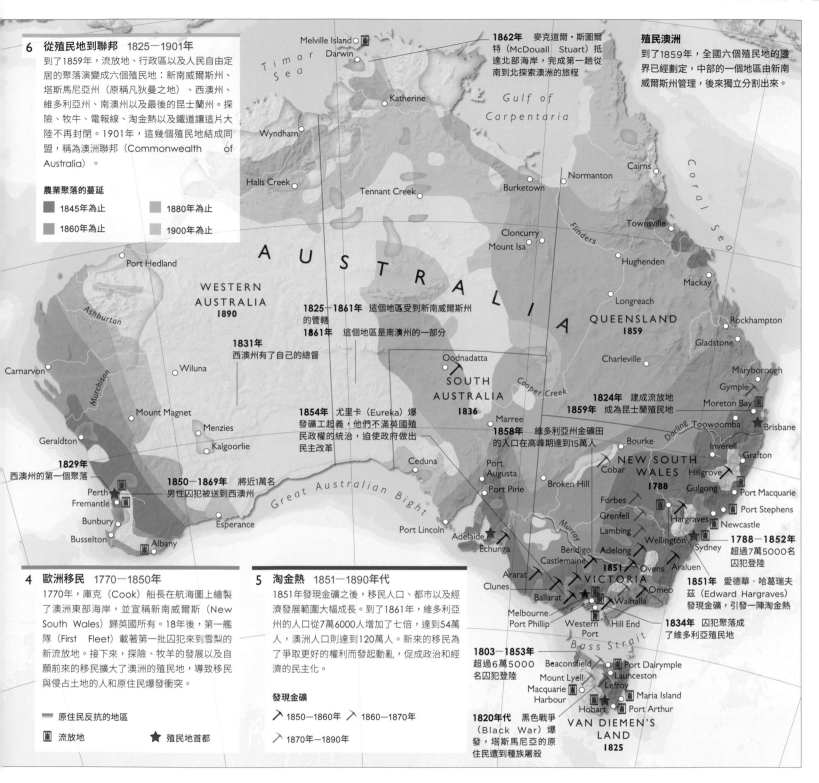

6 從殖民地到聯邦 1825—1901年

到了1859年，流放地、行政區以及人民自由定居的聚落演變成六個殖民地：新南威爾斯州、塔斯馬尼亞州（原稱凡狄曼之地）、西澳州、維多利亞州、南澳州以及最後的昆士蘭州。探險、牧牛、電報線、淘金熱以及鐵道讓這片大陸不再封閉。1901年，這幾個殖民地結成同盟，稱為澳洲聯邦（Commonwealth of Australia）。

農業聚落的蔓延

- 1845年為止
- 1860年為止
- 1880年為止
- 1900年為止

1862年 麥克道爾·斯圖爾特（McDouall Stuart）抵達北部海岸，完成第一趟從南到北探索澳洲的旅程

殖民澳洲

到了1859年，全國六個殖民地的邊界已經劃定，中部的一個地區由新南威爾斯州管理，後來獨立分割出來。

1825—1861年 這個地區受到新南威爾斯州的管轄
1861年 這個地區是南澳州的一部分

1831年 西澳州有了自己的總督

1824年 建成流放地
1859年 成為昆士蘭殖民地

1854年 尤里卡（Eureka）爆發礦工起義，他們不滿英國殖民政權的統治，迫使政府做出民主改革

1858年 維多利亞州金礦田的人口在高峰期達到15萬人

1829年 西澳州的第一個聚落

1850—1869年 將近1萬名男性囚犯被送到西澳州

1788—1852年 超過7萬5000名囚犯登陸

1851年 愛德華·哈葛瑞夫茲（Edward Hargraves）發現金礦，引發一陣淘金熱

1834年 囚犯聚落成了維多利亞殖民地

4 歐洲移民 1770—1850年

1770年，庫克（Cook）船長在航海圖上繪製了澳洲東部海岸，並宣稱新南威爾斯（New South Wales）歸英國所有。18年後，第一艦隊（First Fleet）載著第一批囚犯來到雪梨的新流放地。接下來，探險、牧羊的發展以及自願前來的移民擴大了澳洲的殖民地，導致移民與侵占土地的人和原住民爆發衝突。

- 原住民反抗的地區
- 流放地
- 殖民地首都

5 淘金熱 1851—1890年代

1851年發現金礦之後，移民人口、都市以及經濟發展範圍大幅成長。到了1861年，維多利亞州的人口從7萬6000人增加了七倍，達到54萬人，澳洲人口則達到120萬人。新來的移民為了爭取更好的權利而發起動亂，促成政治和經濟的民主化。

發現金礦

- 1850—1860年
- 1860—1870年
- 1870年—1890年

1803—1853年 超過6萬5000名囚犯登陸

1820年代 黑色戰爭（Black War）爆發，塔斯馬尼亞的原住民遭到種族屠殺

樣的文明及社會。歐洲人一開始是來紐西蘭設置獵捕海豹與鯨魚的站點，讓外國船隻能夠取得資源、修補裝備以及提供補給品。澳洲最初的外來者則是從英國和愛爾蘭被流放的罪犯。英國人很快就利用這片氣候與家鄉相似的地區，從家鄉引入作物和牲畜，快速殖民擴張。大量新來的移民增加了對於土地的需求，也把火器和陌生的疾病傳給原住民。這些因素導致紐西蘭的毛利人以及澳洲原住民人口大幅下降

歐洲殖民

歐洲人殖民紐澳的腳步在18世紀晚期和19世紀早期緩緩展開，但到了19世紀中葉就加快了速度。為了耕種，移民占領了原住民生活的土地，對原住民造成不堪的後果。

時間軸

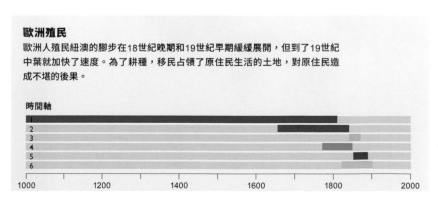

廢除奴隸制

由於經濟爆炸性成長，歐洲國家成了世界強權，這有很大一部分是奴隸制度造成的。但從18世紀起，廢除全球奴隸貿易的漫長過程就開始了。

△ **反奴隸的改革者**
圖中是反奴隸制度協會（British Anti-slavery Society）的徽章，這個協會是對抗奴隸制度的主力。

廢奴運動又稱為廢奴主義，是一場道德、社會以及政治運動，目的是禁止奴隸貿易。這與解放奴隸運動並不一樣，但有所關聯。廢奴主義的思想一開始是在貴格會（Quakers）成形的，這是一個基督教新教組織，於1787年在英國成立了廢除奴隸貿易委員會（Committee for the Abolition of the Slave Trade）。

這場運動與1789年法國大革命後的激進情緒聯繫在一起之後，原本的成功就受到了阻礙。1791—1804年，海地爆發的奴隸起義也導致大眾擔心廢除奴隸制後可能遭到報復。雖然如此，廢奴主義者運用巧妙的宣傳方式，並與福音派基督徒和婦女團體結盟，於是取得了進展。1807年，雖然英國的一項議會法案廢除了奴隸貿易，且法國、西班牙和葡萄牙等歐洲國家也跟著廢除，但許多殖民地仍在實行奴隸制度。

歐洲頒布的反奴隸制法案推動了美國北部各州的解放運動，並得到人稱「第二次大覺醒」（Second Great Awakening）的宗教復興活動和選民對「逃奴追緝法」的厭惡情緒的加持。在美國，支持和反對奴隸制雙方的反應都愈來愈激烈，最終引發了內戰（見第170-171頁）。

全世界奴隸制的廢除

圖例

廢除年分

- 1775—1799年
- 1800—1829年
- 1830—1859年
- 1860—1889年
- 1890—1919年
- 1920—1969年
- 1970年至今
- 無資料／未在現代出現奴隸制度

美國的麻州和康乃狄克州是最早廢除奴隸制的地方。雖然歐洲國家傾向於不在自己的領土上施行奴隸制度，但他們必須為跨大西洋奴隸貿易負責。在現代，奴隸制雖然不合法，但世界上仍有許多地方在實行。

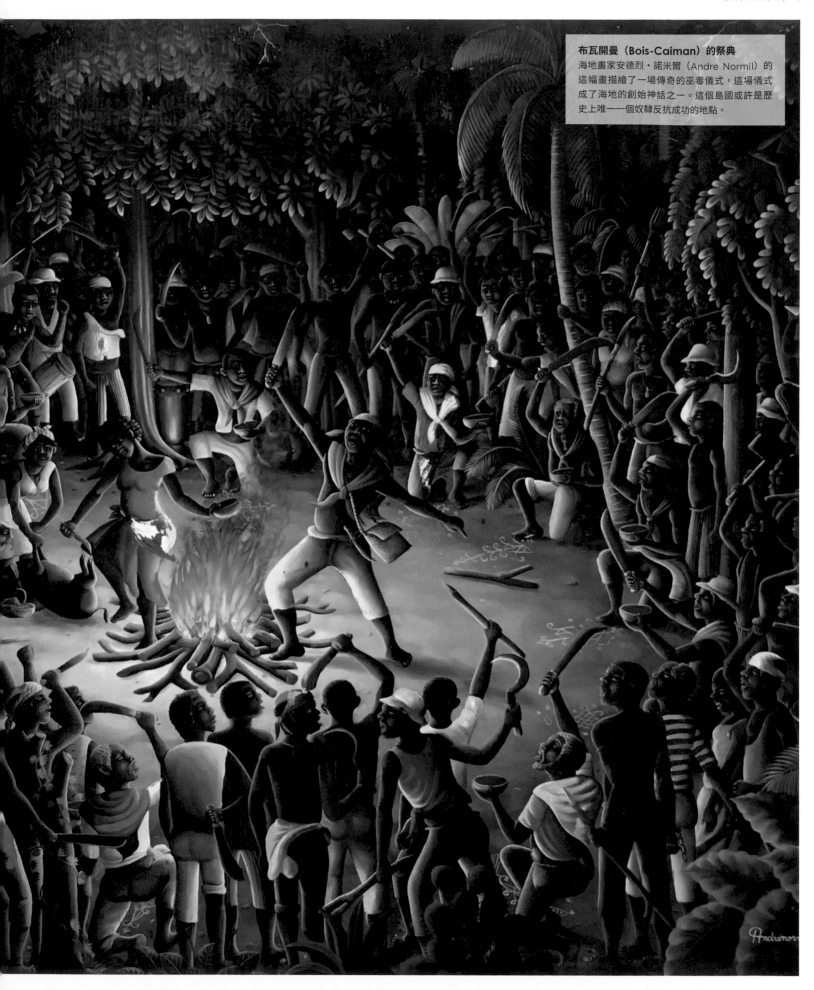

英國勢力
在印度之崛起

英國東印度公司是個帶有帝國主義野心的企業，從最初涉足印度東南部及孟加拉開始，向整個印度擴張勢力，透過狡詐、殘忍和傲慢來贏得人民的效忠並征服領地。最後，幾乎整個次大陸都落入了這間公司的掌控。

自 16 世紀開始，歐洲國家就一直與印度進行大量貿易，到了 17 世紀晚期，歐洲有五大國都在印度次大陸設有貿易港口。其中包括英國東印度公司，這是一家商業組織，最初於 1600 年獲得特許狀，能夠與東南亞的摩鹿加群島（又稱香料群島）進行貿易並賺取利潤。英國東印度公司被荷蘭人擊退後就轉而專注在印度南部的紡織品和香料貿易，並得到與蒙兀兒帝國貿易的特許權。

蒙兀兒王朝時期（見第 176-177 頁）的印度擁有發達、成熟的體系和強大的軍事力量，財富和人口都超過歐洲。然而，18 世紀蒙兀兒帝國衰亡，導致各個諸侯國、聯邦和小王國興起。印度少了主要的統一勢力，讓帝國主義和重商主義的歐洲列強有了剝削的機會，而抓住這個機會的正是英國。英國東印度公司面對著外國對手競爭以及有時不太友善的當地人，因此發展出自己的軍事力量來強化並保護公司的利益。在接下來的大約 100 年內，東印度公司先是戰勝了競爭對手，接著又透過外交、賄賂與武力等方式來擴大對印度領土、貿易和權力的控制。

東印度公司在鞏固權力的過程中面對強大的對手，包括法國人、邁索爾王國的蘇丹、馬拉塔聯盟、錫克王國（Sikh kingdom）和阿富汗人。公司雖然時有挫敗，但不屈不撓，最終控制了整個印度。然而，東印度公司經歷了一場血腥的起義（見第 244-245 頁）之後，於 1858 年正式關閉。公司的財產和軍隊被英國政府接收，直接的殖民統治開始。

羅伯特·克萊夫爵士
1725—1774年

羅伯特·克萊夫（Robert Clive）有個名號叫「印度的克萊夫」，英國東印度公司在印度次大陸建立勢力時，他扮演了關鍵角色，並因此名利雙收。他帶領軍隊贏得多次戰爭，最著名的是1757年在普拉西戰役（Battle of Plassey）擊敗法國和蒙兀兒聯軍。接著他分別在1758—1760年以及1765—1767年間擔任孟加拉總督。1767年，他回到英格蘭，並在七年後死於倫敦，很有可能是自殺身亡。

與盟友會面
普拉西戰役後，羅伯特·克萊夫與米爾·賈法爾（Mir Jafar）會面。米爾·賈法爾曾在戰役中幫助過克萊夫，克萊夫為了回報他，賜予他孟加拉統治者的地位。

I 法國威脅英國勢力 1740—1746年
荷蘭和法國在印度也有自己的公司，最初與英國爭奪霸權。1741年，荷蘭在科拉恰爾（Colachel）被特拉凡哥爾王國（Travancore）擊敗，結束了他們在這片大陸上發展的野心。但在1746年，法國人從英國人手中奪取馬德拉斯（Madras），並擊敗了一支印度軍隊，在印度次大陸建立了歐洲的軍事霸權。

✕ 戰役　　● 法國殖民地

英國領土的增加
英國於19世紀初期在印度東南部與東北部取得要塞，並利用保護國和附庸國所組成的網絡，逐步蠶食印度中部以及西部的土地，勢力範圍愈來愈大。

圖例

■ 1805年的英國領土　　■ 1857年為止，英國增加的領土　　**1856** 英國取得土地的年分

■ 1838年為止，英國增加的領土　　■ 諸侯國或保護國

時間軸

	1750	1800	1850
I			
2			
3			
4			
5			
6			

6 英國東印度公司的結局 1839—1857年
英國東印度公司試圖擴張西北部的控制權，於是在旁遮普和阿富汗展開了一連串衝突。1856年，公司併吞了奧德（Oudh），引發了1857年的起義，最後導致英國政府直接掌控印度。英國東印度公司關閉，英屬印度的時代來臨。

✕ 戰役

5 馬拉塔戰爭 1775—1818年
英國人與印度王侯統治的馬拉塔聯盟爆發了三場衝突（1775—1782年、1803—1805年、1817—1818年），是印度當地政權對英國霸權的最終挑戰。這次也和邁索爾戰爭時一樣，英國人雖然有時屈辱戰敗，但後來又能贏回戰爭，漸漸擴大並鞏固英國東印度公司的掌控範圍。

— 1785年馬拉塔聯盟的領土　　✕ 戰役

AFGHANISTAN

1876
BALUCHISTAN

Karach

2 加爾各答黑洞 1756年

1756年，英國開始武裝加爾各答（威廉堡）。孟加拉的統治者西拉傑‧烏德‧達烏拉（Siraj-ud-Daula）因此感到警覺，於是攻下了這個小型守備部隊，並把部隊成員監禁在一個小牢房中，這就是著名的「加爾各答黑洞」事件（Black Hole of Calcutta）。這讓英國人有了報復的藉口，藉機全力實現帝國野心。

✕ 戰役　　⊞ 要塞

3 英國建立霸權 1757—1764年

英國在1757年的普拉西戰役中報復了西拉傑‧烏德‧達烏拉之後，又在卡那提克戰爭（Carnatic Wars）中獲得一連串的勝利，這場戰爭是英國、法國、馬拉塔和邁索爾王國之間為了爭奪印度東部以及東南部之間大片土地的控制權而爆發的一系列衝突。結果終止了法國對印度的影響力，而到了1764年，英國的政治勢力已經主導了印度次大陸，對富饒的孟加拉省有直接控制權。

✕ 戰役

1846 KASHMIR

1849 PUNJAB

Kabul

Peshawar

Chillianwala

Lahore　Jullundur

Firozpur

Ambala

Indus

Chenab

Sutlej

Indus

1849年 第二次英國錫克戰爭後，英國併吞旁遮普

1818 RAJPUTANA

1843 SIND

Nasirabad

Erinpura

Nimach

Saharanpur

Delhi

Agra

Gwalior

Jhansi

Bareilly

Farrukhabad

1856 OUDH

Kanpur

Lucknow

Allahabad

TIBET

NEPAL

Kathmandu

Patna

Benares

Buxar

Rajghat

1856年 英國併吞奧德，引發了1857年的起義

1764年 英國軍隊在布克薩爾戰役（Battle of Buxar）中擊敗了孟加拉統治者與蒙兀兒帝國聯軍

BHUTAN

1757年 英國在普拉西戰役中擊敗了由法國勢力支持的西拉傑‧烏德‧達烏拉

INDIA

1782年 薩爾拜條約（Treaty of Salbai）標誌了第一次馬拉塔戰爭的結束

BUNDELKHAND

Jabalpur

Indore

Narmada

1805年 拉雅黑條約（Treaty of Rajghat）結束了第二次馬拉塔戰爭

Baharampur

BENGAL

Plassey

Dhaka

UPPER BURMA

1756年 西拉傑‧烏德‧達烏拉從英國手中取得加爾各答，並把倖存者關在「黑洞」中

1802年 巴塞因條約（Treaty of Bassein）引發了第二次馬拉塔戰爭

GUJARAT

Diu

Damão

Vasai (Bassein)

Bombay

Talegaon

Ashti

Aurangabad

BOMBAY PRESIDENCY

CENTRAL PROVINCES

Nagpur

Godavari

BASTAR

ORISSA

Frederiksnagar (Serampore)

Calcutta

1826 ARAKAN

LOWER BURMA

1852 Rangoon

1818年 馬拉塔人被英國人擊敗

1779年 英國人被馬拉塔人擊敗

HYDERABAD

Yanaon

Krishna

Bay of Bengal

1746年 卡那提克戰爭爆發，各方勢力為了成為阿科特（Arcot）的統治者而成了英法衝突中的傀儡

4 邁索爾戰爭 1767—1799年

英國東印度公司與邁索爾王國的蘇丹展開了一連串的戰爭。這些衝突始於1767年，海德爾‧阿里（Hyder Ali）迫使英國人做出重大妥協。阿里的兒子蒂普蘇丹（Tipu Sultan）也在早期取得幾次勝利，但最終在1799年於西林加帕坦（Seringapatam）被英國及他們在當地的盟友擊敗。邁索爾王國分裂，東印度公司則掌控了印度南部的大部分地區。

✕ 戰役

果亞（由葡萄牙統治）

1746年 法國從英國手中奪取馬德拉斯
1769年 海德爾‧阿里在馬德拉斯條約中逼迫東印度公司做出重大妥協

1760年 英國在宛地瓦什（Wandiwash）擊敗法國，把法國的勢力局限在朋迪治里

1760—1761年 英國圍攻法國，終於在朋迪治里擊敗法軍，徹底消滅了法國在印度次大陸的勢力

Mangalore

1831 MYSORE

Bangalore

Arcot

Madras

Seringapatam

Wandiwash

Pondicherry

Mahé

Tranquebar

Karikal

MADRAS PRESIDENCY

1784年3月 簽署門格洛爾條約（Treaty of Mangalore），結束了第二次邁索爾戰爭

1792年 第三次邁索爾戰爭戰敗後，蒂普蘇丹把邁索爾一半的領土割讓給英國

1799年 第四次邁索爾戰爭打得如火如荼之際，蒂普蘇丹在英軍大肆襲擊西林加帕坦時死去

Cochin

TRAVANCORE

Colachel

1798 CEYLON

Colombo

1741年 科拉恰爾戰役（Battle of Colachel）中，特拉凡哥爾王國的馬桑達‧瓦爾馬（Marthanda Varma）擊敗荷蘭人，結束了荷蘭在這個地區的勢力

▷ **蒂普蘇丹的老虎**

這個老虎攻擊英國士兵的機械玩具接近真人大小，是邁索爾的統治者蒂普蘇丹（1782—1799年）委託製作的。1799年，西林加帕坦被攻陷後，這個玩具被英國士兵奪走。

鴉片貿易

中國的毒癮，英國的利潤

罌粟的種植以及種子在工廠裡的乾化處理（下圖）都在印度裡進行。然後由獨立商人進口到中國，讓英國無需背上非法貿易的罪名。一箱箱鴉片運到廣州沿海的浮動倉庫上，中國走私者用白銀購買，再運到上游，透過行賄等腐敗手段來規避官方禁令。

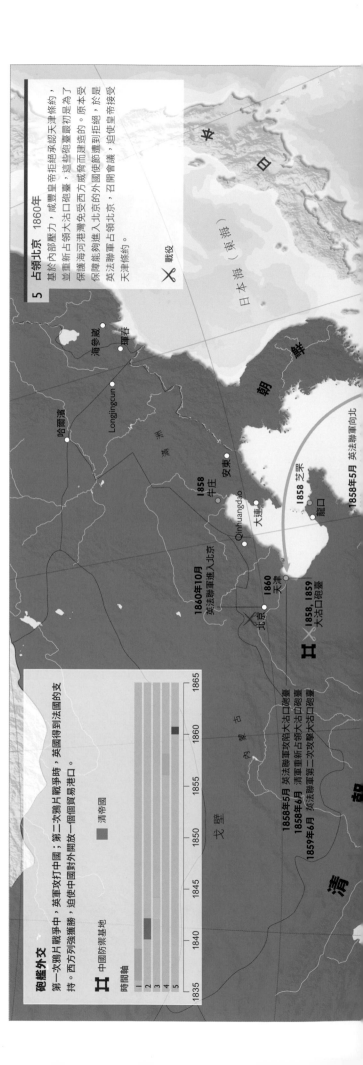

鴉片戰爭

1800年代初期，鴉片（主要從英國）非法進口到中國，最終因為對外貿易的問題而引發衝突。清朝嚴重錯估了自己與英國的實力，結果英國用「砲艦外交」迫使中國開放國際貿易。

中國朝廷認為貿易是賜予外國納貢者的恩惠。反之，英國則認為這是個國際關係的命脈以及剝削殖民地的一種方式。具體來說，英國企圖認為鴉片就是關鍵。印度生產高品質的經濟作物鴉片，賣到中國可以換取白銀，白銀再立刻拿去購買茶葉──茶葉在英國的國內市場價值不菲的商品。這樣的安排中，唯一的問題在於把鴉片賣到中國並不合法。

這些交易滋養了大量的腐敗以及黑市經濟，同時又使清朝因通貨膨脹而產生的財政問題進一步惡化。最後緊張關係終於爆發於貿易，並且愈演愈烈，變成中國人和英國人之間的衝突，剛好讓英國人藉機得利。

接下來的「砲艦外交」期間，中國在兩場鴉片戰爭中連連戰敗，清朝被迫簽訂所謂的「不平等條約」，做出大量妥協。這些事件對中國來說是難以抹滅的恥辱，在中國社會中醞釀了仇恨的情緒，甚至至今仍影響著中國與西方強國的關係。清朝名譽受損，破壞了他們統治的正當性，於是發生了一連串嚴重的叛亂事件，造成社會動亂，最終讓清帝國滅亡（見第252-253頁）。

砲艦外交

第一次鴉片戰爭中，英軍攻打中國；第二次鴉片戰爭時，西方列強獲勝，迫使中國對外開放一個貿易港口。

時間軸
- 1　中國防禦基地

占領北京 1860年

基於內部壓力，咸豐皇帝拒絕承認天津條約，並重新占領大沽口砲臺，這些砲臺最初是為了保護海河港而受西方威脅而建造的。原本受英國能夠進入北京的外國使節遭到拒絕，迫使皇帝接受天津條約。

✕ 戰役

砲艦外交圖例：清帝國得到法國的支持
- 清帝國

1858年5月 英法聯軍攻陷大沽口砲臺
1858年6月 清軍重新占領大沽口砲臺
1859年6月 英法聯軍第二次攻擊大沽口砲臺

1860年10月 英法聯軍進入北京
1858、1859 大沽口砲臺
1858年5月 英法聯軍向北

哈爾濱
海參崴
琿春
Longjingcun
安東
1858 牛庄
Qinhuangdao
大連
芝罘
龍口
1860 天津
北京

日本海（東海）

朝鮮

滿洲

內蒙古

戈壁

清

1835　1840　1845　1850　1855　1860　1865

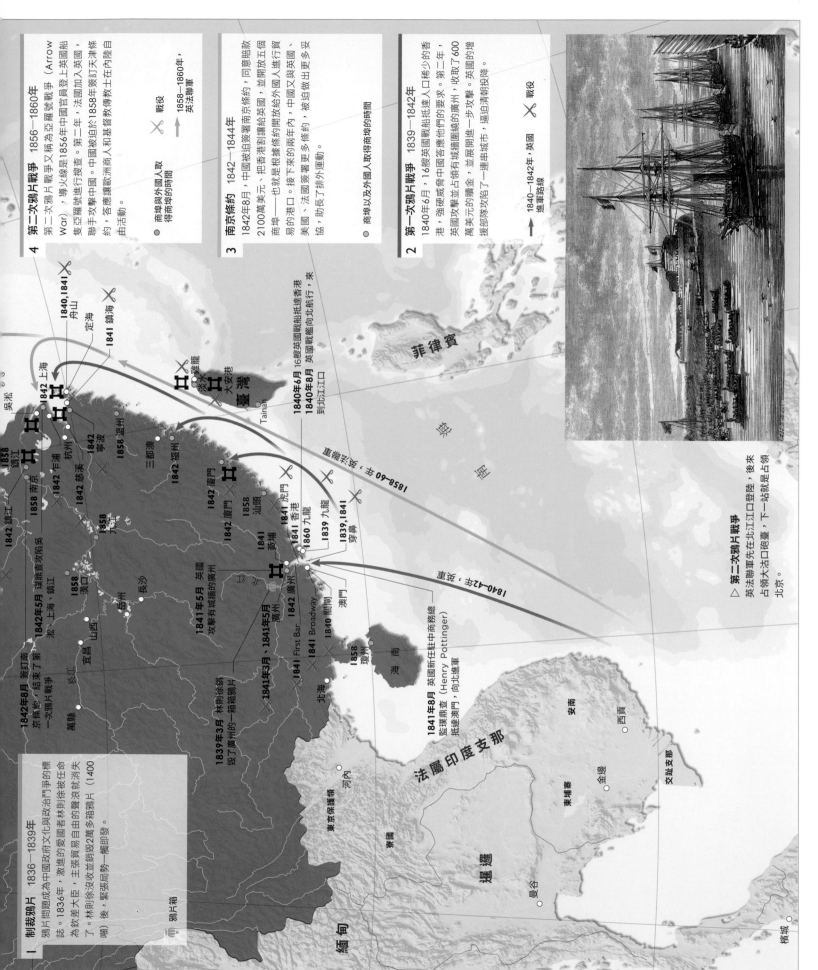

4 第二次鴉片戰爭 1856-1860年

第二次鴉片戰爭又稱為亞羅號戰爭（Arrow War），導火線是1856年中國官員登上英國船隻亞羅號進行搜查。第二年，法國加入英國聯手攻擊中國。中國被迫於1858年簽訂天津條約，答應讓歐洲商人和基督教傳教士在內陸自由活動。

✕ 戰役

→ 1858-1860年，英法聯軍

● 商埠與外國人取得商埠的時間

3 南京條約 1842-1844年

1842年8月，中國被迫簽署南京條約，同意賠款2100萬美元，把香港割讓給英國，並開放五個商埠——也就是根據條約開放給外國人進行貿易的港口，接下來的兩年內，中國又與美國、法國簽署更多條約，被迫讓英國更多安協，助長了排外運動。

● 商埠以反外國人取得商埠的時間

2 第一次鴉片戰爭 1839-1842年

1840年6月，16艘英國戰船抵達香港，強硬威脅中國答應他們的要求。第二年，英國攻擊並占領有城牆圍繞的廣州，收取了600萬美元的贖金，並展開進一步攻擊，英國的增援部隊攻陷了一連串清朝城市，逼迫清朝投降。

→ 1840-1842年，英國進軍路線

1 制裁鴉片 1836-1839年

鴉片問題成為中國政府文化與政治鬥爭的標誌。1836年，激進的愛國者林則徐被任命為欽差大臣，主張貿易自由的聲浪就消失了，林則徐沒收並銷毀2萬多箱鴉片（1400噸）後，緊張局勢一觸即發。

△ 第二次鴉片戰爭
英法聯軍先在北江江口登陸，後來占領大沽口的臺，下一站就是占領北京。

鴉片箱

吳淞
1840,1841 舟山
1841 鎮海
1842 上海 定海
1858 鎮江
1858 南京 1842 牛浦 1842 杭州
1842 慈溪 1842 寧波 1858 溫州
1842年8月 簽訂南京條約，結束了第一次鴉片戰爭
1842年5月 謀攻奪攻陷吳淞、上海、鎮江
三都澳 1858 1842 福州
1858 九江 大安港 臺灣 Tainan
漢口 1858 廈門 1842 廈門
長沙 1858 汕頭
岳州 1858 瓊州
宜昌 山西 1841 黃埔 1839,1841
1841年5月 英國攻擊有城牆的廣州 1841 First Bar 1841,1841 香港 1860 九龍
萬縣 1841年3月、1841年5月 1842 1839 九龍
1839年3月 林則徐銷毀了廣州的一箱箱鴉片 1840 穿鼻
1840 Broadway
1841 Broadway
1841年8月 英國新任駐中南務總監蒲鼎查 (Henry Pottinger) 抵達澳門，向北進軍 澳門 1858 南
1840-42年 北海 海 南

菲律賓

南 海

1840年6月 16艘英國戰船抵達香港
1840年8月 英國戰艦向北航行，來到北江江口

閩江

法國印度支那

東京保護領 河內
寮國
安南
柬埔寨
西貢
交趾支那
緬甸
曼谷
暹羅
金邊
檳城

進步與帝國

公元1850—1914年，帝國主義達到顛峰，但世界強權正走在一條必定通往全球衝突的路上。

城市與工業

工業化改變了19世紀生活的方方面面，不僅影響人類生活的地點及方式、移動和溝通的方法，還影響了公共衛生、政治和大眾的態度。

△ **不公的世界**
這是1900年一名巴黎孩童的照片，描繪了貧窮的現象普遍存在許多城市裡。

在19世紀下半葉，工業化成了一種全球現象。18世紀末和19世紀初，發達工業的主要受益者是英國（見第212-215頁），而以煤炭、鐵和鋼為基礎的重工業發展以及19世紀中葉的交通革命則重新塑造了全世界。

從1870年起，西歐、日本、俄羅斯和美國都開始快速工業化，並經歷了社會、文化和人口方面的劇變。土地改革以及現代化農耕方法——使用化學肥料、鋼質工具以及蒸汽驅動的機器——能養活更多人口，促使全球人口增長。數百萬人從鄉村移居到城市，試圖尋找工作與機會。在1800年，全世界有5%的人口都居住在城市地區。到了1925年，數字上升到20%，而在歐洲和美國的工業化地區則有71.2%。數以百萬計的人利用先進的遠洋輪船這樣的運輸方式遷移到海外（見第238-239頁）。到美國、加拿大、南非和澳

△ **新世界**
在這張1906年的照片中，一艘大西洋輪船接近艾力斯島（Ellis Island），甲板上擠滿了移民。艾力斯島是通往美國更美好的新生活的窗口。三等艙的乘客會繼續留在艾力斯島，直到他們通過健康和法律檢查。

洲尋找黃金的移民也協助打造了一個新世界，這裡所有的貨幣都能換算成黃金（只有少數幾種除外）。金本位制——用黃金為紙幣背書的貨幣體系——轉而促進了國際貿易，刺激了工業產品的新市場，並迎來了一段財政穩定的時期。因工業化而致富的人試圖尋找新的投資方法，助長了一波帝國主義的運動，導致非洲被歐洲國家瓜分，腐敗的中國帝國受到威脅，而拉丁美洲則進入英美的影響力範圍內。

現代城市

19世紀的社會發展十分多樣化，工業化使貧富差距大增，但也創造出中產階級，由律師、醫生、商人、批發商、公務員、店主和文員組成。雖然一代企業大亨因工業與投資而致富，但他們的員工居住的城市卻充斥著貧窮、汙染與疾病，例如痢疾、肺結核、佝僂病和霍亂。不但工時長，且工作環境很危險，還有許多孩童被迫成為童工。然而，城市也提供了

工業化時代的城市

19世紀的科技發展深深改變了全世界的人口數以及人口分布。在工業化的西方，人口從鄉村移居到城市。有史以來第一次，歐洲的城市數量和大小都超越亞洲。人口增長十分迅速，尤其是在歐洲。現代化交通工具的出現讓歐洲城市過剩的人口能夠輕易遷移到美國充滿高樓大廈的城市。

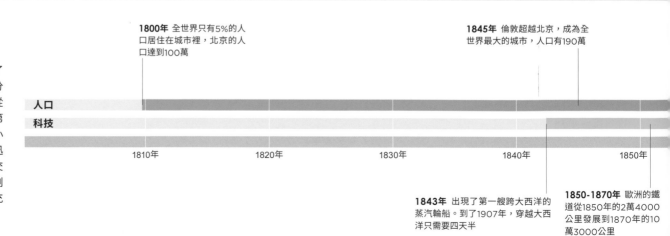

1800年 全世界只有5%的人口居住在城市裡，北京的人口達到100萬

1845年 倫敦超越北京，成為全世界最大的城市，人口有190萬

| 人口 | | | | | |
| 科技 | | | | | |

1810年　　1820年　　1830年　　1840年　　1850年

1843年 出現了第一艘跨大西洋的蒸汽輪船。到了1907年，穿越大西洋只需要四天半

1850-1870年 歐洲的鐵道從1850年的2萬4000公里發展到1870年的10萬3000公里

◁ 衛生的改革
英國工程師約瑟夫‧威廉‧巴扎爾蓋特（Joseph William Bazalgette，右上）爵士視察倫敦下水道的工程。他的衛生系統改變了全世界城市的公共衛生。

許多對抗不公以及解決工業化社會弊病的方法。從鄉村地區與其他國家來的移民進入了社會階級與種族背景的大熔爐。社會與宗教禁忌破除，而思想的交流則促進了社會改革運動。各式各樣的工會誕生，爭取更好的待遇與工作環境。愈來愈多人開始要求男女的選舉權。富裕的慈善家以及救世軍（Salvation Army）等基督教組織試圖滿足城市人口身體和心靈上的需求，於是發展出愈來愈多的慈善組織。人民對貧困有更深入的理解，再加上政治行動主義發展，所以到了 20 世紀，工業化程度最高的德國和英國已經開始建立福利體系，確保老人和病人能得到照顧。

到了這時候，工業與隨之而來的財富也開始解決城市生活的一些實際問題。鋼結構的出現讓人類有辦法在高樓裡生活和工作；辦公室和住宅能用鋼架的方式快速搭建，並向上延伸以便充分利用有限的空間。現代衛生設施的發展 —— 鐵儲罐和蒸汽動力泵站 —— 讓城市居民不必再害怕霍亂等疾病。地下運輸讓工人能夠在城市裡快速往來，這些運輸系統與鐵路相連，所以他們可以從城市前往郊區。19 世紀科技變革的速度和範圍是前所未有的，即使是 20 世紀的電訊革命也無法與工業化對現代社會的影響相提並論。

「人類工業的大河就是從這條惡臭的下水道湧出的……」

亞歷西斯‧德‧托克維爾（Alexis de Tocqueville），法國歷史學家，摘錄自《英格蘭與愛爾蘭遊記》（*Voyages en Angleterre et Irlande*），1835年

△ 淘金熱
這張1900年的總統選舉海報描繪了美國總統威廉‧麥金利（William McKinley）高舉一枚金幣，讚頌金本位的繁榮時代。

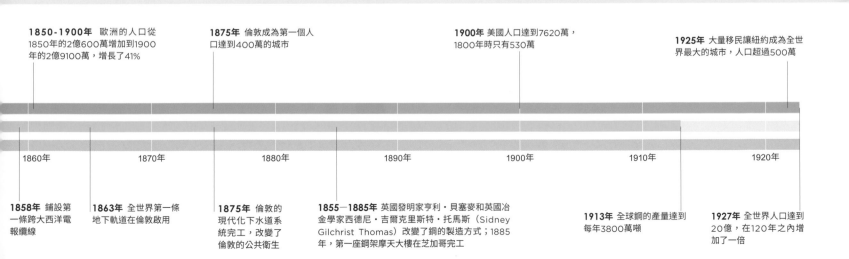

1850-1900年 歐洲的人口從1850年的2億600萬增加到1900年的2億9100萬，增長了41%

1875年 倫敦成為第一個人口達到400萬的城市

1900年 美國人口達到7620萬，1800年時只有530萬

1925年 大量移民讓紐約成為全世界最大的城市，人口超過500萬

1860年　1870年　1880年　1890年　1900年　1910年　1920年

1858年 鋪設第一條跨大西洋電報纜線

1863年 全世界第一條地下軌道在倫敦啟用

1875年 倫敦的現代化下水道系統完工，改變了倫敦的公共衛生

1855—1885年 英國發明家亨利‧貝塞麥和英國冶金學家西德尼‧吉爾克里斯特‧托馬斯（Sidney Gilchrist Thomas）改變了鋼的製造方式；1885年，第一座鋼架摩天大樓在芝加哥完工

1913年 全球鋼的產量達到每年3800萬噸

1927年 全世界人口達到20億，在120年之內增加了一倍

1914年為止，歐洲的工業化

由於盛產煤炭和鐵等工業化所需的自然資源，法國、德國和俄羅斯得以迅速發展。地理因素以及這些資源的缺乏讓西班牙、希臘、斯堪地那維亞半島以及巴爾幹半島的發展落後，或者嚴重受限於較傳統的工業，例如絲綢製造業。

圖例

- 山脈或荒地
- 農業與畜牧業
- 森林
- 工業區
- 主要港口
- 1914年的國界

製造業

- 棉
- 亞麻布
- 羊毛
- 絲綢
- 機械
- 造船

時間軸

	1840	1860	1880	1900	1920

5 俄羅斯帝國 1880—1914年

直到1861年解放農奴之後，俄羅斯才有辦法生產足夠的食物來維持工業勞動力。1890年代，西伯利亞大鐵路開工，外國投資者也在聖彼得堡、莫斯科和頓巴斯（Donbass）地區建廠。到了1900年，俄羅斯已經成為世界第四大鋼鐵生產國。

1845年 恩格斯（Engels）的《英國工人階級的狀況》（*The Condition of the Working Class in England*）在英格蘭出版

1871年 克虜伯公司成為德意志帝國的軍火製造商

1889年 艾菲爾鐵塔建成

1878年 尼古拉斯·奧托（Nicolaus Otto）發明內燃機

1 鐵、煤、石油 1850—1914年

鐵礦石的冶煉以及鑄造廠裡的鑄鐵和鍛鐵作業都會用到大量的褐煤和煤炭。成品則用於鋪設鐵路以連結工業城市，並把工廠的產品載往港口，再由等候中的鐵製船運往全世界。商業石油開採始於19世紀末，但在汽車興起之前，石油一直不如煤炭受歡迎。

- 褐煤或煤炭
- 鐵礦
- 煉鐵廠
- 1914年的主要鐵路
- 石油

2 工業城市的成長 1850—1914年

農業改革對19世紀城市的成長有直接的影響。脫穀機等發明和鉀鹽等肥料的使用增加，讓農業人口大幅減少，因此他們得以前往歐洲的城市工作。這些人到了城市之後成了廉價勞工，除了被剝削之外，還經常生活在擁擠且不衛生的居住環境，霍亂和痢疾的爆發十分普遍。

城市人口

超過50萬
- 1850年
- 1890年
- 1914年

低於50萬
- 1914年

- 鉀鹽

4 德國崛起 1870─1914年

德國在1871年統一之後就快速發展。首相俾斯麥（Bismarck）的經濟政策創造了安全的投資環境，且德國因1870─1871年普法戰爭（Franco-Prussian）的結果而受益。來自魯爾河谷（Ruhr Valley）的大量煤礦促進了鋼、化學和電氣產業的發展。

1905年1月 為了抗議俄羅斯政治改革的欠缺，以及爭取更好的生活和工作條件，人民上街遊行，莫斯科陷入停滯

1869年 英國商人約翰・休斯（John Hughes）成立頓涅茨克公司（Donetsk），他在這個地區還成立了一些煉鋼廠和煤礦公司

△ **世界博覽會**

這張1900年巴黎世界博覽會的海報歌頌工業化世界的成就，例如西伯利亞大鐵路。

1890年代 布蘭諾貝爾公司（Branobel）成立於亞塞拜然（Azerbaijan），後來成為全球最大的石油生產商之一

3 南歐落後 1850─1914年

政治、地質和貧窮對19世紀的南歐很不利。在西班牙，對自給農業的依賴和反對企業的文化壓力阻礙了礦業和鋼工業的發展。義大利因缺少鐵礦和煤礦而難以工業化。一直到19世紀末水力發電出現才帶來了大幅進步，且只限於北方。

工業化的歐洲

從1850年起，美國和德國開始現代化，威脅了英國之前未曾受到挑戰的工業化領導者地位。經歷這第二波工業革命的國家開創了新科技，改變了全世界。

1851年，大不列顛在倫敦海德公園（Hyde Park）的水晶宮（Crystal Palace）舉辦萬國工業博覽會（Great Exhibition），展示英國的工業成就。這場展覽標誌了英國身為工業霸主的巔峰。英國的成就建立在紡織業的機械化和鐵工業的領導地位上。但到了1850年，大部分北歐國家都已迎頭趕上，紛紛建造工廠並發展他們自己所開採的礦產資源，例如煤炭和鐵礦。19世紀下半葉，德國、美國、俄羅斯和日本的社會與政治變革導致新一波工業化的出現，工業朝著對他們有利的方向發展。1870─1914年，全世界的工業產出速度非常驚人：煤炭的產出提升了650%；鋼的產出提升了2500%；蒸汽機的效能則提升了350%。

　　這第二波工業革命為工程和科學方面帶來了重大的創新──內燃機、石油、通訊技術、武器和化學製品都是重要的發明。這場革命還讓西方的富裕國家透過投資和掌控工業知識來擴大影響力。然而，19世紀晚期的已開發國家也必須面對城市裡的工人階級，這些人的教育程度較高且見多識廣，準備為爭取更好的生活和工作條件而戰。

帝國與工業化

許多國家工業化的步調都取決於殖民大國的利益。歐洲人在南美洲的投資促進了鐵路和造船廠的建設，目的是提升咖啡和肉類的出口。而印度既是原料的產地，又是英國工業產品的市場，因此英國人認為工業化在這裡並無法讓他們獲利。

圖例

■ 1914年左右的主要工業區

⚙ 重型機械

🪨 鋼鐵業

🧶 紡織業

社會主義與
無政府主義

社會主義的資源共享和共同生產的思想源遠流長。然而在1840年代，社會主義發展成一種政治理論，並以多種形式傳播到世界各地，無政府主義就是其中一種。

△ **社會主義之父**
一座卡爾·馬克思（左）和弗里德里希·恩格斯的雕像矗立在德國柏林的馬克思－恩格斯廣場（Marx-Engels Forum）。

1848 年，德意志思想家卡爾·馬克思（Karl Marx）和弗里德里希·恩格斯（Friedrich Engels）出版《共產黨宣言》（The Communist Manifesto），指出工人必然會反抗資本主義者並轉向共產主義，也就是共同擁有並控制生產和資源。

這個思想很快就蔓延開來。1864年，在倫敦的一場會議上，一個名為第一國際（First International）的工會聯合組織成立，影響力很強大。1871年成立的巴黎公社（Paris Commune）是世界上最早的社會主義政府，但很快就消失了。到了 1872 年，社會主義者對於實現目標的方法意見分歧。溫和派成立政黨，在議會制度內運作，而激進派則轉向無政府主義，這個思想認為所有政府都是沒有必要的。無政府主義有許多形式，有些較為和平，但有些則涉及恐怖主義。1900 年代初期，無政府主義者轟炸了幾個西方城市，並暗殺了義大利國王翁貝托一世（Umberto I）和美國總統威廉·麥金利。

革命之路

弗拉迪米爾·列寧（Vladimir Lenin）提出工人需要一個革命黨來帶領他們走向共產主義，於是俄羅斯的社會主義走上另一條路。1922 年，俄羅斯成立蘇維埃社會主義共和國聯盟（Union of Soviet Socialist Republics），這個社會主義政權最終在 1991 年垮臺。

△ **無政府主義者的暴行**
這幅當代插畫描繪了1901年9月6日美國總統威廉·麥金利在紐約水牛城的泛美博覽會向參觀者致意時，遭無政府主義者里昂·佐克茲（Leon Czolgosz）開槍。總統在八天後身亡。

巴黎的血腥週
這幅畫描繪1871年5月24日法國國民自衛軍縱火焚燒巴黎公社總部後火燒巴黎的情景。有超過2萬名巴黎公社的支持者在「血腥週」喪生。

1 建造運河 1825—1914年

工業革命催生了大量運河，創造出數千英里的內陸新水道，大幅減少了世界貿易路線的時間。巴拿馬運河和蘇伊士運河都是偉大的工程傑作，但價格很昂貴。興建巴拿馬運河花了3億7500萬美元，有超過5000名工人死亡，而興建1億美元的蘇伊士運河時則有12萬名工人喪命。

↣ 重要運河

2 電報 1844—1914年

電報讓人類得以把訊息傳送到幾百里外的地方。新發明的海底電纜線改革了全球的通訊。第一條電纜線建在大西洋，從歐洲傳訊息到美國的時間因此從幾天縮短成幾個小時。第一條電纜線的收訊很差，每分鐘只能傳遞0.1個詞彙。海底電纜線很快就連接了全世界。

—— 海底電纜路線

3 城市裡的公共運輸 1863—1914年

1863年1月，倫敦成為第一座擁有地鐵的城市。光是地鐵啟用的第一天就載運了3萬8000名乘客，這項成就促使其他城市也發展自己的地鐵系統。由於地鐵能在短時間內載運愈來愈多的工人在城市中穿梭，因此也促進了經濟的發展。

🚇 地鐵系統

1858年 鋪設第一條連結愛爾蘭和紐芬蘭的跨大西洋電纜線
1866年 大東方號輪船（SS Great Eastern）鋪設了第二條更可靠的電纜線

1825年 伊利運河（Erie Canal）把紐約和大西洋海岸與五大湖連接起來

1858年8月 維多利亞女王向布坎南總統（Buchanan）發送第一條跨大西洋電報，花了17個小時才送達

1907年 茅利塔尼亞號（Mauritania）在四天半之內跨越大西洋，創了新紀錄

1901年 美國啟用第一條地鐵

鐵路把西部草原的肉牛運送到人口密集的東岸

1844年 塞繆爾·摩斯在美國送出第一則電報訊息

1895年 曼徹斯特運河連結了曼徹斯特和愛爾蘭海，讓這座城市成了英國最繁忙的港口之一

1863年 倫敦啟用第一個地鐵系統

1895年 基爾運河（Kiel Canal）連結了北海和波羅的海，跨越日德蘭半島（Jutland），省下了4公里的航程

1896年 歐陸第一個地鐵系統在布達佩斯啟用

Prince Rupert
Portland
San Francisco
Los Angeles
Montreal
Chicago
Washington
New Orleans
Mexico City
1901 Boston
1904 New York
1907 Philadelphia
1896 Glasgow
1863 London
1900 Paris
1912 Hamburg
Berlin **1902**
Moscow
Budapest **1896**
Rome
Istanbul
1904 Athens

CANADA
NORTH AMERICA
USA
MEXICO
UNITED KINGDOM
GERMAN EMPIRE
AUSTRIA-HUNGARY
FRANCE
SPAIN
ITALY
EUROPE
OTTOMAN EMPIRE
EGYPT
Arabian Peninsula
Karach
Aden

1900年 巴黎地鐵開始建設的兩年之內，第一條路線就啟用了

1869年 蘇伊士運河不開放帆船運行，為輪船提供更快的路線，輪船因此獲得競爭優勢

CUBA
PANAMA
ATLANTIC OCEAN
Conakry
LIBERIA
Lagos
NIGERIA
AFRICA

⊲ **巴黎地鐵**

這幅1886年的法國漫畫諷刺巴黎的地上鐵路系統規畫。巴黎的地鐵在1900年啟用。

1814年 巴拿馬運河完工，這是連接大西洋和太平洋的最快路線

Guayaquil
Pará (Belém)
SOUTH AMERICA
Callao
BRAZIL
Bahia (Salvador)
Rio de Janeiro
Valparaiso
Santiago
CHILE
ARGENTINA
URUGUAY
Montevideo
1913 Buenos Aires

Mombasa
BRITISH EAST AFRICA
INDIAN OCEAN
Luanda
Walvis
Beira
MADAGASCAR
Johannesburg
Lourenço Marques
CAPE COLONY
NATAL
Cape Town
Durban

1876年 第一次成功向阿根廷出口冷凍肉品

1913年 布宜諾斯艾利斯地鐵是拉丁美洲的第一個地鐵系統

4 遠洋輪船的出現 1830—1914年

從1830年代早期起，就開始有蒸汽輪船跨越大西洋。19世紀中葉，船隻和引擎的改良增加了在重新裝煤之前可行駛的距離，減少了航行時間。人類造出愈來愈大的輪船，能載運更多貨物和乘客，大幅提高了遠洋貿易的利潤。

⇢ 北大西洋運輸路線

⇢ 其他運輸路線

5 科技與出口 1876—1914年

帶有冷凍倉儲的新型船隻以及鐵路的擴張開闢了新的出口市場。在美洲或澳洲與紐西蘭飼養的牛隻能透過火車送往海邊的處理廠，接著再由船隻把肉品運往世界。冷凍技術也促進了水果的出口，於是中美洲出現了「香蕉共和國」。

— 1914年左右的主要鐵路網
羊肉
肉牛
水果
茶

進步的影響

造船、電報、大眾運輸、運河建設、鐵路和冷凍技術的進步促成了19世紀的經濟革命，有助於建立全球貿易體系。

時間軸

1866年 阿加曼農號輪船（Agamemnon）成功從倫敦航行到中國，中間只停靠了一站，遠遠超越同一航線上的帆船

1870年 新加坡到澳洲北部達爾文之間鋪設電纜線，完整連接了英國本土和帝國版圖的最遠處

1880年 冷凍牛肉和羊肉成功從澳洲運到倫敦，經過了2萬4000公里

1879年 但尼丁號（Dunedin）成功把第一批滿滿的冷凍肉品從紐西蘭運到倫敦

運輸與通訊

19世紀的運輸和通訊歷經了變革，提高了城市的生產力、加速了各個大陸之間的通訊能力、增加了貿易利潤，因此改變了全世界的經濟。冷凍技術和鐵路的發展也創造了新的出口機會。

科技的進步讓世界變小了許多。幾個世紀以來往來全世界的長途帆船被蒸氣輪船取代，這些船隻能載運更多貨物、速度較快，也能產出更多利潤。在1830年代，搭輪船跨越大西洋需要17天。後來蒸汽機持續改良，讓船隻的速度變得更快，到了1910年，跨越大西洋的時間已經縮短到僅僅5天。19世紀和20世紀初期建造了大型運河，船隻因此可以走捷徑，避開惡名昭彰的危險海域，例如非洲的好望角以及南美洲南端附近的通道。航程的風險變小後，保險費用跟著降低，利潤大幅提升。到了19世紀末，連世界上最偏遠的地區也都參與了全球經濟。人類掌握冷凍技術後，來自偏遠的紐西蘭和南美洲南端的冷凍牛肉和羊肉以及南非和中美洲的水果得以跨海運到歐洲和北美洲的工業城市，餵養飢餓的工人。電報和大眾運輸系統則確保了城市裡的商業往來暢行無阻。

> 「冠達郵輪（Cunard）和電報……都是跡象……指出有一股強大的力量在我們身邊運作。」
>
> 查爾斯·金斯萊（Charles Kingsley），摘錄自他的小說《酵母》（*Yeast*），1851年

塞繆爾·摩斯

1791—1872年

1791年出生於麻州的塞繆爾·摩斯是個成功的藝術家，他在從歐洲回鄉的船上聽說了新發明的電磁鐵後，就在1830年代開始改良電報。摩斯的設計只使用一條電報線來傳送訊息。他發明了一種訊息的代碼系統，用不同長短的電訊號來表示字母，稱為摩斯密碼。這些訊號透過電線傳輸到一個由電磁鐵控制的撞針裝置，能將密碼壓印在移動的紙帶上。1844年，他建成了美國第一條電報線。

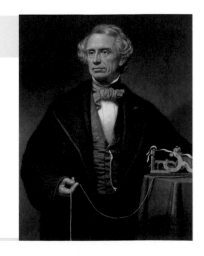

大規模遷徙

19世紀，有數以百萬計的人離開自己的祖國，尋求穩定、自由的環境和就業機會。他們從舊大陸的俄羅斯、歐洲、中國和印度湧出，導致美洲和大洋洲的新興國家人口大增。

工業革命造成政治、社會和經濟的變革，再加上大眾運輸的改變，導致 19 世紀出現了大遷徙。剛開始機械化的產業需要很集中的勞動力，規模之大前所未見。因為經濟困難而從歐洲、印度和中國逃離的人口自然成了勞動資源。隨著中歐和俄羅斯帝國的政治動盪和反猶太主義愈來愈嚴重，尋求新生活的人口也跟著增加。在 19 世紀和 20 世紀初，有超過 8000 萬人離開了他們的祖國。

由於美國內戰結束，再加上美洲原住民的領土對移民開放，因此許多人都前往快速工業化的美國沿岸地區。南美洲的經濟正在萌芽，吸引了數百萬來自南歐的人口，還有數十萬人被澳洲、加拿大和南非淘金城鎮的財富所吸引。如此龐大的人口之所以能夠遠距離遷移，是因為有鐵路、更快且更安全的船隻，以及通過巴拿馬和蘇伊士運河的新航線，這些都是工業革命所帶來的進步結果。

▷ 〈告別英國〉（*The Last of England*），1855年
英國藝術家福特・馬多克斯・布朗（Ford Madox Brown）的這幅畫作描繪了即將前往澳洲淘金的移民臉上不安的表情，他們的未來充滿未知數。

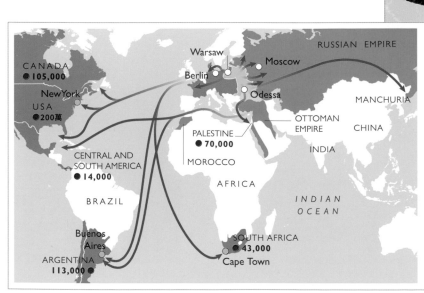

美國夢 1800－1914年
19世紀時，一波又一波移民為了尋找財富機會以及取得「自由之國」的政治和宗教自由而離開家鄉。有超過5000萬名移民來到北美洲，大部分都前往美國。最初的移民來自北歐──德國、斯堪地那維亞半島、英國和愛爾蘭，但從1880年起就開始出現大量南歐移民，尤其是義大利。

CANADA

1860－1920年 超過500萬歐洲移民前往加拿大

1882年 美國通過排華法案（Chinese Exclusion Act），暫停接收中國移民

Vancouver
加拿大太平洋鐵路，1885年
北太平洋鐵路，1869年
Quebec
Halifax
中太平洋鐵路，1883年
New York
Boston

San Francisco　UNITED STATES

Los Angeles　NORTH AMERICA　New Orleans

Cuba
Mexico City　MEXICO
Jamaica　Puerto Rico

巴拿馬運河，1914年

PERU
SOUTH AMERICA
Belé

1850－1880年 上萬名華人勞工前往祕魯，從事魚肥、糖和棉花產業
Lima
BRA

Rio de Ja

1888年 巴西廢除奴隸制，引發一波大型移民潮

Valparaíso
URUGUA
Mor
CHILE
ARGENTINA
Buenos Aires

猶太人的遷移（1880－1914年）
19世紀在俄羅斯發生了世界上最嚴重的猶太人迫害事件。1881年，亞歷山大二世（Alexander II）被刺後，俄羅斯啟動了歷時多年、政府批准的大屠殺，因此大量猶太人逃離俄羅斯，前住聖地。一些人向西歐遷移，並很快與因反猶太主義而從鄂圖曼帝國逃出來的猶太人會合。

RUSSIAN EMPIRE
Warsaw
Moscow
CANADA ● 105,000
Berlin
New York
Odessa
USA ● 200萬
MANCHURIA
OTTOMAN EMPIRE
CHINA
PALESTINE ● 70,000
CENTRAL AND SOUTH AMERICA ● 14,000
MOROCCO
INDIA
AFRICA
BRAZIL
INDIAN OCEAN
Buenos Aires
SOUTH AFRICA ● 43,000
Cape Town
ARGENTINA ● 113,000

圖例
▢ 俄羅斯帝國的主要猶太人聚居地
▢ 猶太人口移出的地區
▢ 大量猶太人口移入地區
○ 中轉城市
→ 猶太人遷移路線
● 1880年—1914年的猶太移民數量

2　契約勞工　1833—1920年

1833—1920年之間，有數百萬名印度人以契約勞工的身分前往各個歐洲殖民地，受僱三到五年，他們會獲得微薄的薪水和旅費。在1852—1900年間，也有至少230萬名華人在類似的情況下遷徙至北美洲、澳洲、紐西蘭和東南亞，他們通常在這些地方從事鐵路建設和挖礦等粗重的工作。

3　淘金熱　1849、1851、1886、1896年

19世紀發現金礦後，數十萬人從世界各地爭先恐後地穿越各個大陸來尋找財富。加州的淘金熱在1849年發生，南非在1886年，而加拿大育空（Yukon）和克倫代克（Klondike）的淘金熱則在1896年。1851年在澳洲維多利亞州的巴拉雷特（Ballarat）和本第哥（Bendigo）發現黃金後的十年內，澳洲人口增長到三倍。

🪙 淘金熱

4　拉丁美洲　1850—1953年

從1850年代開始，就有數以百萬計的西班牙、葡萄牙和義大利人受到為歐洲人提供的良好待遇吸引而前往南美洲。他們主要前往巴西、烏拉圭和阿根廷，因為這些國家當時擁有豐富的歐洲資本和投資，城市經濟迅速擴張。巴西光是在1872—1953年間就有500萬名移民抵達。

1845—1854年 160萬名愛爾蘭人在馬鈴薯饑荒（Potato Famine）時期移民，主要前往美國

1850年代 從英格蘭和蘇格蘭出發的移民人數達到巔峰，每年有5萬人移民

1880年代—1890年代 土地浩劫以及饑荒導致歐洲俄羅斯的人民向東部及南部遷徙，移居到新取得的土地上

1900—1910年 超過200萬名義大利人移民到美國和阿根廷

184—1849年 中歐革命之後的政治迫害導致許多自由主義者移民

1860—1890年 印度移民來到非洲東岸，成為商人和勞工，後來又擔任警察、文員和會計師

1834年 來自印度的契約勞工取代奴隸，在模里西斯島的甘蔗種植園工作

1840年 懷唐伊條約讓紐西蘭的主權落入英國手中。在接下來的數十年內，約有40萬名英國移民來到這裡

西伯利亞大鐵路，1904年

蘇伊士運河 1869年

600萬人
400萬人
550萬人
450萬人
410萬人
150萬人
300萬人（有250萬名英國人）
100萬人

RUSSIAN EMPIRE
Ob　Siberia
St Petersburg
BRITAIN
GERMANY
Hamburg
IRELAND
Liverpool
Southampton
Amsterdam
Antwerp
EUROPEAN RUSSIA
EUROPE
AUSTRIA-HUNGARY
Moscow
Novosibirsk
亞　洲
Genoa
ITALY
Marseille
Naples
SPAIN
Odessa
Caspian Sea
Tashkent
Constantinople
Baku
OTTOMAN EMPIRE
Euphrates
PORTUGAL
海參崴
日本
橫濱
中國
北京
黃河
上海
長江
香港
Dakar
Niger
AFRICA
Lagos
Calcutta
INDIA
Bombay
緬甸
湄公河
Manila
暹邏
馬來亞
Mogadishu
Ceylon
Congo
Lake Victoria
Mombasa
新加坡
Dutch East Indies
Lake Tanganyika
Batavia
Lake Nyasa
Madagascar
Mauritius
太平洋
ATLANTIC OCEAN
SOUTH AFRICA
Cape Town
INDIAN OCEAN
AUSTRALIA
Sydney
Melbourne
New Zealand

19世紀的遷徙

19世紀最大規模的人口遷徙是從歐洲和亞洲前往美洲。其他重要的遷徙路線是從印度前往大英帝國的其他地區、從俄羅斯前往亞洲，以及從歐洲前往澳洲。

圖例

- - - 橫貫大陸的鐵路
■ 主要人口輸出國
■ 主要人口輸入國

亞洲移民
→ 前往美洲和澳洲
→ 俄羅斯人前往西伯利亞
→ 印度人前往其他殖民地

跨大西洋移民
→ 前往北美洲
→ 前往南美洲和加勒比地區
→ 從美洲前往歐洲

其他歐洲人的遷徙
→ 前往北非
→ 前往澳洲和紐西蘭

時間軸

	1750	1800	1850	1900	1950
1					
2					
3					
4					

帝國主義的時代

19世紀的帝國主義勢力重新塑造了全世界。許多國家試圖掌控海外領土，這些地方擁有珍貴的資源，能為不斷增加的人口提供居住空間，並在競爭激烈的世界中帶來力量。

△ **掠奪殖民地**
現代漫畫經常嘲諷帝國主義掠奪的本質。在這幅1885年的美國漫畫中，德國、英國和俄羅斯正在瓜分非洲和亞洲。

19 世紀中葉，歐洲的海外擴張發生劇變。幾個世紀以來，歐洲在海外的活動主要都是貿易以及建立一連串補給站，並利用這些補給站把東方的資源運回歐洲。然而，這種情況在 1870 年代經歷了變革。各國爭相併吞新領土、加強對既有殖民地的控制，新興國家與舊的殖民勢力相互競爭。到了 1900 年，全世界都被帝國主義所主導，為第一次世界大戰鋪好了路。

帝國主義的起因

從殖民主義走向帝國主義，主要是工業化（見第 232-233 頁）驅使與促成的。工業化需要大量的原料，而帝國主義則讓國家能夠掌控原料、取得勞動力和大型的新興市場以及許多投資機會。

殖民地為尋求財富的人提供了大量機會，而有些國家——尤其是英國和法國——因為人口不斷增加而需要更多空間。成為「強權」的欲望也促使許多國家擴張。歐洲國家很渴望重申自己的主張或重新建立身分。英國失去美洲殖民地後亟欲恢復自己的地位，法國想要重建權力，而俄羅斯則繼續向東推進，進入日漸衰弱的清帝國。從 1860 年代起，德國、義大利和美國等新興國家都企圖成為世界強國。日本在封閉了好幾個世紀之後終於開放，而且也渴望獲得

國內缺乏的資源、為人民提供生活空間，但同時日本也痛苦地意識到自己很容易成為帝國主義的受害者。

除了帝國主義所帶來的經濟和政治利益之外，白人至上的信仰也是其中一項因素。科學家試圖把查爾斯·達爾文（Charles Darwin）的演化論套用在人類身上，以普遍認為「進步」的西方社會來合理化帝國主義。許多西方人認為把「當地」文明基督教化是他們的道德責任。吉卜林（Kipling）於1899年創作的詩〈白人的負擔〉（The White Man's Burden）就簡明地體現了這種態度，鼓勵美國人去菲律賓殖民。詩中談到，白人有道德義務去統治非白人的人種，也就是「他者」，並推動他們在經濟、文化和社會上的進步。

建立帝國

19 世紀時，廣大的帝國之所以能夠建立，主要是因為工業化所帶來的進步。現代醫學的發達（例如發現奎寧能治療瘧疾）讓歐洲人能夠深入以前從未到達的熱帶疾病肆虐的地方。鐵路和電報線等現代通訊設備也讓廣大的地區更容易掌

◁ **反抗帝國主義**
祖魯（Zulu）的首領塞奇瓦約·卡姆潘德（Cetshwayo kaMpande）在1879年領導士兵反抗英國。由於他戰敗，英國在南非殖民利益的一大威脅就消失了。

帝國主義的世界

世界各地的帝國活動模式各不相同。非洲的殖民是一場大混戰，所有歐洲列強都參與其中，而印度和東南亞則分別由英國和法國主導。日漸腐敗的清帝國成了日本和俄羅斯唾手可得的目標。在英國和美國試圖把拉丁美洲納入影響範圍的同時，拉丁美洲國家也展開了自己的擴張主義冒險。

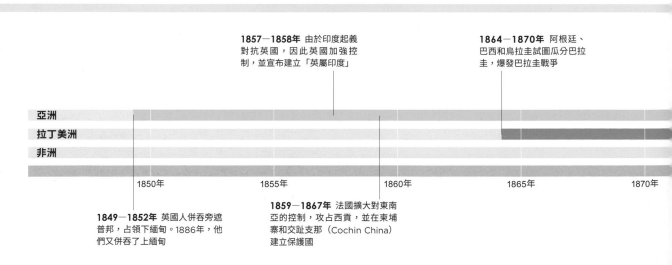

1857—1858年 由於印度起義對抗英國，因此英國加強控制，並宣布建立「英屬印度」

1864—1870年 阿根廷、巴西和烏拉圭試圖瓜分巴拉圭，爆發巴拉圭戰爭

亞洲					
拉丁美洲					
非洲					
	1850年	1855年	1860年	1865年	1870年

1849—1852年 英國人併吞旁遮普邦，占領下緬甸。1886年，他們又併吞了上緬甸

1859—1867年 法國擴大對東南亞的控制，攻占西貢，並在柬埔寨和交趾支那（Cochin China）建立保護國

◁ **軟性帝國主義**
布宜諾斯艾利斯的雷蒂羅火車站
（Retiro Railway Station）是用
英國人的專業和英國的原料建成
的。這個例子顯示帝國主義除了依
賴官方殖民，還可透過文化、金融
和工業手段來擴張影響力。

握。新型的機械武器讓統治者能夠鎮壓當地的反抗勢力，
這也表示帝國主義經常帶來暴行。

　　就連沒有直接被殖民的國家也受到帝國主義國家的
影響。例如美國和英國干預拉丁美洲的政治和經濟，以
便他們對這個地區發揮影響力。帝國主義國家的文化影
響則有助把他們的生活方式和願景融入殖民地和更遠的
地區。

> 「我是反帝國主義者。我反對
> 老鷹把爪子放在不屬於自己
> 的土地上。」

馬克・吐溫（Mark Twain），作家，摘錄自《紐約先
驅報》（New York Herald），1900年

▽ **軍事力量**
日俄戰爭期間，日本在1905年的對
馬海峽海戰中擊敗俄羅斯的波羅的
海艦隊。這場勝利證明了日本日益
強大的軍事和帝國力量，以及俄羅
斯日漸嚴重的弊病。

1876年 維多利亞女
王成為印度女皇

1884－1899年 德國
在太平洋併吞領土之
後建立德屬新幾內亞

1889－1896年 義大利在厄利垂亞
（Eritrea）建立第一個殖民地，但在
阿杜瓦戰役（Battle of Adowa）中被
國王孟尼利克二世（Menelik II）的軍
隊逐出阿比西尼亞（Abyssinia）

1895年 法國建立
法屬西非聯邦，
包含八塊領土

1895－1898年 英屬蓋亞那
（British Guyana）和委內
瑞拉之間的邊界衝突引發委
內瑞拉危機，給了美國理由
介入這個地區

1904－1905年 日本擊敗
俄羅斯，成了第一個打敗
歐洲強權的非歐洲國家

| 1875年 | 1880年 | 1885年 | 1890年 | 1895年 | 1900年 | 1905年 |

1876年 比利時國王利奧波德
二世（Leopold II）開始殖民
剛果，各國在非洲展開爭奪戰

1884－1886年 德國取得非
洲西南部的部分土地，相當
於現代的多哥（Togo）和喀
麥隆（Cameroon），並同
意與英國共享東非

1894－1895年 日本掌控中
國的遼東半島，並併吞福爾
摩沙（今日臺灣）

1898年 美國贏得
美西戰爭，取得
古巴和波多黎各

1899－1902年 第二次波耳戰爭（Anglo-
Boer War）讓英國掌控南非，為1910年建
立英屬南非聯邦（British Union of
South Africa）奠下基礎

新帝國主義

19世紀出現一波驚人的帝國主義活動。由於戰爭停歇、第二波工業革命以及新興國家出現,歐洲列強瓜分非洲、太平洋和南亞的大部分地區。

1830年,歐洲人的殖民地正在減少。美洲發生一波革命,法國人、英國人和西班牙人都被趕出去。只有俄羅斯和英國仍然握有大片領土:俄羅斯掌控北亞和中亞的大帝國,英國則掌控加拿大、澳洲和印度。然而,孕育全新的帝國主義活動以及新型態帝國主義的條件已經成熟。

英國一開始很謹慎。為了確保通往東印度群島的貿易路線並維持自己在印度的地位,他們取得了許多領土——新加坡(1819年)、麻六甲(1824年)、香港(1842年)、納塔爾(Natal,1843年)和下緬甸(1852年)。法國於1830年代取得阿爾及利亞,並在1840年代取得南太平洋的大溪地和馬基斯群島,並於1858—1859年之間在印度支那取得立足點。

到了1870年,歐洲人仍未深入非洲內陸,且印度支那和中國的大部分地區也還沒受到侵擾,但這種情況只持續到1880年,也就是第二次工業革命創造出原料和市場的大量需求時。到了這時候,統一後的德國和義大利——再加上美國和日本——都渴望挑戰舊的殖民大國。19世紀的最後20年,歐洲各國幾乎瓜分了整個非洲;而在亞洲,清朝的無能讓法國、英國、俄羅斯和日本勢力深入中國。1880—1914年,歐洲的海外領土增加了2070萬平方公里,英法兩國在這些領土上統治的人口超過5億。

克服反抗
殖民地的軍力與詐術

殖民者經常面臨當地起義的壓力。例如在印度支那,當地人在1883—1913年間對法國人展開了一場游擊戰。殖民者通常使用武力來反擊,例如1904年,赫雷羅人(Herero)在非洲西南部起義反抗德國人,最後以種族滅絕告終。但有時殖民者也會利用權謀詭計來達成目的,例如1888年,塞西爾·羅茲(Cecil Rhodes)欺騙了國王洛本古拉(Lobengula),令他簽約放棄他在馬塔貝萊蘭(Matabeleland)領土上的採礦權。

塞西爾·羅茲與馬塔貝萊蘭人
羅茲是英國開普殖民地(Cape Colony)的總理,這幅當代圖畫描繪他與馬塔貝萊蘭人對峙。

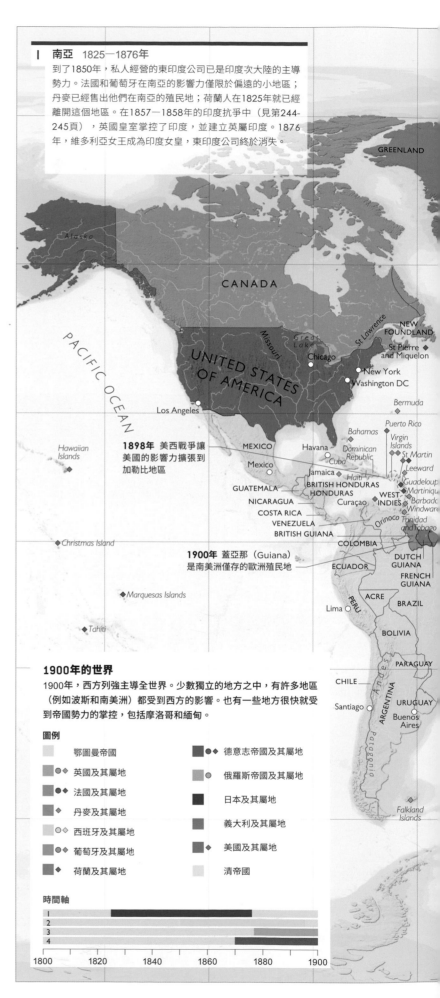

南亞 1825—1876年
到了1850年,私人經營的東印度公司已是印度次大陸的主導勢力。法國和葡萄牙在南亞的影響力僅限於偏遠的小地區;丹麥已經售出他們在南亞的殖民地;荷蘭人在1825年就已經離開這個地區。在1857—1858年的印度抗爭中(見第244-245頁),英國皇室掌控了印度,並建立英屬印度。1876年,維多利亞女王成為印度女皇,東印度公司終於消失。

1898年 美西戰爭讓美國的影響力擴張到加勒比地區

1900年 蓋亞那(Guiana)是南美洲僅存的歐洲殖民地

1900年的世界
1900年,西方列強主導全世界。少數獨立的地方之中,有許多地區(例如波斯和南美洲)都受到西方的影響。也有一些地方很快就受到帝國勢力的掌控,包括摩洛哥和緬甸。

圖例

鄂圖曼帝國		德意志帝國及其屬地	
英國及其屬地		俄羅斯帝國及其屬地	
法國及其屬地		日本及其屬地	
丹麥及其屬地		義大利及其屬地	
西班牙及其屬地		美國及其屬地	
葡萄牙及其屬地		清帝國	
荷蘭及其屬地			

時間軸

	1800	1820	1840	1860	1880	1900
1						
2						
3						
4						

2　東亞與東南亞　1850－1895年

1850年代，中國的農業動盪引發叛亂和饑荒（見第252-253頁），西方列強迅速利用這場內亂來謀取利益。法國和英國讓影響力深入中國（見第226-227頁），但快速現代化的日本和俄羅斯也參與了這場競爭。在東南亞，英國人擴張到盛產錫和橡膠的馬來亞，而法國人則控制了印度支那。

3　非洲　1876－1900年

1850年的非洲由多個王國拼湊而成，大部分都是歐洲人沒有聽說過的。但在1880年代，歐洲列強開始「瓜分非洲」（見第248-249頁），這始於比利時的利奧波德二世對剛果的開發，他把這個國家當作私人土地來統治。其他歐洲國家也迎頭趕上，奪取領土、原料和新市場。這場殖民不但讓歐洲國家與當地人發生衝突，也讓歐洲各國彼此鬥爭。到了1900年，多達90%的非洲領土都掌握在歐洲人手中。

1869年 蘇伊士運河開通，透過紅海把北大西洋與北印度洋連接起來，為貨物運輸提供了更快捷的路線

1878－1879年 英國和俄羅斯爭奪阿富汗，但兩國都無法把阿富汗併入自己的帝國中

1885－1886年 第三次英緬戰爭（Anglo-Burmese War）最後讓整個緬甸都併入英屬印度，結束了法國在這個地區的野心

1884年 法國占領越南的洪和（Hong-Hoa），有助於鞏固法國在印度支那的統治

1895年 根據馬關條約，清朝把福爾摩沙（臺灣）割讓給日本

1858年 英屬印度成立，英國皇室開始統治印度

1899年 英國人和荷蘭移民者的後裔爭奪南非的控制權，爆發第二次波耳戰爭

1879年 在祖魯戰爭（Anglo-Zulu War）中，英國人擊敗祖魯人

4　非正式帝國　1870－1900年

金融投資、技術專業以及對煤炭、鐵和鋼等關鍵資源的掌控讓較先進且工業化的歐洲國家擁有巨大影響力，甚至對非直接統治的領土也一樣，尤其是阿根廷。由於英國的投資、工程師和鐵路工人湧入阿根廷，確保了英國的優惠貿易協定，讓阿根廷受到非正式的帝國影響，文化和社會也受到改變。

◁ **尚比西河的遠征（Zambesi Expedition）**
歐洲媒體報導了探險家的大膽行為，例如蘇格蘭傳教士大衛·李文斯頓（David Livingstone）分別在1858年和1860年駕駛輪船沿著希雷河（Shire River）和尚比西河航行。

印度抗爭與英屬印度

1857─1858年間，印度士兵發起一場抗爭，威脅驅逐英國人。但英國加強了對印度的控制力道，並創立英屬印度，把印度直接納入維多利亞女王的統治之下。

1850年代的印度愈來愈動盪不安。印度人對英國的擴張主義感到擔憂，而且很害怕被迫信仰基督教，他們懷疑英國人企圖破壞印度的傳統文化。

1857年，英國僱傭的印度本土士兵之間流傳著一則謠言，導致他們認為新的恩菲爾德（Enfield）步槍子彈筒上塗有牛油或豬油，而這種包裝是必須用牙齒咬開的。這件事冒犯了印度教徒和穆斯林，印度教徒把牛視為神聖的動物，而穆斯林則認為豬是不潔的動物。雖然英國人向他們保證子彈筒上沒有動物油脂，但1857年10月10日於米拉特（Meerut）遊行的印度士兵仍然不願意使用這種子彈，並發動叛變。

△ 恩菲爾德步槍子彈筒
關於新型恩菲爾德步槍子彈筒上的潤滑油脂的謠言引發了印度士兵的叛亂，結果演變成一場大規模的印度抗爭。

這場叛亂很快就發展成全面抗爭，蔓延到孟加拉、奧德和西北省。那那・薩希伯（Nana Sahib）和詹西（Jhansi）王后拉克什米・芭伊（Lakshmi Bai）等當地貴族試圖驅逐英國人。雙方都犯下各種暴行，最後英國人在1858年年底成功平息了叛亂。他們在印度的地位完全改變了。東印度公司被廢除，而蒙兀兒王朝的最後一任統治者巴哈杜爾沙・扎法爾（Bahadur Shah Zafar）則因叛國罪被流放，英國因此得以直接統治印度。英屬印度就此誕生。

1857─1858年的抗爭

叛亂從米拉特開始迅速蔓延到印度各地的其他兵團，並擴及普通民眾。有些土邦保持中立或忠於英國，有些則趁機造反。這場抗爭主要以印度北部為中心。

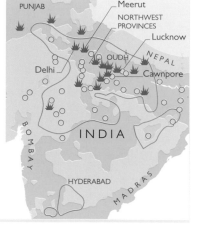

圖例

⬛ 英屬印度
⬜ 土邦
— 受抗爭影響的地區
◎ 印度軍隊叛變的哨所
🌿 叛變的主要中心

圍攻勒克瑙（Siege of Lucknow）
叛軍圍攻了位於勒克瑙的查塔爾曼齊爾宮（Chattar Manzil palace）好幾個月。這裡是英國行政總部的一部分，又稱總督府（Residency）。1858年3月，英軍終於突破圍攻。

△ 彼得巴洛夫斯克號沉沒
俄羅斯和日本的帝國野心都指向滿洲和朝鮮，因此發生衝突。圖中的彼得巴洛夫斯克號戰艦（Petropavlovsk）是1904年日俄戰爭的犧牲品。

1854—1855年 塞瓦斯托波爾圍城戰（Siege of Sevastopol）終止了俄羅斯在黑海地區擴張領土的企圖

1 征服西伯利亞 1600—1812年
俄羅斯原本想找一條能從北極通往太平洋的海上通道，但未能成功，於是轉而征服西伯利亞，目的是取得通往太平洋沿岸的路徑，並掌控這片土地和那裡的礦物與毛皮貿易。俄羅斯的獵人和商人展開軍事突襲和屠殺，並帶來疾病，讓當地原住民屈服。到了1650年，俄羅斯已經殖民了整個北亞。接著俄羅斯抵達北美洲，分別於1784年和1812年在阿拉斯加和加州建立殖民地。

2 向西擴張 1768—1815年
幾個世紀以來，瑞典帝國和波蘭—立陶宛聯邦都限制了俄羅斯對西邊的領土擴張。但伊凡五世（Ivan V）和彼得大帝（Peter the Great）這兩名沙皇進行了軍事改革之後，波蘭和立陶宛的大部分地區都在1795年被併入俄羅斯帝國。1808—1809年，俄羅斯在芬蘭戰爭（Finnish War）中對抗瑞典獲勝，取得芬蘭大公國。1803—1815年的拿破崙戰爭後，波蘭領土經歷最後一次劃分，確立了俄羅斯帝國的西部邊界。

3 黑海與克里米亞 1768—1856年
在女皇凱薩琳大帝（Catherine the Great）治下，俄羅斯向黑海前進，並在1768—1774年的俄土戰爭（Russo-Turkish War）中協助克里米亞汗國（Crimean Khanate）脫離鄂圖曼帝國獨立，再於1783年併吞這片領土。到了1815年，俄羅斯已經掌控了整個黑海北部海岸，終於取得不凍港。然而，1853—1856年發生克里米亞戰爭，迅速抑制了俄羅斯占領巴爾幹半島的企圖。

⚓ 俄羅斯的新港口

4 中亞與「大博弈」 1830—1895年
隨著俄羅斯向南移動、英國從印度的根據地向北移動，發生了一連串政治與外交衝突，稱為「大博弈」（The Great Game），兩國都試圖在阿富汗及周圍國家擴張影響力。最後阿富汗成了緩衝區，但俄羅斯成功併吞了布哈拉、希瓦（Khiva）和撒馬爾罕的寶貴領土。

⚑ 「大博弈」期間俄羅斯取得的領土　■ 阿富汗

5 俄羅斯與滿洲 1858—1914年
1858年起，不斷衰落的清帝國把外滿洲割讓給俄羅斯，這個地區之前並不包括在1689年的尼布楚條約（Treaty of Nerchinsk）當中。俄羅斯建立了海參崴，這算是一個相對的不凍港。1898年，俄羅斯又向中國租借了遼東半島，取得了不凍的亞瑟港（Port Arthur）。由於日本對中國愈來愈感興趣，俄羅斯心生警惕，於是占領了南滿洲，但因為在1904—1905年的日俄戰爭中戰敗，俄羅斯放棄了對這個地區的帝國主義野心。

⚓ 俄羅斯的新港口

1808年 俄羅斯和法國簽訂提爾西特條約（Treaty of Tilsit），俄羅斯因此得以對付兩國的共同敵人——瑞典，並且併吞芬蘭

1709年 瑞典在波爾塔瓦會戰（Battle of Poltava）戰敗，這是俄羅斯主導東歐的開端

19世紀 俄羅斯從波斯帝國手中奪得高加索

1895年9月 帕米爾邊界委員會（Pamir Boundary Commission）協定定義了阿富汗和俄羅斯帝國的邊界

SWEDEN
FINLAND
Barents Sea
Severnaya Zemlya
Novaya Zemlya
Baltic Sea
St Petersburg
POLISH-LITHUANIAN COMMONWEALTH
Moscow
Poltava
Kazan
Ural'sk
Perm
TOBOL'SK
YENISEYSK
S
Samara
Yekaterinburg
1594 Surgut
CRIMEAN KHANATE
Sevastopol
Volga
Ural
1743 Orenburg
1730
1587 Tobol'sk
1716 Omsk
RUSSIA
1619 Yeniseysk
Black Sea
Astrakhan
Caucasus
URAL'SK
1731
1734
1604 Tomsk
1628 Krasnoyarsk
1824
TURGAY
AKMOLINSK
Irtysh
TOMSK
Baku
Caspian Sea
Aral Sea
1824
Syr Darya
1718 Semipalatinsk
1912–21 URYANKHAI
TRANSCASPIAN
1873 KHIVA
1873
1854
SEMIPALATINSK
1864
Altai Mountains
Khiva
Amu Darya
SYR DARYA
Lake Balkhash
Ashkhabad
Bukhara
1864
Tashkent
1871 SEMIRECH'YE
Tehran
1868–70 SAMARKAND
Samarkand
TURKESTAN
1871–81 ILI
天山
PERSIA
1868 BUKHARA
FERGHANA
Pamirs
1895
塔克拉瑪干沙漠
新疆
AFGHANISTAN
喀喇崑崙山
Kabul
Hindu Kush
喜馬拉雅山
西藏
清帝國
INDIA
蒙

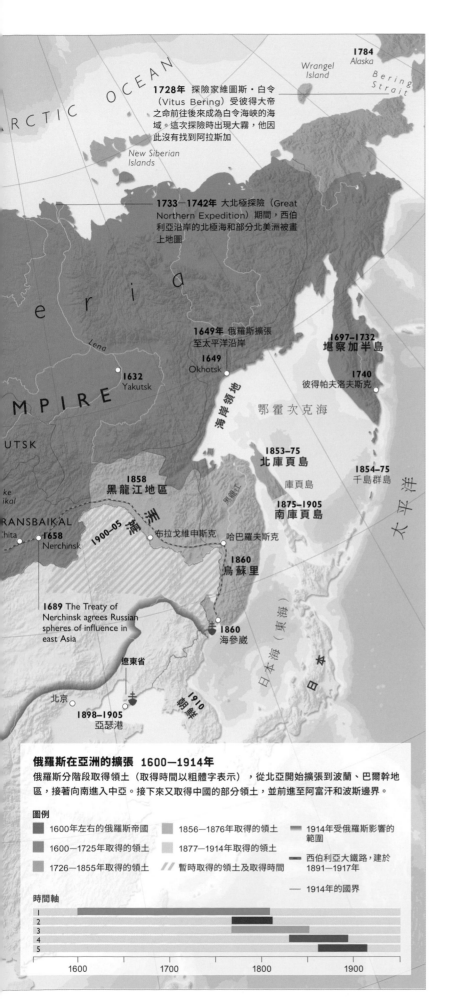

1784 Alaska

Wrangel Island

Bering Strait

1728年 探險家維圖斯·白令（Vitus Bering）受彼得大帝之命前往後來成為白令海峽的海域。這次探險時出現大霧，他因此沒有找到阿拉斯加

New Siberian Islands

1733—1742年 大北極探險（Great Northern Expedition）期間，西伯利亞沿岸的北極海和部分北美洲被畫上地圖

1649年 俄羅斯擴張至太平洋沿岸

1697—1732年 堪察加半島

1649 Okhotsk

1740 彼得帕夫洛夫斯克

1632 Yakutsk

海岸領地

鄂霍次克海

1853—75 北庫頁島

1854—75 千島群島

庫頁島

1858 黑龍江地區

1875—1905 南庫頁島

太平洋

1900—05 滿洲

1658 Nerchinsk

布拉戈維申斯克

哈巴羅夫斯克

1860 烏蘇里

1689 The Treaty of Nerchinsk agrees Russian spheres of influence in east Asia

1860 海參崴

日本海（東海）

日本

遼東省

北京

1898—1905 亞瑟港

朝鮮

1910

俄羅斯在亞洲的擴張 1600—1914年

俄羅斯分階段取得領土（取得時間以粗體字表示），從北亞開始擴張到波蘭、巴爾幹地區，接著向南進入中亞。接下來又取得中國的部分領土，並前進至阿富汗和波斯邊界。

圖例

- 1600年左右的俄羅斯帝國
- 1600—1725年取得的領土
- 1726—1855年取得的領土
- 1856—1876年取得的領土
- 1877—1914年取得的領土
- 暫時取得的領土及取得時間
- 1914年受俄羅斯影響的範圍
- 西伯利亞大鐵路，建於1891—1917年
- 1914年的國界

時間軸

| 1 | 2 | 3 | 4 | 5 |

1600　1700　1800　1900

俄羅斯帝國的擴張

從1600年起，俄羅斯就展開擴張領土的行動，征服了西伯利亞、到達北美洲、深入中亞，並在黑海地區取得立足點。到了19世紀，龐大的俄羅斯帝國已經開始讓歐洲感到警惕。

1600年時，俄羅斯沙皇國從東邊的烏拉爾山脈（Ural Mountains）蔓延到西邊偉大的波蘭－立陶宛聯邦的邊界。但這片疆域實際上是個內陸國家，因為北極海經常結冰，而波羅的海又被俄羅斯的敵人瑞典所掌控。因此在接下來的400年裡，俄羅斯的擴張主要是為了尋找一個不凍港，這個港口必須足以容納一支可與法國和英國海軍匹敵的艦隊，並能與國際貿易通道相連。

俄羅斯用征服的手段來取得西伯利亞，但帝國版圖的擴張主要是慢慢累積起來的。俄羅斯移民占據的領土慢慢被併入帝國，而隨著波蘭－立陶宛聯邦、中亞的鄂圖曼帝國和中國的清帝國等舊勢力衰落，權力自然落入俄羅斯手中。俄羅斯試圖在巴爾幹半島、滿洲和阿富汗北部進行更積極的擴張，並取得了大大小小的成功。最後，限制俄羅斯帝國的是其他帝國強權。

> 「俄羅斯只有兩個盟友——國家的陸軍和海軍。」
>
> 亞歷山大三世（Alexander III），俄羅斯皇帝，1890年左右

伊凡四世·瓦西里耶維奇（Ivan IV Vasilyevich）
1530—1584年

伊凡四世·瓦西里耶維奇又有「恐怖伊凡」的稱號，他於1533—1547年擔任莫斯科大公，並在1547年成為俄羅斯第一任沙皇。他是個殘暴的獨裁者，把貴族掌權的俄羅斯置於他的獨裁統治之下，並統一他們的領土，實行中央集權。一般認為他的統治標誌了俄羅斯帝國的開始。1584年伊凡死時不但已經統一了俄羅斯的諸侯國，還征服了喀山（Kazan）、阿斯特拉汗（Astrakhan）和西伯利亞的部分地區，為未來的龐大帝國奠定了基礎，這個帝國將會跨越歐亞大部分地區。

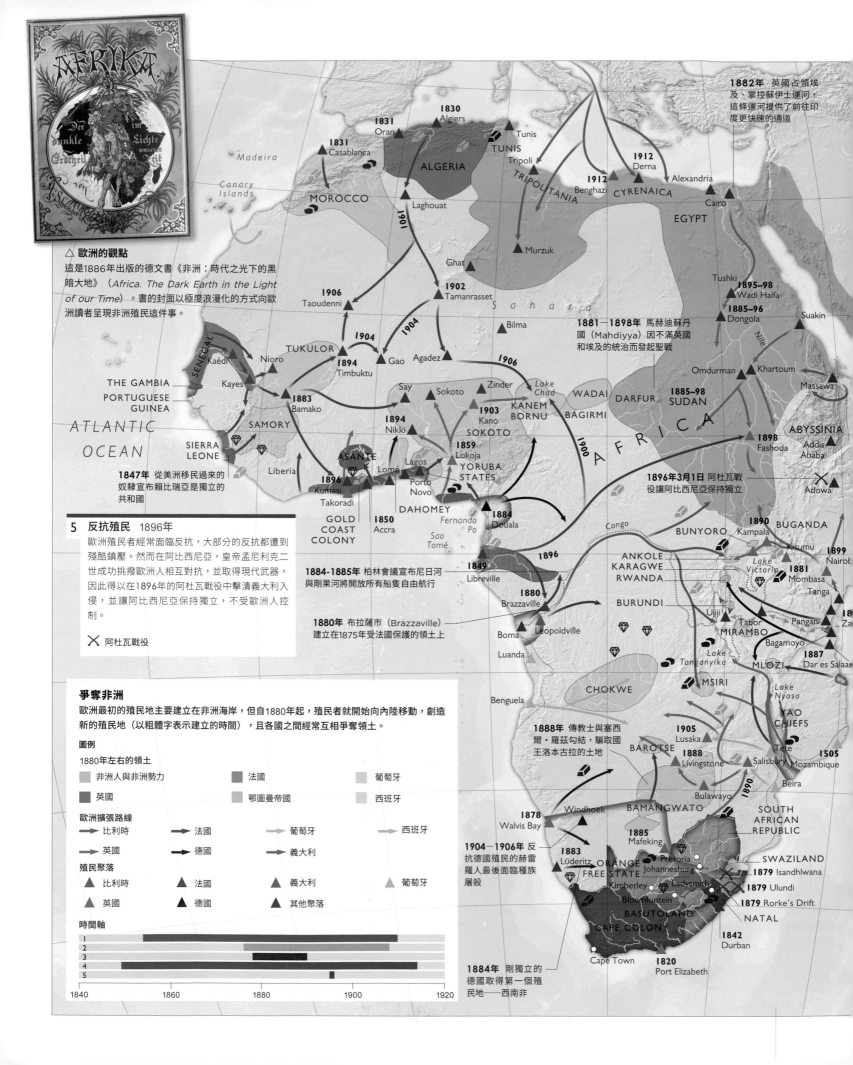

△ **歐洲的觀點**

這是1886年出版的德文書《非洲：時代之光下的黑暗大地》（*Africa. The Dark Earth in the Light of our Time*）。書的封面以極度浪漫化的方式向歐洲讀者呈現非洲殖民這件事。

1830 Algiers

1831 Oran

1831 Casablanca

MOROCCO

ALGERIA

Madeira

Canary Islands

Laghouat

1901

TUNIS

Tripoli

1912 Derna

Benghazi **1912**

TRIPOLITANIA

CYRENAICA

Alexandria

Cairo

EGYPT

1882年 英國占領埃及、掌控蘇伊士運河，這條運河提供了前往印度更快速的通道

Ghat

1902 Tamanrasset

Sahara

Murzuk

1906 Taoudenni

1904 **1904**

Bilma

Tushki

1895–98 Wadi Halfa

1885–96 Dongola

Suakin

1881－1898年 馬赫迪蘇丹國（Mahdiyya）因不滿英國和埃及的統治而發起聖戰

THE GAMBIA

PORTUGUESE GUINEA

SENEGAL

Kaédi

Nioro

Kayes

TUKULOR

1894 Timbuktu

Gao

Agadez

1906

Say

Sokoto

Zinder

Lake Chad

WADAI

Omdurman

Khartoum

Massawa

ATLANTIC OCEAN

SAMORY

1883 Bamako

Liberia

SIERRA LEONE

1847年 從美洲移民過來的奴隸宣布賴比瑞亞是獨立的共和國

1894 Nikki

KANEM BORNU

BAGIRMI

DARFUR

1885–98 SUDAN

1898 Fashoda

ABYSSINIA

Addis Ababa

1903 Kano

SOKOTO

1859 Lokoja

YORUBA STATES

1900

A F R I C A

1896年3月1日 阿杜瓦戰役讓阿比西尼亞保持獨立

Adowa ✕

5 反抗殖民 1896年

歐洲殖民者經常面臨反抗，大部分的反抗都遭到殘酷鎮壓。然而在阿比西尼亞，皇帝孟尼利克二世成功挑撥歐洲人相互對抗，並取得現代武器，因此得以在1896年的阿杜瓦戰役中擊潰義大利入侵，並讓阿比西尼亞保持獨立，不受歐洲人控制。

✕ 阿杜瓦戰役

ASANTE

1896 Kumasi

Takoradi

GOLD COAST COLONY

1850 Accra

Lomé

Lagos

Porto Novo

DAHOMEY

Fernando Po

1884 Douala

Sao Tomé

1884-1885年 柏林會議宣布尼日河與剛果河將開放所有船隻自由航行

Congo

1896

1849 Libreville

1880 Brazzaville

1880年 布拉薩市（Brazzaville）建立在1875年受法國保護的領土上

ANKOLE KARAGWE RWANDA

BURUNDI

Uiiji

BUNYORO

Kampala

BUGANDA

Kisumu

Lake Victoria

1890

1881 Mombasa

1899 Nairobi

Tanga

Boma

Leopoldville

Luanda

Tabora

MIRAMBO

Pangani

Bagamoyo

1887 Dar es Salaam

MSIRI

Lake Tanganyika

CHOKWE

Benguela

Lake Nyasa

YAO CHIEFS

1888年 傳教士與塞西爾·羅茲勾結，騙取國王洛本古拉的土地

1905 Lusaka

Tete

1505

BAROTSE

1888 Livingstone

Salisbury

Mozambique

Beira

Bulawayo

1890

Windhoek

BAMANGWATO

1878 Walvis Bay

1888年

1904－1906年 反抗德國殖民的赫雷羅人最後面臨種族屠殺

1883 Lüderitz

ORANGE FREE STATE

1885 Mafeking

Johannesburg

Pretoria

Kimberley

Bloemfontein

BASUTOLAND

CAPE COLONY

Cape Town

1820 Port Elizabeth

SOUTH AFRICAN REPUBLIC

SWAZILAND

1879 Isandhlwana

1879 Ulundi

1879 Rorke's Drift

NATAL

Ladysmith

1842 Durban

1884年 剛獨立的德國取得第一個殖民地——西南非

爭奪非洲

歐洲最初的殖民地主要建立在非洲海岸，但自1880年起，殖民者就開始向內陸移動，創造新的殖民地（以粗體字表示建立的時間），且各國之間經常互相爭奪領土。

圖例

1880年左右的領土

非洲人與非洲勢力	法國	葡萄牙
英國	鄂圖曼帝國	西班牙

歐洲擴張路線

→ 比利時	→ 法國	→ 葡萄牙	→ 西班牙
→ 英國	→ 德國	→ 義大利	

殖民聚落

▲ 比利時	▲ 法國	▲ 義大利	▲ 葡萄牙
▲ 英國	▲ 德國	▲ 其他聚落	

時間軸

	1840	1860	1880	1900	1920
1					
2					
3					
4					
5					

4　傳教士的角色　1849—1914年

1849年，蘇格蘭傳教士大衛‧李文斯頓前往非洲。他因為這幾場遠征而成了一名英雄，他主張只有「基督教、商業和文明」能終結非洲的奴隸制，於是引發了一波傳教活動。有些傳教士提供了珍貴的健康和教育服務，但有些則與企業勾結，騙取當地酋長的土地。

━━━　1880年左右基督教傳教活動的範圍

──▶　主要的傳教路線

3　商業的呼喚　1878—1890年

在商業上，非洲是一片很誘人的領土，因為這裡有廣大的市場能購買歐洲製造的商品，還有許多原料資源，包括煤、金屬礦、橡膠、黃金和鑽石，而非洲也有大量能夠種植經濟作物的勞動力。許多早期的征服行動都是由商業團體出資的，例如塞西爾‧羅茲在1888年創立的戴比爾斯聯合礦業公司（de Beers Consolidated Mines company）。

重要的礦床

🐚　煤　　　　　💎　鑽石

🔶　紅銅　　　　🟨　黃金

2　利奧波德二世與剛果　1876—1908年

瓜分非洲始於比利時國王利奧波德二世。他於1876年創立了國際非洲協會（International African Association），作為他帝國野心的門面。他派出一位已經探索剛果盆地多年的探險家亨利‧史丹利（Henry Stanley）進行一項祕密計謀，在這個地區劃出一塊比利時領地。到了1885年，史丹利已經為利奧波德取得了剛果自由邦（Congo Free State，1885—1908年）。

••••▶　1871—1877年，史丹利在非洲的行進路線

1　爭奪南非　1854—1910年

在19世紀，波耳人、英國人和祖魯人為了爭取南非的控制權而戰。自1852年以來，波耳人（第一批歐洲移民的後裔）一直在奧蘭治自由邦（Orange Free State）和特蘭斯瓦爾（Transvaal）獨立生活，而英國勢力則集中在開普殖民地和納塔爾。1877年，英國人在特蘭斯瓦爾發現黃金後就併吞了這片土地。同時，他們斷然擊潰了祖魯王國。兩次波耳戰爭（1880—1881年與1899—1902年）過後，特蘭斯瓦爾（當時是南非共和國）、奧蘭治自由邦和祖魯人的領土都在1910年被納入一個新的英國轄區——南非聯邦（Union of South Africa）。

■　1854年的開普殖民地和納塔爾

■　1895年英國控制下的領土

■　1895年的南非共和國

■　1895年的奧蘭治自由邦

✗　祖魯戰爭中的戰役

━━　1910年的南非聯邦邊界

殖民非洲

在1880年，非洲海岸只有少數零星的歐洲殖民地。北非許多地區形式上是屬於鄂圖曼帝國的一部分，但非洲大部分地區都已經脫離外來勢力的直接控制。到了1914年，非洲有九成的領土都已經被七個國家瓜分，每個國家都渴望取得這裡的資源並建立自己的帝國。

19世紀時，歐洲權力平衡的改變將為非洲帶來長久的影響。民族主義、自由主義和商業利益匯集一處，有如一場殖民主義的盛宴。已經失去美洲殖民地的西班牙和葡萄牙又在非洲失去影響力，但英國和法國經歷了拿破崙戰爭後，已經準備好打造自己的帝國，而剛統一的義大利和德國則試圖鞏固他們的國際地位。前往非洲的探險家訴說了關於鑽石、黃金、紅銅和煤炭的事，激起歐洲人對這個地區的商業興趣，所以在1880年代，比利時國王利奧波德二世侵略剛果的消息傳回歐洲後，各國就展開了非洲內陸的征服戰。

殖民者之間的競爭差點產生衝突，於是各國於1884—1885年召開柏林會議（Berlin Conference），以便解決索賠問題並議定該如何瓜分領土。在殖民過程中，傳教士、企業和軍隊都參與其中，而工業革命所帶來的技術和科學進步也使殖民得以實現。輪船再加上有效對抗瘧疾的療法讓歐洲人能夠駛入非洲大陸內陸。當地人的武器比不上後膛裝填的步槍，所以在20年之內，非洲就被歐洲列強瓜分，他們對當地原住民的傳統漠不關心。

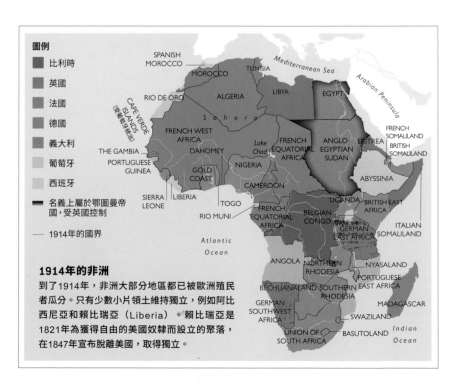

圖例

■　比利時
■　英國
■　法國
■　德國
■　義大利
■　葡萄牙
■　西班牙

━━　名義上屬於鄂圖曼帝國，受英國控制

──　1914年的國界

1914年的非洲

到了1914年，非洲大部分地區都已被歐洲殖民者瓜分。只有少數小片領土維持獨立，例如阿比西尼亞和賴比瑞亞（Liberia）。賴比瑞亞是1821年為獲得自由的美國奴隸而設立的聚落，在1847年宣布脫離美國，取得獨立。

Mogadishu

INDIAN OCEAN

1895
Majunga

▲ Tananarive

中國的境外勢力

19世紀中葉的清帝國面臨內憂外患，人民對愈來愈強大的外國勢力感到不滿，於是爆發義和團事件，但很快就遭到外國勢力聯手鎮壓。後續的戰爭賠款則拖垮了清帝國。

清朝 200 年來的統治創造了一個遼闊的帝國，在經濟上繁榮發展。外國商人只能在廣東（今日廣州）這個港口進出，他們要求清朝進一步讓步，但遭到拒絕。

西方商人開始賄賂官員，並用鴉片來支付貨物的費用。這破壞了中國的財政，並導致鴉片成癮的問題日漸嚴重。第一次鴉片戰爭（見第 226-227 頁）後，香港割讓給英國，其他港口也對外開放。在接下來的數十年內，帝國的部分地區也落入英國、法國、俄羅斯、德國、日本和美國的影響範圍內。

△ **克林德男爵遇刺**
德國外交官克萊門斯·馮·克林德（Clemens von Ketteler）男爵因毆打並射殺一名疑是義和團的男孩而遭到報復，於1900年6月20日在北京被殺害。刺殺他的人後來被斬首。

義和團之亂

1900 年，中國人對於外國人控制貿易以及基督教的傳教活動感到不滿，於是加入了一個名為義和團的祕密團體。這些參與者有「拳民」的稱號，他們開始攻擊西方人和中國的基督教徒。

1900 年6月，清朝軍隊和義和團圍攻北京的外國公使館。55 天後，八國聯軍突破圍攻，並要求戰爭賠款。未能驅逐外國人並解決內部叛亂的清朝已經積弱不振，無法阻止外國列強進一步造成損失，也無法阻止革命思想的傳播。1912 年，清朝末代皇帝退位，中國成為共和國。

△ **北京議定書**
要求中國懲罰參與起義的政府官員、支付相當於3億3000萬美元的賠款，並允許外國軍隊駐紮北京。

攻打紫禁城
1900年8月14日，一支由英、美、日等多國組成的聯軍突破了清軍和義和團叛軍的圍攻，衝入紫禁城。

清朝中國的衰亡

清朝中國是全世界最富有且人口最多的國家，理應成為一個能與西方列強在國際舞臺上競爭的重要勢力。但事實恰恰相反：中國自1800年代中期就進入了一個漫長的衰落期，飽受叛亂與內戰所苦，一再被外國軍事力量強行打開門戶。

清朝是由占領中國的滿族人建立的，在一連串強大的皇帝（見第178-179頁）治下征服中亞，擴大了帝國。但清朝未能落實現代化，讓19世紀困擾中國的種種問題變得更加嚴重，包括人口增長和接連不斷的饑荒、貨幣供應問題、經濟上未能對外開放貿易，以及未能跟上外國先進的科技和軍事力量。外國列強都渴望達成自由貿易，甚至可能想瓜分中國（見第250-251頁）。

鴉片戰爭（見第226-227頁）造成的恥辱嚴重打擊了中央集權的清朝政府的權威。隨之而來的權力空缺滋養了腐敗、走私以及「祕密結社」——指的是擁有不同文化、政治和經濟訴求的地方領袖和低階貴族所形成的人際網絡。叛亂的威脅一刻也未曾停歇，各種條件都為反抗清廷的大規模運動提供了沃土。熾熱的氛圍將激起史上最大的內戰，最終為清朝的歷史劃上句點並結束千年的帝國統治。

> 「天視自我民視，天聽自我民聽……今日中國積弱已極，所仗者人心耳。」
>
> 慈禧太后，義和團之亂時，1899—1901年

溥儀
1906—1967年

中國末代皇帝的人生隨著20世紀的中國歷史一起動盪起伏。1908年，年僅兩歲的溥儀登基，但在1912年因辛亥革命而被迫退位。1917年，他被一名軍閥當成傀儡皇帝，暫時復辟；1934年又再次被日本人當成傀儡皇帝。後來他被蘇聯俘虜，二戰後移交給中國共產黨，並重新接受教育成為普通公民。他在1967年死於北京。

兒時的皇帝溥儀
照片中為三歲的溥儀，他被堂祖母慈禧太后加冕為宣統帝。

△ **清軍討伐太平天國**
這幅當代畫作描繪清帝國的軍隊進軍討伐太平天國叛軍。這場由叛亂所引起的內戰是當時全世界最大規模的衝突之一。

1 太平天國之亂 1844—1853年
洪秀全是個類基督教的先知，在1840年代，廣西省有一個狂熱信仰以他為中心茁壯起來。他在1851年建立新王朝，名為太平天國，登基後自封為天王。他輕鬆應付了清帝國的攻擊，並鞏固了叛軍的力量，定南京為首都。

⇒ 1850—1853年，洪秀全向南京進軍

青海

2 太平天國 1853—1860年
太平天國成了清朝的威脅，但內訌和軍事遠征失敗令他們士氣受挫。1856年，太平天國的幾位最高軍事領袖之間發生衝突，其中兩人遭到謀殺，第三位領袖則帶著許多人一起逃亡。1860年，他們試圖攻陷上海，但遭到「常勝軍」阻止，這是由西方訓練及領導、為清朝而戰的軍隊。

■ 1861年左右受叛軍控制的地區
⇒ 1853—1855年，失敗的北伐

帝國統治的結束
從1840年代起，清朝的勢力就開始大幅衰落，爆發一連串的起義，終於在1911—1912年結束了清朝的統治。

圖例
■ 1850年的清帝國

時間軸

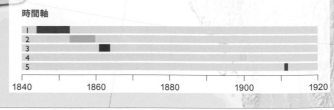

	1840	1860	1880	1900	1920
1					
2					
3					
4					
5					

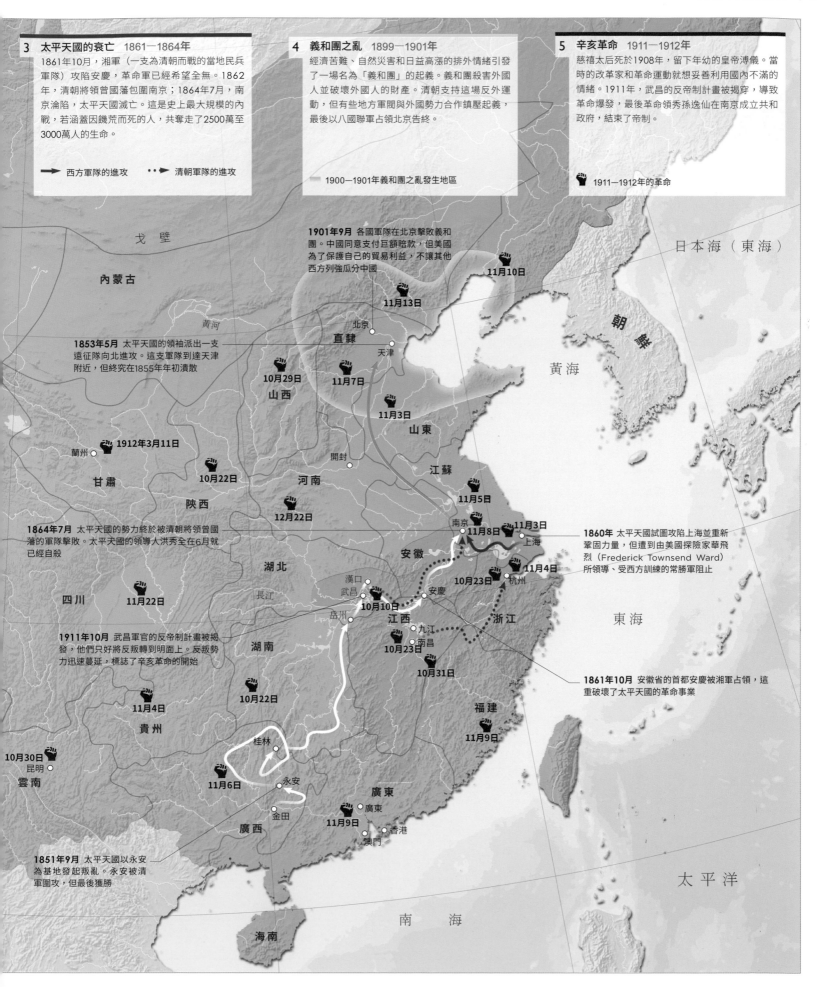

3 太平天國的衰亡 1861—1864年

1861年10月，湘軍（一支為清朝而戰的當地民兵軍隊）攻陷安慶，革命軍已經希望全無。1862年，清朝將領曾國藩包圍南京；1864年7月，南京淪陷，太平天國滅亡。這是史上最大規模的內戰，若涵蓋因飢荒而死的人，共奪走了2500萬至3000萬人的生命。

➡ 西方軍隊的進攻　┅➤ 清朝軍隊的進攻

4 義和團之亂 1899—1901年

經濟苦難、自然災害和日益高漲的排外情緒引發了一場名為「義和團」的起義。義和團殺害外國人並破壞外國人的財產。清朝支持這場反外運動，但有些地方軍閥與外國勢力合作鎮壓起義，最後以八國聯軍占領北京告終。

■ 1900—1901年義和團之亂發生地區

5 辛亥革命 1911—1912年

慈禧太后死於1908年，留下年幼的皇帝溥儀。當時的改革家和革命運動就想妥善利用國內不滿的情緒。1911年，武昌的反帝制計畫被揭穿，導致革命爆發，最後革命領袖孫逸仙在南京成立共和政府，結束了帝制。

✊ 1911—1912年的革命

1901年9月 各國軍隊在北京擊敗義和團。中國同意支付巨額賠款，但美國為了保護自己的貿易利益，不讓其他西方列強瓜分中國

1853年5月 太平天國的領袖派出一支遠征隊向北進攻。這支軍隊到達天津附近，但終究在1855年年初潰散

1864年7月 太平天國的勢力終於被清朝將領曾國藩的軍隊擊敗。太平天國的領導人洪秀全在6月就已經自殺

1911年10月 武昌軍官的反帝制計畫被揭發，他們只好將反叛轉到明面上。反叛勢力迅速蔓延，標誌了辛亥革命的開始

1851年9月 太平天國以永安為基地發起叛亂。永安被清軍圍攻，但最後獲勝

1860年 太平天國試圖攻陷上海並重新鞏固力量，但遭到由美國探險家華飛烈（Frederick Townsend Ward）所領導、受西方訓練的常勝軍阻止

1861年10月 安徽省的首都安慶被湘軍占領，這重破壞了太平天國的革命事業

戈 壁

內蒙古

黃河

日本海（東海）

朝鮮

黃海

直隸

11月13日

11月10日

北京

天津

10月29日

11月7日

山西

11月3日

山東

開封

江蘇

11月5日

1912年3月11日

蘭州

10月22日

甘肅

陝西

河南

12月22日

南京

11月8日

11月3日

上海

東海

安徽

湖北

漢口

武昌

11月4日

杭州

10月23日

岳州

安慶

10月10日

四川

11月22日

長江

江西

九江

南昌

10月23日

浙江

湖南

10月22日

10月31日

貴州

11月4日

福建

11月9日

10月30日

昆明

雲南

桂林

廣西

11月6日

永安

廣東

廣東

金田

11月9日

香港

澳門

海南

南 海

太 平 洋

日本的革新

明治天皇於1868年啟動一系列的現代化改革，讓日本從一個閉關鎖國的封建國家轉變為向外發展的工業國家，擁有受教育的人民以及時時準備保護國家、強化日本國際地位的陸軍和海軍。

到了1850年，日本已經在德川幕府（見第180-181頁）的統治下經歷了200年的閉關鎖國。相較於外國勢力，日本是一個弱國，被迫接受有損國家主權的不平等條約。

日本西部的武士集團開始以京都朝廷為中心集結起來，並於1868年試圖恢復天皇的權力、使日本現代化。幕府將軍德川慶喜為了維持和平而退位，但也無法阻止天皇軍與幕府軍在1868─1869年的戊辰戰爭中爆發衝突。這場衝突由天皇軍獲勝，確立了天皇的地位，但權力並不屬於他

一個人。一群充滿野心的年輕武士控制了這個國家，並很快從根本展開改革。他們要求封建領主放棄自己的領土以成全中央政府；他們把國防交到一支全新的帝國陸軍和海軍手中；他們為了改變日本經濟的根本而推動快速工業化。

許多來自強大家族的年長武士自然對這些改革持懷疑態度，並在1877年發動叛變。這場叛亂（以起源地薩摩藩為名）失敗，但迫使政府對改革作出反思，確保日本價值不至於在現代化的浪潮中消失殆盡。

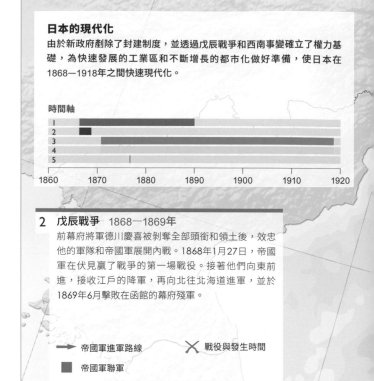

日本的現代化

由於新政府剷除了封建制度，並透過戊辰戰爭和西南事變確立了權力基礎，為快速發展的工業區和不斷增長的都市化做好準備，使日本在1868─1918年之間快速現代化。

時間軸

2 戊辰戰爭 1868─1869年

前幕府將軍德川慶喜被剝奪全部頭銜和領土後，效忠他的軍隊和帝國軍展開內戰。1868年1月27日，帝國軍在伏見贏了戰爭的第一場戰役。接著他們向東前進，接收江戶的降軍，再向北往北海道進軍，並於1869年6月擊敗在函館的幕府殘軍。

→ 帝國軍進軍路線　　✕ 戰役與發生時間

■ 帝國軍聯軍

1 陸軍與海軍的現代化 1868─1890年

明治政府推動軍隊現代化的決定侵害了日本軍人階級（武士）的特權。1869年，他們的艦隊被收入新成立的皇家日本海軍；1873年宣布徵兵制，又使他們失去擁有武器的專屬權力。很多武士成了新政府的官員，他們的紀律協助日本建立了1890年代亞洲最強大的軍事力量。

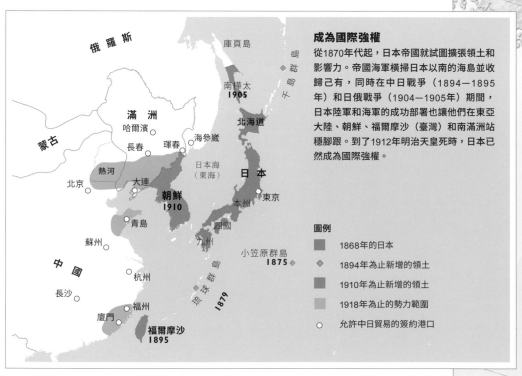

成為國際強權

從1870年代起，日本帝國就試圖擴張領土和影響力。帝國海軍橫掃日本以南的海島並收歸己有，同時在中日戰爭（1894─1895年）和日俄戰爭（1904─1905年）期間，日本陸軍和海軍的成功部署也讓他們在東亞大陸、朝鮮、福爾摩沙（臺灣）和南滿洲站穩腳跟。到了1912年明治天皇死時，日本已然成為國際強權。

圖例

■ 1868年的日本
◇ 1894年為止新增的領土
■ 1910年為止新增的領土
■ 1918年為止的勢力範圍
○ 允許中日貿易的簽約港口

1877年2月 薩摩軍在熊本受阻並被趕回鹿兒島

1877年9月 鹿兒島最後一支薩摩叛軍的抵抗因西鄉隆盛自殺而落幕

3　工業化　1871—1918年

日本封建制度的廢除解放了數百萬人，讓他們可以在全國自由行動並選擇職業。政府鼓勵工業化、建設鐵路和航道、電報和電話系統，並開設礦場、造船廠以及軍火、玻璃、紡織品和化學工廠。1882引入歐式的銀行系統後，很多事業都被私有化，政府因此可以專注於投資教育和軍事。

明治政府的現代化

　　1918年為止的主要工業區

===== 1868—1918年建造的鐵路

傳統工業

陶瓷業　　紡織業　　絲綢業

1868年後發展的工業

製造業　　造船業

機械製造　　化工業

4　都市發展　1871—1918年

到了1871年，全日本忠於地方領主的前封建領地都已經重新規畫成都道府縣，每一個轄區都有一位向中央政府負責的長官。起初，由於人民還在適應新政府，有些人遷徙到其他地區，導致日本的東京、大阪、京都等都市行政區流失了一些人口。但到了1883年，由於工業化提供了工作機會，都市區和神戶、橫濱、長崎和廣島等新興都市的人口都有所提升。

◇　1918年，人口超過50萬的城市　○　其他主要城市

□　1918年，人口超過10萬的城市

27 Jun 1869
函館

1868年10月—1869年5月 在戊辰戰爭的最後階段，函館被帝國軍隊包圍

1871年 秋田是一個縣。廢除封建制度後，新的中央政府採用都道府縣作為行政單位

5　西南事變　1877年

有些武士認為，快速改革摧毀了日本精神。1877年2月，明治維新的關鍵功臣西鄉隆盛不滿天皇所受到的改革壓迫，於是從他的根據地薩摩（今日的鹿兒島市內）帶領由武士組成的軍隊向東京進軍。但他們在熊本被帝國軍阻擋，被迫回到鹿兒島的叛軍最終於9月被擊敗。

✕　戰役

1868年1月 明治維新始於京都御所

1868年1月27日

1868年1月 江戶重新命名為東京

1868年 橫濱港發展成絲綢出口港，主要輸往英國

1871年 日本第一艘國內製造的戰船——清輝號——在橫須賀的造船廠完工

▷ **明治時代的藝術**
明治政府鼓勵西方風格的藝術並送學生出國留學。這幅木雕版畫描繪日本女性穿著有襯裙的西式洋裝。

北海道　旭川　小樽

青森　青森　秋田　秋田　盛岡　岩手

日　本

坂田　山形　山形　宮城　仙臺　新潟　福島　福島

佐渡

石川　高岡　金澤　富山　長野　新潟　群馬　栃木　平村　福島

福井　福井　岐阜　前橋　埼玉　茨城

鳥取　京都　滋賀　山梨　神奈川　江戶　千葉

兵庫　神戶　伏見　各古屋　愛知　靜岡　橫濱　千葉

岡山　岡山　大阪　靜岡

香川　和歌山　奈良　伊勢　三重　豐橋

德島　和歌山

日　本　海

東　海

太　平　洋

南方脫離聯邦

1861年，林肯威脅要結束奴隸制，因此憤怒的七個州脫離聯邦，成立了美利堅邦聯。當年稍晚，又有四個州跟進。由於對美國領土上蓄奴的合法性看法分歧，導致聯邦和邦聯之間無法妥協。

圖例

■ 聯邦州
■ 1861年脫離聯邦的州
⚔ 可合法蓄奴
□ 美國領土

東部戰場 1861年4月—1863年7月

1861年4月，邦聯軍士兵攻擊美國的薩姆特堡（Fort Sumter）要塞。為了反擊，林肯也召集民兵，內戰開始。聯邦軍於1861年7月在馬納沙斯（Manassas）獲得早期的勝利，但後來在非德里堡（Fredericksburg）和莽原之役（Battle of Wilderness）敗給占優勢的邦聯軍。聯邦軍攻進邦聯首都里奇蒙（Richmond）的企圖也遭遇挫敗。在將軍羅伯特·E·李（Robert E Lee）的帶領下，邦聯軍攻入賓州的聯邦領土，但在蓋茨堡（Gettysburg）被擊敗，撤退到維吉尼亞州。

2 西部戰場 1861年6月—1863年7月

1862年4月，將軍尤利西斯·S·格蘭特（Ulysses S Grant）率領的聯邦軍在夏洛（Shiloh）贏得一場勝利，接著在密西西比河、田納西河和昆布蘭河（Cumberland river）上奪取了關鍵據點，並向南移動，在圍攻維克斯堡（Vicksburg）六週後，於1863年7月占領成功。紐奧良和位於密西西比河口的邦聯軍要塞也被攻陷；聯邦軍成功令邦聯軍分散兩處。

1863年7月1—3日 邦聯軍在蓋茨堡戰敗，打消了他們進攻聯邦領土的企圖

1862年9月17日 Antietam (Sharpsburg)

1861年7月21日；1862年8月29—30日 Bull Run

1862年12月13日 Fredericksburg

1862年6月8—9日 Staunton

七天戰役 (Seven Days' Battles) 1862年6月26日—7月2日 Fort Monroe

1863年4月30日 The Wilderness

1863年5月1—4日 Chancellorsville

1862年5月5日 Williamsburg

1861年6月17日 Booneville

1862年10月8日 Perryville

1861年8月10日 Wilson's Creek

1862年2月16日 Fort Donelson

1862年2月6日 Fort Henry

1862年4月26日 Fort Macon

1862年4月6—7日 Shiloh (Pittsburg Landing)

1862年12月31日—1863年1月2日 Murfreesboro

1863年5月19日—7月4日 Vicksburg City beseiged

1862年4月12日 Fort Pulaski

1861年4月12日 邦聯軍攻打薩姆特堡，引爆南北戰爭

1862年2月17日 聯邦海軍在皇家港建立基地，並開始對邦聯州實行封鎖

1862年3月11日 Jacksonville

1862年3月2日 Fernandia

1863年5月27日—7月8日 Port Hudson

1862年5月9—10日 Pensacola

1862年5月12日 Baton Rouge

1862年3月9日 St Augustine

1861年9月17日 Ship Island

1862年5月1日 聯邦軍艦隊攻陷紐奧良

⊲ **威廉斯堡之戰（Battle of Williamsburg）**

這幅1893年的版畫描繪東部戰場上的第一次大規模激戰。這場戰役發生在1862年的維吉尼亞州。

第一階段（1861—1863年）

在戰爭的第一階段，雙方都沒有絕對的優勢。然而聯邦軍的海上封鎖影響了南方的補給，且聯邦軍占領維克斯堡後就分散了邦聯軍，迫使他們在多條戰線上作戰。

南北對抗

在1861—1863年和1864—1865年的兩個階段中，北方的聯邦軍在多條戰線上向邦聯州進軍。雖然邦聯因為遭北方海軍封鎖而孤立，且經常寡不敵眾，卻還是贏得了多次勝利，但最終還是被強大的聯邦擊敗。

圖例

聯邦勢力

■ 1861年的聯邦州	⊟ 聯邦要塞	→ 聯邦軍移動路線
▬ 聯邦海軍封鎖	✕ 聯邦軍的勝利	

聯邦前線

▲▲▲ 1861年	▲▲▲ 1862年	✕ 未果的戰役
▲▲▲ 1863年12月	▲▲▲ 1864年12月	**1865年4月26日** 戰役或攻擊日期

邦聯勢力

■ 1861年的邦聯州	⊟ 邦聯要塞	
✕ 邦聯軍的勝利	→ 邦聯軍移動路線	

時間軸

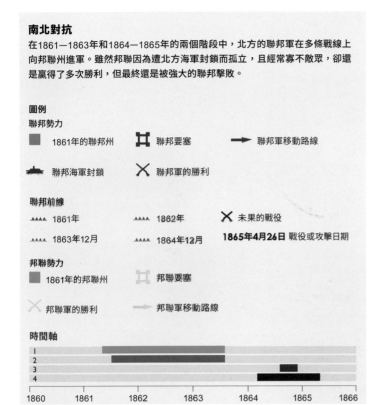

美國南北戰爭

美國革命創造了美利堅合眾國，但決定美國未來的是1861—1865年的內戰。這場戰爭成就了一個單一政府的國家，並確保它依然以自由平等為指導原則，只是付出了可怕的人命代價。

美國於 1783 年獨立後發展成兩個地區。富裕自由的北方以工業和金融業為主，南方則依賴以奴隸為動力的農業，因此南方人對於北方限制蓄奴的渴望感到很焦慮。1860 年時，由 18 個「自由」州和 15 個「蓄奴」州組成的美國只是在民主黨底下勉強維持著統一的狀態，但民主黨在 1859 年就分裂了，再加上亞伯拉罕・林肯於 1860 年以反奴隸制的政綱當選總統，導致聯邦（Union）瓦解。幾個南方的州脫離聯邦，組成美利堅邦聯（Confederate States of America），接著就爆發了南北戰爭。邦聯軍隊奮力抵抗，歷經四年後，北方軍隊終於取得勝利。當戰爭於 1865 年 4 月結束時，已有大約 65 萬人喪生。不過美國的奴隸也得到解放，各州重新統一，由最高聯邦政府領導。

第二階段（1864—1865年）

邦聯軍在維克斯堡和蓋茨堡戰敗後愈來愈寡不敵眾，被薛曼將軍和格蘭特將軍領導的聯邦軍擊敗。1865年4月，邦聯軍的反抗勢力瓦解，戰爭結束。

3 薛曼將軍的進攻 1864年7—12月

1864年，聯邦軍鎖定亞特蘭大，這是一個重要的邦聯鐵路和商業中心，威廉・薛曼將軍（William Sherman）從1864年7月起對這裡展開攻擊。9月時成功占領亞特蘭大，令北方士氣大振，有助林肯成功連任。接著薛曼向南前進到沙凡那（Savannah）和海邊，在沒有補給線的情況下深入敵方的領土，一路上摧毀了邦聯軍的基礎設施、產業和財產。

🔥 薛曼軍隊的破壞

4 戰爭結束 1864年2月—1865年4月

1864年，格蘭特將軍被任命為聯邦軍總司令。經過一連串血腥戰役後，他使李將軍的邦聯軍退守到里奇蒙和彼得斯堡（Petersburg）周圍。1865年4月9日，李逃到阿波馬托克斯（Appomattox）並投降。不久之後，8萬9000名邦聯軍士兵在北卡羅來納州的貝納特農場（Bennett House）投降，戰爭正式結束。

▲ 貝納特農場

熱愛實驗
波蘭裔法國籍物理學家瑪麗・居禮（Marie Curie）因放射性方面的成就而獲得兩次諾貝爾獎。她曾於第一次世界大戰期間在前線服務，並研究癌症的治療方法，對醫學有珍貴的貢獻。

科學與創新

在19世紀，新科技以及實驗器材的改良讓科學家得以取得重大進展，改變了我們對世界的認知並改革了公共衛生。

△ 微生物學之父
1860年代，法國生物學家路易‧巴斯德證明了腐敗與疾病是微生物（又稱為細菌）造成的。這個知識改變了醫學的走向。

許多能夠定義現代生活的事物都可追溯到 19 世紀，例如塑膠、光纖和雷達，但當時最重要的發現或許是在醫學領域。1869 年，俄羅斯化學家德米特里‧門得列夫（Dimitri Mendeleev）製作了元素週期表，這個框架有助於我們了解化學元素以及元素的反應。化學知識快速發展，創造了全新的製藥產業，阿司匹林和巴比妥類藥物等合成藥物迅速普及。

醫學突破

1895 年發現 X 光、1896 年發現放射線以及 1898 年發現放射物質釙和鐳，徹底改變了醫學治療。X 光成像讓診斷變得更準確，而放射療法則是為了治療癌症發展出來的。1897 年發現電子、1901 年發現放射源，鋪好了通往核能的道路。路易‧巴斯德（Louis Pasteur）提出微生物是疾病的傳播者，這個理論徹底改變了控制疾病的方法。沒多久，霍亂、炭疽、狂犬病、白喉和傷寒的疫苗就問世了。人類也開始用石炭酸為手術室和外科醫生進行消毒，大幅減少了因感染而死亡的人數。這種種進步合在一起，促成了 20 世紀初的人口爆炸。

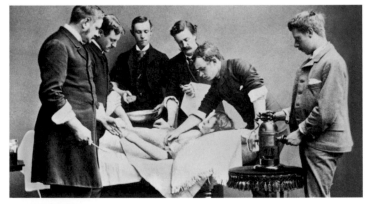

△ 更安全的手術
英國外科醫生約瑟夫‧李斯特（Joseph Lister）以巴斯德的研究為基礎，利用石炭酸（酚類）來清理傷口並為外科手術器材消毒。他提倡消毒法外科，大幅減少了手術後的感染。

美國的擴張

19世紀時，美國透過戰爭、政治協議和併吞來取得領土。拓荒者協助開闢了新的耕地，而1870年代開始的快速工業化則推動了都市化和人口成長。

1800年時，美國的國界只到密西西比河，但在接下來的100年內，隨著英國撤除對奧勒岡地區所有權的主張，再加上美國併吞德州，並在1846—1848年的戰爭中擊敗墨西哥，美國得以迅速向西擴張。到了1900年，美國的範圍已從大西洋延伸到太平洋，面積接近780萬平方公里。

便宜的土地吸引了國外移民，前來與開闢美國邊疆的男男女女一起定居。1890年的美國人口普查顯示，美國的邊疆已經消失——西部不再有任何持續無人定居的地區。這時候，美國的牧牛大亨正將他們的牛群趕往鐵路終點站，為東部不斷發展的工業城市提供補給。到了1900年，美國的鋼產量超越了英國和德國的鋼產量總和。像芝加哥這樣的城市在1837年還只是個小鎮，到了此時已經發展成人口超過100萬的大都會。紐約的艾力斯島已經成為數百萬移民前往美國大城市的關鍵入口。19世紀晚期的工業繁榮讓少數人成為百萬富豪，但也間歇性地出現幾個經濟蕭條的時期，對美國快速增長的人口來說是個不祥徵兆。

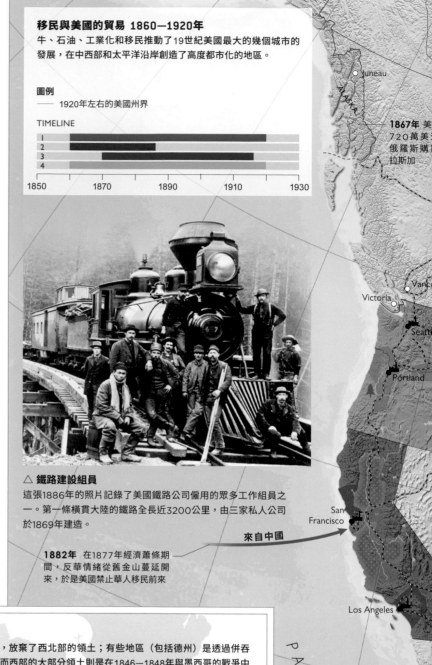

移民與美國的貿易 1860—1920年
牛、石油、工業化和移民推動了19世紀美國最大的幾個城市的發展，在中西部和太平洋沿岸創造了高度都市化的地區。

圖例
—— 1920年左右的美國州界

TIMELINE
1
2
3
4
1850　1870　1890　1910　1930

1867年 美國以720萬美元向俄羅斯購得阿拉斯加

△ **鐵路建設組員**
這張1886年的照片記錄了美國鐵路公司僱用的眾多工作組員之一。第一條橫貫大陸的鐵路全長近3200公里，由三家私人公司於1869年建造。

來自中國

1882年 在1877年經濟蕭條期間，反華情緒從舊金山蔓延開來，於是美國禁止華人移民前來

土地擴張
美國從1776年的僅僅13州發展成1912年的48州，透過一連串的收購以及簽約來取得新領土——在路易斯安那購地案（Louisiana Purchase）中，法國把大片土地賣給美國；英國簽訂奧勒岡條約（Oregon Treaty），放棄了西北部的領土；有些地區（包括德州）是透過併吞取得的，而西部的大部分領土則是在1846—1848年與墨西哥的戰爭中贏來的，再不然就是後來向極度缺錢的墨西哥政府買來的。

圖例
- 1776年的13州
- 1783年新取得的土地
- 1803年路易斯安那購地
- 1818年紅河割讓地
- 1819年佛羅里達購地
- 1845年併吞德州
- 1846年奧勒岡割讓地
- 1848年墨西哥割讓地
- 1853年蓋茲登購地（Gadsden Purchase）
- **1788** 建州時間
- ········ 現代州界

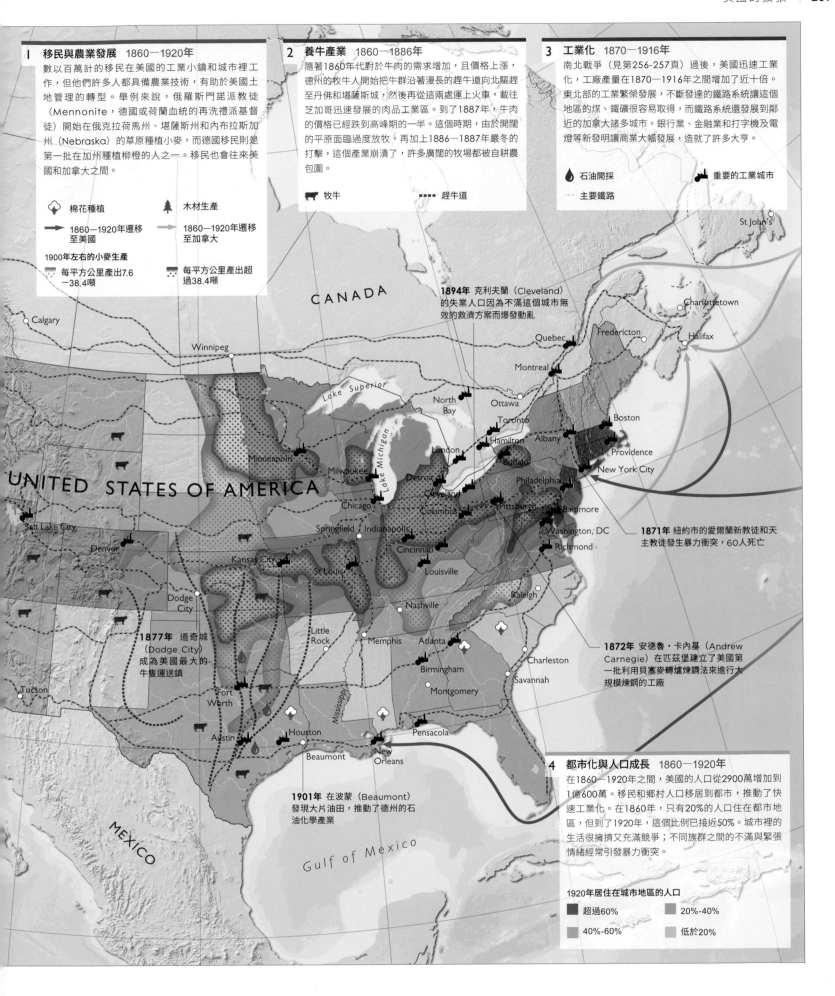

l | 移民與農業發展 1860—1920年

數以百萬計的移民在美國的工業小鎮和城市裡工作，但他們許多人都具備農業技術，有助於美國土地管理的轉型。舉例來說，俄羅斯門諾派教徒（Mennonite，德國或荷蘭血統的再洗禮派基督徒）開始在俄克拉荷馬州、堪薩斯州和內布拉斯加州（Nebraska）的草原種植小麥，而德國移民則是第一批在加州種植柳橙的人之一。移民也會往來美國和加拿大之間。

🌿 棉花種植　　　🌲 木材生產

➡ 1860—1920年遷移　　➡ 1860—1920年遷移
　　至美國　　　　　　　至加拿大

1900年左右的小麥生產

每平方公里產出7.6
—38.4噸

每平方公里產出超
過38.4噸

2 | 養牛產業 1860—1886年

隨著1860年代對於牛肉的需求增加，且價格上漲，德州的牧牛人開始把牛群沿著漫長的趕牛道向北驅趕至丹佛和堪薩斯城，然後再從這兩處運上火車，載往芝加哥迅速發展的肉品工業區。到了1887年，牛肉的價格已經跌到高峰期的一半。這個時期，由於開闊的平原面臨過度放牧，再加上1886—1887年嚴冬的打擊，這個產業崩潰了，許多廣闊的牧場都被自耕農包圍。

🐂 牧牛　　　┅┅ 趕牛道

3 | 工業化 1870—1916年

南北戰爭（見第256-257頁）過後，美國迅速工業化，工廠產量在1870—1916年之間增加了近十倍。東北部的工業繁榮發展，不斷發達的鐵路系統讓這個地區的煤、鐵礦很容易取得，而鐵路系統還發展到鄰近的加拿大諸多城市。銀行業、金融業和打字機及電燈等新發明讓商業大幅發展，造就了許多大亨。

🛢 石油開採　　　🏭 重要的工業城市

┅┅ 主要鐵路

1894年 克利夫蘭（Cleveland）的失業人口因為不滿這個城市無效的救濟方案而爆發動亂

1871年 紐約市的愛爾蘭新教徒和天主教徒發生暴力衝突，60人死亡

1872年 安德魯・卡內基（Andrew Carnegie）在匹茲堡建立了美國第一批利用貝塞麥轉爐煉鋼法來進行大規模煉鋼的工廠

1877年 道奇城（Dodge City）成為美國最大的牛隻運送鎮

1901年 在波蒙（Beaumont）發現大片油田，推動了德州的石油化學產業

4 | 都市化與人口成長 1860—1920年

在1860—1920年之間，美國的人口從2900萬增加到1億600萬。移民和鄉村人口移居到都市，推動了快速工業化。在1860年，只有20%的人口住在都市地區，但到了1920年，這個比例已接近50%。城市裡的生活很擁擠又充滿競爭；不同族群之間的不滿與緊張情緒經常引發暴力衝突。

1920年居住在城市地區的人口

■ 超過60%　　　■ 20%-40%

■ 40%-60%　　　■ 低於20%

獨立後的拉丁美洲

拉丁美洲解放後的數十年內出現了一連串的軍事獨裁者和內戰，各個政權之間為了爭奪資源和領土而鬥爭。帝國主義的陰影也持續籠罩拉丁美洲，英、美透過經濟投資和軍事干預來確保自己往這個地區的影響力。

南美洲的許多國家在解放之後都由軍事獨裁者掌權，例如委內瑞拉的何塞·安東尼奧·派斯（José Antonio Páez）和阿根廷的胡安·曼努埃爾·德·羅薩斯（Juan Manuel de Rosas）。新的獨裁者互相爭奪領導權，於是內戰頻傳，1910年的墨西哥就是這種情況。新興國家試圖擴張領土或掌控珍貴的自然資源，所以也經常發生邊界衝突。太平洋戰爭（War of the Pacific）是一

> 「我寧願站著死去，也不願跪著生存。」
> 艾米利亞諾·薩帕塔（Emiliano Zapata），1913年

場為了爭奪亞他加馬沙漠（Atacama Desert）的硝酸礦而爆發的戰爭，這種資源能用於製造化肥和炸藥，戰後玻利維亞和祕魯的領土都輸給了智利。在拉丁美洲最血腥的戰爭中，巴西、玻利維亞和阿根廷占領了巴拉圭主將近一半的領土。拉丁美洲的經濟仰賴出口原料和食物，為歐洲迅速發展的工業和消費市場提供資源：咖啡和橡膠來自巴西，紅銅和硝來自智利和祕魯；醃肉和凍肉來自阿根廷。通往大西洋的貿易路線為阿根廷帶來了特別的優勢，阿根廷因此得以快速發展。然而，美國干預中美洲和加勒比地區，併吞了波多黎各，並占領許多其他地區的鐵路和機場，為這些國家的保護國。英美企業也投資這個地區的鐵路和碼頭，獲得巨額利潤，從這幾個點都能明顯看出外國勢力在這個地區徘徊不去。

胡安·曼努埃爾·德·羅薩斯
1793—1877年

胡安·曼努埃爾·德·羅薩斯是個深具個人魅力的人。羅薩斯擔任布宜諾斯艾利斯省省長，控制了很殘暴的軍事獨裁，是很典型的領導人。羅薩斯的軍事獨裁長達17年，並透過暴力征服當地原住民，把領土延伸到巴塔哥尼亞深處。1852年，他被敵對將領取代後就逃往英格蘭，並於1877年死於當地。

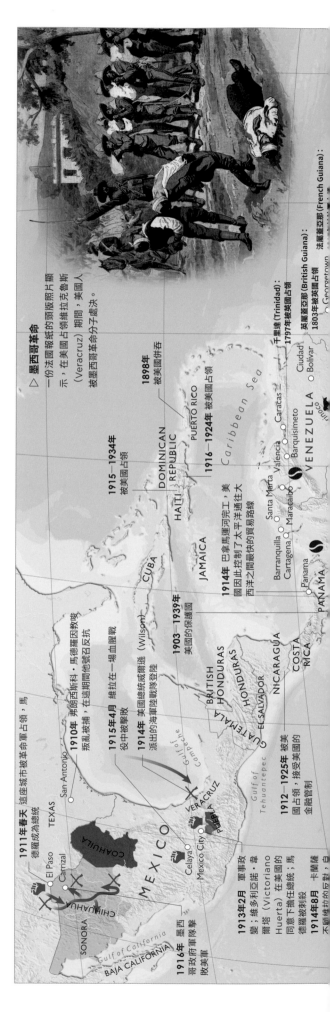

▷ 墨西哥革命
一份法國報紙的頭版照片顯示，在美國占領維拉克魯斯（Veracruz）期間，美國人被墨西哥革命分子處決。

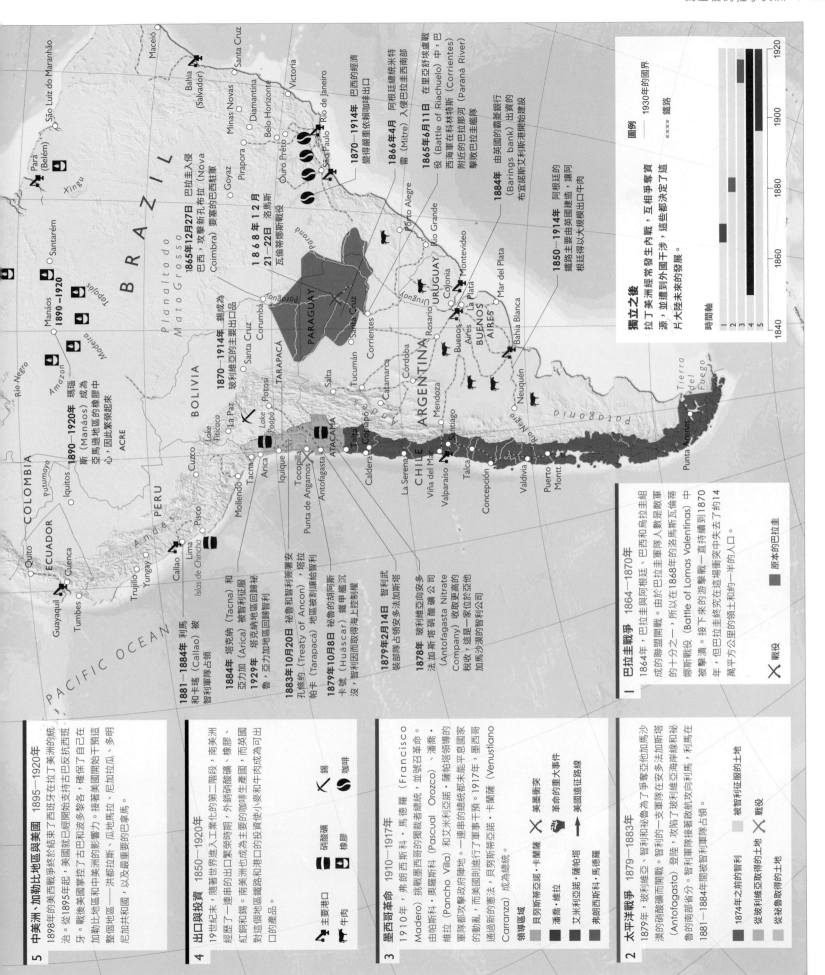

獨立之後

拉丁美洲經常發生內戰、互相爭奪資源，並遭到外國干涉，這些都決定了這片大陸未來的發展。

圖例
- 1930年的國界
- 鐵路

時間軸　1840　1860　1880　1900　1920

5　中美洲、加勒比地區與美國 1895—1920年

1898年的美西戰爭終於結束了西班牙在拉丁美洲的統治。從1895年起，美國就已經開始支持古巴反抗西班牙。戰後美國掌控了古巴和波多黎各，確保了自己在加勒比地區和中美洲的影響力，接著美國開始干預這整個地區——洪都拉斯、瓜地馬拉、尼加拉瓜，以及最重要的巴拿馬。

4　出口與投資 1850—1920年

19世紀末，隨著世界進入工業化的第二階段，南美洲經歷了一連串的出口繁榮時期，外銷硝酸鹽、橡膠、紅銅和錫。南美洲鐵路成為主要的咖啡生產國，而英國對這個地區鐵路和港口的投資使小麥和牛肉成為可出口的產品。

- 主要港口
- 牛肉
- 硝酸礦
- 橡膠
- 錫
- 咖啡

3　墨西哥革命 1910—1917年

1910年，弗朗西斯科·馬德羅（Francisco Madero）挑戰墨西哥獨裁者總統，並號召革命。由帕斯科·奧羅斯科（Pascual Orozco）、潘喬·維拉（Pancho Villa）和艾米利亞諾·薩帕塔領導的軍隊攻擊政府陣地，一連串的總統都不能平息國家的動亂，而美國則進行了軍事干預。1917年，墨西哥通過新的憲法，貝努斯蒂亞諾·卡蘭薩（Venustiano Carranza）成為總統。

- 領導區域
- 潘喬·維拉
- 艾米利亞諾·薩帕塔
- 弗朗西斯科·馬德羅
- 卡蘭薩
- 美墨衝突
- 革命的重大事件
- 美國遠征路線

2　太平洋戰爭 1879—1883年

1879年，玻利維亞、智利和祕魯為了爭奪亞他加馬沙漠的硝酸鹽而開戰，智利在安多法加斯塔（Antofagasta）登陸，攻佔了玻利維亞海岸線和祕魯南部的省分。智利軍隊接著啟航攻向利馬，利馬在1881—1884年間被利軍佔領。

- 1874年之前的智利
- 從玻利維亞取得的土地
- 從祕魯取得的土地
- 被智利征服的土地
- 戰役

1　巴拉圭戰爭 1864—1870年

1864年，巴拉圭與阿根廷、巴西和烏拉圭組成的聯盟開戰。由於巴拉圭軍隊人數是敵軍的十分之一，所以巴拉圭在1868年的洛馬斯瓦倫蒂娜斯戰役（Battle of Lomas Valentinas）中被擊潰。接下來的游擊戰一直持續到1870年，但巴拉圭終究在這場衝突中失去了約14萬平方公里的領土和一半的人口。

- 戰役
- 原本的巴拉圭

地圖標註

- 1865年12月27日 巴拉圭入侵巴西，攻擊新孔布拉（Nova Coimbra）要塞的巴西駐軍
- 1870—1914年 巴西的經濟嚴重依賴咖啡出口
- 1866年4月 阿根廷總統米特雷（Mitre）入侵巴拉圭西南部
- 1865年6月11日 在里亞舒埃盧戰役（Battle of Riachuelo）中，巴西海軍在科林特斯（Corrientes）附近的巴拉那河（Paraná River）擊敗巴拉圭艦隊
- 1884年 由英國的霸菱銀行（Barings bank）出資的布宜諾斯艾利斯港開始建設
- 1850—1914年 阿根廷的鐵路得主要由英國建造，讓阿根廷得以大規模出口中肉
- 1868年12月21—22日 洛馬斯戰役 瓦倫蒂娜斯戰役
- 1870—1914年 玻利維亞的主要出口品
- 1890—1920年 瑪瑙斯（Manáos）成為亞馬遜地區的橡膠中心，因此繁榮起來
- 1881—1884年 利馬和卡瑤（Callao）被智利軍隊占領
- 1884年 塔克納（Tacna）和亞力加（Arica）被智利征服 1929年 塔克納地區回歸祕魯，亞力加地區回歸智利
- 1883年10月20日 祕魯和智利簽署安孔條約（Treaty of Ancon），塔拉帕卡（Tarapacá）地區被割讓給智利
- 1879年10月8日 祕魯的胡阿斯卡號（Huáscar）鐵甲艦沉沒，智利因而取得海上控制權
- 1879年2月14日 智利武裝部隊占領安多法加斯塔
- 1878年 玻利維亞向安多法加斯塔硝酸鹽公司（Antofagasta Nitrate Company）收取更高的稅收，這是一家位於亞他加馬沙漠的智利公司

▷ 對戰中的輕騎兵
這幅畫是德意志藝術家老克里斯蒂安·塞爾（Christian Sell the Elder）創作的，描繪了普法戰爭期間法國和德意志騎兵之間的衝突。

義大利與德意志的統一

1835年之後，德意志和義大利出現了能與奧地利的勢力相抗衡的強大領導人。1850─1870年之間發生了一連串緊湊的政治和軍事行動，這些領導人建立了統一的義大利和德意志。

時間軸

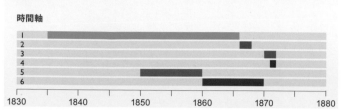

1 奧地利受到挑戰 1835─1866年

1863年，俾斯麥策畫與奧地利結盟，以便從丹麥手中取得什列斯維格（Schleswig）和荷爾斯坦省（Holstein）。到了1864年10月，什列斯維格落入普魯士手中，而荷爾斯坦則屬於奧地利。這樣的安排並不可行，因為荷爾斯坦位置孤立，且被普魯士包圍。奧地利試圖解決這個問題時，普魯士就以此為藉口，於1866年展開了七週戰爭（Seven Weeks War）。

■ 1815年，德意志邦聯的界線
→ 1864年，奧地利和普魯士在丹麥的勢力
■ 1815年的普魯士

德意志的統一

德意志的統一經歷了幾個階段。普魯士先把德意志北部的政權從奧地利的統治中解放出來，接著擊敗奧地利和法國，於1871年建立新帝國。

1870年9月1日 普魯士在色當會戰（Battle of Sedan）中俘虜拿破崙三世

1871年 普魯士行軍穿越法國，圍攻並占領巴黎

1871年5月 法國根據法蘭克福條約（Treaty of Frankfurt）把阿爾薩斯─洛林割讓給德意志

1866年7月3日 薩多瓦會戰（Battle of Sadowa）是七週戰爭的一部分，普魯士對抗奧地利並取得關鍵勝利

2 北德意志邦聯（North German Confederation） 1866─1867年

普魯士在七週戰爭中打贏奧地利，保住了在這場衝突中取得的領土，並組成北德意志邦聯，邦聯中的每個政權都擁有自己的法律，並派出一位當選的代表組成邦聯議會。

→ 1866年，七週戰爭中的普魯士軍隊
✕ 戰役
■ 1866年為止，普魯士新增的土地
■ 1867年，北德意志邦聯的其他政權
■ 1866─1867年，其他的德意志政權
■ 1867年的奧匈帝國

4 統一與帝國 1871年

戰爭結束後，法國把阿爾薩斯─洛林（Alsace-Lorraine）的領土割讓給德意志，並被迫支付賠款。德意志諸國統一後採取了新的帝國憲法，威廉一世（William I）成為皇帝（kaiser）。這個帝國由26個政權組成，每個政權都受到普魯士的嚴密掌控。

■ 1871年的德意志帝國的邊界

3 普法戰爭 1870─1871年

另一個強權──法國──對普魯士不斷增長的地位感到擔憂。俾斯麥策畫了一場政局，激怒法國皇帝拿破崙三世（Napoleon III），逼他宣戰。這促使南部的德意志政權與北德意志邦聯結盟。德意志諸國擊敗了敵對的法國、俘虜拿破崙三世，並在1871年攻陷巴黎。

→ 1870─1871年，普魯士入侵法國
✕ 戰役

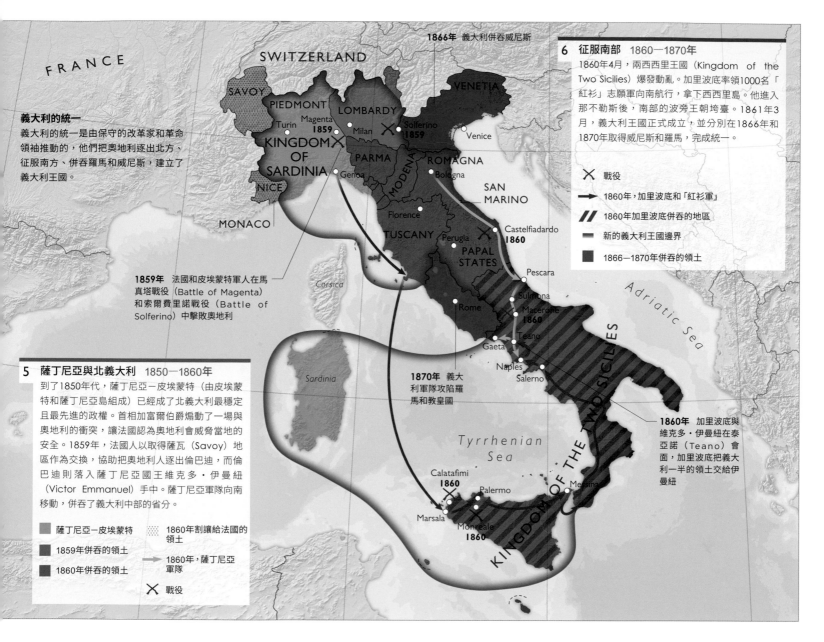

義大利的統一

義大利的統一是由保守的改革家和革命領袖推動的,他們把奧地利逐出北方、征服南方、併吞羅馬和威尼斯,建立了義大利王國。

1866年 義大利併吞威尼斯

6 征服南部 1860—1870年

1860年4月,兩西西里王國(Kingdom of the Two Sicilies)爆發動亂。加里波底率領1000名「紅衫」志願軍向南航行,拿下西西里島。他進入那不勒斯後,南部的波旁王朝垮臺。1861年3月,義大利王國正式成立,並分別在1866年和1870年取得威尼斯和羅馬,完成統一。

- ✕ 戰役
- → 1860年,加里波底和「紅衫軍」
- ⫽ 1860年加里波底併吞的地區
- ▬ 新的義大利王國邊界
- ■ 1866—1870年併吞的領土

1859年 法國和皮埃蒙特軍人在馬真塔戰役(Battle of Magenta)和索爾費里諾戰役(Battle of Solferino)中擊敗奧地利

1870年 義大利軍隊攻陷羅馬和教皇國

1860年 加里波底與維克多·伊曼紐在泰亞諾(Teano)會面,加里波底把義大利一半的領土交給伊曼紐

5 薩丁尼亞與北義大利 1850—1860年

到了1850年代,薩丁尼亞—皮埃蒙特(由皮埃蒙特和薩丁尼亞島組成)已經成了北義大利最穩定且最先進的政權。首相加富爾伯爵煽動了一場與奧地利的衝突,讓法國認為奧地利會威脅當地的安全。1859年,法國人以取得薩瓦(Savoy)地區作為交換,協助把奧地利人逐出倫巴迪,而倫巴迪則落入薩丁尼亞國王維克多·伊曼紐(Victor Emmanuel)手中。薩丁尼亞軍隊向南移動,併吞了義大利中部的省分。

- ■ 薩丁尼亞—皮埃蒙特
- ▦ 1860年割讓給法國的領土
- ■ 1859年併吞的領土
- → 1860年,薩丁尼亞軍隊
- ■ 1860年併吞的領土
- ✕ 戰役

德意志與義大利的統一

1850年的德意志和義大利都四分五裂。德意志由一個鬆散的邦聯組成,由奧地利主導;義大利則由多個公國和王國拼湊而成,幾乎無人指揮。到了1870年,兩國都透過戰爭、外交以及某程度上的政治謀略,統一成為新的國家。

拿破崙戰爭(見第208-211頁)之後出現了一波民族主義熱潮。1848—1849年,民族主義引發了一連串共和革命(見第218-219頁),始於西西里島,並擴張到幾乎整個歐洲。這些起義遭到忠於政府的軍隊鎮壓,且到了1850年代,大眾的熱情已大幅消散,留下支離破碎的德意志和義大利諸國。但在

1860年代,義大利和德意志的保守改革者克服了統一的障礙。他們害怕底層的人發起革命,於是從上層開始掌控改革。他們把統一視為一個機會,能藉此遏止奧匈帝國的勢力,並開闢強大的新王國。

拿破崙戰爭之後出現了一個以奧地利為首的邦聯,由39個政權組成,普魯士是其中之一。普魯士是邦聯裡唯一強大到足以與奧匈帝國競爭的政權。他們都想控制極度鬆散的德意志公國,因此普魯士率先試圖統一德意志。1864年,普魯士在強大的首相奧托·馮·俾斯麥(Otto von Bismarck)的率領下對奧地利發起挑戰。七年之內,透過戰爭、政治操作再加上運氣,俾斯麥就消除了奧地利和法國對於德意志統一所構成的威脅,建立了統一的德意志帝國,並於1871年成為第一任首相。

在義大利,朱塞佩·馬志尼(Giuseppe Mazzini)於1848年發起的民族革命失敗之後,薩丁尼亞—皮埃蒙特(Sardinia-Piedmont)的首相加富爾(Cavour)伯爵推動了統一。加富爾透過與法國結盟來對抗義大利北部的奧地利人,並利用偉大的民族革命家朱塞佩·加里波底(Giuseppe Garibaldi)的才能守住了義大利南部,在1860年建立了統一的王國。

5 第二次巴爾幹戰爭 1913年

馬其頓的劃分問題造成了緊張的局勢。1913年6月，保加利亞人攻擊馬其頓的希臘和塞爾維亞陣地，引爆戰爭。羅馬尼亞和鄂圖曼軍隊也為了自己的利益而入侵保加利亞。保加利亞很快就試圖求和，而馬其頓大部分地區則被希臘和塞爾維亞瓜分。

■ 1913年，塞爾維亞新增的土地
■ 1913年，希臘新增的土地
■ 1913年，羅馬尼亞新增的土地
■ 1913年，保加利亞新增的土地
■ 1913年，蒙特內哥羅新增的土地
✕ 戰役

1878年 根據柏林條約，波士尼亞─赫塞哥維納受奧匈帝國的控制，但仍屬於鄂圖曼帝國

1878年 羅馬尼亞獨立並取得多布羅加（Dobruja）

1913年9月30日 布加勒斯特條約（Treaty of Bucharest）簽訂，結束第二次巴爾幹戰爭

1821年3月 位於摩爾達維亞的希臘革命家占領雅夕（Jassy），並號召所有希臘人和基督徒起身反抗鄂圖曼人

1908年10月7日 塞爾維亞動員軍隊，並要求以新帕札（Novi Pazar）地區作為賠償

1878年 塞爾維亞因為聖斯泰法諾條約而擴大了領土，並因此取得獨立

1877年12月 鄂圖曼位於普列芬（Pleven）的駐軍遭到俄羅斯和羅馬尼亞軍隊圍攻五個月之後投降

1913年7月10日 羅馬尼亞人占領瓦納（Varna）

1908年10月6日 奧匈帝國併吞波士尼亞─赫塞哥維納

1908年10月5日 保加利亞大公斐迪南（Ferdinand）宣布保加利亞獨立

1878─1885年 根據柏林條約，東魯米利亞（Eastern Rumelia）回歸鄂圖曼帝國，但保加利亞於1885年要求歸還這片領土

1878年 蒙特內哥羅的領土增加了一倍並取得獨立

1912年10月23─24日 在庫馬諾沃戰役（Battle of Kumanovo）中，塞爾維亞軍隊擊敗了鄂圖曼人，並與蒙特內哥羅聯手進入斯科普耶（Skopje）

1913年6月30日─7月8日 保加利亞軍隊在布雷加尼查河戰役（Battle of Bregalnica）中擊敗塞爾維亞人

1912年10月19─20日 希臘軍隊擊敗鄂圖曼人，並攻陷亞尼察（Yanitza）

1864年5月21日 英國把愛奧尼亞群島轉讓給希臘，表達他們對國王喬治一世（George I）的支持

1913年7月19─21日 在啟基斯戰役（Battle of Kilkis）中，希臘人擊敗保加利亞人

1912年10月21日 保加利亞人擊敗了位於色雷斯的主要鄂圖曼軍力，抵達君士坦丁堡

1878年1月 俄羅斯占領哈德良堡，當時這個地方稱為阿德里安堡

1913年3月26日 哈德良堡落入保加利亞手中

1913年7月23日 鄂圖曼人把保加利亞人逐出哈德良堡

1878年3月 聖斯泰法諾條約的簽訂結束了俄土戰爭

1881年7月 俄土戰爭後，鄂圖曼帝國把色薩利割讓給希臘

1913年3月6日 嘉尼納（Janina）落入希臘手中

1908年7月 青年土耳其黨人在君士坦丁堡建立立憲政府，並展開改革計畫

4 第一次巴爾幹戰爭 1912─1913年

1912年，俄羅斯煽動塞爾維亞、保加利亞、希臘和蒙特內哥羅結盟，從土耳其手中奪取馬其頓。蒙特內哥羅向土耳其宣戰，其他同盟國也參戰。1913年5月，戰爭結束，鄂圖曼帝國已經失去大部分在歐洲僅存的領土，包括阿爾巴尼亞。

✕ 鄂圖曼的重大戰敗
■ 1913年的阿爾巴尼亞

1826年8月 鄂圖曼軍隊占領雅典

1822年1月 希臘議會宣布希臘是自由獨立的國家

3 波士尼亞危機 1908年

奧匈帝國因為害怕君士坦丁堡的青年土耳其黨人（Young Turk）會再次壯大土耳其，於是決定併吞波士尼亞和赫塞哥維納。塞爾維亞針對這次併吞向奧匈帝國索取賠款，而俄羅斯也支持這項主張，但奧地利（在德國的支持下）威脅入侵塞爾維亞，於是俄羅斯被迫妥協，接受這場併吞。

✕ 波士尼亞危機
■ 併吞的邊界

1827年10月20日 英國、法國和俄羅斯的海軍艦隊擊敗了支持鄂圖曼的埃及艦隊

RUSSIAN EMPIRE

AUSTRO-HUNGARIAN EMPIRE

MOLDAVIA
Jassy

ROMANIA
DOBRUJA

Belgrade
Bucharest
Danube
SERBIA
Pleven
BULGARIA
Varna

BOSNIA-HERZEGOVINA
Sarajevo
DALMATIA
Novi Pazar
MONTENEGRO
Cetinje
Sofia
EASTERN RUMELIA

ITALY
ALBANIA
Üsküb (Skopje)
Kumanovo
Bregalnica
Kurdzhali
Edirne
Constantinople

Tirana
MACEDONIA
Yanitza
Kilkis
Yesilköy (San Stefano)

Janina
THESSALY

THRACE

Ionian Islands
Ionian Sea

GREECE
Athens
Epidaurus

Aegean Sea

Navarino

Mediterranean Sea

Crete

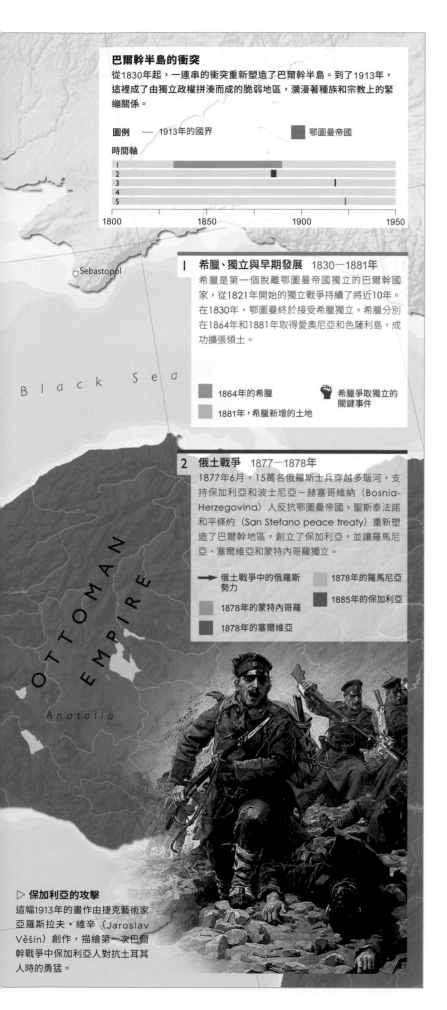

巴爾幹半島的衝突

從1830年起，一連串的衝突重新塑造了巴爾幹半島。到了1913年，這裡成了由獨立政權拼湊而成的脆弱地區，瀰漫著種族和宗教上的緊繃關係。

圖例 —— 1913年的國界　　　　鄂圖曼帝國

時間軸
1
2
3
4
5
1800　　1850　　1900　　1950

1　希臘、獨立與早期發展　1830－1881年

希臘是第一個脫離鄂圖曼帝國獨立的巴爾幹國家，從1821年開始的獨立戰爭持續了將近10年。在1830年，鄂圖曼終於接受希臘獨立。希臘分別在1864年和1881年取得愛奧尼亞和色薩利島，成功擴張領土。

　　1864年的希臘

　　1881年，希臘新增的土地

　　希臘爭取獨立的關鍵事件

2　俄土戰爭　1877－1878年

1877年6月，15萬名俄羅斯士兵穿越多瑙河，支持保加利亞和波士尼亞－赫塞哥維納（Bosnia-Herzegovina）人反抗鄂圖曼帝國。聖斯泰法諾和平條約（San Stefano peace treaty）重新塑造了巴爾幹地區，創立了保加利亞，並讓羅馬尼亞、塞爾維亞和蒙特內哥羅獨立。

→　俄土戰爭中的俄羅斯勢力

　　1878年的蒙特內哥羅

　　1878年的塞爾維亞

　　1878年的羅馬尼亞

　　1885年的保加利亞

▷ **保加利亞的攻擊**

這幅1913年的畫作由捷克藝術家亞羅斯拉夫・維辛（Jaroslav Věšín）創作，描繪第一次巴爾幹戰爭中保加利亞人對抗土耳其人時的勇猛。

巴爾幹戰爭

19世紀時，一波民族主義浪潮掃蕩巴爾幹地區。隨著巴爾幹半島的國家凝聚起來並獲得獨立（通常是在列強的影響之下），種族和宗教的多樣性也引發了衝突，使這個地區更加動盪。

19 世紀和 20 世紀初，鄂圖曼帝國的勢力逐漸減弱，當地人民開始爭取獨立，於是巴爾幹半島經歷了一連串的衝突。1830 年，希臘脫離鄂圖曼帝國。接下來的 80 年間又發生了更多衝突，鄂圖曼帝國因此付出了代價。俄羅斯、英國和奧匈帝國等列強都參與其中，並對這個地區抱持著野心夾雜著焦慮的不安情緒。俄羅斯支持斯拉夫民族主義，希望保加利亞人、蒙特內哥羅人（Montenegrin）、波士尼亞人和塞爾維亞人能成為他們的盟友。奧匈帝國以擔憂的態度見證塞爾維亞的崛起，並意識到自己統治的塞爾維亞人也可能會要求獨立。英國因為擔心俄羅斯會在這個地區發揮影響力，因此試圖支持希臘人。然而，雖然列強都參與了和平條約的制定和領土的劃分，卻無法解決巴爾幹半島的核心問題——這個地區的民族沒辦法整整齊齊地劃分成國家。到了 1914 年，土耳其在歐洲的領土只剩下一小片，但沒什麼人對這 70 年的掙扎所換來的結果感到高興。光是兩次巴爾幹戰爭就造成超過 50 萬人傷亡，這些衝突把列強推向了歐洲戰爭的邊緣。

> 「一個……半島上到處都是生氣勃勃的人……他們對於發動戰爭有卓越的天賦。」
>
> C・L・舒爾茨伯格（C. L. Sulzberger），摘錄自《一長排蠟燭》（*A Long Row of Candles*），1969年

哈德良堡
阿德里安堡的重要性

哈德良堡（Edirne，舊稱阿德里安堡／Adrianople）是鄂圖曼帝國最大的城市之一，守護著通往君士坦丁堡的道路，而君士坦丁堡就是鄂圖曼帝國的首都，所以這座城市對鄂圖曼人來說極具戰略意義。哈德良堡的要塞武裝森嚴，有一套壕溝網、圍牆以及20個巨型混凝土堡壘，大家都認為這座城市牢不可破。1913年，保加利亞人攻陷哈德良堡，嚴重打擊了鄂圖曼人的自信。

逃離哈德良堡，1913年
保加利亞人襲擊哈德良堡，一群外國人正在逃難。

1 德意志、奧匈帝國與俄羅斯
1871—1918年
德意志與奧匈帝國和俄羅斯為了限制或防止戰爭而達成協議。後來，義大利也加入了德奧的防衛聯盟（成為三國同盟，Triple Alliance），這個同盟防範了奧地利連同俄羅斯對德意志發動攻擊，而羅馬尼亞也在1883年祕密加入。三帝同盟（Three Emperors' Alliance）有助於緩解俄羅斯和奧地利在巴爾幹半島的緊張關係，並孤立了法國。

● 1879—1918年，德奧同盟

◆ 1881—1887年，三帝同盟

⬟ 1882—1915年，三國同盟

2 三國協約（Triple Entente）的發展
1894—1907年
三帝同盟瓦解後，俾斯麥安排了德俄兩國簽署再保險條約（Reinsurance Treaty）。1890年，德皇威廉二世拒絕續約，讓俄羅斯有機會和法國結盟。法俄同盟確保了雙方的軍事支持。英國為了降低外國對大英帝國的威脅而在1904年與法國結盟，接著又在1907年與俄羅斯結盟，形成了三國協約。

■ 1894—1917年，法俄同盟（Franco-Russian alliance）

★ 1904年，英法協約（Entente Cordiale）

▲ 1907年，英俄協約（Anglo-Russian Entente）

1887—1890年 德俄簽訂再保險條約，保證若其中一國與第三國交戰，另一國會保持中立，但不適用於法國和奧地利

1909—1910年 沙皇尼古拉二世（Nicholas II）投入約100萬盧布在空軍建設中

1907年 羅西斯（Rosyth）的海軍船塢建設開始

1907年 英國重新組織軍隊，目的是建立一支16萬人的遠征部隊以及30萬人的志願非常規地方自衛隊

1903年 克虜伯公司位於基爾的造船廠建成了第一艘功能完備的潛水艇

1910年 第一所飛航學校在加奇納（Gatchina）開幕

1906年2月 無畏號戰艦首航，這是第一艘「全重砲艦」，助長了海軍軍備競賽

1908年3月 德國第一艘「全重砲艦」的無畏艦──拿索號戰艦（SMS Nassau）首航

1898—1912年 德國制定海軍法，代表了德國要建造一支可與英國相抗衡的海軍的野心

1883—1916年 羅馬尼亞祕密加入三國同盟，與德國、奧匈帝國和義大利結盟

1839年 倫敦條約（Treaty of London）保證了比利時的中立，若有國家違反條款，奧地利、比利時、法國、德意志邦聯、荷蘭、俄羅斯和英國就會發起軍事介入

1908年 奧匈帝國併吞波士尼亞，導致塞爾維亞更親近俄羅斯

1882年 義大利加入德奧同盟，形成了三國同盟

1906年 在阿爾赫西拉斯會議（Algeciras conference）上，英國在摩洛哥的問題上支持法國，於是兩國開始協議結成軍事同盟

1881—1895年 塞爾維亞透過奧塞同盟而與三國同盟結盟

1905-1906年 德國承認摩洛哥獨立，藉此試探英法協約的力量

NORWAY
SWEDEN
St Petersburg
RUSSIAN EMPIRE
Warsaw
Baltic Sea
DENMARK
Kiel
North Sea
NETHERLANDS
BELGIUM
Wilhelmshaven
Berlin
GERMANY
BRITAIN
London
Chatham
Portsmouth
Brussels
Plymouth
Paris
Munich
ATLANTIC OCEAN
Brest
FRANCE
Rosyth
AUSTRIA-HUNGARY
SWITZERLAND
Trieste
ROMANIA
Genoa
Belgrade
ITALY
Sarajevo
SERBIA
Toulon
MONTENEGRO
BULGARIA
ALBANIA
Taranto
Constantinople
SPAIN
PORTUGAL
GREECE
OTTOMAN EMPIRE
Algeciras
Tangier
阿爾及利亞（屬於法國）
摩洛哥（屬於法國）
突尼西亞（屬於法國）
Mediterranean Sea
利比亞（屬於義大利）
EGYPT

歐洲的權力平衡

1871年起，歐洲關係的特色就是結盟的改變，這些聯盟最初是為了維護和平而形成的。從1890年起，俄羅斯和法國結盟，這威脅到同盟國，再加上歐洲各國集結軍事力量，因此破壞了權力的平衡。

■ 1914年的協約國	■ 大戰期間加入協約國
■ 1914年的同盟國	■ 大戰期間加入同盟國
■ 1914年的中立國	

時間軸

1
2
3
4

1870　1880　1890　1900　1910　1920

---

3 鞏固軍力　1898—1914年

除了結盟改變之外，歐洲也在鞏固自己的軍事力量，英國已經擁有全世界最龐大的海軍。歐洲大量男性被徵召入伍，軍事技術的進步也讓更多資金投入陸軍和海軍，形成了一種動盪的氛圍，瀰漫著軍國主義，各國互相猜忌。

一個符號 = 10萬士兵

👤 協約國的陸軍軍力　　⚓ 協約國的海軍軍力
👤 同盟國的陸軍軍力　　⚓ 同盟國的海軍軍力

---

4 大戰前夕的同盟　1914年

1914年大戰爆發時，歐洲分為兩個全面武裝的陣營——協約國由三國協約的大不列顛、法國和俄羅斯組成，再加上蒙特內哥羅；同盟國則有德國、奧匈帝國和義大利。戰爭期間，雙方都有更多國家加入。

▽ **無畏號戰艦（HMS Dreadnought）**
這艘英國戰艦更強大、更快速，且擁有前所未見最強勁的火力，宣告了新型戰艦的來臨。

1907年　英俄解決了波斯勢力範圍的爭端，並與法國締結三國協約

PERSIA

世界大戰前夕

整個19世紀晚期，各強國——奧匈帝國、英國、法國、德國、義大利和俄羅斯——組成一系列的防禦同盟，因而避免了戰爭的爆發。但在20世紀初，巴爾幹半島的危機以及軍國主義的崛起破壞了這些同盟。

自從1815年拿破崙戰爭結束以來， 歐洲的權力平衡就一直處在很微妙的狀態。1871年德意志建國（見第264-265頁），成了一股強大的新力量。然而，德國並沒有打破權力平衡，反而是多年來都扮演維持這股平衡的重要角色。在奧托·馮·俾斯麥的領導下，德國開始與歐洲較保守的大國結盟，也就是奧匈帝國和俄羅斯。這樣的結盟確保若其中一國對任何非盟友的國家採取軍事行動，另外兩國會保持中立，但如果俄羅斯攻擊奧地利，那就等於要與德國對抗。

隨著巴爾幹半島的緊張局勢加劇（見第266-267頁），大國之間的緊繃關係也愈來愈嚴重。俄羅斯轉而與法國結盟，奧地利則於1908年併吞波士尼亞，羞辱了俄羅斯，結果把俄羅斯推向奧地利的宿敵塞爾維亞。這個時候，軍備競賽已經開始，各國在軍事重建和新技術上投入數百萬馬克、英鎊、盧布和法郎。光是在1913年，德國在軍事上就花了1億180萬英鎊，英國則花了7710萬英鎊。到了1914年，阻止大戰爆發的羈絆已被打破，歐洲分裂成蓄勢待發的兩大武裝陣營。

> 「**英格蘭、法國和俄羅斯密謀⋯⋯要對我們發動殲滅戰。**」
>
> 威廉二世（Wilhelm II）皇帝於1914年7月30日書寫的備忘錄

奧托·馮·俾斯麥
1815-1898年

奧托·馮·俾斯麥推動了德意志的統一，並讓德意志崛起成為大國。他主導了德意志的命運，先是在1862—1890年擔任普魯士首相，接著於1871—1890年擔任德意志帝國的首相。他熟練的外交手腕確保了19世紀末歐洲沒有發生重大衝突。他與奧匈帝國結盟，並與俄羅斯保持友好關係。然而在1888年，皇帝威廉二世即位，他的野心更大，想讓德意志帝國成為全球強權。1890年，他迫使馮·俾斯麥辭職。少了俾斯麥來穩定國際關係，歐洲不可避免地走向了戰爭。

現代世界

世界大戰、前所未有的科技與經濟發展，以及爆炸性的人口成長，讓20與21世紀成為人類史上最多變的時期。

現代世界

20世紀初期受到極為發達的科技、經濟和新的意識形態所主導，這些發展改變了社會。然而，人民為了爭取民族獨立以及更好的生活而打破了舊有的框架，在新世界的秩序形成之前造成了前所未見的暴力和動盪。

△ **民族主義的代表**
波士尼亞民族主義分子加夫里洛·普林西普於1914年6月28日刺殺奧地利大公弗朗茨·斐迪南，把列強推向第一次世界大戰。這是20世紀意義重大的一場衝突，導致帝國的衰亡。

在 20 世紀初，舊世界已經開始被新世界取代。雖然在南非、朝鮮和其他地方，新帝國仍在形成之中，但由於舊帝國的人民要求從高壓中解放並爭取政治權力，因此處於動亂狀態。在俄羅斯，成千上萬人走上街頭向沙皇尼古拉二世要求改革，同時沙皇的軍隊正忙於在日俄戰爭中對抗日軍。大約同一時期，中國的帝國正因為歐洲帝國主義的施壓以及內亂而逐漸崩解。到了 1912 年，中國清朝已經被滅，中國成為共和國。

1908 年，廣大的鄂圖曼帝國動盪不安，因為青年土耳其黨人（一個土耳其民族黨派）發起動亂，他們制定憲法並引進多黨政治。巴爾幹半島的塞爾維亞、保加利亞、希臘和蒙特內哥羅等國家結盟，趁這些問題未解決時向土耳其開戰，接著又為了戰利品而爭執，導致了另一場戰爭。

頻繁的動亂

奧地利大公弗朗茨·斐迪南（Franz Ferdinand）在波士尼亞的塞拉耶佛（Sarajevo）被一名激進的民族主義分子加夫里洛·普林西普（Gavrilo Princip）刺殺，引爆了第一次世界大戰（見第 274-275 頁）。這場戰爭持續了漫長的四年，陷入膠著，並付出天大的代價。由於有了致命的先進技術，飛機、毒氣、戰車和潛艇能夠大規模部署，一整代的年輕人都被殺害。到了第一次世界大戰的第三年，俄羅斯已經支離破碎，革命家弗拉迪米爾·

◁ **戰爭的代價**
帕斯尚爾戰役（Passchendaele）又叫第三次伊珀戰役（Third Battle of Ypres），發生於1917年，導致協約國30萬人死亡，只取得了微不足道的8公里進展。這場戰役因此成為戰爭徒勞無功的代名詞。

動亂的時代

20世紀早期充滿衝突。這個時間軸以另一場世界大戰的不祥預兆作結。北美洲與歐洲和東亞不同，在參與第一次世界大戰之前避開了重大動盪。然而，1929年的美國股市崩盤是美國以及世界史上最具破壞性的事件之一。雖然這個時代充滿動盪，但也創造出偉大的科技發明，並具有強大的生產力。

1903年12月 美國發明家威爾伯（Wilbur）與奧維爾·萊特（Orville Wright）在一架航空器中完成了第一次持久的動力飛行

1908年10月 福特T型車在美國底特律製造，這是第一輛一般人買得起的汽車

1912-1913年 巴爾幹半島的國家攻擊鄂圖曼帝國

1914年 日本參戰，加入英國及其盟友的陣營

北美洲

東亞

歐洲

1900年　　　　1905年　　　　1910年　　　　1915

1910年 日本經過三年的戰爭後併吞朝鮮，成為世界強權之一

1913年 美國實業家亨利·福特（Henry Ford）改良流水線，使大規模生產得到改革

1914年6月 弗朗茨·斐迪南在塞拉耶佛被刺殺，引發第一次世界大戰

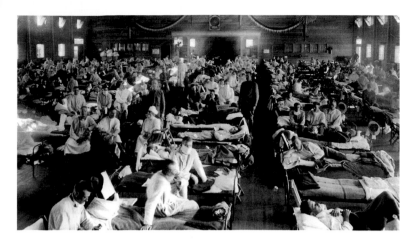

◁ **全球疫情**
1918－1919年爆發西班牙流感，從美國開始
蔓延，演變成一場全球災難，約有5億人感
染，並導致多達5000萬人死亡。

列寧在這場混亂中崛起，他的布爾什維克黨（Bolshevik Party）掌控了權力。1919 年，俄羅斯、奧地利和德意志帝國都已經垮臺。鄂圖曼帝國是這場戰爭中最後一個慘烈的受害者，1920 年簽訂色佛爾條約（Treaty of Sèvres）後，帝國也瓦解了。

同時，大約在 1916 年的復活節期間，都柏林發生了一場武裝起義，把南愛爾蘭推向獨立之路，脫離英國統治。1922 年，愛爾蘭自由邦（Irish Free State）成立。

全球反響

美國在戰爭初期秉持孤立主義政策，但由於他們的商船遭到德國潛艇攻擊而被捲入了這場衝突。在戰爭期間以及戰後，美國大幅擁抱並投資科技產業，開創了流水線生產的方法。由於女性對戰爭有重大貢獻，在 1918 年，英國、奧地利、德國和加拿大的女性都被賦予投票權，而大部分的美國女性也在 1920 年獲得相同的權利。然而 1929 年發生華爾街股災，這段美好時光嘎然而止。

接下來的大蕭條（見第 286-287 頁）導致大量民眾失業及罷工，結果轉變成一場全球性的危機，貧窮的規模之大前所未見。在 1930 年代，世界飽受暴力的政治極端主義所擾。中國受到日本的攻擊，又因內戰而動盪不安。在德國，超過 40% 的產業工人失業，這個國家已經受到世界貿易崩潰的重擊，人民飢餓又困苦。時機已經成熟，野心勃勃的阿道夫·希特勒（Adolf Hitler）組建了國家社會主義德意志勞工黨，也就是納粹黨。他承諾讓德國恢復大國的地位，並準備進行全面掌控。

極權主義與戰爭的種子

其他歐洲國家也受到右翼政治和宣傳所吸引。德國有希特勒，義大利有貝尼托·墨索里尼（Benito Mussolini），而傾向法西斯主義的西班牙則有法蘭西斯科·佛朗哥（Francisco Franco）。1936 年 7 月，西班牙發生殘酷的內戰，佛朗哥的軍隊與西班牙左翼勢力對戰。在希特勒和墨索里尼的幫助下，佛朗哥在下一次世界大戰到來之前獲得勝利。第一次世界大戰又稱為「大戰」（Great War），這場衝突本應是所有衝突的終點。然而，1919 年簽訂的和平條約——凡爾賽條約（Treaty of Versailles）——重劃了歐洲，醞釀出不滿和怨恨的情緒，再加上大蕭條，催生了世界上最血腥的衝突——第二次世界大戰（見第 294-295 頁）。

△ **火燒德國**
1933年2月27日發生於德國國會大
廈的神祕火災是納粹史上的一個關
鍵時刻，這是阿道夫·希特勒展開
全面獨裁的墊腳石。

◁ **人民的領導**
毛澤東是中國共產黨的創始
人之一，後來成為中華人民
共和國的領導人，他也是
20世紀最有影響力的人
物之一。

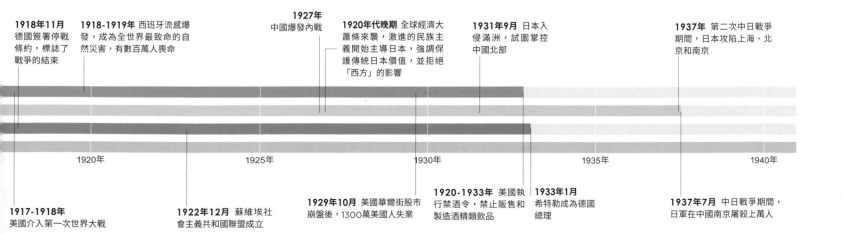

1918年11月 德國簽署停戰條約，標誌了戰爭的結束

1918-1919年 西班牙流感爆發，成為全世界最致命的自然災害，有數百萬人喪命

1927年 中國爆發內戰

1920年代晚期 全球經濟大蕭條來襲，激進的民族主義開始主導日本，強調保護傳統日本價值，並拒絕「西方」的影響

1931年9月 日本入侵滿洲，試圖掌控中國北部

1937年 第二次中日戰爭期間，日本攻陷上海、北京和南京

1920年　　　1925年　　　1930年　　　1935年　　　1940年

1917-1918年 美國介入第一次世界大戰

1922年12月 蘇維埃社會主義共和國聯盟成立

1929年10月 美國華爾街股市崩盤後，1300萬美國人失業

1920-1933年 美國執行禁酒令，禁止販售和製造酒精類飲品

1933年1月 希特勒成為德國總理

1937年7月 中日戰爭期間，日軍在中國南京屠殺上萬人

1917年7－11月
在帕斯尚爾戰役（Battle of Passchendaele）中，32萬5000名協約國士兵與26萬名德國人死亡，卻只取得了8公里的進展

1915年4－5月 英國掌控的伊珀（Ypres）是戰場中心。在第二次伊珀戰役中，德軍第一次使用氯氣

1914年8月23日 英軍在法國登陸，並在蒙斯（Mons）與進軍中的德軍交會。英軍被擊退到馬恩河（River Marne）

1915年3月 Neuve-Chapelle

1914年8月26日 英國發起最後一搏，犧牲了7812人，但延遲了德軍在巴黎的進攻

1915年9－10月 Loos

1916年7－11月 英軍和法軍在索母河（Somme）展開重大攻勢，這是戰車第一次出現

1918年8月 Amiens

1917年5－10月 Chemin des Dames

1918年3－8月 在春季攻勢（Spring Offensive）中，德軍試圖發動一系列攻擊，包括進軍漢斯，藉此打破西線的僵局

1914年9月6－12日 協約國在第一次馬恩河戰役中擊敗德國，阻止了德國進攻巴黎。雙方都堅守戰線，壕溝戰就此展開

1918年6月 Belleau Wood

1914年8月 Tournai

1914年10月 Arras / **1915年5月**

1914年8月 Le Cateau

1914年8月 Mons

1914年8月 Charleroi

1914年8月 Liège

1916年7－11月 Somme

1918年6月 Montdidier

1918年9月 St Quentin Canal

1918年7－8月 Rheims

1918年7月 Château-Thierry

1917年6月 Messines

1918年9－11月 Argonne

1918年9月 St Mihiel

1 早期德國的進攻　1914年

1905年，戰略家阿佛列‧馮‧史里芬（Alfred von Schlieffen）為德國想出了一個計畫，在經過比利時快速進軍擊敗法國，接著向東前往俄羅斯。然而，俄羅斯動員的速度比他們預期中快。此時德國人只好在兩條戰線上作戰，在前往巴黎時被協約國軍隊擊退。

⇨　1914年，德國入侵法國和比利時

⋀⋀　1914年，德國進一步進軍

✕　重要戰役

西方戰線

德國穿越比利時攻打法國，開啟了西方戰線。這是第一次世界大戰中重要的戰場之一，但德軍被協約國擊退。在這場戰爭的大部分時候，西方戰線從弗日山脈（Vosges）延伸到亞眠（Amiens），直抵比利時的奧斯坦德（Ostend）。

1914年8月4日 德國進攻比利時城市列日，引發戰爭的第一場戰役，這場攻擊將大英帝國捲入戰爭

1916年冬天 德國人建設興登堡防線，這個大型防禦網長140公里

1916年2－12月 凡爾登之役（Battle of Verdun）持續了300天，雙方都損失慘重

2 僵局與壕溝戰　1915－1917年

到了1914年的耶誕節，敵對雙方都陷入膠著，並沿著比利時海岸挖了645公里的蜿蜒壕溝，向南延伸到瑞士邊界。軍隊沿著西方戰線前進，歷經一連串殘酷的戰役，取得的領土卻不多。沒有人料到這場戰爭會僵持至此。

━　━　1917年，德國撤退到興登堡防線（Hindenburg Line）　　✕　重要戰役

3 協約國的勝利　1918年

到了1917年春天，協約國軍隊已經精疲力盡，但美軍正在趕來。德國沿著西方戰線發起突襲，但遭到協約國的反擊。疲憊不堪的德軍苟延殘喘的同時，協約國展開了大規模的百日攻勢，突破了武裝森嚴的興登堡防線。1918年11月11日，德國簽署停戰協定。

⋀⋀　1918年3－7月，德國的進攻　　━━　1918年11月11日，停戰線

→　1918年，協約國的反擊　　✕　重要戰役

▷ **戰爭的新面貌**
第一次世界大戰是戰車第一次出現在衝突中。戰車由英國人發明，在協約國1918年的進攻中扮演了重要的角色。

第一次世界大戰

第一次世界大戰是20世紀最具代表性的事件之一。各國政府被一個個糾纏不清的聯盟綁死，又受到不斷增加的戰艦與武器的鼓舞，於是派出軍隊進行新型作戰。

1914 年 6 月 28 日，奧地利王位繼承人弗朗茨・斐迪南大公在波士尼亞的塞拉耶佛被刺殺。奧匈帝國把責任歸咎於他們的死敵塞爾維亞，並發動戰爭。事態迅速升級，並把更大的同盟（見第 268-269 頁）也捲入戰爭。俄羅斯迅速向塞爾維亞提供援助，而德國則協助奧匈帝國，向俄羅斯和法國宣戰。1914 年 8 月 4 日，德國在前往法國的途中入侵了中立的比利時，導致英國向德國宣戰。各國很快陷入僵局。德國人、英國人和法國人挖掘

了壕溝網，從瑞士邊境一直延伸到北海。這些國家使用現代化武器，使西方戰線成為殺戮戰場。而在進展較大的東方戰線，裝備較先進的德軍擊敗了俄羅斯，俄羅斯在 1917 年 12 月簽署停戰協議。1917 年 4 月，美國參戰，讓協約國占上風，經過了一系列殘酷的鬥爭之後，各國於 1918 年 11 月 11 日達成停戰協議。在戰爭初期，協約國和同盟國都相信這會是一場短暫且具有決定性的戰爭，雙方都沒有為這場長期的消耗戰做好準備。

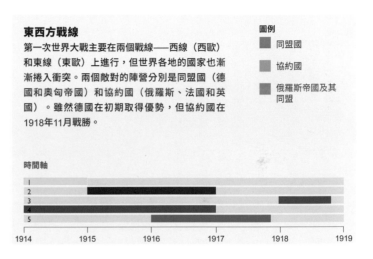

東西方戰線

第一次世界大戰主要在兩個戰線——西線（西歐）和東線（東歐）上進行，但世界各地的國家也漸漸捲入衝突。兩個敵對的陣營分別是同盟國（德國和奧匈帝國）和協約國（俄羅斯、法國和英國）。雖然德國在初期取得優勢，但協約國在1918年11月戰勝。

圖例
- 同盟國
- 協約國
- 俄羅斯帝國及其同盟

時間軸

4　機動戰　1914—1917年

東方戰線不像西方戰線一樣陷入僵局，而是像大家預期的一樣，一支支大軍都取得重要進展。德國和奧匈帝國軍隊在超過1600公里的戰線上對付俄羅斯及他們的盟友，包括塞爾維亞。俄羅斯在阿列克謝・布魯西洛夫將軍（Alexei Brusilov）的領導下取得最重大的成就。1916年6—9月，他在西南部戰線上突破了奧匈帝國的防線。奧地利一直沒有真正恢復國力。

圖例
- → 1914年，俄羅斯的進攻
- ▲▲ 1914—1915年的俄羅斯前線
- → 1916年布魯西洛夫的進攻
- ✕ 重要戰役
- → 1917—1918年，德國登陸
- ▲▲ 1915—1916年同盟國的進攻範圍
- 1917年12月的停戰線

1914年8月 兩支俄軍入侵普魯士，但在坦能堡之役（Battle of Tannenberg）中受到重創

東方戰線

俄軍從東方接近德國和奧匈帝國，開啟東方戰線，從北部的波羅的海延伸到南部的黑海。

5　情勢轉變　1916—1917年

雖然俄羅斯在早期取得優勢，但到了1916年底，德國已經掌控了東方戰線。俄羅斯軍隊雖然龐大，但缺乏組織。到了1917年，他們的士氣大減，而且十月革命造成了嚴重的動盪。俄羅斯在12月簽署停戰協定並退出戰爭。

- → 1918年，德國進攻俄羅斯
- ▲▲ 1918年6月為止，德國深入俄羅斯的範圍

1916年6—9月 布魯西洛夫攻勢（Brusilov Offensive）是俄羅斯對抗同盟國最偉大的軍事勝利。奧匈帝國撤退，國力大損

壕溝

第一次世界大戰大部分的戰鬥都發生在充滿泥與血的戰壕裡。僵局一再延長，雙方都被困在戰壕之中，大量的死亡只換來些許的進展。

△ **通訊線路**
軍方大量使用電話來對前線的軍隊下達直接指令。戰場上鋪設了錯綜複雜的電話和電報線。

德軍對法國的進攻在 1914 年早秋就受到阻礙。雙方面對致命的機槍、迫擊砲和榴彈砲，都拿起鏟子挖掘簡單的壕溝，並在壕溝裡同時進行防禦和攻擊。現代壕溝戰的時代來臨。

到了 1914 年 10 月中旬，兩條由綿延的戰壕所構成的戰線互相對峙，從南部瑞士邊界延伸到北海，形成了西方戰線。早期協約國的壕溝既粗糙又淺薄，而德國的壕溝則較為堅固，地勢又高，有些甚至配有電力和廁所。壕溝的牆壁用沙袋、鐵絲網和木架來加固。

人命的代價

壕溝裡的生活非常可怕，滿是老鼠、蒼蠅和蝨子，而且很容易淹水。膽戰心驚的年輕人站在及膝的泥巴裡等待「起身迎戰」的指令。士兵的傷亡率很高，這不只是因為帕斯尚爾之役（1917 年 7—11 月）等重大戰役，也因為他們時時刻刻面臨狙擊手、隨機射擊和毒氣的威脅。傷寒和戰壕足痛等疾病讓許多人無法行動。頻繁的爆炸和敵軍開火的聲音導致一種新症狀的出現，稱為「砲彈恐懼」，引發了各種精神官能的致殘疾病。被困在戰壕中的士兵無路可逃。逃兵會遭到槍擊，裝病則會受到懲罰。第一次世界大戰的壕溝戰導致長達四年的僵局，造成士兵死亡的除了新型武器之外，還有糟糕的生活條件。

△ **跨越戰壕**
德國士兵爬出他們的壕溝，穿越無人地帶（敵對雙方壕溝之間的區域）攻向英國陣地。士兵在槍林彈雨中前進，大批倒下。

索母河戰役
在1916年7–11月的索母河戰役期間，第11赤夏兵團（Cheshire Regiment）的一名士兵站崗時，戰友在戰壕中的瓦礫堆裡把握僅有的睡眠時間。

戰爭的蔓延

雖然一戰（1914—1918年）的主要戰場在歐洲，且由歐洲大國主導，但戰爭還是透過一系列的聯盟以及帝國和殖民地蔓延到全世界。

第一次世界大戰起源於中歐，但許多歐洲交戰國都是殖民大國，在全球都擁有珍貴的資產和駐軍。數以百萬計的士兵從殖民國家被號召到前線作戰。隨著戰爭蔓延開來，巴爾幹半島、美索不達米亞、安納托力亞（今日土耳其）、東非和薩洛尼卡（Salonika）都出現新的戰線。1915 年 5 月，義大利加入協約國的陣營，並在義大利與奧匈帝國邊界展開一連串殘酷的戰鬥。

在本來就動盪不安的巴爾幹地區，人民的忠誠度出現了分歧。1918 年 9 月，協約國軍隊從希臘北部進攻，終於解放了塞爾維亞。1914 年秋天，鄂圖曼土耳其帝國以德國盟友的身分參戰，使中東捲入衝突。土耳其人在初期對抗英軍時取得勝利，但在高加索地區對抗俄羅斯時遇到了困難。1916 年，阿拉伯全面發起反對鄂圖曼統治的起義，阻礙了鄂圖曼軍隊，因而協助了英軍。到了 1918 年 10 月，土耳其要求停戰時，這個擁有數百年歷史的帝國已經瓦解。

> 「我們把他們成千上萬地推向戰火，讓他們走向最恐怖的死亡。」
>
> T・E・勞倫斯（T. E. Lawrence），英國軍官

T・E・勞倫斯
1888—1935年

湯瑪斯・愛德華・勞倫斯（Thomas Edward Lawrence）是第一次世界大戰中最具代表性的人物之一，他以「阿拉伯的勞倫斯」（Lawrence of Arabia）的稱號為人所知，是一位會說阿拉伯語的英國考古學家，在中東旅行和工作。一戰期間，他加入英國軍隊，並成為埃及開羅的情報員。他因為大膽的襲擊行動而成為國際知名的傳奇人物。勞倫斯對於生活在土耳其統治下的阿拉伯人深感同情，並投入他們的解放事業。1935 年，他在英格蘭死於一場機車事故。

1916年8月27日 羅馬尼亞加入協約國，接著被德軍占領

1914年6月28日 奧地利王位繼承人在塞拉耶佛被一名波士尼亞的塞爾維亞民族主義者暗殺，奧匈帝國向塞爾維亞宣戰

1915年10月5日 英、法軍隊在薩洛尼卡登陸，但被保加利亞人擋下，他們在這裡一直待到1918年9月
1918年9月15日 塞爾維亞軍隊擊敗保加利亞人，保加利亞人在兩週後簽署停戰協議。一個月之後，塞爾維亞被協約國軍隊解放

Dodecanese (governed by Italy)

1916年2—3月 英國和法國的戰艦發起重大攻擊，但無法通過狹窄的達達尼爾海峽去占領君士坦丁堡

巴爾幹半島的戰爭 1914—1918年

1914年7月，奧匈帝國對塞爾維亞宣戰。塞爾維亞最初有所抵抗，但在1915年，保加利亞加入敵對陣營，塞爾維亞因此無法抗衡，只能撤退。由於在薩洛尼卡登陸的協約國軍隊出手干預，前線在希臘邊境附近穩定下來。1916年，羅馬尼亞加入協約國，希臘則在1917年加入。

→ 奧地利、保加利亞與德國軍隊
⇢ 協約國的進攻
→ 撤退的塞爾維亞軍隊
→ 英法軍隊
▲▲ 薩洛尼卡前線
✕ 重要戰役

全球衝突

第一次世界大戰在歐洲各地和中東開打。整個戰爭期間，巴爾幹都有戰事發生，高加索和阿拉伯半島的一連串軍事行動持續了幾年，蘇伊士和安納托力亞也發生了重大戰役。

圖例

協約國勢力
■ 俄羅斯帝國
■ 大英帝國
■ 俄、英的盟友

同盟國勢力
■ 奧匈帝國和保加利亞
■ 鄂圖曼帝國

▲▲ 1918年，土耳其投降時的戰線

時間軸

RUSSIAN EMPIRE

2 高加索戰線 1914—1917年

高加索戰役（Caucasus Campaign）是鄂圖曼帝國和俄羅斯帝國之間的一連串衝突。俄羅斯把征服高加索前線視為奪取君士坦丁堡（今日伊斯坦堡）和占領波斯油田的機會。鄂圖曼人想收復失地。土耳其軍隊大敗。

⇨ 俄羅斯軍隊　　⊏⇨ 土耳其軍隊
⌃⌃⌃ 1917年的俄羅斯與　　✕ 重要戰役
土耳其戰線

3 襲擊蘇伊士運河 1915年1月26日—2月4日

土耳其軍隊穿越西奈沙漠，對英國保護的埃及蘇伊士運河發動攻擊。土耳其軍隊想藉此切斷英國通往印度的命脈，並在埃及引發一場反英國統治的伊斯蘭起義。計畫雖然失敗了，但土耳其造成的威脅把數以千計的英國士兵都綁在這個地區。

✕ 重要戰役

1914年11月15日 土耳其軍隊在巴統（Batumi）南方的紅銅礦場上擊敗了一支俄羅斯部隊，但俄羅斯重新進攻

1914年12月26日 土耳其第三集團軍在薩利卡米什戰役（Battle of Sarikamis）中被俄軍擊敗

1914年11月7日 土耳其軍隊在艾朱倫（Erzurum）阻止俄軍前進

1918年9月中 鄂圖曼人占領了盛產石油的城市巴庫，1918年11月的停戰迫使他們撤出

4 加利波利之戰（Gallipoli campaign）
1915年2月17日—1916年1月9日

1915年2月，協約國軍隊在達達尼爾（Dardanelles）發動一場海軍行動，目標是占領君士坦丁堡並迫使鄂圖曼帝國退出大戰。由於行動失敗，4月時，法軍與英軍在澳洲和紐西蘭軍隊的幫助下登陸加利波利。經過幾個月的戰鬥後，他們撤退了。

⟶ 協約國艦隊　　✕ 重要戰役

Black Sea
Caucasus
GEORGIA
Batumi
Trebizond
AZERBAIJAN
Baku
Sarikamis
ARMENIA
Erzurum
Erzinjan
Eleşkirt
Lake Van
Muş
Angora
Sivas
Anatolia
Tabriz
OTTOMAN EMPIRE
Taurus Mountains
Alexandretta
Aleppo
Euphrates
Mosul
Kirkuk
PERSIA
SYRIA
Mesopotamia
Homs
Cyprus
Beirut
Damascus
Zagros Mountains
Sultanabad
Baghdad
Kut al Amara
Megiddo
Amman
Tigris
Jerusalem
Gaza
Amara
Ma'an
Basra
Cairo
Suez
Aqaba
Kuwait
Sinai
Palestine
Tabuk
Arabian Peninsula
Mada'in Salih
Medina

1915年1月26日 土耳其軍隊對蘇伊士運河發動攻擊

1918年10月1日 埃德蒙·艾倫比和T·E·勞倫斯占領大馬士革

1917年12月11日 埃德蒙·艾倫比的部隊在加薩取得進展，艾倫比穿越雅法門，進入耶路撒冷

▷ **加利波利的澳洲人**
一名澳洲士兵背著他受傷的同袍。紐澳軍團日（Anzac Day）紀念澳洲和紐西蘭在加利波利戰役中所扮演的角色。

7 T·E·勞倫斯的進擊 1916—1918年

T·E·勞倫斯的戰略指導確保了阿拉伯起義成功。他領導一場游擊戰，透過破壞活動摧毀了土耳其的關鍵補給路線——漢志鐵路（Hejaz railway），並拿下了阿卡巴（Aqaba）的要塞。他的軍隊於1918年加入埃德蒙·艾倫比爵士將軍（General Sir Edmund Allenby）旗下，並在占領鄂圖曼領土上扮演了重要角色。

⟶ T·E·勞倫斯領導的　　⇢ 土耳其軍隊
協約國軍隊
⋯⋯ 漢志鐵路

6 英國的進擊 1916—1918年

協約國在中東遭遇重大戰敗後，戰爭的情勢開始改變。1916年發生了反鄂圖曼人的阿拉伯起義，這有助於把土耳其人驅離阿拉伯半島的大部分區域。1917年11月，加薩被攻陷，12月時耶路撒冷失守。英國和阿拉伯軍隊繼續進攻，並在1918年10月占領大馬士革和阿勒坡。

⟶ 協約國軍隊　　⇢ 土耳其軍隊
▬ 阿拉伯起義地區

5 亞美尼亞種族滅絕 1915—1922年

土耳其人宣稱安納托力亞東部的亞美尼亞人與俄羅斯軍隊合作，並把這個主要由基督徒組成的社群驅逐到國家的南部。他們在穿越敘利亞沙漠前往看守營的過程中執行了大量死刑，並經歷了死亡行軍。這次種族滅絕導致多達150萬名亞美尼亞人死亡。

⟶ 驅逐路線　　⇢ 亞美尼亞難民
的逃亡路線

4 內戰爆發 1917—1922年

雖然布爾什維克黨已經掌權，但他們在俄羅斯仍屬於少數派。列寧發起了「紅色恐怖」（Red Terror），這是一場對任何被視為政權威脅的人發起的恐嚇運動，由新的布爾什維克祕密警察「契卡」（Cheka）實施。同時，布爾什維克（紅軍）與反布爾什維克勢力之間爆發了激烈的內戰，反布爾什維克勢力包括白軍（White Army），由沙皇支持者和軍官組成。俄羅斯的前盟友——英國、法國和美國——因為擔心共產主義蔓延而支持白軍。

3 俄羅斯退出第一次世界大戰 1917—1918年

由列寧領導的新布爾什維克政府於1917年12月與同盟國簽署停戰協議（見第275頁）。協議中的條款對俄羅斯很不利，這些條款於1918年3月在布列斯特—立陶夫斯克條約（Treaty of Brest-Litovsk）中正式確立。俄羅斯放棄對波羅的海國家和烏克蘭的控制權，並被迫支付60億德國馬克的賠款。民眾對這些損失感到憤怒，引發了對布爾什維克黨的不滿。

■ 1918年簽訂布列斯特—立陶夫斯克條約後的俄羅斯國界

2 獨立的共和國 1917—1921年

俄羅斯帝國的種族十分多元，非俄羅斯民族的自決呼聲愈來愈高。芬蘭、愛沙尼亞、波蘭、拉脫維亞、立陶宛和烏克蘭經歷革命後都宣布獨立，而亞美尼亞、亞塞拜然和喬治亞則建立了短暫的共和國。烏克蘭和高加索國家面臨金融危機，再加上軍力薄弱，後來被重新納入蘇聯。

▇ 1917—1918年宣布脫離俄羅斯獨立的國家

🏴 1917—1921年暫時脫離俄羅斯獨立

1919年2月—1920年10月 隨著布爾什維克黨在內戰中獲得愈來愈多成就，列寧試圖奪回在波蘭失去的領土。最初布爾什維克黨有所進展，但後來在華沙戰役（Battle of Warsaw）中被擊敗

1918年12月18日 白軍的盟友法國介入內戰，派了一支軍隊到奧德薩（Odessa）

1919年4月8日 紅軍從協約國軍隊手中奪取奧德薩

1920年11月7—17日 紅軍在佩雷科普圍攻（Siege of Perekop）中獲得另一場勝利，他們接著占領克里米亞

1918年4月10—13日 葉卡捷琳諾達爾戰役（Battle of Yekaterinodar）是兩軍的第一場重要戰役，白軍指揮官在戰鬥中陣亡

1918年3月 德國士兵在幾乎無人阻擋的情況下進軍俄羅斯。在這之後，俄羅斯就把首都從彼得格勒移到了莫斯科

1918年9月5—10日 與捷克人結盟的白軍在喀山戰役（Battle of Kazan）中戰敗

1918年7月16—17日 沙皇尼古拉二世與他的妻子、五個孩子和四名皇室工作人員都被布爾什維克黨人槍斃

1918年8月 協約國軍隊提議協助白軍領導人亞歷山大・高爾察克（Alexander Kolchak）海軍上將，他把政府建在鄂木斯克（Omsk）

5 哥薩克人（Cossack）的攻擊 1917—1920年

哥薩克人是一個自治群體，他們起身反抗布爾什維克黨，許多反布爾什維克黨的人民也逃到俄羅斯南部加入他們的陣營。哥薩克人與白軍聯手，使布爾什維克黨退守到南部戰線，並破壞他們的通訊線路，在1918—1920年之間圍攻港口城市察里津（Tsaritsyn），並於1919年9月短暫占領弗羅涅日（Voronezh）。

■ 頓河哥薩克人（Don Cossack）

■ 庫班哥薩克人（Kuban Cossack）

6 布爾什維克黨的進攻 1917—1922年

雖然白軍得到俄羅斯以外許多國家的支持，但布爾什維克黨擁有一位傑出的戰略領袖——列昂・托洛斯基，且政黨組織更為良好。重點在於他們掌控了莫斯科和彼得格勒等工業城市，俄羅斯大部分的鐵路網都包含在內。1922年10月內戰結束時，布爾什維克黨已完全掌控了俄羅斯。

✕ 布爾什維克黨的戰役

— 1919年，布爾什維克黨的領土

7 蘇聯成立 1922年12月

內戰結束後，國家飽受摧殘。在1921—1922年之間，約有600萬農民死於饑荒，許多城市都發生暴動。1922年5月，列寧中風。1922年12月，一黨制的蘇維埃社會主義共和國聯盟（蘇聯）成立。列寧死於1924年，死時他很擔心黨內的政治內鬥。然而，他留給後世的是世界上第一個社會主義國家。

■ 1922年的蘇聯

十月革命 1917年10月

1917年秋天，原本躲在芬蘭的列寧回到俄羅斯，並要求立即採取行動。赤衛隊（Red Guard）掌控了彼得格勒。1917年10月26日，臨時政府的所在地冬宮（Winter Palace）的衛兵自願投降。權力移交到布爾什維克黨手中。1918年1月，列寧解散俄羅斯立憲會議（Russian Constituent Assembly），建立了馬克思主義的一黨制國家。

● 布爾什維克黨掌控的城鎮

1918年5月 協約國軍隊戍守西伯利亞大鐵路，以確保他們的戰時補給品免受布爾什維克黨的攻擊，並讓鐵路保持運作

1919年1月 協約國派出部隊，通過海參崴與白軍一起作戰，白軍主要位於西伯利亞

△ **列寧歸來**
位於聖彼得堡芬蘭車站（Finland Station）的列寧雕像標誌了他流放之後回國並展開革命。

動盪的國家

從1917年2月到1922年蘇聯成立期間，俄羅斯經歷了一段極度動盪的時期，面臨第一次世界大戰、君主制的結束、革命、內戰和饑荒。在這麼一個飽受摧殘的國家，列寧成了實質上的獨裁者。

圖例

布爾什維克黨軍隊	協約國軍隊
白軍	鐵路

時間軸

1	2	3	4	5	6	7

1917　1918　1919　1920　1921　1922　1923

俄羅斯革命

幾個世紀以來，俄羅斯帝國都由獨裁的君主（沙皇）統治。然而，在動盪的一年，俄羅斯人民起身推翻沙皇。弗拉迪米爾·列寧的共產黨——布爾什維克黨——掌權，為蘇聯的建立奠定了基礎。

1914年爆發的第一次世界大戰讓心懷不滿的俄羅斯民眾暫時團結起來，但戰爭進行得並不順利。大量的軍事損失以及食物短缺導致人民愈來愈憎恨沙皇尼古拉二世。1917年2月23日，在彼得格勒（Petrograd）爆發了一場動亂，是一群為了領取麵包而等了好幾個小時的婦女發起的。這場暴動演變成一場全面抗爭。1917年3月，沙皇被迫退位，由臨時政府掌權，但這個政府很脆弱。同時，推動改革的委員會「彼得格勒蘇維埃工人與士兵代表」（Petrograd Soviet of Workers' and Soldiers' Deputies）則愈來愈受歡迎。俄國社會民主工黨（Russian Social Democratic Party）的布爾什維克派系領袖列寧回到俄羅斯，他之前因馬克思主義活動而流亡國外。列寧認為實現他思想的時機已經成熟。然而，臨時政府的領導人亞歷山大·克倫斯基（Alexander Kerensky）禁止布爾什維克黨，並下令逮捕逃往芬蘭的列寧。到了1917年8月，布爾什維克黨已經掌控了彼得格勒蘇維埃。列寧認為勝券在握，於是在秋天返國，並確信布爾什維克黨能夠掌權。

> 「若我們現在不掌權，歷史將不會原諒我們。」
>
> 弗拉迪米爾·列寧，革命家，1917年9月

列昂·托洛斯基（Leon Trotsky）
1879—1940年

列昂·托洛斯基原本是孟什維克派（Menshevik），這是俄羅斯社會主義運動中反對布爾什維克的一個派系。1917年3月沙皇被推翻時，他正因反戰活動流亡美國。回國後，他加入了布爾什維克黨，並協助組織十月革命以及建立紅軍（Red Army）。1917—1922年的俄羅斯內戰期間，他擔任紅軍的領導人。1924年列寧死後，他與約瑟夫·史達林（Joseph Stalin）發生衝突。1929年，他再次遭到流放，並在墨西哥尋求庇護。1940年，他遭到致命攻擊，被史達林主義者刺殺。

政治極端主義

第一次世界大戰為後世留下了禍害。德、義、西等好幾個國家都為了解決問題而走向政治極端主義。

△ **法西斯主義的誕生**
極具魅力的義大利獨裁者貝尼托·墨索里尼在一場大型集會上鼓舞了數以千計的人。他把手伸直的招呼方式成了法西斯主義的象徵。

第一次世界大戰過後，歐洲的共產主義崛起，引發極端右翼團體的出現。人民追隨願意採取極權政治的領導人，而貝尼托·墨索里尼在 1922 年成為義大利的軍事獨裁者，他創造了「法西斯」（fascism）這個詞語，用來描述他的右翼運動。

墨索里尼的大型集會與宣傳影響了希特勒，他是德國右派的新星，也是國家社會主義德意志勞工黨（納粹黨）的領袖。納粹黨公開宣揚種族主義、反猶太主義和反共產主義。1930 年代成了極度動盪的時期。大蕭條（見第286-287 頁）造成全球經濟危機。共產主義和法西斯主義都為吃不飽、失業的民眾提供了解答。威權政府在中歐和東歐掌權，民主逐漸式微。

危機與衝突

在德國，納粹團體打擊共產主義者。當時正值經濟危機，希特勒於1933 年掌權。西班牙內戰（見第 292-293 頁）成了法西斯主義與左翼之間互不相容的縮影。義大利和德國支持法西斯主義的法蘭西斯科·佛朗哥將軍，並利用戰爭來測試對抗共和黨政府的新武器和戰略，共和黨政府則得到蘇聯的物資與指導。歐洲各國再次選擇陣營並結成同盟。

▷ **轟炸格爾尼卡**
1937年4月26日，西班牙內戰期間，納粹為了支持法蘭西斯科·佛朗哥將軍而對西班牙巴斯克地區的小鎮格爾尼卡（Guernica）進行轟炸。

> 「事實是人類厭倦了自由。」
>
> 貝尼托·墨索里尼，義大利獨裁者，1934年

納粹的崛起

1933年，納粹領袖阿道夫·希特勒在德國的一場集會上對準軍事衝鋒隊（Sturmabteilung，SA）發表演說。這種極具傳奇色彩的演出讓納粹黨得到狂熱的支持。

6 愛爾蘭 1916—1922年

第一次世界大戰的爆發打斷了關乎愛爾蘭未來的英國政治危機。由於未能解決這場危機，先是導致了戰時的暴動（1916年的復活節起義），接著又引發獨立戰爭（1919—1921年），愛爾蘭分裂主義分子為了建立獨立的愛爾蘭共和國而戰。1922年，愛爾蘭分裂為北愛爾蘭和愛爾蘭自由邦，造成了進一步的動盪。

■ 1922年的愛爾蘭自由邦

1922年 愛爾蘭分成兩部分：阿爾斯特（Ulster）的六個主要由新教徒組成的郡成為北愛爾蘭，隸屬於倫敦

5 奧匈帝國的垮臺與分割 1918—1923年

1918年，哈布斯堡政權垮臺後，新的民族國家在奧地利、匈牙利和捷克斯洛伐克（Czechoslovakia）成立。哈布斯堡的領土被新的波蘭和南斯拉夫（Yugoslavia）併吞。奧地利的軍力受到限制，且必須支付賠款，匈牙利則失去了三分之二的領土，這些領土主要落入南斯拉夫和羅馬尼亞手中。

— 1914年的奧匈帝國邊界

4 巴勒斯坦 1922—1947年

英國先前就曾爭取為巴勒斯坦的猶太人建立家園。1922年，英國正式取得巴勒斯坦地區的託管權。阿拉伯人起身反抗英國，許多人在1936—1939年的阿拉伯起義中喪生。大量猶太難民從納粹占領區湧入，再加上聯合國建議將巴勒斯坦分成阿拉伯國家和猶太國家，加劇了緊張的局勢。1947年，內戰爆發（見第332-333頁）。

— 1922年的巴勒斯坦託管地

3 土耳其 1922—1923年

在1919—1922年的土耳其獨立戰爭中，阿塔圖克和一支叛軍對抗鄂圖曼蘇丹以及協約國的代理人。民族主義者獲勝之後在安卡拉成立新政府，並銷毀色佛爾條約。1923年簽訂的洛桑條約（Treaty of Lausanne）讓獨立的新土耳其共和國成為合法政權，標誌了鄂圖曼帝國的終結。

■ 1920年簽訂色佛爾條約之後的土耳其
■ 1923年簽訂洛桑條約之後，歸還給土耳其的地區
■ 1921年被土耳其併吞的地區

7 德國的損失 1918—1919年

1919年的《凡爾賽條約》針對德國定下了懲罰條款。德國失去戰前八分之一的領土，包括位於波蘭、丹麥、比利時和法國的土地。德國的殖民屬地被奪走，軍備遭到縮減，商船也被沒收。德國還被迫支付賠款，引發長期的怨恨情緒。

— 1918年的德國國界

1920年 俄羅斯簽署塔爾土條約（Treaty of Tartu），承認芬蘭獨立

1921年 俄羅斯簽署里加和約（Treaty of Riga），同意尊重拉脫維亞的獨立

1920年 愛沙尼亞獨立戰爭結束後脫離俄羅斯，得到解放

1923年 波蘭邊界終於確立

1920年 立陶宛獨立戰爭後，立陶宛與蘇俄簽署和平條約

1918年 比薩拉比亞（Bessarabia）地區納入羅馬尼亞

1919年 《聖日耳曼條約》（Treaty of St-Germain）確立了新的奧地利國界

1918年 塞爾維亞人、克羅埃西亞人和斯洛維尼亞人王國於1929年改名為南斯拉夫，由以前的奧匈帝國和塞爾維亞部分地區組成

1919年 希臘占領斯麥納，導致希臘與土耳其之間的戰爭

2 英法託管地 1920—1946年

1920年8月簽訂的色佛爾條約把戰敗的鄂圖曼帝國部分地區劃分為英法託管地。鄂圖曼政府接受了這份條約。然而，由穆斯塔法·凱末爾·阿塔圖克（Mustafa Kemal Atatürk）領導的土耳其民族主義者並不同意，他們決心驅逐外國軍隊。戰後，英國軍隊逐漸撤出英國保護國埃及，讓民族主義的華夫脫黨（The Wafd Party）有機會發起革命。1922年2月，他們取得有限的獨立。

1922年 民族主義的華夫脫黨得到愈來愈多支持，促使英國賦予埃及有限的獨立

■ 法國託管地　■ 英國託管地　■ 英國保護國

地圖標籤：
SWEDEN / FINLAND / NORTHERN IRELAND / North Sea / IRISH FREE STATE / ATLANTIC OCEAN / BRITAIN / DENMARK / ESTONIA / Baltic Sea / LATVIA / LITHUANIA / EAST PRUSSIA / NETHERLANDS / GERMANY / POLAND / BELGIUM / RUHR / UPPER SILESIA / LUXEMBOURG / SAAR / CZECHOSLOVAKIA / ALSACE-LORRAINE / FRANCE / SWITZERLAND / AUSTRIA / HUNGARY / BESSARABIA / SOUTH TYROL / TRANSYLVANIA / ROMANIA / SPAIN / YUGOSLAVIA / ITALY / BULGARIA / ALBANIA / EASTERN THRACE / GREECE / Smyrna / Crete / Dodecanese / Mediterranean Sea / EGYPT

第一次世界大戰之後

戰後出現了領土上的贏家和輸家。俄羅斯失去最多領土,德國的損失也很接近。許多舊帝國垮臺,只有英國和法國除外,這兩國在世界各地持續發揮影響力並保有殖民地。

圖例

■ 新興國家

── 1923年的國界

時間軸

	1910	1920	1930	1940	1950

△ **華夫脫黨**
華夫脫黨是埃及的民族主義政黨,成員在1936年聚集一處。這個政黨在取得獨立的過程中扮演關鍵角色。

俄羅斯的損失 1918—1922年

布爾什維克政權無法掌控新的帝國。1918年,俄羅斯簽訂布列斯特—立陶夫斯克條約,承認波羅的海國家、烏克蘭、喬治亞和芬蘭獨立。1922年,烏克蘭和喬治亞都加入蘇聯,而波羅的海國家直到1920年代才達到真正的獨立。

── 1918年的俄羅斯國界

1915—1922年 超過150萬名住在土耳其的亞美尼亞人被土耳其民族主義分子殺害。1922年9月,土耳其軍隊進入斯麥納(Smyrna),對著許多亞美尼亞人開火並進行屠殺,其他亞美尼亞人則被迫永遠離開這座城市

1920年 外約旦酋長國(Transjordan)地區被納入國際聯盟託管地,由英國管轄

1920年 遜尼派和什葉派穆斯林為了對抗英國人而短暫團結起來發起叛亂。超過10萬名英國和印度軍人被調派過來平亂,上千名阿拉伯人被殺

1920年代 1920、1921和1929年的反猶太暴動顯示出英國安全部隊在維持秩序上的失敗

大戰之後

第一次世界大戰結束後,歐洲和中東的政治景觀已經徹底改變。擁有數百年歷史的帝國和王朝垮臺,國界重新劃分,新的國家誕生,而未來衝突的種子也已播下。

第一次世界大戰對全球政治造成了深遠的後果。有三個強大國家的君主制因此結束,也就是德國、俄羅斯和奧匈帝國。1919年,戰勝的協約國集結在一起召開巴黎和會(Paris Peace Conference),以便解決戰爭造成的問題。談判的主要結果是簽署《凡爾賽條約》(Treaty of Versailles),對德國進行嚴屬的懲罰。奧匈帝國、土耳其和保加利亞也有所損失,而1915年參戰的義大利則得到了前哈布斯堡王朝位於義大利北部的土地。還有九個在歐洲新成立的國家取得了領土,中東也因戰爭而受到嚴重打擊。1916年的賽克斯—皮科協定(Sykes-Picot Agreement)劃分了英法的勢力範圍,顯示出兩國想瓜分鄂圖曼帝國中東領土的意圖。在許多地區因為從1920年開始就被英法勢力掌控而助長了民族主義的情緒。

　　第一次世界大戰的戰勝國希望能打造持久的和平,但全球各地仍爭執不斷,而大規模失業、意識形態的嚴重分歧、狂熱的民族主義以及共產主義的威脅又使國際局勢更加緊張。

> 「這〔凡爾賽條約〕並不是和平。這是20年的休戰。」

費迪南‧福煦(Ferdinand Foch),法國元帥,1919年6月28日

國際聯盟

1920—1946年

美國總統伍德羅‧威爾遜(Wood-row Wilson)主張成立國際聯盟(League of Nations),這個國際組織於1920年在日內瓦成立,目的是維持和平。若遇到衝突,將透過談判、外交或必要的制裁來解決。這個聯盟依靠的是國際上的善意,但德國和俄羅斯被排除在外,美國參議院也拒絕批准美國參與。1946年,國際聯盟被聯合國取代。

總統威爾遜抵達義大利,商討建立國際聯盟之事。

大蕭條

1929年10月的美國股市崩盤是全球經濟衰退的一部分，毀了一代人的未來。人民對民主失去信心，新的極端主義政治愈發流行，為第二次世界大戰的恐怖搭好了舞臺。

一戰之後，美國迅速復甦。原本用於戰爭的工廠轉而生產消費品，1920年代的工業成長高出了一倍。上千名美國人投資股票市場，且通常都是用借來的錢去投資。這是一段繁榮時期，人稱「咆哮的20年代」（Roaring Twenties）。然而，1929年的年中就出現了災難的徵兆。失業率上升，汽車銷量下滑。10月24日的股市下跌了11%，危機爆發。大家開始感到恐慌，股市在接下來的六天內崩盤。美國有四分之一的就業人口沒有工作。1932年中，富蘭克林·羅斯福（Franklin Roosevelt）取代赫伯特·胡佛（Herbert Hoover），當上了總統，並承諾實施社會和經濟改革的「新政」。

　　大蕭條蔓延到全球，各地都出現貧困的現象。唯一沒有受到衝擊的國家是蘇聯。在德國，由於美國要求支付未償還的貸款，導致國家陷入更嚴重的貧困，結果助長了阿道夫·希特勒的國家社會主義黨（納粹）的聲勢。

> 「股價或許有所衰退，但絕對不是崩潰。」
>
> 爾文·費雪（Irving Fisher），美國經濟學家，1929年9月5日

黑色風暴事件（Dust Bowl）

1932年，美國發生嚴重乾旱，範圍涵蓋德州到南北達科塔州。外露的表土變成了沙塵，而少了樹林之類的防風牆，大風掀起塵土，形成沙塵暴。居民和牲口都被塵土嗆到。本已因為大蕭條而受到重創的農民被迫向西邊的加州遷徙，加州有正常的採收季節，也就表示有更多工作機會。很多人沿著66號公路前進，這條公路後來有了「機會之路」的稱號。

圖例

■ 受到重創的地區

■ 其他受沙塵暴打擊的地區

→ 遷移路線

1 股市崩盤與罷工 1929—1934年

1929年股市崩盤期間，大約有250億美元蒸發。人民破產、工廠倒閉、貿易崩潰、薪資下滑，無家可歸的人口暴增。工人向工會尋求保護，並要求美國政府介入經濟，全國發生罷工和暴動。

罷工

CANADA

USA

1934年5—7月 碼頭工人在舊金山和其他西岸的港口發起罷工，癱瘓了3200公里的海岸線

1929年10月 經濟泡沫破裂後，紐約的華爾街陷入恐慌。銀行倒閉，造成百萬人一夜之間破產

1931—1932年 肯塔基州的哈蘭郡（Harlan County）發生礦工罷工，這場罷工跟當時的許多罷工事件一樣走向暴力

1934年7—8月 阿拉巴馬州的亨次維（Huntsville）發生紡織工人罷工，並從美國南部蔓延到北部，成為美國史上最大型的產業罷工事件之一

CUBA

VENEZUELA

COLOMBIA

BRAZIL

PACIFIC OCEAN

2 拉丁美洲 1929—1933年

股市崩盤後，拉丁美洲部分地區對美國的出口減少了超過70%。哥倫比亞的咖啡、香蕉和石油市場都受到打擊，巴西的咖啡經濟也受影響。古巴很依賴糖料出口，因此受到重創。出口硝酸礦和紅銅的智利是受打擊最嚴重的國家之一。阿根廷和委內瑞拉則復甦得相對較快。

CHILE

ARGENTINA

1931—1932年 智利的紅銅出口崩潰，出口到美國的硝酸鈉價值從2100萬美元下降到140萬美元

1929—1930年 阿根廷的小麥和牛肉出口下滑了超過三分之二，且通貨膨脹愈來愈嚴重。接下來的政治動盪導致軍事獨裁的出現

WASHINGTON

Portland

OREGON

MONTANA

NORTH DAKOTA

MINNESOTA

IDAHO

Route 30

WYOMING

SOUTH DAKOTA

WISCONSIN

CALIFORNIA

NEVADA

UTAH

COLORADO

NEBRASKA

IOWA

ILLINOIS

San Francisco

Los Angeles

Route 66

Albuquerque

KANSAS

Dodge City

MISSOURI

Boise City

San Diego

ARIZONA

NEW MEXICO

Amarillo

OKLAHOMA

ARKANSAS

MISSISSIPPI

El Paso

TEXAS

LOUISIANA

PACIFIC OCEAN

USSR
SWEDEN
UNITED KINGDOM
London
BELGIUM
GERMANY
CZECHOSLOVAKIA
AUSTRIA
FRANCE
ITALY
SPAIN
MANCHURIA
PEOPLE'S REPUBLIC OF CHINA
JAPAN
NIGERIA
ATLANTIC OCEAN
AUSTRALIA
Sydney
1936年10月 英格蘭東北部加洛（Jarrow）造船廠的200人遊行到倫敦，表達對失業的抗議
1931年 由於對外貿易衰退，日本入侵滿洲爭奪自然資源
1929—1934年 在奈及利亞，可可和落花生的出口減少了超過50%
1932年3月 新的雪梨港灣大橋歷經九年的建設終於啟用。這是大蕭條期間罕見的成就，讓許多城市人口免於失業

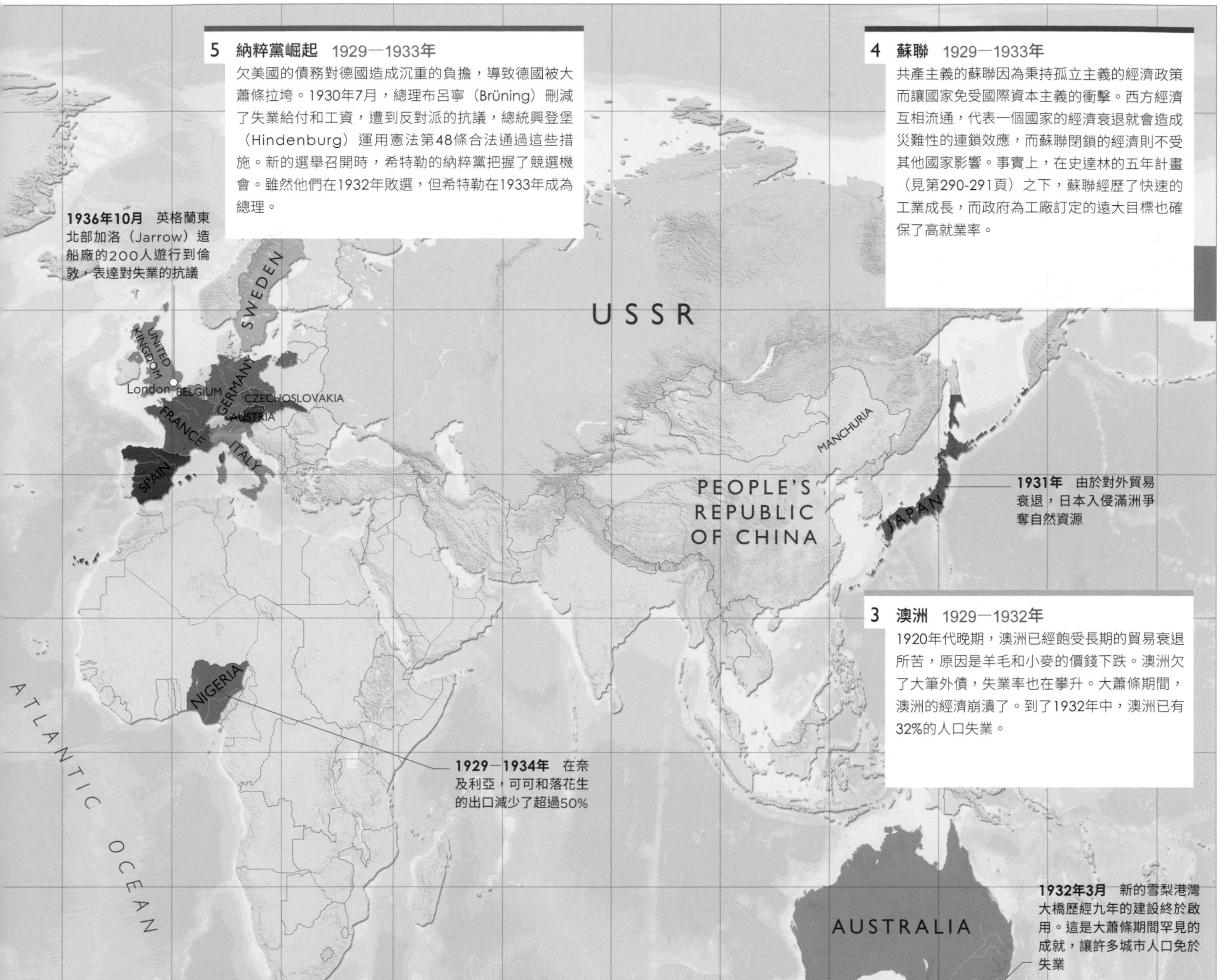

5 納粹黨崛起 1929—1933年

欠美國的債務對德國造成沉重的負擔，導致德國被大蕭條拉垮。1930年7月，總理布呂寧（Brüning）刪減了失業給付和工資，遭到反對派的抗議，總統興登堡（Hindenburg）運用憲法第48條合法通過這些措施。新的選舉召開時，希特勒的納粹黨把握了競選機會。雖然他們在1932年敗選，但希特勒在1933年成為總理。

4 蘇聯 1929—1933年

共產主義的蘇聯因為秉持孤立主義的經濟政策而讓國家免受國際資本主義的衝擊。西方經濟互相流通，代表一個國家的經濟衰退就會造成災難性的連鎖效應，而蘇聯閉鎖的經濟則不受其他國家影響。事實上，在史達林的五年計畫（見第290-291頁）之下，蘇聯經歷了快速的工業成長，而政府為工廠訂定的遠大目標也確保了高就業率。

3 澳洲 1929—1932年

1920年代晚期，澳洲已經飽受長期的貿易衰退所苦，原因是羊毛和小麥的價錢下跌。澳洲欠了大筆外債，失業率也在攀升。大蕭條期間，澳洲的經濟崩潰了。到了1932年中，澳洲已有32%的人口失業。

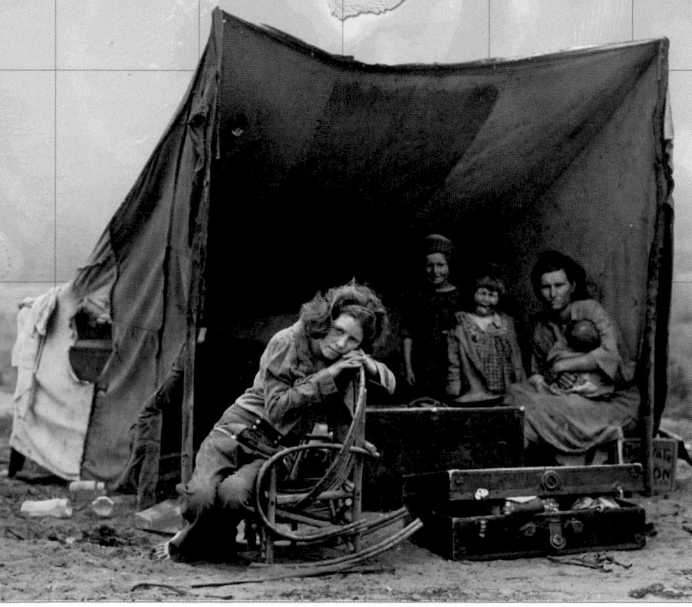

◁ **移民的豌豆農**
許多移民在1930年代逃往加州，希望能找到工作和食物。然而加州並沒有足夠的職缺，且受僱人士的待遇通常很差。

繁榮與蕭條

美國的財政崩潰並不是獨立事件。隨著美國縮減支出，進口貨品的需求跟著下跌。在出口到美國的國家，企業為了降低開支而裁員，導致這些國家的失業率提高。收入變少後，這些國家的人民對貨品的需求跟著降低，就這樣一再循環。

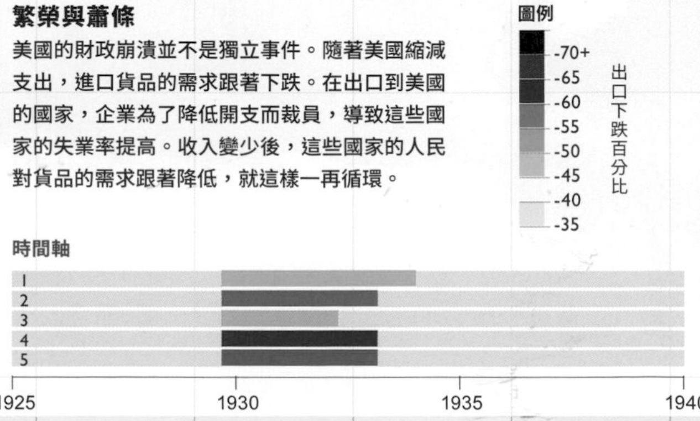

圖例
-70+
-65
-60
-55
-50
-45
-40
-35
出口下跌百分比
時間軸
1
2
3
4
5
1925
1930
1935
1940

2 聯盟分裂 1927—1936年

1920年代初，蘇聯支持國民黨，把他們視為反帝國主義革命的一分子。1923年，蘇聯要求共產黨加入國民黨，但兩黨之間仍存在著嚴重的競爭關係。經歷短暫的合作後，蔣介石在1927年解雇他的蘇聯顧問，並與共產黨為敵，在上海展開野蠻攻擊，這就是兩黨之間多年來暴力衝突的開端。

✊ 國共衝突與發生日期

1 北伐 1926—1928年

中國除了少數國民黨掌控的省分之外都是由地方軍閥統治。由蔣介石領導、共產蘇聯支持的國民黨以及共產黨協力從廣州向北進攻，目標是統一中國，這場征戰稱為北伐。在第一階段，他們掌控了富裕且人口密集的南、中、東部地區。

→ 1926—1928年的北伐

中國國民政府，1926—1937年

國民黨從1926年起就掌控了大片土地，但同時面臨內憂外患。

KIRIN

滿洲國（滿洲）

3 中國再次統一 1928年

在北伐的第二階段，部分軍閥與國民黨結盟。新的援軍讓國民黨得以占領北京。國民黨成了中國唯一最強大的勢力，蔣介石於1928年當上中華民國的總統。

■ 1928年為止，國民黨控制的地區

→ 加入北伐的軍閥

1912—1945年 蔣介石無法從軍閥閻錫山手中取得山西，但在1927年，兩人短暫結盟

1928年6月8日 北京淪陷，這場重要勝利讓國民黨掌控了遙遠的北方

1929年4月20日 武漢是國民黨的敵對左翼分子建立的首都，被蔣介石的軍隊占領

1927年3月 南京被蔣介石的軍隊占領，成為中華民國的新首都

✊ **1927年4月12日** 上海

✊ **1927年8月1日** 南昌

1927年9月13日 長沙

✊ **1927年12月9日** 廣東（廣州）

1927年12月9日 國共分裂後，共產主義分子發起一場暴動

▽ **蔣介石**

國民黨的創始人孫中山死後，蔣介石在1926年成為領導人。他試圖推動中國現代化，但遇上重重困難，國內衝突不斷，又經常面臨日本的威脅。

地名標注：蒙古、察哈爾、綏遠、北京、熱河、瀋陽、奉天、朝鮮、山西、直隸、太原、濟南、山東、黃海、寧夏、陝西、蘭州、鄭州、西安、河南、江蘇、南京、杭州、浙江、安徽、武漢、湖北、川邊、四川、重慶、貴州、湖南、桂林、廣西、江西、福建、福州、汕頭、臺灣、雲南、廣東、海南、法屬印度支那、緬甸、青海、中國、東海

4 未完成的統一 1931—1937年

雖然北伐成功，但中國只統一了一部分。蔣介石無法擊敗所有軍閥，尤其是在北方。1931年9月，日本入侵滿洲，讓他下定決心剷除國內的衝突。1935—1937年，蔣介石把更多省分納入中華民國的勢力範圍。

■ 1936年為止，受日本控制的地區

■ 1937年為止，受國民黨控制的地區

中國與民族主義

1912年，中國的末代皇帝退位，各軍閥以及中國國民黨爭相奪權，趁機填補權力的空缺。1919年，日本獲得中國的領土之後，政局更加動盪，導致共產黨的出現。兩黨與日本多年的鬥爭隨之而來，並持續到規模更大的二戰之中。

清朝滅亡後的那些年很混亂。地方軍閥爭奪領土，而協助推翻清朝的國民黨與這些軍閥對抗，爭奪控制權。1919年的巴黎和會過後，日本得到了中國的領土，激進團體要求改革，發起五四運動，中國共產黨出現了。1924年，國民黨在廣州建立政府與軍隊。1926年，新的領導人蔣介石展開軍事行動，目的是打

擊軍閥並統一中國。最初，中國共產黨也出手協助，但在1927年，蔣介石因為害怕權力鬥爭而與共產黨為敵，並屠殺上海的共產主義分子。這場衝突導致了數年的內戰（見第310-311頁）。1937年，日本入侵中國並開始攻陷領土，國共才達成了不穩定的停戰。

中國
20世紀上半葉的中國經常動盪不安，地方軍閥為了統一廣大的國家而互相鬥爭，國共兩黨頻繁發生衝突，日本也不斷入侵，對中國造成威脅。

時間軸
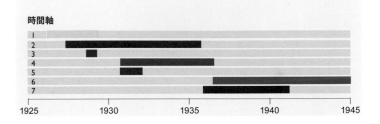

1 古拉格 1917—1953年

古拉格是囚犯集中營，在列寧治下建立，但在史達林時期數量激增。這些集中營裡關了各式各樣的罪犯，他們遭到剝削，被迫開闢國家遙遠的地區和禁區，例如北極範圍內的北部地區和東部的西伯利亞。古拉格集中營的人口在1940年代後期達到巔峰，但在史達林繼承人的統治下，這個系統終於廢止。

✕ 古拉格 ▬ 隔離營區

2 農業集體化 1927—1953年

蘇聯生產的食物無法支撐不斷增長的都市人口，因此史達林認為蘇聯的農業技術已經過時。從1927年起，史達林推動農業集體化，把小型農場合併成大型的集體農場。食物產量終於提升，勞動力也得到解放，能夠轉向工業。沒什麼農場自願參加，但在恐怖活動的逼迫下，地主只好交出土地。數百萬人挨餓、被迫害或被送到古拉格。到了1939年，99%的土地都被歸入集體農莊。

3 工業化 1928—1953年

史達林的主要野心在於大規模工業化。超過1200萬人從鄉村地區移居到1928—1932年之間建立或者大幅重建的新工廠區或城鎮。這些人之所以前往是因為得到允諾，說會收到較高的薪資以及訓練。工人的生活很殘酷，但史達林達到了目標：他的第一個五年計畫在1934年結束，工業生產量提升了50%。

● 新建或重建的城鎮

1923年11月 索羅維斯基（Solovki）監獄營地建在白海（White Sea）的一座島上，裡面關的是政治異議分子和囚犯

1918年3月 列寧擔心敵人從西方入侵，於是把首都遷往更東邊的莫斯科。莫斯科經歷了廣泛的現代化，包括建立地鐵系統

1945年 第一次世界大戰後，基輔成了重要的工業中心

1921年 新西伯利亞（Novosibirsk）在俄羅斯內戰期間被毀，後來歷經重建，成為西伯利亞最重要的工業中心

1929年 在史達林的五年計畫之下，鐵礦豐富的馬克尼土哥斯克（Magnitogorsk）經歷大幅重建，成為單一產業城市

1931年 卡爾拉格（Karlag）是最大的勞改營之一，裡面的囚犯包括科學家、醫生、藝術家和政治人物

DENMARK SWEDEN FINLAND FRANCE WEST GERMANY EAST GERMANY ITALY AUSTRIA CZECHOSLOVAKIA POLAND EAST PRUSSIA LITHUANIA LATVIA ESTONIA KARELIA HUNGARY YUGOSLAVIA ROMANIA MOLDAVIA BULGARIA TURKEY AFGHANISTAN IRAN CHINA

Kaliningrad Leningrad Archangel Moscow Kiev Odessa Molotov Sverdlovsk Magnitogorsk Omsk Novosibirsk Krasnoyarsk Alma-Ata

NORYL LAG KRASLAG TANNU TUVA

Black Sea Caspian Sea Aral Sea Lake Balkash Caucasus Ural Mountains

CRIMEAN TARTARS VOLGA GERMANS KALMYKS KARACHAY MESKHETIANS CHECHENS

◁ **「容不下富農」**

這張1930年的蘇聯海報譴責富農，把他們視為集體農場的反對者。政府煽動人民去相信富農是工人階級的敵人。

4 饑荒 1932—1933年

集體農場生產的糧食提供給城市工人，只剩下少部分糧食留給鄉村農夫。饑荒最嚴重的地區是北高加索、窩瓦河地區、俄羅斯南部和中亞地區，其中最嚴重的就是有蘇聯「糧倉」之稱的烏克蘭。史達林利用饑荒來打擊烏克蘭對於農業改革的抵抗，烏克蘭大饑荒（Holodomor）時死了數百萬人。

✿ 饑荒

5 流放 1942—1945年

史達林對「反蘇聯」的全體人民實行大規模流放。這些群體被重新安置到國內人口稀少、不宜居住的地區。二戰期間，他指控蘇聯西部的十幾個民族與入侵的納粹軍隊勾結，並把他們流放到中亞。

▬ 1942—1945年的流放
▬ 因流放而人口稀少的地區

地圖標註

1922年 一系列的古拉格在科力馬河（Kolyma）地區建立，這裡有豐富的金和錫資源

ARCTIC OCEAN

KOLYMA

Yakutsk

SAKHALIN

BURLAG

Lake Baikal

ZHSIBLAG

MANCHURIA

Vladivostok

Dairen

NORTH KOREA

SOUTH KOREA

JAPAN

史達林統治下的蘇聯

俄羅斯在史達林的統治下經歷了改革。全體人民都被重新安置、從東歐取得領土，全國各地都發展出工業區。

圖例

- 二戰之前的蘇聯領土
- 二戰之前的衛星國
- 1939—1940年，蘇聯併吞的領土
- 1944—1945年，蘇聯併吞的領土
- 二戰之後的衛星國

時間軸

1915　1925　1935　1945　1955

史達林統治下的蘇聯

當內戰在1922年結束後，約瑟夫・史達林有了野心，想把新成立的蘇聯轉變成工業化的現代社會。他讓俄羅斯有了傑出的經濟成長，但也成了20世紀最殘酷的暴君之一。

弗拉迪米爾・列寧在1924年死後，史達林利用各種手段當上蘇聯領導人。他想把這個國家變成一個國際強權，但這需要快速的工業成長。為了實現這個目標，他從1928年起實施一系列的五年計畫。他先把土地從富農地主（kulak）手中奪走，並把這些土地合併成大型的集體化農場，為民眾提供更多作物。這些措施面臨了反抗，於是他在鄉村地區掀起一波恐怖運動。百萬名富農遭到流放、被送往勞改營，或因糧食被沒收而被迫挨餓。

　　史達林因害怕異議而在1936—1938年之間發起了一場恐怖運動，剷除任何可能的異議人士。在這場「大清洗」（Great Terror）期間，古拉格（Gulag）集中營系統擴大了，數以十萬計的人經過短暫的審判後就遭到處決。同時，史達林自詡為「百姓之父」。在二戰（見第296-297頁）期間，他集結軍隊反抗德國的入侵，戰後又把共產主義擴展到蘇聯以外的地方。到了1950年代，現代化的俄羅斯已經成形，但為此付出了慘痛的代價。

> 「一個人的死亡是一場悲劇。百萬人的死亡則是統計數字。」
>
> 約瑟夫・史達林，蘇聯領導人

約瑟夫・史達林
1878—1953年

約瑟夫・史達林在1905年結識了弗拉迪米爾・列寧後開始掌權。他的政治之路變幻莫測：在1917年的布爾什維克黨革命中，他只是個小人物，但1922年他就當上了共產黨中央書記，並利用這個職位來擴大權力。他當上領導人之後就著手把蘇聯變成工業強權。他利用宣傳手段建立起個人崇拜，在二戰期間帶領蘇聯戰勝德國時，他的聲望達到巔峰。戰後，史達林領導蘇聯，與之前的盟友進入一場冷戰。

西班牙內戰

發生在1936—1939年的西班牙內戰是新舊政治秩序衝突的縮影。這場戰爭是二戰的序曲，迎來了新型態的恐怖戰爭，將會定義20世紀的未來衝突。

1930 年代的西班牙處於分裂狀態，政教、貧富和城鄉都分化開來。政治也變得兩極化，一邊是左派的人民陣線（共和派），由社會主義者、共產主義者、自由主義者和無政府主義者組成。另一邊是右派的國民陣線（國民派），支持者是長槍黨（Falange，一個西班牙的法西斯政黨）、君主主義者和一些天主教徒。

在 1936 年 2 月 16 日，共和派在一場大選中險勝。身為職業軍官兼國民派領袖之一的將軍法蘭西斯科·佛朗哥害怕會發生共產主義革命，於是在西屬摩洛哥和西班牙西南部各地發起武裝起義。親政府的團體集結起來對抗國民派的反叛，但佛朗哥得到納粹德國和法西斯義大利的重要支持，

這兩股勢力都亟欲阻止共產主義在歐洲蔓延。到了 1936 年 11 月，佛朗哥的軍隊已經攻陷到馬德里郊區，這裡的共和派軍隊很穩固。國民派無法攻陷馬德里，於是展開兩年半的圍攻。

共和派人士持續掌控西班牙東部以及東南部大部分地區。然而，佛朗哥的軍隊調度較佳，共和黨控制的範圍漸漸縮小。國民派在特魯爾戰役（Battle of Teruel，1937 年 12 月—1938 年 2 月）中戰勝，是這場戰爭的轉捩點，而在厄波羅河戰役（Battle of the Ebro，1938 年 7—11 月）中，共和派軍隊全軍覆沒。到了 1939 年春天，這場艱苦的衝突終於結束，佛朗哥的政府得到歐洲大部分國家的承認。

> ## 「寧願站著死，絕不跪著生。」
>
> 多洛雷斯·伊巴露麗（Dolores Ibarruri），共和派人士，1936年7月18日

佛朗哥將軍
1892—1975年

法蘭西斯科·佛朗哥生於一個軍事家庭，並在1926年成為西班牙軍隊裡最年輕的將軍。在西班牙內戰中，佛朗哥帶領國民軍贏得勝利，然後在1939年成為國家領導人，直到他於1975年去世。雖然佛朗哥認同軸心國（Axis），但他並沒有讓西班牙參與二戰，國家在他的領導下變得更加工業化並繁榮起來。但他是一名無情的軍事獨裁者，以極權主義領導國家。

1 戰爭開始　1936年7月
1936年7月17日，以西屬摩洛哥為基地的國民軍對剛勝選的共和派政府發動政變，於是爆發內戰。7月19日，佛朗哥接任非洲軍團指揮官，這是一個以摩洛哥為基地的專業軍團。從7月27日起，在德國和義大利軍隊的協助下，佛朗哥的軍團從摩洛哥飛到西班牙，戰鬥很快就蔓延到西班牙西南部。

→ 國民軍　　　✕ 重要戰役
⇢ 共和軍

2 外國介入　1936年9月
1936年9月，共有27個國家簽署不干涉協議，包括英國、法國、蘇聯、德國和義大利。然而，這本質上是一場意識形態的戰爭，因而導致了國際間的干預。國民派得到法西斯義大利和納粹德國提供的援軍和裝備。共和派得到了俄羅斯和墨西哥共產主義政府和國際縱隊（International Brigades）志願者的支持。國際縱隊裡有來自世界各地的左翼戰士團體，他們認為這場戰爭是反對極端民族主義和暴政的戰爭。

🚢 德國的支持　　　🚢 蘇聯的支持
🚢 義大利的支持

1936年8月22日 葡萄牙允許德國船隻在里斯本停靠，並就地往國民軍的領土派送戰爭補給品

3 對人民的暴行　1936—1939年
在戰爭的過程中，雙方都對平民犯下了暴行。共和派把任何他們認定為右翼的人視為目標，包括教師、律師、市長和地主。共和派仇恨教會，因此許多教堂被洗劫一空。同時，在格爾尼卡，佛朗哥的軍隊從空中對平民進行殘酷的襲擊。這個極端暴行震驚了國際社會。

⛪ 共和派的暴行　　　🌿 國民派的暴行

▽ **準備攻擊**
1936年，共和軍準備了迫擊炮對國民軍開火。國民軍組織良好且裝備充足。

PORTUGAL

Porte

Lisbon

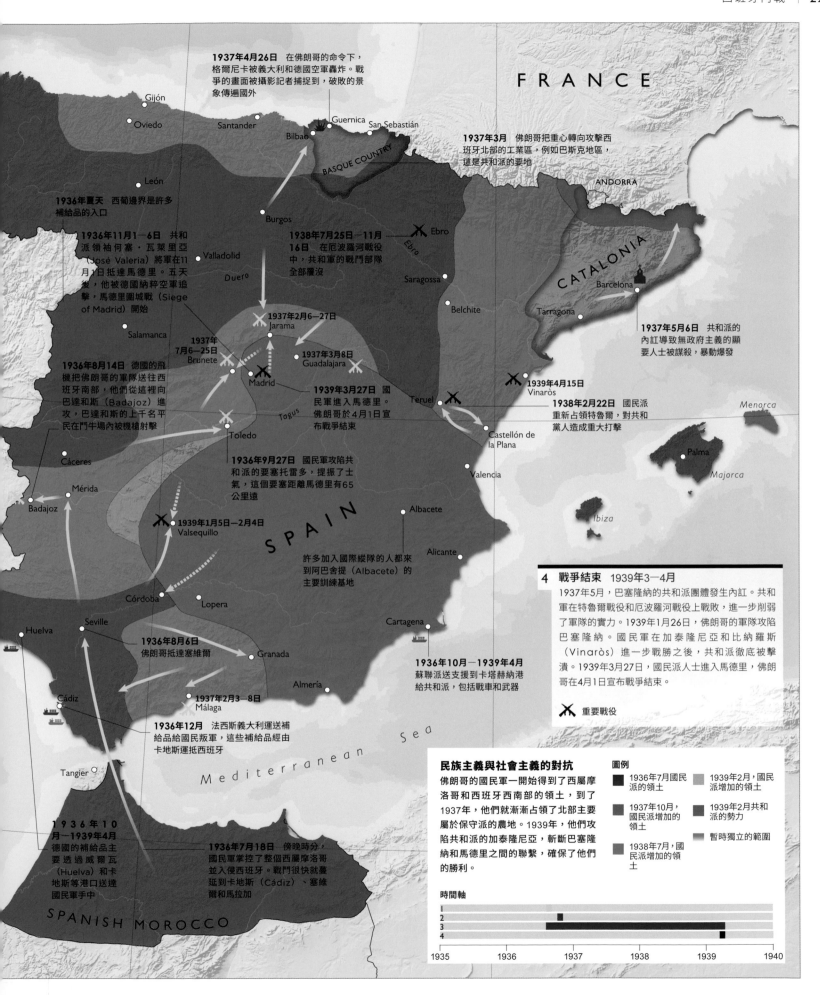

F R A N C E

1937年4月26日 在佛朗哥的命令下，格爾尼卡被義大利和德國空軍轟炸。戰爭的畫面被攝影記者捕捉到，破敗的景象傳遍國外

1937年3月 佛朗哥把重心轉向攻擊西班牙北部的工業區，例如巴斯克地區，這是共和派的要地

Gijón

Oviedo

Santander

Guernica

San Sebastián

Bilbao

BASQUE COUNTRY

ANDORRA

León

1936年夏天 西葡邊界是許多補給品的入口

Burgos

1938年7月25日—11月16日 在厄波羅河戰役中，共和軍的戰鬥部隊全部覆沒

Ebro

Ebro

CATALONIA

1936年11月1—6日 共和派領袖何塞·瓦萊里亞（José Valeria）將軍在11月1日抵達馬德里。五天後，他被德國納粹空軍追擊，馬德里圍城戰（Siege of Madrid）開始

Valladolid

Duero

Saragossa

Belchite

Barcelona

Tarragona

1937年2月6—27日
Jarama

1937年7月6—25日
Brunete

1937年3月8日
Guadalajara

Madrid

1939年3月27日 國民軍進入馬德里。佛朗哥於4月1日宣布戰爭結束

Teruel

1939年4月15日
Vinaròs

1938年2月22日 國民派重新占領特魯爾，對共和黨人造成重大打擊

Menorca

1937年5月6日 共和派的內訌導致無政府主義的顯要人士被謀殺，暴動爆發

1936年8月14日 德國的飛機把佛朗哥的軍隊送往西班牙南部，他們從這裡向巴達和斯（Badajoz）進攻，巴達和斯的上千名平民在鬥牛場內被機槍射擊

Salamanca

Tagus

Toledo

Castellón de la Plana

Palma

Majorca

Cáceres

1936年9月27日 國民軍攻陷共和派的要塞托雷多，提振了士氣，這個要塞距離馬德里有65公里遠

Mérida

Badajoz

1939年1月5日—2月4日
Valsequillo

Albacete

Valencia

Ibiza

許多加入國際縱隊的人都來到阿巴舍提（Albacete）的主要訓練基地

Alicante

4 戰爭結束 1939年3—4月

1937年5月，巴塞隆納的共和派團體發生內訌。共和軍在特魯爾戰役和厄波羅河戰役上戰敗，進一步削弱了軍隊的實力。1939年1月26日，佛朗哥的軍隊攻陷巴塞隆納。國民軍在加泰隆尼亞和比納羅斯（Vinaròs）進一步戰勝之後，共和派徹底被擊潰。1939年3月27日，國民派人士進入馬德里，佛朗哥在4月1日宣布戰爭結束。

✈ 重要戰役

Córdoba

Lopera

Cartagena

Huelva

Seville

1936年8月6日 佛朗哥抵達塞維爾

Granada

Almería

1936年10月—1939年4月 蘇聯派送支援到卡塔赫納港給共和派，包括戰車和武器

Cádiz

1937年2月3—8日
Málaga

1936年12月 法西斯義大利運送補給品給國民叛軍，這些補給品經由卡地斯運抵西班牙

Mediterranean Sea

Tangier

1936年10月—1939年4月 德國的補給品主要透過威爾瓦（Huelva）和卡地斯等港口送達國民軍手中

1936年7月18日 傍晚時分，國民軍掌控了整個西屬摩洛哥並入侵西班牙。戰鬥很快就蔓延到卡地斯（Cádiz）、塞維爾和馬拉加

SPANISH MOROCCO

民族主義與社會主義的對抗

佛朗哥的國民軍一開始得到了西屬摩洛哥和西班牙西南部的領土，到了1937年，他們就漸漸占領了北部主要屬於保守派的農地。1939年，他們攻陷共和派的加泰隆尼亞，斬斷巴塞隆納和馬德里之間的聯繫，確保了他們的勝利。

圖例

- 1936年7月國民派的領土
- 1937年10月，國民派增加的領土
- 1938年7月，國民派增加的領土
- 1939年2月，國民派增加的領土
- 1939年2月共和派的勢力
- 暫時獨立的範圍

時間軸

1 | 2 | 3 | 4

1935　1936　1937　1938　1939　1940

第二次世界大戰

第二次世界大戰（1939—1945年）從一場歐亞衝突演變成全球戰爭，是史上最殘酷的衝突，把全世界捲入一場意識形態和國家主權的鬥爭當中。這也是史上人命損失最大的一場戰爭，至少有5500萬人在戰場上、集中營以及被轟炸的城市裡喪命，是世界史上的分水嶺。

一戰（見第274-275頁）過後簽訂的協約旨在帶來和平，卻為未來的衝突播下了種子。德國被迫支付龐大的戰爭賠款。1923年，德國貨幣貶值，數百萬人陷入貧困。在1929—1932年的大蕭條（見第286-287頁）期間，德國面臨嚴重的經濟衰退。在德國以及歐洲其他地方，人民對自由政治與軟弱的政府感到失望，政治觀點因此分成兩極化的右派和左派。右派盛行於義大利、德國和日本，這些國家統稱為軸心國，但每個國家都有自己擴張領土的野心。

軸心國的進攻

日本入侵滿洲，並從滿洲開始攻擊中國其他地區。義大利掃蕩阿比西尼亞（今日衣索比亞），而德國的希特勒則計畫把所有說德語的民族統一成一個國家。1938年3月，德國併吞奧地利，接著捷克斯洛伐克的德語區——蘇臺德地區（Sudetenland）——也被占領。1939年9月，希特勒入侵波蘭，他認為英國和法國不會干預。但出乎他意料的是，這兩國都向德國宣戰。

入侵波蘭的行動持續了一個多月。希特勒放下了他對共產主義分子的憎恨，與蘇聯合作，讓蘇聯從東邊攻擊波蘭。德國還攻擊了丹麥和挪威，接著又攻擊法國、比利時和荷蘭，震撼了全世界。法國在六週內就淪陷了。接著希特勒把目標轉向英國，但納粹德國空軍（Luftwaffe）在1940年的不列顛戰役（Battle of Britain）中戰敗，之後希特勒就放棄了這個入侵計畫。

全面戰爭

歐洲的戰事演變成一場全球戰爭。1940年6月，義大利向英國和法國宣戰。歐洲城市被炸成了碎片，平民也被捲入全面戰爭。由於男性必須參軍，女性就被徵召到農場和工廠工作。歐洲面臨糧食短缺，必須進行配給。德國雖然曾與蘇聯簽訂戰略協定，但仍在1941年6月入侵

△ **日本的野心**
日本決心成為重要的殖民勢力，於是在太平洋建立了最龐大的海軍。這張招募海報在尋找航空母艦的駕駛員。

▽ **被圍攻的巴黎**
圖中的阿道夫·希特勒位於具有象徵性的艾菲爾鐵塔前。1940年6月，他與兩旁的德國官員一起巡視被征服的巴黎，這標誌了法國戰事的終結。

戰場

二戰演變成一場全球戰爭，但主要有兩個戰場——歐洲和太平洋。歐洲的戰爭始於西方戰線，德國利用「閃電戰」（blitzkrieg）掃蕩西歐，滲入法國。德國背叛蘇聯後，東方戰線也開啟了。太平洋戰場是同盟國與日本的鬥爭，延伸到中國東部以及東南亞，涵蓋了太平洋及太平洋島嶼。美國在這個戰場上扮演關鍵角色。

1939年9月1日 德國入侵波蘭。兩天後，英國和法國向德國宣戰

1940年5月 德國入侵比利時、荷蘭，接著入侵法國，法國在6月投降

1941年3月31日—11月27日 同盟國占領利比亞的托布魯克（Tobruk），抵抗德國的攻擊

歐洲

非洲與義大利

太平洋

1939年　　　　1940年　　　　1941年

1940年8—9月 英國與德國空軍在不列顛戰役中對戰。德軍敗給英軍之後，希特勒被迫放棄入侵英格蘭的計畫

1941年12月7日 日本攻擊夏威夷的珍珠港，導致美國參戰

◁ **死亡之門**
幾百萬名猶太人在不知情的情況下搭火車抵達惡名昭彰的死亡集中營——奧斯威辛－比克瑙集中營（Auschwitz-Birkenau），他們在這裡被毒氣毒死。戰後，這裡成了紀念遺址。

俄羅斯，英國因此獲得了新盟友。

德軍進入蘇聯，並對共產主義分子展開滅絕行動。接著在 1941 年 12 月，美國夏威夷群島的珍珠港海軍基地被日本攻擊後，美軍也加入戰爭。日本在太平洋地區連連告捷，占據了主導地位。在北非，英軍奮力對抗德國和義大利部隊。到了 1942 年夏天，希特勒的權力達到巔峰，但在 11 月，德國將領艾爾溫・隆美爾（Erwin Rommel）在埃及的阿來曼（El Alamein）進攻失利。1943 年，蘇聯在史達林格勒（Stalingrad）和庫斯克（Kursk）擊敗德國第六軍團，德軍被迫投降。這場戰敗標誌了德軍撤退的開端，他們最後將會退守到柏林。

情勢轉變

1943 年，由英國、法國、美國和蘇聯組成的同盟國（Allies）構想出一個解放歐洲的戰略。蘇聯從東邊擊退德國人，而英軍和美軍則經由義大利進攻。1944 年 6 月，一支龐大的同盟國軍隊在諾曼第登陸。將近一年後，這支軍隊抵達德國北部的易北河。蘇聯軍隊占領柏林後，希特勒在 1945 年 4 月 30 日自殺。一個星期後德國就投降了。歐洲的戰爭結束，但太平洋的戰事仍在繼續，美軍攻下了一個又一個島嶼。1945 年 8 月，美國用原子彈摧毀了長崎和廣島後，日本終於投降（見第 306-307 頁）。

第二次世界大戰徹底改變了世界。潛水艇、噴射機以及終極的原子彈等新型軍事科技顯露了大型破壞的威力。德國納粹利用有效且可怕的新型大規模殺戮方法對將近 600 萬名猶太人進行種族滅絕。各國破產、重要城市被毀、偉大的歐洲帝國也苟延殘喘。1945 年，來自 50 個國家的代表會面，成立了聯合國，希望在這場災難過後能夠迎來一個各國互相理解的新時代。

▽ **被轟炸的城市**
第二次世界大戰的特點之一就是重要城市遭到的殘酷轟炸。這張 1945 年的照片中是德國的德勒斯登，這是戰爭中最後幾個被摧毀的城市之一。

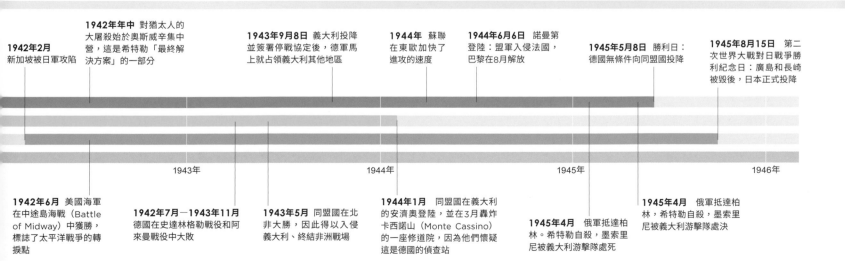

1942年2月
新加坡被日軍攻陷

1942年年中 對猶太人的大屠殺始於奧斯威辛集中營，這是希特勒「最終解決方案」的一部分

1943年9月8日 義大利投降並簽署停戰協定後，德軍馬上就占領義大利其他地區

1944年 蘇聯在東歐加快了進攻的速度

1944年6月6日 諾曼第登陸：盟軍入侵法國，巴黎在8月解放

1945年5月8日 勝利日：德國無條件向同盟國投降

1945年8月15日 第二次世界大戰對日戰爭勝利紀念日：廣島和長崎被毀後，日本正式投降

1943年　　　　1944年　　　　1945年　　　　1946年

1942年6月 美國海軍在中途島海戰（Battle of Midway）中獲勝，標誌了太平洋戰爭的轉振點

1942年7月—1943年11月 德國在史達林格勒戰役和阿來曼戰役中大敗

1943年5月 同盟國在北非大勝，因此得以入侵義大利、終結非洲戰場

1944年1月 同盟國在義大利的安濟奧登陸，並在3月轟炸卡西諾山（Monte Cassino）的一座修道院，因為他們懷疑這是德國的偵查站

1945年4月 俄軍抵達柏林。希特勒自殺，墨索里尼被義大利游擊隊處死

1945年4月 俄軍抵達柏林，希特勒自殺，墨索里尼被義大利游擊隊處死

8 史達林格勒戰役

1942年8月—1943年2月

1942年，軸心國發起新的攻擊，進軍工業城市史達林格勒。這是二戰中最大規模且最血腥的戰役之一，將近80萬名平民和軍人喪命。最後以德國屈辱投降告終，標誌了二戰的轉捩點。

◎ 圍攻

7 入侵蘇聯 1941年6—12月

德國與軸心國盟友的400萬大軍在約1600公里長的戰線上攻擊蘇聯。三個月內，入侵者幾乎就要打到了莫斯科和列寧格勒，但卻未能完勝。1941年12月，他們停止了進攻。

◎ 圍攻

6 不列顛遭受攻擊

1940年7月—1941年5月

1940年，德國空軍攻擊英國失敗，希特勒入侵英國的計畫因此泡湯。他改為轟炸英國城市，但在1941年5月就放棄了這場戰役，轉而入侵蘇聯。

✹ 德國的空襲

5 義大利的戰役

1940年6月—1942年2月

義大利亟欲從德國的成功中分一杯羹，並在之後的一切和平會議中占有一席之地，於是在1940年6月入侵法國南部。墨索里尼為了掌控地中海而攻擊北非的英國和大英帝國勢力，並試圖入侵希臘。但在埃及和希臘，義大利軍都被擊退，希特勒還必須調派德軍去支援盟友。

→ 義大利的進攻 ┅► 同盟國的進攻

1940年4月 德軍進入挪威附近水域，引發了兩個月的衝突，最後以同盟國戰敗告終

1940年4月9日 德國傘兵在挪威登陸，這是史上第一場空降襲擊

1941年9月—1944年1月 德軍圍攻列寧格勒900天，導致超過100萬名平民喪命

1940年9月7日—1941年5月16日 希特勒轟炸英國城市，稱為閃電戰（Blitz）

1939年9月1日 波蘭軍隊努力奪取華沙，但他們的軍□比不過敵軍

1939年9月1□ 蘇聯軍隊從東方攻擊波蘭

1940年7月10日—9月6日 在不列顛戰役中，納粹德國空軍瞄準英吉利海峽沿線的機場和港口

1940年5—6月 33萬5000名英國和法國軍人從敦克爾克（Dunkirk）撤退

1940年 併入匈牙利

1940年6月14日 德軍占領巴黎

1941年4月6日 德國入侵南斯拉夫，因此得以攻擊希臘，最終攻陷希臘

1940年 併入保加□

1940年10月 義大利從1939年併吞的阿爾巴尼亞攻擊希臘，結果以失敗告終

軸心國的征服

1939—1943年

德國在西歐和東歐都發動攻勢，而義大利則在地中海地區進攻。德軍有效運用裝甲部隊和飛機。

圖例

■ 軸心國勢力
■ 軸心國的衛星國
■ 1939年軸心國征服的範圍
■ 1940年軸心國征服的範圍
■ 1941年軸心國征服的範圍
■ 同盟國勢力
→ 德國的進軍
▽ 空降攻擊

時間軸

1　2　3　4　5　6　7　8

1939　1940　1941　1942　1943　1944

1941年1月 盟軍從義大利軍隊手中奪取關鍵港口托布魯克

1940年9月13日 義大利第二次進攻英國占領的埃及，結果失敗

1 入侵波蘭　1939年9月

1939年9月1日，德國從西方入侵波蘭並圍攻華沙，使用了重型空軍和火藥轟炸。接著蘇聯從東方進攻。9月27日，華沙淪陷，波蘭失去主權，國家被兩個入侵者瓜分。30天之內，至少有7萬名波蘭人喪生。

💥 轟炸華沙

2 蘇聯的征服　1939年11月－1940年6月

入侵波蘭之後，史達林又入侵了芬蘭。芬蘭人堅守了一段時間，但到了1940年3月，還是被迫放棄具有重要戰略意義的領土，只能苦苦等待復仇。1940年6月，史達林併吞愛沙尼亞、拉脫維亞和立陶宛，這些國家也是希特勒想納入德國的領土。

—— 1939－1940年，蘇聯的征服

1941年10月2日－1942年1月7日 蘇聯反擊，把軸心國軍隊逐出莫斯科

1942年6月28日－1943年2月2日 蘇聯軍隊成功捍衛史達林格勒，使軸心國軍隊精疲力竭

△ **梅塞施密特（Messerschmitt）Bf109戰鬥機**
這架戰鬥機是1939年最先進的飛行器之一，是德國早期成功的關鍵，為德國的先鋒「閃電戰」（高速攻擊）裝甲車提供空中支援。

3 入侵斯堪地那維亞和低地國　1940年4－6月

1940年春天，愈發大膽的德國成功入侵丹麥，並利用海軍和開創性的傘兵行動襲擊挪威。5月時，超過200萬名德國軍人從陸上和空中侵入比利時、盧森堡和荷蘭。

4 法國淪陷　1940年5－6月

法國利用馬奇諾防線（Maginot Line）來強化部分邊界，並把最優秀的軍隊派往比利時和荷蘭抵抗德國。德國的裝甲部隊從他們後方的亞耳丁內斯森林（Ardennes Forest）進攻，截斷他們的行進，並在色當擊敗了盟軍，戰況非常慘烈。法國在新領導人菲利普・貝當（Philippe Pétain）元帥的領導下於6月17日請求停戰。

—— 馬奇諾防線

1941年6月 英軍入侵由維琪法國（Vichy France）掌控的黎巴嫩和敘利亞，目的是避免軸心國軍隊利用這些地方作為攻擊埃及的基地

軸心國的進攻

在1939－1942年之間，納粹德國軍隊和他們的軸心國盟友在一連串的閃電戰中征服了歐陸大部分地區。英國和蘇聯頑強抵抗，阻止德國取得全面勝利。

德國的阿道夫・希特勒和蘇聯統治者約瑟夫・史達林這兩名獨裁者協議瓜分波蘭，這是歐洲第二次世界大戰的序曲。德國入侵波蘭後，英國和法國向德國宣戰，但並沒有做出什麼實際的行動去援助波蘭人。主導權仍在希特勒手中，他於1940年春天再次進攻。盟軍的侵略性和專業度都不及德軍，於是在西方戰線被擊敗。法國投降，但英國在新任首相溫斯頓・邱吉爾（Winston Churchill）的領導下繼續戰鬥，撐過了德國的空軍襲擊和潛水艇的封鎖。

1940年6月，德國看似明顯領先時，義大利獨裁者貝尼托・墨索里尼才遲遲加入戰局，但他的軍力極為薄弱。為了避免盟友慘敗給英國人，希特勒不得不加入地中海戰區。

然而，希特勒的長期目標一直都是讓德國人成為優越民族，掌控東方的斯拉夫民族土地，所以在1941年6月，他下令入侵蘇聯。他的盟友也紛紛加入：有軸心國的第二勢力義大利是，還有剛剛在1939－1940年的衝突中被蘇聯搶走了一些土地的芬蘭，以及匈牙利、羅馬尼亞和斯洛伐克，這些國家的右翼政府與軸心國結盟，因此被迫參與侵略蘇聯。雖然在接下來的多場勝利中，希特勒的軍隊占領了大片蘇聯領土，但到了1942年年底，希特勒已經顯得不自量力。1943年的史達林格勒之役終結了德國勝利的時代。

阿道夫・希特勒
1889－1945年

希特勒出生於奧地利，是一名低階官員的兒子。一戰時他加入德國軍隊，戰後成了國家社會主義黨（納粹黨）這個小黨的領袖。1923年，希特勒試圖發動政變之後，納粹黨嶄露頭角。雖然政變失敗，但納粹黨在大蕭條期間持續吸引大量支持。1933年，希特勒被指派為德國總理，很快就掌握了獨裁的權力。他無視凡爾賽條約，重新武裝德國，並開始主導歐洲。但他的侵略性政策引發了一場戰爭，最終為德國帶來了災難。1945年4月，他在他位於柏林的碉堡中死去。

1 猶太隔離區 1939—1942年

在納粹占領下，小鎮和村莊裡的猶太人被送往城市裡的猶太隔離區。光是在波蘭和蘇聯，納粹就建立了超過1000個隔離區。這些地方由於食物短缺和衛生條件不佳，飢餓和疾病猖獗。在1942年，納粹決定殺死猶太人之後，德國人就摧毀了許多隔離區，並把猶太人送往滅絕營。

✡ 猶太隔離區

2 政治控制 1939—1945年

納粹德國說服匈牙利、羅馬尼亞和保加利亞同意三國同盟條約（Tripartite Pact），確立了與軸心國的盟友關係。在斯洛伐克、挪威和克羅埃西亞，傀儡政權成立，這些國家有自己的政府，但自治權有限，且有納粹長官駐紮當地。在沒被占領的法國，維琪政府被迫接受德國強加的停戰條約。

♟ 傀儡政權

3 強迫勞動 1940—1945年

在所有被占領的國家，德國都為了戰爭而控制勞動力和工業，這些國家不能自由部署勞動力。勞工會收到工作證，有些人在被占領的國家工廠裡工作，有些則被派往德國。到了1944年底，已有大約820萬外國平民和戰俘以及70萬名集中營囚犯在德意志帝國工作。

✗ 強迫勞動

7 滅絕營 1942—1945年

納粹在1942年實行殲滅歐洲猶太人的政策，專門的滅絕營到了這時才開始運作。大多數受害者在到達後就立刻被送往毒氣室毒死，但少數人被留下來當作奴工。羅姆人（Roma）、共產主義者、同性戀者和其他「不受歡迎的人」也是大屠殺的對象。

✠ 滅絕營

6 大屠殺 1941—1943年

納粹在入侵蘇聯期間故意殺害大量猶太人。特別行動隊（Einsatzgruppen）跟著德軍進攻，並直接前往猶太人的家鄉進行屠殺。而在塞爾維亞的克拉古葉瓦次（Kragujevac）和波希米亞—摩拉維亞（Bohemia-Moravia）的利迪策（Lidice）等地，另一些大屠殺則是為了報復當地反抗勢力殺害納粹官員。

☠ 大屠殺發生的地點與時間

5 集中營 1933—1945年

1933年納粹掌權後在德國建立集中營，是為了監禁國家的敵人而設計的，最初並不是用來殺人，但受害者會因飢餓和勞累而死。其中一些集中營後來改造成滅絕營，例如波蘭的馬伊達內克（Majdanek），最初是為蘇聯戰俘建造的。

✠ 集中營

1942年2月 維德孔・奎斯林（Vidkun Quisling）是一名挪威籍的納粹軍官，被任命為傀儡政權的領導人。他的名字成了「叛徒」的同義詞

1939年10月 在波蘭建立了第一個猶太隔離區

1941年 農夫被迫把作物交給德國，導致超過2萬名荷蘭人餓死

1941年12月 第一個滅絕營在忽母諾（Chelmno）啟用

1940—1944年 80%的比利時兒童因為營養不良而得了佝僂病

1940年 盧森堡被併入德國

1942 Lidice

1941年11月30日和12月8—9日 至少有2萬6000名猶太人被德國的處決小隊射殺

1940年6月22日 法國簽署停戰協議，在未被占領的法國南部保有某程度上的主權，直到1942年11月在法屬北非戰敗後才被德國完全掌控

1933年 第一個集中營在達赫奧（Dachau）建立

1941年4月 南斯拉夫發生了一場反軸心國的政變，促使德國入侵，並建立一個名為「克羅埃西亞獨立國」（Independent State of Croatia）的傀儡政權

1944年6月 超過22萬名猶太人從他們在布達佩斯的家鄉被驅逐

1941年9月29—30日 超過3萬名烏克蘭猶太人在娘子谷（Babi Yar）被射殺

1941年10月20日 2300名塞爾維亞男性在克拉古葉瓦次被處決

1941—1944年 德國為了維持戰爭機器的運作而掠奪希臘的資源，補給品則被英國封鎖。到了戰爭結束時，估計有30萬人餓死

地圖標示：
ATLANTIC OCEAN
IRELAND — Dublin
BRITAIN — London
FINLAND — Helsinki
KARELIA
NORWAY — Oslo
SWEDEN — Stockholm
Leningrad
Baltic Sea
DENMARK — Copenhagen
NETHERLANDS
BELGIUM
Hamburg, Bergen-Belsen, Ravensbruck, Sachsenhausen, Berlin
GERMANY — Essen, Buchenwald, Gross-Rosen, Flossenburg, Dachau, Munich, Theresienstadt
SUDETENLAND
Luxembourg
OCCUPIED FRANCE — Drancy, Paris
FRANCE
VICHY FRANCE — Vichy, Bordeaux, Marseille, Toulon
SPAIN
PORTUGAL
SWITZERLAND
Milan, Bozen, Trieste, Fossoli, Zagreb
ITALY — Rome, Corsica, Sardinia, Sicily
AUSTRIA (OSTMARK) — Vienna, Mauthausen
BOHEMIA AND MORAVIA — Lidice
SLOVAKIA — Bratislava
POLAND — Chelmno, Warsaw, Treblinka, Lublin, Majdanek, Sobibor, Belzec, Cracow, Auschwitz-Birkenau, Lwów
HUNGARY — Budapest
REICHSKOMMISSARIAT-OSTLAND — Riga, Jungerhof, Kaunas, Khatyn, Minsk, Maly Trostinets, Bialystok
NORD
REICHSKOMMISSARIAT-UKRAINE — Babi Yar (Kiev)
Belgrade
CROATIA, YUGOSLAVIA, SERBIA — Kragujevac
MONTENEGRO — Sofia
ROMANIA — Bucharest
BULGARIA
ALBANIA — Tirane
SALONIKA, DEMOTIKA
GREECE — Athens
Mediterranean Sea
MALTA
FRENCH NORTH AFRICA
Dodecanese Islands
Crete

大日耳曼國

到了1942年，軸心國和他們的衛星國主導了歐洲。德國和義大利對一些地區進行軍事占領，也有一些地區被併吞，納入新的「大日耳曼國」。

圖例

- 1942年的大日耳曼國
- 被德國和芬蘭占領的地方
- 義大利和被義大利占領的地方
- 軸心國的衛星國
- 軸心國的臨時衛星國
- 同盟國領土

時間軸

1 2 3 4 5 6 7

1932 1934 1936 1938 1940 1942 1944 1946

△ **納粹大屠殺的倖存者**

蘇聯軍隊在1944－1945年進攻，穿越東歐時發現納粹的滅絕營，包括波蘭南部的奧斯威辛－比克瑙集中營，這張照片中的孩子就是在這裡發現的。

1941－1944年 在德國的監禁下，大約有260萬名蘇聯囚犯死於飢餓和疾病。蘇聯被占領後，這些人被迫吃狗肉和鼠肉，並用石蠟烹煮食物

4 **為食物而戰** 1940－1945年

至少有2000萬人在二戰期間餓死。希特勒試圖建立一個自給自足且不必依賴世界貿易的帝國。他把整個東歐視為工業基地和食物來源地，並準備讓東歐人民挨餓，為說德語的人民爭取「生活空間」。在歐洲其他地區，猶太人和非德國人則因為德國蓄意的政策或同盟國的封鎖而挨餓。

🍞 嚴重的食物短缺

歐洲淪陷

二戰期間，軸心國占領了歐洲的大片地區，使這片大陸上數以百萬計的居民遭遇苦難或死亡。納粹統治以及反抗納粹的殘酷經歷對歐洲的政治和社會造成了深遠的影響。

戰敗的國家對於戰爭早期德國的勝利有不同的反應。所有的國家都出現了反納粹以及與納粹合作的勢力——合作者接受失敗，試圖在德國統治的歐洲新政權下取得一席之地。在克羅埃西亞、立陶宛和烏克蘭等地方，納粹一開始被視為解放者，受到人民的歡迎。以維琪為基地的法國政府則是自願與德國合作。

某些德國官員嚮往的是一種新秩序，也就是整個歐洲都在德國的領導下蓬勃發展，但納粹領導人阿道夫·希特勒只對統治和剝削有興趣。事實上，納粹所做的就是掠奪被征服國家的食物和勞力資源、用蔑視的態度對待合作者，並用恐怖活動來鎮壓反對人士。最可怕的折磨發生在東歐：希特勒計畫奴役東歐的斯拉夫民族，並讓德國移民來殖民這片土地，以便實現他的最終目標——為說德語的民族取得更多的「生活空間」（Lebensraum）。德國的邊界擴大並且重畫，目的是創建大日耳曼國（Greater German Reich）。戰爭期間，波蘭有五分之一的人喪生，包括波蘭的大部分猶太人。納粹沒有完全殲滅歐洲猶太人的唯一理由就是他們需要這些猶太囚犯作為奴隸。

武裝抵抗
1940年起

納粹統治下的生活充滿折磨，激發了由同盟國軍隊支持的武裝抵抗運動。最大的反抗勢力位於波蘭、南斯拉夫、蘇聯西部，以及1943年德國占領的北義大利。共產主義者扮演主要角色，而在某些地方，尤其是南斯拉夫，共產主義和非共產主義的反抗分子之間發生了激烈的衝突。法國的武裝抵抗規模雖然有限，但對維持法國的尊嚴十分重要。

俄羅斯的抵抗

在淪陷的蘇聯西部，婦女為了自衛而在壕溝裡練習射擊。

日本的進攻，1941—1942年

日本除了在太平洋島嶼和占領的中國地區擁有軍事基地之外，還在1940年納粹德國擊敗法國之後於法屬印度支那部署軍隊。日本從這些基地發起一連串的攻擊，橫掃東南亞和太平洋。

圖例

- ⛩ 軍事基地
- 美國屬地
- 英國屬地
- 澳洲及澳洲屬地
- 中國
- 蘇聯
- 荷蘭屬地
- 日本及日本屬地
- 1942年6月的日本前線
- 日本的航母攻擊或空襲
- 盟軍的航母攻擊或空襲
- 1941年受日本控制的地區

時間軸

1941年11月　1942年1月　1942年4月　1942年7月

蘇聯
滿洲（滿洲國）
蒙古
朝鮮
日本

1942年4月18日 杜立德中校（Doolittle）領導美國空軍襲擊東京，作為珍珠港事件的報復

東京
大阪
長崎

1941年12月23日 威克島第二次遭到日本攻擊後淪陷

1942年2月24日 盟軍眾多襲擊中的第一場

3月4日 Marcus Island

北京
亞瑟港
青島
南京
上海
重慶

1941年12月25日 香港投降

琉球群島
沖繩
福爾摩沙

1941年12月22日 主要的入侵勢力從福爾摩沙登陸菲律賓

硫磺島

1941年12月10日 日本從美國手中奪取關島

威克

NEPAL
BHUTAN
INDIA
密支那
昆明
廣州
澳門
香港

Calcutta
Imphal
緬甸
臘戍
曼德勒
Akyab
南寧
河內
海南

1942年1月2日 馬尼拉被日本攻陷
1942年5月6日 馬尼拉灣的柯里幾多島（Corregidor Island）淪陷，這是美國的最後一個要地

Luzon
Manila

1942年4月6日 Masulipatam
1942年4月6日 Vizagapatam

仰光
法屬印度支那
暹羅
西貢—堤岸

1942年1月7日—4月9日 Bataan

Philippine Islands

Saipan
關島
Tinian
Mariana Islands

1942年1月20日 日軍進入緬甸
1942年3月8日 英國撤離，日軍占領仰光

1942年4月9日 Trincomalee
Ceylon

Yap
帛琉
Caroline Islands
Truk

1942年4月5日 Colombo

馬來亞
Medan
吉隆坡
新加坡

BRUNEI
BRITISH NORTH BORNEO
SARAWAK

1942年1月23日 日本占領拉寶爾，這裡成了他們主要的南方基地

1942年2月15日 新加坡向日本投降，大英國協損失了13萬8000名軍人

Sumatra
Palembang

Borneo
Celebes

Admiralty Islands

日本攻擊珍珠港

DUTCH EAST INDIES
Kendari
Hollandia

1942年2月28日 Sunda Strait
1942年2月27日 Java Sea
Bandjarmasin
Macassar
Amboina

NEW GUINEA
Lae
1942年3月10日 Rabaul
Solomon Islands

Batavia
Java
Surabaya

1942年2月18—19日 Lombok Strait

Flores
Dili
Portuguese Timor
Sumba Timor

1942年3月10日 Salamaua

1942年2月19日 達爾文遭到188架日本飛機攻擊

1942年2月19日 Darwin

Port Moresby

1942年5月4—8日 在珊瑚海戰中，日本船隻受損太嚴重，無法繼續入侵摩士比港

Coral Se

1942年3月9日 荷屬東印度向日本投降

AUSTRALIA

Guadal

日本攻擊珍珠港

1941年12月7日上午8點，366架日本轟炸機和戰鬥機襲擊美國位於珍珠港的海軍基地。這場攻擊導致2403名美國人喪生，但只損壞或摧毀了94艘戰艦中的18艘。

6　同盟國的勝利 1942年5月4日—6月6日

日本在5月派了一支大型艦隊去占領盟軍位於新幾內亞摩士比港（Port Moresby）的軍事基地，這個計畫在珊瑚海（Coral Sea）被盟軍阻撓。接著盟軍破解了日本的訊號密碼，取得日本即將攻擊美國中途島（Midway Island）基地的情報。在接下來的戰役中，美國海軍獲得重大勝利，標誌了太平洋戰爭的轉捩點。

5　征服荷屬東印度 1942年2月—3月9日

荷屬東印度（印尼）因為擁有橡膠和油田而成為重要目標。日本在2月展開一連串登陸行動，同時轟炸澳洲的達爾文（Darwin），以便截斷同盟國的援軍。盟軍在一連串海戰中被擊敗，無法阻止日本的攻勢。

→ 日本的進攻　　✕ 同盟國的勝利　　→ 日本的進攻　　✕ 日本的勝利

1942年6月6—7日　日本占領阿拉斯加附近阿留申群島（Aleutian Islands）的阿圖島（Attu）和基斯卡島（Kiska），這是他們唯一拿下的美國領土

Aleutian Islands　∺ Dutch Harbor

Kiska

1　珍珠港　1941年12月7日
日本計畫攻擊位於夏威夷珍珠港的美國太平洋艦隊大型基地，趁美國毫無防備時取勝。日本遞交了一份國書給美國，解除兩國的外交關係，但這封國書在轟炸後才送達。這場攻擊令美國大吃一驚。隔天，美國和英國向日本宣戰，希特勒則在12月11日向美國宣戰。戰爭演變成全球衝突。

→　日本的攻擊

✕ Midway

1942年6月4—6日　日本遭遇第一次重大挫敗，四艘日本航空母艦被擊沉

1941年12月7日　日本的魚雷轟炸機攻擊美國艦隊，一個小時後又發起第二波完整的攻擊

∺ Oahu　Hawaiian
Pearl　Islands
Harbor

2　戰爭開始蔓延
1941年12月8日—1942年1月23日
日本除了攻擊珍珠港之外也發起了多場戰役。香港、關島、威克島（Wake Island）、吉伯特群島（Gilbert Islands）等太平洋島嶼很快就接連淪陷。他們繼續以驚人的速度攻擊菲律賓，再向南來到馬來半島，讓英國人、荷蘭人和美國人顏面盡失。1月時，日本拿下了澳洲位於新幾內亞拉寶爾（Rabaul）的軍事基地。

→　日本的進攻　　▶ 日本的征服

1942年2月1日
盟軍攻擊日本基地

Kwajalein

Gilbert
Islands

1941年12月10日　吉伯特群島被日本攻陷

3　馬來亞和菲律賓淪陷
1941年12月9日—1942年5月6日
為了取得亞洲的主導權，日本人必須對付馬來亞的英國勢力以及菲律賓的美國勢力。他們先發制人，先後在1月及2月拿下了馬尼拉和新加坡。美國和菲律賓部隊在堅守巴坦半島（Bataan Peninsula）三個月後投降。

→　日本的進攻　　▶ 日本的征服　　✕ 日本的勝利

4　征服緬甸　1942年1月20日—5月20日
日本人認為拿下緬甸就能截斷中國國民政府的資源，為日本人開闢征服整個中國的道路，並開啟通往印度的大門。日本軍隊通過暹羅（泰國）之後，在5月底於緬甸擊敗了小規模的英國軍隊和他們的中國盟友。

→　日本的進攻

太平洋戰爭

1931年，日本展開一項計畫，想在亞洲建立一個龐大的帝國，方法是先占領中國東北，再於1937年全面入侵中國。這導致日本與美國以及當地的歐洲殖民勢力陷入衝突，這場戰爭在1941年擴張到東南亞和太平洋。

整個1941年，美國都試圖透過經濟封鎖政策讓日本放棄入侵中國（見第288-289頁）。結果日本人擴大了戰爭的範圍，這是一項很冒險的計畫。他們攻擊了夏威夷珍珠港的美國海軍基地，目的是癱瘓美國的太平洋艦隊，讓日本帝國海軍主導這片海域，同時日本陸軍則前往征服東南亞，奪取橡膠和石油等原料。這個計畫一開始十分成功，但「偷襲」珍珠港的舉動嚴重激怒了美國，讓美國如何都不可能接受任何以日本主導亞洲為基礎的妥協與和平。於是美國也加入了二戰。

雖然納粹德國為了支持日本而向美國宣戰，但太平洋和歐洲的衝突基本上仍是獨立的。日本擊敗東南亞的歐洲殖民勢力，對亞洲的白人種族聲望造成致命的打擊，尤其是英屬新加坡的淪陷。但事實證明，日本是剝削人民的統治者，在他們的「共榮圈」裡幾乎沒有得到其他亞洲人民的支持。1942年6月，美國在中途島海戰（Battle of Midway）中獲勝，標誌了日本快速擴張時期的終結。

> **「在我們決定放過他們之前，只有一個地方能說日語，那就是地獄。」**
>
> 美國海軍中將海爾賽（Halsey）於珍珠港事件時的言論，1941年

道格拉斯·麥克阿瑟將軍（Douglas MacArthur）
1880—1964年

道格拉斯·麥克阿瑟於1941年被任命為遠東地區的美國陸軍司令時，他的軍事經歷已經十分傑出，包括在一戰時服役，還擔任過美國陸軍參謀長。1942年他被迫撤出菲律賓時說過一句名言——「我會再回來」，這個承諾在1944年兌現。他擔任盟軍最高統帥，於1945年接受日本的投降（見第302-303頁），並在日本的戰後政治重建中扮演了主導角色。麥克阿瑟從1950年開始在韓戰（見第316-317頁）中指揮聯合國部隊，但他不滿美國政府的政策，因此杜魯門總統在1951年解除了他的職務。

德國戰敗

面對美國、蘇聯和英國的聯手攻擊，德國在二戰的最後階段已經抵擋不住。戰爭愈到後期，毀滅的規模愈大，歐洲大陸只剩下一片廢墟和難民。

1943 年，戰爭的局勢逆轉，對納粹德國和他們的軸心國盟友非常不利。在東方戰場，蘇聯軍隊在史達林格勒戰勝（見第 296-297 頁），他們開始長驅直入地向西方進攻，最後一路攻向柏林。在大西洋，德國的 U 艇多年來都造成嚴重的航運損失，但盟軍克服了這項威脅。美軍參戰，從北非登陸對付德國。美軍和英軍在突尼西亞會合，他們跨越地中海，入侵西西里島和義大利，導致德國的盟友貝尼托·墨索里尼垮臺。但即使是在 1944 年夏天西方盟軍入侵法國諾曼第之後，納粹領導人阿道夫·希特勒卻還是不認輸。他在逃過一次刺殺之後又領導了一場完整的作戰行動。西方勢力與蘇聯的盟友關係很穩固，堅持要敵軍無條件投降。經過一場激烈的空權爭奪戰之後，美國和英國空軍摧毀了許多德國城市。1945 年春天，盟軍從東方和西方入侵德國，攻陷了這個猶如廢墟的國家，而希特勒則在他位於柏林的碉堡中自殺。

> 「我們有了新的經驗。我們獲得了勝利──一場了不起的絕對勝利。」
>
> 邱吉爾在阿來曼戰勝時的發言，1942年

溫斯頓·邱吉爾
1874—1965年

1940年5月，特立獨行的保守派政治家溫斯頓·邱吉爾在英國成為聯合政府的首腦。他振奮人心的演講和好戰的精神鼓舞了英國的士氣，且在二戰期間，他也努力與同盟國的美國和蘇聯保持友好關係。1945年，歐洲戰勝的兩個月後，他在一次選舉中敗選下臺。

盟軍入侵歐洲，1942—1945年

1942年，盟軍在北非戰勝，他們因此有了一個基地，可以在1943年入侵義大利。隔年，西方盟軍開始在西歐發動攻擊，而蘇軍則從東方逼近，夾攻德國。

圖例

軸心國

- 1942年為止，受軸心國控制的地方
- 1942年起，德國的進攻
- 1942年11月為止，德國占領的地方
- 軸心國的衛星國

同盟國

- 1942年同盟國的領土
- 1944年，同盟國的進攻
- 1942—1943年，同盟國的進攻
- 1945年，同盟國的進攻
- 同盟國的勝利

時間軸

	1941	1942	1943	1944	1945	1946

6 德國即將慘敗 1945年3－5月

在戰爭的最後幾個月，雖然德軍頑強抵抗，但換來的只有一次次的敗退。1945年3月，美軍跨越萊茵河進入德國，並前往占領漢諾威和紐倫堡。同時，蘇聯軍隊經過波蘭，發動了大規模攻勢，最終在4月30日占領柏林。

5 入侵諾曼第 1944年6－7月

1944年6月6日，盟軍入侵法國北部，這是史上最大型的兩棲登陸作戰。五個盟軍軍團在五個法國海灘登陸，但濃密的樹籬和德軍頑強的抵抗導致進攻的進度十分緩慢。盟軍的這次入侵迫使希特勒在東西歐兩線同時作戰。

→ 諾曼第登陸

1943年5月24日 經歷重大損失後，德國海軍元帥鄧尼茲（Dönitz）把U艇從大西洋撤回

1942年11月 盟軍展開火炬行動（Operation Torch），在摩洛哥和阿爾及利亞登陸，這場行動是為了控制北非

4 戰略性轟炸 1944—1945年

在1944年，轟炸德國城市成了盟軍的重要戰略。他們攻擊石油供應處和油田，摧毀了德國為戰爭所做的努力。約有40萬名德國平民喪生，許多城市也被毀滅。希特勒反擊，並向倫敦發射V-I巡航導彈和V-2火箭。

被盟軍嚴重轟炸的城市

被德國嚴重轟炸的城市

ATLANTIC OCEAN

Lisbon

PORTUGAL

直布羅陀
歸屬英國

Casablanca

MOROCCO

◁ 諾曼第登陸

1944年6月6日，一艘美國登陸艇接近法國諾曼第的奧馬哈海灘（Omaha Beach）。雖然盟軍入侵成功，但有將近3000名美國士兵在登陸過程中陣亡或受傷。

1 大西洋海戰 1942—1943年

在1942—1943年之間，有數百萬噸的盟軍船隻被德國潛艇部隊（又稱U艇）擊沉。德國把攻擊集中在大西洋中央，這超出了盟軍飛機的射程，但從1943年起，盟軍的飛機就已能夠長途飛行並用雷達偵測到U艇，因此德國被迫撤退。

- ▬ 1940年盟軍的空軍掩護
- ▬ 1943年盟軍的空軍掩護
- ▨ 1942年U艇取得成果的範圍
- ▨ 1943年U艇取得成果的範圍

2 納粹與蘇聯的衝突 1943—1944年

1943年，希特勒在史達林格勒戰敗後（見第296-297頁），又冒險在庫斯克展開一場大規模的戰車會戰，目的是大量消滅俄羅斯人。這場賭局失敗了：蘇聯軍隊的指揮架構優於軸心國的複雜軍隊。蘇聯反攻進入羅馬尼亞和匈牙利，使希特勒的盟友投降。

- ⚑ 1944年軸心國投降

3 地中海 1942—1945年

1942年，在艾爾溫·隆美爾領導下的軸心國軍隊於埃及的阿來曼戰敗，這對西方同盟國來說是個轉捩點。他們接著入侵屬利比亞和西西里島，接著在1943年入侵義大利本島。義大利投降後，德國占領了義大利，繼續在沒有主要盟友的情況下戰鬥到1945年5月。

1943年11月—1945年4月 遭到盟軍的長時間轟炸之後，柏林有三分之一的房屋被毀

1945年2月13日—14日 盟軍用燒彈攻擊德勒斯登，摧毀了這座城市，並殺害了數千名平民，這是二戰中最具爭議性的行動之一

1945年4月25日 蘇軍和美軍在易北河會合。兩邊的盟軍勢力都持續作戰，直到德國無條件投降

美國第一軍團

英國第二軍團

1944年1月 蘇軍跨越以前的波蘭邊界

1944年7月 蘇軍抵達華沙對面的維斯瓦河，造成德國85萬人傷亡
1945年1月17日 蘇軍解放波蘭城市華沙

1944年6月22日 史達林下令執行巴格拉基昂行動（Operation Bagration），大規模入侵波羅的海的國家和波蘭西部

1944年8月25日 巴黎的德國駐軍終於投降，巴黎解放

1943年7月5日—8月23日 軸心國攻擊庫斯克，蘇聯派出130萬名士兵和3400部戰車來迎戰，擊潰了軸心國軍隊

1943年9月8日 義大利向盟軍投降

1943年10月13日 義大利向德國宣戰

1943年7月 盟軍占領西西里，準備入侵義大利

1942年11月 盟軍在阿來曼大勝德義部隊

馬爾他歸屬英國

1943年5月13日 24萬名軸心國士兵在突尼西亞投降

1942年11月 馬爾他圍攻（Siege of Malta）終於解除。馬爾他是控制地中海的戰略要地

Faeroe Islands　*Shetland Islands*
NORWAY　Oslo
North Sea
IRELAND　BRITAIN　London
DENMARK　Copenhagen
NETHERLANDS　Hamburg　Bremen
Arnhem　Berlin
BELGIUM　Düsseldorf
Cologne
Rhine　*Elbe*　Dresden
Sedan　Frankfurt
Ardennes　Mannheim
GERMANY　BOHEMIA AND MORAVIA
Prague
Stuttgart　Cracow
Munich　Linz　Vienna
FRANCE　Paris　Orléans
SWITZERLAND　*Alps*　AUSTRIA (OSTMARK)　Bratislava　Budapest
Vichy　Lyon
Bordeaux　Milan　Zagreb　*Lake Balaton*
Pyrenees
Marseille
SPAIN　VICHY FRANCE
Brittany　*Normandy*
SLOVAKIA
HUNGARY　ROMANIA
CROATIA　Bucharest　Ploesti
Sarajevo　YUGOSLAVIA　SERBIA
Danube
MONTENEGRO　BULGARIA
ITALY　ROME
Anzio　Monte Cassino
Tirana　ALBANIA
Corsica
Sardinia
FINLAND　Helsinki　Vyborg　Leningrad
U S S R
ESTONIA
Courland　Riga　LATVIA
LITHUANIA
Baltic Sea
Königsberg　Danzig　Wilno　Moscow
POLAND　Minsk　Mogilev　Orel
Warsaw　Gomel　Kursk
Lwow　Kiev　Kharkov
Ternopol'　Krivoy Rog　Rostov
Dniester　*Dnieper*　*Don*　Stalingrad　*Volga*
BESSARABIA
Caucasus
Black Sea
Istanbul
GREECE　*Aegean Sea*　TURKEY
Athens　Ankara
Crete　*Dodecanese to Italy*
Cyprus　SYRIA
LEBANON
PALESTINE　TRANSJORDAN　IRAQ
Oran　Algiers　Bougie　Bône
Atlas Mountains
ALGERIA
Palermo　Messina　Bizerta　Tunis
Sicily　Gela
馬爾他
Gabés
TUNISIA　Tripoli
Mediterranean Sea
Tobruk
Benghazi　El Agheila
LIBYA　Alexandria　Cairo　El Alamein
EGYPT
Nile

盟軍的反擊，1942—1945年

盟軍擊退了日本在緬甸、菲律賓和太平洋的前線軍隊，直到他們近到足以對日本本土島嶼發動大規模空襲，迫使他們投降。

圖例

盟軍

- 盟軍兩棲襲擊
- 美國軍事基地
- 英國軍事基地
- 中國軍事基地

日本前線

- 1942年6月
- 1944年9月
- 1945年8月

日軍

- 被盟軍占領的日本空軍或海軍基地
- 被盟軍孤立的日本基地
- 日本列島

時間軸

1942年6月　1943年2月　1943年12月　1944年10月　1945年9月

蘇聯

鄂霍次克海

貝加爾湖
蒙古
內蒙古
滿洲（滿洲國）
海參崴
北京
亞瑟港
青島
日本海（東海）
朝鮮
南京
東海
廣島
長崎
上海
重慶

中國

1945年3月9－10日
334架美國B-29飛機在東京投下燃燒彈，8萬平民在大火中死亡

1945年2月23日 美軍在激戰中占領硫磺島上的摺鉢山，2萬3000名日軍死在這座島上

NEPAL
BHUTAN
Imphal
密支那
騰衝
昆明
廣州
澳門
澎湖群島
福爾摩沙
硫磺島

1944年3月4日－6月22日
日本人包圍了印度的因普哈（Imphal），但無法攻下

Calcutta
Akyab
緬甸
南寧
河內
香港
海南

1945年4月 沖繩

1944年6月19—20日 日本在菲律賓海戰中戰敗，損失了400多架飛機和3艘航空母艦，日本首相東條英機辭職

INDIA

仰光
暹羅
法屬印度支那
西貢－堤岸
Cam Ranh
南海

1945年5月3日
英屬印度軍隊占領仰光

1945年3月3日 經過長達一個月的戰鬥，美軍占領馬尼拉

Luzon
Manila

Philippine Sea

Mariana Islands

1944年6月 Saipan

1944年10月25日 Leyte Gulf

1944年7月 關島

1944年6月 Tinian

1944年 Eniwe

INDIAN OCEAN
Andaman Islands
Nicobar Islands
Ceylon

1944年12月 Mindoro
Leyte
Mindanao
Philippine Islands

Yap **1944年9月** Ulithi

帛琉
Caroline Islands
Truk

喬治市
棉蘭
吉隆坡
馬來亞
British North Borneo

1945年6月 Brunei
1945年5月 Tarakan
Sarawak
新加坡
Borneo
Sumatra
Palembang

1944年10月20日 6萬美軍登陸雷伊泰島

1943年3月2—3日 盟軍破解日軍訊號密碼後，轟炸了一支前往拉寶爾的日本護航隊

1 側翻行動（Operation Cartwheel）
1942年7月—1943年3月

1942年7月，盟軍展開一系列行動，企圖透過控制新幾內亞和索羅門群島來消滅日本在拉寶爾主要的南部基地。到了1943年3月，他們已經占領了瓜達卡納島（Guadalcanal Island）上的日本機場，又在新幾內亞東部的陸戰中擊敗日本人，並贏得一些重要的海戰，取得這個地區的主控權。

→ 盟軍進攻路線　✕ 盟軍海軍勝利

DUTCH EAST INDIES
Bandjarmasin
Kendari
Amboina
Macassar
Arafura Sea
Java Sea
Java
Flores
Sumba
Dili
Timor
Portuguese Timor

Hollandia
NEW GUINEA
Lae
Rabaul
Bismarck Sea
Solomon Islands
Port Moresby
Guadalcanal
Coral Sea

AUSTRALIA

1942年11月12—16日 Guadalcanal

2 太平洋跳島戰術 1943年11月—1944年9月

占領塔拉瓦是美國攻擊太平洋的開端。儘管日本士兵強烈抵抗，美國海軍陸戰隊還是占領了吉伯特群島，接著又先後占領馬紹爾群島（Marshalls）和馬里亞納群島（Marianas）中塞班島上的大型日軍基地。日本人試圖在菲律賓海戰中保衛馬里亞納群島，但遭遇毀滅性的打擊。

→ 盟軍進攻路線　✕ 盟軍海軍勝利

3 收復緬甸 1944年3月—1945年5月

對盟軍來說，要重啟進入中國的的路線就必須奪回緬甸。1944年，由於英國人透過關鍵的空中支援強化了部隊，日本人決定採取攻勢並挺進印度。英屬印度、美國和中國軍隊擊退了日本人，緬甸於1945年被盟軍奪回。

→ 盟軍進攻路線　⇢ 日軍進攻路線

4 解放菲律賓 1944年10月—1945年5月

盟軍重新奪回菲律賓的漫長行動從750艘美國艦艇登陸雷伊泰灣（Leyte Gulf）開始。日本人透過海上和空中攻擊來反擊，過程中首次使用了神風特工隊的自殺戰術。但美軍壓倒性的火力還是癱瘓了日本帝國海軍。

→ 盟軍進攻路線　✕ 盟軍海軍勝利

6　日本遭受攻擊　1945年3—8月

美國占領硫磺島後就開始對日本的主要城市發動燃燒彈襲擊，希望在不入侵、不犧牲盟軍士兵的情況下迫使日本投降。最後美國於8月在廣島和長崎投下原子彈（見第306-307頁），瞬間殺死了數萬名平民。蘇聯也在滿洲加入抗日戰爭，日本天皇很快就宣布投降。

☩ 原子彈轟炸　　→ 盟軍進攻路線

5　硫磺島與沖繩　1945年2—6月

硫磺島和沖繩是日本本島南方的兩個島嶼，盟軍占領這裡就有了前方基地，可以轟炸或入侵日本。拿下沖繩後，盟軍也等於切斷了日本從東南亞領土前往本島的供應線。這幾場衝突是太平洋戰區最血腥的戰鬥，日本的自殺式襲擊也在這時達到顛峰，雙方都有數以千計的人喪生。

→ 盟軍進攻路線

1943年8月 Kiska
1943年5月 mchitka
Aleutian Islands

Midway

PACIFIC OCEAN

Pearl Harbor　Oahu
Hawaiian Islands

Marshall Islands

1943年11月10日 美軍登陸塔拉瓦島，但承受了重大傷亡

1944年1月 Kwajalein

1944年1月 Majuro

Tarawa
3年11月

Gilbert Islands

△ 神風特攻隊
一位日本飛行員繫上一條印有日本帝國海軍徽章的頭帶，準備進行自殺任務。日本男子堅持「不勝利毋寧死」的信念，自願駕駛滿載著爆裂物的飛機衝撞敵艦。

日本戰敗

美國動員了先進的工業資源及人力，在1942—1945年太平洋的一連串激戰中擊敗了頑強的日軍。日本城市被美國炸成廢墟，帝國政府也被迫簽署屈辱的投降條約。

到了 1942 年中，日本已經在太平洋建立了一道廣大的防線，保衛他們在亞洲征服的地區。中國和緬甸仍在艱苦戰鬥，但美國的跨太平洋「跳島」突擊改變了戰局，他們因此得以逼近日本本土。美國展開大規模造船計畫，建造出一支強大的航空母艦艦隊，而美國海軍陸戰隊也開發了前所未見的海上登陸專業技術。從塔拉瓦（Tarawa）到沖繩，每個島嶼上的日本士兵都奮戰到底，但日本帝國海軍卻在一連串大規模海戰中被摧毀。處

於劣勢的日本飛行員被迫派出「神風特攻隊」對美國艦隊進行自殺式攻擊，但效果有限。

到了 1945 年夏天，日本顯然已經戰敗。日本政府分裂成兩個陣營，一邊想要戰鬥至死，另一邊則希望日本能取得保有一定程度獨立的和平協議。然而，美國人要求日本無條件投降。8 月時，美國用原子彈摧毀了廣島和長崎，而原本中立的蘇聯也襲擊滿洲的日軍。日本政府終於低頭，接受這已無法避免的投降。

> 「戰爭已發展至不利於日本的局面。」
> 裕仁天皇的投降廣播，1945年8月15日

全球戰爭
第二次世界大戰是一場真正的全球衝突，在歐洲、非洲、亞洲和太平洋都有戰場。美國同時對付所有的軸心國勢力，把軍隊派往全球各地。日本和其他軸心國勢力雖然是盟友，但各自在不同的戰場上戰鬥，未能協調策略。

圖例
■ 日本在亞洲／太平洋的最大擴張範圍
■ 軸心國勢力在歐洲／蘇聯的最大範圍

軸心國部隊的移動方向
→ 德國　　→ 日本

同盟國軍隊的移動方向
→ 英國　　→ 美國
→ 大英國協　→ 蘇聯

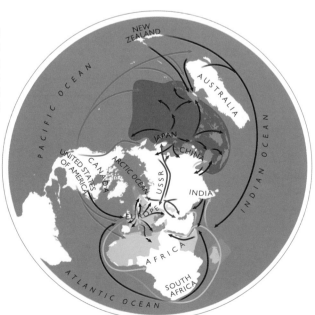

廣島被毀
第一顆原子彈爆炸之後的幾秒鐘內，廣島市就淪為廢墟。據說有將近7萬人立即死亡。圖中最顯眼的是支離破碎的流川衛理公會教堂。

廣島與長崎

美國為了結束二戰而在1945年8月對日本城市廣島和長崎投射原子彈，這是世界上首次使用原子彈，迎來了具爭議性的核動力新時代。這次攻擊對日本造成慘痛的打擊。

1945 年 5 月 10 日，在德國向同盟國投降並終結了歐洲戰爭的三天後，一群美國科學家和軍事人員在新墨西哥州的洛斯阿拉莫斯（Los Alamos）會面。曼哈頓計畫（Manhattan Project，美國的原子彈研究計畫）的首腦致力於終結日本在太平洋的抵抗。美國海軍採用跳島戰術，讓 B-29 轟炸機進入日本群島的射程範圍內，並展開大規模空襲，但日本拒絕投降。美國總統

杜魯門授權對日本使用兩項原子武器，他認為比起入侵，這是能確保日本投降較不血腥的方式。

最終攻擊

5 月時，專家在洛斯阿拉莫斯開會，討論應該攻擊哪幾個日本城市。攻擊的目標必須有一定程度的戰略意義。他們選定了四個城市，包括廣島和長崎。1945 年

△ **人影**
在廣島，爆炸的高溫使人和物品瞬間蒸發，留下來的「影子」是他們在1945年8月6日上午8點15分的模樣。

夏天，日本試圖談判投降的方案，但遭到盟軍拒絕。接著在 1945 年 7 月 28 日，盟軍要求日本無條件投降，否則將面臨毀滅，日本最高指揮部拒絕了這個要求。1945 年 8 月 6 日，前往廣島投射第一枚炸彈的艾諾拉‧蓋號（Enola Gay）B-29 轟炸機起飛，於上午 8 點 15 分擲下「小男孩」（Little Boy）原子彈。三天後，美國又在長崎擲下了「大胖子」（Fat Man）原子彈。據估計，因為這兩次轟炸而死亡的人數高達 24 萬 6000 人。1945 年 8 月 15 日，日本投降。當時還有更多的原子彈已經整裝待發，此外蘇聯入侵滿洲和大範圍擴散的饑荒已經對日本天皇造成影響。1945 年 9 月 2 日，日本在密蘇里號戰艦上正式投降。

這兩場轟炸加速了二戰的結束，但也引起了美國和蘇聯之間的核武軍備競賽，一直持續到 1990 年代。

▽ 「大胖子」
1945年8月9日在長崎投下的原子彈有「大胖子」之稱，產生了每小時1000公里的風速和攝氏7050度的高溫。

> 「我明白原子彈所造成的悲劇……我們感謝上帝把原子彈賜予我們，而非我們的敵人。」
>
> 美國總統哈瑞‧杜魯門，1945年8月9日

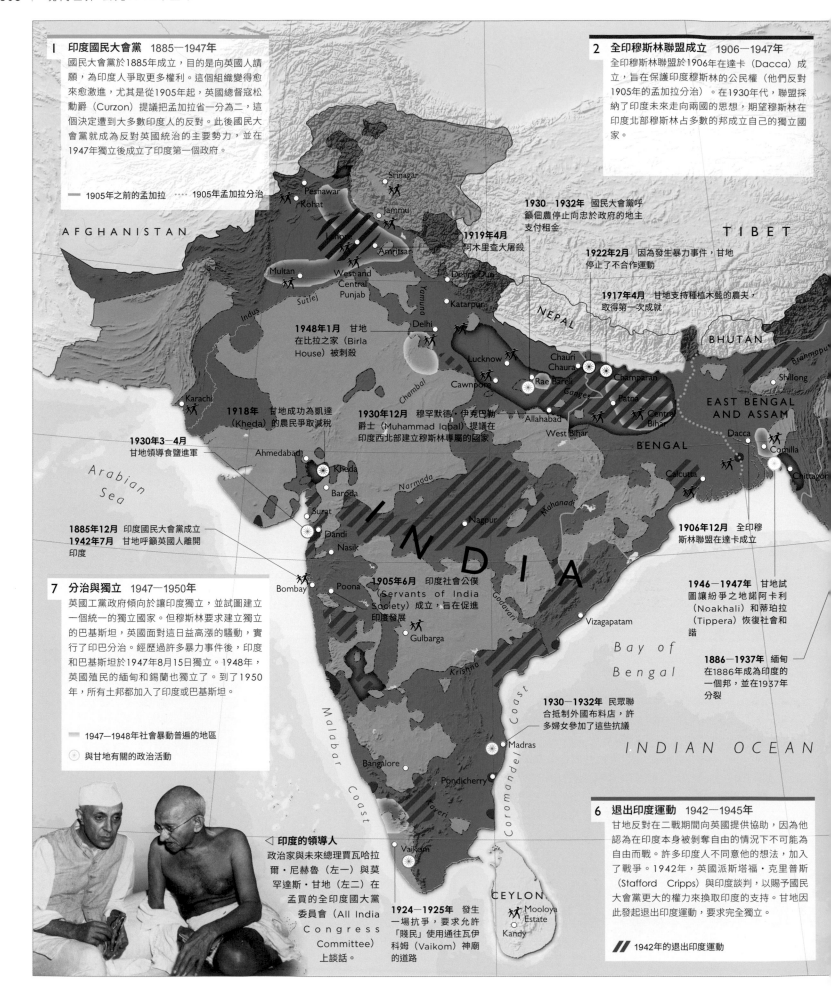

1 印度國民大會黨 1885—1947年

國民大會黨於1885年成立，目的是向英國人請願，為印度人爭取更多權利。這個組織變得愈來愈激進，尤其是從1905年起，英國總督寇松勳爵（Curzon）提議把孟加拉省一分為二，這個決定遭到大多數印度人的反對。此後國民大會黨就成為反對英國統治的主要勢力，並在1947年獨立後成立了印度第一個政府。

—— 1905年之前的孟加拉 ···· 1905年孟加拉分治

2 全印穆斯林聯盟成立 1906—1947年

全印穆斯林聯盟於1906年在達卡（Dacca）成立，旨在保護印度穆斯林的公民權（他們反對1905年的孟加拉分治）。在1930年代，聯盟採納了印度未來走向兩國的思想，期望穆斯林在印度北部穆斯林占多數的邦成立自己的獨立國家。

1930—1932年 國民大會黨呼籲佃農停止向忠於政府的地主支付租金

1919年4月 阿木里查大屠殺

1922年2月 因為發生暴力事件，甘地停止了不合作運動

1917年4月 甘地支持種植木藍的農夫，取得第一次成就

1948年1月 甘地在比拉之家（Birla House）被刺殺

1930年12月 穆罕默德·伊克巴勒爵士（Muhammad Iqbal）提議在印度西北部建立穆斯林專屬的國家

1918年 甘地成功為凱達（Kheda）的農民爭取減稅

1930年3—4月 甘地領導食鹽進軍

1885年12月 印度國民大會黨成立
1942年7月 甘地呼籲英國人離開印度

1906年12月 全印穆斯林聯盟在達卡成立

1946—1947年 甘地試圖讓紛爭之地諾阿卡利（Noakhali）和蒂珀拉（Tippera）恢復社會和諧

1886—1937年 緬甸在1886年成為印度的一個邦，並在1937年分裂

7 分治與獨立 1947—1950年

英國工黨政府傾向於讓印度獨立，並試圖建立一個統一的獨立國家。但穆斯林要求建立獨立的巴基斯坦，英國面對這日益高漲的騷動，實行了印巴分治。經歷過許多暴力事件後，印度和巴基斯坦於1947年8月15日獨立。1948年，英國殖民的緬甸和錫蘭也獨立了。到了1950年，所有土邦都加入了印度或巴基斯坦。

▨ 1947—1948年社會暴動普遍的地區

⊛ 與甘地有關的政治活動

1905年6月 印度社會公僕（Servants of India Society）成立，旨在促進印度發展

1930—1932年 民眾聯合抵制外國布料店，許多婦女參加了這些抗議

◁ **印度的領導人**
政治家與未來總理賈瓦哈拉爾·尼赫魯（左一）與莫罕達斯·甘地（左二）在孟買的全印度國大黨委員會（All India Congress Committee）上談話。

1924—1925年 發生一場抗爭，要求允許「賤民」使用通往瓦伊科姆（Vaikom）神廟的道路

6 退出印度運動 1942—1945年

甘地反對在二戰期間向英國提供協助，因為他認為在印度本身被剝奪自由的情況下不可能為自由而戰。許多印度人不同意他的想法，加入了戰爭。1942年，英國派斯塔福·克里普斯（Stafford Cripps）與印度談判，以賜予國民大會黨更大的權力來換取印度的支持。甘地因此發起退出印度運動，要求完全獨立。

⫽ 1942年的退出印度運動

爭取獨立，1885—1948年

世俗的印度國民大會黨和全印穆斯林聯盟分別在1885年和1906年成立後，爭取印度獨立的聲浪愈來愈高。人民發起運動，逼迫英國人離開印度。

圖例

- ■ 英屬印度（直接統治）
- ■ 土邦（印度王侯統治的半自治地區）
- ■ 法屬印度
- ■ 葡屬印度
- 🏃 重大動亂

時間軸

（時間軸，1880—1950年）

印巴分治

終結大英帝國統治印度的抗爭是殖民史上這類型的運動中最成功的之一。雖然偶有駭人的暴力事件，但這場運動強調的是非暴力抵抗，這是基於政治家兼社運人士莫罕達斯·甘地（Mohandas Gandhi）的信念，他是這場抗爭中最具影響力的領袖之一。

1919年，英國軍隊在旁遮普邦的阿木里查（Amritsar）屠殺手無寸鐵的印度人，破壞了英國對於統治印度所付出的努力。甘地因而發起了一場非暴力的不合作運動，為的是爭取獨立，主要由世俗的印度國民大會黨（Indian National Congress）領導。但印度的印度教徒和穆斯林之間的宗教分歧使事情變得更複雜。全印穆斯林聯盟（All-India Muslim League）開始爭取成立一個從印度分離出來、名為巴基斯坦的獨立穆斯林國家。

1939年，英國在沒有諮詢印度領導人的情況下代表印度向德國宣戰後，國民大會黨發起了退出印度運動（Quit India Movement），呼籲公民不服從，以便擾亂英國的作戰計畫。到了1945年，英國的經濟被戰爭拖垮，政府開始計畫從印度撤軍，並且不情願地支持印巴分治。在一場危機中，數百萬名印度教和穆斯林難民跨越新的國界，分裂的帝國終於在1947年8月15日獨立。

3 最初的抗爭和阿木里查大屠殺
1915—1919年

1915年，莫罕達斯·甘地開始帶領國民大會黨進行抗爭。1919年，英國頒布羅拉特法（Rowlatt Act），允許政府無限期拘留政治煽動者。甘地的回應是發起聯合罷工，關閉商店和企業，這是公民不服從的一種形式。英國人在旁遮普邦的阿木里查向數千名印度人開火後，甘地取消了抗議。

- 🏃 聯合罷工與旁遮普的動亂
- ✳ 與甘地有關的政治活動

4 不合作運動 1919—1922年

阿木里查大屠殺過後，甘地開始為印度爭取自治（swaraj），並利用「真理永恆」（satyagraha）的思想來實現目標，這是甘地提出的一種非暴力抵抗形式。雖然這場抗爭的本意是和平的，但還是漸漸轉向了暴力。1922年，甘地停止了這場運動。

- ■ 不合作運動
- ✳ 與甘地有關的政治活動

5 甘地的抗爭 1924—1932年

甘地因煽動暴亂而入獄兩年後，於1924年重新爭取自治。他最成功的行動是1930年的食鹽進軍（Salt March），當時他為了抵制英國政府壟斷鹽業而帶領一群社運人士前往西岸的德地（Dandi）進行非法製鹽。這個行動引發印度各地大規模的公民不服從。1932年再次入獄後，甘地就不再積極參與政治活動。

- ✳ 與甘地有關的政治活動

> 「在午夜鐘響、世界沉睡時，印度將甦醒，重獲生機與自由。」
>
> 賈瓦哈拉爾·尼赫魯（Jawaharlal Nehru），印度第一任總理，1947年8月14日

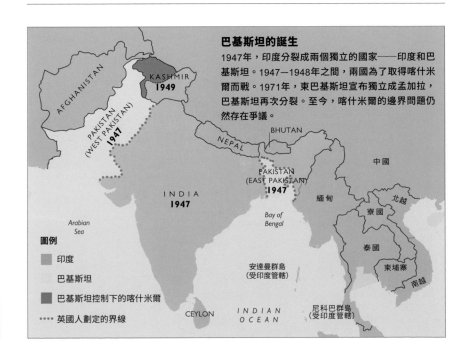

巴基斯坦的誕生

1947年，印度分裂成兩個獨立的國家——印度和巴基斯坦。1947—1948年之間，兩國為了取得喀什米爾而戰。1971年，東巴基斯坦宣布獨立成孟加拉，巴基斯坦再次分裂。至今，喀什米爾的邊界問題仍然存在爭議。

圖例

- ■ 印度
- ■ 巴基斯坦
- ■ 巴基斯坦控制下的喀什米爾
- ···· 英國人劃定的界線

毛澤東
1893—1976年

毛澤東從1949年起擔任產中國的領導人，一直到1976年去世為止。他前住北京之前曾受過教師培訓，在北京大學擔任圖書館管理員時成了共產主義分子，並在1921年協助成立共產黨。1934年，他領導8萬6000名共產主義者展開長征。1943年，他成為共產黨主席。身為領導人的他使中國現代化，但他激進的政策既殘忍又好高騖遠，犧牲了大量人命。

共產中國的成立

在1927—1949年之間，意識形態的分歧導致中國分裂，毛澤東的共產黨與中國國民黨為了國家的未來而戰。最後，經歷了多年的內戰、日本的占領和二戰，毛澤東成了共產新中國的統治者。

中國共產黨於1921年7月23日在上海成立。一開始，共產黨與中國國民黨合作，但1927年，在國民黨的反共新領袖蔣介石的統治下，國民黨與對手反目成仇，兩黨的盟友關係決裂（見第288-289頁）。國民黨打擊各個重要城市的共產主義者，而共產黨則被迫撤退到中國南部的江西省，並在1931年成立中華蘇維埃共和國。1934年，他們被國民黨軍隊包圍，被迫放棄基地。在中華蘇維埃共和國的末來主席毛澤東的領導下，共產黨的殘軍展開「長征」。行軍一年到達北部的陝西省。

目鄰近蘇聯的補給路線，是個很好的戰略基地。

二戰期間，因為日本入侵，共產黨只好和國民黨展開某種程度上的短暫合作。戰後美國的談判停兩黨的紛爭，但還是爆發內戰。國民黨取得早期的勝利，但共產黨得到鄉村農民的支持，軍隊人數大增。他們把國民黨的軍隊分散到孤立的小片土地上，很快就站穩腳步。1949年，國民黨退至台灣，1949年10月1日，毛澤東宣布成立中華人民共和國。

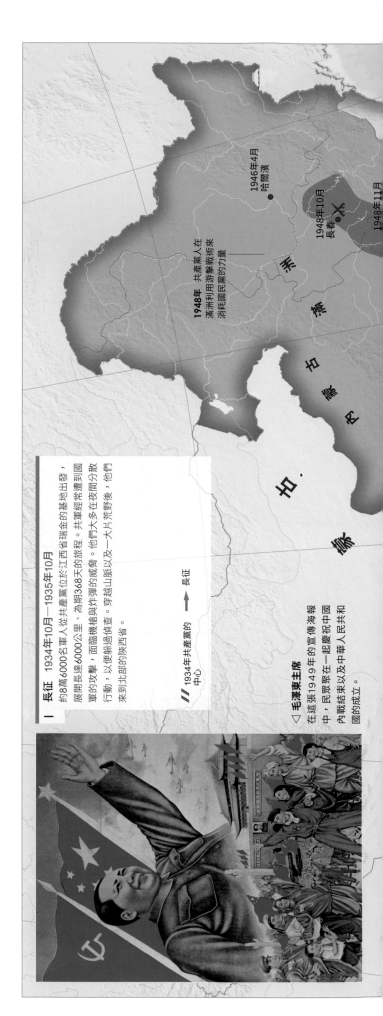

長征 1934年10月—1935年10月

約8萬6000名軍人從共產黨位於江西省瑞金的基地出發，展開長達6000公里、為期368天的旅程。共軍經常遭到國軍的攻擊，面臨飛機轟炸與彈藥的威脅。他們大多在夜間分散行動，以便穿越山脈以及一大片荒野後，他們來到北部的陝西省。

▷ **毛澤東主席**
在這張1949年的宣傳海報中，民眾聚在一起慶祝中國內戰結束以及中華人民共和國的成立。

1948年 共產黨人在滿洲利用游擊戰術來消耗國民黨的力量

1946年4月 哈爾濱

1948年10月 長春

1948年11月

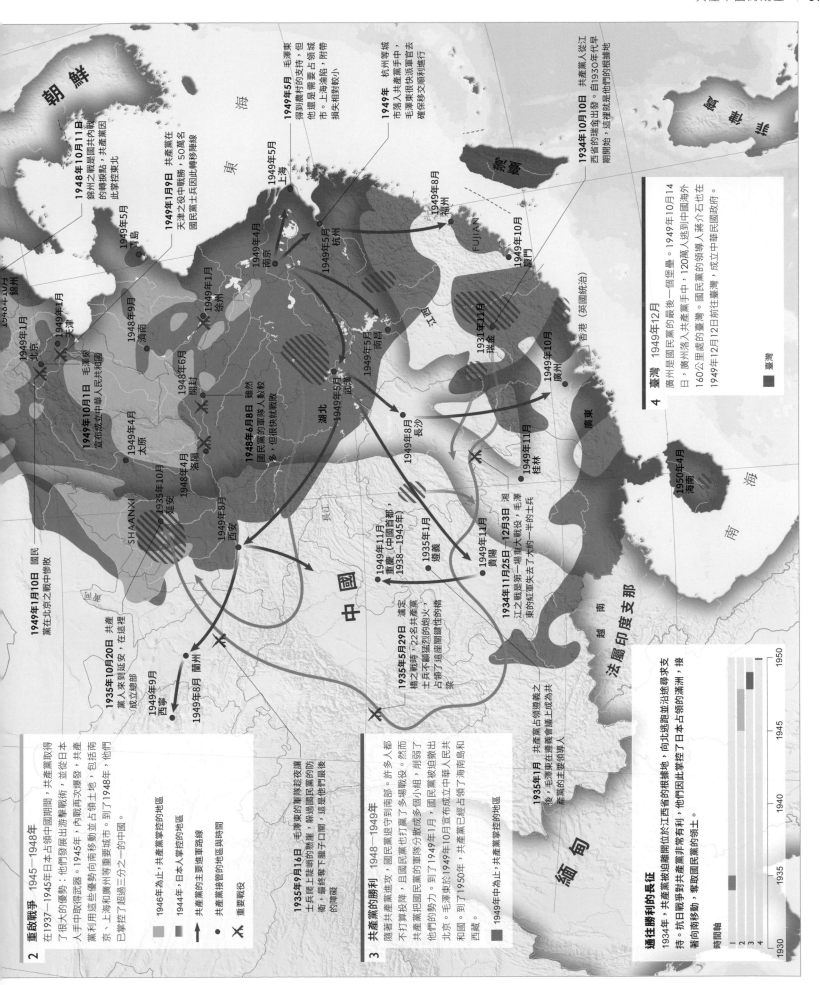

2 重啟戰爭 1945—1948年

在1937—1945年日本占領中國期間，共產黨取得了很大的優勢：他們發展出游擊戰術，並從日本人手中取得武器。1945年，內戰再次爆發，共產黨利用這些優勢向南移動並占領土地，包括南京、上海和廣州等重要城市。到1948年，他們已掌控了超過三分之一的中國。

- 1946年為止，共產黨掌控的地區
- 1944年，日本人掌控的地區
- → 共產黨的主要進軍路線
- ● 共產黨掌控的地區與時間
- ✕ 重要戰役

3 共產黨的勝利 1948—1949年

隨著國民黨進攻，國民黨敗退到南部。許多人都不打算守到南部。然而共產黨把國民黨的軍隊分散成多個小組，削弱了他們的勢力。到1949年1月，國民黨被迫撤出北京。毛澤東於1949年10月宣布成立中華人民共和國。到了1950年，共產黨已經占領了海南島和西藏。

- 1949年中為止，共產黨接管的地區

4 臺灣 1949年12月

廣州是國民黨的最後一個堡壘。1949年10月14日，廣州淪入共產黨手中，120萬人逃到中國海外160公里處的領土臺灣。國民黨的領導人蔣介石也在1949年12月12日前往臺灣，成立中華民國政府。

- 臺灣

通往勝利的長征

1934年，共產黨被迫離開位於江西省的根據地，向北逃跑並沿途尋求支持。抗日戰爭對共產黨非常有利，他們因此掌控了日本占領的滿洲，接著向南移動，奪取國民黨的領土。

時間軸
1930 1935 1940 1945 1950

各地圖標示（依時間順序）：

1948年10月11日 國民政府錦州之戰是國共內戰的轉捩點，共產黨因此掌控東北。

1949年1月10日 國民黨在北京之戰中慘敗。

1949年1月9日 共產黨在天津之戰中戰勝，50萬名國民黨士兵因此轉投陣線。

1949年5月 毛澤東得到農村的支持，但他還是需要占領城市。上海淪陷，附帶損失相對較小。

1949年 杭州等城市落入共產黨手中，毛澤東很快派遣官去確保移交交順利進行。

1934年10月10日 共產黨人從江西省的瑞金出發。自1930年代早期開始，這裡就是他們的根據地。

1948年6月8日 雖然國民黨的軍隊人數較多，但很快就戰敗。

1935年9月16日 毛澤東的軍隊接近讓士兵爬上陡峭的懸崖，躲過國民黨的防衛，最終奪下瀘定橋——這是他們最後的障礙。

1935年5月29日 瀘定橋之戰時，22名共產黨士兵不顧猛烈的炮火，占領了這座關鍵性的橋梁。

1934年11月25日—12月3日 湘江戰是第一場重大戰役之一，毛澤東的紅軍失去了大約一半的士兵。

1935年1月 共產黨占領遵義之後，毛澤東在遵義會議上成為共產黨的主要領導人。

1935年10月 黨人來到延安，成立總部。

超級強權

二戰結束時，同盟國的美國和蘇聯已經成為主導世界的勢力。他們因為擁有軍事實力和對全球政治的影響力而得到「超級強權」之稱。兩國意識形態的鴻溝頻頻造成衝突，這個時代稱為冷戰時代。

△ 強大的武器
1952年11月1日，美國引爆了代號為「常春藤麥克」（Ivy Mike）的第一顆氫彈，威力比投向廣島和長崎的原子彈強大1000倍。

蘇聯曾是二戰時英、美意外的盟友，他們與史達林的獨裁蘇聯聯手推翻了希特勒的歐洲「新秩序」。隨著紅軍向東歐進軍，史達林想在政治上主宰這個地區的企圖變得清晰可見，這樣的野心損害了與戰時盟友間的關係，並開闢了通往冷戰的道路。第一場重大衝突改變了柏林的未來。當時的柏林位於德國的蘇聯占領區，但受到四個主要的同盟國——英、美國、法國和蘇聯——控制。1948年，史達林試圖把柏林與西方隔絕開來，目的是讓柏林完全融入共產主義陣營，但西方展開「柏林空運」（Berlin Airlift）救援行動，為西柏林人提供食物和補給。318天後，史達林放棄了封鎖。兩個超級強權之間的戰線已經很明顯。

局勢升溫

柏林危機發生時，蘇聯和美國都意識到和平合作是不可能的。蘇維埃的影響力迅速擴張，在中國、北韓和北越，共產主義都取得勝利，蘇維埃的勢力似乎很有可能對西方造成大威脅。1950年代，

△ 反共宣傳
朝鮮的戰爭使冷戰蔓延到東亞。這段期間的宣傳被用來挑撥南韓人民與共產主義分子的關係。

美國發生了一波反共產主義的浪潮，美國大眾了解到蘇維埃的超級強權會威脅到美國人的利益。共產主義的北韓入侵南韓時，美國利用自己在聯合國的影響力，組織同盟去抑制這個威脅。韓戰只不過是諸多代理人戰爭當中的一場，美國和蘇聯都企圖利用韓戰來強化自己身為新興超級強權的全球影響力。

美國和蘇維埃超級強權的地位核心在於擁有大量軍械和核武。到了1953年，兩國都已做過氫彈測試，這種武器的破壞力會使1945年投向日本的原子彈黯然失色。兩個超級強權逐漸累積彈藥，其他國家都無法與他們的軍事潛力相比。太空競賽是美蘇兩國的競爭象徵，彼此互不相讓。1957年，蘇聯成功發射了史普尼克一號（Sputnik 1）衛星，並以送出第一位男、女到太空以及進行第一次太空漫步而自豪。一直到1969年，美國成功出動載人登月任務後，這場比賽才變得比較勢均力敵。1950年代的核武對峙並沒有導致這兩個超級強權發動戰爭，因為兩國都經不起對方的報復。但在1962年，蘇聯領導人尼基塔·赫魯雪夫（Nikita

勢不兩立

1945年，美國和蘇聯成為超級強權的基礎在於他們擁有大量建造、測試和累積核武的能力。冷戰之所以稱為冷戰是因為沒有發生直接的軍事行動，但還是造成了兩國與各自盟友之間的隔閡與仇恨。他們經常利用核武來威脅要殲滅對方，但在1962年的古巴飛彈危機後，兩國之間的競爭轉向太空競賽。

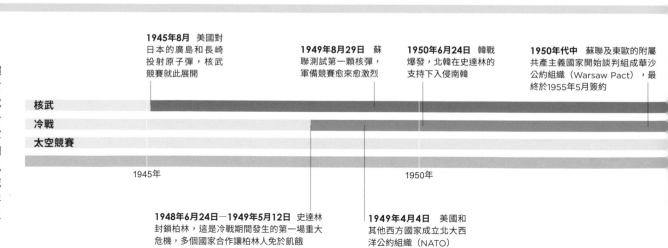

1945年8月 美國對日本的廣島和長崎投射原子彈，核武競賽就此展開

1949年8月29日 蘇聯測試第一顆核彈，軍備競賽愈來愈激烈

1950年6月24日 韓戰爆發，北韓在史達林的支持下入侵南韓

1950年代中 蘇聯及東歐的附屬共產主義國家開始談判組成華沙公約組織（Warsaw Pact），最終於1955年5月簽約

核武		
冷戰		
太空競賽		

1945年 | 1950年

1948年6月24日－1949年5月12日 史達林封鎖柏林，這是冷戰期間發生的第一場重大危機，多個國家合作讓柏林人免於飢餓

1949年4月4日 美國和其他西方國家成立北大西洋公約組織（NATO）

◁ **水泥牆**
一名東德工人正在修補倉促建起的柏林圍牆。這道牆長45公里，猶如一道畫在德國首都的疤，把東西兩側分隔開來。

> 「人類必須消滅戰爭，否則戰爭將消滅人類。」
>
> 約翰·F·甘迺迪（John F. Kennedy），
> 美國總統，1961年

方展開政治鬥爭，但在 1940 和 1950 年代，兩國漸漸開始願意談話並避免公開的衝突。1989—1991 年，蘇維埃陣營垮臺，蘇聯不再擁有超級強權的地位。到了 1990 年代，美國成了當時唯一的超級強權。

Khrushchev）為了反對美國在土耳其部署導彈而授權在古巴建立蘇聯導彈基地，古巴是卡斯楚（Castro）親蘇革命的所在地。最後，甘迺迪總統發出最後通牒，使蘇聯放棄並結束這項計畫，避免了一場更嚴重的危機。

緩和政策

古巴危機之後，兩個超級強權都設法減低核武的風險。莫斯科和華盛頓之間設置了所謂的「紅色電話」（red telephone）線，讓雙方領導人能夠在危機期間直接溝通。1963 年 8 月，兩國第一次簽訂部分禁止核試驗條約（Test Ban Treaty），並在 1972 年進行戰略武器限制談判（SALT I），這是第一項嚴格限制核武的計畫。

雖然兩個超級強權都持續在國防上投入巨資，並在世界上其他地

▽ **美國夢**
這款凱迪拉克（Cadillac）敞篷車體現了日益發達的美國中產階級，主張資本主義優於共產主義。

1958年2月17日 核裁軍運動（Campaign for Nuclear Disarmament）組織成立，他們代表性的符號是全世界最多人認識的符號之一

1961年5月5日 艾倫·雪帕德（Alan Shepherd）搭上自由七號（Freedom 7）升空，成為第一個上太空的美國人

1961年8月13日 鋪設鐵絲網是建造柏林圍牆的第一階段，柏林圍牆分隔了東、西柏林

1965年3月18日 蘇聯太空人阿列克謝·列昂諾夫（Alexei Leonov）是史上第一個進行太空漫步的人類，比美國的競爭對手愛德華·懷特（Ed White）早了將近三個月

1968年7月1日 簽署核武禁擴條約（Non-Proliferation Treaty），擁有核武器的國家承諾謹慎解除武裝

1960年　　　　　　　　　　　　　　　　1965年　　　　　　　　　　　　　　　　1970年

1957年10月4日 蘇聯發射世界第一顆人造衛星史普尼克一號，繞地球一圈需要98分鐘

1961年4月12日 蘇聯太空人尤里·加加林（Yuri Gagarin）搭乘東方一號太空船（Vostok 1），成為第一位上太空的人類

1961年5月25日 美國總統甘迺迪說服美國民眾支持送人上月球的計畫

1962年10月16日 發生古巴飛彈危機，美國和蘇聯在古巴緊張對峙，將全世界推向核子戰爭的邊緣

1969年7月20日 美國太空人尼爾·阿姆斯壯（Neil Armstrong）是第一個登上月球的人類，這個歷史性的事件在全世界的電視上直播

冷戰

1945年二戰結束後，美蘇之間的敵對關係高漲，主導了國際事件，並引發許多全球危機。這段期間稱為冷戰時期，政治局勢極為緊張，持續了將近半個世紀。這既是軍事行動，又是意識形態與影響力的衝突。

二戰之後，美國和蘇聯成了最強大的贏家。雖然美、蘇之前是盟友，但兩國對於世界未來的政治和經濟走向有很大的分歧，美國提倡民主和資本主義，而蘇聯則支持共產主義。到了1949年，東歐各地都有共產主義分子的地盤，而中國則成了共產主義國家，全球的分歧因此更加嚴重。西方國家成立軍事同盟——北大西洋公約組織（北約），而蘇維埃陣營也相應地建立了華沙公約組織。美國和蘇聯先後獲得並測試核武，這些武器最初是用飛機來運送，後來則透過導彈和潛艇來運載（見第324-325頁），兩國的競爭加劇。

冷戰一直都沒有演變成直接的戰爭，因為核武報復的威脅太大。然而，全球各國的代理人戰爭變得很頻繁。蘇聯支持沒有核武的小型共產主義政權，而美國的反擊則是支持同一衝突中的反共勢力。沒幾個國家能不選邊站，但確實也有一些國家不曾與其他國家結盟。

然而，這種新型態的戰爭不只是軍事衝突，兩個超級強權之間的科學、科技、文化和宣傳戰也很激烈。雖然兩個主要勢力之間互相仇恨，但冷戰確實在將近半個世紀之內都維持了某種和平，儘管衝突「升溫」的國家仍然損失慘重。

> 「無論你們接受與否，歷史都站在我們這一邊。我們將會埋葬你們。」
>
> 尼基塔・赫魯雪夫，蘇維埃第一書記，1956年11月18日

德國分裂

二戰過後，同盟國的四個戰勝國瓜分德國及德國首都柏林。1949年，美國、法國和英國將他們管理的部分整合成西德，並把新首都設在波昂（Bonn）；東德和東柏林仍受蘇聯控制。1961年，東德人修建了一道牆，分隔了共產主義的東柏林與資本主義的西柏林。

圖例

☒ 管制站

---- 鐵路

—— 主要道路

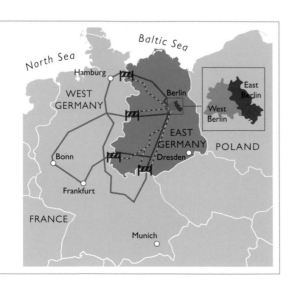

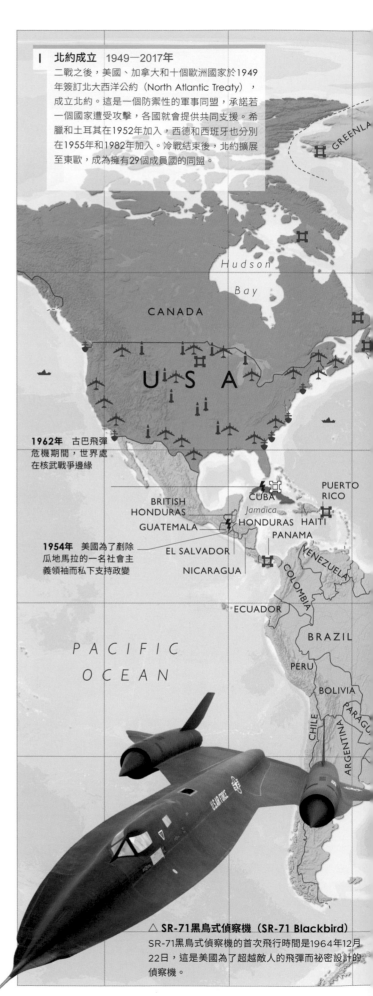

北約成立 1949—2017年
二戰之後，美國、加拿大和十個歐洲國家於1949年簽訂北大西洋公約（North Atlantic Treaty），成立北約。這是一個防禦性的軍事同盟，承諾若一個國家遭受攻擊，各國就會提供共同支援。希臘和土耳其在1952加入，西德和西班牙也分別在1955年和1982年加入。冷戰結束後，北約擴展至東歐，成為擁有29個成員國的同盟。

1962年 古巴飛彈危機期間，世界處在核武戰爭邊緣

1954年 美國為了剷除瓜地馬拉的一名社會主義領袖而私下支持政變

△ **SR-71黑鳥式偵察機（SR-71 Blackbird）**
SR-71黑鳥式偵察機的首次飛行時間是1964年12月22日，這是美國為了超越敵人的飛彈而祕密設計的偵察機。

2 華沙公約組織成立 1955—1991年

華沙公約組織由蘇聯和七個東歐盟友於1955年5月建立，這是為了回應重新武裝後的西德加入北約。這些勢力只在1968年合作過一次，介入的目的是終結發生在捷克斯洛伐克的布拉格之春起義。華沙公約組織於1991年7月冷戰結束後解體。

3 中部公約組織（CENTO） 1955—1979年

1955年，伊朗、伊拉克、巴基斯坦、土耳其和英國成立中部公約組織，由巴格達公約（Baghdad Pact）演變而來。這個組織以北約為模型，目標是透過連結蘇聯南部邊界的國家以限制蘇聯。中部公約組織沒能發揮什麼效果，1979年發生伊朗革命之後就解散了。

☪ 1959年，中部公約組織

1948—1949年 柏林封鎖期間，蘇聯截斷了通往西柏林的運輸路線

1960年 一架美國間諜飛機在蘇聯領空被擊落

1946—1953年 蘇聯試圖逼迫土耳其讓他們自由通過土耳其海峽，土耳其拒絕並向美國尋求支持

CZECHOSLOVAKIA
1948年 捷克斯洛伐克政變
1968年 布拉格之春
HUNGARY
1956年 匈牙利起義

1950—1953年 韓戰

1954—1955年、1958年 毛澤東領導的中國共產勢力攻擊臺灣，臺灣得到美國的援助

EGYPT 7月14日革命
1958年

1956年 蘇伊士危機

1967—1975年 柬埔寨內戰期間，美國支持高棉共和國（Khmer Republic）

1946—54年、1955—75年 越戰

1945—1946年 盟軍從伊朗撤離，但蘇聯拒絕撤軍，加劇了緊張局勢

1953年 伊朗政變

1977—1978年 由蘇聯正式支持的索馬利亞入侵共產主義的衣索比亞。後來蘇聯和古巴支持衣索比亞，而索馬利亞得到美國的援助

1961年 安哥拉試圖脫離葡萄牙獨立，西方國家和共產國家開始支持戰爭中的不同派系

ICELAND
WEST GERMANY
EAST GERMANY
UK
FRANCE
ITALY
YUGOSLAVIA
BULGARIA
POLAND
GREECE
TURKEY
SYRIA
IRAQ
IRAN
AFGHANISTAN
PAKISTAN
EAST PAKISTAN
INDIA
SPAIN
Azores
GIBRALTAR
MOROCCO
ALGERIA
LIBYA
KUWAIT
QATAR
SAUDI ARABIA
YEMEN
EGYPT
SIERRA LEONE
CENTRAL AFRICAN REPUBLIC
ETHIOPIA
SOMALIA
UGANDA
RWANDA
KENYA
TANZANIA
KATANGA
ANGOLA
MOZAMBIQUE
BOTSWANA
U S S R
蒙古
中國
西藏
北韓
南韓
日本
沖繩
硫磺島
金門、馬祖
臺灣
北越
寮國
泰國
南越
柬埔寨
Philippines
關島
新加坡
BRITISH NORTH BORNEO
DUTCH NEW GUINEA
NEW GUINEA
AUSTRALIA
ATLANTIC OCEAN
INDIAN OCEAN

冷戰期間的同盟

冷戰期間出現了兩個敵對的軍事同盟——西方的北約以及共產主義的華沙公約組織。在1955—1979年之間，中亞也出現了類似北約的組織，但很快就解散了。兩個陣營都建立核武軍備。有些國家選擇在這場衝突中不加入任何同盟。1955年，有29個國家（主要在非洲及亞洲）正式創立了不結盟運動（Non-Aligned Movement）。

4 代理人戰爭 1950—1991年

在冷戰期間，美國和蘇聯未曾直接對戰，兩個陣營都囤積了大量核武，因此維持了和平，並一直處於威懾的狀態。然而，兩國都試圖透過介入全球的衝突、紛爭和內戰來擴張影響力，尤其是在柏林（1948—1949年）、朝鮮（1950—1953年）、安哥拉（1961年後）、古巴（1962年）和越南（1946—1975年）。

⚡ 冷戰期間的衝突地點

圖例

美國及其盟友
■ 1949年，美國和最初的北約
■ 1952年起，後來的北約
■ 1960年，北約的保護國
■ 1980年為止，其他與西方陣營簽約成為同盟的國家

蘇聯及其盟友
■ 1955年，華沙公約組織
■ 1924年起，其他共產主義的衛星國
■ 中國

⚓ 主要的美軍艦隊
✠ 主要的美國和北約海外基地
⬆ 美國導彈基地
⚓ 美國海軍基地
✈ 美國轟炸機基地
✠ 主要的蘇聯海外基地
⬆ 蘇聯導彈基地
⚓ 蘇聯海軍基地
✈ 蘇聯轟炸機基地

時間軸
1 2 3 4
1940 1960 1980 2000 2020

沒有贏家的戰爭

韓戰席捲了整個朝鮮半島，北韓、南韓、聯合國和中國軍隊先後橫掃半島。1953年戰爭結束時，兩國之間的邊界與原本大致相同。

時間軸

1950　1951　1952　1953　1954

圖例

1950年北韓取得的領土
- 7月4日
- 8月5日
- 7月25日
- 9月15日
- 釜山環形防禦圈

北韓
南韓

1 北韓發動攻擊 1950年6-9月

1950年6月25日黎明時，北韓軍隊越過北緯38度線突襲南韓，並迅速占領了南韓首都漢城，且幾乎到達了南部海岸。到了1950年9月中，南韓領土只剩下半島東南角的一小塊土地，稱為釜山環形防禦圈。

圖例
- 北韓攻擊的主軸
- ★ 首都
- ✕ 重要戰役
- ‥‥ 1950年9月15日，聯合國進攻的範圍

2 聯合國的回應 1950年9-10月

為了回應對北韓的入侵，被蘇聯托制的聯合國安全理事會達成員國支持南韓。1950年9月，由美國將軍麥克阿瑟率領的聯合國部隊先後在仁川和南部的釜山登陸。北韓軍因害怕被包圍而撤退。聯合國部隊接著向北推進，攻占首都平壤，並接近跨國交界處與蘇聯的楚山。

- ⚓ 美國艦隊
- 〰 聯合國登陸
- ‥‥ 1950年11月25日，聯合國的進攻範圍

3 中國入侵 1950年10月-1951年1月

中國警告美國，若他們越過北緯38度線會介入支持北韓。聯合國部隊越過分界線，中國志願軍於1950年10月開始穿越國界。中國的主力軍在11月穿越國界，並建立一條新的前線，橫跨半島南部。

- 中國進攻
- ✕ 重要戰役
- ‥‥ 1951年1月26日，中國的進攻範圍

4 僵局 1951年1月-1953年7月

1951年1月下旬，聯合國部隊對中國的入侵展開回應，成功遏止了中國的兩場重大攻勢，接著在1951年5月順利向北進。原本在38度線稍北的機動戰陷入僵局，到了1951年11月，戰事在38緯線附近持續了兩年，直到1953年7月，雙方同意停戰。

- ┅┅ 1953年7月27日的停戰線
- ⇨ 聯合國的反擊

東海（日本海）

1950年11月26日-12月13日
在長津湖戰役中，中國軍隊包圍聯合國軍隊

1953年7月27日
停戰線較設在北緯38度線附近

1950年11月25日 聯合國軍隊朝中國境進軍所抵達的最遠處

1950年10月19日 聯合國軍隊攻陷平壤

1950年9月15日 4萬名聯合國士兵和7000名南韓士兵在仁川發動兩棲攻擊並轟炸這座城市，然後重新占領漢城並向北推進

北緯38度線

黃海

中國

清津　金策　端川　長白山　鴨綠江　興南　元山　高城　蔚珍　丹東　新義州　楚山　光州　海州　仁川　漢城　板門店　釜山　鳳山　清州　Amia　北韓　南韓

1950年9月16日 美軍從釜山
環形防禦圈向北推進

1950年9月16日—10月24日
聯合國援軍從日本抵達

1950年9月15日
北韓進攻的最南邊界

朝鮮海峽

對馬島
(受日本統治)

日本

浦項

大丘

釜山

群山

江界

木浦

△ 戰爭的受害者
1951年6月，一名朝鮮少女和她襁褓中
的弟弟站在一部M-26戰車前方。戰爭
期間，約有250萬名朝鮮平民傷亡，許
多人流離失所。

金日成
1912—1994年

金日成出生於平壤附近，從1948年起擔任北韓的
領導人，直到1994年去世為止。他在學生時代就
接觸共產主義，並在1930年代加入一個反日游擊
組織。1940年，他前往蘇聯，後來成為蘇聯紅軍
大尉。二戰結束時，他回到朝鮮，打算建立一個
統一的共產主義國家。

韓戰

1950年6月，北韓試圖把朝鮮半島統一在共產主義者的控制之下，於是派出軍

隊攻擊南韓，冷戰趨於「白熱」化。這場戰爭持續了三年，中國和美國分別支

持北韓和南韓，而一般認為會發生的美、蘇對峙時則從未發生。

1945 年二戰結束時，美國和蘇聯占領日本的殖民地朝鮮。他們
把朝鮮沿著 38 度緯線分割開來，蘇聯勢力掌控北部，而美國
掌控南部。他們最初打算由聯合國統治五年，直到朝鮮能夠獨立，
但兩國對於朝鮮未來的分歧加劇了南北的分裂。

1948 年，南北韓都選出了各自的總統，蘇聯和美國在隔年
就撤出軍隊。然而，北韓試圖把朝鮮半島統一在共產主義者的掌控
中，在蘇聯的默許下，北韓於 1950 年 6

月攻擊南韓。這是一場意外的入侵，因此北韓軍隊順利占領了
幾乎整個半島。美國、南韓和由聯合國支援的盟軍從 7 月開始
做出回應。隨著聯合國軍隊向北推進，前線也跟著改變，但在
11 月遭遇中國入侵。到了 1951 年中，戰爭陷入僵局，最後雙

方在 1953 年 7 月同意停戰，以北緯 38 度線為界，撤出各自的
軍隊。由於兩國並沒有簽署永久的和平協議來停止戰爭，這個
停戰協定至今仍然有效。

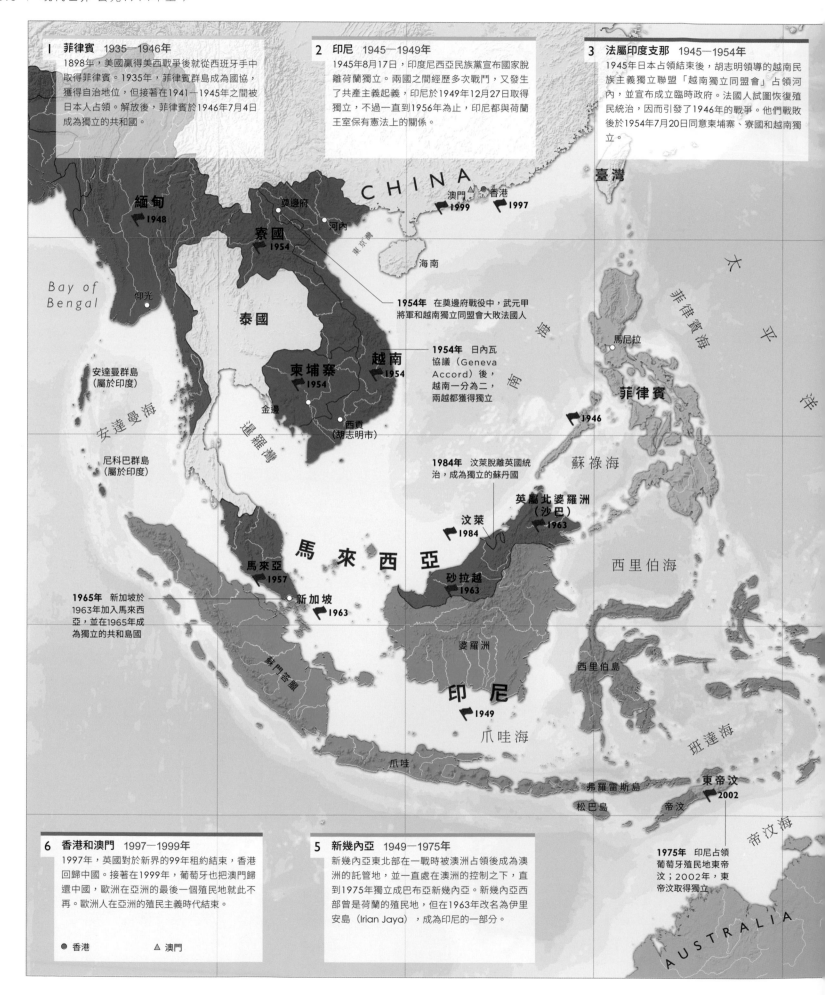

1　菲律賓　1935—1946年
1898年，美國贏得美西戰爭後就從西班牙手中取得菲律賓。1935年，菲律賓群島成為國協，獲得自治地位，但接著在1941—1945之間被日本人占領。解放後，菲律賓於1946年7月4日成為獨立的共和國。

2　印尼　1945—1949年
1945年8月17日，印度尼西亞民族黨宣布國家脫離荷蘭獨立。兩國之間經歷多次戰鬥，又發生了共產主義起義，印尼於1949年12月27日取得獨立，不過一直到1956年為止，印尼都與荷蘭王室保有憲法上的關係。

3　法屬印度支那　1945—1954年
1945年日本占領結束後，胡志明領導的越南民族主義獨立聯盟「越南獨立同盟會」占領河內，並宣布成立臨時政府。法國人試圖恢復殖民統治，因而引發了1946年的戰爭。他們戰敗後於1954年7月20日同意柬埔寨、寮國和越南獨立。

1954年　在奠邊府戰役中，武元甲將軍和越南獨立同盟會大敗法國人

1954年　日內瓦協議（Geneva Accord）後，越南一分為二，兩越都獲得獨立

1984年　汶萊脫離英國統治，成為獨立的蘇丹國

1965年　新加坡於1963年加入馬來西亞，並在1965年成為獨立的共和島國

CHINA
臺灣
緬甸　1948
寮國　1954
泰國
奠邊府
河內
東京灣
海南
仰光
Bay of Bengal
安達曼群島（屬於印度）
尼科巴群島（屬於印度）
安達曼海
暹羅灣
金邊
柬埔寨　1954
越南　1954
西貢（胡志明市）
南海
澳門 1999　香港 1997
馬尼拉
菲律賓海
菲律賓　1946
蘇祿海
英屬北婆羅洲（沙巴）　1963
汶萊　1984
西里伯海
馬來西亞
馬來亞　1957
新加坡　1963
砂拉越　1963
婆羅洲
西里伯島
蘇門答臘
太平洋
印尼　1949
爪哇海
爪哇
班達海
弗羅雷斯島
松巴島　帝汶
東帝汶　2002
帝汶海

1975年　印尼占領葡萄牙殖民地東帝汶；2002年，東帝汶取得獨立

6　香港和澳門　1997—1999年
1997年，英國對於新界的99年租約結束，香港回歸中國。接著在1999年，葡萄牙也把澳門歸還中國，歐洲在亞洲的最後一個殖民地就此不再。歐洲人在亞洲的殖民主義時代結束。

● 香港　　△ 澳門

5　新幾內亞　1949—1975年
新幾內亞東北部在一戰時被澳洲占領後成為澳洲的託管地，並一直處在澳洲的控制之下，直到1975年獨立成巴布亞新幾內亞。新幾內亞西部曾是荷蘭的殖民地，但在1963年改名為伊里安島（Irian Jaya），成為印尼的一部分。

AUSTRALIA

殖民統治的結束

二戰結束後，在東南亞擁有殖民地的帝國勢力逐步讓這些屬地獨立，始於1946年美國離開菲律賓，終於1999年葡萄牙把澳門交還給中國。回歸的過程往往充滿暴力，在印尼和法屬印度支那的戰事尤其激烈。

圖例

■ 英國　　■ 荷蘭　　■ 葡萄牙　　🚩 脫離殖民統治，取得獨立

■ 法國　　□ 美國　　■ 澳洲

時間軸

	1920	1940	1960	1980	2000
1					
2					
3					
4					
5					
6					

△ **爭取獨立**

1975年，抗議者聚集在一起支持東帝汶獨立派。東帝汶在1975年11月就已經脫離葡萄牙取得獨立，但在九天後被印尼占領。

Jayapura

IRIAN JAYA
1963

TERRITORY OF NEW GUINEA

PAPUA NEW GUINEA
1975

TERRITORY OF PAPUA

New Guinea

Coral Sea

Port Moresby

1963年 荷蘭把伊里安島交還給印尼

4　馬來亞　1948—1963年

日本在1942—1945年之間占領馬來亞，引發了人民族主義情緒，促使英國人於1948年成立馬來亞聯合邦（Federation of Malaya）。聯合邦使各地的人團結起來並保障馬來人民的權利。1957年，馬來亞完全取得獨立。1963年，新的馬來西亞國成立，涵蓋了馬來亞聯合邦和英國殖民地砂拉越、沙巴和新加坡。

東南亞的去殖民化

在1945年，除了泰國之外，所有東南亞國家在名義上都受到殖民控制。然而這是一個劇變的時代：在30年之內，原本的帝國消失了，前殖民地變成了獨立的國家。在20世紀末，最後的殖民地都已歸還原國。

在二戰期間，日本入侵東南亞，驅逐了殖民勢力。1945年戰爭結束時，這些殖民勢力又回來了。但由於他們在日本人侵略時露出了脆弱的一面，因此他們的統治權受到嚴重的挑戰。因日軍占領而激起的民族主義情緒高漲。印尼的民族主義者甚至在荷蘭人還來不及返回當地之前就宣布獨立，而越南的獨立組織「越南獨立同盟會」（Viet Minh）也自行宣告獨立，讓法國人措手不及。東南亞的帝國勢力一一開始離開。

美國是第一個離開的國家，在1946年和平地離開菲律賓。接著是荷蘭人，他們在經過多次衝突後於1949年離開印尼。1954年，法國人在越南輸掉一場重大戰役後就離開了印度支那，隨後英國人也在1957—1963年之間離開了馬來亞，他們的離去因一場共產主義起義而變得更加複雜。1975年，合併後的巴布亞新幾內亞脫離澳洲獨立；汶萊也在1984年脫離英國獨立。1997年，英國人離開香港後，葡萄牙人也於1999年把歐洲在亞洲的最後一個殖民地澳門移交給中國。殖民的時代結束。

> 「我每殺你們一個人，你們可以殺我十個人。但就算以這樣的比例，我也會勝利，而你們將會失敗。」
>
> 越南領導人胡志明對法國殖民者說的話，1946年

蘇卡諾（Sukarno）
1901—1970年

印度尼西亞民族黨（Indonesian National Party）於1927年成立，蘇卡諾是創始成員之一。他於1929年因政治活動入獄，在接下來的15年中，他有13年被監禁或流放。在1942—1945年的日本占領期間，政治敏感度高的他於1945年11月成為印尼實質上的總統。1949年，他帶領印尼走向獨立，並在1955年以主張不結盟的萬隆會議（Bandung Conference）領袖身分得到很好的聲望。後來他愈來愈傾向獨裁，再加上與馬來亞對峙，因此在1967年敗給了軍隊領袖穆罕默德·蘇哈托（Muhammad Suharto）將軍。

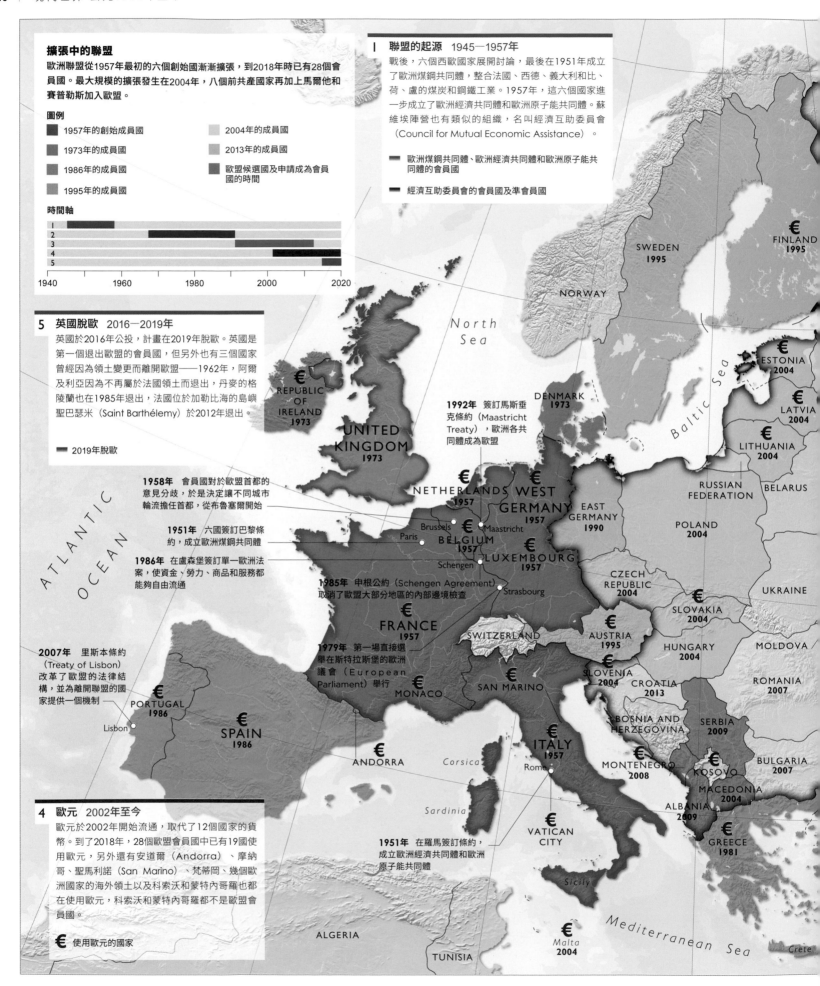

擴張中的聯盟

歐洲聯盟從1957最初的六個創始國漸漸擴張，到2018年時已有28個會員國。最大規模的擴張發生在2004年，八個前共產國家再加上馬爾他和賽普勒斯加入歐盟。

圖例

- 1957年的創始成員國
- 1973年的成員國
- 1986年的成員國
- 1995年的成員國
- 2004年的成員國
- 2013年的成員國
- 歐盟候選國及申請成為會員國的時間

時間軸

1940　1960　1980　2000　2020

聯盟的起源 1945—1957年

戰後，六個西歐國家展開討論，最後在1951年成立了歐洲煤鋼共同體，整合法國、西德、義大利和比、荷、盧的煤炭和鋼鐵工業。1957年，這六個國家進一步成立了歐洲經濟共同體和歐洲原子能共同體。蘇維埃陣營也有類似的組織，名叫經濟互助委員會（Council for Mutual Economic Assistance）。

- 歐洲煤鋼共同體、歐洲經濟共同體和歐洲原子能共同體的會員國
- 經濟互助委員會的會員國及準會員國

5 英國脫歐 2016—2019年

英國於2016年公投，計畫在2019年脫歐。英國是第一個退出歐盟的會員國，但另外也有三個國家曾經因為領土變更而離開歐盟——1962年，阿爾及利亞因為不再屬於法國領土而退出，丹麥的格陵蘭也在1985年退出，法國位於加勒比海的島嶼聖巴瑟米（Saint Barthélemy）於2012年退出。

- 2019年脫歐

1992年 簽訂馬斯垂克條約（Maastricht Treaty），歐洲各共同體成為歐盟

1958年 會員國對於歐盟首都的意見分歧，於是決定讓不同城市輪流擔任首都，從布魯塞爾開始

1951年 六國簽訂巴黎條約，成立歐洲煤鋼共同體

1986年 在盧森堡簽訂單一歐洲法案，使資金、勞力、商品和服務都能夠自由流通

1985年 申根公約（Schengen Agreement）取消了歐盟大部分地區的內部邊境檢查

2007年 里斯本條約（Treaty of Lisbon）改革了歐盟的法律結構，並為離開聯盟的國家提供一個機制

1979年 第一場直接選舉在斯特拉斯堡的歐洲議會（European Parliament）舉行

4 歐元 2002年至今

歐元於2002年開始流通，取代了12個國家的貨幣。到了2018年，28個歐盟會員國中已有19國使用歐元，另外還有安道爾（Andorra）、摩納哥、聖馬利諾（San Marino）、梵蒂岡、幾個歐洲國家的海外領土以及科索沃和蒙特內哥羅也都在使用歐元，科索沃和蒙特內哥羅都不是歐盟會員國。

€ 使用歐元的國家

1951年 在羅馬簽訂條約，成立歐洲經濟共同體和歐洲原子能共同體

SWEDEN 1995
FINLAND 1995
NORWAY
North Sea
Baltic Sea
ESTONIA 2004
LATVIA 2004
LITHUANIA 2004
RUSSIAN FEDERATION
BELARUS
DENMARK 1973
REPUBLIC OF IRELAND 1973
UNITED KINGDOM 1973
NETHERLANDS 1957
WEST GERMANY 1957
EAST GERMANY 1990
POLAND 2004
Brussels
Maastricht
Paris
BELGIUM 1957
LUXEMBOURG 1957
Schengen
CZECH REPUBLIC 2004
UKRAINE
FRANCE 1957
SWITZERLAND
Strasbourg
AUSTRIA 1995
SLOVAKIA 2004
HUNGARY 2004
MOLDOVA
ATLANTIC OCEAN
SLOVENIA 2004
CROATIA 2013
ROMANIA 2007
MONACO
SAN MARINO
BOSNIA AND HERZEGOVINA
SERBIA 2009
PORTUGAL 1986
Lisbon
SPAIN 1986
ANDORRA
Corsica
ITALY 1957
Rome
MONTENEGRO 2008
KOSOVO
BULGARIA 2007
MACEDONIA 2004
ALBANIA 2009
VATICAN CITY
Sardinia
GREECE 1981
ALGERIA
TUNISIA
Sicily
Malta 2004
Mediterranean Sea
Crete

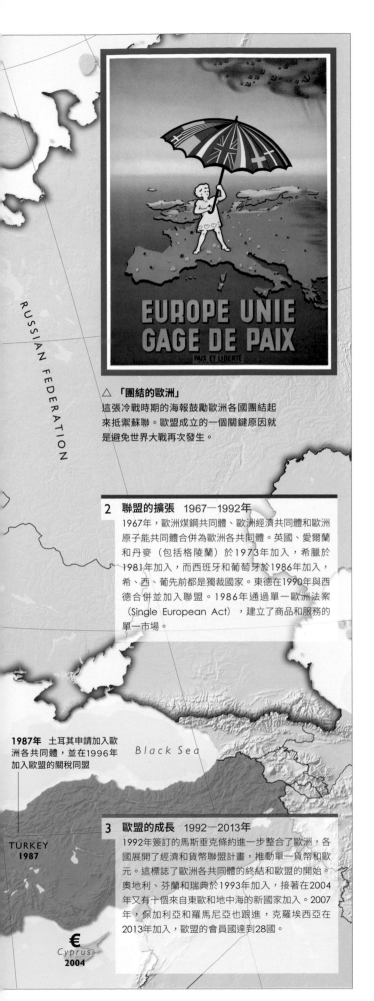

△ 「團結的歐洲」
這張冷戰時期的海報鼓勵歐洲各國團結起來抵禦蘇聯。歐盟成立的一個關鍵原因就是避免世界大戰再次發生。

2 聯盟的擴張 1967—1992年
1967年，歐洲煤鋼共同體、歐洲經濟共同體和歐洲原子能共同體合併為歐洲各共同體。英國、愛爾蘭和丹麥（包括格陵蘭）於1973年加入，希臘於1981年加入，而西班牙和葡萄牙於1986年加入，希、西、葡先前都是獨裁國家。東德在1990年與西德合併並加入聯盟。1986年通過單一歐洲法案（Single European Act），建立了商品和服務的單一市場。

1987年 土耳其申請加入歐洲各共同體，並在1996年加入歐盟的關稅同盟

Black Sea

3 歐盟的成長 1992—2013年
1992年簽訂的馬斯垂克條約進一步整合了歐洲，各國展開了經濟和貨幣聯盟計畫，推動單一貨幣和歐元。這標誌了歐洲各共同體的終結和歐盟的開始。奧地利、芬蘭和瑞典於1993年加入，接著在2004年又有十個來自東歐和地中海的新國家加入。2007年，保加利亞和羅馬尼亞也跟進，克羅埃西亞在2013年加入，歐盟的會員國達到28國。

TURKEY
1987

€ Cyprus 2004

歐洲的統合

自從476年羅馬帝國滅亡後，一直有人夢想把歐洲以各種形式統一起來。經過二戰的大規模破壞後，六個西歐國家於1951年展開行動，最終促成了一個政治與經濟聯盟的成立，這個聯盟擁有28個會員國。

二戰是70年來法、德的第三次交戰。為了結束這場多年的衝突，並對抗當時摧毀歐洲的極端民族主義，法國和西德的政治家開始共同規畫新的未來。他們在1951年簽訂巴黎條約（Treaty of Paris），整合了自己國內與義大利和比荷盧聯盟（Benelux；比利時、荷蘭和盧森堡）的煤炭和鋼鐵工業，形成了歐洲煤鋼共同體（European Coal and Steel Community）。這個聯盟是歐洲經濟共同體（European Economic Community）和歐洲原子能共同體（Euratom）的前身，這兩個組織是上述六國於1957年根據羅馬條約（Treaty of Rome）所建立的。自此之後，歐洲經濟共同體的實力和成員數就開始增長，並於1967年改名為歐洲各共同體（European Communities），又在1992年改名為歐洲聯盟（歐盟）。1973年後有幾波新成員加入；2002年，12個成員國推出了統一的貨幣——歐元。所有歐盟成員國自加入組織以來一直都和平相處，巴爾幹地區的多個前共產國家都很渴望加入。只有少數幾個歐洲國家被排除在歐盟外。然而，歐盟歷經40年的擴張，卻在2016年遭遇重創，因為英國宣告要退出歐盟。

> **「歐洲各國要達到團結就必須消除長久以來德、法之間的對立。」**
>
> 羅貝爾·舒曼（Robert Schuman），法國外交部長，1950年5月9日

羅貝爾·舒曼
1886—1963年

羅貝爾·舒曼是歐盟創始人之一，他是在盧森堡出生的德國人。他的母親來自盧森堡，而他的父親來自阿爾薩斯，原本是法國人，但阿爾薩斯在1871年被德國併吞，他父親也變成德國人。1919年一戰結束後，阿爾薩斯回歸法國，羅貝爾·舒曼成為法國國民。他擔任法國外交部長，並於1949年協助建立歐洲理事會（Council of Europe），旨在維護人權。1951年，他與法國經濟學家尚·莫內（Jean Monnet）合作，成了領導創立歐洲煤鋼共同體的一盞明燈，這個組織就是歐盟的前身。

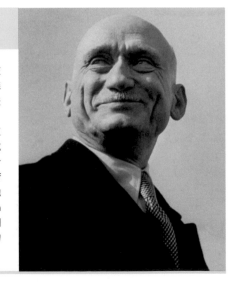

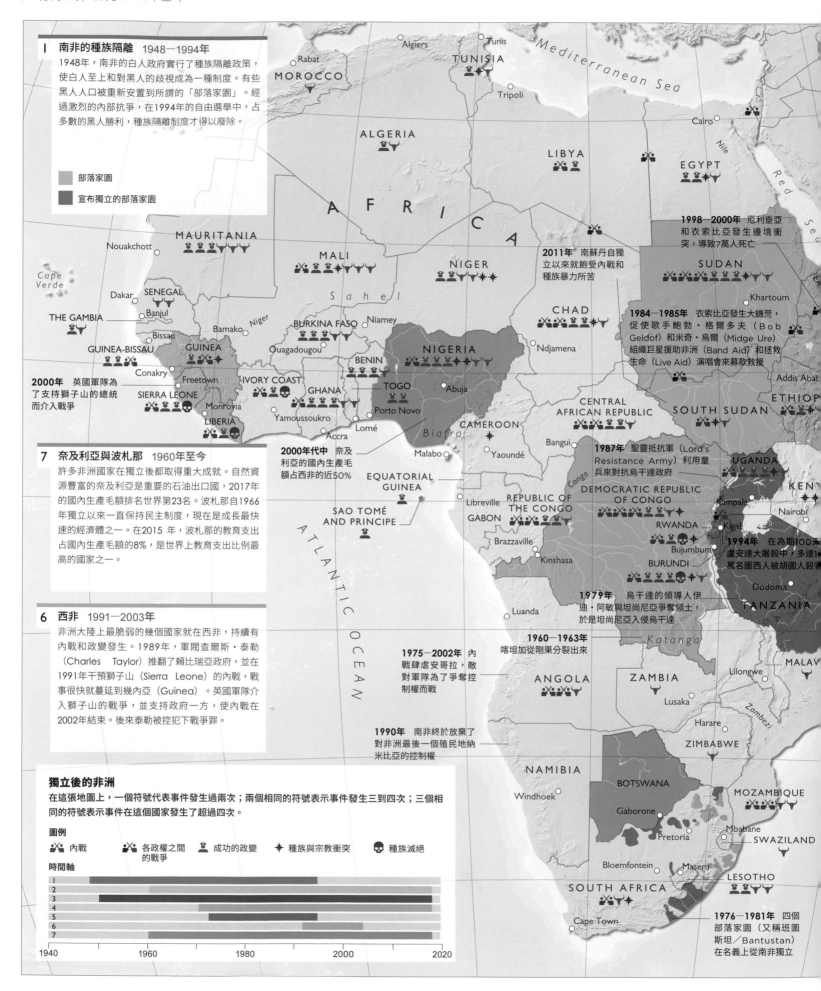

1 南非的種族隔離 1948－1994年

1948年，南非的白人政府實行了種族隔離政策，使白人至上和對黑人的歧視成為一種制度。有些黑人人口被重新安置到所謂的「部落家園」。經過激烈的內部抗爭，在1994年的自由選舉中，占多數的黑人勝利，種族隔離制度才得以廢除。

▢ 部落家園

▢ 宣布獨立的部落家園

7 奈及利亞與波札那 1960年至今

許多非洲國家在獨立後都取得重大成就。自然資源豐富的奈及利亞是重要的石油出口國，2017年的國內生產毛額排名世界第23名。波札那自1966年獨立以來一直保持民主制度，現在是成長最快速的經濟體之一。在2015 年，波札那的教育支出占國內生產毛額的8%，是世界上教育支出比例最高的國家之一。

6 西非 1991－2003年

非洲大陸上最脆弱的幾個國家就在西非，持續有內戰和政變發生。1989年，軍閥查爾斯‧泰勒（Charles Taylor）推翻了賴比瑞亞政府，並在1991年干預獅子山（Sierra Leone）的內戰，戰事很快就蔓延到幾內亞（Guinea）。英國軍隊介入獅子山的戰爭，並支持政府一方，使內戰在2002年結束。後來泰勒被控犯下戰爭罪。

獨立後的非洲

在這張地圖上，一個符號代表事件發生過兩次；兩個相同的符號表示事件發生三到四次；三個相同的符號表示事件在這個國家發生了超過四次。

圖例

🏹 內戰　　⚔ 各政權之間的戰爭　　👤 成功的政變　　✦ 種族與宗教衝突　　☠ 種族滅絕

時間軸

```
1    |████████████████████████████|
2    |██████|
3    |████████████████████████████████|
4    |████████████████|
5    |                    ████████|
6    |                ████|
7    |        ██████████████████████████|
1940      1960      1980      2000      2020
```

1998—2000年 厄利垂亞和衣索比亞發生邊境衝突，導致7萬人死亡

2011年 南蘇丹自獨立以來就飽受內戰和種族暴力所苦

1984—1985年 衣索比亞發生大饑荒，促使歌手鮑勃‧格爾多夫（Bob Geldof）和米奇‧烏爾（Midge Ure）組織巨星援助非洲（Band Aid）和拯救生命（Live Aid）演唱會來募款救援

2000年 英國軍隊為了支持獅子山的總統而介入戰爭

2000年代中 奈及利亞的國內生產毛額占西非的近50%

1987年 聖靈抵抗軍（Lord's Resistance Army）利用童兵來對抗烏干達政府

1994年 在為期100天的盧安達大屠殺中，多達100萬名圖西人被胡圖人殺害

1979年 烏干達的領導人伊迪‧阿敏與坦尚尼亞爭奪領土，於是坦尚尼亞入侵烏干達

1960—1963年 喀坦加從剛果分裂出來

1975—2002年 內戰肆虐安哥拉，敵對軍隊為了爭奪控制權而戰

1990年 南非終於放棄了對非洲最後一個殖民地納米比亞的控制權

1976—1981年 四個部落家園（又稱班圖斯坦／Bantustan）在名義上從南非獨立

2　剛果民主共和國　1960年至今

剛果民主共和國於1960年獨立，引發了一連串的危機。礦產豐富的喀坦加省（Katanga）渴望分裂，並爆發了暴力事件，剛當選的總理帕特里斯·盧蒙巴（Patrice Lumumba）向蘇聯尋求支援。美國因為擔心共產主義對非洲造成影響，於是鼓勵剛果總統約瑟夫·卡薩武布（Joseph Kasa-Vubu）解除盧蒙巴的職位。接著，陸軍參謀長約瑟夫－德西雷·蒙博托（Joseph-Désiré Mobutu）發動政變，反對這兩位領導人並組建新政府。他在1965年掌權，以獨裁者的身分統治，這個國家在1971年更改國名為薩伊（Zaire）。

3　饑荒　1950年至今

幾個世紀以來，饑荒一直都肆虐著非洲大陸的部分地區，但從1950年代起，荒漠化日漸嚴重，且乾旱等氣候變遷也造成影響，再加上內戰引發的問題，導致非洲各地更容易發生饑荒。雖然國際援助機構進行了干預，但仍有數以百萬計的人死亡。

🐂 饑荒

4　東非　1970年至今

衣索比亞從二戰後就開始控制厄利垂亞。1970—1993年之間，厄利垂亞為了脫離衣索比亞而展開了一場漫長的戰爭，最後取得獨立，成為一個一黨專制的國家。南蘇丹在1989—2005年之間爭取脫離蘇丹，並在2011年和平獨立，成為世界上最新的國家。索馬利亞因敵對軍閥和伊斯蘭團體互相爭奪控制權，國家的中央政府自1991年起就已經垮臺。

5　大湖地區　1972—1994年

大湖地區的大部分地方都發生了衝突。1979年，坦尚尼亞為了驅逐暴君伊迪·阿敏（Idi Amin）而入侵烏干達，阿敏先前曾試圖併吞坦尚尼亞的卡吉拉地區（Kagera Region）。在盧安達（Rwanda）和蒲隆地（Burundi），胡圖人（Hutu）和圖西人（Tutsi）這兩個民族之間的敵對關係不斷引發衝突。1994年，胡圖人在盧安達對圖西人發動種族滅絕攻擊，導致多達100萬人死亡。許多難民逃到剛果民主共和國，繼續戰鬥。

▽ **新黎明**

尼爾森·曼德拉（Nelson Mandela）在1994年當選南非第一位黑人總統，標誌了自1948年起實行的種族隔離制度的結束。

非洲的去殖民化

非洲脫離歐洲統治者的控制、得到解放後，54個獨立國家誕生了，許多國家都還沒準備好面對政府和管理層面的任務。這些國家的近代歷史發展各有不同，有些持續對抗戰爭和饑荒，有些則在政治、社會和經濟層面有所成就。

非洲從1950年代起脫離歐洲殖民並走向獨立，各個殖民地開始要求自治。當時只有埃及、衣索比亞、賴比瑞亞和南非是獨立國家。1951年，利比亞首先脫離法國和英國獨立，接著在1956年，突尼西亞和摩洛哥脫離法國，而蘇丹脫離英國獨立。從這時起，幾乎每年都有新的非洲國家出現。大多數國家都是和平取得獨立，但阿爾及利亞的獨立遭到法國的抗拒，導致了1954—1962年的殘酷內戰，而葡萄牙也拒絕交出五個非洲殖民地，引發了起義之戰，一直持續到1974年。在羅得西亞（Rhodesia，後來成為辛巴威）發生了推翻少數白人統治的起義事件，導致他們一直到1980年才脫離英國獨立。

到了1990年，所有非洲國家都獨立了，但許多國家都面臨問題，包括內戰、政變和軍事獨裁所引發的多次政府更迭，且貧窮和饑荒等問題也很普遍。然而，如今許多國家都在取得成果，包括經濟成長、愈來愈穩定的政治和社會改革。

> 「**學習成為主權獨立國家的最佳方法就是成為一個主權獨立的國家。**」
>
> 夸梅·恩克魯瑪（Kwame Nkrumah），迦納第一任總統於1956年5月18日在立法議會上的致詞

圖例

比利時
法國
義大利
葡萄牙
西班牙
英國
南非

爭取獨立

這張地圖描繪了今日的非洲國界，不同顏色代表每個國家獨立前的殖民勢力。衣索比亞和賴比瑞亞未曾被殖民過；納米比亞（Namibia）在一戰後成為南非的託管地。

火箭與
太空競賽

二戰期間，原子彈和火箭科技的發展引發了戰後美國和蘇聯之間的軍備競賽。隨著冷戰情勢高漲，這場競賽也往太空發展，兩個陣營都利用各自的火箭科技前往月球和更遠的地方。

1944年9月8日，德國部署了世界第一個長程彈道飛彈——V-2火箭。這是一種極具破壞力的武器，射程達320公里，時速可達5760公里。在這之前的幾個月，V-2火箭也曾因試射過程出錯、從發射站垂直起飛而意外成為第一個進入外太空的人造物品。這項軍事發明開了個頭，使火箭技術得以發展，能夠用長程彈道火箭把核彈頭打向位於其他大陸的遙遠目標，還能驅動太空船、把衛星送上太空。

　　二戰結束後，隨著冷戰升級（見第314-315頁），美、蘇爭相取得德國的這種新技術。有些曾經開發V-2火箭的德國科學家被美國招募，從事軍事和太空計畫，而蘇聯人則根據他們在1945年接管東德時掌握的德國火箭科技來發展導彈計畫。兩個超級強權開始在兩條戰線上競爭。核武競賽展開，美國和蘇聯分別積累武器，這些武器足以多次摧毀地球。這種同歸於盡的確定性阻止了全面戰爭的爆發。在這場既關乎宣傳又關乎武器的戰爭之中，前往太空的競賽也開始了，兩國爭奪國際上的榮耀，力求率先把自己的國民送上月球。

宣傳
蘇維埃海報

美國和蘇聯利用宣傳來提倡自己資本主義或共產主義的政治意識形態，並批評敵人的信仰。兩個超級強權都力求把第一個人類送上太空，因為取得這場勝利的國家就能把這項成就用來宣傳，並證明自己技術上的優越。這張海報是為了慶祝蘇聯在1961年的勝利，他們把尤里·加加林送上了太空。

曼哈頓計畫 1939—1946年
美國在1938年發現核分裂之後就展開了一項祕密核武計畫，代號「曼哈頓計畫」。到了1945年，他們的科學團隊已經打造了三顆原子彈。1945年7月16日，美國在新墨西哥州的阿拉摩哥多（Alamogordo）首次成功試爆後，於8月在日本的廣島和長崎部署第二和第三顆原子彈。原子彈前所未見的威力迫使日本在二戰投降。

☢ 第一次核彈試爆　　☢ 攻擊日本

▲ 科迪亞克發射中心
（Kodiak Launch Complex）

1950年至今 內華達試驗場已經進行了超過900次核試驗

1942年 洛斯阿拉莫斯被選為曼哈頓計畫的地點

▲ 范登堡空軍基地
（Vandenberg Air Force Base）

沃洛普斯飛行機構（Wallops Flight Facility）與中大西洋太空空港（Mid-Atlantic Regional Spaceport）

卡納維拉角空軍基地（Cape Canaveral Air Force Station）與甘迺迪太空中心（Kennedy Space Center）

1945年 第一次核爆測試在新墨西哥州進行。160公里外的地方都能感受到爆炸，蕈狀雲的高度達到12公里高

FRENCH GUIANA

圭亞那太空中心
（Guiana Space Centre）
由歐洲太空總署管理

PACIFIC OCEAN

BRAZIL

6 登月競賽 1958—1969年
蘇聯在1957年的成就刺激了美國，促使美國在1958年2月發射探索者一號（Explorer I）人造衛星，在太空中留下了自己的印記。同年稍晚，美國成立了美國國家航空暨太空總署（NASA），這個機構致力於探索太空。在1960年代，美國和蘇聯力爭成為第一個達成載人登月任務的國家。1969年7月，美國宣布獲勝，尼爾·阿姆斯壯成了第一個踏上月球的人。

1970年 歐洲太空總署（ESA）從法屬圭亞那庫互（Kourou）的圭亞那太空中心發射他們的第一顆人造衛星

▲ 美國太空發射站

太空發射站與核試驗站
只有美國、蘇聯以及少數幾個國家同時擁有核武和太空計畫。自1945年起，這兩個超級強權就進行了數千次核試驗和太空發射。

圖例
▲ 其他太空發射站

時間軸

	1920	1940	1960	1980	2000	2020
1						
2						
3						
4						
5						
6						

2 火箭動力的誕生 1942—1945年

1942年，由華納·馮·布朗（Wernher von Braun）帶領的德國科學家團隊發展出V-2火箭，這是全世界最早的遠程制導彈道導彈。在二戰期間，盟軍轟炸了許多德國城市，德國為了報復而對英國、比利時、法國和荷蘭的盟軍城市發射了共3172次V-2火箭，導致9000人死亡。這種火箭的行駛速度快到盟軍無法擊落。

🦅 V-2火箭的目標國家　🚀 V-2火箭的測試站

3 火箭的發展 1945—1957年

二戰戰敗後，德國有超過100名科學家向美國投降，包括馮·布朗在內。許多科學家都受雇參與美國的武器計畫。同時，蘇聯接管了德國的V-2火箭製造廠。接著兩個新興的超級強權就爭相發展最早能夠穿越大陸的彈道飛彈和太空火箭。在1957年，蘇聯啟用了第一個太空發射設施——拜科努爾太空發射場（Baikonur Cosmodrome）。

🔺 第一個太空發射場

1957—1990年 有超過220次試驗在新地島（Novaya Zemlya）進行

1949年 蘇聯在塞米巴拉金斯克測試站（Semipalatinsk Test Site）進行第一次核爆測試

U S S R

著列謝茨克太空發射場（Plesetsk Cosmodrome）

亞斯內發射基地（Yasny Launch Base）

卡普斯京亞爾靶場（Kapustin Yar）

斯沃波德尼太空發射場（Svobodny Cosmodrome）

2006年 北韓進行了第一次核試驗

1945年 美國在8月6日向日本的廣島投射第一顆原子彈。這場爆炸以及後續的效應造成多達14萬6000人喪生

BRITAIN　NETHERLANDS
GERMANY
BELGIUM
FRANCE

44年 V-2火箭攻擊導致倫敦周圍地區大約00人死亡

貝科奴太空發射場（Baikonur Cosmodrome）

森南太空中心（Semnan Space Center）

ISRAEL

西海衛星發射場

NORTH KOREA

酒泉衛星發射中心

太原衛星發射場

羅老太空中心（Naro Space Center）

內之浦太空中心（Uchinoura Space Center）

1954年 美國在比基尼環礁（Bikini Atoll）進行第一次熱核試驗

哈馬吉（Hammaguir，由法國管理）

帕勒馬希姆空軍基地（Palmachim Air Force Base）

PAKISTAN
INDIA
CHINA

西昌衛星發射中心

種子島太空中心（Tanegashima Space Center）

ALGERIA

1966年 許多國家聲稱以色列在1966年12月創造了他們的第一個核武，以色列否認這項指控

薩迪什·達萬發射中心（Satish Dhawan Launch Center）

奧莫萊克島（Omelek）

1952年 美國在伊魯吉拉伯島（Elugelab）測試他們的第一顆熱核彈

布羅格里奧太空中心（Broglio Space Center，由義大利管理）

1964年 中國在羅布泊進行第一次核試驗。1964—1996年之間，他們一共進行了48次測試

PACIFIC OCEAN

AUSTRALIA

1952年 英國在澳洲的蒙特貝羅群島（Montebello Islands）進行第一次核試驗

伍美拉（Woomera，由英國管理）

SOUTH AFRICA

ATLANTIC OCEAN

INDIAN OCEAN

▷ **美國的V-2火箭測試**
這張照片攝於1950年7月24日，顯示美軍在佛羅里達州的美國空軍導彈測試中心卡納維拉角測試首節火箭。這個火箭應用了德國V-2火箭的技術。

5 蘇聯進入太空 1957—1961年

蘇聯在太空競賽的早期贏得了幾次勝利。1957年10月4日，蘇聯成了第一個發射人造衛星到太空的國家。這顆人造衛星名叫「史普尼克一號」，繞地球轉了三個月。1961年4月，蘇聯發射了第一艘載人的太空火箭「東方一號」，把太空人尤里·加加林送上太空，他成了第一個環繞地球的人類。1961年5月，美國總統甘迺迪做出回應，宣布美國將會送第一個人類上月球。

🔺 其他蘇聯太空發射站

4 核武發展 1945—2006年

蘇聯決心趕上美國的核武軍力，於是在1949年測試了第一顆核彈。這兩個超級強權繼續擴充核武軍備，還研發出威力更大的熱核彈。也有其他幾個國家取得核武。1968年，許多國家為了制止核武擴散而簽署了條約。

☢ 核彈測試站　　　　　■ 擁有核武的超級強權
🍄 擁有多個測試站的地區　■ 擁有核武的國家

我是人

1968年3月29日，田納西州的民權抗議者從美國國民警衛隊面前走過，衛兵手持上了刺刀的槍。不到一週後，小馬丁·路德·金恩牧師就被暗殺。

民權與
學生抗爭

自20世紀末以來，民運人士一直在為人權而戰。在1960年代，美國和法國民間要求改革的壓力尤其龐大。

在世界各地，社會運動一直都是改革的手段，從廢除奴隸制到爭取婦女投票權都是如此。1950年代的美國是個充斥種族不平等的國家。1955年12月，黑人民運人士羅莎·帕克斯（Rosa Parks）在美國阿拉巴馬州的一輛公車上拒絕讓位給一名白人乘客。她遭到逮捕，引發了現代民權運動。1963年8月，美國民權的重要支持者小馬丁·路德·金恩（Martin Luther King Jr）牧師對著大約25萬名抗爭者發表了一場發人深省的演說，說明了他對沒有偏見的國家的嚮往。1964年，美國廢除了種族隔離政策，隔年所有黑人都獲得投票權。

△ 法國五月
在1968年5月由法國學生帶頭的內亂期間，一張海報上宣告「長期奮戰的開始」。

1968年成了革命的一年。在美國發生大規模反越戰的示威活動之際，巴黎的學生也因大學校園設施簡陋而發起暴動，並在法國蔓延開來。約有800萬名工人加入學生的陣營，並利用罷工來呼籲改革。這是一年中的關鍵時刻，西方世界的年輕人抗議過時的官僚體系、暴虐的政權、種族和性別的不平等，以及對性別少數群體的偏見。雖然法國的抗爭漸漸平息，但1968年的事件還是啟發了一個世代的人。

美國南部廢除種族隔離

在1950年代，種族隔離仍然存在於美國南部各州的許多生活層面。直到1957年為止，這張地圖上標示的州都還在實行種族隔離制度。到了1964年，這些地方已經或多或少開始廢除種族隔離政策。

圖例
1964年與白人同校的非裔美國人

- 0–1%
- 1.5–6%
- 28–60%

武元甲將軍
1911－2013年

武元甲通常規戰術和游擊戰術，被視為20世紀最重大的軍事戰略家之一。二戰期間，他領導越盟反抗日本，還先後率領北越軍隊對抗法國和美國。1954年3－5月，他在奠邊府的勝利被視為現代史上最偉大的軍事勝利之一。

越戰

二戰之後在越南發生的兩場重大戰爭是20世紀在東南亞發生過最暴力的衝突。這兩場戰爭歷時將近30年，許多全球強權都介入其中。雖然越南在1945年就已經宣布獨立，但一直到1975年所有外國勢力都離開、越南統一之後，他們才算真正獨立。

日本在二戰期間占領法國統治的越南殖民地時，戰鬥就已經開始。越盟是一個民族主義組織，從1941年開始給導反抗勢力。1945年日本戰敗後，法國人回到越南，於是越盟再次起兵對抗外國勢力。接下來越南和法國之間漫長的戰爭稱為第一次印度支那戰爭，始於1946年，並以1954年法國在奠邊府的關鍵敗仗告終。獨立後的越南分裂成為共產主義的北方和共和利的南方。回歸部

分平靜之後，戰爭於1956年再次爆發，北越人為了把國家統一在他們的領導下，從中為了給導支持印度支那戰爭或越南戰爭，從許多方面來說都是全球冷戰背景下的代理人戰爭，美國支持南越，而蘇聯和中國則支持北越。這場戰爭也蔓延到了寮國和柬埔寨。美國最後面臨失敗，並在1973年談判退出戰爭，為1975年北越的最終勝利和越南的統一鋪好了路。

武元甲通常規戰術和游擊戰術，被視為20世紀最重大的軍事戰略家之一。二戰期間，他領導越盟反抗日本，還先後率領北越軍隊對抗法國和美國。1954年3－5月，他在奠邊府的勝利被視為現代史上最偉大的軍事勝利之一。

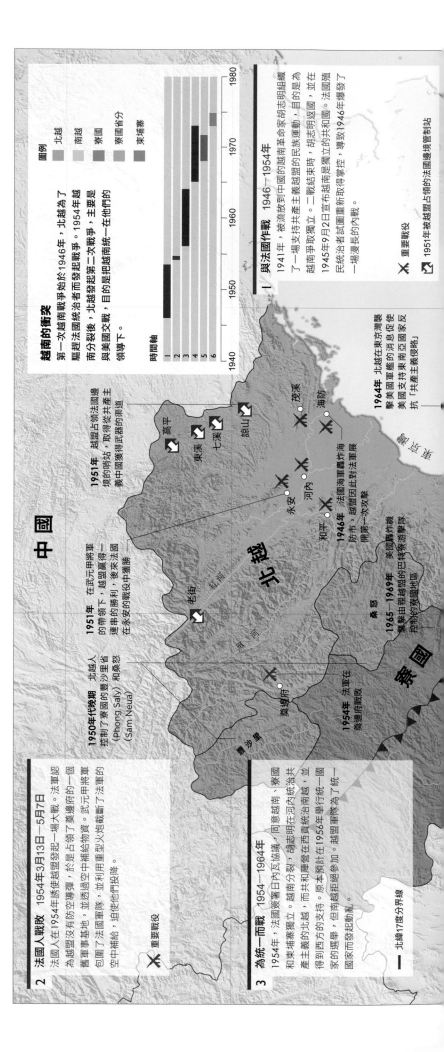

越南的衝突

第一次越南戰爭始於1946年，北越為了驅逐法國而發起戰爭。1954年越南分裂後，從他們的領導下，戰爭發起第二次越南戰爭，主要是與美國交戰。

| 時間軸 | | |

圖例
- 北越
- 南越
- 寮國
- 寮國省分
- 柬埔寨

✕ 重要戰役

1 與法國作戰 1946－1954年

1941年，被流放到中國的家胡志明組織了一場支持共產越盟的民族運動，目的是為越南爭取獨立。二戰結束時，胡志明返回越南爭取國獨立。1945年9月2日宣布越南是獨立的共和國。法國殖民統治者試圖重新取得掌控，導致1946年爆發了一場漫長的內戰。

✕ 重要戰役
↩ 1951年被越盟占領的法國邊境管制站

中 國

北 越

1951年 越盟占領法國邊境的哨站，取得從共產主義中國獲得武器的渠道

1946年 法國海軍轟炸海防市，越盟因此對法軍展開第一次攻擊

1951年 在武元甲將軍的帶領下，越盟贏得一連串的勝利，倭來法國在永安的戰役中獲勝

1964年 北越海軍軍艦攻擊美國軍艦的消息促使美國支持東南亞陰謀」抗「共產主義侵略」

1950年代晚期 北越人控制了寮國的豐沙里省（Phong Saly）和桑怒（Sam Neua）

1954年 法軍在奠邊府戰敗

1965－1989年 美國轟炸機轟擊由祖國盟通過巴特寮地區控制的寮國境內

桑怒

寮 國

河內

永安

和平

老街

紅河

黑河

奠邊府

豐沙里

茂溪

海防

涼山

七溪

東溪

高平

2 法國人戰敗 1954年3月13日－5月7日

法國人在1954年誘使越盟發起一場大戰。法軍認為越盟沒有防空導彈，於是占領了奠邊府的一個著軍基地，並透過空中補給物資。武元甲將軍包圍了法國軍隊，並利用重型火炮截斷了法軍的空中補給，迫使他們投降。

✕ 重要戰役

3 為統一而戰 1954－1964年

1954年，法國簽署日內瓦協議，同意越南、寮國和柬埔寨獨立。越南分裂，胡志明在河內統治共產主義的北越，而共和國嘗在西貢統治南越，並得到西方的支持。原本計劃在1956年舉行一國家的選舉，但南越拒絕參加，越南統一軍隊為了統一國家而發起起動亂。

── 北緯17度分界線

1964年 北越在東京灣襲擊美國軍艦的消息促使美國反

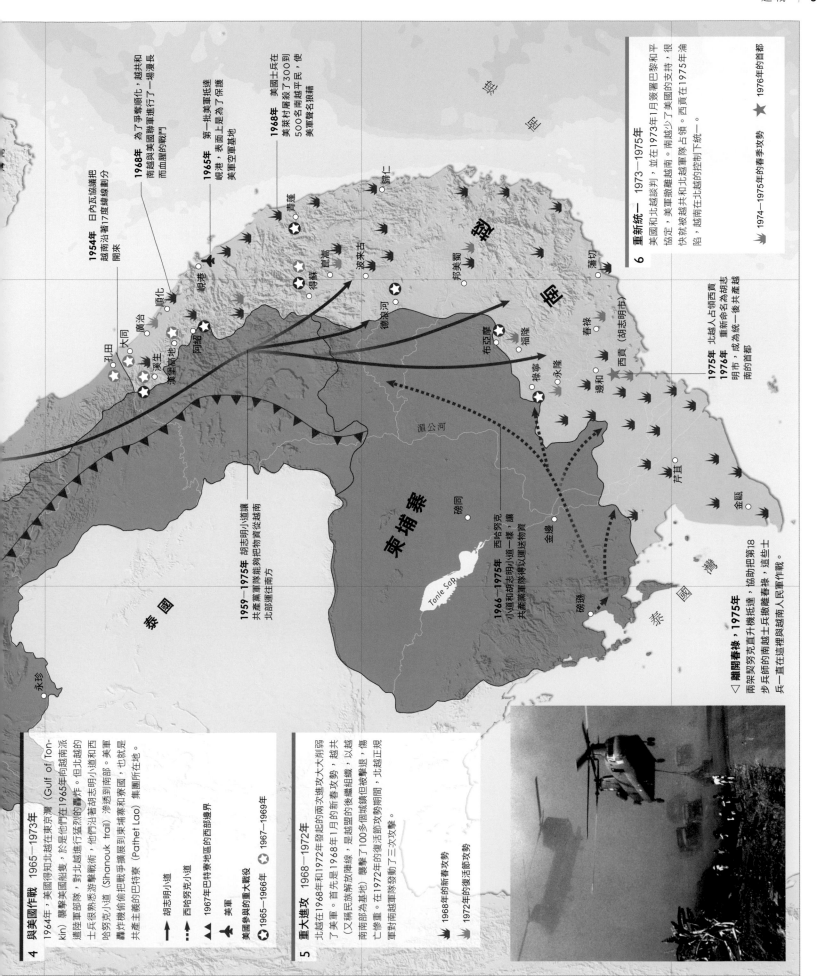

6　重新統一　1973—1975年

美國和北越談判，並在1973年1月簽署巴黎和平協定，美軍撤離越南。南越少了美國的支持，很快就被北越和北越軍隊占領。西貢在1975年淪陷，越南在北越的控制下統一。

★ 1976年的首都

⟐ 1974—1975年的春季攻勢

1954年 日內瓦協議把越南沿著17度緯線劃分開來

1968年 為了爭取讓北越共和南越和談而把南越聯軍線進行一場漫長而血腥的戰鬥

1965年 第一批美軍抵達峴港，表面上是為了保護美軍空軍基地

1968年 美國士兵在美萊村屠殺了300到500名南越平民，使美軍聲名狼藉

1959—1975年 胡志明小道讓共產黨軍隊能夠把物資從越南北部運往南方

1966—1975年 西哈努克小道和胡志明小道一樣，讓共產黨軍隊得以運送物資

1975年 北越人占領西貢
1976年 重新命名為胡志明市，成為統一越南的首都

◁ **離開春祿，1975年**
兩架契努克直升機抵達，協助把第18步兵師的南越士兵撤離春祿，這些士兵一直在這裡與越南人民軍作戰。

寮　泰國　柬埔寨　越南　湄公河　Tonle Sap　金邊　磅同　磅清　碲遏？　芹苴　金甌　暹國

4　與美國作戰　1965—1973年

1964年，美國得知北越在東京灣 (Gulf of Tonkin) 遭襲美國船隻，於是他們在1965年向越南派遣陸軍部隊，對北越進行猛烈的轟炸。但北越的士兵很熟悉游擊戰術，他們沿著胡志明小道和西哈努克小道 (Sihanouk trail) 滲透到南部。美軍轟炸機偷偷把戰爭擴展到柬埔寨和寮國，也就是共產主義者的巴特寮 (Pathet Lao) 集團所在地。

→ 胡志明小道
⋯▶ 西哈努克小道
▲▲ 1967年巴特寮地區的西部邊界
★ 美軍
✪ 美國參與的重大戰役
✪ 1965—1966年

5　重大進攻　1968—1972年

北越在1968年和1972年發起的兩次進攻大大削弱了美軍。首先是1968年1月的新春攻勢，越共（又稱民族解放陣線，是越盟的後繼組織，以越南南部為基地）襲擊了100多個城鎮（已被擊退，傷亡慘重。在1972年的復活節攻勢期間，北越正規軍對南越發動了三次攻擊。

⟐ 1968年的新春攻勢
⟐ 1972年的復活節攻勢

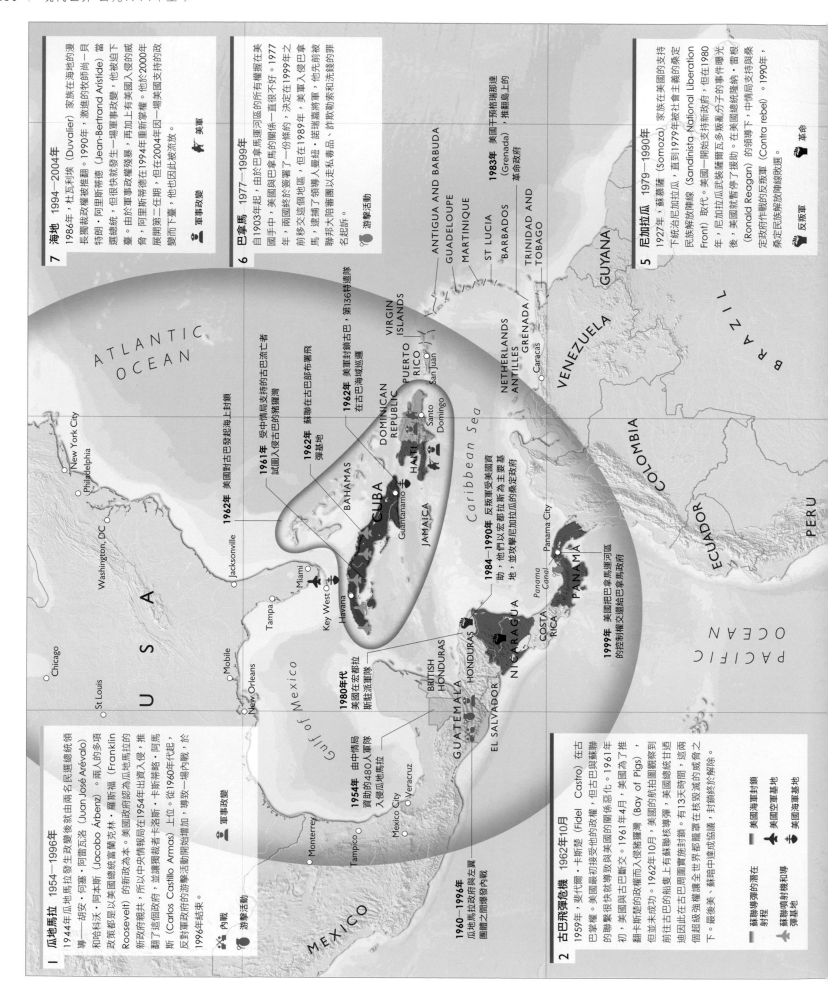

7 海地 1994—2004年

1986年，杜瓦利埃（Duvalier）家族在海地的漫長獨裁政權被推翻。1990年，激進的牧師尚－貝特朗·阿里斯蒂德（Jean-Bertrand Aristide）當選總統，但很快就發生一場軍事政變，再加上有美國入侵的威脅，他被迫下臺。由於軍事政權成為瓜地馬拉的新政府根本，美國中央情報局在1994年重新掌權。他於2000年展開第二任期，但他在2004年因一場美國支持的政變而下臺，他也因此被流放。

軍事政變　美軍

6 巴拿馬 1977—1999年

自1903年起，由於巴拿馬運河區的所有權握在美國手中，美國與巴拿馬的關係一直很好。1977年，兩國終於簽署了一份協約，決定在1999年之前移交這個地區，但在1989年，美軍入侵巴拿馬，逮捕了領導人曼紐·諾瑞嘉將軍，他先前被聯邦大陪審團以走私毒品、許欺勒索和洗錢的罪名起訴。

游擊活動

5 尼加拉瓜 1979—1990年

1927年，蘇慕薩（Somoza）家族在美國的支持下統治尼加拉瓜，直到1979年被社會主義的桑定民族解放陣線（Sandinista National Liberation Front）取代，美國一開始支持新政府，但在1980年，尼加拉瓜武裝薩爾瓦多叛亂分子的事件曝光後，美國就暫停了援助。在美國總統隆納·雷根（Ronald Reagan）的領導下，中情局支持與桑定民族解放陣線敗選。

反叛軍　革命

1 瓜地馬拉 1954—1996年

1944年瓜地馬拉發生政變後就由兩名民選總統領導一胡安·何塞·阿雷瓦洛（Juan José Arévalo）和哈科沃·阿本斯（Jacobo Árbenz）。兩人的多項政策都是以美國總統富蘭克林·羅斯福（Franklin Roosevelt）的新政為本。美國政府認為瓜地馬拉的新政府親共，所以中央情報局在1954年出資入侵，推翻了這個政府，並讓獨裁者卡洛斯·卡斯蒂略·阿馬斯（Carlos Castillo Armas）上位。從1960年代起，反對軍政府的游擊活動開始增加，於1996年結束。

軍事政變　內戰　游擊活動

2 古巴飛彈危機 1962年10月

1959年，斐代爾·卡斯楚（Fidel Castro）在古巴掌權。美國最初接受他的政權，但古巴與蘇聯的聯繫很快就導致與美國的關係惡化。1961年初，美國與古巴斷交。1961年4月，美國為了推翻卡斯楚建立的政權而入侵豬玀灣（Bay of Pigs），但並未成功。1962年10月，美國的航拍照偵察到前往古巴的船隻上有蘇聯核導彈，美國總統迪因此在古巴周圍實施封鎖，有13天時間，這兩個超級強權讓全世界都籠罩在核戰爆發的威脅之下，最後美、蘇暗中達成協議，封鎖終於解除。

蘇聯導彈射程
蘇聯噴射機和導彈基地
反叛軍游擊的駐在
美國海軍封鎖
美國空軍基地
美國海軍基地

切‧格瓦拉（Che Guevara）
1928–1967年

埃內斯托‧格瓦拉（Ernesto Guevara）於1928年出生於阿根廷的一個左翼中產階級家庭，後來人稱他為「切」（Che），意思是「朋友」。他是一名馬克思主義革命家，並在古巴革命期間擔任游擊隊領袖。他在學生時期於拉丁美洲進行了兩次摩托車之旅，看到了較人的景況，他認為這是資本主義的美國剝削拉丁美洲造成的，這革命了他的革命思想。

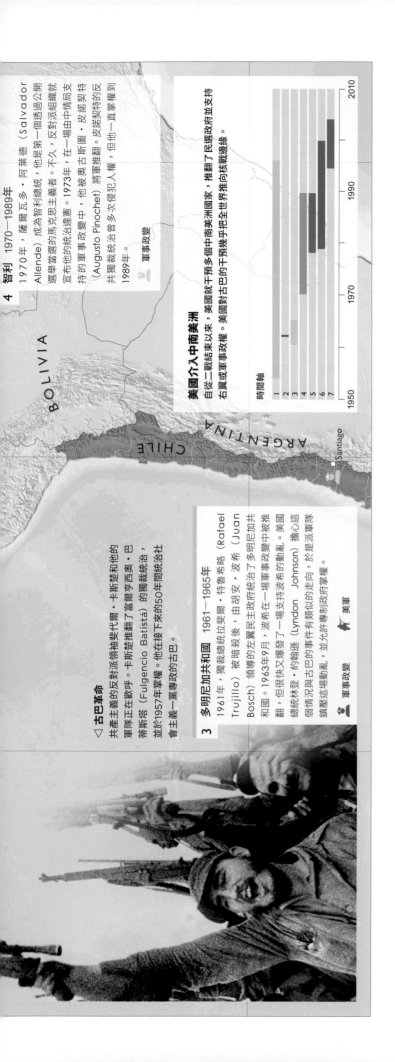

4　智利　1970–1989年

1970年，薩爾瓦多‧阿葉德（Salvador Allende）成為智利總統，他是第一個透過公開選舉當選的馬克思主義者。不久，反對組織就在他的統治遭遇惡。1973年，在一場由中情局支官布他的軍事政變中，他被奧古斯特‧皮諾契特（Augusto Pinochet）將軍推翻。皮諾契特的反共獨裁統治曾多次侵犯人權，但他一直掌權到1989年。

　軍事政變

◁ 古巴革命
共產主義的反對派領袖斐代爾‧卡斯楚和他的軍隊正在歡呼。卡斯楚推翻了富爾亨西奧‧巴蒂斯塔（Fulgencio Batista）的獨裁統治，並於1957年掌權。他在接下來的50年間統治社會主義的古巴。

3　多明尼加共和國　1961–1965年

1961年，獨裁統治拉斐爾‧特魯希略（Rafael Trujillo）被暗殺後，由胡安‧波希（Juan Bosch）領導在多明尼加共和國，但很快又爆發了一場軍事政變中被推翻，總統林登‧約翰遜（Lyndon Johnson）擔心這個情況與古巴的事件有類似的走向，於是派軍隊鎮壓這場動亂，並允許有類制的政府掌權。

　軍事政變
　美軍

美國介入中南美洲
自從二戰結束以來，美國就干預了多個中南美洲國家，推翻了民選政府並支持右翼或軍事政權。美國對古巴的干預幾乎把全世界推向核戰邊緣。

時間軸
1　2　3　4　5　6　7
1950　1970　1990　2010

BOLIVIA
CHILE
ARGENTINA
Santiago

美國介入拉丁美洲

自19世紀起，美國一直在調整對中南美洲的外交政策，以便保護美國在這個地區的商業利益。由於美國害怕共產主義的影響，所以經常（明裡暗裡地）參與拉丁美洲的政治。

1823年，美國總統詹姆斯‧門羅（James Monroe）正式宣告，若有任何國家試圖控制美洲大陸的獨立國家，都將被視為「對美國的不友善表現」。一個世紀多以後，這個教條使美國能夠在冷戰期間（見第314-315頁）控制南部的鄰國，以防止共產主義滲透到這個地區。因此，中南美洲幾乎沒有一個國家不曾受到美國的干預所影響。瓜地馬拉、智利和海地的民選政府被推翻，薩爾瓦多（El Salvador）和多明尼加共和國的民主起義遭到鎮壓；宏都拉斯和其他地方的威權政府獲得支持。

美國利用軍事介入來推翻被定罪的毒販兼巴拿馬領導人曼紐‧諾瑞嘉（Manuel Noriega）將軍，並使剛被推翻的海地政府重新掌權，這些都強化了美國積極參與拉丁美洲政治的局面。

受美國入侵或影響的國家都受到很大的改變，許多國家經歷了長期的軍事或獨裁統治。1991年冷戰結束，再加上美國在時隔54年之後的2015年與古巴恢復外交關係，促使了多黨民主的復興。這些變化也提高了這個地區政治和經濟穩定的機會，儘管哥倫比亞仍長期爆發內戰，且社會主義的委內瑞拉局勢依然動盪。

◁ **耶路撒冷的衝突**
雖然以色列和巴勒斯坦舉行過一些和平運動，但兩國人民還是頻繁發生衝突，例如這張照片中的場景，發生於2014年11月。

1973年 以色列奪回戈蘭高地，推進到距離大馬士革56公里處

1948年 特拉維夫（Tel Aviv）成了以色列實質上的首都，但許多政府建築都位在耶路撒冷

2000年 以色列為了免受巴勒斯坦的攻擊而開始在約旦河西岸修建邊界圍牆

1979—1982年 西奈半島回歸埃及的掌控

1973年 以色列人穿越蘇伊士運河進行反擊，攻到距離埃及首都開羅104公里的地方

1973年 埃及軍隊穿過蘇伊士運河，奪回1967年失去的土地

1948年 1948年的戰爭之後，加薩走廊落入埃及的掌控
2005年 以色列單方面從加薩走廊撤軍

1948年 1948年的戰爭過後，外約旦酋長國（1949年改名為約旦）控制了約旦河西岸，並於1950年併吞這片領土

1994年 以色列開始部分撤出約旦河西岸，把耶利哥移交給巴勒斯坦自治政府

1948年 耶路撒冷被以色列和約旦瓜分

地圖標示地名：Beirut、LEBANON、Damascus、SYRIA、Golan Heights、Haifa、Nazareth、Mediterranean Sea、Tel Aviv、Jaffa、WEST BANK、Jordan、NO MAN'S LAND、Jericho、Jerusalem、Amman、GAZA STRIP、Gaza、Hebron、Beersheba、Dead Sea、ISRAEL、JORDAN、Port Said、Suez Canal、Rafah、Negev Desert、Suez、Gulf of Suez、Sinai、EGYPT、Eilat、Aqaba、Gulf of Aqaba、Sharm-el-Sheikh

數字標示：100,000、75,000、4,000、280,000、280,000、190,000、7,000

2 巴勒斯坦移民 1947—1949年
以色列的誕生使巴勒斯坦人無法達成自己建國的夢想。在1948年巴勒斯坦戰爭期間，有多達600個巴勒斯坦村莊遭到以色列軍隊洗劫。結果有超過70萬名巴勒斯坦人逃離家園，流亡鄰國，這個數字占了以色列的巴勒斯坦人口的80%。這場流亡稱為「大災難」（al-Nakbah）。

→ 巴勒斯坦移民路線與人數
⬟ 巴勒斯坦難民營

1 以色列 1948—1949年
以色列於1948年5月14日建國。外約旦酋長國、敘利亞、黎巴嫩、埃及和伊拉克這五個阿拉伯鄰國的反應則是發動入侵。以色列擊退了阿拉伯軍隊，還占領了50%原本分配給某個阿拉伯國家的土地，使領土擴大了四分之一。這些國家在隔年1—3月簽訂了一連串的停戰協議，終結了第一次阿以戰爭。

■ 1949年的以色列

以阿戰爭
以色列自1948年5月建國以來就一直被迫為自己的存在而戰。以色列與國內的巴勒斯坦人一直無法和平相處，在1967年和1973年先後發生戰爭，許多巴勒斯坦人被迫逃往鄰國。

圖例
--- 有爭議的邊界

時間軸

	1940	1950	1960	1970	1980	1990	2000	2010	2020
1									
2		▮							
3									
4					▮				
5									

聯合國的分治方案

1947年，聯合國對當時的英屬巴勒斯坦託管地制定了分治方案。獨立的猶太與阿拉伯國家能夠並存，而耶路撒冷則成為國際區域。

Haifa
Nazareth
LEBANON
SYRIA
Mediterranean Sea
Jerusalem
Gaza
Beersheba
Dead Sea
EGYPT
ISRAEL
TRANSJORDAN
Eilat

圖例
— 1923年英屬託管地邊界
■ 1947年決議中的阿拉伯國家
■ 1947年決議中的猶太國家
■ 1947年決議中的國際區域

---

3 六日戰爭（Six-Day War）　1967年6月5─10日

以色列受到愈來愈多來自阿拉伯鄰國的壓力威脅，包括埃及在南部的海上封鎖，所以在1967年6月，以色列展開突襲，摧毀了阿拉伯空軍的整個地面基地和埃及位於西奈半島的戰車。以色列軍隊占領了西奈半島、約旦河西岸和戈蘭高地。

→ 以色列軍隊
■ 1967年戰爭後以色列占領的地區
■ 1967年戰爭後以色列占領的地區（1973年戰爭後被埃及奪回）

---

4 贖罪日戰爭（Yom Kippur War）
1973年10月6─24日

埃及和敘利亞為了報復六日戰爭戰敗，於是派出軍隊在猶太人的贖罪日假期對以色列發動突襲。埃及取得了初步進展，越過蘇伊士運河，而敘利亞軍隊則進攻到戈蘭高地。以色列反擊，穿越蘇伊士運河並到達距離開羅104公里的地方。聯合國安排停火，各方軍隊在隔年撤退。

→ 以色列軍隊
→ 埃及和敘利亞軍隊
■ 1973年戰爭後以色列占領的地區
// 1975─1979年聯合國控制的非軍事區

---

5 走向和平　1979年至今

1979年，以色列與埃及簽訂和平條約，交還西奈半島。1993年簽訂奧斯陸協議（Oslo I Accord），創建了巴勒斯坦政府，也就是巴勒斯坦自治政府（Palestinian Authority），對於加薩走廊和約旦河西岸有一定程度的管轄權。以色列從加薩撤出，但一直不肯放棄耶路撒冷和約旦河西岸。

■ 約旦河西岸　■ 加薩走廊

以色列與中東

猶太民族在巴勒斯坦已經生活了好幾個世紀。1897年，世界猶太復國主義組織（Zionist Organization）成立，標誌了在這個地區建立一個猶太家園的新行動。以色列創造了這樣一個家園，卻引發了一連串的戰爭。

聯合國是英屬巴勒斯坦託管地（見第284-285頁）的監督者。在1947年11月，聯合國決定把這片領土劃分成獨立的巴勒斯坦和猶太人國家，這有一部分是為了因應大屠殺後猶太人流離失所的情況。這個決定一宣布，雙方就爆發了暴力衝突，英國失去掌控。原本的計畫被放棄，1948年5月14日，英國結束了對巴勒斯坦的託管權。猶太事務局（Jewish Agency）的負責人兼未來的總理大衛·班·古里昂（David Ben-Gurion）接著立即宣布建立獨立的以色列國。以色列軍隊很快就占領了大片巴勒斯坦領土，並把這裡的許多人民流放到附近國家。

以色列的阿拉伯鄰國也加入這場衝突，而以色列則成功反擊。

經過數十年的動盪，雙方開始走向和平。1979年，埃及和以色列簽署和平條約，埃及承認以色列是個國家，而以色列軍隊也撤出他們占領的西奈半島。1993年，以色列與巴勒斯坦解放組織（Palestinian Liberation Organization）簽署協議，這是這個組織第一次承認以色列的存在，並開始離開加薩走廊（Gaza Strip）和約旦河西岸。然而，事實證明以色列用放棄土地來換取和平的意圖很難付諸實行，因此他們與巴勒斯坦人的關係仍然令人擔憂。

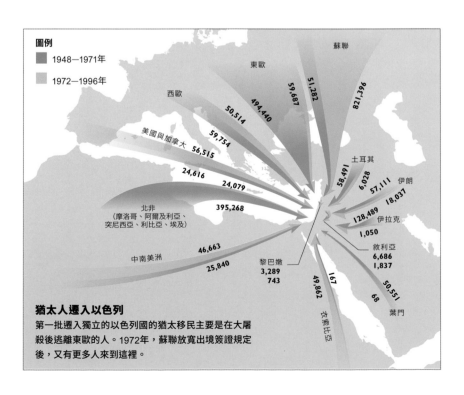

圖例
■ 1948─1971年
■ 1972─1996年

蘇聯
東歐
西歐
美國與加拿大
北非（摩洛哥、阿爾及利亞、突尼西亞、利比亞、埃及）
中南美洲
土耳其
伊朗
伊拉克
敘利亞
黎巴嫩
衣索比亞
葉門

51,282
59,687
821,396
50,514
494,440
59,754
56,515
58,491
6,028
57,111
18,037
24,616
24,079
128,489
395,268
1,050
46,663
6,686
1,837
25,840
3,289
743
49,862
167
50,551
68

猶太人遷入以色列

第一批遷入獨立的以色列國的猶太移民主要是在大屠殺後逃離東歐的人。1972年，蘇聯放寬出境簽證規定後，又有更多人來到這裡。

經濟繁榮與環境代價

在20和21世紀，全球出現了驚人的經濟成長，帶來了前所未見的財富。然而，因此對地球環境造成的破壞導致許多專家呼籲大家採取緊急行動，以免發生不可逆轉的全球危機。

△ 能源危機
一家加油站的標誌通知大眾1973年石油危機期間的燃料短缺，當時產油的阿拉伯國家實施了出口禁運。

1944 年，甚至在二戰都還沒結束前，來自 44 個國家的代表就開會重組國際金融系統，重點在把穩定的匯率體系引入歐洲，還有重建受戰爭破壞的歐洲經濟體。國際貨幣基金組織（International Monetary Fund）成立，旨在促進國際貨幣兌換；世界銀行（World Bank）的成立則是為了向災難重創國提供長期貸款。1947 年，美國提出馬歇爾計畫（Marshall Plan），向西歐注入數十億美元的投資。這有助大眾對世界經濟恢復信心，並帶來了非凡的成長。

日本因這些計畫而受惠特別大，他們投資煤、鋼、造船和汽車生產業，並在 1960 年代轉向投資高科技產品。其他亞洲國家（如臺灣、新加坡、馬來西亞和南韓）也效仿日本。這些國家獲得集體成功，出現了「亞洲四小龍」。

危機與復甦

1973 年，埃及和敘利亞入侵以色列，阿拉伯石油輸出國組織（OAPEC）停止出口石油給任何支持以色列的國家。油價漲了三倍，許多國家的工業產出下降。禁運一直

◁ 繁榮發展的城市
許多高樓大廈點亮了香港的夜空。這座城市只是在遠東地區擁有傑出經濟成就的地方之一。

成功的代價

二戰後，世界經濟的改變導致經濟快速成長。大眾對於環境成本的意識趕不上繁榮的發展。公眾對於漏油、殺蟲劑和汙染造成破壞的關注促使各國在1979年舉行第一次全球氣候會議。這時的經濟成長正在破壞空氣品質、產出工業廢物，並消耗自然資源。人口的持續增長引起了許多擔憂，大家為了解決全球暖化和保障食品和水的供應而投入更多的努力。

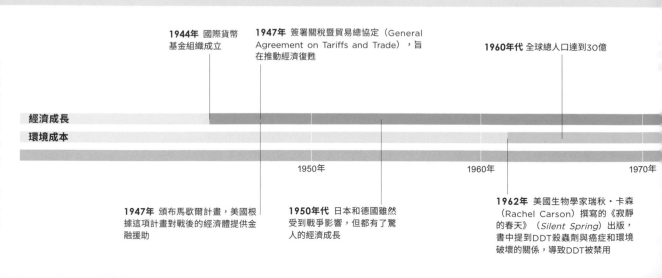

1944年 國際貨幣基金組織成立

1947年 簽署關稅暨貿易總協定（General Agreement on Tariffs and Trade），旨在推動經濟復甦

1960年代 全球總人口達到30億

經濟成長

環境成本

1950年　　　　1960年　　　　1970年

1947年 頒布馬歇爾計畫，美國根據這項計畫對戰後的經濟體提供金融援助

1950年代 日本和德國雖然受到戰爭影響，但都有了驚人的經濟成長

1962年 美國生物學家瑞秋·卡森（Rachel Carson）撰寫的《寂靜的春天》（Silent Spring）出版，書中提到DDT殺蟲劑與癌症和環境破壞的關係，導致DDT被禁用

◁ **有毒的空氣**
英格蘭的一家燃煤發電廠排放汙染物和溫室氣體。歐洲較嚴格的空汙法規敲響了煤炭產能的喪鐘。

持續到 1974 年。石油危機導致全球經濟衰退，許多國家因而改變了經濟政策。

這些國家把控制權轉移給私營部門，放鬆管制成了推動成長的新動力，貿易得以自由開放。中國開始允許私人經營企業，並迅速發展出資本主義的外衣。在接下來的幾十年內，中國將成為世界上最大、最有影響力的經濟體之一。印度受到亞洲四小龍經濟成就的影響，而巴西和墨西哥也展開經濟改革，大幅提高了生活水準。1990 年，東西德統一，成為世界經濟上的新主力。雖然 2008 年發生了慘烈的金融危機，但世界似乎從未如此富裕過。

環境代價

這種經濟成就是有代價的。2011 年 10 月 31 日，聯合國宣布地球上第 70 億個人類誕生，大家愈來愈擔憂地球是否有能力支持如此龐大的人口。不斷增長的人口需要更多作物才能養活，更富裕的公民生活型態也仰賴更多資源才有辦法維持。城市化和人口成長使環境面臨巨大壓力，科學家發現證據顯示近年來的氣候變遷（全球暖化）是人類活動造成的。

大眾認為碳會影響氣候變遷，於是呼籲開發中國家減少碳排放。但在 2015 年，印度每個月就開一個煤礦坑，以便幫助 13 億公民脫貧。開發中國家反對已開發國家要求他們抑制成長的野心。在 2000 年代，世界上出現了史無前例的降雨量以及嚴重乾旱、冰蓋融化和自然災害。科學家預告，人類可能會使氣候變遷加劇，達到不可逆轉的界線。地球上有 70 億人口，自然資源緊張是不可避免的。在 2015 年，世界各國領袖簽署巴黎氣候協定（Paris Climate Accord），196 個國家通過了第一份全球氣候協議，限制全球氣溫升幅在攝氏 2 度內。

如今，聯合國估計到了 2050 年，全球人口將達到 97 億。雖然過去兩個世紀出現了驚人的機會和財富，但因戰爭、汙染和不平等而產生的挑戰依然很嚴峻。

> 「人口成長使全世界的資源緊張，已經到達了臨界點。」
>
> 艾爾·高爾（Al Gore），美國前副總統

▽ **捕捉太陽能**
美國的內華達沙漠約有 7 萬片太陽能板，為奈利斯空軍基地（Nellis Air Force Base）提供了 25% 的電力。這是西半球最大的太陽能發電廠，這類計畫被視為可再生能源的典範。

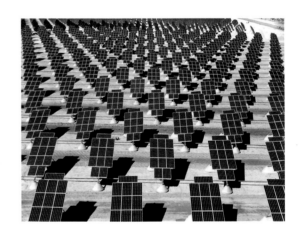

1973-1974年 石油危機導致全球經濟衰退，促使各國推出新的經濟政策

1979年 第一場世界氣候大會在日內瓦舉行

1980年代 中國經濟出現驚人的成長

1990年10月3日 東西德統一，德國從「歐洲病夫」轉變成經濟強國

2007－2011年 一場始於美國的全球金融危機使世界上許多金融體系瀕臨崩潰

2008年 中國的經濟成長每年對環境造成的損失超過一兆人民幣，規畫者受到愈來愈大的壓力，必須減緩中國發展的速度

2017年 全球總財富達到 280 兆美元

1980年　1990年　2000年　2010年　2020年

1975年 法、義、德、日、英、美組成六大工業國組織（G6），發展國際貿易

1992年 在里約熱內盧舉行地球高峰會（Earth Summit），各國政府同意簽署聯合國氣候變遷綱要公約（United Framework Convention on Climate Change）

1997年 已開發國家簽署京都議定書，承諾到了 2008－2012年，碳排放量將平均減少 5%

2007年 政府間氣候變化專門委員會（Intergovernmental Panel on Climate Change）與美國前副總統艾爾·高爾因他們為氣候變遷所做的努力而獲得諾貝爾和平獎

2009年 中國超越美國，成為世界上最大的溫室氣體排放國，不過若按人均排放量來看，美國仍遙遙領先

2017年 美國退出巴黎氣候協定後，各國團結應對全球暖化

1　波蘭　1980—1990年

1980年因為經濟管理不良而發生一波罷工之後，一個名為團結工聯（Solidarity）的獨立貿易工會成立，要求進行改革。賈魯塞斯基將軍（Jaruzelski）的政府於1981年實施戒嚴，並逮捕了團結工聯的領袖。發生更多的罷工之後，政府被迫在1989年開放部分的自由選舉，而團結工聯勝選。團結工聯的領袖萊赫·華勒沙（Lech Wa sa）接著在1990年12月贏得了第一次自由總統選舉。

　　第一次自由選舉，1990年

2　匈牙利　1989—1990年

自1962年起，匈牙利就一直追求經濟和政治自由的方針。1989年，政府解除了對其他政黨的限制，重組執政的共產黨，改建匈牙利社會黨（Hungarian Socialist Party），並把國名匈牙利人民共和國（People's Republic of Hungary）改為匈牙利共和國。1990年5月，匈牙利舉行自由選舉，由中間偏右的民主聯盟獲勝。

　　第一次自由選舉，1990年

▽ 柏林圍牆倒下

1989年11月9日，東德政府宣布國民可自由前往西德。

3　德國　1989—1990年

二戰之後，德國分裂成共產的東德和民主的西德。1989年發生了大規模的反共示威，迫使東德政府轉向民主。同年11月，柏林圍牆拆除，大量人口流入西德。德國在1990年3月舉辦了自由選舉，接著在1990年10月重新統一。

　　1990年的東德　　　　　第一次自由選舉，1990年

共產主義垮臺

歐洲共產主義垮臺和蘇聯解體是現代歷史上最重大的事件之一，但也是最出人意料的事件，因為結束的原因在於內部的脆弱，而非外部的壓力。這場變革發生得很快，也造成長遠的影響。

1985年3月，米哈伊爾·戈巴契夫（Mikhail Gorbachev）當選蘇聯共產黨的總書記，蘇聯有望進行亟需的改革。他開始重組政府並承諾進行經濟和政治改革。他釋放異議分子，並鼓勵民營企業。最重要的是他在1988年宣布放棄布里茲涅夫教條（Brezhnev Doctrine），這是1968年由列昂尼德·布里茲涅夫（Leonid Brezhnev）制定的，主張蘇聯有權對其他共產主義國家的內政進行軍事干預，以便遵守嚴格的共產主義統治。放棄布里茲涅夫教條等於是為東歐共產國家開啟政治改革的綠燈，這些國家意識到若出現異議時，他們不能依靠蘇聯的幫助來維持自己的高壓統治。在波蘭和匈牙利的帶頭之下，東歐國家開始放寬政治結構的限制，共和國變得愈來愈反叛，使蘇聯飽受壓力。

7　新國家　1991—2008年

共產主義垮臺後出現了許多較小的新國家。蘇聯於1991年分裂出15個獨立的共和國，而南斯拉夫的戰爭（見第338-339頁）則導致國家在1991—2008年之間分裂成七個新國家。1993年1月1日，捷克斯洛伐克和平地一分為二，成為捷克共和國和斯洛伐克。

┈┈ 1990年為止的南斯拉夫　　■ 1992年12月為止的捷克斯洛伐克

6　獨立國家國協（Commonwealth of Independent States）　1991年至今

1991年蘇聯解體時，獨立國家國協成立。這個鬆散的聯邦由前蘇聯的加盟共和國組成，目的是協調貿易、金融和安全。波羅的海國家拒絕加入，國協成員剩下九國。土庫曼和烏克蘭則沒有批准創立憲章。

♟ 獨立國家國協成員

一個時代的結束

共產主義垮臺，對歐洲和亞洲都產生了持久的影響。在1989—1990年之間，蘇聯失去了對東歐的主導權，而蘇聯本身則在1991年解體，南斯拉夫也瓦解。自由選舉取代了一黨專政。

圖例

■ 1991年為止的蘇聯

■ 1989年為止，蘇聯主導的東歐

■ 1991年之前的其他共產主義國家

♟ 第一次自由選舉的時間

時間軸

（時間軸圖：1980　1990　2000　2010　2020）

4　羅馬尼亞羅馬尼亞　1989—1990年

推翻羅馬尼亞共產主義的過程中發生了大規模暴力事件。1989年12月15日，由尼古拉·壽西斯古（Nicolae Ceauescu）領導的政府試圖逮捕馬扎爾少數民族的擁護者托克斯·拉茲羅（Laszlo Tokes）牧師，結果在壽西斯古參訪中國期間引發了一場全國性的騷動。他回國後未能恢復秩序，並在1989年耶誕節被處決。1990年5月，羅馬尼亞舉辦了民主選舉。

♟ 第一次自由選舉，1990年　　✊ 革命

5　保加利亞　1989—1990年

保加利亞共產主義領袖托多爾·日夫科夫（Todor Zhivkov）的強硬政策導致國內的反對聲浪高漲，迫使他於1989年11月辭職。次月，一黨制被廢，但在1990年6月的自由選舉中，之前的共產黨改名並勝選。在1991年10月的另一場選舉中，各個非共產政黨組成了民主聯盟。

♟ 第一次自由選舉，1990年

波羅的海國家和其他地方要求完全的獨立的聲浪愈來愈大，因此戈巴契夫試圖重組蘇聯，但遭到烏克蘭示威活動和俄羅斯聯邦（Russian Federation）領導人鮑利斯·葉爾辛（Boris Yeltsin）的反對。最致命的打擊發生在1991年8月，共產主義者試圖發起政變未果，再加上12月時烏克蘭通過決定性的獨立公投，導致戈巴契夫在1991年耶誕節被迫辭去總統一職。蘇聯在隔天解體，誕生於1917年的蘇維埃共產主義就此結束。

「世界大戰的威脅已不存在。」

蘇聯總統米哈伊爾·戈巴契夫，蘇聯解體時的演講，
1991年12月

經濟改革與開放政策
俄羅斯的政策

米哈伊爾·戈巴契夫於1985年成為蘇聯共產黨總書記，並於1990年成為蘇聯總統。他為了與西方保持友好關係而制定了兩項新政策：自由經濟改革（Perestroika）和政治開放（Glasnost）。

東西交會

戈巴契夫（右）與美國總統雷根（左）為了改善東西關係而多次會面。

2004年5月 斯洛維尼亞成為前南斯拉夫第一個加入歐盟的國家

1995年5月 塞爾維亞克拉伊納共和國自行宣布獨立後，克羅埃西亞軍隊透過閃電行動（Operation Flash）從他們手中奪取西斯拉弗尼亞

I 斯洛維尼亞 1989—1991年

單一民族的斯洛維尼亞在1989年成為議會制民主國家。在1990年，88%的選民投票支持脫離南斯拉夫獨立。1991年6月25日，斯洛維尼亞宣布獨立。南斯拉夫軍隊在6月和7月入侵，雙方交戰十天，最後斯洛維尼亞的勝利。這場短暫的衝突標誌了南斯拉夫戰爭的開端。

1998年1月 東斯拉弗尼亞是塞爾維亞克拉伊納共和國僅存的領土，也被克羅埃西亞收復

1995年8月 克羅埃西亞和波士尼亞軍隊在風暴行動（Operation Storm）中奪回塞爾維亞克拉伊納共和國，這場行動是二戰以來歐洲最大的陸上戰役

1992—1995年 許多波士尼亞穆斯林生活的地區遭到塞爾維亞軍隊的種族清洗，穆斯林被關押在集中營並被殺害

1995年7月 8000名波士尼亞男子及男童在斯雷布雷尼察（Srebrenica）被波士尼亞的塞爾維亞人屠殺

1995年 科索沃解放軍開始攻擊塞爾維亞軍隊

2 克羅埃西亞 1991—1998年

1991年6月25日，克羅埃西亞宣布獨立，遭到許多居住在克羅埃西亞的塞爾維亞人反對，於是他們試圖在南斯拉夫境內成立新的塞爾維亞國。7月時，塞爾維亞軍隊入侵，但未能占領克羅埃西亞。接著，克羅埃西亞的塞爾維亞人建立了克拉伊納國（Krajina）。戰事一直持續到1995年，克羅埃西亞收復了大部分失去的領土，並在1998年收回東斯拉弗尼亞（Slavonia）。

→ 1991年12月為止，塞爾維亞的進攻

▬ 1991—1995年及1998年，塞爾維亞控制的地區

➡ 1995年秋天，克羅埃西亞的進攻

1993年5—11月 位於摩斯塔的克羅埃西亞人和波士尼亞人之間的緊張關係引發激戰，著名的摩斯塔橋（Stari Most）被毀

1992—1996年 南斯拉夫與塞爾維亞軍隊先後圍攻塞拉耶佛1425天，上千名平民和士兵被殺

2006年6月 蒙特內哥羅脫離塞爾維亞獨立，後來申請加入北約和歐盟

1999年 對於科索沃內部僅存的塞爾維亞家庭進行的種族清洗愈來愈嚴重，多達25萬人離國，前往塞爾維亞

3 波士尼亞戰爭 1992—1995年

多元民族的波士尼亞於1992年3月3日宣布獨立，但遭到拉多萬·卡拉季奇（Radovan Karadžić）領導的波士尼亞的塞爾維亞人反對。位於東波士尼亞的穆斯林飛地很快就被塞爾維亞人占領，他們對這個地區進行種族清洗，並圍攻塞拉耶佛。同時，波士尼亞的克羅埃西亞人為了占領摩斯塔（Mostar）而戰。戰爭於1994年3月結束，但等到1995年北約展開空襲時，塞爾維亞才停止攻擊。1995年12月簽署岱頓和平協定，國家分治。

▢ 1992年12月由南斯拉夫軍隊和波士尼亞的塞爾維亞軍隊掌控的地區

⣿ 1992年12月由波士尼亞的克羅埃西亞軍隊控制的地區

⇨ 1993年塞爾維亞軍隊的攻擊

➡ 1993年波士尼亞穆斯林的攻擊

▬ 1993年9月—1995年8月，波士尼亞西部自治省

⣿ 1995年10月由分裂的塞爾維亞軍隊控制的地區

✕ 克羅埃西亞國防委員會（Croatian Defence Council）與波士尼亞穆斯林之間的戰爭地區

▪ 穆斯林的安全區

▬ 1996年為止，原本穆斯林占多數但受到種族清洗的地區

南斯拉夫的民族構成

南斯拉夫是一個多民族國家，有五個主要民族——波士尼亞人、克羅埃西亞人、馬其頓人、塞爾維亞人和斯洛維尼亞人，另外還有阿爾巴尼亞人、保加利亞人、匈牙利人和羅馬尼亞人等大量少數民族。大多數民族信仰羅馬天主教或東正教，而波士尼亞人主要是穆斯林。

圖例

- 塞爾維亞人和蒙特內哥羅人
- 克羅埃西亞人
- 波士尼亞人（1996年的「種族清洗」之後）
- 斯洛維尼亞人
- 阿爾巴尼亞人
- 馬其頓人
- 匈牙利人
- 保加利亞人
- 羅馬尼亞人

時間軸

```
        1   2   3   4   5
1980  1990  2000  2010
```

△ **波士尼亞難民**
在1992—1995年發生的波士尼亞戰爭期間，塞爾維亞軍隊實施種族清洗，導致上百萬名波士尼亞穆斯林流離失所。這張照片中，祖孫三人在聯合國位於克拉達尼（Kladanj）的難民營休息。

5 最終分裂 1991—2008年

馬其頓與其他前共和國成員不同，於1991年9月和平取得獨立，南斯拉夫軍隊在九個月後撤出。塞爾維亞和蒙特內哥羅於1992年組成南斯拉夫聯邦共和國（Federal Republic of Yugoslavia），並在2003年改名為塞爾維亞與蒙特內哥羅（Serbia and Montenegro）。2006年6月，蒙特內哥羅脫離塞爾維亞獨立。最後，科索沃也在2008年宣布脫離塞爾維亞獨立。

⚑ 獨立

1991年9月 馬其頓宣布獨立（由於希臘對這個名稱有意見，因此官方名稱是「前南斯拉夫馬其頓共和國」）

4 科索沃 1990—1999年

阿爾巴尼亞人占多數的科索沃於1990年宣布獨立，但未取得國際承認。科索沃解放軍於1995年開始攻擊塞爾維亞人，導致1998年2月發生全面戰爭。超過100萬名阿爾巴尼亞裔科索沃人逃離，數千人喪生。接著在1999年，北約的轟炸行動迫使塞爾維亞軍隊撤離。

▬ 科索沃解放軍據點
→ 1999年的塞爾維亞軍隊

南斯拉夫內戰

1990年代，多民族但統一的南斯拉夫社會主義聯邦共和國在歷經一連串的戰爭後分裂，這幾場戰爭是二戰以後歐洲最血腥的戰爭。

約瑟普·布羅茲·狄托（Josip Broz Tito，1892—1980年）統治下的南斯拉夫是個由六個社會主義共和國組成的聯邦，塞爾維亞內還有兩個自治省。狄托死後，在1991年6月，由斯洛波丹·米洛塞維奇（Slobodan Milošević）領導的塞爾維亞民族復興運動反對斯洛維尼亞和克羅埃西亞獨立，因而使整個國家解體。南斯拉夫（塞爾維亞）部隊進駐，在接下來的十年中，民族主義者試圖以種族為界線重新劃分領土邊界，導致了對平民的大屠殺和其他暴行，世界上因此出現了「種族清洗」這個新詞彙。

1992年，衝突蔓延到波士尼亞，塞爾維亞人對波士尼亞穆斯林所在的大片地區進行了種族清洗。1995年，雙方簽署岱頓協定（Dayton Accord），終於達到了脆弱的和平。最後一場悲劇發生在科索沃，塞爾維亞人試圖鎮壓科索沃解放軍（Kosovo Liberation Army）的起義。北約在1999年介入，迫使塞爾維亞人離開科索沃。到了2008年，曾經統一的國家分裂成七個新國家。這幾場衝突導致14萬人喪生，並使將近400萬人流離失所。

> 「沒有一個民主國家擁有像這個國家這麼多的民族。」
>
> 約瑟普·布羅茲·狄托，南斯拉夫領導人，1948年

南斯拉夫分裂

1946年，南斯拉夫成了由六個社會主義共和國所組成的聯邦，其中科索沃和弗伊弗迪納（Vojvodina）是塞爾維亞的自治省。到了2008年，六個共和國和科索沃全都獨立，而弗伊弗迪納仍是塞爾維亞的自治省。

圖例

- 南斯拉夫社會主義聯邦共和國
- 自治省

1946

SLOVENIA / CROATIA / VOJVODINA / BOSNIA-HERZEGOVINA / SERBIA / MONTENEGRO / KOSOVO / MACEDONIA / ITALY / Adriatic Sea

2008

SLOVENIA / CROATIA / VOJVODINA / BOSNIA-HERZEGOVINA / SERBIA / MONTENEGRO / KOSOVO / MACEDONIA / ITALY / Adriatic Sea

全球化

全球化指的是商品、人、金錢、知識和文化能夠在世界各地自由流動。大家曾經認為全球化是解決全球貧困的方法，但不平等和政治動盪導致了民粹主義的反彈。

全球化並不是最近才出現的現象。幾千年來，各國之間都有貿易往來，但二戰後，技術的進步、貿易壁壘的降低以及通訊革命改變了各國的互動模式。

△ **走上街頭**
1999年的西雅圖示威過後，接下來在世界各城市舉行的世貿組織會議都成了類似的抗議活動焦點，有時維安部隊和示威者之間還發生衝突。

全球化提升了開發中國家的經濟成長，但實際上這往往表示產業會從勞動力昂貴的富裕國家移至勞動力更便宜的貧窮國家。跨國企業也變得愈來愈全球化，把工廠設在海外，以便利用當地較低的成本和稅收。網路的發達讓人類不必離開辦公室就能拓展全球業務。1980 年代末，中國決定對外開放經濟，再加上 1990 年代初期蘇聯陣營解體，使商品、服務和金融資本的國際貿易有了前所未見的廣泛發展。

反應與抗議

1990 年代初期出現了對全球化的強烈反對。1999 年 11 月，美國西雅圖的抗議人士在世界貿易組織（World Trade Organization）會議時走上街頭，局勢愈演愈烈。經濟學家曾經歌頌的全球化現在因為造成貧富差距擴大而備受爭議。一般人被描繪成遭到無情企業掌控的受害者，大企業為了賺取新的利潤而剝削窮人。政黨提倡保守主義和回歸本土經濟等反移民政策，並在西方世界大部分地方得到支持，這場爭論因此持續至今。

◁ **亞洲的廣告業**
全球企業的標誌無處不在，即使在中國等最近才開放對外貿易的國家也一樣。

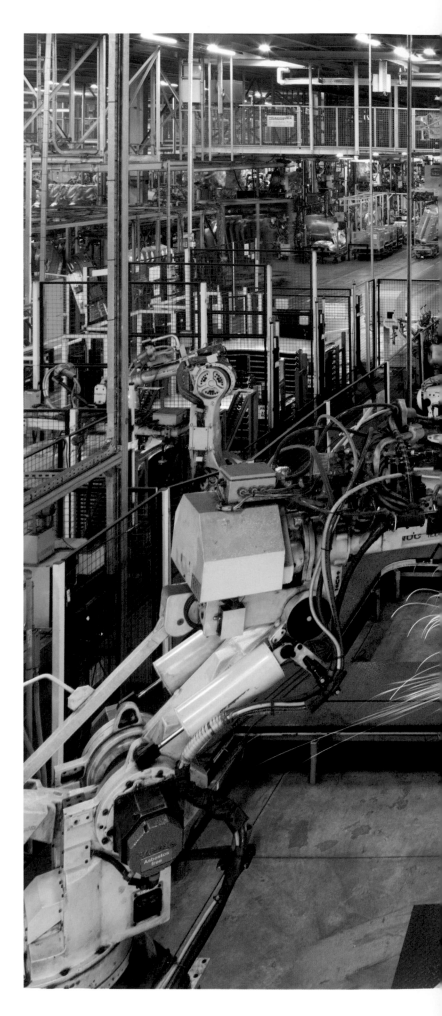

高產量的工業

日本汽車公司日產擁有高科技的生產線，他們在英國投資，改變了英國的汽車工業。日產位於英國桑德蘭（Sunderland）的工廠（如圖）被視為全球化的成功案例。

通訊革命

科技的進步為社會、經濟和政治景觀帶來深遠的變化。影響最大的領域就是通訊，通訊正在改變我們日常生活中的每個層面。

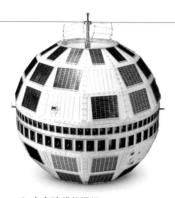

△ **太空時代的通訊**
電星一號是世界第一顆主動通信衛星，由美國、法國和英國廣播機構聯合打造。

一直到二戰之前，通訊一直僅限於郵件、電報和電話發送的消息。在二戰期間，新思維興起，造就了數位電腦的先驅——電子數值積分器和計算器（Electronic Numerical Integrator and Calculator）。

在 1947 年和 1958 年，由於電晶體和微晶片問世，電子元件變得更小了。火箭技術進步，使衛星能在軌道上運行。1962 年，電星一號（Telstar 1）衛星發射，電話、傳真和電視訊號因此得以經由太空發送。

冷戰期間，美國國防部擔心在核攻擊期間要如何進行溝通。這推動了 1969 年高級研究規畫局網路（ARPANET）的創建，這是一個由四部電腦使用標準協議進行通訊的系統。到了 1980 年代，電腦更受到重視且得到更一體化的使用，再加上高級研究規畫局網路協議的採用以及通訊方式的進步，造就了一個廣泛可用的全球電腦網路——網際網路。智慧型手機使網路成了一種移動資源。社群網路對教育、醫療保健和文化產生了影響。在 2011 年的阿拉伯之春（Arab Spring）期間，抗議者也利用了網路，此後網路就成了政治不可分割的一部分。

◁ **相連的世界**
智慧型手機成了人類生活中不可或缺的一部分，用來上網、傳送訊息、記錄並在社交媒體平臺上分享各個瞬間。

> 「資訊高速公路將會改變我們的文化⋯⋯就像古騰堡的印刷機改變了中世紀一樣。」

比爾・蓋茲，摘錄自《擁抱未來》（The Road Ahead），1995年

啟動電腦
第一部真正可編寫程式的電腦——電子數值積分器和計算器——於1946年2月14日公開亮相。這部電腦最初設計的目的是用來進行炮彈的彈道計算,重27噸,由2萬支真空管、7200支二極管以及數千公里的電纜構成。

Photo: ART Collection (tl). **Bridgeman Images:** Ancient Art and Architecture Collection Ltd. (cr). **93 Getty Images:** Werner Forman / Universal Images Group (bl); Universal History Archive (br). **94 123RF.com:** Mikhail Markovskiy (br). **Bridgeman Images:** Private Collection / Archives Charmet (bl). **96 akg-images:** Pictures From History (bc). **97 The Metropolitan Museum of Art:** Theodore M. Davis Collection, Bequest of Theodore M. Davis, 1915 (tr). **98 Getty Images:** Kristin Piljay (bc). **Michael Czytko, www. finemodelships.com:** (crb). **100 Alamy Stock Photo:** Pere Sanz (cl). **100–101 Getty Images:** DEA Picture Library. **103 Alamy Stock Photo:** Granger Historical Picture Archive (br). **Getty Images:** Photo Josse / Leemage (tl). **105 Alamy Stock Photo:** Kumar Sriskandan (br). **Getty Images:** Leemage (tl). **107 Getty Images:** Photo Josse / Leemage (br). **108 Bridgeman Images:** Basilica di San Giovanni Battista, Monza, Italy / Alinari (cla). **Getty Images:** CM Dixon / Print Collector (cb). **109 Alamy Stock Photo:** Granger Historical Picture Archive (r); Chris Pancewicz (tl). **111 Alamy Stock Photo:** The Picture Art Collection (br). **113 Getty Images:** Ann Ronan Pictures / Print Collector (br). **RMN:** RMN-Grand Palais (Cluny Museum - National Museum of the Middle Ages) / Jean-Gilles Berizzi (c). **115 Alamy Stock Photo:** Pictorial Press Ltd (tl). **116–117 Bridgeman Images:** Musee Conde, Chantilly, France. **117 Bridgeman Images:** Pictures from History (bc). **Getty Images:** Imagno (cr). **119 Alamy Stock Photo:** Everett Collection Inc (tl). **120 akg-images:** (c). **122 Alamy Stock Photo:** MCLA Collection (bc). **123 Alamy Stock Photo:** Jon Bower Spain (crb). **124 Bridgeman Images:** De Agostini Picture Library / G. Dagli Orti (cl, cra). **125 Alamy Stock Photo:** Ariadne Van Zandbergen (tl); ephotocorp (crb). **127 Alamy Stock Photo:** Images & Stories (br). **128 akg-images:** Pansegrau (tl). **129 Getty Images:** DEA Picture Library (br). **130 Getty Images:** Heritage Images (bl). **132 Alamy Stock Photo:** Pictorial Press Ltd (br). **134 Getty Images:** photographer (br); photo by Pam Susemiehl (bl). **136 Getty Images:** Werner Forman / Universal Images Group (bc). **138–139 Getty Images:** Print Collector. **139 Bridgeman Images:** Bibliotheque Nationale, Paris, France (br). **Getty Images:** Werner Forman / Universal Images Group (cra). **141 Alamy Stock Photo:** Regula Heeb-Zweifel (br). **Museum of New Zealand Te Papa Tongarewa:** (c). **142 Alamy Stock Photo:** Science History Images (tr). **Getty Images:** Mladen Antonov (bc). **145 Alamy Stock Photo:** Peter Horree (bl).**146–147 Alamy Stock Photo:** The Granger Collection. **148 Alamy Stock Photo:** Peter Horree (tl). **149 Dorling Kindersley:** Maidstone Museum and Bentliff Art Gallery (tl); Whipple Museum of History of Science, Cambridge (cr). **151 Alamy Stock Photo:** The Granger Collection (br). **153 Alamy Stock Photo:** INTERFOTO (tr). **154 Getty Images:** Fine Art Images / Heritage Images (cl). **154–155 Photo Scala, Florence:** Photo Schalkwijk / Art Resource / © Banco de México Diego Rivera Frida Kahlo Museums Trust, Mexico, D.F. / © DACS 2018. **157 Getty Images:** adoc-photos (br). **158 Bridgeman Images:** Granger (bc). **159 Alamy Stock Photo:** The Granger Collection (bl). **160 Alamy Stock Photo:** World Photo Collection (c). **Bridgeman Images:** British Library, London, UK / © British Library Board. All Rights Reserved (cla). **161 Bridgeman Images:** (cr). **Wellcome Images http://creativecommons.org/licenses/by/4.0/:** (tl). **162 Bridgeman Images:** Pictures from History (bc). **163 Getty Images:** PHAS / UIG (crb). **164–165 Alamy Stock Photo:** Science History Images. **164 Alamy Stock Photo:** Falkensteinfoto (bl). **Bridgeman Images:** British Library, London, UK (cl). **166 Getty Images:** DEA / G. Dagli Orti / De Agostini (bc). **167 Alamy Stock Photo:** FineArt (br). **168–169 Bridgeman Images:** Deutsches Historisches Museum, Berlin, Germany / © DHM. **169 Getty Images:** DEA Picture Library (br). **170 Getty Images:** DEA / G. Nimatallah / De Agostini (cla). **171 Getty Images:** The Print Collector (br). **172 Getty Images:** De Agostini Picture Library (bl). **173 Bridgeman Images:** Private Collection / Archives Charmet (br). **174 Alamy Stock Photo:** Peter Horree (tl). **Bridgeman Images:** Private Collection (c). **175 Alamy Stock Photo:** Heritage Image Partnership Ltd (cr). **Getty Images:** DEA / G. Dagli Orti / Deagostini (tl). **177 akg-images:** (bl). **Alamy Stock Photo:** Dinodia Photos (tr). **178 Bridgeman Images:** (tl). **Getty Images:** DEA / A. C. Cooper (br). **180 Getty Images:** De Agostini Picture Library (tl). **181 Bridgeman Images:** Pictures from History (bl). **182–183 Getty Images:** Fine Art Images / Heritage Images. **183 Alamy Stock Photo:** Pictorial Press Ltd (ca). **Library of Congress, Washington, D.C.:** map55000728 (br). **184 Rijksmuseum, Amsterdam:** Purchased with the support of the Rembrandt Association (bc). **185 Alamy Stock Photo:** Peter Horree (bl).**186–187 The Metropolitan Museum of Art:** Gift of John Stewart Kennedy, 1897. **188 Alamy Stock Photo:** Science History Images (cl). **Boston Tea Pary Ships & Museum, Historic Tours of America, Inc:** (cra). **189 Alamy Stock Photo:** Art Collection 2 (cr); Science History Images (tl). **190 Getty Images:** Edward Gooch (tr). **193 akg-images:** (br). **194 Dorling Kindersley:** Museum of English Rural Life, The University of Reading (clb). **Rijksmuseum, Amsterdam:** (tl). **195 Alamy Stock Photo:** The Protected Art Archive (cr). **Getty Images:** Photo12 / UIG (tl). **196 Getty Images:** Universal History Archive (bl). **197 Alamy Stock Photo:** North Wind Picture Archives (br). **198 Yale University Art Gallery:** (bc). **199 The Metropolitan Museum of Art:** Gift of John Stewart Kennedy, 1897 (br). **201 Getty Images:** De Agostini Picture Library (tc); UniversalImagesGroup (tr). **202 Bridgeman Images:** Museum of Art, Serpukhov, Russia (cl). **202–203 Bridgeman Images:** Musee National du Chateau de Malmaison, Rueil-Malmaison, France. **204 Library of Congress, Washington, D.C.:** LC-DIG-ppmsca-09855 (bc). **205 Getty Images:** Photo Josse / Leemage (tr). **206 Bridgeman Images:** Private Collection (bc). **207 Bridgeman Images:** Galerie Dijol, Paris, France (tr). **209 Getty Images:** John Parrot / Stocktrek Images (br); Peter Willi (clb). **211 Getty Images:** Ann Ronan Pictures / Print Collector (crb); Fine Art Images / Heritage Images (br). **212 Alamy Stock Photo:** North Wind Picture Archives (tl). **Getty Images:** Science & Society Picture Library (clb). **213 Getty Images:** Science & Society Picture Library (tl); ullstein bild Dtl. (cr). **214 Getty Images:** Science & Society Picture Library (tl). **215 Alamy Stock Photo:** Heritage Image Partnership Ltd (tr). **Dorling Kindersley:** National Railway Museum, York / Science Museum Group (crb). **216 Alamy Stock Photo:** AF archive (bl); Granger Historical Picture Archive (cl). **216–217 Getty Images:** Photo Josse / Leemage. **218 Bridgeman Images:** Bibliotheque Nationale, Paris, France / Archives Charmet (tr). **Getty Images:** Fine Art Images / Heritage Images (bc). **220 Getty Images:** Universal History Archive (clb). **222–223 Provenance , Galerie Nader Pétion Ville Haiti:** Collection Of Mr. Jean Walnard Dorneval , Arcahaie Haiti. **222 Rex by Shutterstock:** The Art Archive (cl). **224 Alamy Stock Photo:** Peter Horree (bc). **225 akg-images:** Pictures From History (br). **226 Alamy Stock Photo:** Science History Images (tc). **227 Getty Images:** PHAS / UIG (tr). **228–229 Alamy Stock Photo:** Paul Fearn. **230 Alamy Stock Photo:** Everett Collection Historical (c). **Rex by Shutterstock:** Roger-Viollet (cla). **231 Alamy Stock Photo:** Pictorial Press Ltd (cr). **Getty Images:** W. Brown / Otto Herschan (tl). **233 akg-images:** (c). **234 Alamy Stock Photo:** Granger Historical Picture Archive (bl). **Getty Images:** Schöning / ullstein bild (cl). **234–235 Bridgeman Images:** Musee de la Ville de Paris, Musee Carnavalet, Paris, France. **236 Getty Images:** Stefano Bianchetti (clb). **237 Getty Images:** Stock Montage / Hulton Archive (br). **238 Getty Images:** DEA Picture Library / DeAgostini (cb). **240 Alamy Stock Photo:** Pictorial Press Ltd (cb); The Granger Collection (cla). **241 Alamy Stock Photo:** INTERFOTO (c). **Getty Images:** Sean Sexton (tr). **242 Bridgeman Images:** © Look and Learn (bc). **243 Getty Images:** Hulton Archive (br). **244 Dorling Kindersley:** © The Board of Trustees of the Armouries (cl). **244–245 Getty Images:** Popperfoto. **246 Getty Images:** UniversalImagesGroup (tl). **247 Getty Images:** Sovfoto / UIG (br). **248 akg-images:** Pictures From History (tl). **250 Alamy Stock Photo:** Photo 12 (bl). **Rex by Shutterstock:** Universal History Archive (c). **250–251 Rex by Shutterstock:** Granger. **252 Alamy Stock Photo:** Everett Collection Historical (bc); Paul Fearn (tr). **255 Alamy Stock Photo:** Artokoloro Quint Lox Limited (br). **256 Getty Images:** Buyenlarge (bl). **258–259 Getty Images:** Bettmann. **259 Alamy Stock Photo:** The Granger Collection (c). **Getty Images:** Bettmann (br). **260 Getty Images:** Bettmann (cr). **262 Alamy Stock Photo:** Paul Fearn (tl). **Getty Images:** Leemage (tr). **264 akg-images:** (tl). **267 Alamy Stock Photo:** Chronicle (br); Paul Fearn (bc). **269 Getty Images:** Culture Club (br); ullstein bild Dtl. (bl). **270–271 Getty Images:** Galerie Bilderwelt. **272 Alamy Stock Photo:** Paul Fearn (cla); Pictorial Press Ltd (cl). **273 Alamy Stock Photo:** Science History Images (tl). **Getty Images:** Sovfoto / UIG (cb); Universal History Archive (cr). **274 Alamy Stock Photo:** Universal Art Archive (br). **276 Dorling Kindersley:** Imperial War Museum, London (cla). **Getty Images:** Buyenlarge (bl). **276–277 Getty Images:** UniversalImagesGroup. **278 Alamy Stock Photo:** Granger Historical Picture Archive (bc). **279 Getty Images:** Time Life Pictures (crb). **281 Alamy Stock Photo:** Paul Fearn (br). **282 Getty Images:** Keystone (cl); Universal History Archive (bl). **282–283 Mary Evans Picture Library. 285 Alamy Stock Photo:** Photo 12 (br). **Getty Images:** Keystone-France (cla). **287 Alamy Stock Photo:** Science History Images (bl). **288 Alamy Stock Photo:** Granger Historical Picture Archive (bl). **290 Bridgeman Images:** Pictures from History / Woodbury & Page (bl). **291 Getty Images:** Print Collector (br). **292 Alamy Stock Photo:** Pictorial Press Ltd (bc). **Getty Images:** Keystone-France (br). **294 Bridgeman Images:** Pictures from History (cr). **Getty Images:** Bettmann (cl). **295 Alamy Stock Photo:** dpa picture alliance (crb). **Getty Images:** Bettmann (tl). **297 Alamy Stock Photo:** 502 collection (cl). **Getty Images:** Hulton Archive (br). **299 akg-images:** (br). **Getty Images:** Galerie Bilderwelt (cla). **300 Getty Images:** Universal History Archive / UIG (bl). **301 Getty Images:** Bettmann (br). **302 Alamy Stock Photo:** Prisma by Dukas Presseagentur GmbH (br). **Getty Images:** Central Press (bl). **305 Getty Images:** Apic / Retired (bl). **306–307 Hiroshima Peace Memorial Museum:** Shigeo Hayashi. **306 Getty Images:** Universal History Archive / UIG (br). **307 Getty Images:** Prisma by Dukas (br). **308 Getty Images:** Central Press (bl). **310 Alamy Stock Photo:** age fotostock (br). **Getty Images:** Print Collector (tl). **312 Alamy Stock Photo:** Science History Images (cla). **Bridgeman Images:** Peter Newark Military Pictures (c). **313 akg-images:** (tl). **Dorling Kindersley:** Stewart Howman / Dream Cars (crb). **314 Getty Images:** jondpatton (br). **317 Alamy Stock Photo:** robertharding (tr). **Getty Images:** RV Spencer / Interim Archives (bl). **319 Alamy Stock Photo:** World History Archive (br); Penny Tweedie (cl). **321 Alamy Stock Photo:** Shawshots (tl). **Getty Images:** Jon Feingersh (br). **323 Getty Images:** Louise Gubb (bl). **324 Getty Images:** Science & Society Picture Library (bc). **325 Getty Images:** Science & Society Picture Library (br). **326–327 Getty Images:** Bettmann. **327 Getty Images:** Fototeca Storica Nazionale (cr). **328 Alamy Stock Photo:** World History Archive (tl). **329 Getty Images:** Dirck Halstead (br). **331 Getty Images:** Bettmann (tr, bl). **332 Getty Images:** Muammar Awad / Anadolu Agency (tl). **334 123RF.com:** danielvfung (cl). **Alamy Stock Photo:** ClassicStock (cla). **335 Alamy Stock Photo:** eye35.pix (tc); PJF Military Collection (crb). **336 Getty Images:** Gerard Malie (clb). **337 Getty Images:** Wally McNamee (br). **339 Getty Images:** David Turnley / Corbis / VCG (cl). **340–341 Getty Images:** James Sebright. **340 Getty Images:** Ulrich Baumgarten (bl). **Rex by Shutterstock:** Dennis M. Sabangan / EPA (ca). **343 U.S. Air Force:** (cl). **344 Getty Images:** Science & Society Picture Library (cl); Stefan Wermuth / AFP (bl). **344–345 Getty Images:** Jerry Cooke. **346 Getty Images:** Allan Baxter (cb). **348–349 Alamy Stock Photo:** Science History Images. **350 Dorling Kindersley:** Gary Ombler / Oxford Museum of Natural History (bl). **Getty Images:** Science & Society Picture Library (tr). **350–351 Alamy Stock Photo:** Andia (br). **352 Alamy Stock Photo:** blickwinkel (t). **353 Alamy Stock Photo:** Constantinos Iliopoulos (tl); Florian Neukirchen (br). **354–355 Getty Images:** Frans Sellies (b). **355 Getty Images:** DEA / G. Dagli Orti / De Agostini (tl). **356 Getty Images:** Leemage / UIG (bl). **357 Alamy Stock Photo:** RF Company (tr). **Getty Images:** DEA / Ara Guler / De Agostini (bc). **358 Getty Images:** Apic / Retired / Hulton Archive (tr). **359 Alamy Stock Photo:** Konstantin Kalishko (bl). **Getty Images:** Werner Forman / Universal Images Group (tr). **360 Alamy Stock Photo:** Lanmas (bl). **361 Alamy Stock Photo:** eFesenko (bl). **Bridgeman Images:** Christie's Images (tr).

All other images © Dorling Kindersley

For further information see: www.dkimages.com